JN432765

탄탄한 기본기로 실무 능력을 키우는

파워포인트 2016

김지연 지음

지은이 **김지연** jykim629@daejin.ac.kr

인하대학교에서 컴퓨터정보공학 전공으로 공학박사 학위를 받았고, 대우정보시스템(주), LG전자(주)에 근무하면서 그룹 전산화 업무, 공정 관리 시스템 개발 및 이동통신 시스템의 교환 소프트웨어 개발 업무를 수행했다. University of North Texas에서 방문 연구원으로 무선 통신 분야를 연구하였고, 현재는 대진대학교에 재직하고 있다. 저서로는 《데이터베이스 기초와 실습 액세스 2013》, 《엑셀과 파워포인트 2016》, 《엑셀 2016》 등이 있다.

파워포인트 2016

초판발행 2019년 6월 29일
2쇄발행 2021년 3월 21일

지은이 김지연 / **펴낸이** 전태호
펴낸곳 한빛아카데미(주) / **주소** 서울시 서대문구 연희로2길 62 한빛아카데미(주) 2층
전화 02-336-7112 / **팩스** 02-336-7199
등록 2013년 1월 14일 제2017-000063호 / **ISBN** 979-11-5664-451-4 93000

책임편집 변소현 / **기획** 김미정 / **편집** 신꽃다미 / **전산편집** 김정미 / **진행** 김도윤
디자인 표지 김미현, 김연정 내지 김연정
영업 이윤형, 길진철, 김태진, 김성삼, 이정훈, 임현기, 이성훈, 김주성 / **영업기획** 김호철, 주희

이 책에 대한 의견이나 오탈자 및 잘못된 내용에 대한 수정 정보는 아래 이메일로 알려주십시오.
잘못된 책은 구입하신 서점에서 교환해 드립니다. 책값은 뒤표지에 표시되어 있습니다.

홈페이지 www.hanbit.co.kr / 이메일 question@hanbit.co.kr

Published by HANBIT Academy, Inc. Printed in Korea

탄탄한 기본기로 실무 능력을 키우는

파워포인트 2016

김지연 지음

한빛아카데미
Hanbit Academy, Inc.

기본 기능을 확실히 배워서 쓰다보면 스스로 활용할 수 있다!

컴퓨터 이용이 일상화되면서 각종 보고서와 발표 자료 작성, 기획이나 공동 작업에서 정보 공유 등의 다양한 목적으로 문서를 작성하는 데 여러 가지 프로그램이 사용되고 있습니다. 물론 어떤 프로그램으로 어떤 형식의 문서를 만드느냐보다 중요한 것은 좋은 내용입니다. 하지만 아무리 유용한 정보라 해도 적절한 형태로 구성하지 못하면 어떤 내용을 담았고 무엇을 전하고자 하는 것인지 제대로 표현되지 않습니다.

파워포인트를 배워야 하는 이유

마이크로소프트의 파워포인트는 쉽고 빠르게 원하는 형식의 자료를 만들 수 있어서 활용도가 높은 문서 작성 프로그램입니다. 프레젠테이션 문서를 작성하는 프로그램으로 알려진 파워포인트는 청중에게 정보를 제공하거나 견해를 발표할 때 전달력과 설득력을 높일 수 있도록 다양한 형태의 자료를 활용한 시청각 효과를 지원합니다. 예를 들면, 표와 차트, 그림이나 동영상 등의 멀티미디어 자료를 사용해 효과적으로 슬라이드를 구성할 수 있습니다. 온라인으로 검색한 그림이나 동영상을 바로 캡처하거나 링크할 수 있으며, 별도의 그래픽 프로그램이나 동영상 프로그램을 사용하지 않고 편집도 할 수 있습니다. 또한 여러 가지 애니메이션과 화면 전환 기능을 통해 다양한 동적 효과를 설정할 수 있고, 주제별로 미리 만들어져 있는 디자인 테마를 골라 쓸 수 있어서 디자인에 자신이 없는 경우에도 근사한 발표 자료를 손쉽게 만들 수 있습니다.

파워포인트에는 사용하기 쉽고 유용한 기능이 다양하게 제공되고 있지만 익숙한 몇 가지 방법만 반복해서 사용하는 분들이 의외로 많습니다. 몰라서 미처 사용하지 않던 기능이나 익숙하지 않아 활용하지 못하는 기능들을 포함해 각 기능의 사용법을 정확히 알고 용도에 맞게 활용할 수 있다면 작업의 효율성이 높아지므로 파워포인트의 각 기능을 잘 이해하고 활용 방법을 익혀두는 것이 좋습니다. 기본 기능을 확실히 알아두고 실제 작업에서 사용하다 보면 스스로 응용할 수 있는 방법을 찾을 수 있을 것입니다.

효과적인 파워포인트 학습을 위한 이 책의 구성

이 책은 파워포인트의 기능을 분야별로 설명한 후 이를 학습할 수 있는 기본예제를 제공합니다. 기본 기능 외에 알아두면 좋은 내용이나 다양한 새 기능을 효과적으로 사용하기 위한 내용은 〈팁〉과 〈여기서 잠깐〉을 통해 전달합니다. 또한 각 장의 마지막에는 학습한 내용을 정리하면서 부가적인 기능까지 실습할 수 있는 종합예제를 제공하여 여러 형태의 문서 작성 방법을 다루어 보도록 했고, 익힌 내용을 스스로 점검할 수 있는 연습문제를 추가로 제공하여 응용력을 기를 수 있도록 했습니다.

이 책의 내용과 실습 자료들은 파워포인트 2016 버전을 기준으로 합니다. 파워포인트 2016에서는 간편한 공동 작업과 공유 기능, 다양한 종류의 차트와 테마, 사용자 환경에 대한 다양한 장치 지원 등의 기능이 추가되었고, 최근 많이 사용하는 클라우드 방식의 오피스 365에서는 항상 최신 버전의 파워포인트를 사용할 수 있습니다. 하지만 새 기능이 추가되더라도 기본 메뉴와 핵심 기능은 크게 달라지지 않습니다. 그러므로 책에서 다루는 내용은 몇 가지 새로운 기능을 제외하고는 이전 버전에서도 이해하고 실습할 수 있는 기본적인 내용으로서, 버전에 관계없이 대부분의 실습 자료를 활용할 수 있습니다.

앞에서도 언급했듯 내용이 좋지 않으면 파워포인트의 수많은 기능도, 근사하게 디자인된 슬라이드도 모래 위에 지은 성이 될 수밖에 없습니다. 지면의 한계로 스토리 기획 및 프레젠테이션 스킬까지 자세히 다루지는 못했지만, 프레젠테이션의 목표와 방향을 기획 단계에서 정확하게 설정하고, 일방적인 전달이 되지 않도록 청중과의 상호작용을 고려하면서 발표하는 것 또한 중요합니다. 잘 만든 스토리와 다양한 상황에 대비한 철저한 연습을 통해 공들여 제작한 프레젠테이션 문서를 잘 활용할 수 있어야 하겠습니다.

책이 나오기까지 많은 수고로 지원해주신 김미정 차장님, 김현용 본부장님 외 한빛아카데미㈜의 모든 분께 감사드립니다.

지은이 **김지연**

학습 보조 자료

학습에 필요한 자료는 다음 주소에서 내려받을 수 있습니다.

http://www.hanbit.co.kr/src/4451

이 책의 구성요소

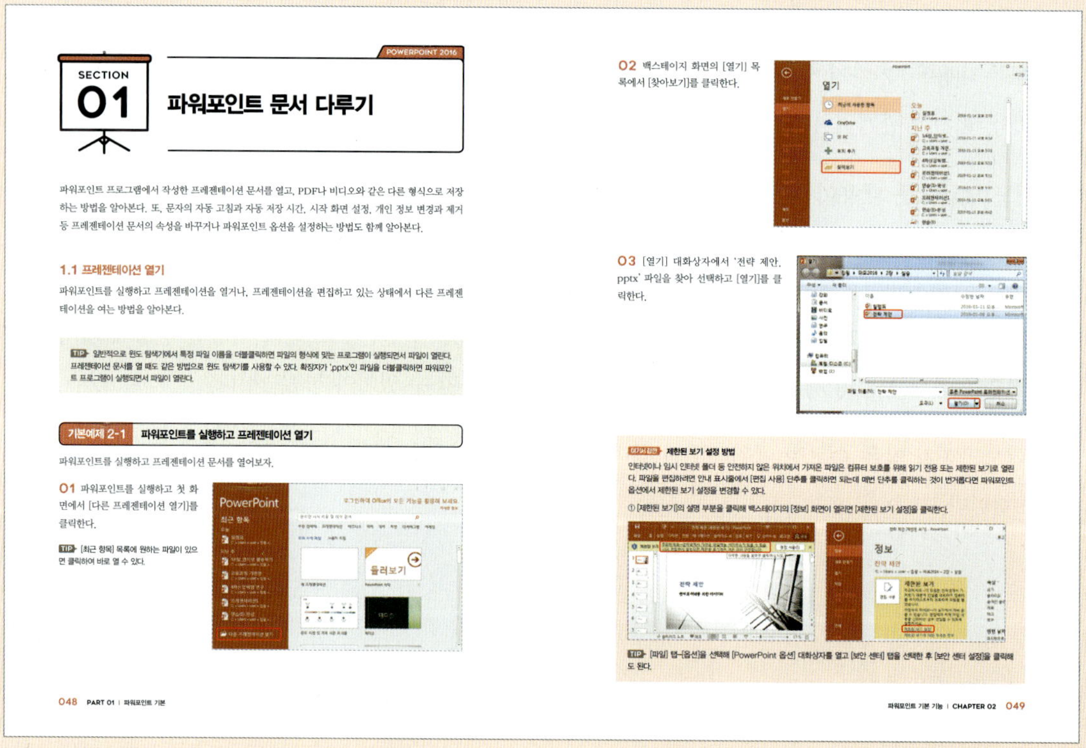
POWERPOINT 2016

SECTION 01 파워포인트 문서 다루기

파워포인트 프로그램에서 작성한 프레젠테이션 문서를 열고, PDF나 비디오와 같은 다른 형식으로 저장하는 방법을 알아본다. 또, 문자의 자동 고침과 자동 저장 시간, 시작 화면 설정, 개인 정보 변경과 제거 등 프레젠테이션 문서의 속성을 바꾸거나 파워포인트 옵션을 설정하는 방법도 함께 알아본다.

1.1 프레젠테이션 열기

파워포인트를 실행하고 프레젠테이션을 열거나, 프레젠테이션을 편집하고 있는 상태에서 다른 프레젠테이션을 여는 방법을 알아본다.

TIP 일반적으로 윈도 탐색기에서 특정 파일 이름을 더블클릭하면 파일의 형식에 맞는 프로그램이 실행되면서 파일이 열린다. 프레젠테이션 문서를 열 때도 같은 방법으로 윈도 탐색기를 사용할 수 있다. 확장자가 '.pptx'인 파일을 더블클릭하면 파워포인트 프로그램이 실행되면서 파일이 열린다.

기본예제 2-1 파워포인트를 실행하고 프레젠테이션 열기

파워포인트를 실행하고 프레젠테이션 문서를 열어보자.

01 파워포인트를 실행하고 첫 화면에서 [다른 프레젠테이션 열기]를 클릭한다.

TIP [최근 항목] 목록에 원하는 파일이 있으면 클릭하여 바로 열 수 있다.

02 백스테이지 화면의 [열기] 목록에서 [찾아보기]를 클릭한다.

03 [열기] 대화상자에서 '전략 제안.pptx' 파일을 찾아 선택하고 [열기]를 클릭한다.

여기서 잠깐 제한된 보기 설정 방법

인터넷이나 임시 인터넷 폴더 등 안전하지 않은 위치에서 가져온 파일은 컴퓨터 보호를 위해 읽기 전용 또는 제한된 보기로 열린다. 파일을 편집하려면 안내 표시줄에서 [편집 사용] 단추를 클릭하면 되는데 매번 단추를 클릭하는 것이 번거롭다면 파워포인트 옵션에서 제한된 보기 설정을 변경할 수 있다.

① [제한된 보기]의 설명 부분을 클릭해 백스테이지의 [정보] 화면이 열리면 [제한된 보기 설정]을 클릭한다.

TIP [파일] 탭-[옵션]을 선택해 [PowerPoint 옵션] 대화상자를 열고 [보안 센터] 탭을 선택한 후 [보안 센터 설정]을 클릭해도 된다.

048 PART 01 | 파워포인트 기본

파워포인트 기본 기능 | CHAPTER 02 049

핵심 기능 소개

파워포인트의 핵심 기능을 소개합니다. 예제를 통해 학습할 수 있는 내용이므로 가벼운 마음으로 읽어 보세요.

기본예제

파워포인트의 기본 기능과 활용 방법을 학습할 수 있는 99개의 예제입니다. 설명과 그림을 보며 차근차근 따라해 보세요.

TIP/여기서 잠깐

예제를 따라할 때 알아두면 좋은 내용입니다. 다양한 실무 활용 팁을 얻을 수 있으니 꼼꼼히 살펴보세요.

강의 보조 자료

한빛아카데미 홈페이지에서 '교수회원'으로 가입하신 분은 인증 후 교수용 강의 보조 자료를 제공받을 수 있습니다. 한빛아카데미 홈페이지 상단의 [교수전용공간] 메뉴를 클릭하세요.

http://www.hanbit.co.kr/academy

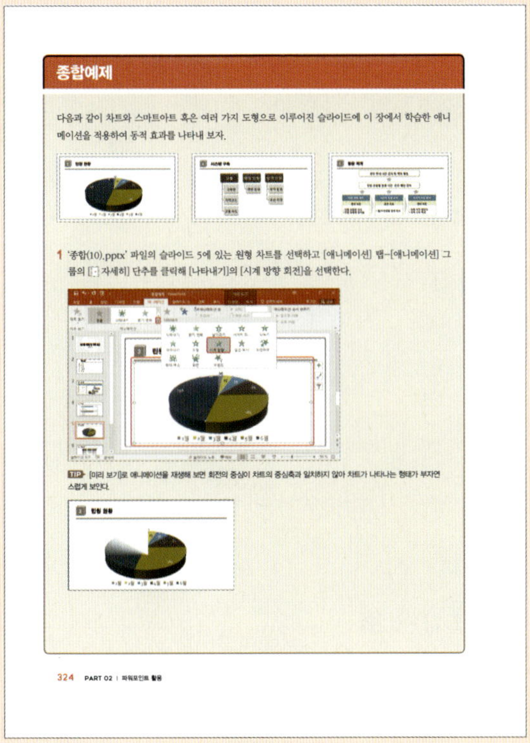
종합예제

다음과 같이 차트와 스마트아트 혹은 여러 가지 도형으로 이루어진 슬라이드에 이 장에서 학습한 애니메이션을 적용하여 동적 효과를 나타내 보자.

1 '종합(10).pptx' 파일의 슬라이드 5에 있는 원형 차트를 선택하고 [애니메이션] 탭-[애니메이션] 그룹의 [자세히] 단추를 클릭해 [나타내기]의 [시계 방향 회전]을 선택한다.

324 PART 02 | 파워포인트 활용

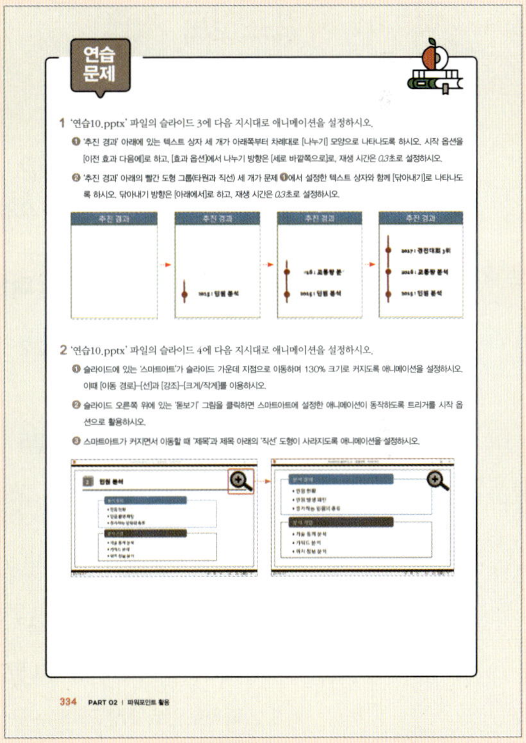
연습문제

1 '연습10.pptx' 파일의 슬라이드 3에 다음 지시대로 애니메이션을 설정하시오.

2 '연습10.pptx' 파일의 슬라이드 4에 다음 지시대로 애니메이션을 설정하시오.

334 PART 02 | 파워포인트 활용

종합예제

각 장에서 배운 내용에 추가 기능을 적용해 만든 종합예제입니다. 파워포인트의 기본 기능을 빠르게 공부하고 싶거나 배운 내용을 복습하려는 학습자, 수업 중 과제가 필요한 강의자에게 유용합니다.

연습문제

각 장의 핵심 내용을 제대로 이해했는지 확인할 수 있는 연습문제입니다. 예시 화면을 보고 어떻게 만들면 될지 구상한 후 상세 항목을 따라 실습하면 활용 능력을 키울 수 있습니다.

CHAPTER 06 표 활용

CHAPTER 07 차트 활용

PART 02 파워포인트 활용

CHAPTER 09 멀티미디어 활용

CHAPTER 10 애니메이션 활용

CHAPTER 11 하이퍼링크와 화면 전환

CHAPTER 13 마스터 활용

PART

01

파워포인트 기본

POWERPOINT 2016

CHAPTER 01

파워포인트 개요

학습목표

- 파워포인트의 특징과 새 기능을 설명할 수 있다.
- 프레젠테이션 제작 과정을 단계별로 설명할 수 있다.
- 서식 파일을 이용해 프레젠테이션을 만들고 저장할 수 있다.

SECTION 01

파워포인트 소개

마이크로소프트 오피스 시스템에 포함되어 있는 파워포인트는 프레젠테이션(Presentation)을 위한 프로그램이다. 프레젠테이션이란 청중에게 정보를 제공하거나 설득하기 위한 대화 기법의 하나로, 특정 정보를 청중에게 발표하는 전체 과정을 의미한다. 즉, 파워포인트는 청중 앞에서 자신의 생각을 발표하거나 필요한 정보를 제공할 때 사용하는 소프트웨어로, 강연이나 상품 홍보, 공동 작업에서의 정보 공유 등 다양한 분야에 활용된다.

1.1 파워포인트의 특징

프레젠테이션은 다수의 사람과 주고받는 커뮤니케이션이므로 일방적 전달이 아닌 상호 작용이 이루어져야 한다. 또한, 효과적인 전달을 위해 텍스트뿐 아니라 그래픽, 오디오, 비디오 등 다양한 형태의 자료와 멀티미디어를 이용해 가독성과 시각적 효과를 높이고 쉽게 이해할 수 있게 작성하는 것이 좋다.

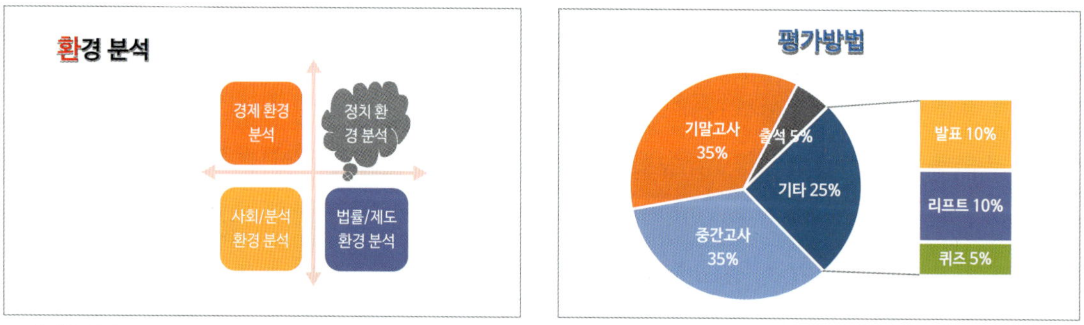

▲ 다양한 형태의 자료를 이용한 프레젠테이션의 예

파워포인트를 사용하면 프레젠테이션의 목적에 맞는 자료를 쉽고 간편하게 만들 수 있다. 파워포인트의 다양한 도구를 이용하면 프레젠테이션에 사용할 슬라이드에 텍스트나 차트, 멀티미디어 등 여러 종류의 정보를 포함시킬 수 있으며, 이렇게 만든 자료를 발표장이나 화상 교육 등에서 빔 프로젝트나 대형 화면을 통해 슬라이드 쇼로 보여주면 청중에게 더 효과적으로 메시지를 전달할 수 있다.

정보 공유를 목적으로 하는 공동 작업에서는 구성원 간에 작업한 내용을 공유하거나 편집할 수 있도록 설정하는 기능, 권한이 없는 사용자에게는 공유되지 않도록 하는 기능 등을 활용해 작업 효율을 높이고 정보 보안을 지킬 수 있다.

1.2 파워포인트의 새 기능

마이크로소프트는 최근 오피스 365와 같은 구독형 클라우드 서비스로 오피스 프로그램을 제공함으로써 다양한 기기에서 문서 작업을 할 수 있도록 하고 있다. 클라우드 서비스는 사용자 환경의 다양성이라는 장점뿐 아니라 최신 프로그램을 사용할 수 있다는 장점도 있다. 구독형 서비스를 통해 새로운 기능이 계속 추가되므로 새 기능을 모두 소개할 수는 없지만, 본 책에서는 오피스 2016을 기준으로 하고 있기 때문에 오피스 2016에 추가된 파워포인트의 새 기능에 대해 소개하기로 한다.

- **공동 작업과 간편해진 공유 기능**: 리본 메뉴에서 공유 단추를 클릭하면 오피스 문서를 손쉽게 바로 공유할 수 있고, 사용 중인 장치에 관계없이 다른 사람과 같은 문서를 동시에 편집할 수 있다. 지정된 문서에 대한 액세스 권한이 있는 사용자와 이 문서에서 현재 작업 중인 사용자를 확인할 수 있고, 소유하고 있는 모든 문서에 대한 개별 작성 권한을 변경할 수 있다. 또한 버전 기록 기능이 제공되므로 다른 사용자와 공동 작업하면서 편집하는 동안 문서의 이전 버전을 다시 참조할 수 있다.
- **차트의 새로운 기능**: 재무 또는 계층적 데이터를 시각화할 수 있고 트리맵, 폭포, 파레토, 히스토그램, 상자 수염, 선버스트 등의 새 차트를 사용해 데이터의 통계 속성을 강조할 수 있다.
- **다양한 Offce 테마 추가**: 다양한 Office 테마가 제공되므로 가장 적합한 테마를 손쉽게 선택하거나 변경할 수 있다. 어두운 회색 테마는 고대비로 디자인되어 있어 시각적으로 편안하게 볼 수 있고, 색 테마는 현대적이고 세련된 색채로 구성되어 있다. 흰색 테마는 일반적인 Office 디자인으로 제공된다.
- **입력하세요(수행할 작업을 알려 주세요) 기능**: 수행할 작업을 간단히 입력하면 해당 프로세스가 안내되고 추가 리소스도 제공된다.
- **스마트 조회**: Bing 기반 스마트 조회를 사용해 문서에 있는 용어를 확인하거나 탐색할 수 있다. 문서에서 용어를 강조 표시하고 이 기능을 적용하면 웹에서 가져온 검색 결과가 사용자의 읽기 또는 작성 환경에 바로 표시된다.
- **OneDrive 통합**: Office 문서를 OneDrive에 저장하여 어디서나 모든 장치로 해당 문서에 액세스할 수 있고, 작업하던 부분을 바로 찾을 수 있으며, 사무실이나 집에서 또는 이동 중에 편리하게 다른 사용자와 공동 작업을 할 수 있다.
- **효율적인 플랫폼 및 장치 간 전환**: Windows, Android, Apple 장치에서 Office 문서를 읽고 편집할 수 있으며, 흐름을 놓치지 않고 장치 간 전환을 손쉽게 할 수 있다. 여러 장치에서 일관된 모양의 친숙한 사용자 환경을 허용하므로 검토, 편집, 분석, 발표를 편리하게 할 수 있다.

SECTION 02

프레젠테이션 과정 살펴보기

프레젠테이션은 청중에게 제공할 특정 정보를 준비하고 구성해 전달하는 과정 전체를 의미한다. 프레젠테이션이 이루어지는 과정을 크게 살펴보면, 대상을 파악하고 주제를 정하며 프레젠테이션을 기획하는 단계, 수집한 자료를 이용해 슬라이드를 제작하는 단계, 작성한 자료를 이용해 프레젠테이션을 발표하는 단계로 나눌 수 있다. SECTION 02에서는 파워포인트를 사용하기에 앞서 효과적인 프레젠테이션 작성을 위해 알아야 하는 기본 개념을 살펴보기로 한다. 이를 위해 프레젠테이션 제작 과정을 살펴보고 각 단계별로 어떤 세부 작업이 이루어지며 고려할 사항에는 무엇이 있는지 등을 알아본다.

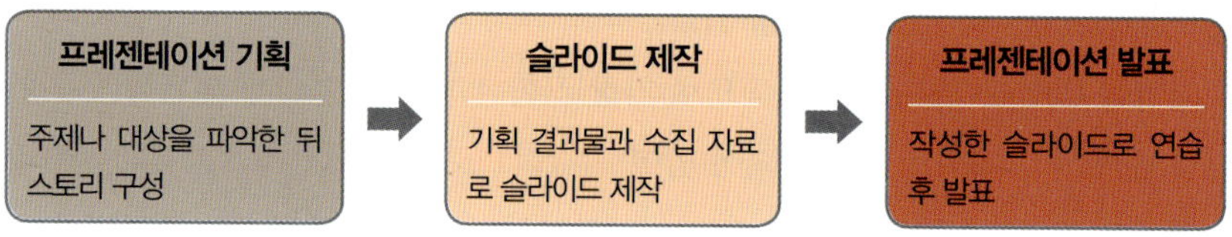

▲ 프레젠테이션 제작 과정

2.1 프레젠테이션 기획

프레젠테이션을 기획하는 과정에서는 발표하고자 하는 주제와 발표 대상을 먼저 파악한 후 스토리를 구성하고 슬라이드에 입력할 주요 내용을 요약한다. 다른 일들과 마찬가지로 프레젠테이션 또한 기획 과정의 설계가 작업 결과의 성패에 큰 영향을 미친다. 무엇을 발표할 것인지, 누구를 대상으로 하는지, 어떻게 이야기를 풀어갈 것인지 등을 기획 과정에서 충분히 검토하지 않으면 이후 제작 단계에서 아무리 많은 시간을 들여 슬라이드 디자인을 잘해도 사막에 모래성을 쌓는 것과 다름없다.

2.1.1 주제 파악

동일한 주제라도 시점이나 대상에 따라 다양한 해석과 접근이 가능하기 때문에 흐름과 결론이 달라질 수 있다는 점에 유의해야 한다. 예를 들어 '자기 소개'라는 주제로 프레젠테이션을 한다면, 자신의 성격이나 취미 활동에 관련된 내용을 발표할 수도 있고 경력과 업무 능력에 대한 내용을 발표할 수도 있다. 전체 주제를 파악해 방향을 올바르게 설정했으면 세부적으로 설명해야 할 하위 주제를 전체 주제에 맞게 분류해 스토리 구성이나 슬라이드 제작에 적용한다.

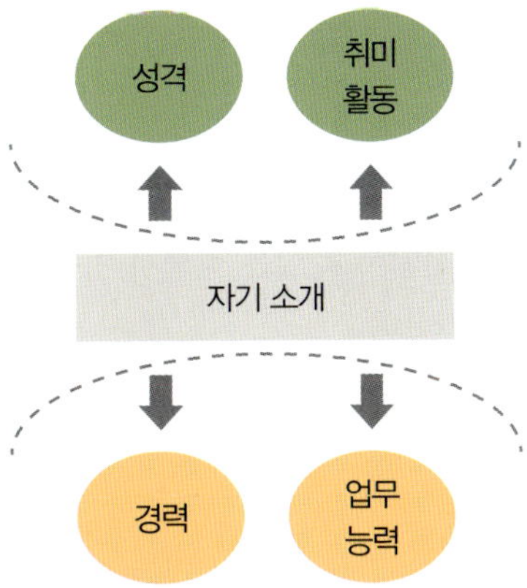

▲ 주제와 방향 설정 예시

2.1.2 대상 파악

발표 대상의 성별, 나이, 종교, 국가, 경험, 직업 등에 따라 가치관이나 성향, 환경 등에 다양한 차이가 있을 수 있다. 따라서 같은 내용을 전달하더라도 대상에 따라 상호 작용이나 이해도, 혹은 공감 여부가 완전히 달라질 수 있다. 예를 들어 '취업 준비'라는 주제로 프레젠테이션을 한다면 성별과 나이, 혹은 경험이나 직업 유무에 따라 청중에게 어떤 정보가 필요한지, 어떤 예를 들어 설명할 것인지 등의 많은 내용을 다른 관점에서 기획하고 자료를 수집해야 한다.

2.1.3 스토리 구성

발표의 흐름을 결정하는 스토리는 뉴스나 글쓰기의 진행 구조와 같이 서론, 본론, 결론의 형식을 따르는 것이 좋다. 서론에서는 청중의 호기심을 자극할 수 있도록 주제와 배경 등을 언급하고 본론에서는 자신의 생각을 논리적으로 전개하여 원하는 목표를 위한 결론에 도달하도록 구성한다. 정해진 발표 시간과 청중의 집중도를 염두에 두고 핵심이 되는 정보를 이야기 풀듯 구성하는 것이 중요하다.

2.1.4 내용 요약

스토리를 구성했으면 내용을 요약하고 간단하게 도식화하여 슬라이드 제작의 기초 자료를 산출한다. 기획 단계에서는 컴퓨터를 사용하지 않아도 되고, 상황에 따라 노트, 메모지, 보드(Board) 등을 선택하면 된다. 기획 과정에서 만든 결과물이 정확하고 구체적일수록 다음 작업을 더욱 효율적으로 진행할 수 있다. 특히, 여러 사람이 공동으로 작업하는 대형 프로젝트나 사업계획서 등을 준비하는 경우와 같이 기획과 제작 단계의 업무를 분리하여 작업할 때는 더욱 중요한 자료가 될 수 있다.

2.2 슬라이드 제작

프레젠테이션 기획 단계에서 만든 내용 요약 결과물과 수집한 자료 등을 이용해 발표 자료를 만드는 단계이다. 이때 프레젠테이션에 사용할 프로그램을 정해야 하는데, 여러 가지 프레젠테이션 프로그램 중에서 발표 목적, 장소, 상황에 적당한 것을 선택한다. 현재 가장 널리 사용되고 있는 파워포인트는 다양한 형식의 슬라이드를 제공할 뿐만 아니라 멀티미디어 및 애니메이션 기능을 이용해 역동적인 발표 자료를 제작할 수 있다는 장점이 있다. 슬라이드를 제작할 때는 다음 사항에 유의한다.

- 중요한 메시지만 담아 간결하게 요약한다. 청중에게 하고 싶은 이야기와 전달하고 싶은 정보가 아무리 많아도 정해진 발표 시간 내에 설명할 수 있는 가장 핵심적인 내용만 선별한다.
- 텍스트의 크기와 색상은 읽기 쉽게 조절한다.
- 그림이나 도형을 활용하여 이해하기 쉽고 보기 좋게 만든다.
- 텍스트나 이미지와 같은 콘텐츠 간의 연관성과 크기 등을 고려해서 효과적으로 배치할 수 있는 레이아웃으로 구성한다.
- 발표 순서에 따라 슬라이드를 제작한다.
- 청중에게 메시지를 효과적으로 전달할 수 있도록 주제 혹은 소재가 세 가지를 넘지 않도록 한다.
- 텍스트에는 너무 많은 색을 사용하지 않는다. 지나치게 다양한 색을 사용하면 전문성이 약해 보이는 역효과가 나타날 수 있으니 가급적 세 가지 이내의 색을 사용한다. 색 조합 사이트(https://color.adobe.com/ko/create/color-wheel)의 색상 규칙을 참고하여 유사색 등을 잘 활용하도록 한다.
- 슬라이드에서 반복되는 요소는 단축키를 사용하거나 콘텐츠를 재활용하여 효율적으로 작업한다.

여기서 잠깐 **키노트와 프레지**

파워포인트 외에도 다양한 프레젠테이션 프로그램이 있는데, 대표적으로 키노트(Keynote)와 프레지(Prezi)가 있다.

- **키노트**: 애플이 개발한 키노트는 높은 해상도의 테마와 다중 화면 지원, 다양한 형식의 파일로 내보내기 등이 장점으로, 초보자도 쉽게 제작할 수 있는 iOS 기기 전용 프레젠테이션 도구이다.

출처 support.apple.com

- **프레지**: 클라우드 기반의 프레젠테이션 도구로 웹에서 무료로 사용할 수 있는 소프트웨어이다. 프레지는 슬라이드를 하나씩 제작하고 넘기는 기존 방식과 달리 하나의 화면에 발표할 내용을 모두 담고 줌인-줌아웃을 이용해 특정 내용을 강조하거나 순서대로 움직이게 하는 탁월한 애니메이션 처리가 장점이다.

출처 support.apple.com

2.3 프레젠테이션 발표

프레젠테이션의 마지막 단계는 청중과의 커뮤니케이션이라고 할 수 있는 발표 과정이다. 제작한 슬라이드를 활용하여 청중에게 잘 전달하고 설득하는 것이 프레젠테이션의 목표라 할 수 있는데, 많은 시간과 노력을 들여 발표 자료를 제작했더라도 내용 전달이 명확하지 않거나 준비 부족으로 발표를 미흡하게 한다면 프레젠테이션 제작의 전체 과정이 쓸모없게 될 수도 있다.

일반적으로 발표를 할 때 고려할 사항은 다음과 같다(출처: 아이디어충전소).

- **청중 분석(3P 분석)**: People(나이, 성별, 지식수준 등을 파악하고 의사 결정권자가 있을 경우 미리 확인), Purpose(청중이 듣고 싶어 하는 Needs에 집중), Place(발표 장소와 환경을 고려)를 분석한다.
- **처음과 끝을 강조**: 초두 효과(먼저 제시된 정보가 나중에 알게 되는 정보보다 더 강력한 영향을 미치는 현상)와 최신 효과(가장 최근의 정보를 더 잘 기억하는 현상)를 염두에 둔다.
- **시각 자료 활용**: 청중은 귀로 들은 내용의 20%만 기억하고 귀로 듣는 동시에 눈으로 본 것은 40%를 기억하며 듣고 보고 직접 경험한 것은 80%를 기억한다는 사실을 활용한다.
- **정해진 시간 엄수**: 시간은 청중과의 약속이므로 정해진 시간을 지키는 것은 신뢰의 문제라고 할 수 있다. 발표 시간이 길어지면 청중의 집중도가 떨어질 수 있으므로 정해진 발표 시간을 초과하지 않도록 한다.
- **시선처리 요령 숙지**: 발표 전에 미리 청중들을 살펴본 뒤, 시선을 두기에 가장 편안한 사람을 파악해 그들을 보면서 발표를 시작한다.
- **끊임없는 연습**: 불필요한 접두사인 "어~"나 "저기"와 같은 말을 반복하는 습관은 공신력을 떨어뜨리므로 연습을 통해 불필요한 어휘를 줄여나가야 한다. 좋지 않은 습관이나 단점을 객관적으로 파악하기 위해 발표하는 모습을 촬영해 확인하는 것도 좋다.

SECTION 03 파워포인트 시작하기

SECTION 02에서 설명한 프레젠테이션 제작 과정 중 슬라이드 제작 단계에서는 파워포인트와 같은 프레젠테이션 프로그램을 사용하여 발표할 문서를 만든다. 여기서는 파워포인트의 서식 파일을 이용하여 간편하게 프레젠테이션을 만들고 저장하는 방법을 알아본다. 파워포인트로 만든 프레젠테이션은 하나 이상의 슬라이드로 구성되며 확장자가 pptx인 파일 형식으로 저장된다.

3.1 서식 파일 활용

파워포인트에서는 슬라이드에 다양한 디자인을 적용한 서식 파일을 다운로드할 수 있다. 서식 파일을 이용하면 디자인 서식이 미리 적용된 여러 슬라이드를 자동으로 만들 수 있고, 각 슬라이드에 필요한 내용을 입력하거나 수정해서 프레젠테이션을 쉽게 제작할 수 있다.

기본예제 1-1 서식 파일로 프레젠테이션 만들기

파워포인트에서 제공하는 여러 서식 파일 중에서 비즈니스용 서식을 활용하여 프레젠테이션을 만들어 보자.

01 파워포인트 2016을 실행하고 첫 화면의 [추천 검색어] 중 '비즈니스'를 선택한다.

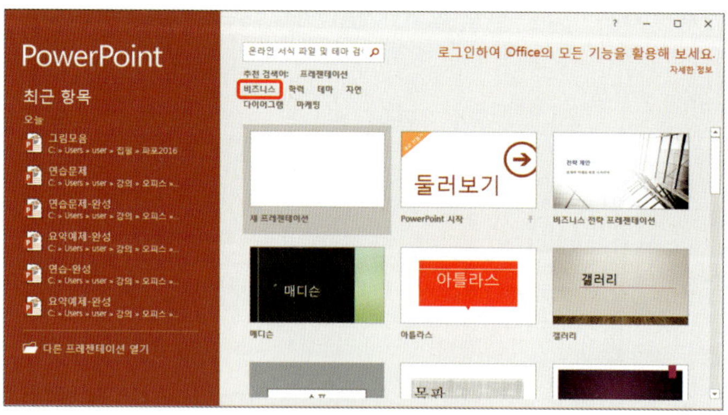

TIP [추천 검색어]는 컴퓨터가 인터넷에 연결되어 있어야 나타난다.

02 비즈니스용 서식 파일 목록을 아래로 스크롤하여 [비즈니스 전략 프레젠테이션]을 선택한다.

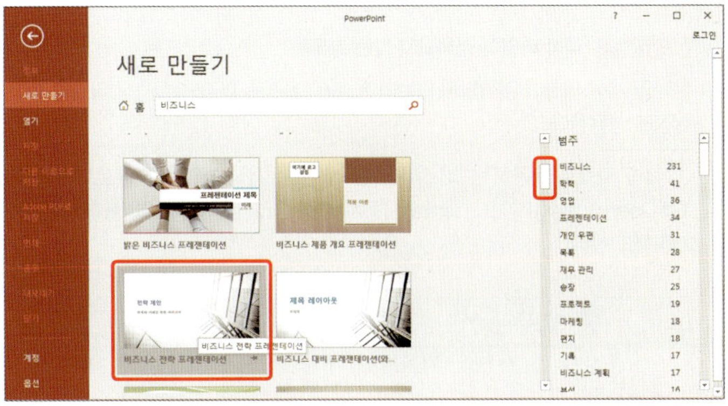

03 [비즈니스 전략 프레젠테이션] 대화상자가 열리면 [만들기]를 클릭한다.

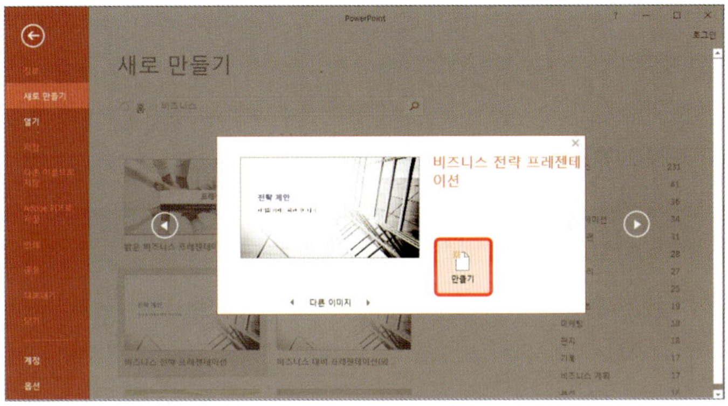

04 여러 개의 슬라이드로 구성된 프레젠테이션이 만들어지고 화면에 첫 번째 슬라이드인 제목 슬라이드가 표시된다.

여기서 잠깐 ▶ 서식 파일이 검색되지 않는 경우

온라인 서식 파일이 검색되지 않는다면 예제 소스로 제공되는 서식 파일을 다운로드하여 다음과 같이 사용자 지정 서식 파일로 설정해 사용한다.

① 실습 자료로 제공하는 '비즈니스 전략.thmx' 서식 파일을 다운로드하여 '라이브러리\문서\사용자 지정 Office 서식 파일'(C:\Users\user\Documents\사용자 지정 Office 서식 파일) 폴더에 저장한다. 폴더 구조가 다른 경우 원하는 다른 폴더에 저장해도 된다.

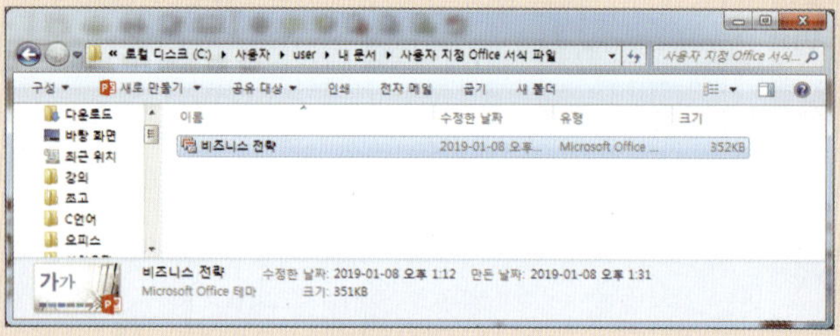

② 파워포인트에서 [파일] 탭–[옵션]을 선택한다.

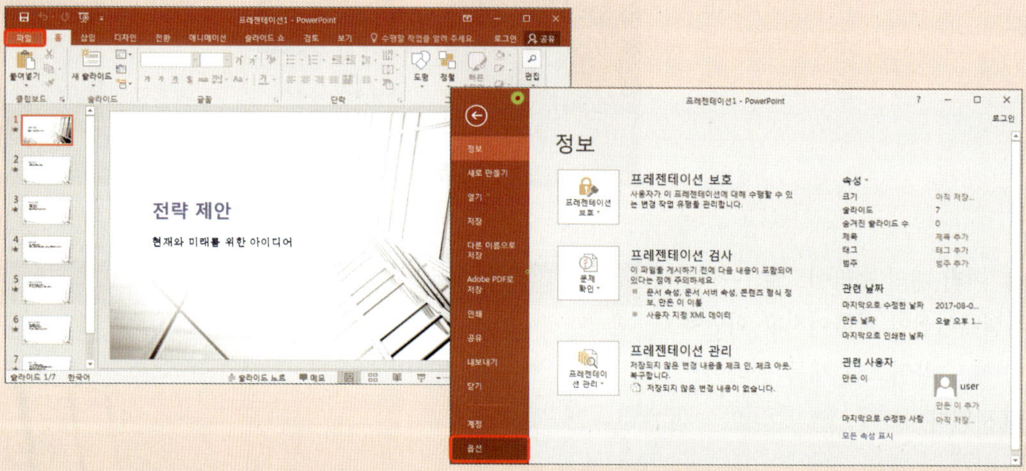

③ [PowerPoint 옵션] 대화상자의 [저장] 탭에서 [프레젠테이션 저장] 그룹의 [기본 개인 서식 파일 위치]를 ①단계에서 서식 파일을 저장한 폴더로 설정하고 [확인]을 클릭한다.

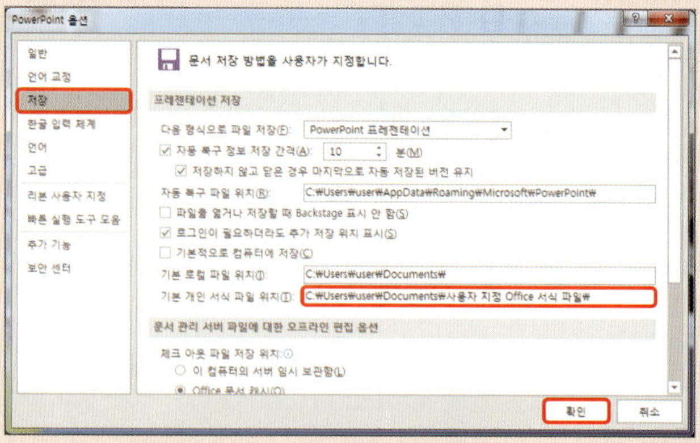

④ [파일] 탭–[새로 만들기]를 선택하고 [사용자 지정]을 클릭하면 '사용자 지정 Office 서식 파일' 폴더에 있는 '비즈니스 전략' 서식 파일을 사용할 수 있다.

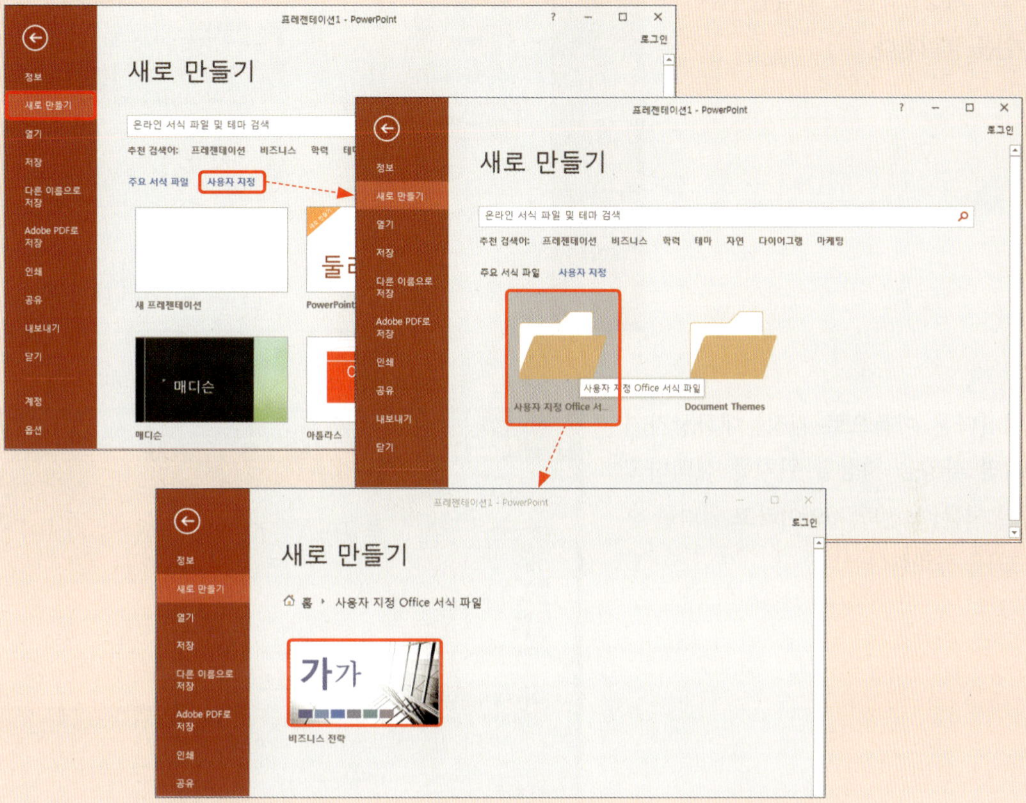

기본예제 1-2 파일 저장하고 닫기

이전 실습에서 서식 파일을 이용해 만든 프레젠테이션을 파일로 저장하고 닫아 보자.

01 화면 상단의 빠른 실행 도구 모음의 [저장] 단추를 클릭하거나 [파일] 탭–[저장]을 선택한다.

TIP 단축키 Ctrl+S를 눌러도 파일을 저장할 수 있다.

02 파워포인트 실행 첫 화면인 백스테이지(backstage)의 [다른 이름으로 저장] 화면이 열리면 [찾아보기]를 클릭한다.

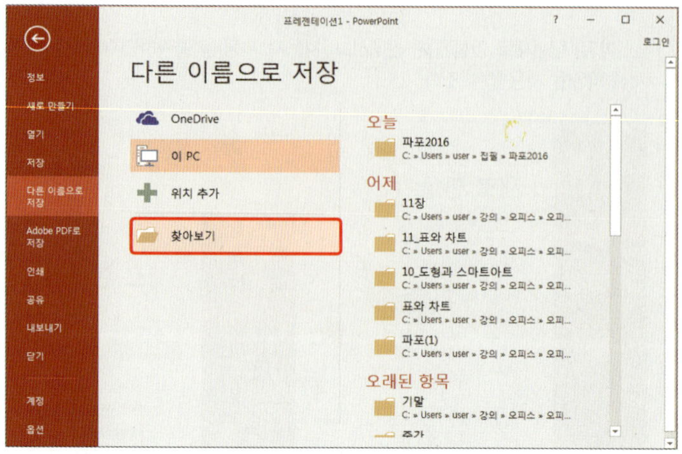

03 [다른 이름으로 저장] 대화상자가 열리면 파일을 저장할 위치를 선택하고 [파일 이름]에 *전략 제안*이라고 입력한 후 [저장]을 클릭한다.

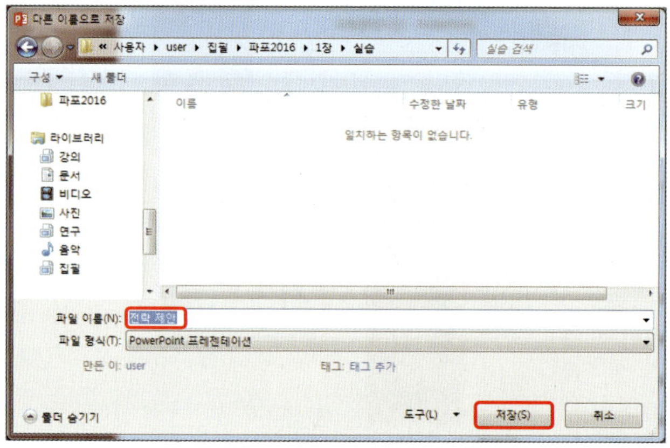

04 화면 상단에 저장한 파일 이름이 표시된다. 편집을 마친 프레젠테이션 문서를 닫을 때는 [파일] 탭–[닫기]를 선택한다.

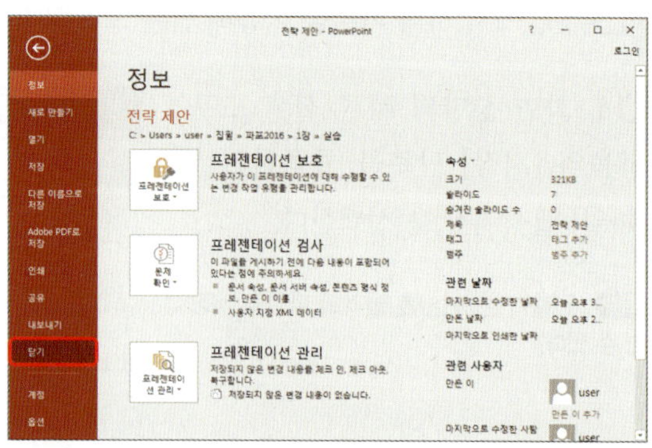

TIP 문서를 닫을 때는 단축키 Ctrl+F4를 눌러도 된다.

05 문서를 닫으면 파워포인트 화면에 빈 영역이 표시된다. 파워포인트 프로그램을 종료하려면 화면 오른쪽 상단의 [× 닫기] 단추를 클릭한다.

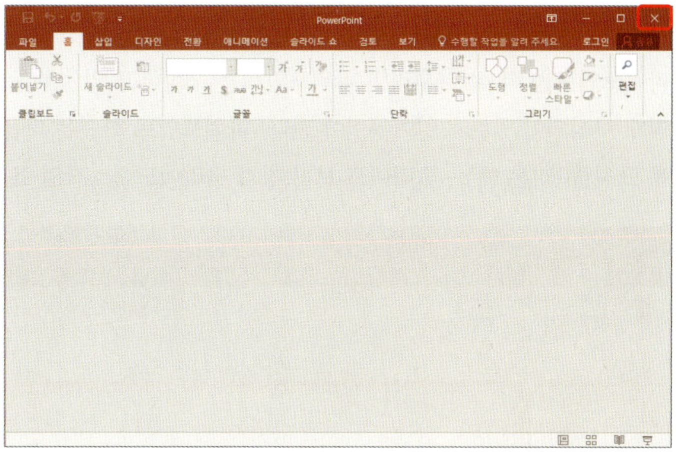

TIP 단축키 Alt+F4를 눌러도 프로그램을 종료할 수 있는데, 여러 개의 프레젠테이션 문서가 열려 있는 경우에 이 단축키를 이용하면 모든 문서가 닫힌 후에 파워포인트 프로그램이 종료된다.

여기서 잠깐 **글꼴을 함께 저장하는 경우**

파워포인트에서 제공하는 기본 글꼴을 사용하지 않고 새로운 글꼴을 설치하여 프레젠테이션을 만드는 경우가 종종 있는데, 발표에 사용할 컴퓨터에 해당 글꼴이 설치되어 있지 않으면 글꼴 깨짐 현상이 나타난다. 시간 제한이 있는 발표장에서는 컴퓨터에 글꼴을 설치할 겨를이 없을 수 있다. 이런 경우에는 글꼴을 프레젠테이션 파일에 함께 저장하는 옵션을 사용하면 된다.

이 경우 글꼴을 포함하여 문서를 저장하도록 설정하면 다른 컴퓨터에서 파일을 열더라도 글꼴을 새로 설치하지 않아도 된다. 단, 이 옵션은 파일을 다시 열 때는 유지되지 않으므로 저장할 때 옵션을 재설정해야 한다.

① [파일] 탭–[옵션]을 선택해 [PowerPoint 옵션] 대화상자가 열리면 [저장] 탭을 선택한다.

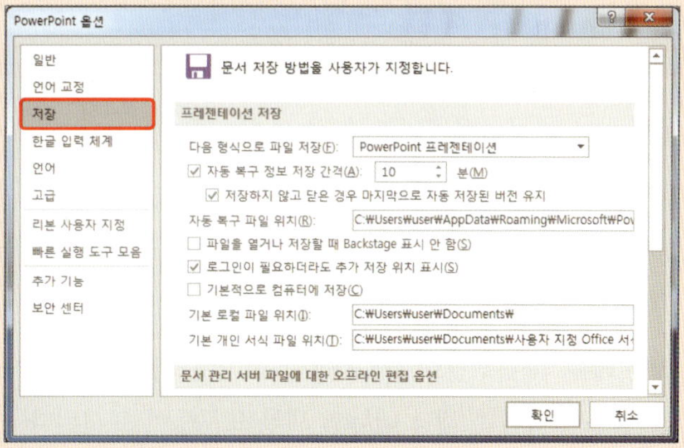

② [파일의 글꼴 포함]에 체크한 후 하단의 두 가지 옵션 중 하나를 선택하고 [확인]을 클릭한다. [프레젠테이션에 사용되는 문자만 포함]을 선택한 경우 읽기 전용으로 열리지만 파일 크기와 저장 시간을 줄일 수 있다.

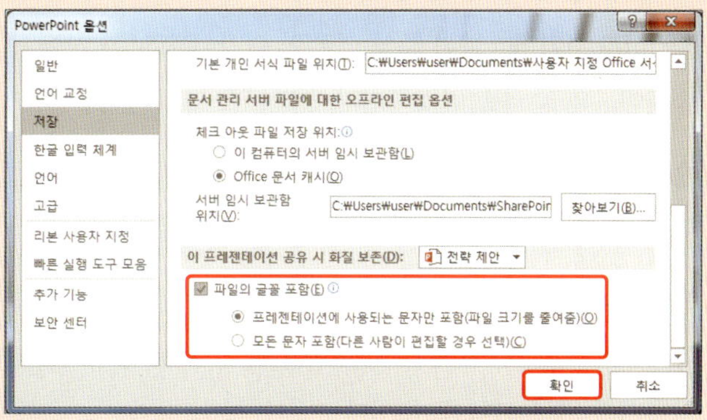

3.2 파워포인트 화면과 메뉴 구성

파워포인트를 더 잘 다루려면 파워포인트를 구성하고 있는 메뉴와 도구가 기본 화면의 어디에 있고, 어떻게 구성되어 있는지 알아두어야 한다. 파워포인트 화면은 다음 그림과 같이 빠른 실행 도구 모음과 제목 표시줄, 리본 메뉴, 슬라이드 보기 창과 슬라이드 창, 작업 표시줄로 이루어진다.

❶ **빠른 실행 도구 모음과 제목 표시줄**: 화면 가장 상단에 있는 빠른 실행 도구 모음은 자주 사용하는 메뉴를 모아 놓고 간편하게 사용할 수 있도록 하는 즐겨찾기 같은 개념이며, 제목 표시줄은 작업 중인 프레젠테이션의 파일 이름이 표시되는 부분이다. 오른쪽에는 리본 메뉴 표시 옵션과 파워포인트 창의 최소화/최대화/닫기 단추가 있다.

❷ **리본 메뉴**: 파워포인트에서 사용할 수 있는 메뉴를 유형별로 묶어 탭 형식으로 모아 놓은 것으로, 특정 탭을 클릭하면 해당 메뉴의 세부 도구들이 표시된다. 리본 메뉴를 고정해두고 사용할 수도 있지만, 편집 공간을 넓게 사용하기 위해 리본 메뉴를 축소할 수도 있다.

❸ **슬라이드 보기 창**: 화면 중앙 왼쪽의 슬라이드 보기 창에서는 모든 슬라이드의 형태를 확인할 수 있고 슬라이드의 순서를 변경하거나 슬라이드 추가 및 삭제 작업을 간편하게 할 수 있다.

❹ **슬라이드 창**: 슬라이드 창에서는 슬라이드 보기 창에서 선택한 슬라이드에 텍스트를 입력하거나 도형, 그림을 삽입하는 등의 모든 편집 작업을 할 수 있다.

❺ **작업 표시줄**: 화면 가장 아래의 작업 표시줄에는 전체 슬라이드의 개수와 현재 선택한 슬라이드 번호 등의 작업 상태가 표시된다. 또한 슬라이드 보기 형식을 변경하거나 화면 확대/축소, 현재 창 크기에 맞추기를 바로 실행할 수 있다.

기본예제 1-3 빠른 실행 도구 모음에 자주 사용하는 메뉴 추가하기

파워포인트에서 제공하는 메뉴 중 자주 사용하는 기능을 빠른 실행 도구에 모아 놓으면 편리하고 효율적으로 작업할 수 있다. 빠른 실행 도구 모음에 메뉴를 추가하는 방법을 알아보자.

01 파워포인트를 실행하고 [최근 항목] 목록에서 [기본예제 1-1]에서 만든 '전략 제안.pptx' 파일을 선택해 연다.

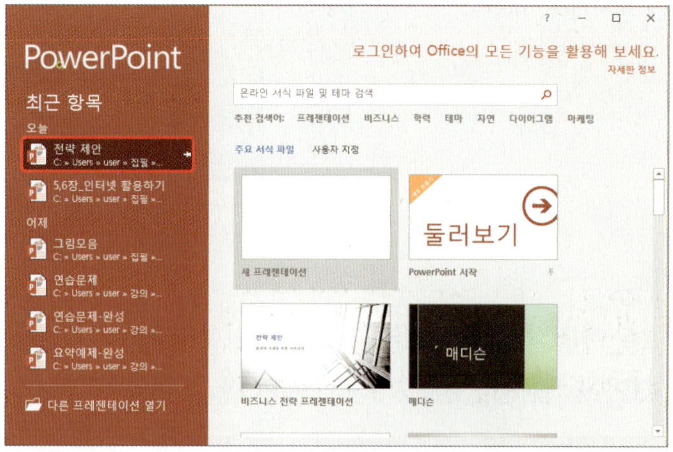

> **TIP** '전략 제안' 문서 대신 [새 프레젠테이션]을 선택해 열어도 된다.

02 화면 상단에 있는 [빠른 실행 도구 모음 사용자 지정] 단추를 클릭하고 목록에서 [열기]를 선택한다.

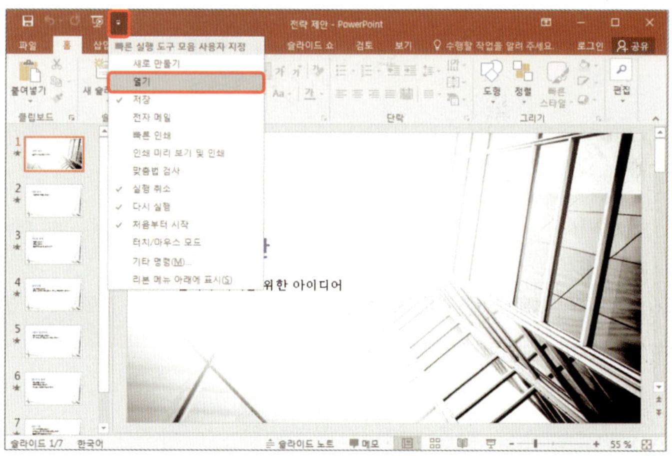

> **TIP** 리본 메뉴를 마우스 오른쪽 단추로 클릭하면 나타나는 단축 메뉴에서 [빠른 실행 도구 모음에 추가]를 선택해도 된다.

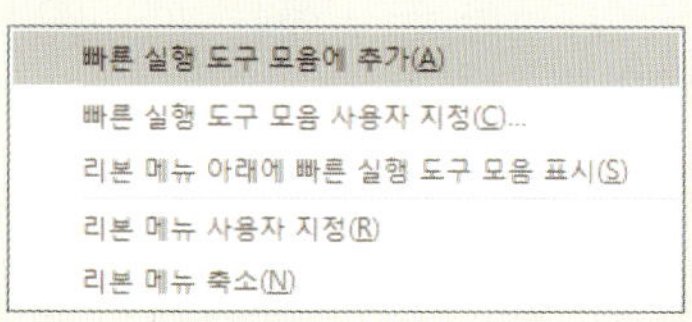

03 빠른 실행 도구 모음에 [열기] 단추가 추가된다. [빠른 실행 도구 모음 사용자 지정] 단추를 다시 클릭하고 목록에서 [리본 메뉴 아래에 표시]를 선택한다.

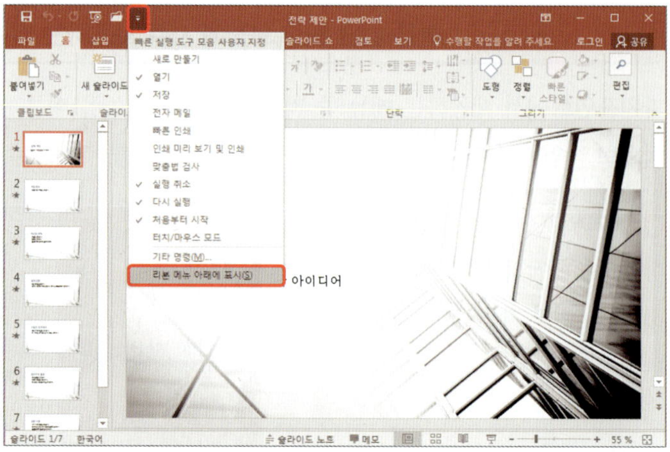

04 빠른 실행 도구 모음이 리본 메뉴 아래에 표시된다. [리본 메뉴 축소] 단추를 클릭하면 자주 사용하는 메뉴만 표시되어 편집 화면 공간을 더 넓게 사용할 수 있다.

TIP 리본 메뉴를 원래대로 표시하려면 임의의 탭을 선택하고 [리본 메뉴 고정] 단추를 클릭한다. 리본 메뉴를 축소하거나 고정하는 단축키 Ctrl+F1을 눌러도 된다.

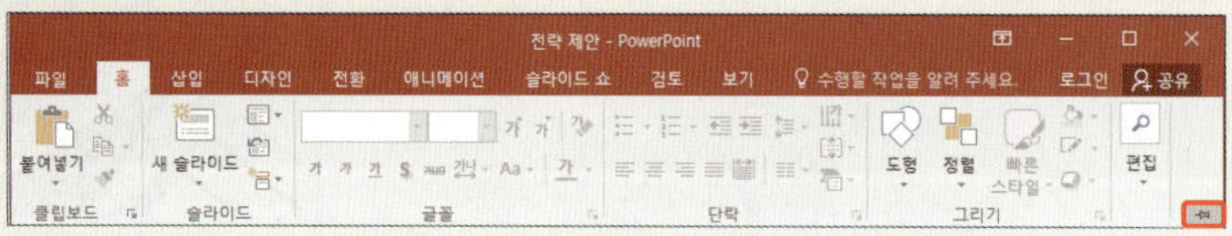

05 빠른 실행 도구 모음에 자주 사용하는 도구를 한 번에 배치하려면 [빠른 실행 도구 모음 사용자 지정] 단추를 클릭하고 목록에서 [기타 명령]을 선택한다.

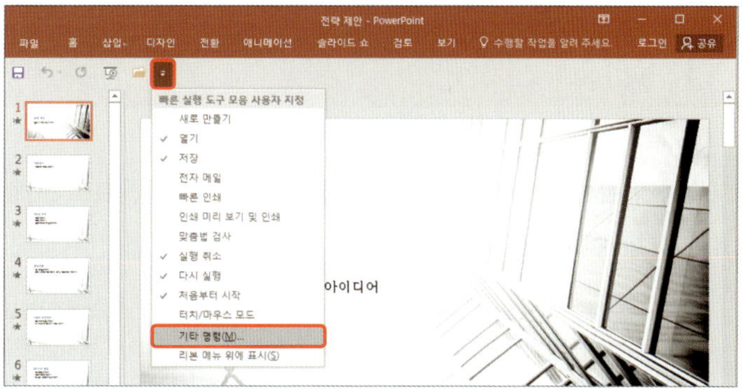

06 [PowerPoint 옵션] 대화상자의 빠른 실행 도구 모음 사용자 지정 화면이 열린다. [명령 선택] 목록에서 [많이 사용하는 명령]–[글꼴]을 선택하고 [추가]를 클릭한다.

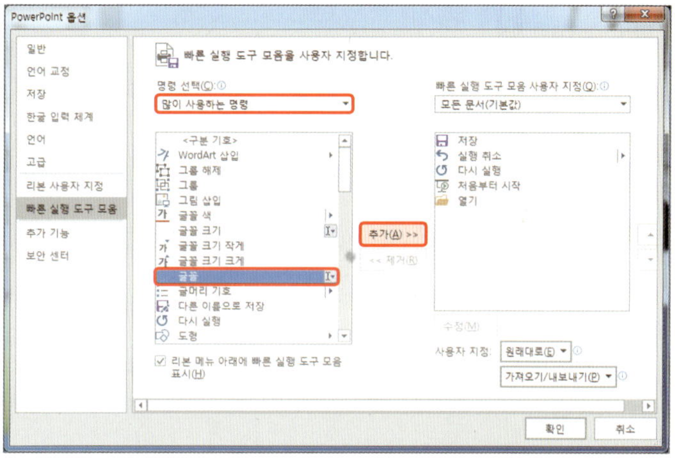

07 단계 **06**과 같은 방법으로 [인쇄 미리 보기 및 인쇄]도 빠른 실행 도구 모음에 추가하고 [확인]을 클릭한다.

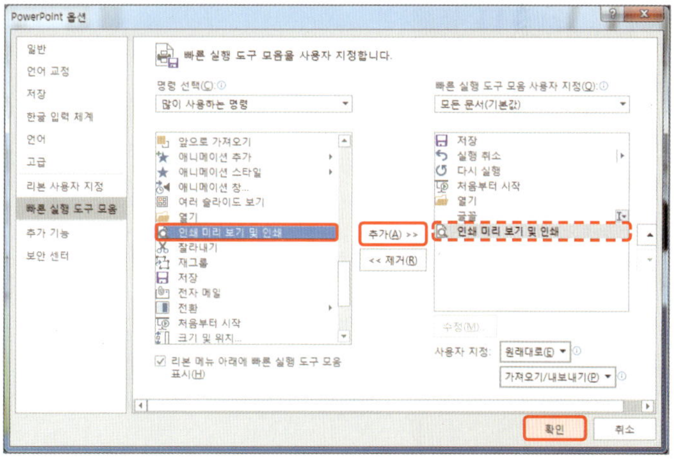

TIP 빠른 실행 도구 모음에 추가한 메뉴를 제거하려면 해당 메뉴를 마우스 오른쪽 단추로 클릭하고 단축 메뉴에서 [빠른 실행 도구 모음에서 제거]를 선택한다. 또 여기서 [리본 메뉴 위에 빠른 실행 도구 모음 표시]를 선택하면 도구 모음이 기본 위치에 배치된다.

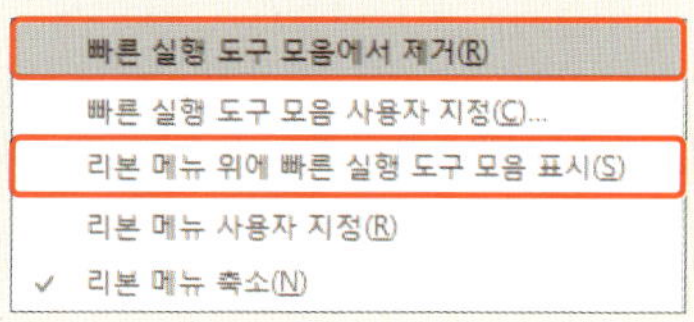

종합예제

교육과정 현황을 정리하고 개편 방향을 제안한 기획안으로 프레젠테이션 자료를 제작해 보자. 파워포인트에서 제공하는 테마 디자인을 이용하면 발표 자료를 간편하게 만들 수 있다.

TIP 프레젠테이션 기획 단계에서는 발표할 주제를 분석하여 스토리에 맞게 요약한다. 이때 요약 내용을 다음 그림과 같이 텍스트 문서로 저장하면 슬라이드 개요로 바로 활용할 수 있다. 텍스트 문서를 만들 때 Enter를 누른 부분이 슬라이드 단위가 되고, Tab으로 들여쓰기하면 세부 항목으로 구분할 수 있다. 여기서는 실습을 위해 제공된 '기획안.txt' 파일을 다운로드해 사용하자.

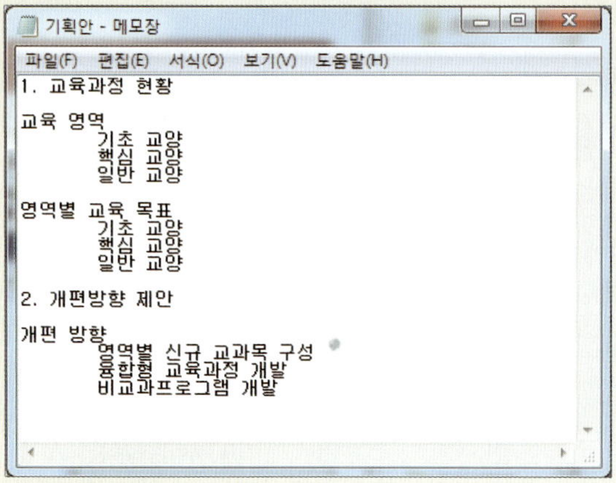

1 파워포인트를 실행하고 [추천 검색어]에서 [테마]를 선택한다.

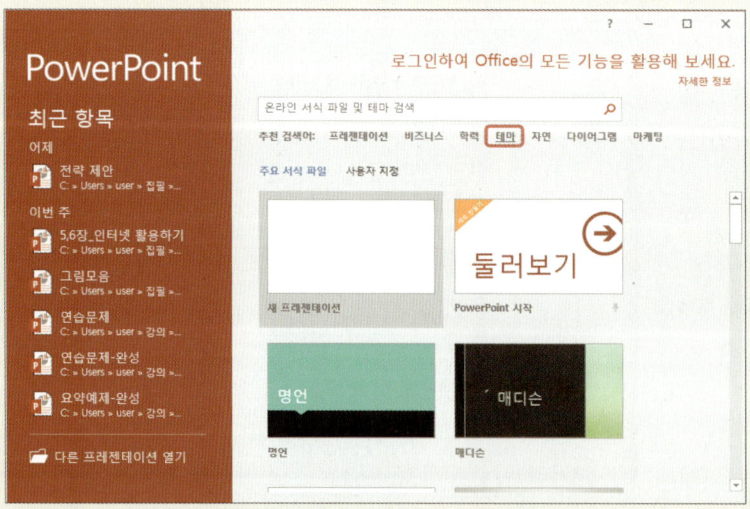

TIP 검색란에 테마 이름을 직접 입력해 찾아도 된다.

2 [명언] 테마를 선택하고 [만들기]를 클릭한다.

TIP 여러 슬라이드가 한 번에 만들어지는 서식 파일과 달리 테마는 슬라이드 서식만 미리 설정되어 있어 사용자가 원하는 슬라이드를 하나씩 추가하면서 문서를 제작해야 한다.

3 테마가 적용된 프레젠테이션이 만들어진다. [홈] 탭-[슬라이드] 그룹-[새 슬라이드] 목록에서 [슬라이드 개요]를 선택한다.

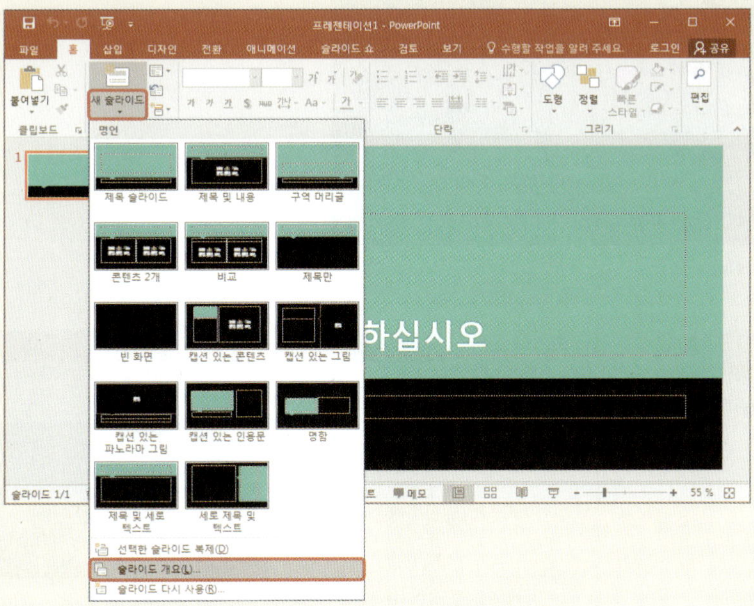

4 [개요 삽입] 대화상자가 열리면 개요가 입력된 '기획안.txt' 텍스트 문서를 선택하고 [삽입]을 클릭한다.

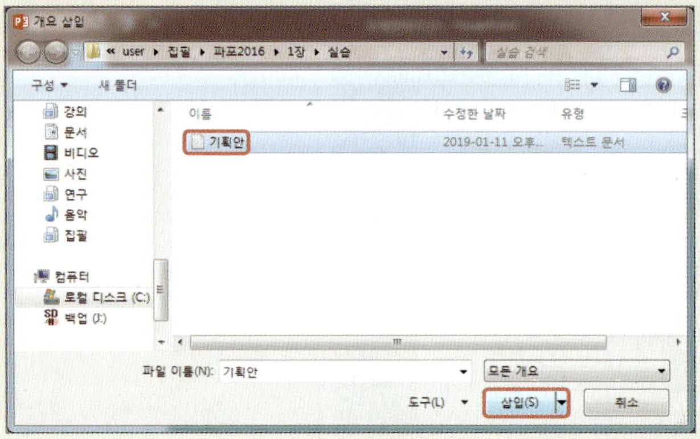

5 텍스트 문서의 내용이 입력된 슬라이드들이 삽입된다.

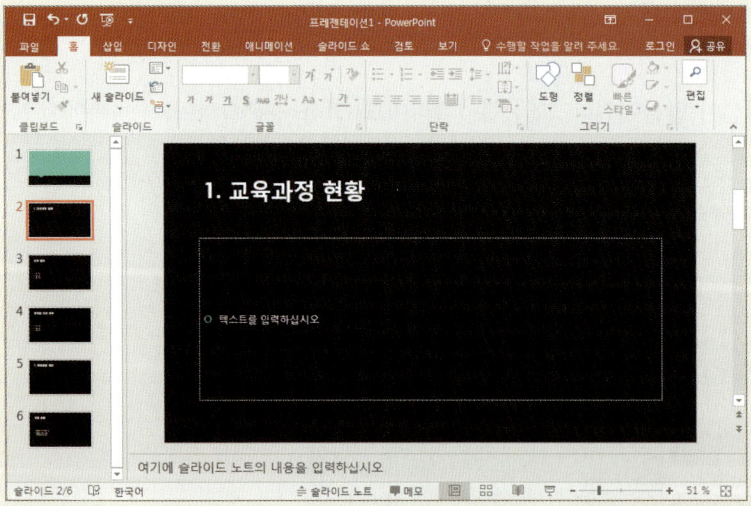

TIP 작업 표시줄에서 [기본] 단추를 클릭해 개요 보기로 전환하면 슬라이드 보기 창에 오른쪽 화면과 같이 슬라이드에 삽입된 텍스트가 표시된다. [기본] 단추를 다시 클릭하면 기본 보기로 되돌아간다.

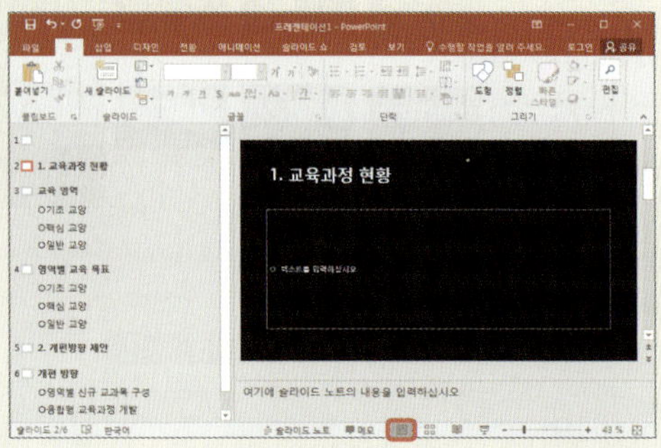

6 프레젠테이션의 제목 슬라이드를 설정하기 위해 첫 번째 슬라이드를 선택하고 제목 개체 틀을 클릭한 후 *교육과정 개편안*이라고 입력한다.

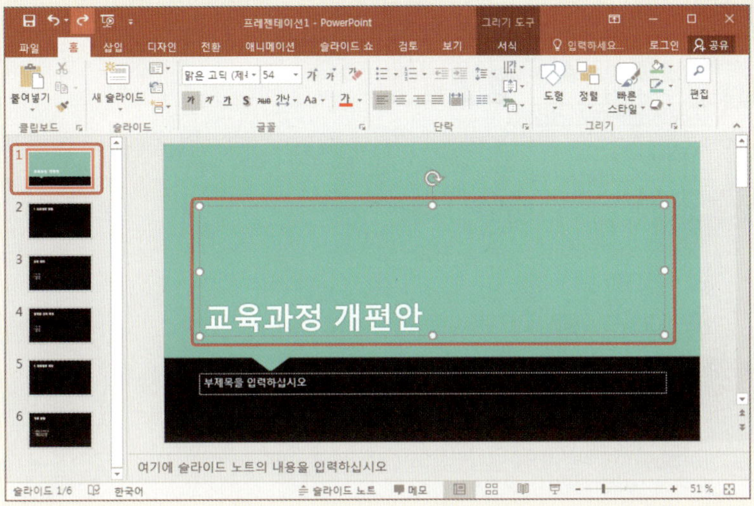

7 제목 슬라이드의 부제목 개체 틀을 클릭한 후 *교육과정 개편위원회*라고 입력한다.

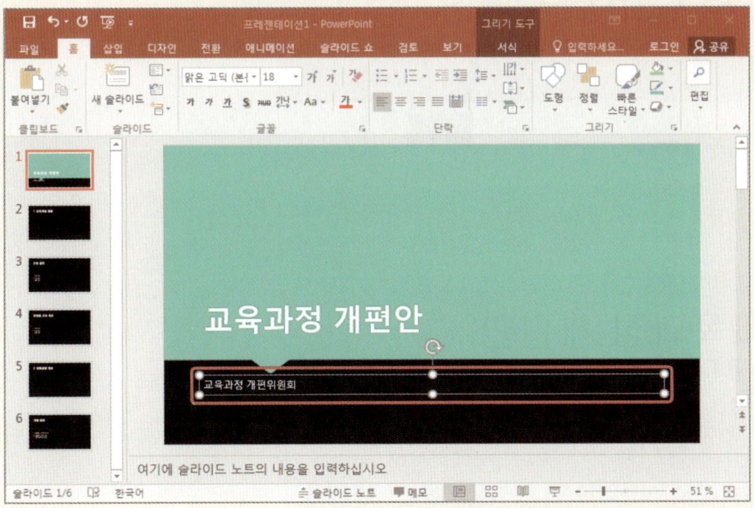

8 [디자인] 탭–[테마] 그룹–[테마] 목록에서 [갤러리] 테마를 찾아 마우스 오른쪽 단추로 클릭하고 [선택한 슬라이드에 적용]을 선택한다.

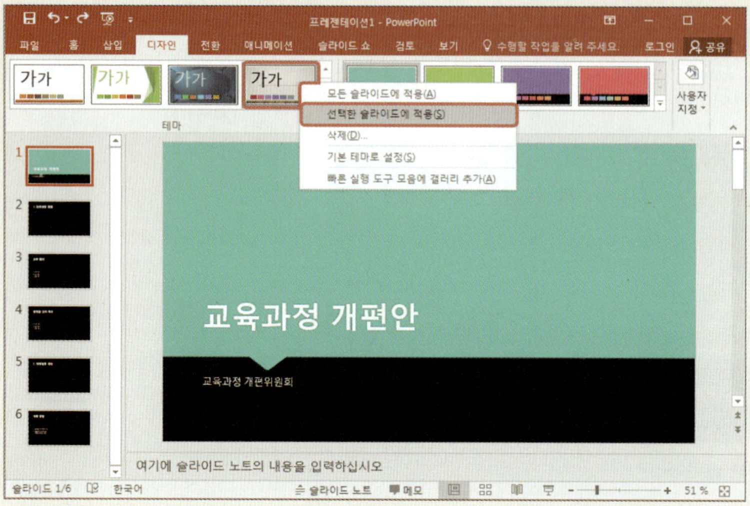

TIP 마우스 왼쪽 단추로 테마를 선택하면 모든 슬라이드의 디자인이 선택한 테마로 변경된다.

9 [빠른 실행 도구 모음 사용자 지정] 단추를 클릭해 [기타 명령]을 선택한다.

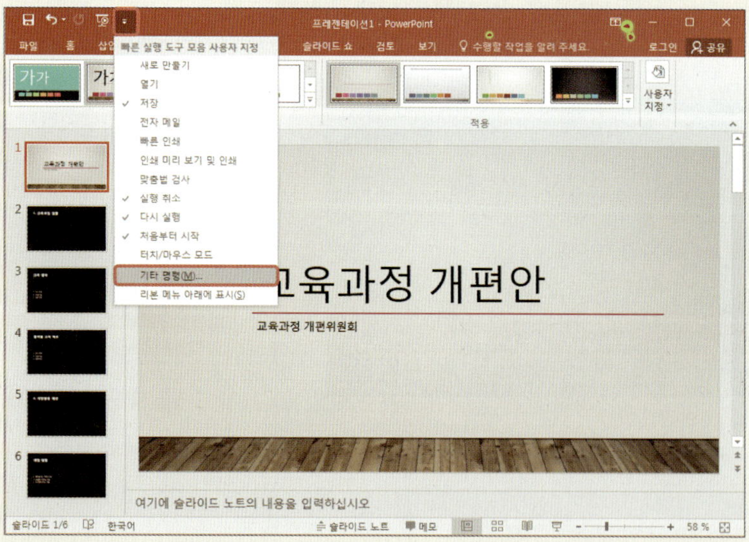

10 [PowerPoint 옵션] 대화상자의 빠른 실행 도구 모음 사용자 지정 화면이 열리면 [명령 선택] 목록에서 [많이 사용하는 명령]–[다른 이름으로 저장]을 빠른 실행 도구 모음에 추가하고 [확인]을 클릭한다.

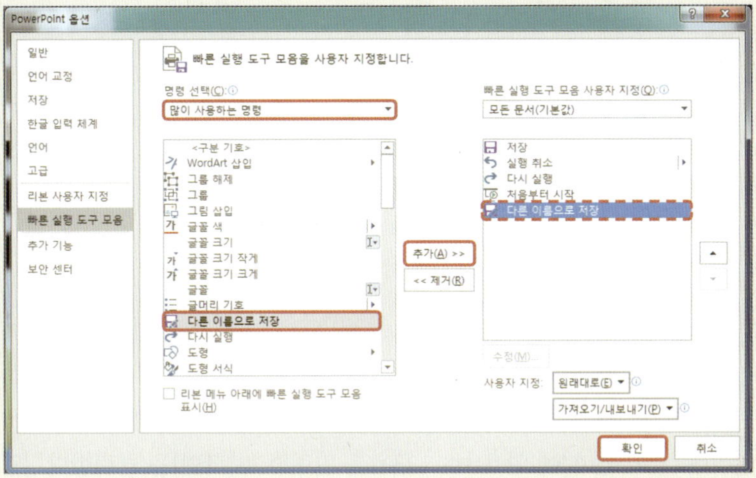

11 빠른 실행 도구 모음에서 [다른 이름으로 저장] 단추를 클릭한다. [다른 이름으로 저장] 대화상자가 열리면 파일 이름에 *교육과정 개편안*이라고 입력한다.

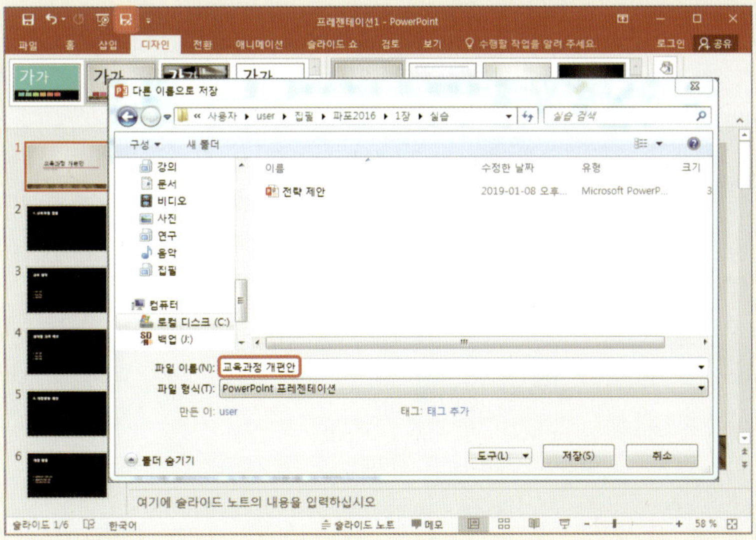

TIP 프레젠테이션을 처음 저장할 때는 파일 이름과 위치를 정해야 하므로 [다른 이름으로 저장] 명령을 사용한다. [저장] 명령은 이미 저장한 파일의 위치나 이름을 바꾸지 않고 내용만 변경해 저장하는 경우에 사용하며, 대화상자가 열리지 않는다. 파일을 처음 저장할 때 [저장] 명령을 실행하면 백스테이지의 [다른 이름으로 저장] 화면으로 이동된다.

12 [도구] 목록에서 [일반 옵션]을 선택한다.

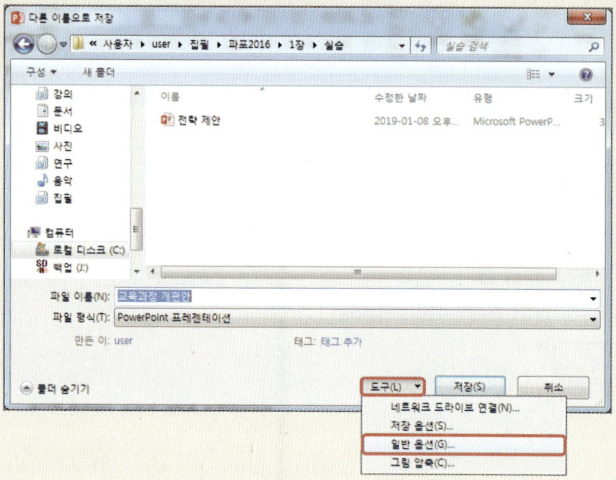

13 [일반 옵션] 대화상자가 열리면 [열기 암호]에 암호(예: 1234)를 입력하고 [확인]을 클릭한다. [암호 확인] 대화상자에서 같은 암호를 다시 입력하고 [확인]을 클릭한다.

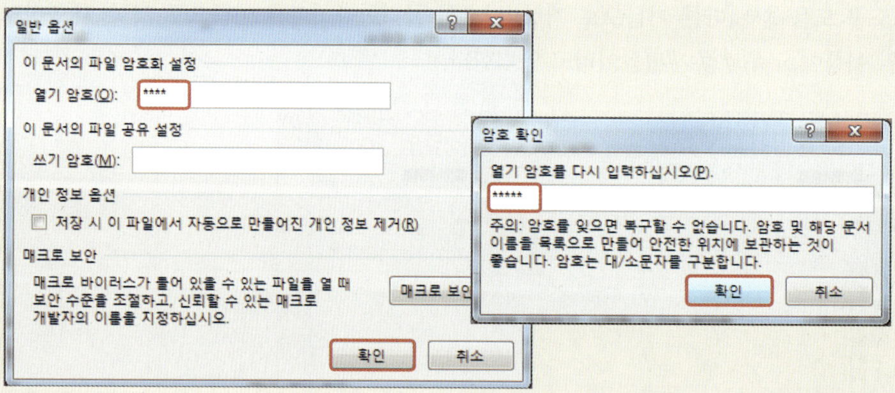

14 [다른 이름으로 저장] 대화상자에서 [저장]을 클릭해 편집 화면으로 바뀌면 제목 표시줄에 파일 이름이 나타난다. [파일] 탭을 선택하면 [프레젠테이션 보호] 항목에서 암호 설정에 대한 정보를 확인할 수 있다.

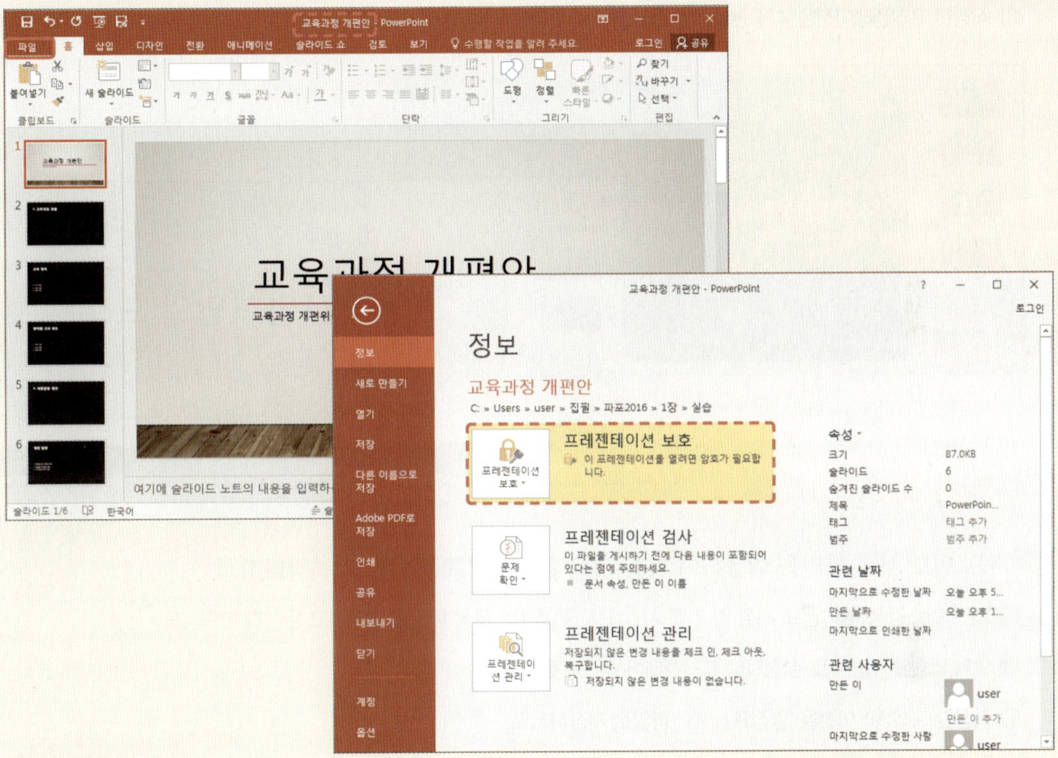

TIP 암호 설정을 취소하려면 [프레젠테이션 보호]-[암호 설정]을 선택한 후 [문서 암호화] 대화상자에서 암호를 지우고 [확인]을 클릭한다.

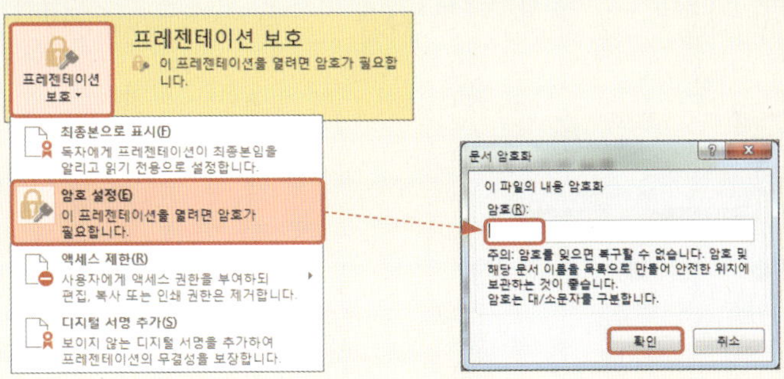

연습 문제

1 파워포인트에서 제공하는 테마를 적용하여 다음 지시대로 프레젠테이션을 작성하시오.

❶ '4차 산업혁명.pptx' 파일을 열고 모든 슬라이드의 디자인을 [슬라이스] 테마로 설정하시오.

❷ 슬라이드 1의 디자인을 [갤러리] 테마로 변경하시오.

❸ 작성한 프레젠테이션을 '4차 산업혁명(완성).pptx' 파일로 저장하시오.

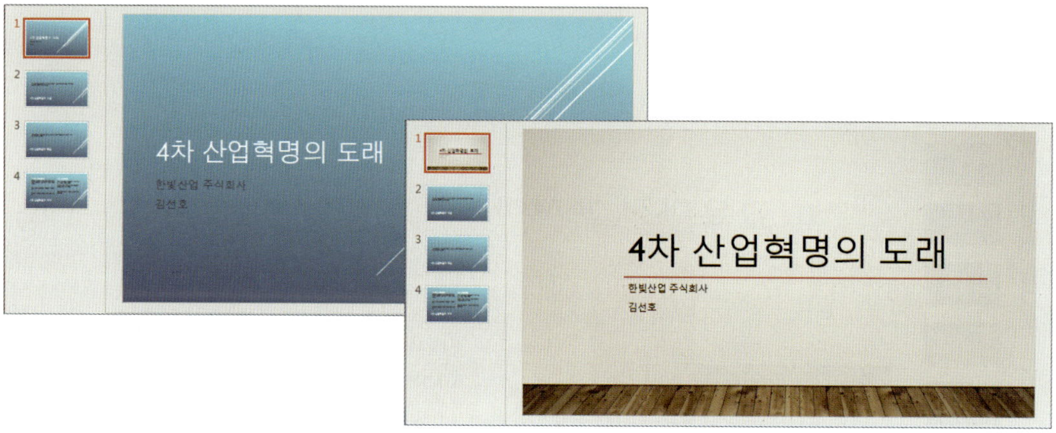

2 파워포인트 서식 파일을 이용하여 다음 지시대로 일정표를 만들고 저장하시오.

❶ '시간'으로 검색하여 '중요 시점 및 기록 시간 표시줄'이라는 서식 파일을 선택하고 문서를 만드시오.

❷ 열기 암호를 '1234'로 설정하여 프레젠테이션을 보호하시오.

❸ 작성한 프레젠테이션을 '일정표.pptx' 파일로 저장하시오.

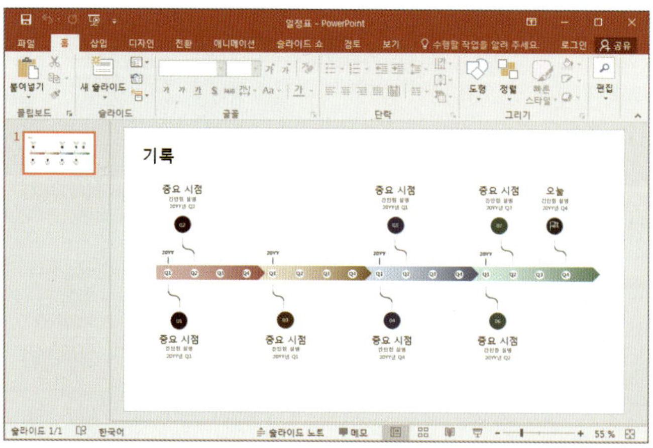

CHAPTER

02

파워포인트 기본 기능

학습목표

- 파워포인트 문서를 다른 형식으로 저장하고 문서 속성을 설정할 수 있다.
- 슬라이드를 다루는 도구들을 사용할 수 있다.

SECTION 01

파워포인트 문서 다루기

파워포인트 프로그램에서 작성한 프레젠테이션 문서를 열고, PDF나 비디오와 같은 다른 형식으로 저장하는 방법을 알아본다. 또, 문자의 자동 고침과 자동 저장 시간, 시작 화면 설정, 개인 정보 변경과 제거 등 프레젠테이션 문서의 속성을 바꾸거나 파워포인트 옵션을 설정하는 방법도 함께 알아본다.

1.1 프레젠테이션 열기

파워포인트를 실행하고 프레젠테이션을 열거나, 프레젠테이션을 편집하고 있는 상태에서 다른 프레젠테이션을 여는 방법을 알아본다.

TIP 일반적으로 윈도 탐색기에서 특정 파일 이름을 더블클릭하면 파일의 형식에 맞는 프로그램이 실행되면서 파일이 열린다. 프레젠테이션 문서를 열 때도 같은 방법으로 윈도 탐색기를 사용할 수 있다. 확장자가 pptx인 파일을 더블클릭하면 파워포인트 프로그램이 실행되면서 파일이 열린다.

기본예제 2-1 파워포인트를 실행하고 프레젠테이션 열기

파워포인트를 실행하고 프레젠테이션 문서를 열어 보자.

01 파워포인트를 실행하고 첫 화면에서 [다른 프레젠테이션 열기]를 클릭한다.

TIP [최근 항목] 목록에 원하는 파일이 있으면 클릭하여 바로 열 수 있다.

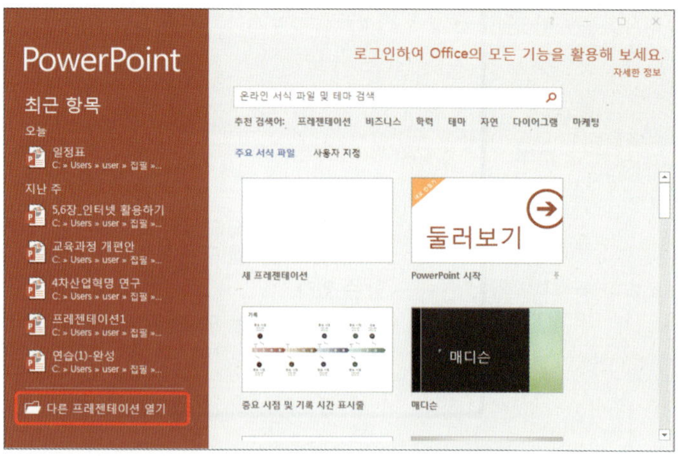

02 백스테이지 화면의 [열기] 목록에서 [찾아보기]를 클릭한다.

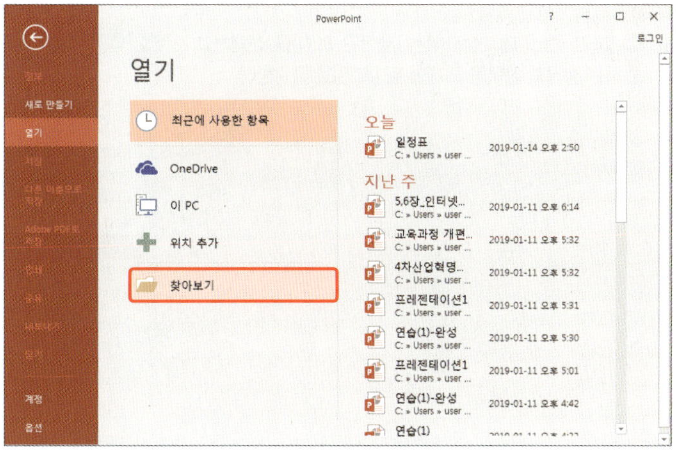

03 [열기] 대화상자에서 '전략 제안.pptx' 파일을 찾아 선택하고 [열기]를 클릭한다.

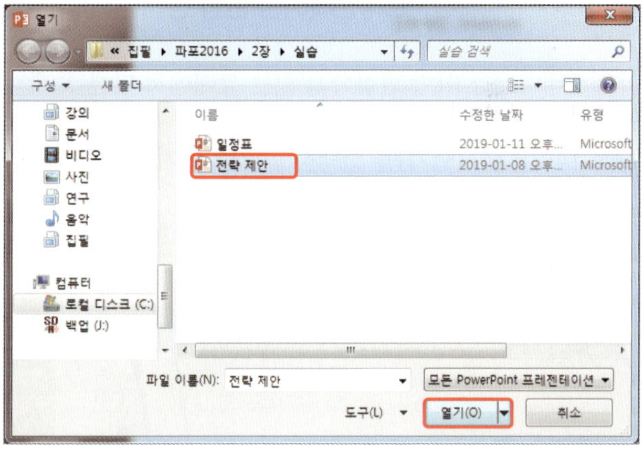

여기서 잠깐 **제한된 보기 설정 방법**

인터넷이나 임시 인터넷 폴더 등 안전하지 않은 위치에서 가져온 파일은 컴퓨터 보호를 위해 읽기 전용 또는 제한된 보기로 열린다. 파일을 편집하려면 안내 표시줄에서 [편집 사용] 단추를 클릭하면 되는데 매번 단추를 클릭하는 것이 번거롭다면 파워포인트 옵션에서 제한된 보기 설정을 변경할 수 있다.

① [제한된 보기]의 설명 부분을 클릭해 백스테이지의 [정보] 화면이 열리면 [제한된 보기 설정]을 클릭한다.

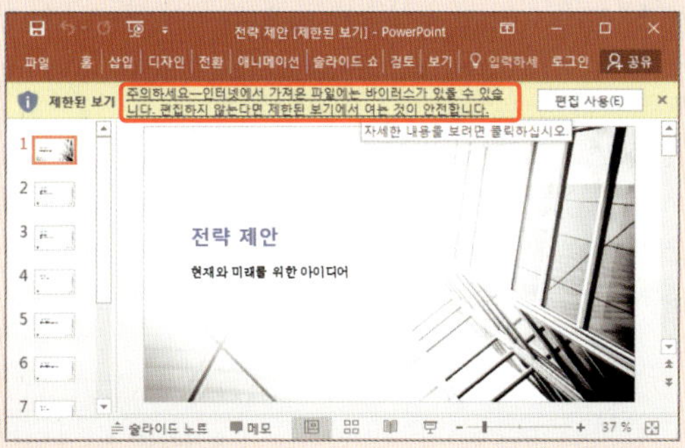

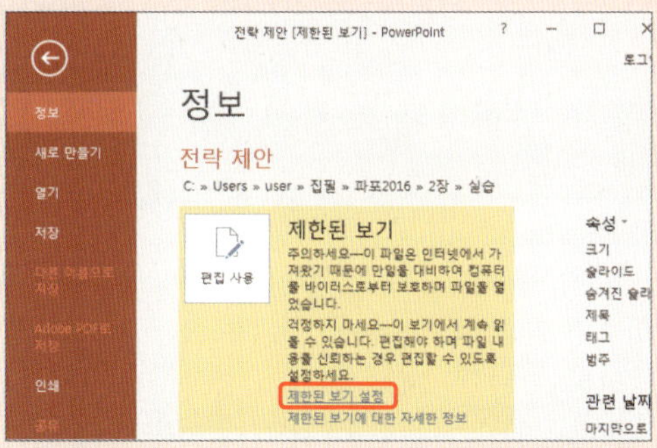

TIP [파일] 탭-[옵션]을 선택해 [PowerPoint 옵션] 대화상자를 열고 [보안 센터] 탭을 선택한 후 [보안 센터 설정]을 클릭해도 된다.

② [보안 센터] 대화상자에서 [제한된 보기]를 선택하고 원하는 항목의 선택을 해제한 뒤 [확인]을 클릭한다.

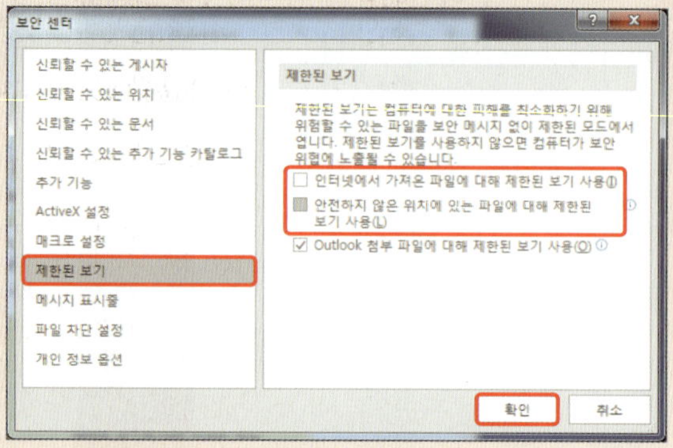

기본예제 2-2 프레젠테이션 편집 상태에서 다른 프레젠테이션 열기

프레젠테이션을 이미 편집하고 있는 상태에서 다른 프레젠테이션 문서를 열어 보자.

01 [파일] 탭–[열기]를 선택하고 [찾아보기]를 클릭한다.

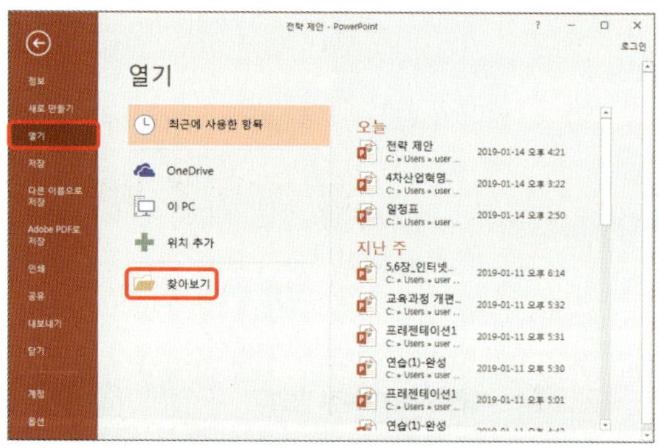

02 [열기] 대화상자에서 '일정표.pptx' 파일을 선택하고 [열기]를 클릭한다.

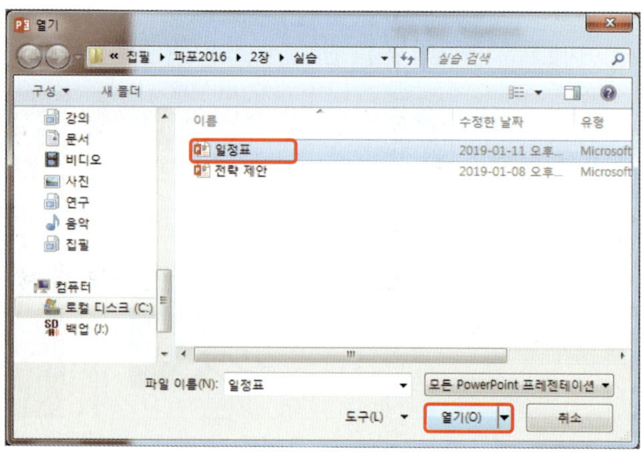

여기서 잠깐 ▶ 윈도 탐색기에서 리본 메뉴로 드래그하여 열기

[기본예제 2-2]의 단계 **01~02** 대신 윈도 탐색기에서 열고 싶은 파일을 파워포인트 프로그램의 리본 메뉴로 드래그해도 된다.

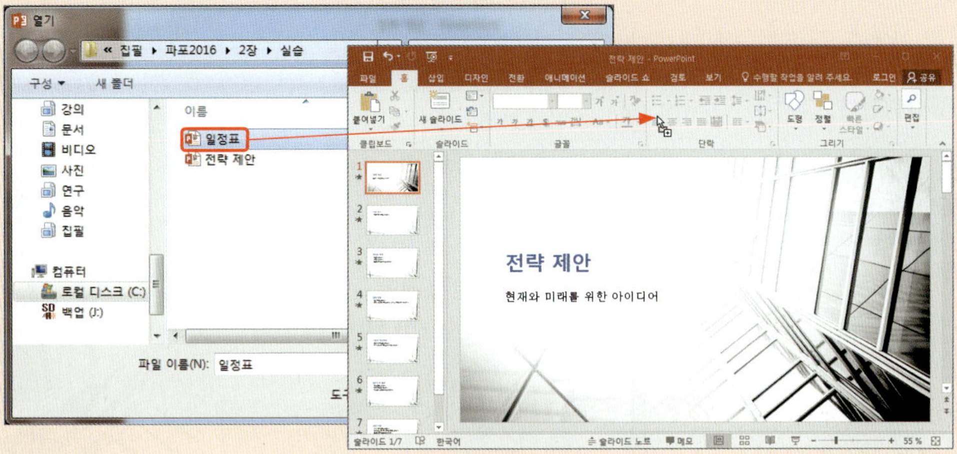

03 파워포인트 창이 하나 더 만들어지면서 선택한 문서가 열린다.

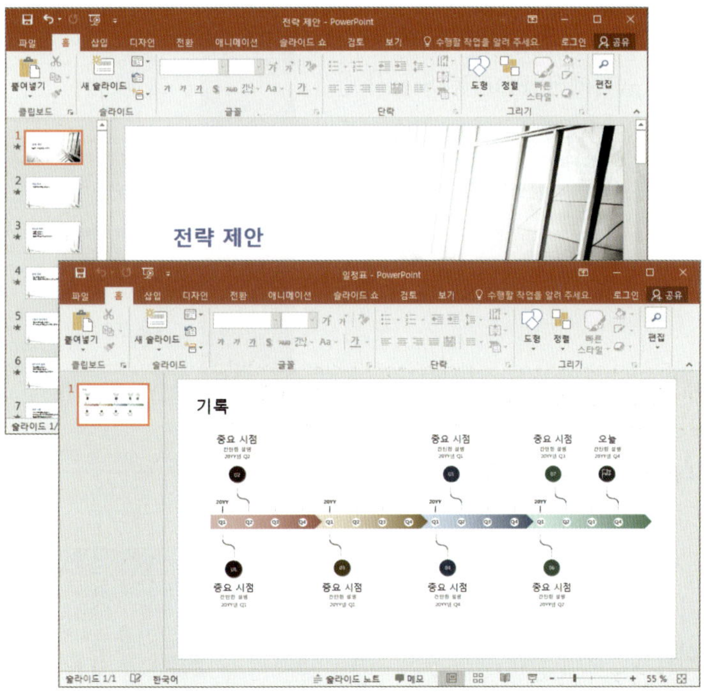

1.2 파일 내보내기

파일 내보내기를 이용하면 파워포인트에서 만든 프레젠테이션을 PDF 형식이나 비디오 또는 다른 형식의 파일로 저장할 수 있다.

기본예제 2-3 프레젠테이션을 PDF로 저장하기

파워포인트 문서를 PDF 형식으로 저장해 보자.

01 '전략 제안.pptx' 파일을 열고 [파일] 탭을 클릭한다.

TIP 앞에서 제작한 파일을 열어도 되고, 예제소스로 제공하는 파일을 다운로드해 저장한 후 실습에 이용해도 된다. 이는 이 책의 모든 예제에 해당된다.

02 [내보내기]를 선택한 후 [내보내기] 목록에서 [PDF/XPS 문서 만들기]를 선택하고 [PDF/XPS 만들기] 단추를 클릭한다.

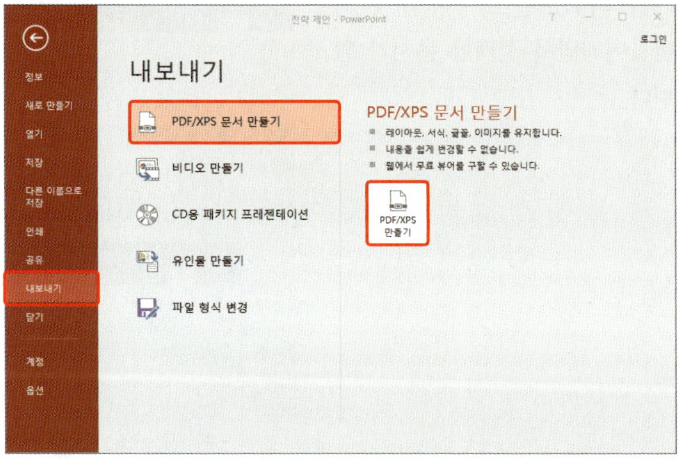

03 [PDF 또는 XPS로 게시] 대화상자가 열리면 저장할 위치를 설정하고 [파일 이름]을 *전략 제안*으로 입력한다. [게시 후 파일 열기]를 선택한 후 [게시]를 클릭한다.

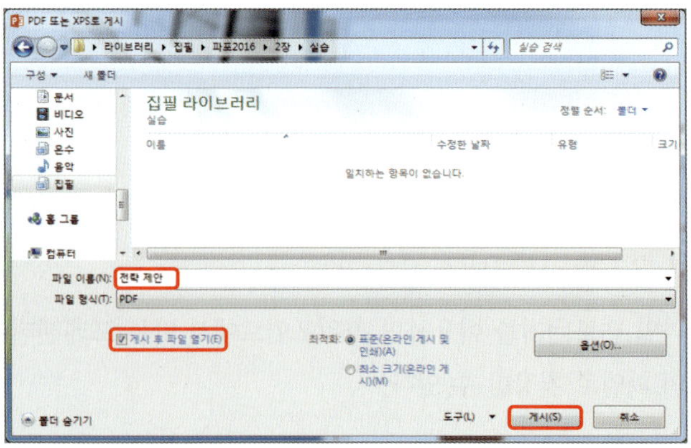

04 PDF 문서 작성 과정이 종료되면 만들어진 문서가 화면에 게시된다.

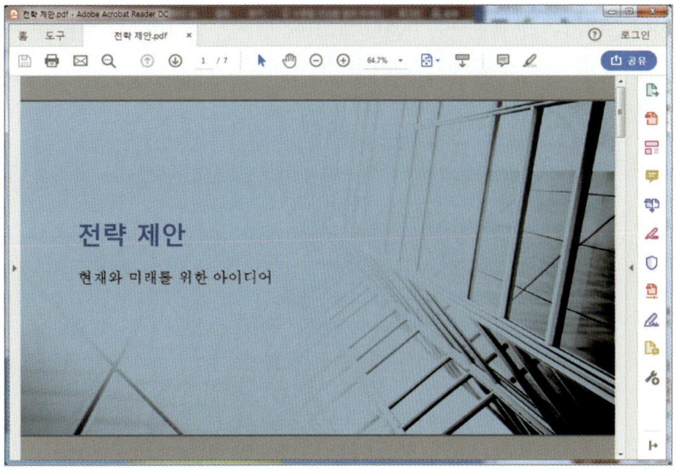

기본예제 2-4 프레젠테이션을 그림으로 저장하기

파워포인트 문서를 그림 형식으로 내보내기하여 저장해 보자.

01 '일정표.pptx' 파일을 열고 [파일] 탭을 선택한다.

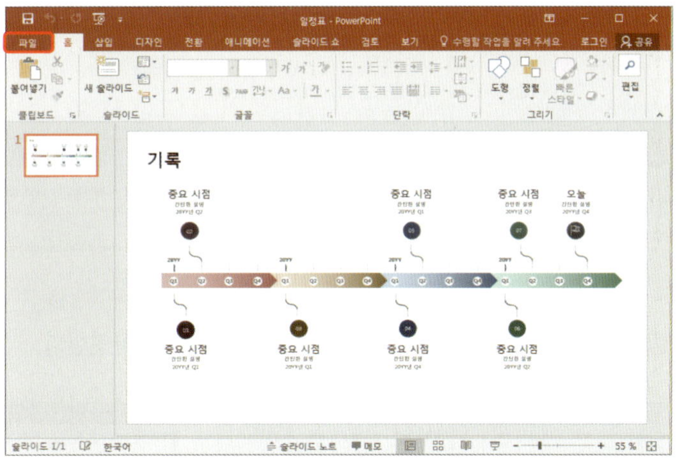

02 [내보내기]를 선택한 후 [내보내기] 목록에서 [파일 형식 변경]-[JPEG 파일 교환 형식]을 선택하고 [다른 이름으로 저장]을 클릭한다.

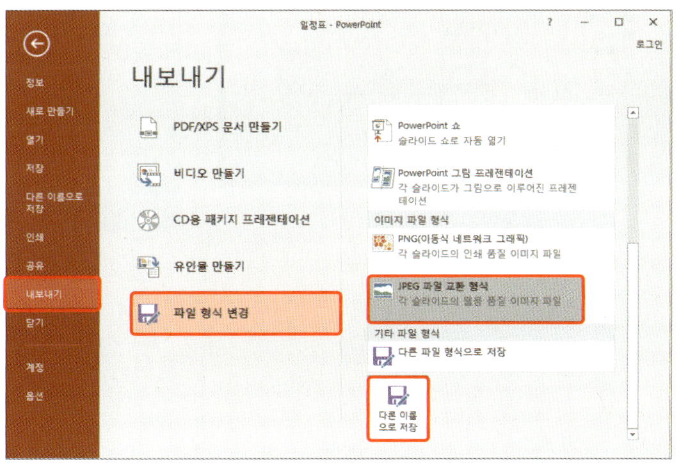

03 [다른 이름으로 저장] 대화상자가 열리면 [파일 이름]에 *일정표*를 입력하고 [저장]을 클릭한다.

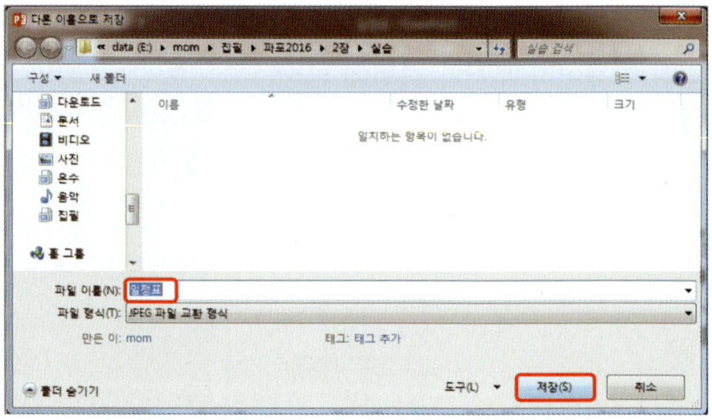

04 프레젠테이션의 모든 슬라이드를 그림으로 저장하기 위해 [모든 슬라이드]를 클릭한다.

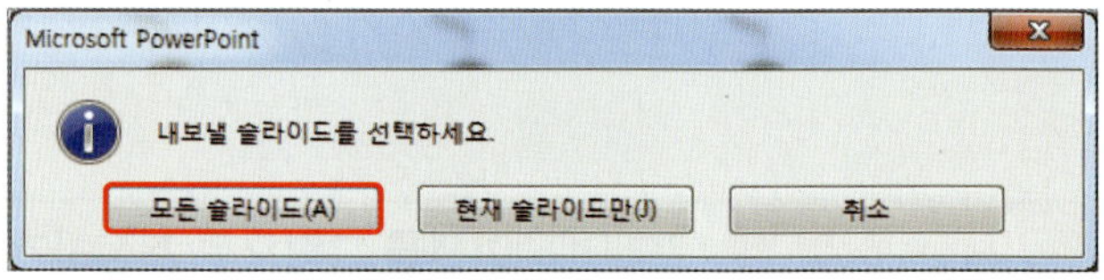

> **TIP** 내보낼 슬라이드로 [모든 슬라이드]를 선택하면 프레젠테이션 이름('일정표.pptx')과 동일한 폴더('일정표' 폴더)가 생성되고 해당 폴더 안에 그림이 저장된다. 반면 [현재 슬라이드만]을 선택해 내보내면 폴더 생성 없이 그림 파일만 저장된다.

05 저장 완료를 알리는 메시지가 나타나면 [확인]을 클릭한다.

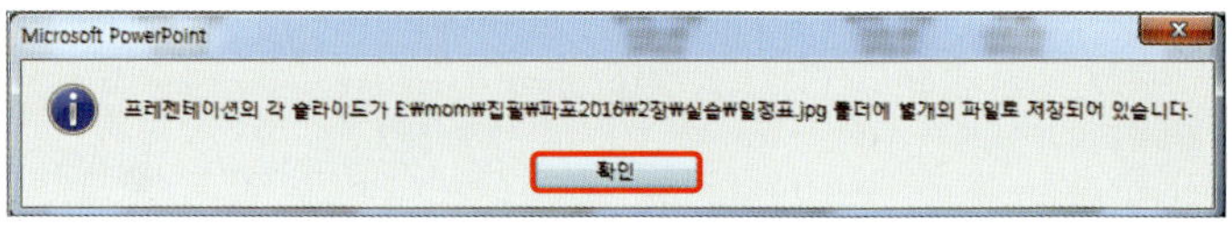

06 생성된 폴더와 폴더 안에 저장된 그림 파일을 확인한다.

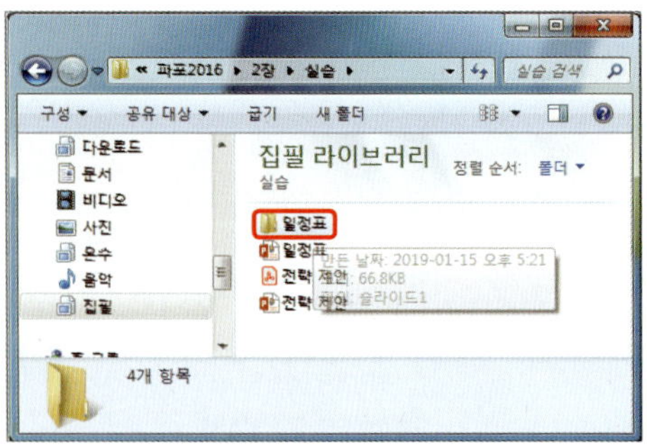

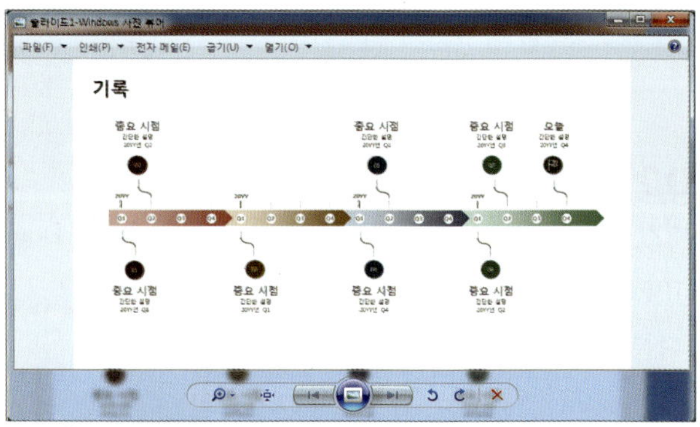

기본예제 2-5 프레젠테이션을 비디오로 저장하기

파워포인트 문서를 비디오 파일로 저장해 보자.

01 '전략 제안.pptx' 파일을 열고 [파일] 탭을 클릭한다.

02 [내보내기]를 선택하고 [내보내기] 목록에서 [비디오 만들기]를 선택한다.

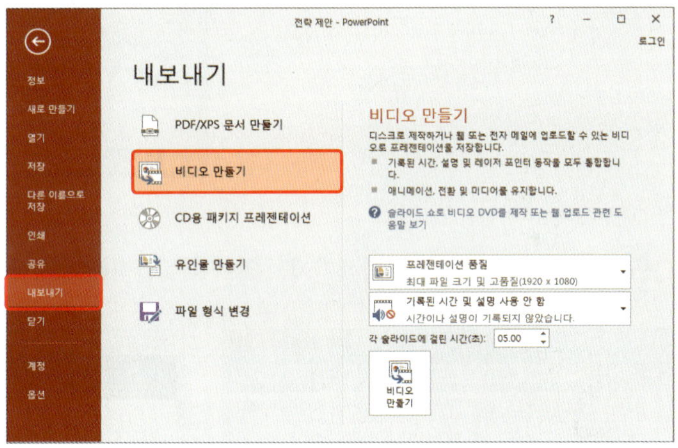

03 [각 슬라이드에 걸린 시간(초)]를 [03.00]으로 변경하고 [비디오 만들기]를 클릭한다.

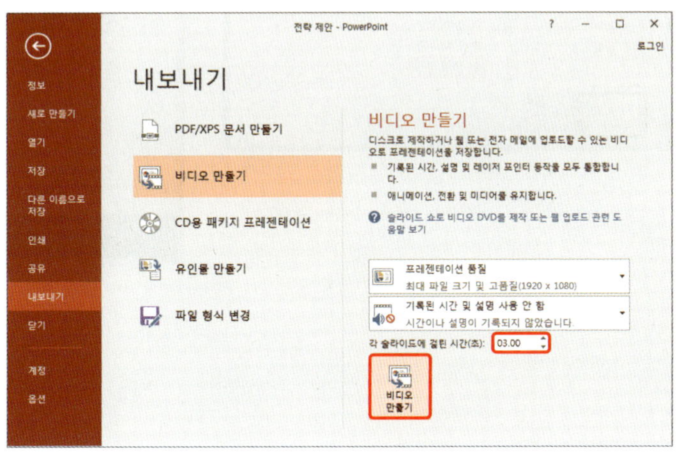

> **여기서 잠깐 시간 및 설명 기록**
>
> 비디오 파일을 만들 때 [시간 및 설명 기록]을 선택하면 슬라이드 쇼를 바로 녹화할 수 있는데, 이때 프레젠테이션에 대한 설명이나 포인터의 움직임, 애니메이션 시간 등을 저장할 수 있으며, 이렇게 저장된 기록이 비디오 파일로 만들어진다.

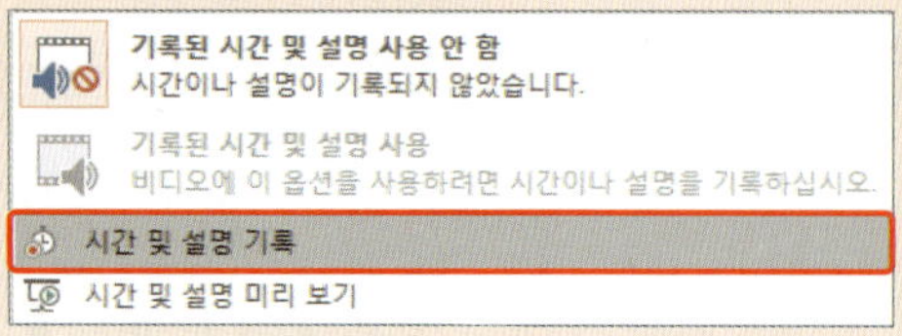

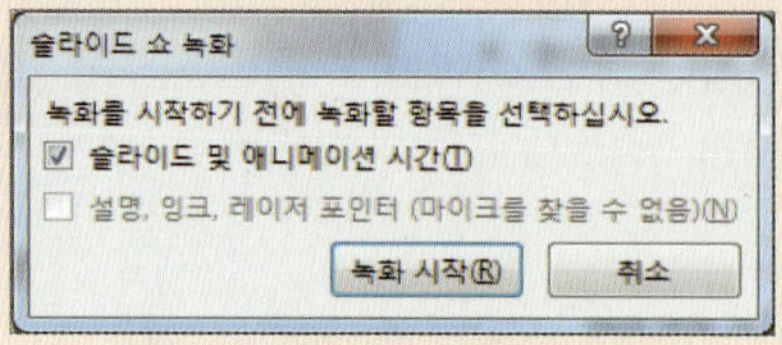

04 [다른 이름으로 저장] 대화상자에서 [파일 이름]에 *전략 제안*을 입력하고 [파일 형식]은 [Windows Media 비디오]로 선택한 후 [저장]을 클릭한다.

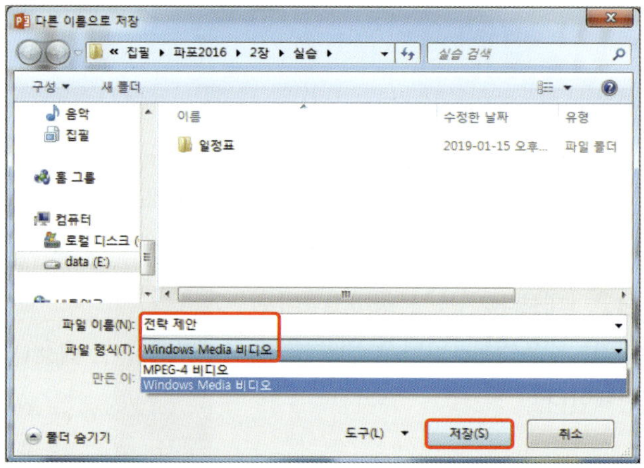

05 저장된 비디오 파일을 탐색기에서 찾아 더블클릭해 재생해 본다.

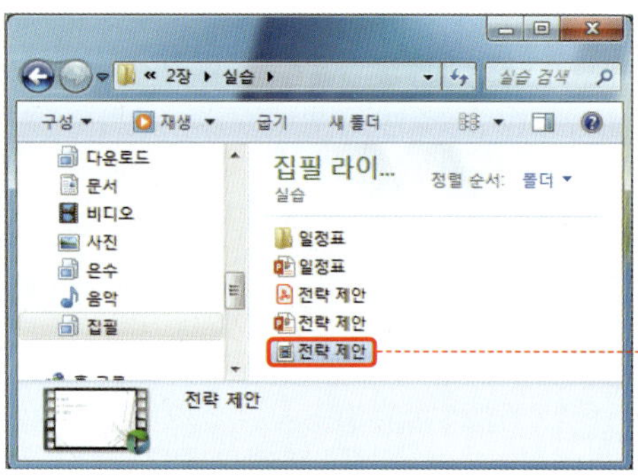

1.3 문서 속성과 파워포인트 옵션 설정하기

프레젠테이션 문서 속성과 파워포인트 옵션을 이용하면 프레젠테이션 검사와 복구, 한/영 자동고침, 자동 저장 간격 설정, 시작 화면 설정 등의 기능을 통해 프레젠테이션 문서를 효율적으로 관리할 수 있다.

기본예제 2-6 프레젠테이션 검사와 복구하기

문서를 다른 사람과 공유해 작업할 때 숨은 데이터나 개인 정보를 검사해 제거하는 기능과 프로그램 오류 등의 이유로 작업 내용을 저장하지 못한 프레젠테이션을 복구하는 방법을 알아보자.

01 '전략 제안.pptx' 파일을 열고 [파일] 탭–[정보]를 선택한다. [정보] 화면에서 [프레젠테이션 검사]의 [문제 확인] 목록을 열고 [문서 검사]를 선택한다.

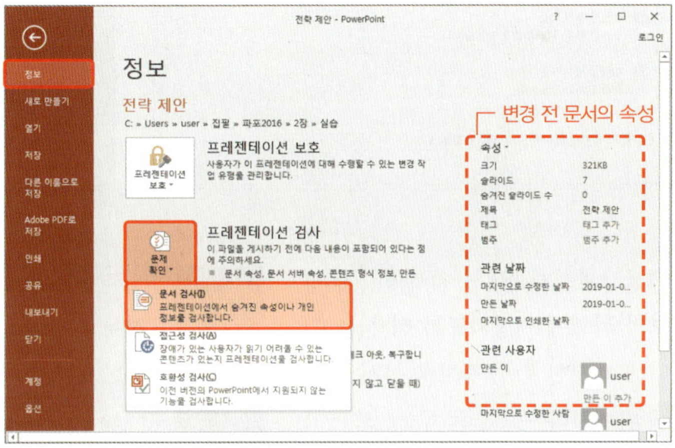

02 [문서 검사] 대화상자가 열리면 [검사]를 클릭한다.

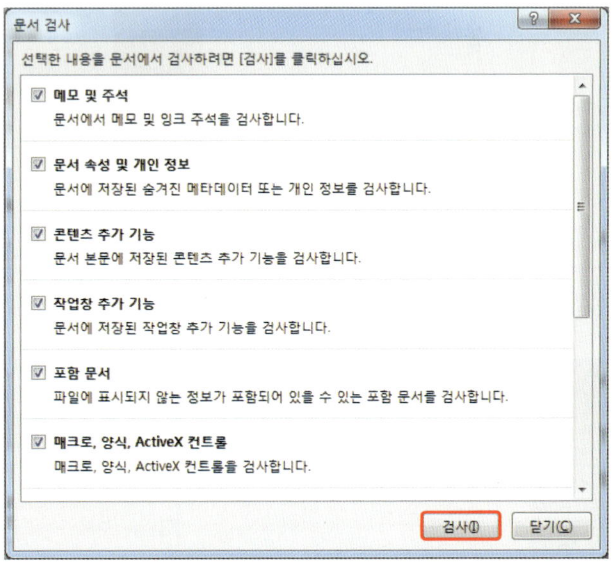

03 [문서 검사] 대화상자에 검사 결과가 표시되면 [문서 속성 및 개인 정보] 항목과 [사용자 지정 XML 데이터] 항목의 [모두 제거]를 각각 클릭한 후 [닫기]를 클릭한다.

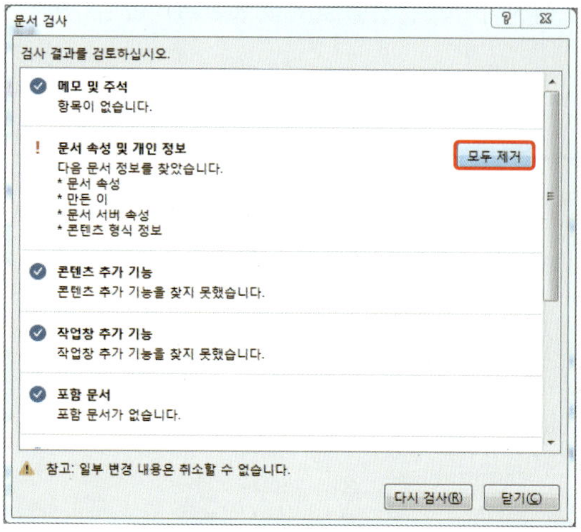

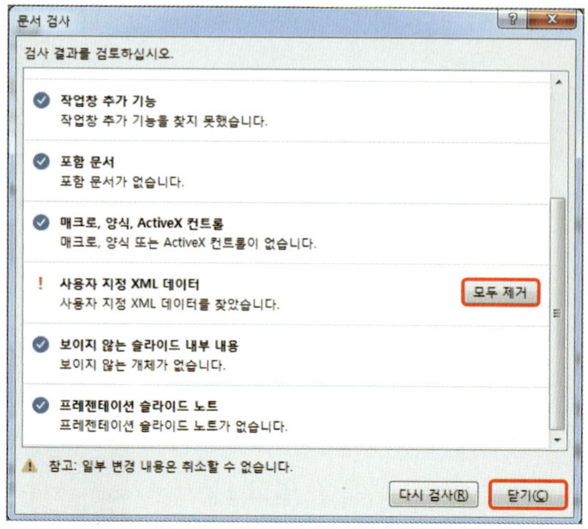

04 [프레젠테이션 검사]의 [이 정보가 파일에 저장되도록 허용]을 클릭해 제거한 속성 정보를 문서 정보에 반영한다.

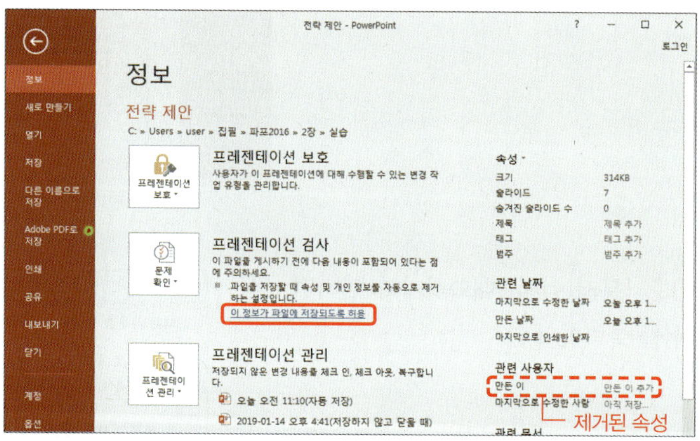

05 저장되지 않은 파일을 복구하려면 [정보] 화면에서 [프레젠테이션 관리] 목록의 [저장되지 않은 프레젠테이션 복구]를 선택한다. [열기] 대화상자에서 복구할 파일이 있으면 선택하고 [열기]를 클릭한다.

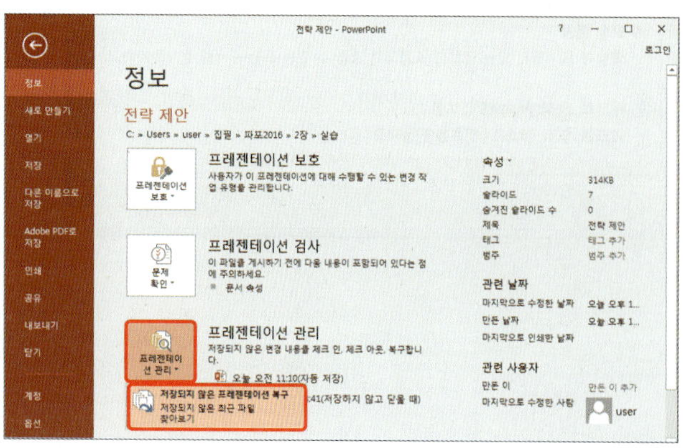

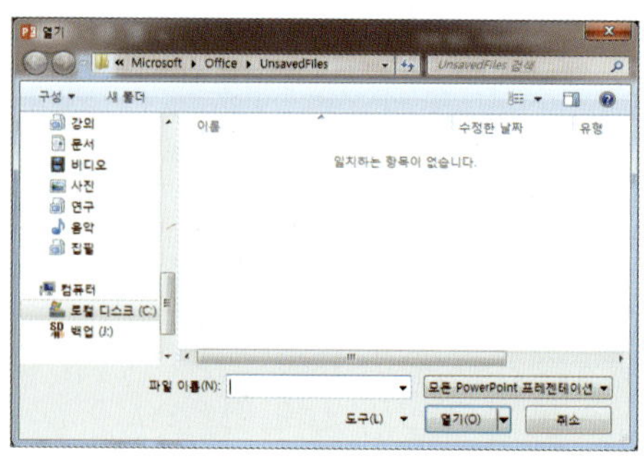

여기서 잠깐 **파일 복원하기**

[프레젠테이션 관리]에 저장 시간별 버전이나 저장하지 않은 항목이 목록으로 표시되면 클릭해서 복원할 수도 있다. 선택한 파일이 열리면 [복원] 단추를 클릭한다. 다른 버전의 파일이 있는 경우 이를 확인하는 대화상자가 열리는데, 여기서 [확인]을 클릭하면 파일이 덮어쓰기된다. 이를 방지하려면 [복원] 대신 [다른 이름으로 저장] 메뉴를 이용한다.

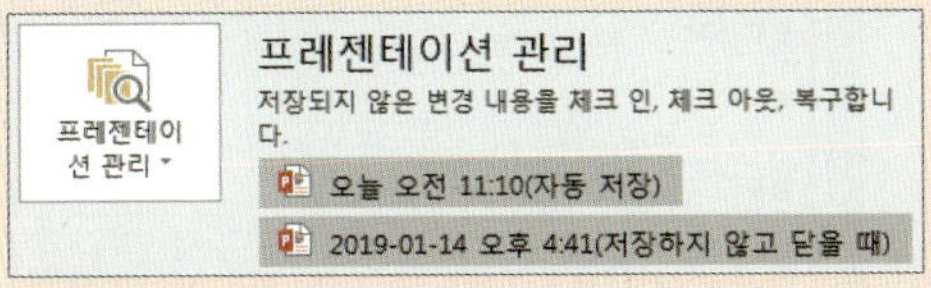

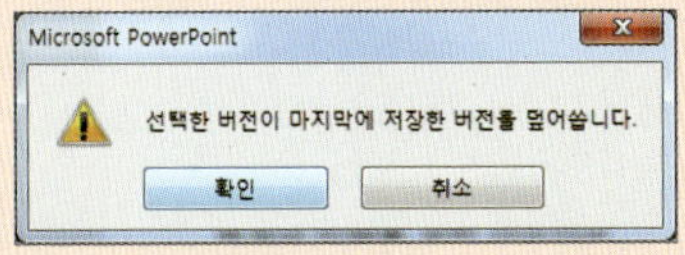

기본예제 2-7 문서 속성 변경하기

프레젠테이션 문서의 제목, 주제, 만든 이 등의 속성을 원하는 값으로 변경해 보자.

01 '전략 제안.pptx' 파일을 열고 [파일] 탭–[정보]를 선택한다. [정보] 화면에서 [속성]–[고급 속성]을 선택한다.

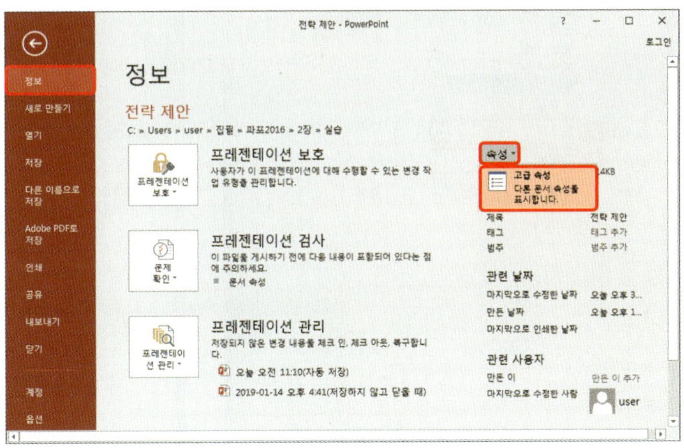

02 [전략 제안 속성] 대화상자의 [요약] 탭에서 각 속성의 값을 입력한다.

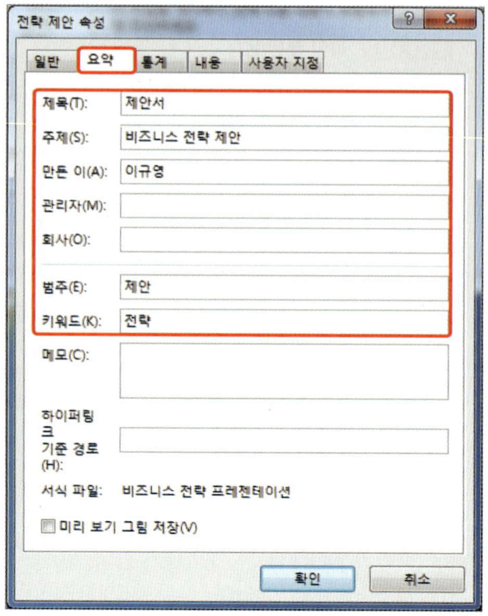

TIP [제목]은 *제안서*, [주제]는 *비즈니스 전략 제안*, [만든 이]는 *이규영*, [범주]는 *제안*, [키워드]는 *전략*으로 입력한다.

03 [사용자 지정] 탭에서 [이름]은 [부서], [형식]은 [텍스트]를 선택하고, [값]에는 *기획부*를 입력한 후 [추가]를 클릭한다.

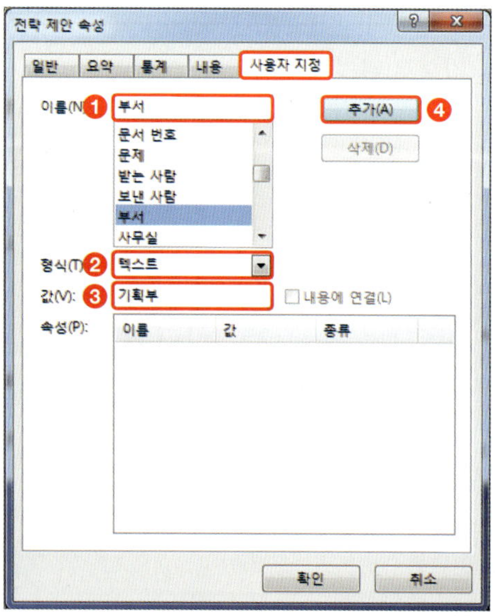

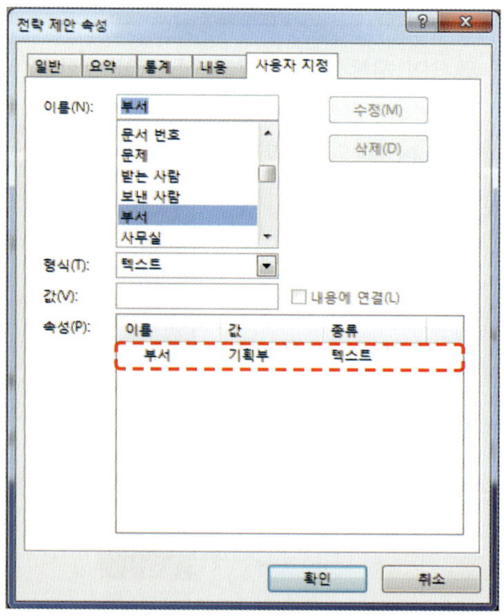

TIP 문서의 기본적인 속성 외에 필요한 항목이 있으면 [사용자 지정] 탭에서 원하는 항목을 직접 선택하고 값을 입력한다. [이름] 목록에 원하는 항목이 없는 경우 직접 입력해서 새로운 항목을 만들어도 된다.

04 단계 **03**과 같은 방법으로 [이름]은 [참조], [형식]은 [텍스트]를 선택하고, [값]에는 *영업부*를 입력한 후 [추가]를 클릭한다. 사용자 지정 속성 추가가 끝나면 [확인]을 클릭한다.

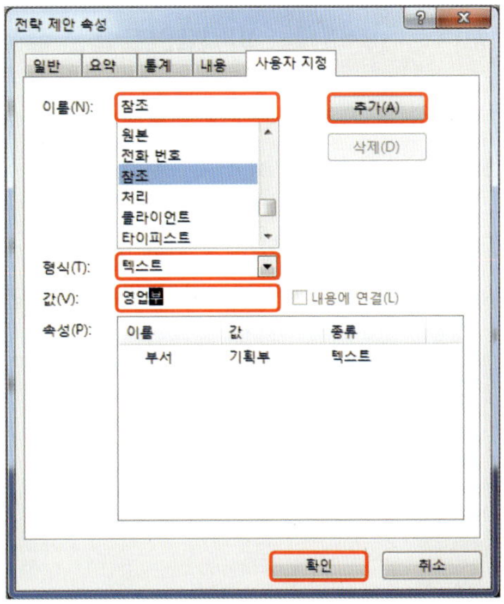

TIP 추가한 사용자 지정 속성을 수정하려면 [이름] 목록에서 원하는 항목을 선택한 후 [형식]이나 [값]을 수정하고 [수정]을 클릭한다. 삭제하려면 [속성] 목록에서 원하는 항목을 선택하고 [삭제]를 클릭한다.

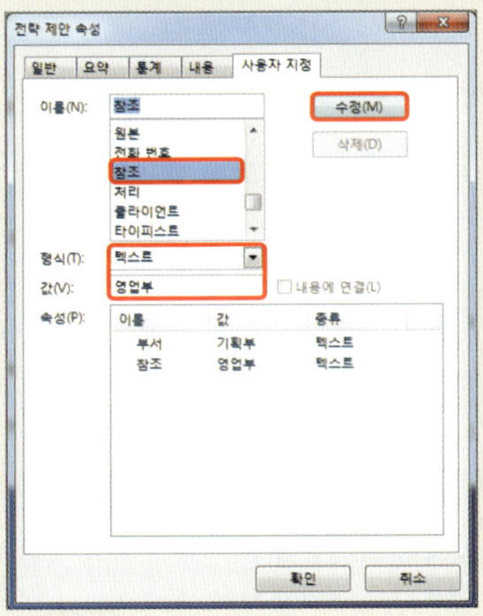
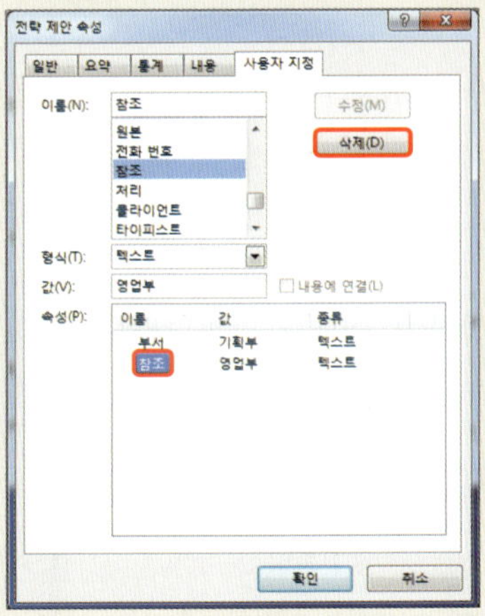

05 [정보] 화면의 [속성]이 설정한 값으로 변경된 것을 확인한다.

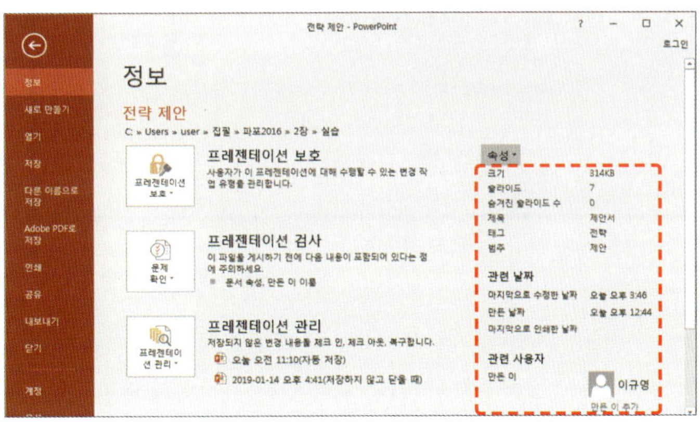

파워포인트 옵션 설정하기

파워포인트 옵션을 이용해 프로그램 실행 화면 표시 방법, 한/영 자동 고침, 자동 저장 간격, 실행 취소 최대 횟수 등을 설정해 보자.

01 [파일] 탭–[옵션]을 선택해 [PowerPoint 옵션] 대화상자가 열리면 [일반] 탭의 [시작 옵션] 그룹에서 [이 응용 프로그램을 시작할 때 시작 화면 표시] 항목의 체크를 해제한다.

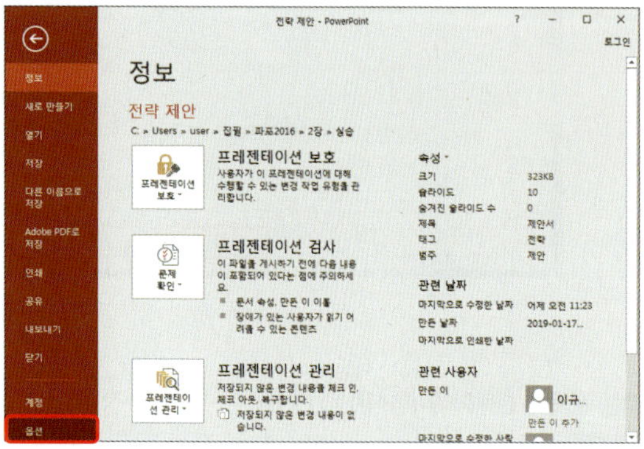

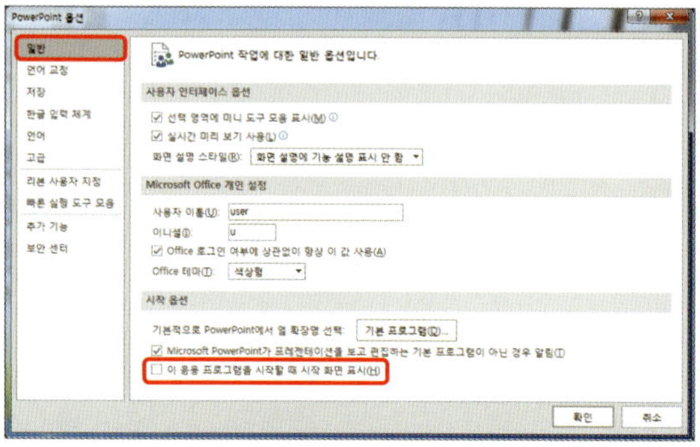

TIP 파워포인트 프로그램을 시작할 때 테마 선택 화면이 나타나지 않고 새 프레젠테이션 편집 화면이 바로 표시되도록 하는 옵션이다.

02 [PowerPoint 옵션] 대화상자에서 [언어 교정] 탭을 선택하고 [자동 고침 옵션]을 클릭한다. [자동 고침] 대화상자가 열리면 [한/영 자동 고침] 항목의 체크를 해제하고 [확인]을 클릭한다.

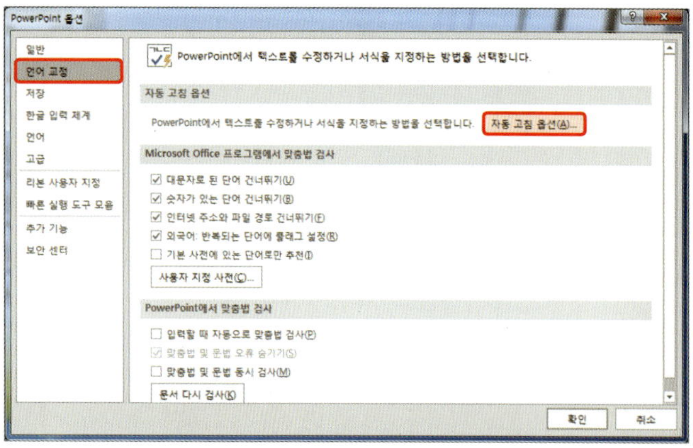

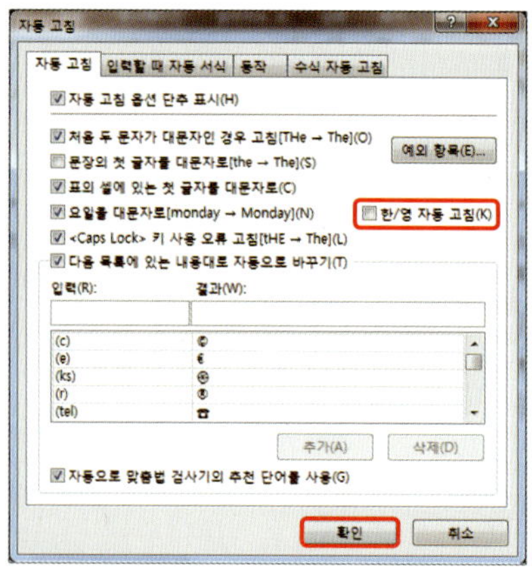

03 [PowerPoint 옵션] 대화상자에서 [저장] 탭을 선택하고 [프레젠테이션 저장] 그룹의 [자동 복구 정보 저장 간격]을 [20]분으로 변경한다.

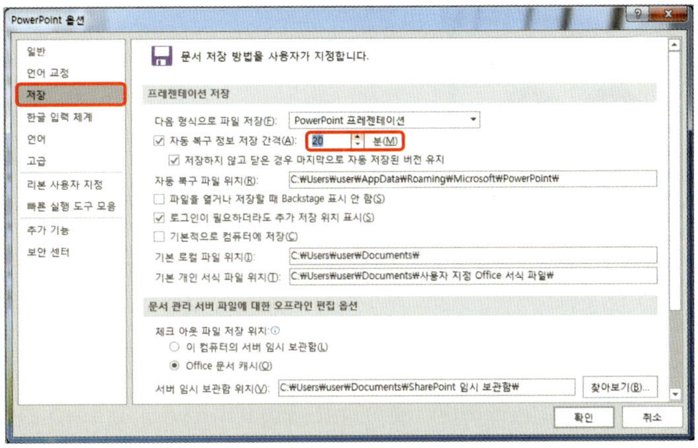

TIP 프로그램 작동이 중단되거나 정전 등의 상황이 발생하는 것을 방지하기 위해 작업 내용이 자동으로 저장되는 시간 간격을 설정한다.

04 [PowerPoint 옵션] 대화상자에서 [고급] 탭을 선택하고 [편집 옵션] 그룹에서 [실행 취소 최대 횟수]를 [50]으로 변경한 후 [확인]을 클릭한다.

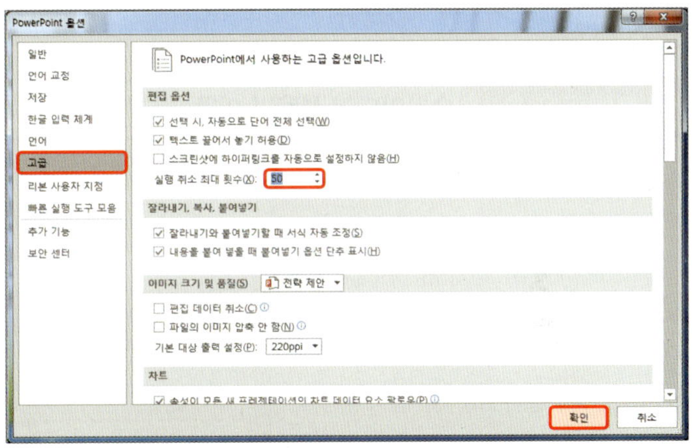

TIP 작업 내용에 대한 실행 취소는 최대 150회까지 설정할 수 있다.

SECTION 02

슬라이드와 구역 다루기

스토리가 있는 프레젠테이션은 일반적으로 여러 개의 슬라이드로 구성되고 슬라이드의 내용을 구분해 구역으로 나눌 수도 있다. 여기서는 파워포인트에서 제공하는 다양한 도구를 이용해 슬라이드를 다루는 방법과 슬라이드 구역을 설정하는 방법을 알아본다.

2.1 슬라이드 설정

슬라이드 내용을 편집하기에 앞서 슬라이드의 선택과 이동, 크기 조절, 슬라이드 레이아웃과 디자인 설정, 슬라이드 복사와 삽입/삭제 등 슬라이드를 다루는 도구들에 대해 알아본다.

기본예제 2-9 슬라이드의 선택과 이동, 크기 조절하기

슬라이드를 선택해 이동해 보고, 작업 표시줄에 있는 프레젠테이션 보기 모양과 크기 조절 기능을 이용해 슬라이드를 다루기 편리하게 설정해 보자.

01 '전략 제안.pptx' 파일을 열고 [보기] 탭–[프레젠테이션 보기] 그룹–[여러 슬라이드]를 클릭한다.

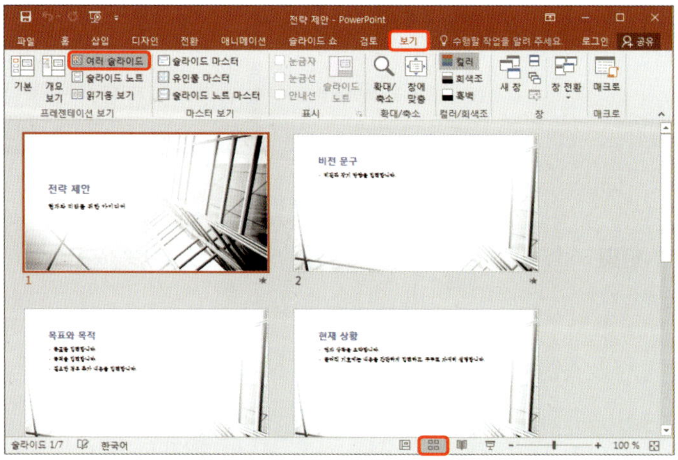

TIP 작업 표시줄에서 [여러 슬라이드] 단추를 클릭해도 된다. 여러 슬라이드 보기 화면에서는 슬라이드를 한눈에 모두 볼 수 있어 슬라이드의 위치를 적절하게 배치하면서 프레젠테이션을 구성할 수 있다.

02 [확대/축소] 조절 슬라이드를 드래그해 전체 슬라이드가 표시되도록 보기 모양을 설정하고, 슬라이드 3을 슬라이드 1 뒤로 드래그해 이동한다.

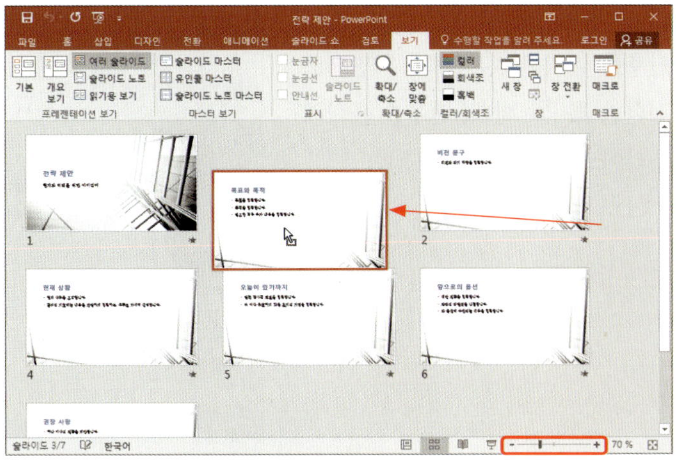

TIP [기본] 보기 화면의 슬라이드 보기 창에서 슬라이드를 선택하고 원하는 위치로 드래그해도 된다.

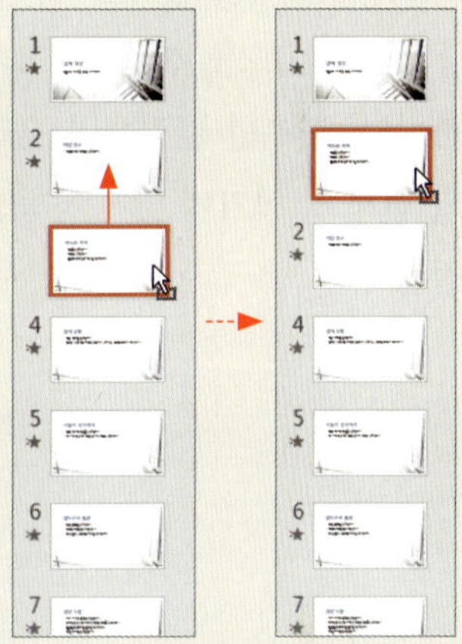

03 Ctrl을 누른 채로 슬라이드 4와 슬라이드 6을 함께 선택하고 맨 뒤쪽으로 드래그해 이동한다.

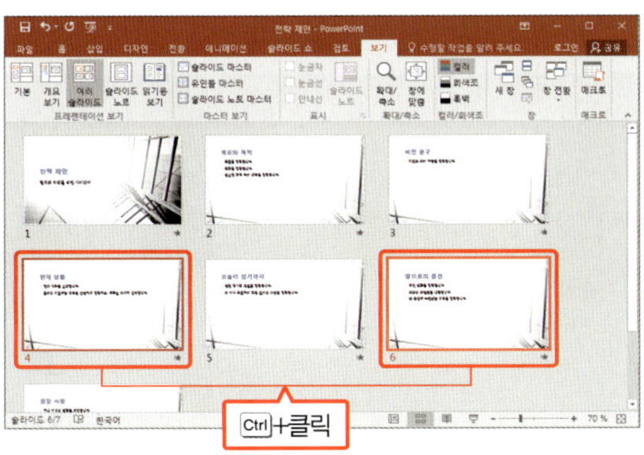

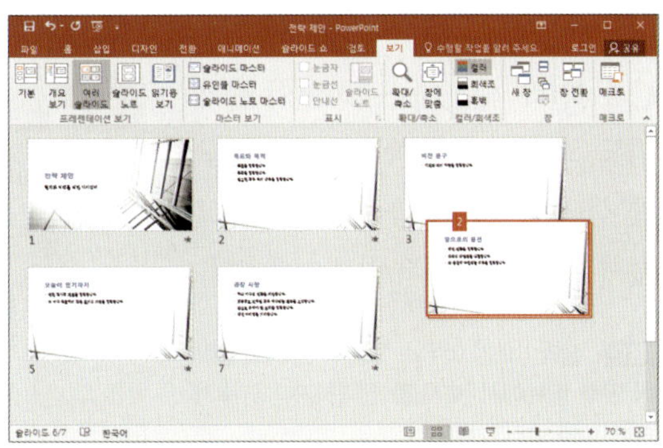

TIP 슬라이드 4를 선택하고 Shift를 누른 채로 슬라이드 6을 선택하면 연속된 범위인 슬라이드 4, 5, 6을 선택할 수 있다.

04 작업 표시줄에서 [기본] 단추를 클릭해 기본 보기 화면으로 전환한 후 [+ 확대] 단추를 클릭해 슬라이드 크기를 확대한다.

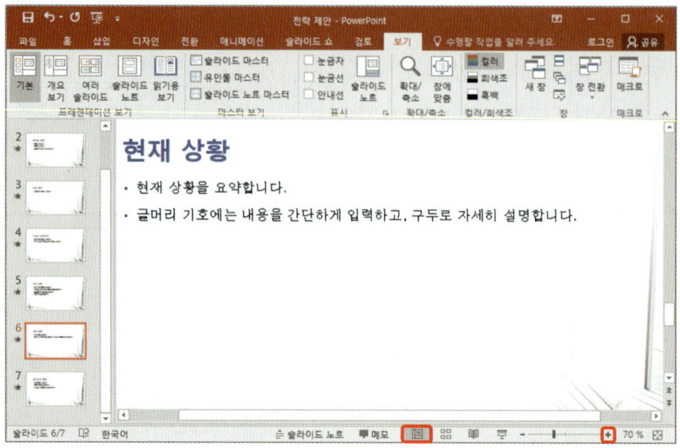

05 작업 표시줄 맨 오른쪽에 있는 [슬라이드를 현재 창 크기에 맞춥니다] 단추를 클릭하면 슬라이드가 현재 창 크기에 맞게 자동으로 조절된다.

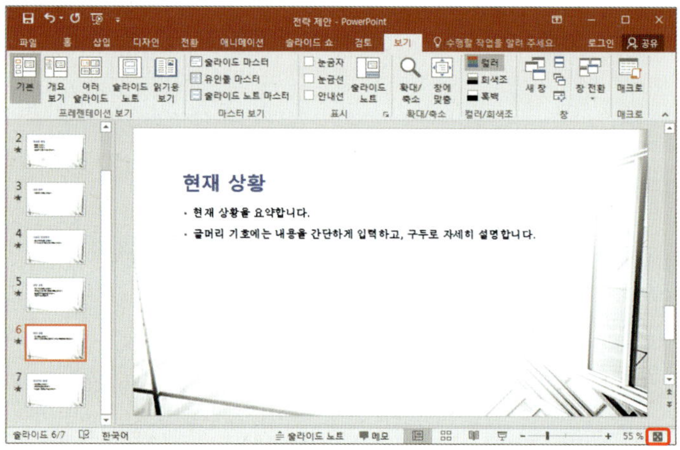

기본예제 2-10 슬라이드 복사, 복제와 추가, 삭제하기

슬라이드 보기 창을 이용해 슬라이드 복사 및 복제, 추가 및 삭제 작업을 해 보자.

01 '전략 제안.pptx' 파일의 슬라이드 보기 창에서 복사할 슬라이드를 선택한 후 [홈] 탭–[클립보드] 그룹–[복사] 목록의 [복사]를 선택한다.

TIP 슬라이드를 마우스 오른쪽 단추로 클릭해 단축 메뉴에서 [복사]를 선택하거나 단축키 Ctrl+C를 눌러도 된다.

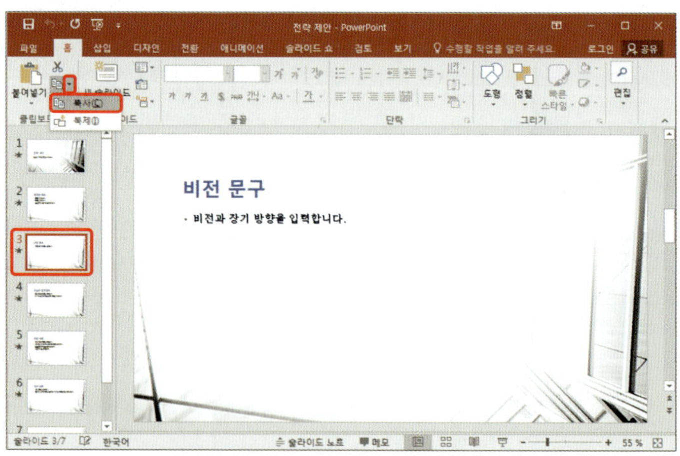

02 슬라이드 보기 창에서 슬라이드 사이를 클릭해 복사할 위치를 선택하고 [홈] 탭–[클립보드] 그룹–[붙여넣기]를 클릭한다.

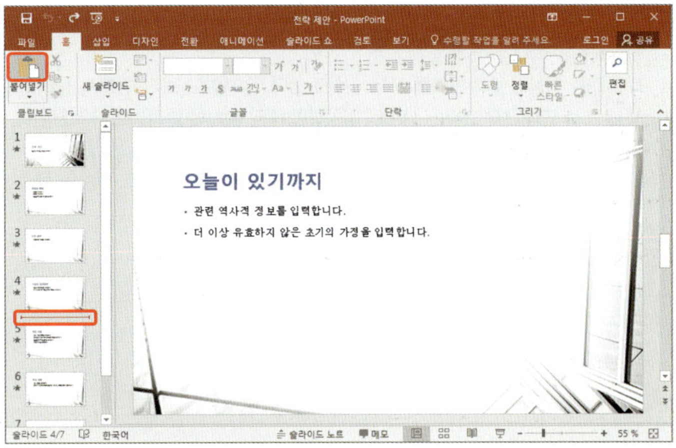

TIP 마우스 오른쪽 단추를 클릭해 단축 메뉴에서 [붙여넣기]를 선택하거나 단축키 Ctrl+V를 눌러도 된다. 슬라이드를 선택하고 붙여넣기를 실행하면 선택한 슬라이드 아래에 삽입된다.

여기서 잠깐 **붙여넣기 옵션**

❶ **대상 테마 사용**: 편집 중인 프레젠테이션의 테마를 사용하고 내용만 붙여넣는다.

❷ **원본 서식 사용**: 원본 프레젠테이션의 테마도 함께 붙여넣는다.

❸ **그림**: 슬라이드를 그림으로 붙여넣는다.

03 슬라이드를 선택하고 [홈] 탭–[클립보드] 그룹–[복사] 목록에서 [복제]를 선택한다. 선택한 슬라이드의 바로 아래에 동일한 슬라이드가 복제된다.

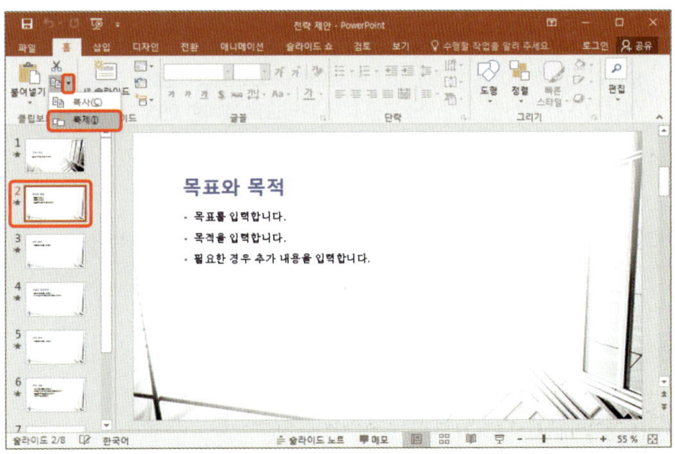

TIP 단축키 Ctrl+D를 눌러도 슬라이드가 복제된다.

여기서 잠깐 마우스로 슬라이드 복제하기

마우스를 이용해 슬라이드를 복제할 수도 있다. 슬라이드 보기 창에서 슬라이드를 선택하고 Ctrl을 누른 채로 드래그해 원하는 위치로 이동하면 해당 위치에 슬라이드가 복제된다.

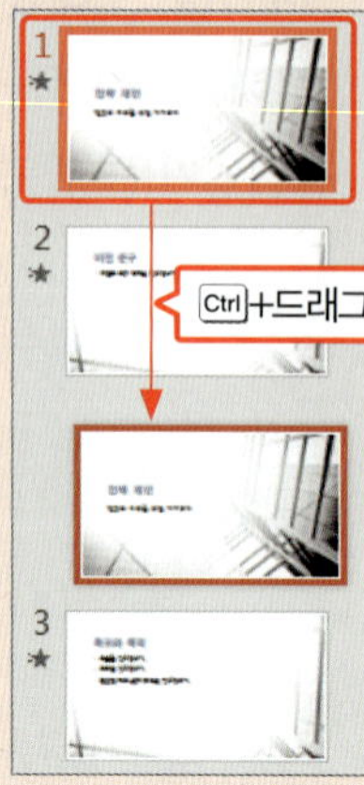

04 슬라이드를 새로 추가하기 위해 [홈] 탭-[슬라이드] 그룹-[새 슬라이드] 목록에서 필요한 슬라이드 레이아웃을 선택한다. 현재 선택된 슬라이드의 아래에 새 슬라이드가 삽입된다.

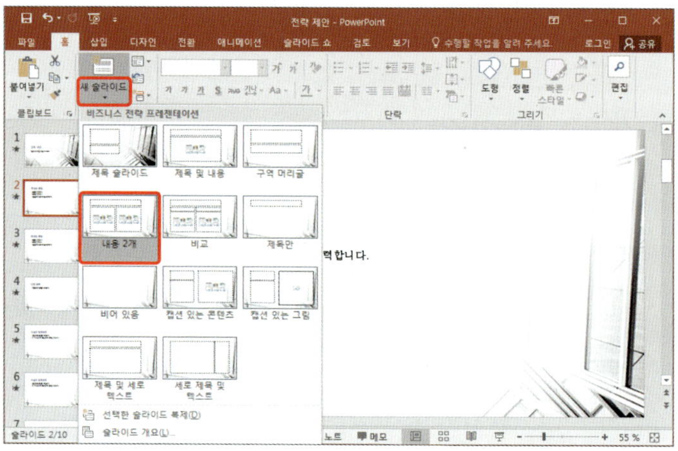

TIP 슬라이드 보기 창에서 Enter를 눌러도 슬라이드가 추가되는데, 이렇게 하면 선택된 슬라이드와 같은 레이아웃의 슬라이드가 추가된다.

여기서 잠깐 슬라이드 레이아웃

슬라이드는 제목이나 본문과 같은 텍스트뿐 아니라 표나 차트와 같은 콘텐츠 등 여러 요소로 구성된다. 이 요소들을 다른 모양으로 배치한 여러 가지 레이아웃이 제공되므로 슬라이드 디자인을 손쉽게 할 수 있다.

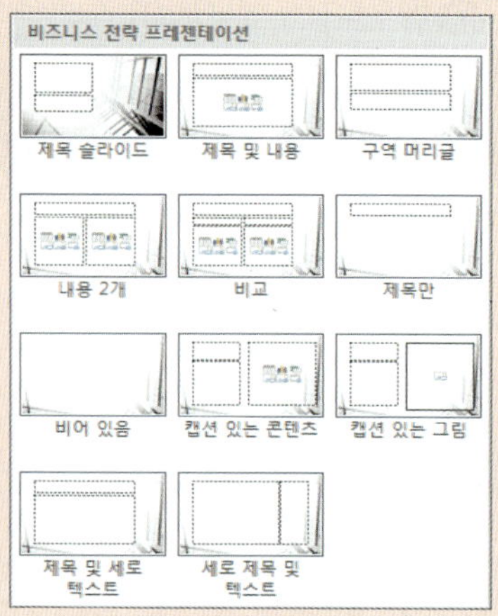

05 삭제할 슬라이드를 선택하고 마우스 오른쪽 단추를 클릭해 단축 메뉴에서 [슬라이드 삭제]를 선택한다.

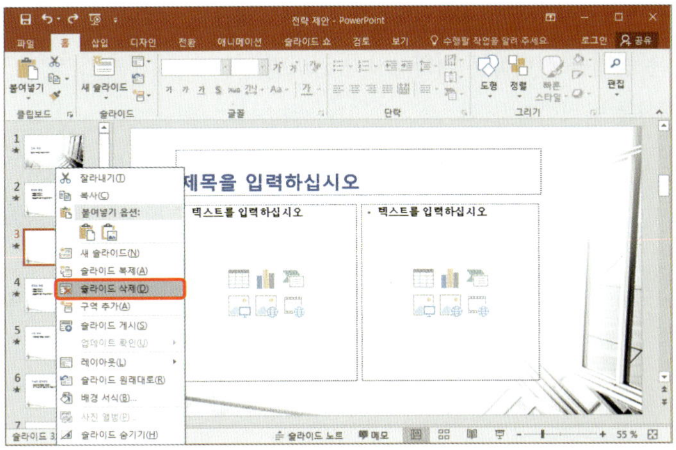

TIP 삭제할 슬라이드를 선택하고 Delete를 눌러도 된다.

기본예제 2-11 슬라이드 레이아웃과 크기 변경하기

슬라이드 레이아웃을 변경하고 슬라이드 크기를 설정해 보자.

01 레이아웃을 변경할 슬라이드를 선택하고 [홈] 탭-[슬라이드] 그룹-[레이아웃] 목록에서 원하는 레이아웃을 선택한다.

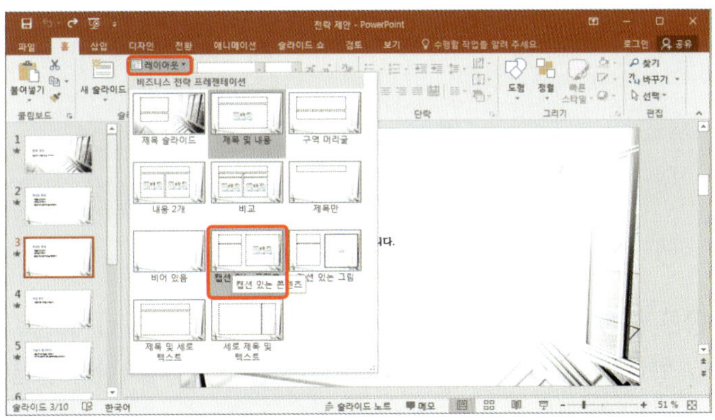

02 슬라이드 크기를 변경하기 위해 [디자인] 탭-[사용자 지정] 그룹-[슬라이드 크기]-[표준(4:3)]을 선택한다.

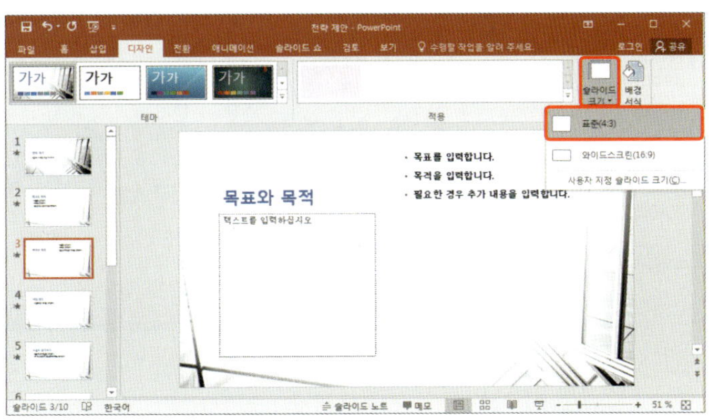

03 슬라이드 크기에 맞게 콘텐츠를 조정하는 방법을 선택하는 대화상자가 열리면 [최대화]를 클릭한다.

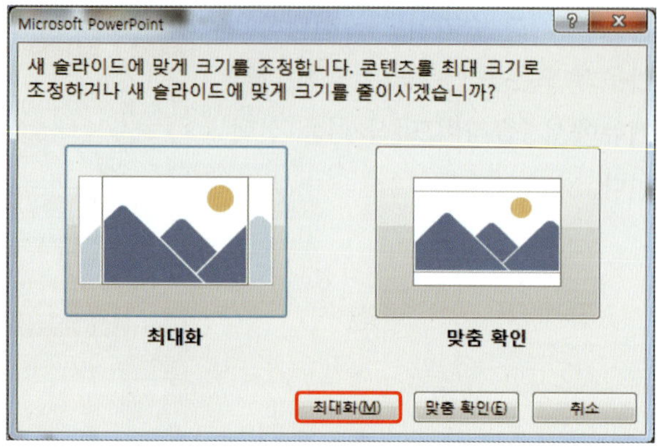

TIP [최대화] 옵션을 선택하면 콘텐츠가 잘리는 부분이 생기고, [맞춤 확인] 옵션을 선택하면 콘텐츠가 슬라이드 크기에 맞게 축소된다.

04 슬라이드 모양을 세로로 설정하려면 [디자인] 탭–[사용자 지정] 그룹–[슬라이드 크기]–[사용자 지정 슬라이드 크기]를 선택한다.

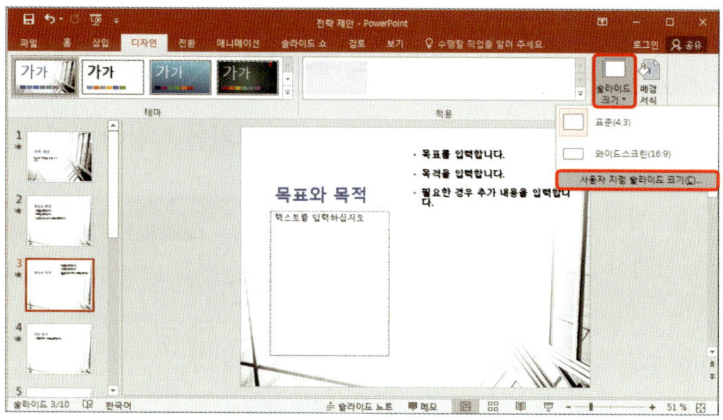

05 [슬라이드 크기] 대화상자에서 슬라이드 방향을 [세로]로 선택하고 [확인]을 클릭한다. 슬라이드 크기에 맞게 콘텐츠를 조정하는 방법을 선택하는 대화상자가 열리면 [최대화]를 클릭한다.

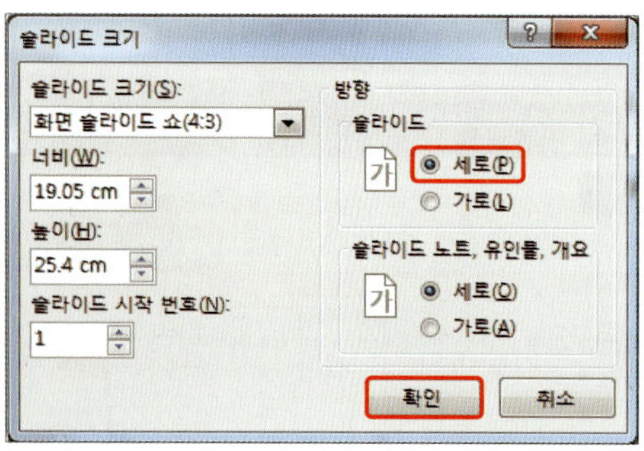

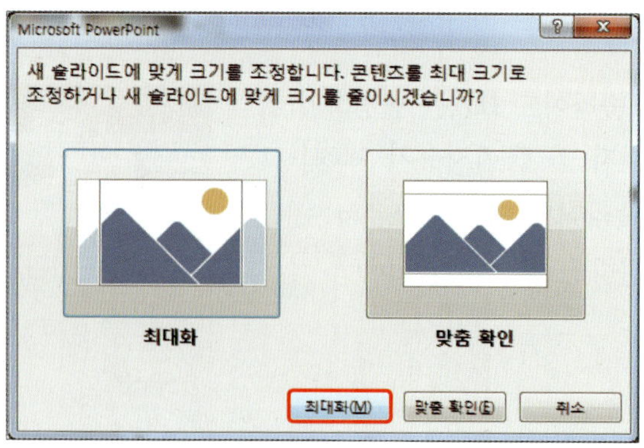

06 슬라이드가 세로 방향으로 변경되고 콘텐츠 크기가 조정된 모양으로 슬라이드 창에 표시된다.

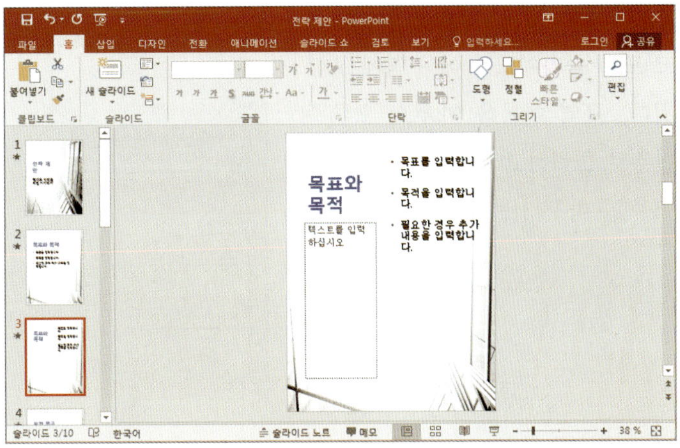

2.2 구역 설정

컴퓨터에 파일을 저장할 때 폴더를 만들어 관리하듯이 파워포인트의 슬라이드도 주제나 내용에 따라 그룹화하여 분리할 수 있다. 이때 사용하는 기능이 구역 설정이다. 파워포인트에서 구역을 설정하거나 제거하는 방법을 알아보자.

기본예제 2-12 구역 설정과 제거하기

구역 설정 기능을 이용해 슬라이드를 서론, 본론, 결론으로 분리해 보자.

01 '전략 제안.pptx' 파일의 첫 번째 슬라이드를 선택하고 [홈] 탭–[슬라이드] 그룹–[구역]–[구역 추가]를 선택한다.

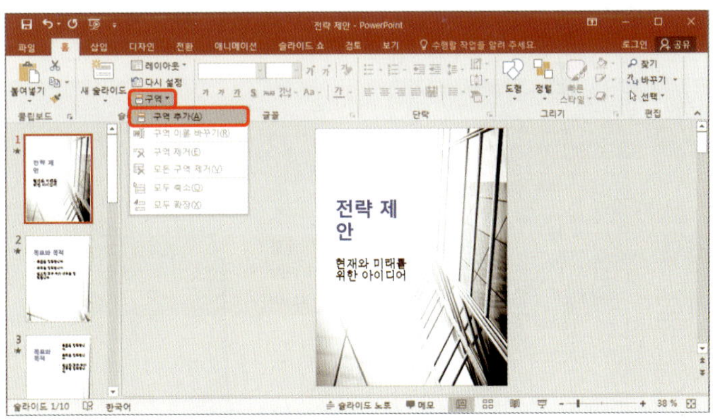

02 '제목 없는 구역'이 만들어지고 모든 슬라이드가 이 구역에 포함된다. 구역 이름을 마우스 오른쪽 단추로 클릭하고 단축 메뉴에서 [구역 이름 바꾸기]를 선택한다.

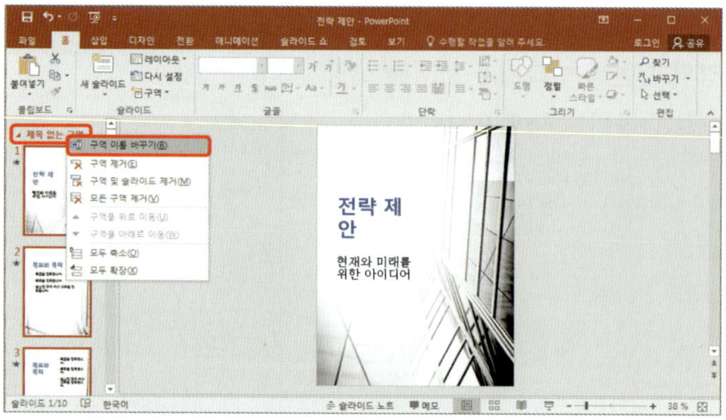

TIP 구역 이름을 선택하면 구역에 속한 모든 슬라이드가 자동으로 선택된다. 구역 이름을 선택한 후 [홈] 탭–[슬라이드] 그룹–[구역]–[구역 이름 바꾸기]를 선택해도 된다. 오피스 버전에 따라 구역을 추가하면 바로 [구역 이름 바꾸기] 대화상자가 열리기도 한다.

03 [구역 이름 바꾸기] 대화상자의 [구역 이름]에 *서론*을 입력하고 [이름 바꾸기]를 클릭한다.

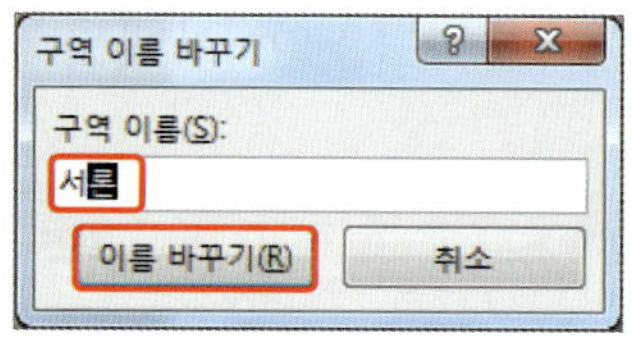

04 슬라이드 5를 선택하고 단계 **01~03**을 반복해 '본론' 구역을 추가한다.

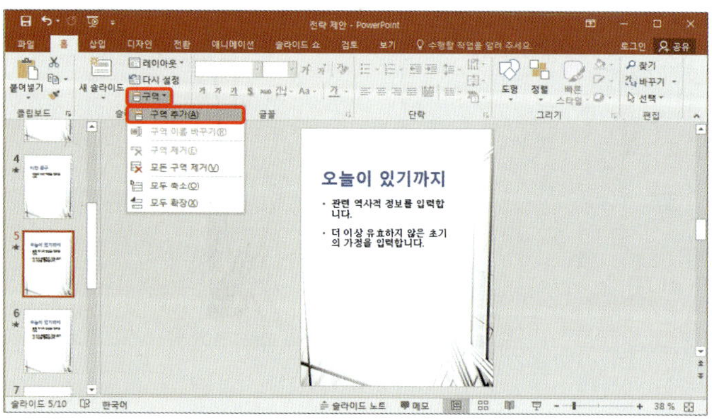

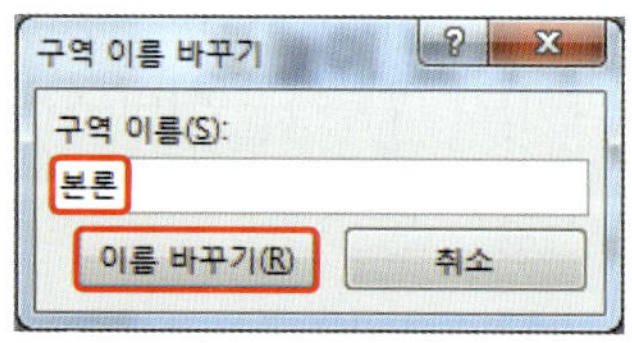

TIP 슬라이드 보기 창에서 슬라이드를 이동하는 방법과 마찬가지로 구역 이름을 드래그하여 구역의 위치를 바꿀 수 있고, 다른 구역에 있는 슬라이드를 드래그하여 구역을 변경할 수도 있다.

05 마지막 슬라이드를 선택하고 '결론' 구역을 추가한다.

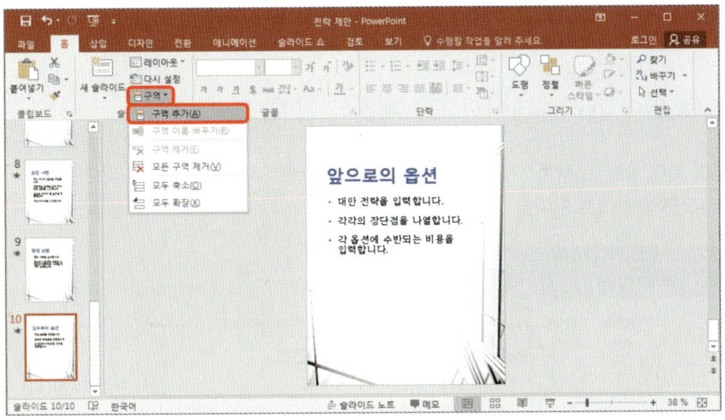

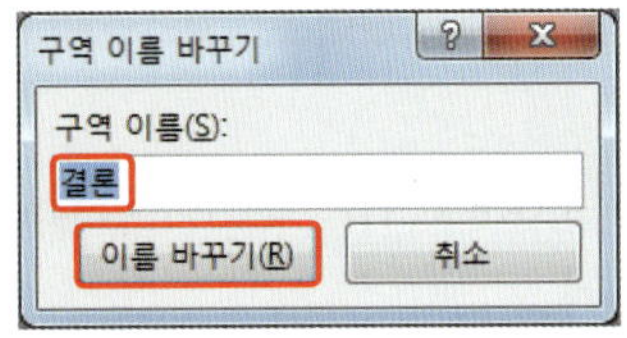

06 구역을 제거하려면 제거할 구역 이름을 마우스 오른쪽 단추로 클릭하고 단축 메뉴에서 [구역 제거]를 선택한다.

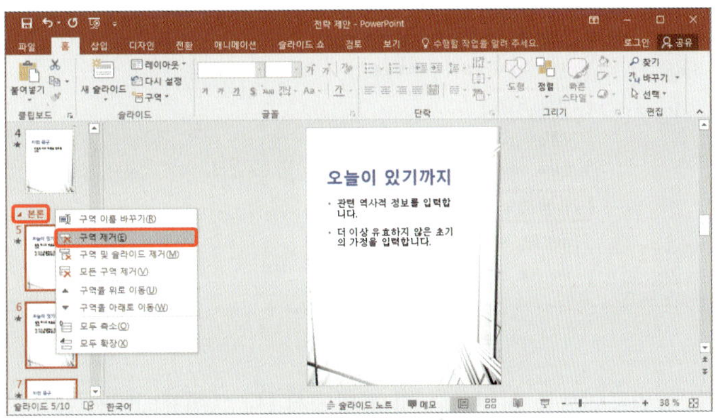

TIP [구역 제거]를 선택하면 구역 구분만 없어지고 포함된 슬라이드는 그대로 남지만, [구역 및 슬라이드 제거]를 선택하면 해당 구역에 포함된 슬라이드가 모두 제거되므로 주의해야 한다.

여기서 잠깐 **필요한 구역만 인쇄하기**

구역을 설정한 프레젠테이션은 인쇄 옵션을 설정해 구역별로 인쇄할 수 있다. [파일] 탭–[인쇄]를 선택하고 [설정] 항목의 [모든 슬라이드 인쇄] 목록에서 인쇄할 구역을 선택하면 된다.

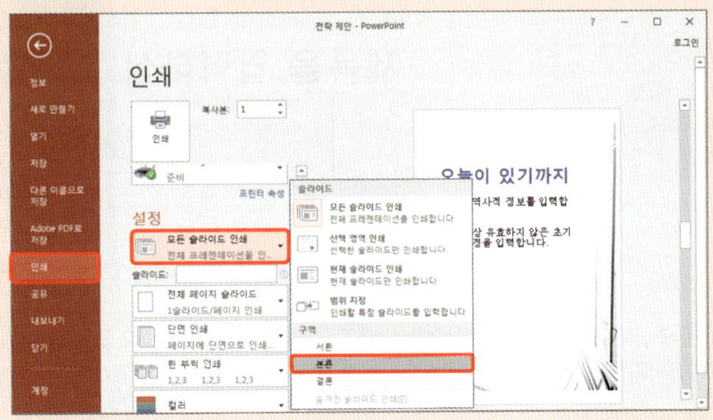

종합예제

'발표준비.docx' 워드 문서를 파워포인트로 열어 프레젠테이션으로 제작해 보자.

TIP 발표 준비를 위한 요약 내용을 다음 그림과 같이 워드 문서에 저장하면 프레젠테이션에 바로 사용할 수 있다. 워드 문서에 저장할 때 텍스트의 [스타일]을 [제목 1]로 설정하면 슬라이드 단위로 만들어진다.

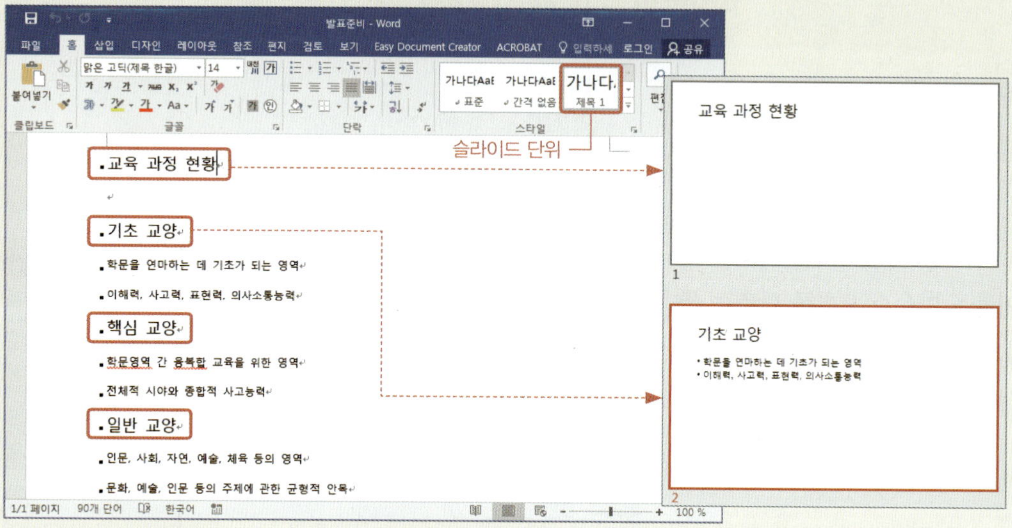

1 파워포인트를 실행하고 첫 화면에서 [새 프레젠테이션]을 선택한 후, 탐색기에서 '발표준비.docx' 워드 문서를 파워포인트의 리본 메뉴 영역으로 드래그한다.

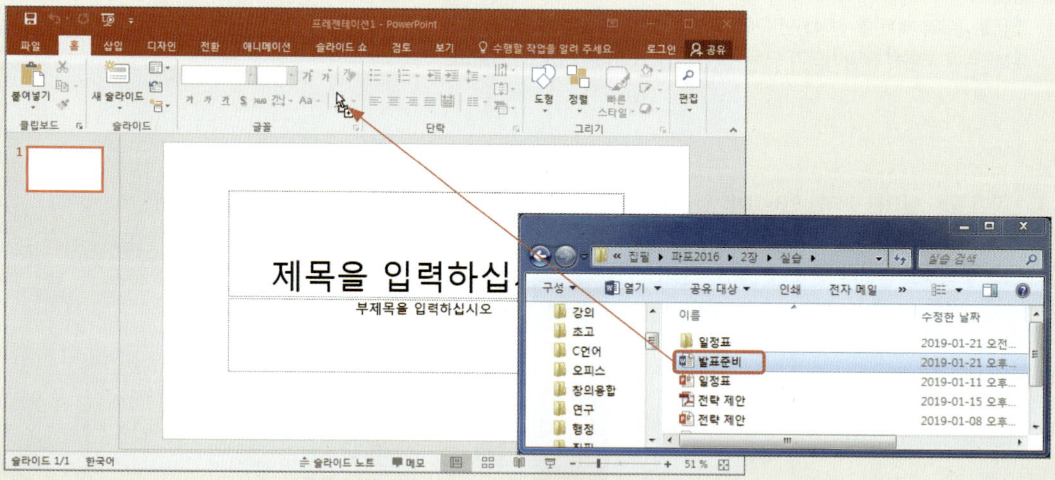

TIP 파워포인트를 이미 실행해 다른 프레젠테이션을 편집하고 있는 경우에도 워드 문서를 리본 메뉴로 드래그하면 새 프레젠테이션이 만들어진다.

2 작업 표시줄의 [여러 슬라이드] 단추를 클릭해 만들어진 슬라이드 전체를 확인한다. 제일 앞에 제목 슬라이드를 삽입하기 위해 첫 번째 슬라이드의 앞쪽을 클릭하고 [홈] 탭–[슬라이드] 그룹–[새 슬라이드] 목록에서 [제목 슬라이드]를 선택한다.

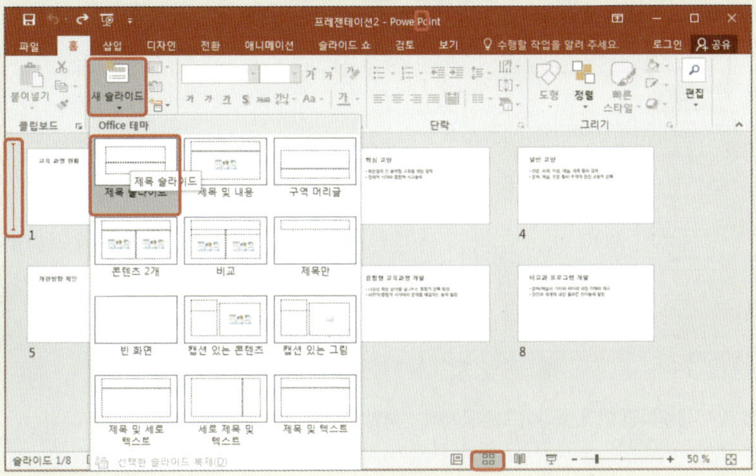

3 삽입된 제목 슬라이드의 제목에 *교양 교육과정*, 부제목에 *교양교육위원회*를 입력한다.

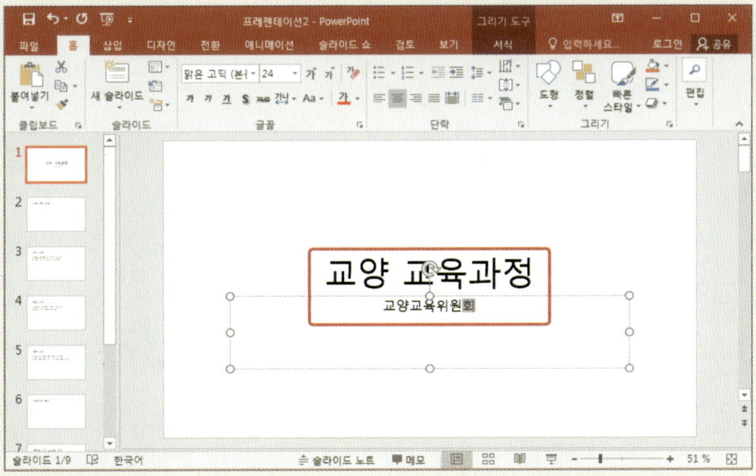

TIP 작업 표시줄에서 [기본] 단추를 클릭해 기본 보기 화면으로 전환한 후 작업한다.

4 슬라이드 2와 슬라이드 6을 동시에 선택하고 [홈] 탭–[슬라이드] 그룹–[레이아웃] 목록에서 [구역 머리글]을 선택한다.

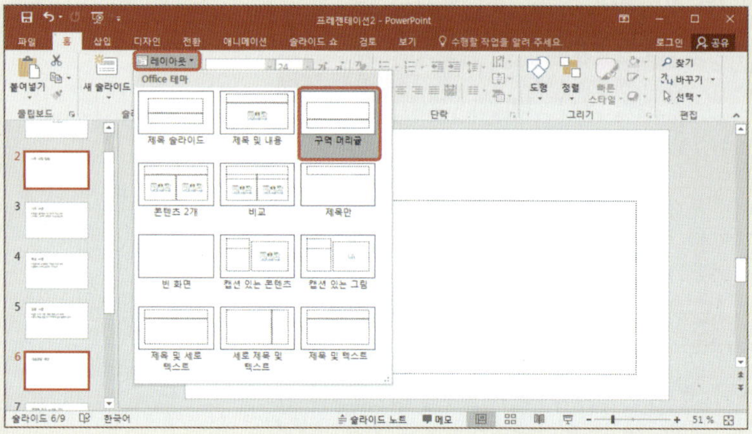

TIP Ctrl을 누른 채로 슬라이드를 각각 클릭하면 여러 슬라이드를 동시에 선택할 수 있다.

5 구역을 설정하기 위해 슬라이드 2를 선택하고 [홈] 탭–[슬라이드] 그룹–[구역]–[구역 추가]를 선택한다.

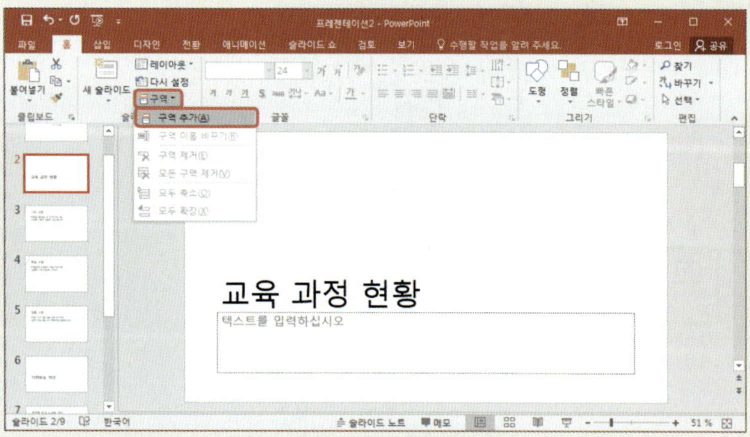

6 구역 이름을 마우스 오른쪽 단추로 클릭해 단축 메뉴에서 [구역 이름 바꾸기]를 선택한다. [구역 이름 바꾸기] 대화상자가 열리면 [구역 이름]에 *교육 영역*을 입력하고 [이름 바꾸기]를 클릭한다.

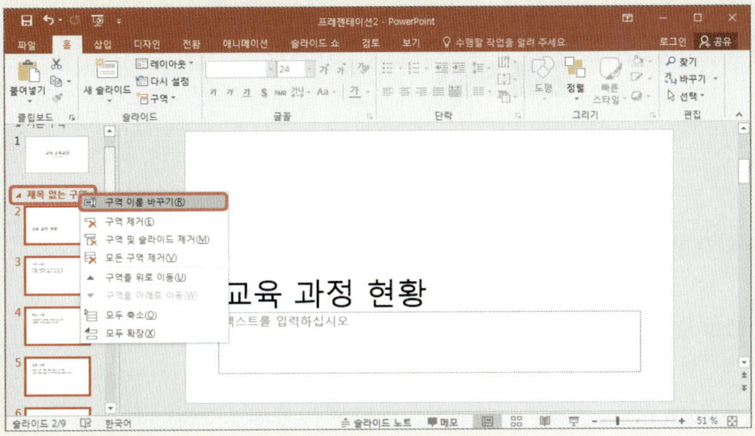

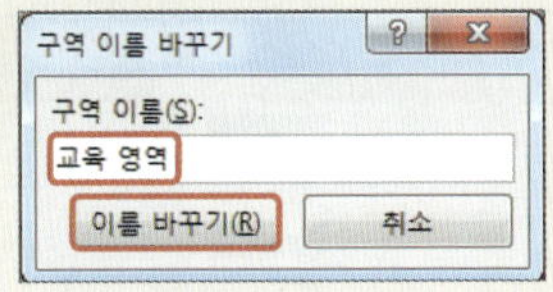

7 슬라이드 6을 선택하고 단계 **5~6**과 같은 방법으로 '개편 방향' 구역을 추가한다.

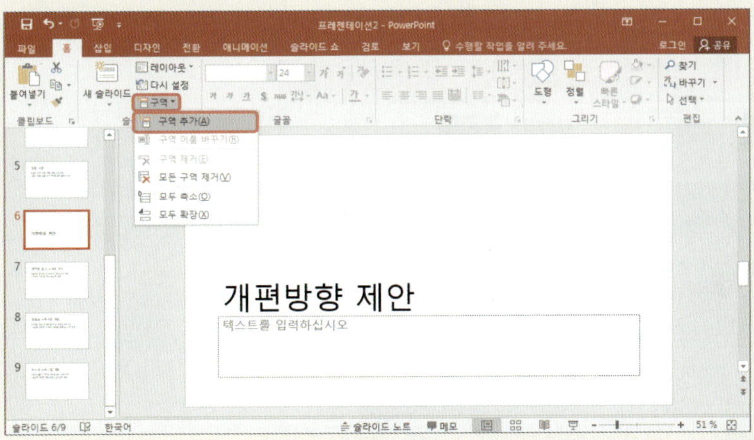

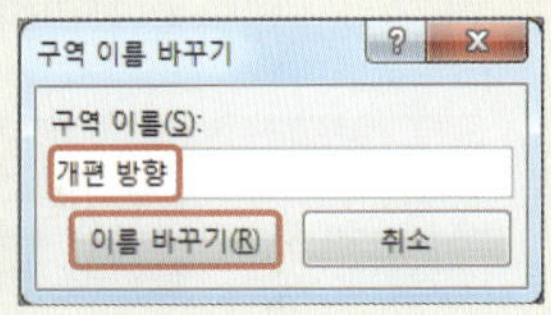

8 [디자인] 탭–[테마] 그룹–[테마] 목록에서 [틀] 테마를 찾아 마우스 오른쪽 단추로 클릭하고 단축 메뉴에서 [모든 슬라이드에 적용]을 선택한다.

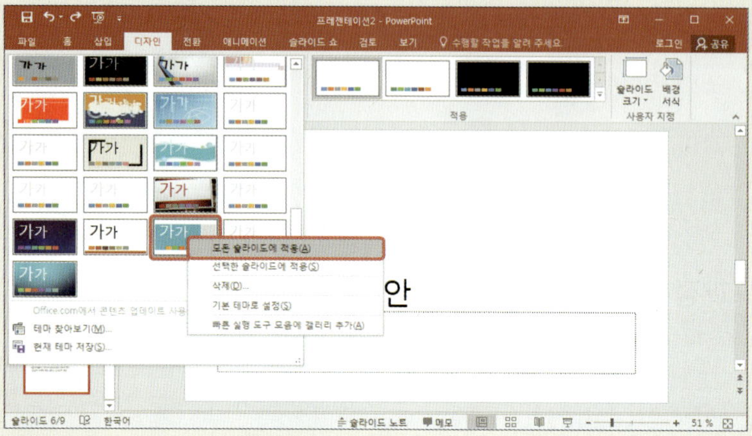

9 '개편 방향' 구역 이름을 클릭해 구역에 포함된 슬라이드를 모두 선택하고 [디자인] 탭–[테마] 그룹에서 [이온] 테마를 클릭한다.

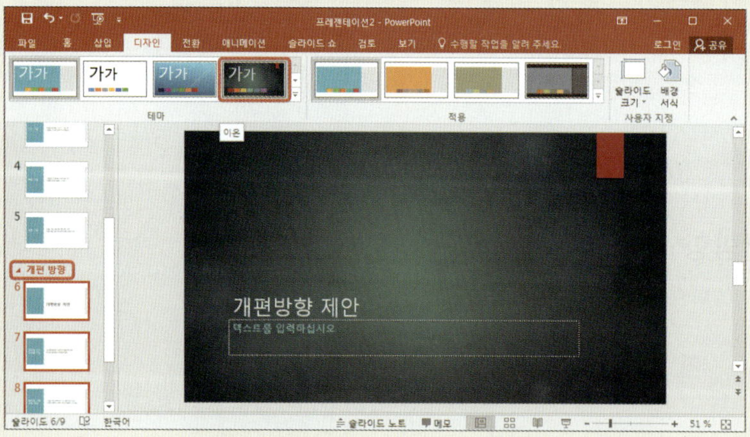

10 작성한 프레젠테이션을 저장하기 위해 빠른 실행 도구 모음의 [저장] 단추를 클릭한다.

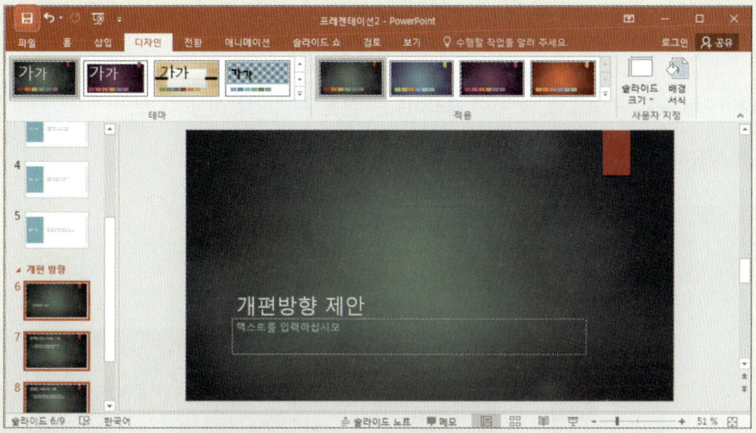

11 [다른 이름으로 저장] 화면에서 [찾아보기]를 클릭한다. [다른 이름으로 저장] 대화상자에서 저장할 폴더를 선택하고 [파일 이름]에 *교양 교육과정*을 입력한 후 [저장]을 클릭한다.

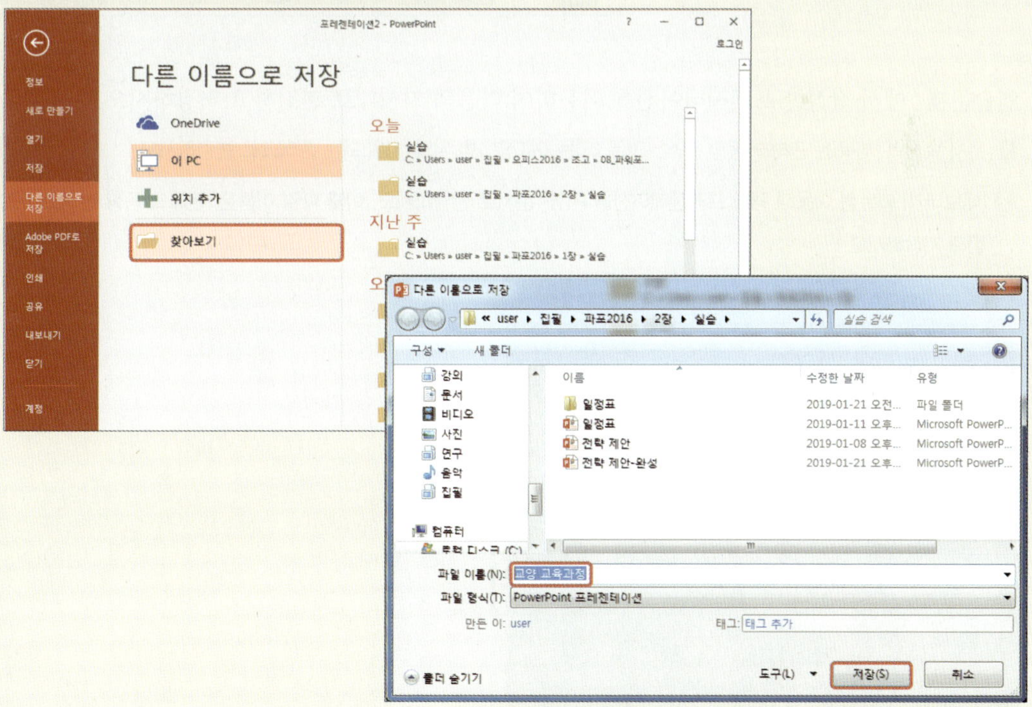

연습 문제

1 다음 지시대로 프레젠테이션을 작성하시오.

❶ '연습02-1.pptx' 파일을 열고 슬라이드 1 뒤에 '구역 머리글' 레이아웃으로 새 슬라이드를 추가한 후 왼쪽 그림과 같이 목차를 입력하시오.

❷ 구역을 추가하여 1~2번 슬라이드는 '도입' 구역으로, 3~6번 슬라이드는 '본론' 구역으로 설정하시오.

❸ 모든 슬라이드에 [그물] 테마를 적용하시오.

2 연습문제 1에서 작성한 프레젠테이션을 이용하여 다음의 지시대로 편집하고 저장하시오.

❶ 문서 속성의 [제목]은 *핀테크 동향 분석*, [만든 이]는 *이지영*, [범주]와 [키워드]는 *핀테크*로 변경하시오.

❷ [내보내기] 메뉴를 이용해 해당 프레젠테이션을 PDF 문서로 변환하시오. 이때 파일 이름은 '핀테크 동향 분석.pdf'로 설정해 저장하시오.

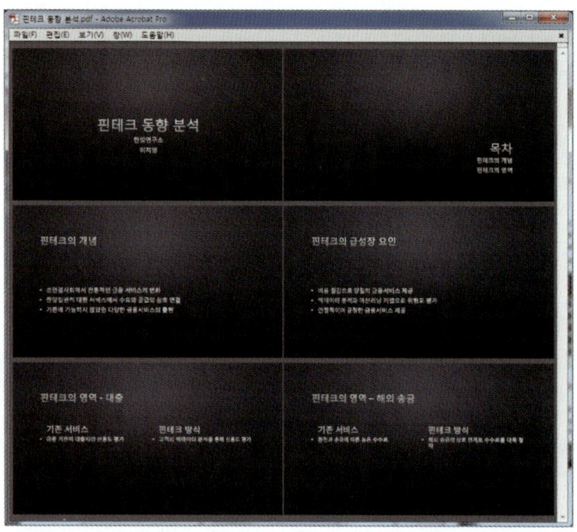

CHAPTER

03

텍스트 활용

학습목표

- 입력한 텍스트에 서식을 설정할 수 있다.
- 워드아트 기능을 활용해 텍스트 효과를 설정할 수 있다.

SECTION 01

텍스트 다루기

파워포인트에서 슬라이드를 제작할 때 가장 많이 사용하는 기본적인 정보 형태는 텍스트이다. 텍스트는 슬라이드의 개체 틀이나 텍스트 상자 혹은 도형 등을 삽입해 입력할 수 있다. 이때 전달할 내용의 가독성을 높이기 위해 텍스트 양이나 글꼴 및 단락 서식 등을 목적에 맞게 디자인하는 것이 중요하다. 문자, 기호, 한자 등 다양한 형식의 텍스트를 개체 틀이나 텍스트 상자에 입력하고 글꼴이나 단락의 서식을 설정하는 방법을 알아본다.

1.1 개체 틀 활용

개체 틀은 슬라이드 레이아웃에 따라 위치와 크기가 다른데, 제목이나 내용 등 텍스트를 입력하면 디자인 테마에 따라 미리 설정되어 있는 서식 형태로 글꼴 크기, 색상, 글머리 기호 등이 표시된다.

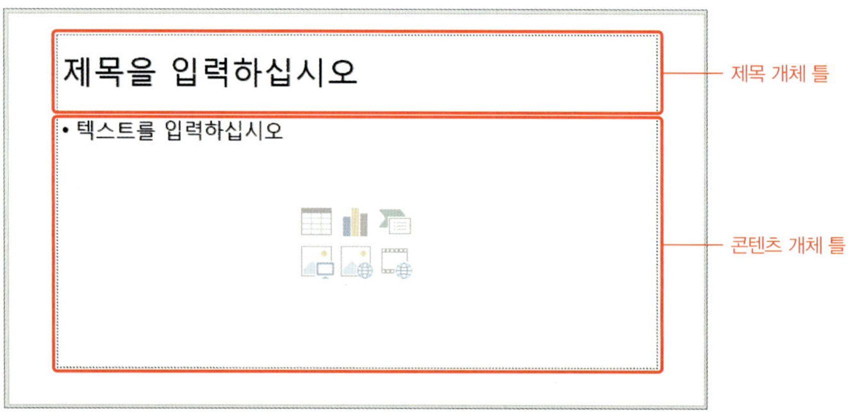

TIP 콘텐츠 개체 틀은 텍스트뿐 아니라 표나 차트 등 다른 개체를 삽입할 때도 사용할 수 있으며, 개체 틀이 필요 없다면 삭제해도 된다.

기본예제 3-1 텍스트 슬라이드 만들기

디자인 테마나 서식 파일을 설정하지 않고 새 프레젠테이션 파일을 만들어 보고, 제목 슬라이드의 개체 틀에 텍스트를 입력한 후 글꼴 크기나 글꼴 색 등의 서식을 설정해 보자.

01 파워포인트를 실행하고 첫 화면에서 [새 프레젠테이션]을 선택한다.

TIP 서식 파일이나 디자인 테마를 선택하지 않고 새 프레젠테이션을 만들면 'Office 테마'가 적용된다.

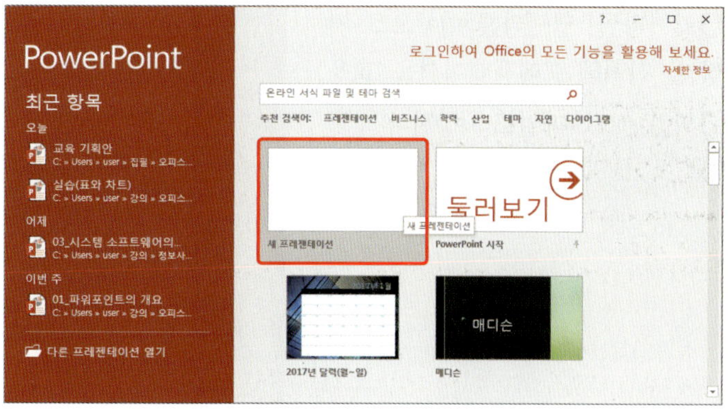

TIP [기본예제 2-8]의 단계 **01**에서 [이 응용 프로그램을 시작할 때 시작 화면 표시] 항목의 체크를 해제한 상태라면 새 프레젠테이션 편집 화면이 바로 나타난다.

02 제목 슬라이드에서 제목 개체 틀을 선택하고 *교육 기획안*을 입력한 다음, 부제목 개체 틀을 선택하고 *인력자원팀*이라고 입력한다.

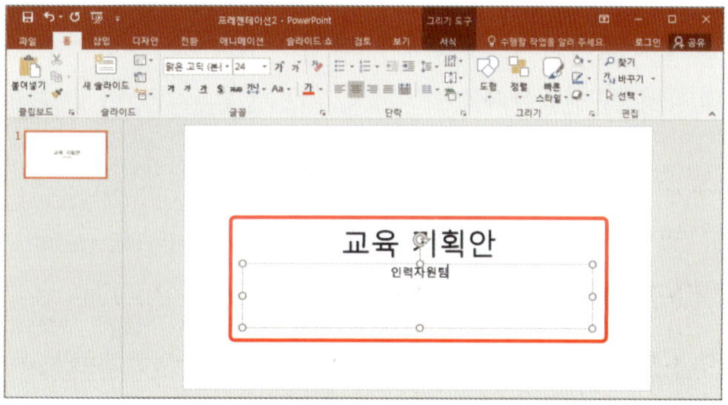

03 부제목 개체 틀을 선택하고 [홈] 탭–[글꼴] 그룹에서 글꼴 크기를 [28]로 설정한다. [글꼴 색] 목록에서 [회색–25%, 배경 2, 50% 더 어둡게]를 선택한다.

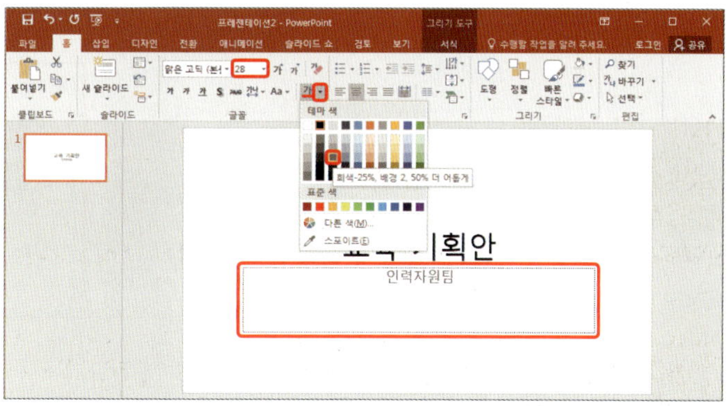

TIP 개체 틀에 입력한 텍스트 중 일부분의 서식만 변경할 때는 마우스로 드래그하여 텍스트 범위를 설정한 후 서식을 변경한다.

04 [파일] 탭-[다른 이름으로 저장]을 선택해 프레젠테이션을 '교육 기획안.pptx' 파일로 저장한다.

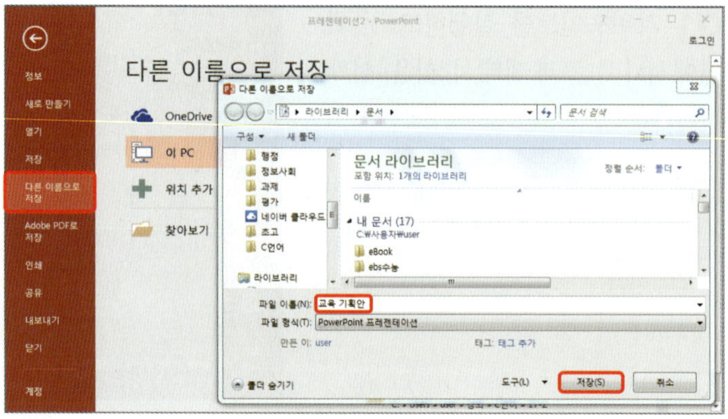

기본예제 3-2 번호 매기기와 줄 간격 설정하기

[기본예제 3-1]에서 작성한 프레젠테이션에 슬라이드를 추가한 후 텍스트를 입력하고 번호 매기기와 줄 간격을 설정해 보자.

01 '교육 기획안.pptx' 프레젠테이션을 열고 [홈] 탭-[슬라이드] 그룹-[새 슬라이드] 목록에서 [제목 및 내용]을 선택한다.

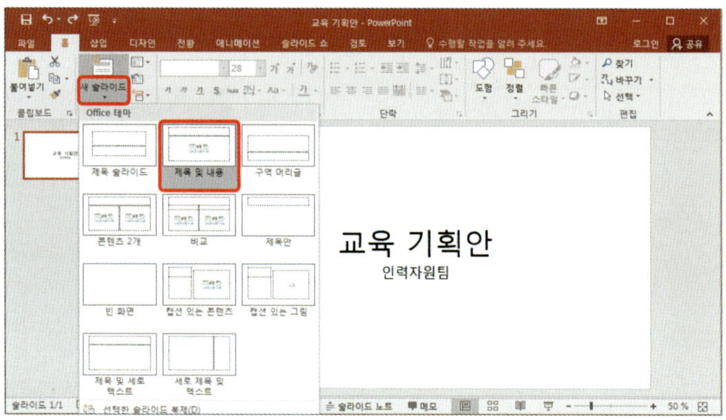

02 다음과 같이 제목과 내용을 입력한다.

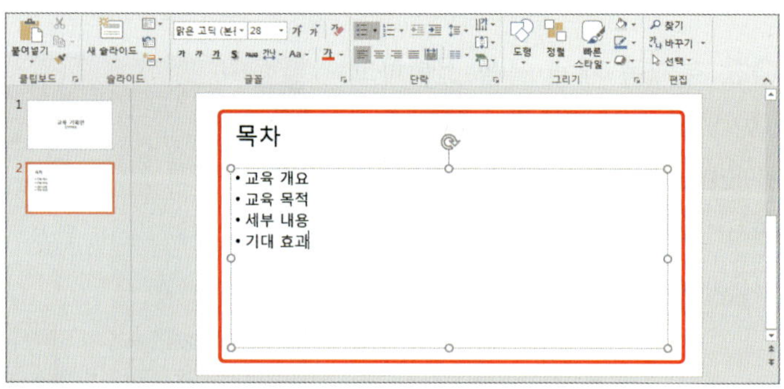

TIP 제목을 입력한 후 내용을 입력하려면 콘텐츠 개체 틀을 클릭하면 되는데, 그 대신 Ctrl+Enter를 눌러도 콘텐츠 개체 틀로 이동할 수 있다. 이 단축키를 사용하면 슬라이드에 있는 개체를 차례로 이동할 수 있으며, 마지막 개체를 선택한 상태에서는 새 슬라이드가 추가된다.

03 번호 매기기를 설정할 내용을 모두 선택하고 [홈] 탭-[단락] 그룹-[번호 매기기] 목록에서 [글머리 기호 및 번호 매기기]를 선택한다.

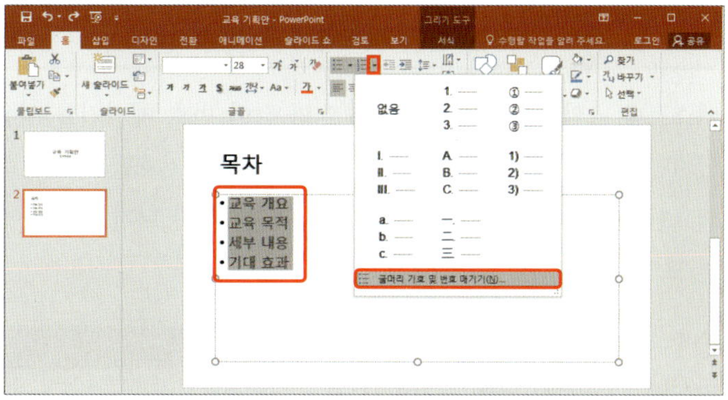

> **TIP** 입력한 텍스트를 모두 선택할 경우에는 내용이 입력된 개체 틀을 선택하고 번호 매기기를 설정해도 된다.

04 [글머리 기호 및 번호 매기기] 대화상자의 [번호 매기기] 탭에서 [Ⅰ. Ⅱ. Ⅲ.]을 선택하고 [텍스트 크기]는 [120%], [색]은 [검정, 텍스트 1, 50% 더 밝게]로 설정한 후 [확인]을 클릭한다.

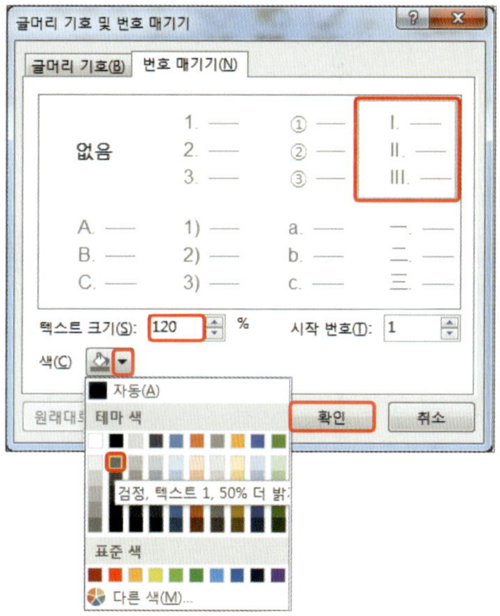

05 내용을 선택한 상태에서 [홈] 탭-[단락] 그룹-[줄 간격]-[2.0]을 선택한다.

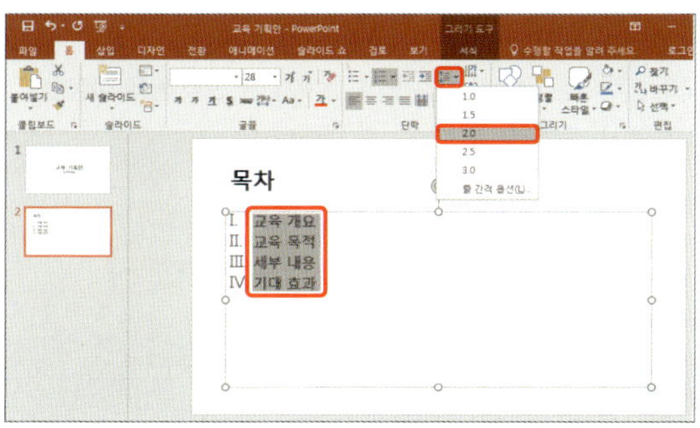

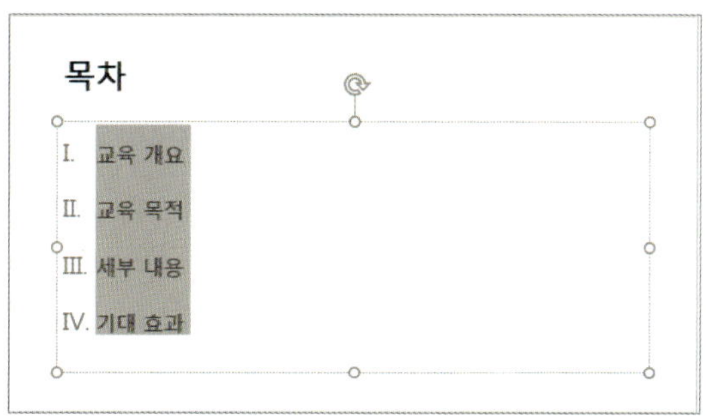

기본예제 3-3 글머리 기호와 수준 변경하기

텍스트를 요약할 때 [기본예제 3-2]와 같이 번호 매기기를 사용해 순서가 있는 목록으로 표시할 수도 있지만, 순서가 중요하지 않은 경우에는 글머리 기호를 사용해 목록으로 요약할 수도 있다. 세부 목록이 필요한 경우에는 목록 수준을 다르게 표시하거나 디자인 테마에 따라 설정되어 있는 글머리 기호를 다른 모양으로 변경할 수 있다.

01 '교육 기획안.pptx' 프레젠테이션에 새 슬라이드를 추가하기 위해 슬라이드 보기 창에서 마지막 슬라이드를 선택하고 [홈] 탭–[슬라이드] 그룹–[새 슬라이드]를 선택한다.

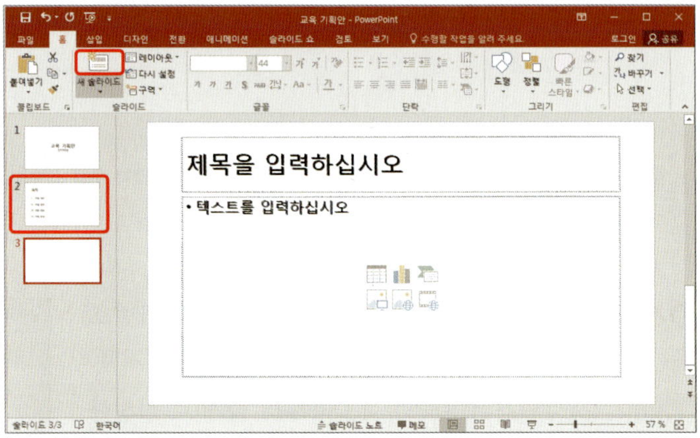

02 추가된 슬라이드의 제목 개체 틀에 *교육 개요*를 입력하고 콘텐츠 개체 틀에는 *교육 방침*을 입력한 후 Enter를 누른다.

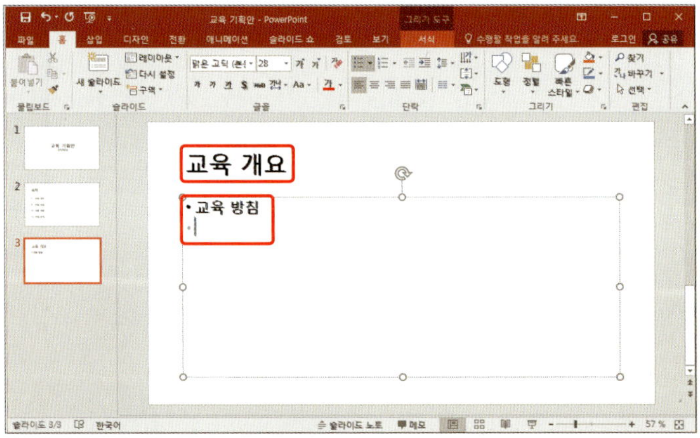

여기서 잠깐 단락의 개념

텍스트를 입력할 때 Enter를 누르면 새로운 단락이 만들어지며, 하나의 단락에는 글머리 기호, 번호 매기기, 줄 간격 등을 설정할 수 있다. 단락을 구분하지 않고 텍스트의 줄 바꿈만 실행하려면 Shift+Enter를 누른다.

03 다음 단락의 시작 위치에서 [홈] 탭–[단락] 그룹–[목록 수준 늘림]을 클릭한 후 다음과 같이 내용을 입력하고 Enter를 누른다.

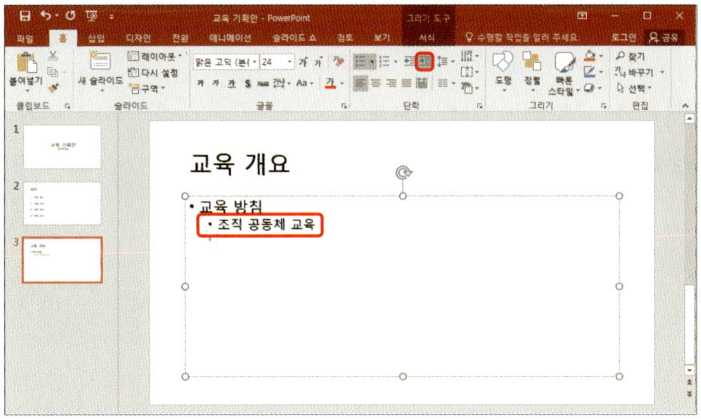

TIP [목록 수준 늘림]을 클릭하는 대신 단락 시작 위치에서 Tab을 눌러도 된다.

04 다음 단락의 시작 위치에서 [홈] 탭–[단락] 그룹–[목록 수준 줄임]을 클릭해 앞 단계로 이동한 후 다음과 같이 내용을 입력하고 Enter를 누른다.

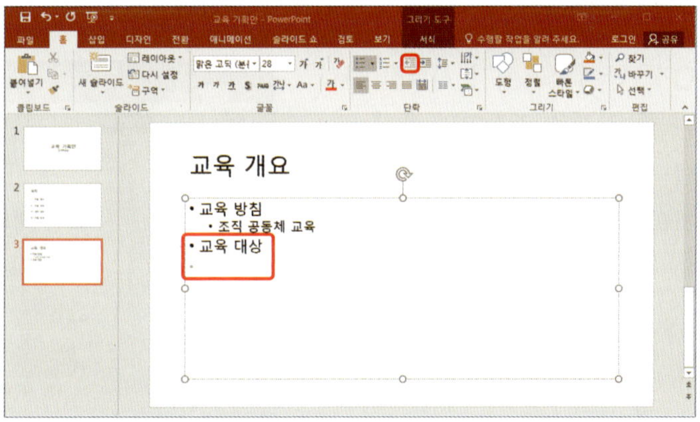

TIP [목록 수준 줄임]을 클릭하는 대신 단락 시작 위치에서 Shift+Tab을 눌러도 된다.

05 단계 **03~04**를 반복하면서 다음과 같이 나머지 내용을 입력한다.

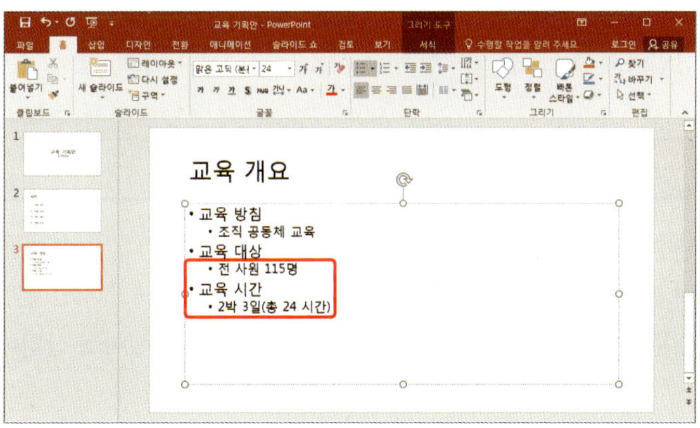

06 글머리 기호를 변경할 단락을 다음과 같이 선택하고 [홈] 탭-[단락] 그룹-[글머리 기호] 목록에서 [별표 글머리 기호]를 선택한다.

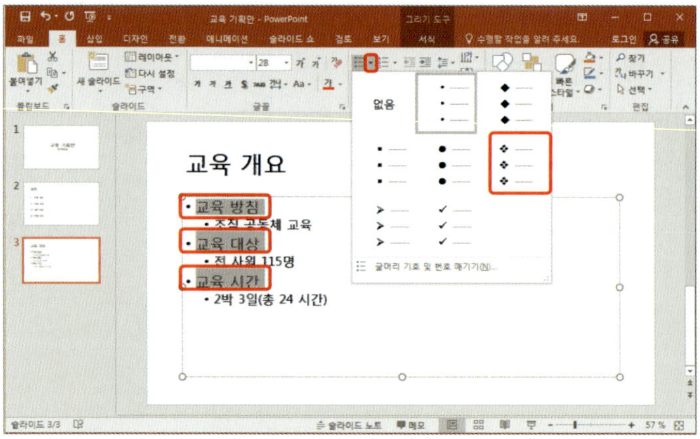

> **TIP** 여러 단락을 한 번에 선택하려면 Ctrl을 누른 상태에서 해당 텍스트를 드래그한다. 글머리 기호를 변경하려는 단락이 하나인 경우에는 텍스트를 선택하지 않고 단락 내 임의의 위치에 마우스를 두고 글머리 기호를 선택하면 된다.

07 단계 **06**에서 선택한 단락의 줄 간격을 조절하기 위해 [홈] 탭-[단락] 그룹-[줄 간격]-[1.5]를 선택한다.

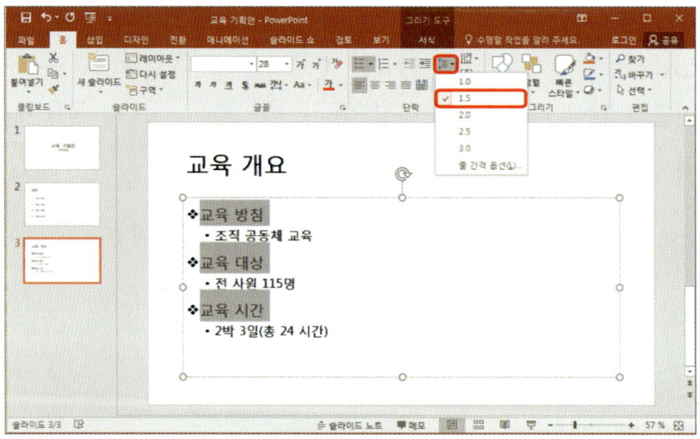

1.2 텍스트 상자 활용

임의의 위치에 자유롭게 텍스트를 배치하려면 텍스트 상자를 활용하면 된다. 텍스트 상자를 슬라이드에 삽입하고 텍스트를 입력한 후 서식을 설정하거나 기호, 한자, 수식 등을 입력하는 방법을 알아본다.

기본예제 3-4 텍스트 상자 삽입하기

텍스트 상자를 이용해 텍스트를 입력할 때는 슬라이드의 빈 공간에 텍스트 상자를 먼저 삽입한다. 삽입된 텍스트 상자에 텍스트를 입력할 때는 콘텐츠 개체 틀처럼 글머리 기호 등의 서식이 정해져 있지 않기 때문에 필요한 서식을 직접 설정해야 한다. 텍스트 상자를 삽입하고 내용을 입력해 보자.

01 '교육 기획안.pptx' 프레젠테이션에 새 슬라이드를 추가하기 위해 슬라이드 보기 창에서 마지막 슬라이드를 선택하고 [홈] 탭–[슬라이드] 그룹–[새 슬라이드] 목록에서 [빈 화면]을 선택한다.

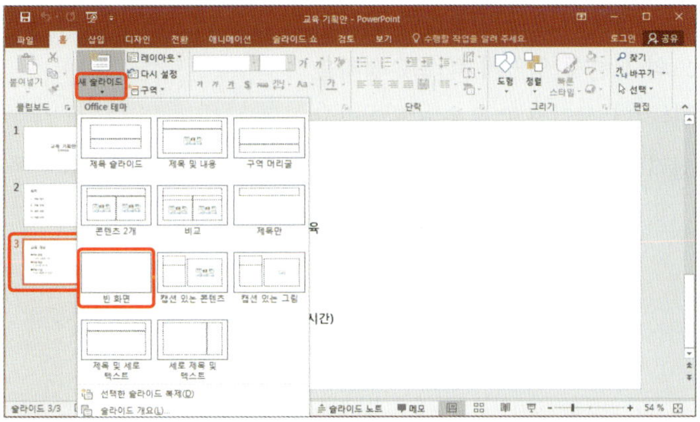

02 [삽입] 탭–[텍스트] 그룹–[텍스트 상자] 목록에서 [가로 텍스트 상자]를 선택한다. 슬라이드 영역에서 원하는 크기만큼 드래그해 텍스트 상자를 삽입하고 내용을 *교육 목표*라고 입력한 후 Esc를 누른다.

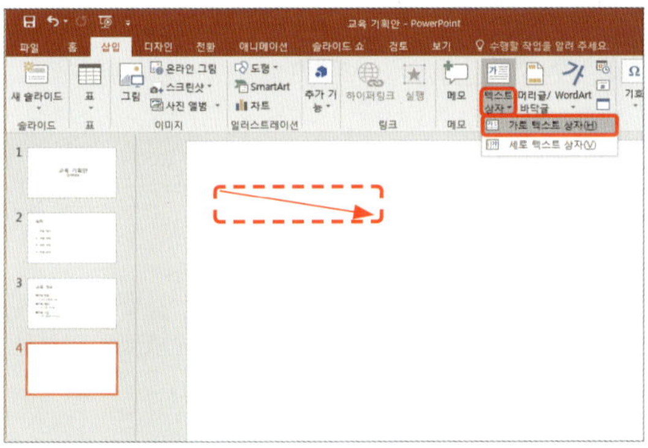

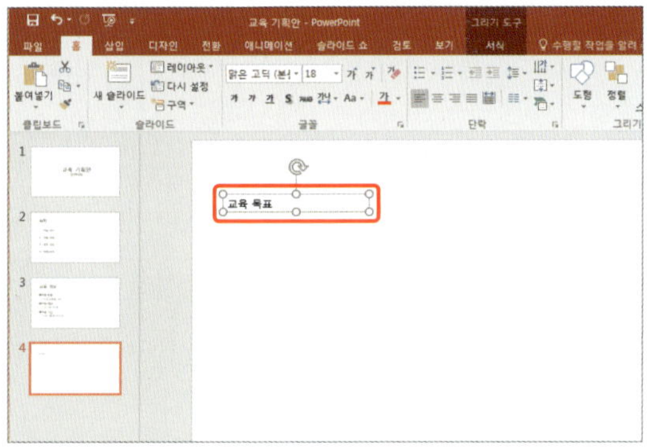

TIP 원하는 크기로 드래그하는 대신 텍스트 상자를 삽입할 시작 위치를 클릭해도 텍스트 상자가 삽입된다. 이렇게 삽입한 텍스트 상자의 크기는 입력한 텍스트의 길이에 맞게 조절된다.

03 텍스트 상자가 선택된 상태로 [홈] 탭–[글꼴] 그룹에서 [글꼴]은 [맑은 고딕(제목)], [글꼴 크기]는 [44]로 설정한다.

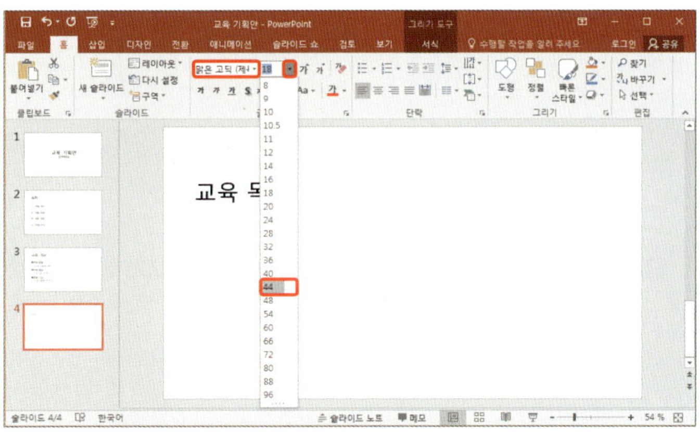

04 단계 **02**를 반복하여 슬라이드의 오른쪽 영역에 텍스트 상자를 하나 더 삽입하고 *교육 방법*이라고 입력한다.

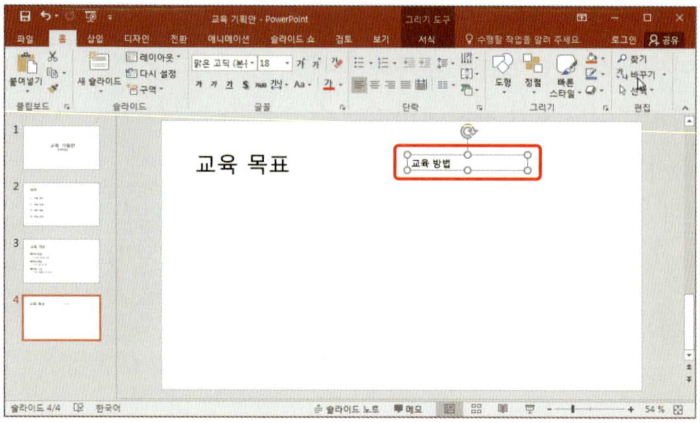

05 '교육 목표' 텍스트 상자를 선택하고 [홈] 탭–[클립보드] 그룹–[서식 복사]를 클릭한다.

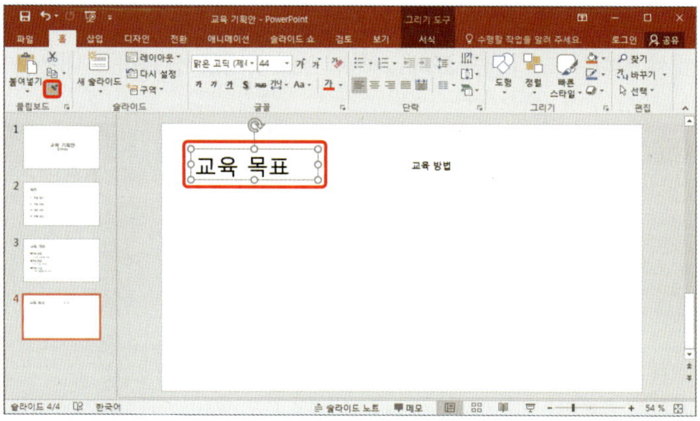

06 마우스 포인터가 모양으로 바뀌면 '교육 방법' 텍스트 상자를 클릭한다.

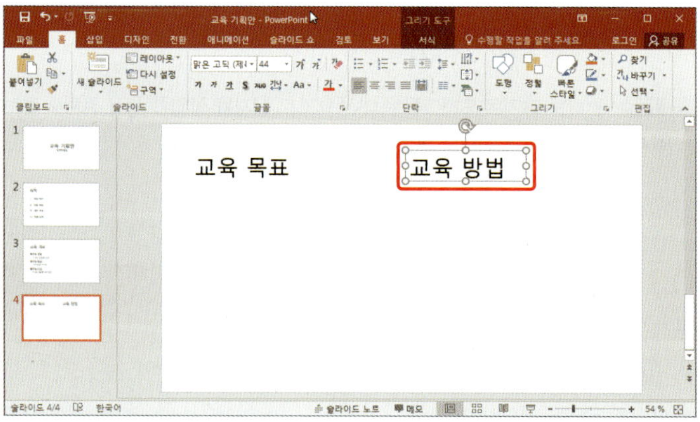

TIP 단계 **05~06**의 서식 복사 기능을 이용하는 대신 텍스트 상자를 복제한 후 텍스트를 수정해도 된다.

07 글꼴 색을 설정하기 위해 '교육 방법' 텍스트 상자를 선택하고 [홈] 탭–[글꼴] 그룹–[글꼴 색] 목록에서 [녹색]을 선택한다.

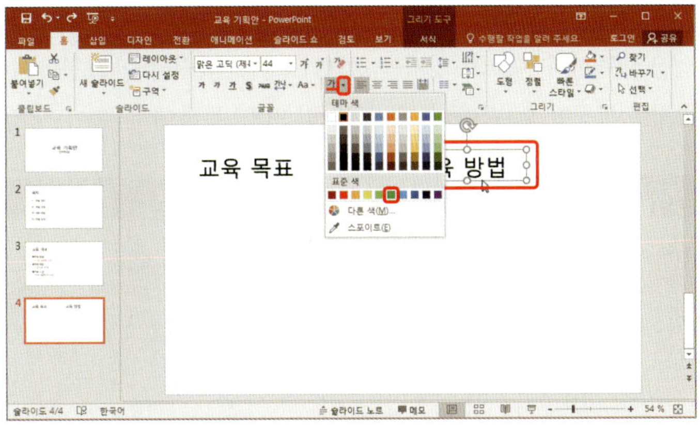

> **TIP** 텍스트 상자에서 변경하고 싶은 글자만 드래그하여 선택하고 글꼴 크기나 색 등을 설정해도 된다.

기본예제 3-5 기호와 한자 입력하기

텍스트 상자에서도 개체 틀과 같이 글머리 기호를 설정할 수 있고, 기호를 삽입하거나 한글을 한자로 변환할 수 있다. 텍스트 상자에 글머리 기호와 단락을 설정하는 방법과 입력한 한글을 한자로 변환하고 기호를 삽입하는 방법을 알아보자.

01 [기본예제 3-4]에서 만든 마지막 슬라이드에서 [삽입] 탭–[텍스트] 그룹–[텍스트 상자]를 클릭하고 슬라이드 영역에서 드래그하여 텍스트 상자를 삽입한다.

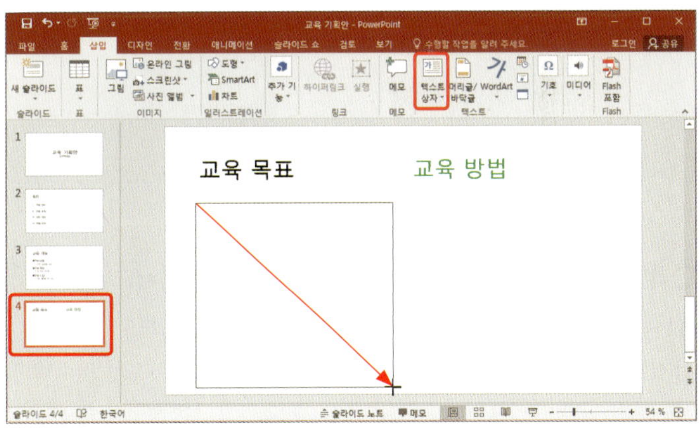

02 텍스트 상자에 *변화의 필요성 인식* Enter *팀원간 단결력 강화* Enter *유기적이고 도전적인 조직문화 함양*을 입력한다. 텍스트 상자를 선택하고 [홈] 탭–[글꼴] 그룹에서 [글꼴]은 [맑은 고딕]으로, [글꼴 크기]는 [28]로 설정한 후 [단락] 그룹–[글머리 기호] 목록에서 [속이 찬 정사각형 글머리 기호]를 선택한다.

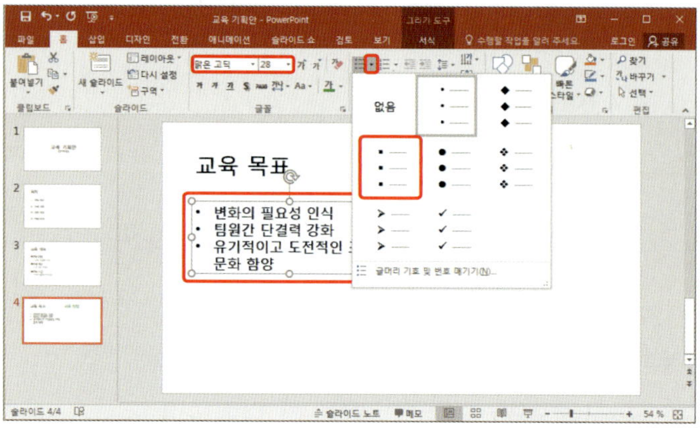

03 두 번째 단락의 임의의 위치에 커서를 두고 [홈] 탭–[단락] 그룹–[줄 간격]–[줄 간격 옵션]을 선택한다.

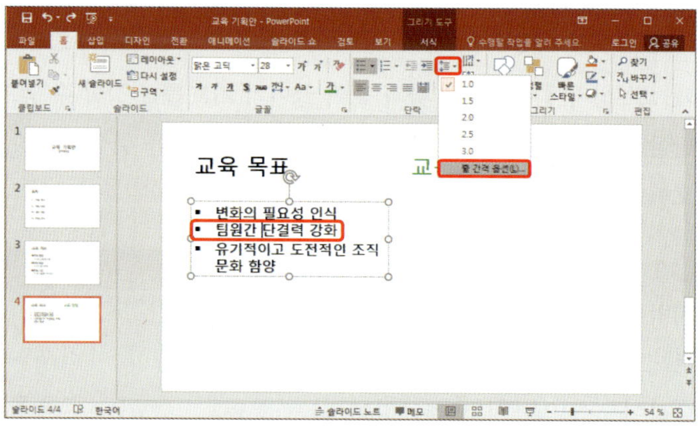

04 [단락] 대화상자의 [들여쓰기 및 간격] 탭에서 [간격]의 [줄 간격]을 [2줄]로, [단락 뒤]는 [12pt]로 설정하고 [확인]을 클릭한다.

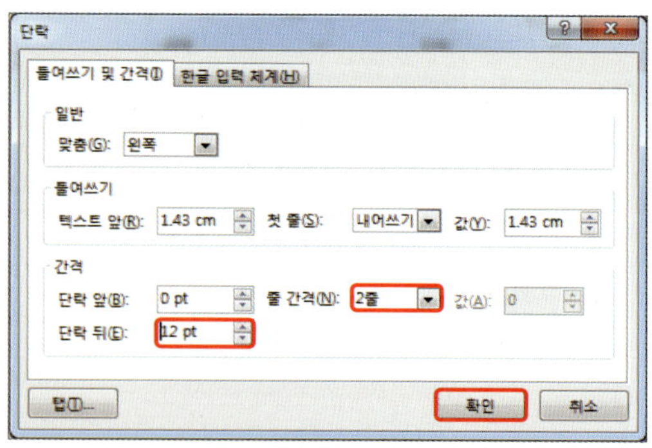

TIP [줄 간격]은 단락 내 문장의 간격을 설정할 때, [단락 앞]과 [단락 뒤]는 단락과 단락의 간격을 설정할 때 사용한다. 단락의 앞/뒤 간격을 설정하면 각 단락을 명확하게 구분되어 보이도록 할 수 있다.

05 세 번째 단락의 문장에서 줄바꿈이 필요한 위치인 '조직문화' 단어 앞에 커서를 두고 단축키 Shift + Enter를 누른다.

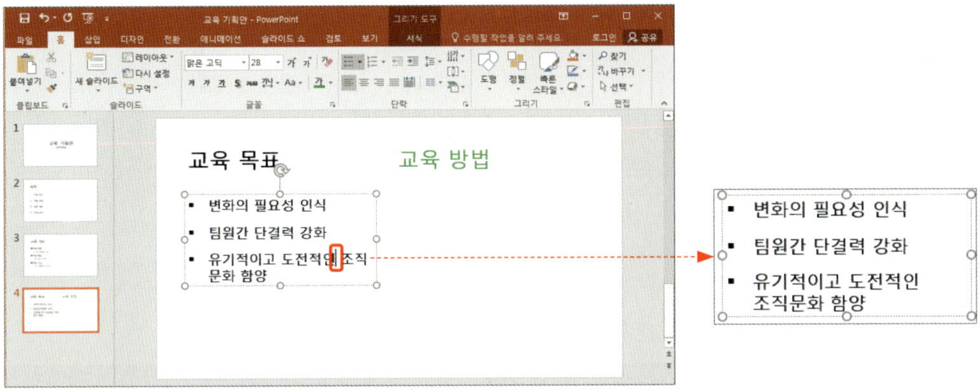

TIP 텍스트 상자의 크기에 따라 긴 문장은 자동으로 다음 줄에 표시되지만, Shift + Enter를 사용하면 특정 위치에서 줄을 바꿔 입력할 수 있다.

06 '변화'를 한자로 변환하기 위해 단어 뒤에 커서를 두고 한자를 누른 후 '變化'를 선택한다.

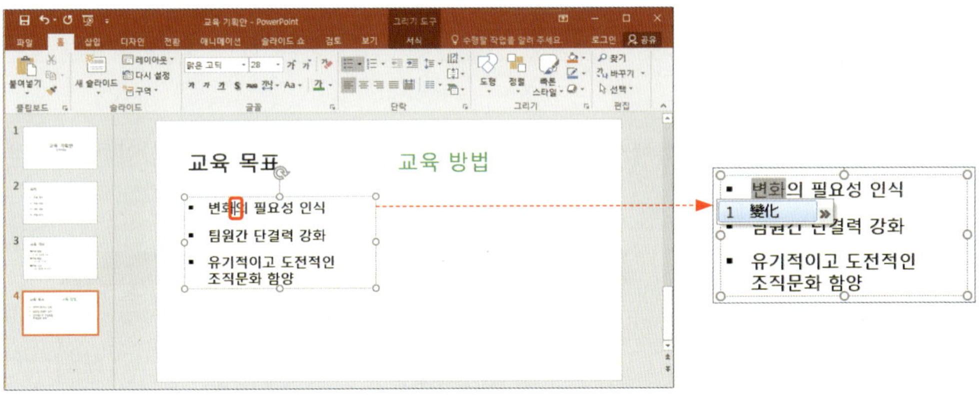

07 같은 방법으로 '단결력', '유기적', '도전적'도 한자로 바꾸어 입력한다.

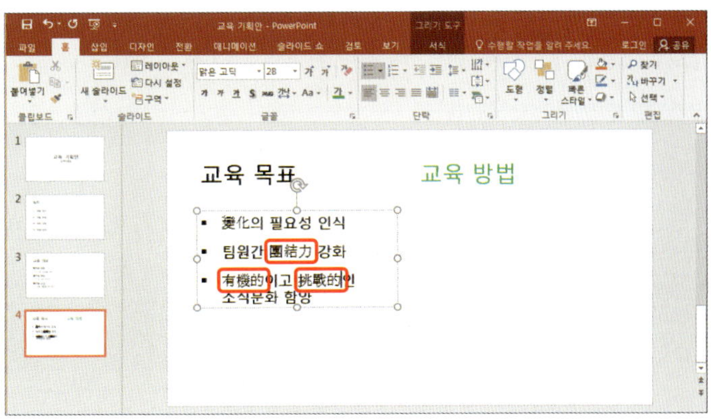

08 단계 **01**을 반복하여 텍스트 상자를 하나 더 삽입하고 *Open* Enter Enter *Change* Enter Enter *Together* Enter Enter *Challenge*를 입력한다. 텍스트 상자를 선택한 후 [홈] 탭–[글꼴] 그룹에서 [글꼴]은 [맑은 고딕], [글꼴 크기]는 [28]로 설정하고, [단락] 그룹에서 [가운데 맞춤]을 클릭한다.

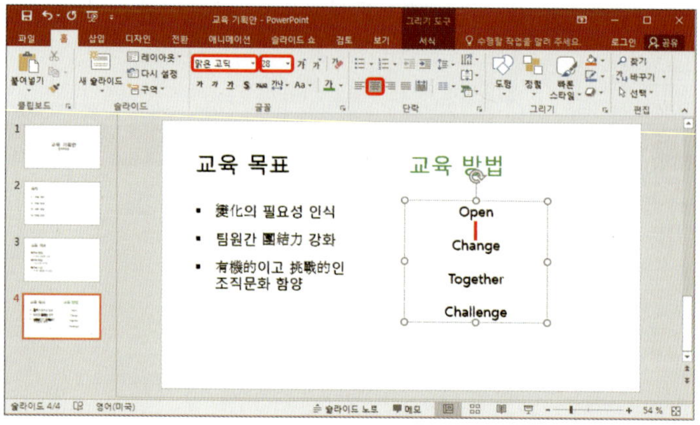

09 단어 사이 빈 줄에 커서를 두고 [삽입] 탭–[기호] 그룹–[기호]를 클릭한다.

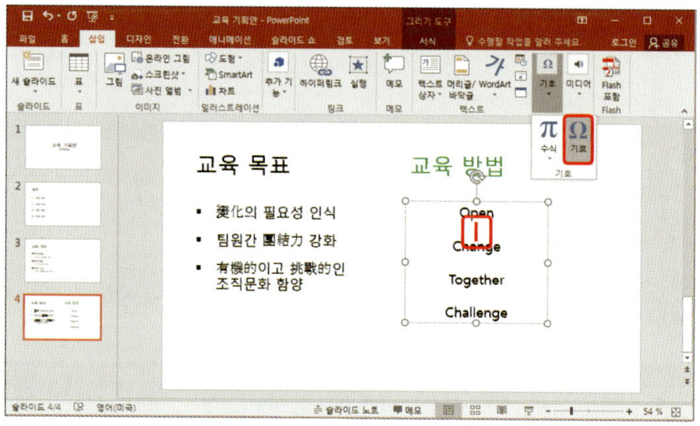

10 [기호] 대화상자의 [도형 기호] 목록에서 [▼]를 선택하고 [삽입]을 클릭해 기호를 삽입한다. 다른 단락에도 같은 모양의 기호를 삽입한다.

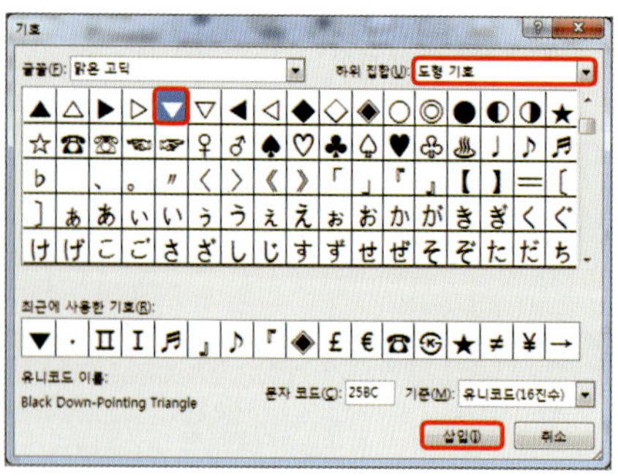

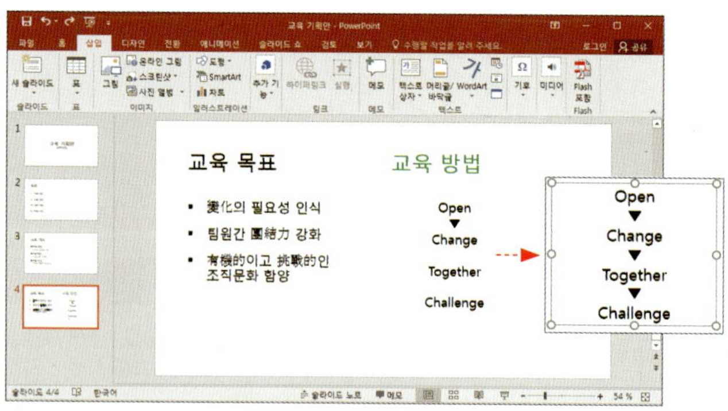

기본예제 3-6 수식 입력하기

개체 틀이나 텍스트 상자에 수식을 입력할 수도 있다. 기호와 달리 수식은 개체 틀이나 텍스트 상자가 없어도 도형처럼 슬라이드에 삽입할 수 있다. 슬라이드에 수식을 삽입해 보자.

01 '교육 기획안.pptx'의 마지막 슬라이드에서 [홈] 탭–[슬라이드] 그룹–[새 슬라이드] 목록의 [제목 및 내용]을 선택한다.

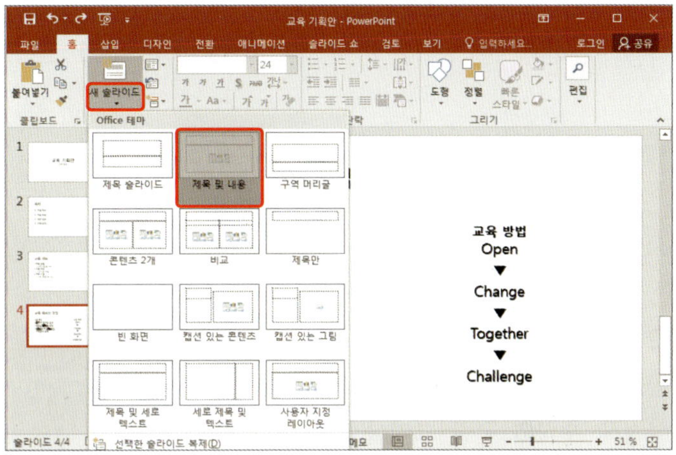

02 슬라이드의 제목 개체 틀에 *세부 내용*, 콘텐츠 개체 틀에 *자기 정보량(self information)*을 입력하고 개체 틀 바깥쪽을 클릭한 후 [삽입] 탭–[기호] 그룹–[수식]을 클릭한다.

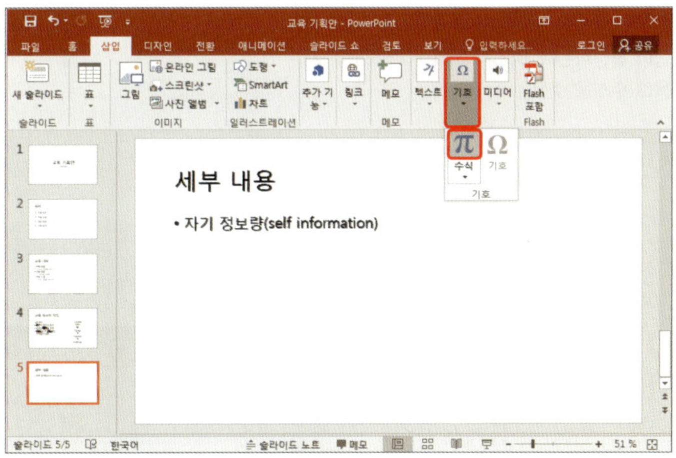

TIP 개체 틀 안에 수식을 삽입하면 수식이 글자처럼 단락에 포함되므로 마우스로 자유롭게 이동시키기 어렵다.

03 수식 입력 상자가 만들어지면 빈 영역으로 드래그해 이동하고 [수식 도구]–[디자인] 탭의 [기호]와 [구조] 그룹에서 수식 작성에 필요한 항목을 찾아 다음과 같이 수식을 입력한다.

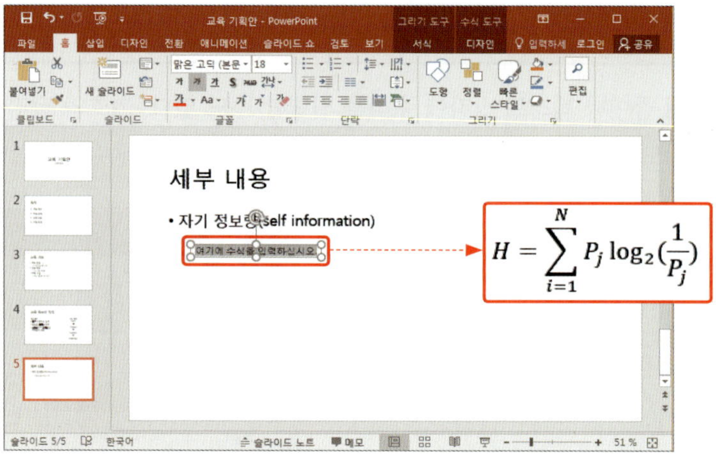

04 수식을 선택하고 [홈] 탭–[글꼴] 그룹에서 [글꼴 크기]를 [32]로 설정해 수식의 글꼴 크기를 변경한다.

TIP 수식을 선택하면 [수식 도구]–[디자인] 탭이 활성화된다. 여기서 여러 가지 도구를 사용해 수식을 수정할 수 있다.

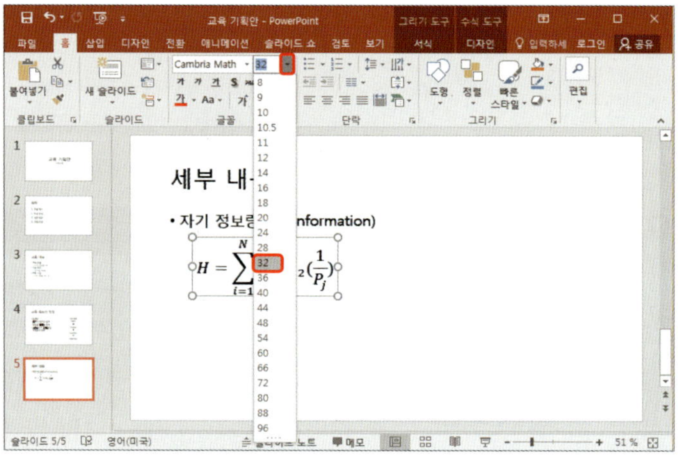

05 수식을 하나 더 입력하기 위해 [삽입] 탭–[기호] 그룹–[수식] 목록에서 [잉크 수식]을 선택한다.

TIP 잉크 수식은 파워포인트 2016의 새로운 기능으로, 터치펜이나 마우스를 이용해 직접 수식을 입력할 수 있다.

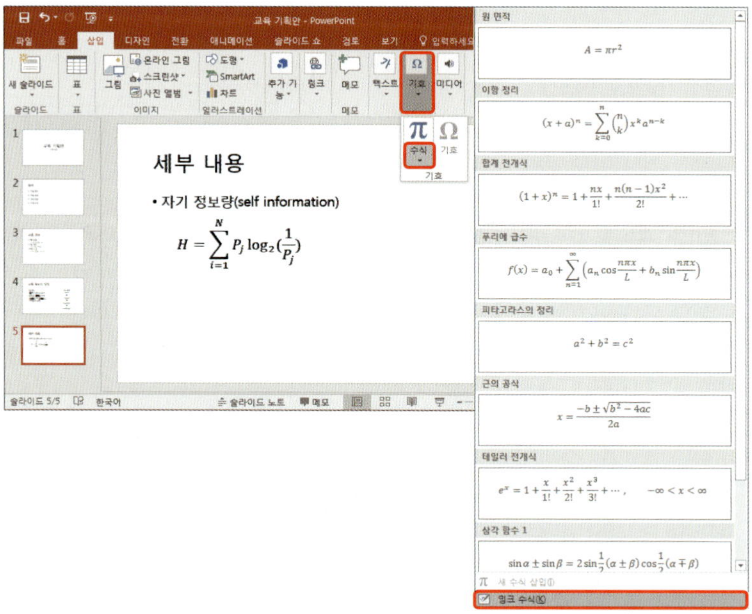

06 터치펜이나 마우스를 이용해 수학식 입력란에 수식을 작성하고 [삽입]을 클릭한다.

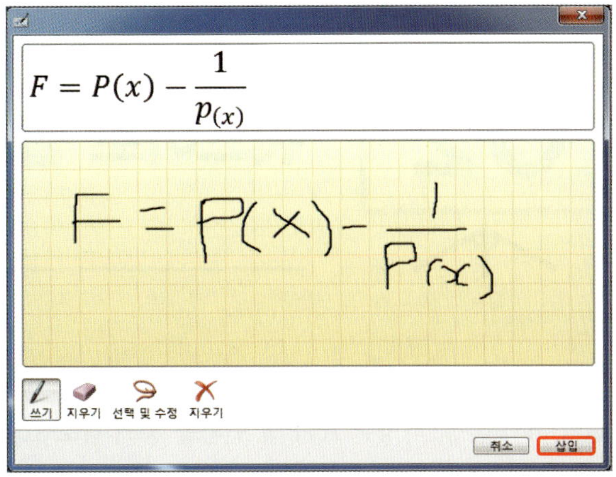

07 수식을 드래그해 원하는 곳으로 이동시키고, [홈] 탭–[글꼴] 그룹에서 [글꼴 크기]를 [32]로 설정한다. 작업을 마쳤으면 프레젠테이션을 저장한다.

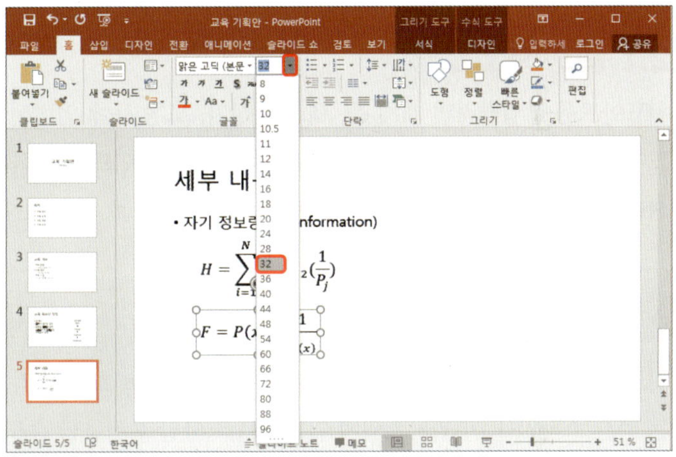

SECTION 02

워드아트 활용하기

워드아트(WordArt)란 텍스트를 꾸미는 기능으로, 워드아트를 이용하면 텍스트의 채우기 색이나 윤곽선의 서식 설정, 다양한 효과 및 변환을 통해 강조 효과를 얻을 수 있다. 주로 제목이나 핵심이 되는 텍스트에 활용한다. 워드아트를 삽입하고 스타일을 설정하는 방법에 대해 알아본다.

2.1 워드아트 삽입

워드아트를 삽입하려면 개체 틀, 텍스트 상자, 도형 등에 입력된 텍스트에 워드아트 스타일을 적용해 워드아트 개체로 바꾸거나 워드아트 개체를 직접 슬라이드에 입력한다. 워드아트의 글꼴, 글꼴 크기, 글꼴 색을 비롯한 글꼴 서식은 일반 텍스트와 같은 방법으로 적용할 수 있다.

2.2 워드아트 스타일 서식

워드아트에는 텍스트 채우기, 텍스트 윤곽선, 텍스트 효과를 각각 설정할 수 있으며, 미리 설정되어 있는 빠른 스타일을 선택해 손쉽게 워드아트 스타일을 적용할 수도 있다. 워드아트에 적용할 수 있는 텍스트 효과에는 그림자, 반사, 네온, 입체 효과, 3차원 회전, 변환 등 다양한 형태가 있다.

청중에게 제공하는 텍스트 정보는 가독성이 가장 중요하다. 슬라이드 배경색이 어두운지 밝은지 살피면서 텍스트가 잘 부각되도록 서식을 설정해야 한다. 과도하게 설정하면 오히려 가독성이 떨어질 수 있으니 유의해서 사용한다.

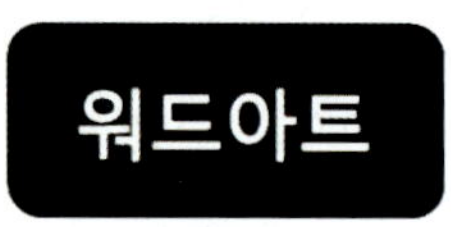

▲ 어두운 배경색

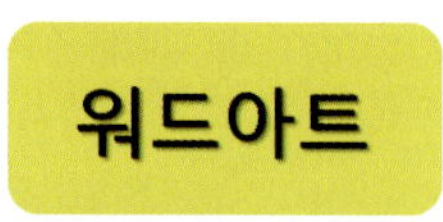

▲ 밝은 배경색

▲ 반사와 변환 효과

기본예제 3-7 개체 틀의 텍스트를 워드아트 스타일로 바꾸기

'교육 기획안.pptx' 프레젠테이션의 제목 슬라이드에서 개체 틀에 입력된 텍스트를 워드아트 스타일로 바꾸고 서식을 설정해 보자.

01 '교육 기획안.pptx' 프레젠테이션을 열고 제목 슬라이드에서 제목 개체 틀을 선택한 후 [그리기 도구]-[서식] 탭-[WordArt 스타일] 그룹-[빠른 스타일] 목록에서 [채우기-흰색, 윤곽선-강조 1, 그림자]를 선택한다.

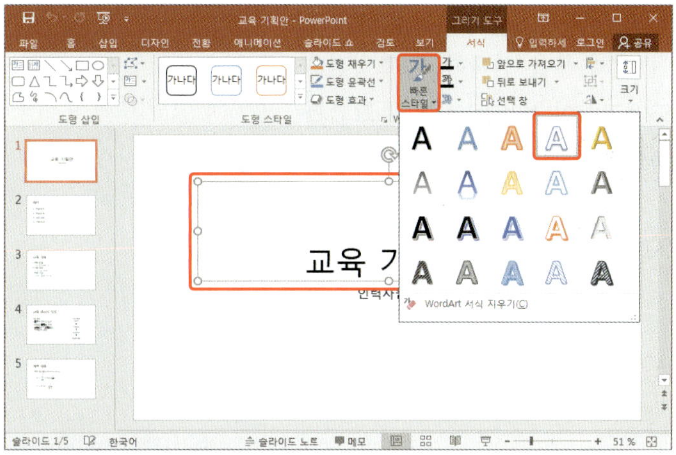

02 제목 개체 틀을 선택한 상태로 [그리기 도구]-[서식] 탭-[WordArt 스타일] 그룹-[텍스트 채우기] 목록에서 [그라데이션]-[선형 위쪽]을 선택한다.

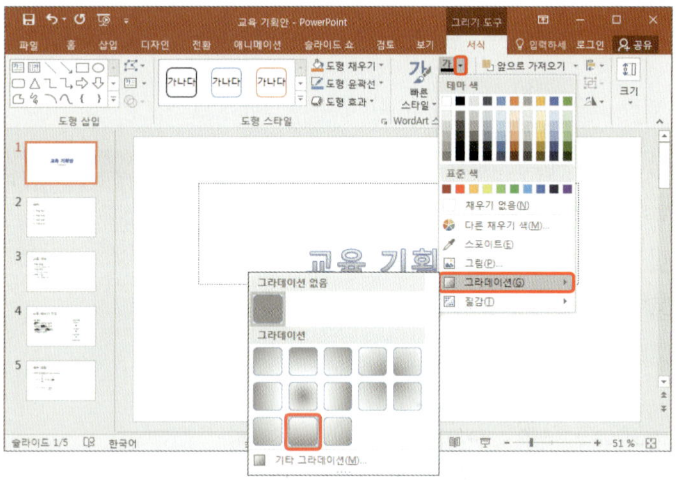

03 제목 개체 틀을 선택한 상태로 [그리기 도구]-[서식] 탭-[WordArt 스타일] 그룹-[텍스트 효과] 목록에서 [반사]-[근접 반사, 터치]를 선택한다.

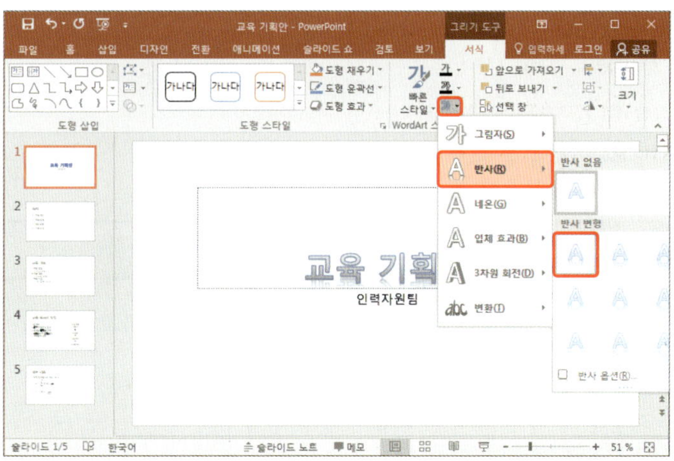

04 단축키 Shift+Tab을 눌러 부제목 개체 틀을 선택하고, 조절점을 드래그하여 텍스트 상자의 크기를 줄인다.

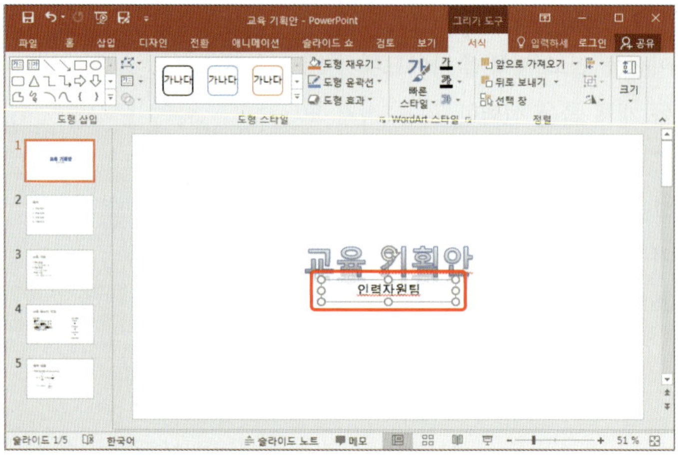

TIP 텍스트에 변환 효과를 설정하면 텍스트가 상자의 크기에 맞추어지므로 개체 틀의 크기를 미리 조정하는 것이 좋다.

05 부제목 개체 틀을 선택한 상태로 [그리기 도구]–[서식] 탭–[WordArt 스타일] 그룹–[텍스트 효과] 목록에서 [변환]–[휘기]의 [갈매기형 수장]을 선택한다.

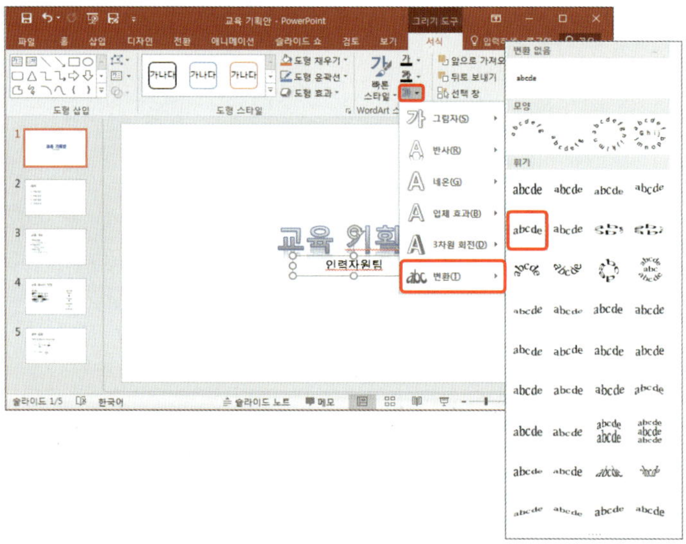

기본예제 3-8 워드아트 개체 삽입하기

슬라이드에 원하는 스타일의 워드아트 개체를 삽입하고 서식을 설정해 보자.

01 '교육 기획안.pptx' 프레젠테이션의 제목 슬라이드에서 [삽입] 탭-[텍스트] 그룹-[WordArt 삽입] 목록의 [채우기 - 회색-50%, 강조 3, 선명한 입체]를 선택한다.

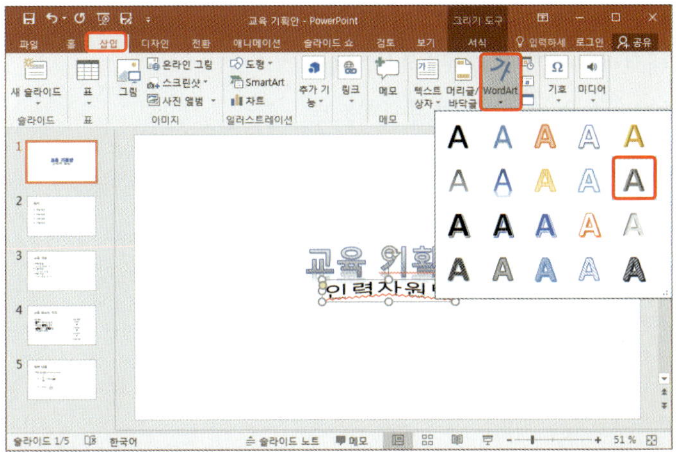

02 삽입된 워드아트에 *교육 개발부*라고 입력하고 워드아트 개체를 드래그해 이동한다.

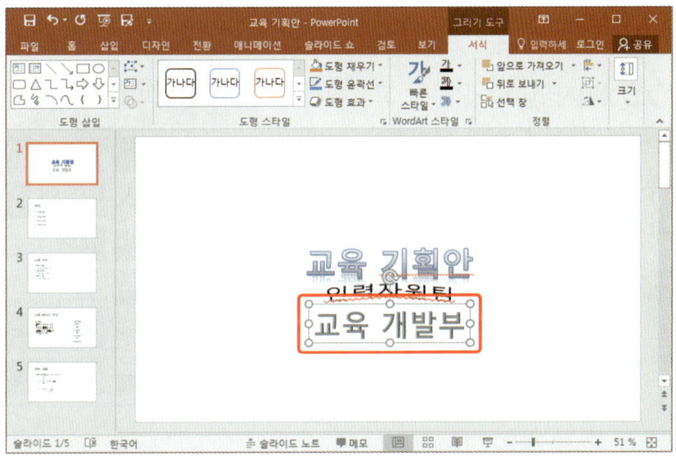

03 워드아트 상자가 선택된 상태로 [홈] 탭-[글꼴] 그룹에서 [글꼴 크기]를 [36]으로 설정한다.

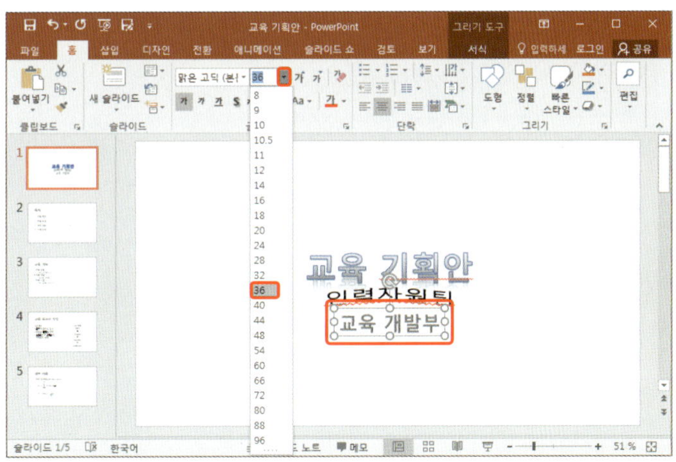

04 워드아트 상자가 선택된 상태로 [그리기 도구]–[서식] 탭–[WordArt 스타일] 그룹–[텍스트 효과] 목록에서 [변환]–[모양]의 [아래쪽 원호]를 선택한다.

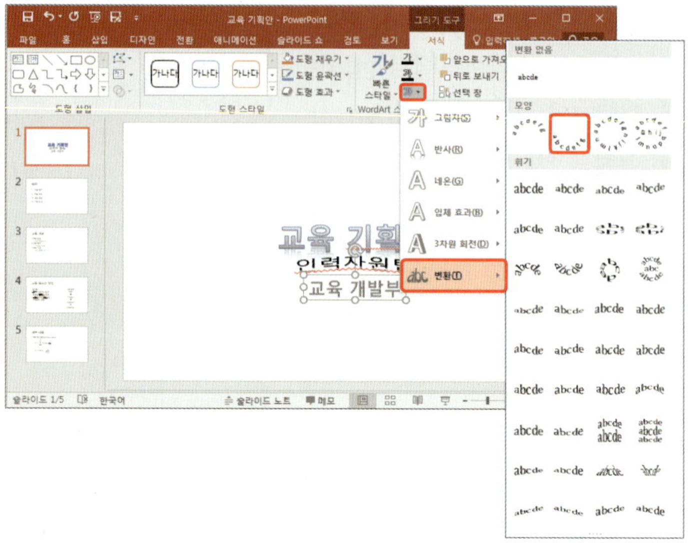

05 [디자인] 탭–[테마] 그룹에서 [자세히] 단추를 클릭하고 테마 목록에서 [기본]을 선택해 모든 슬라이드에 테마를 적용한다. 프레젠테이션을 '교육 기획안(완성).pptx'로 저장한다.

종합예제

이 장에서 학습한 파워포인트의 텍스트 관련 기능과 워드아트 도구를 활용하여 다음과 같은 내용으로 프레젠테이션 파일을 만들어 보자.

1 파워포인트를 실행하고 '갤러리' 테마를 선택한 후 [만들기]를 클릭한다.

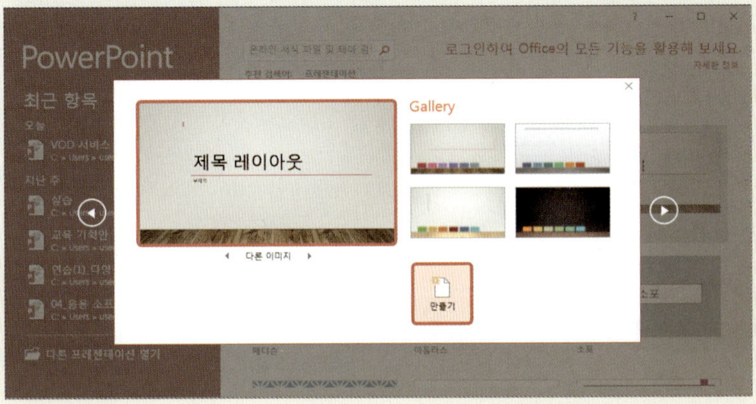

2 테마가 적용된 제목 슬라이드가 만들어지면 제목과 부제목을 그림과 같이 입력한다.

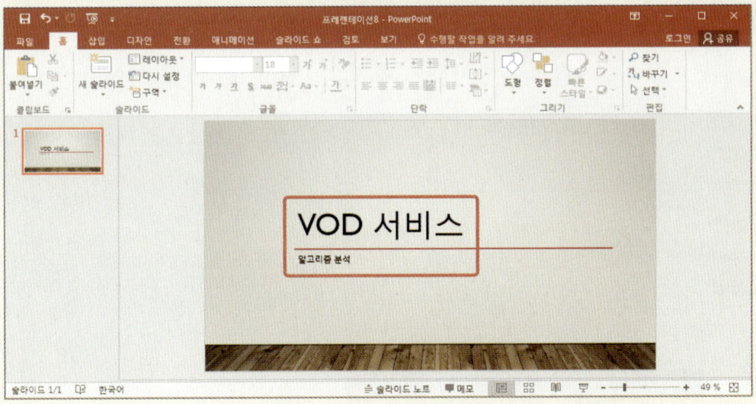

3 [홈] 탭–[슬라이드] 그룹–[새 슬라이드] 목록에서 [제목 및 내용]을 선택해 슬라이드를 추가하고 그림과 같이 제목과 내용을 입력한 후 [단락] 그룹–[번호 매기기] 목록에서 [A. B. C.]를 선택한다.

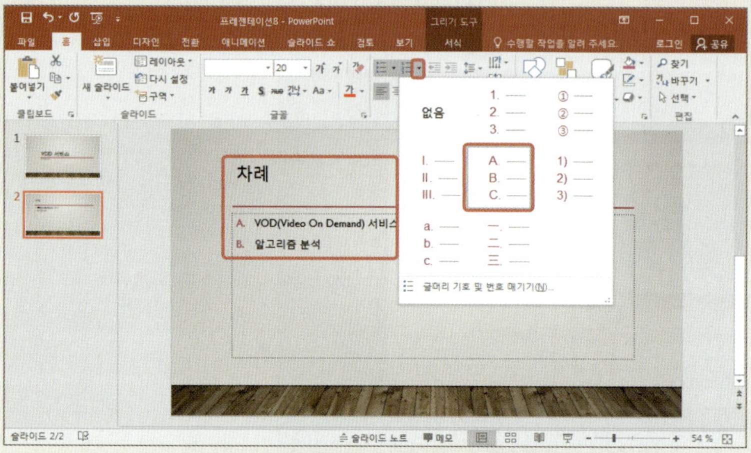

4 [홈] 탭–[슬라이드] 그룹–[새 슬라이드] 목록에서 [콘텐츠 2개]를 선택해 새 슬라이드를 추가한다.

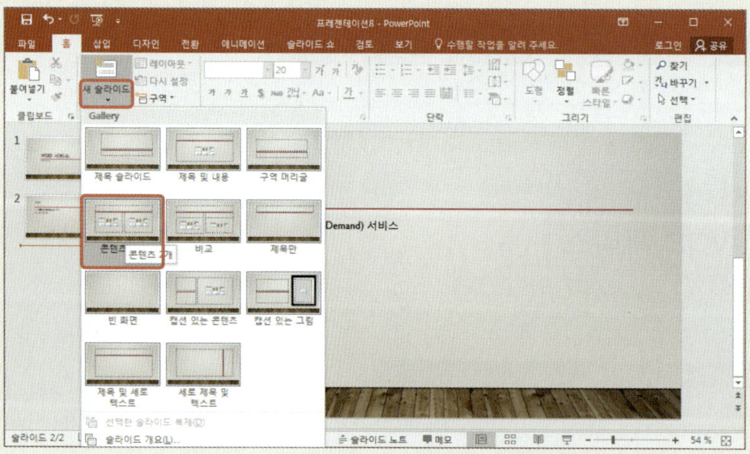

5 다음과 같이 슬라이드 제목과 왼쪽 콘텐츠 개체 틀에 텍스트를 입력한 후 [홈] 탭–[단락] 그룹–[글머리 기호] 목록에서 [글머리 기호 및 번호 매기기]를 선택하고 그림과 같이 설정한다.

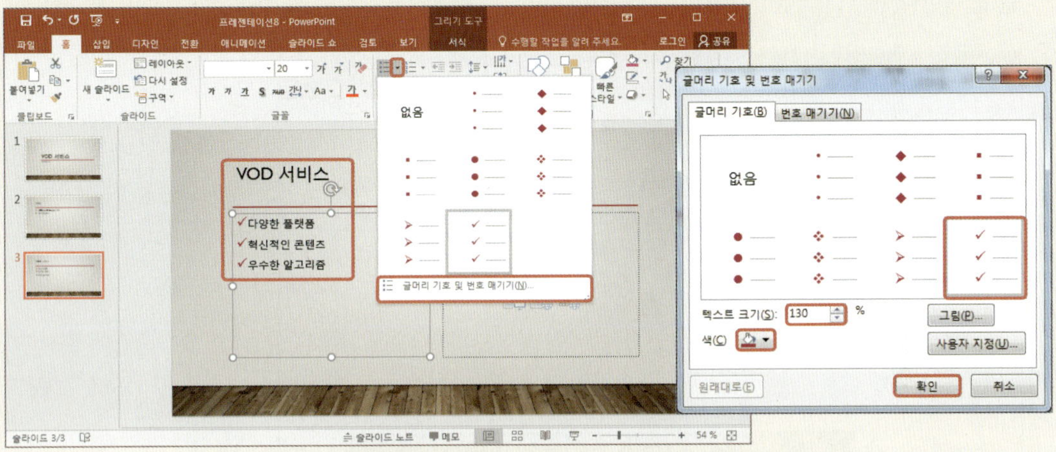

6 오른쪽 콘텐츠 개체 틀에 다음과 같이 텍스트를 입력한다. [홈] 탭–[단락] 그룹–[글머리 기호]를 클릭해 글머리 기호를 해제하고 [줄 간격]을 [1.0]으로 설정한 후 입력한 텍스트의 길이에 맞게 드래그하여 개체 틀의 크기를 조절한다.

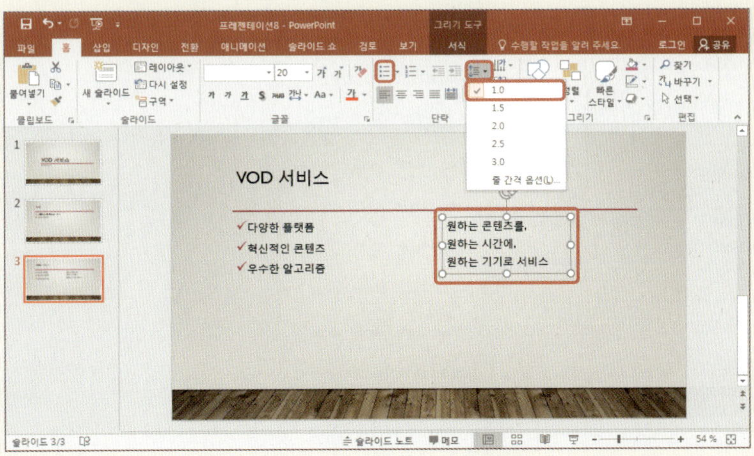

7 Ctrl을 누른 채로 드래그하여 그림과 같이 텍스트 범위를 설정하고 [그리기 도구]–[서식] 탭–[WordArt 스타일] 그룹–[빠른 스타일] 목록에서 [채우기 – 흰색, 윤곽선 – 강조 1, 네온 – 강조 1]을 선택한다.

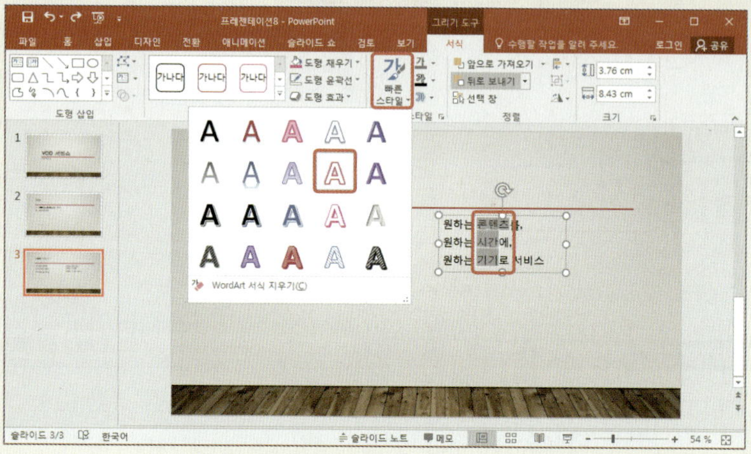

8 콘텐츠 개체 틀을 선택하고 [그리기 도구]–[서식] 탭–[WordArt 스타일] 그룹–[텍스트 효과] 목록에서 [변환]–[휘기]의 [팽창]을 선택한다.

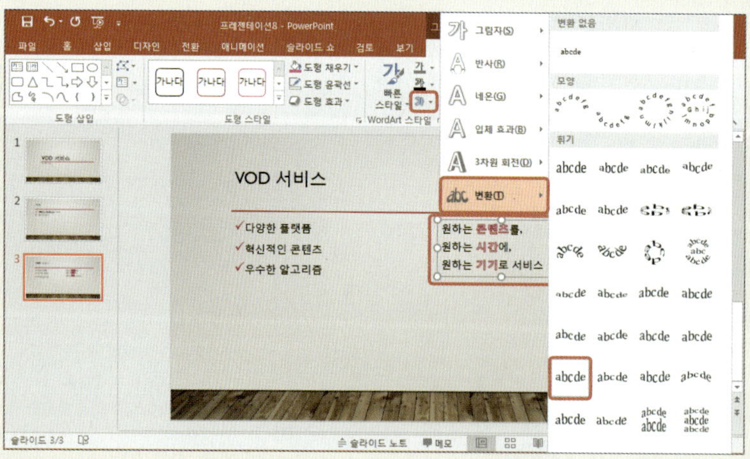

9 [홈] 탭-[슬라이드] 그룹-[새 슬라이드] 목록에서 [비교]를 선택해 새 슬라이드를 추가한다.

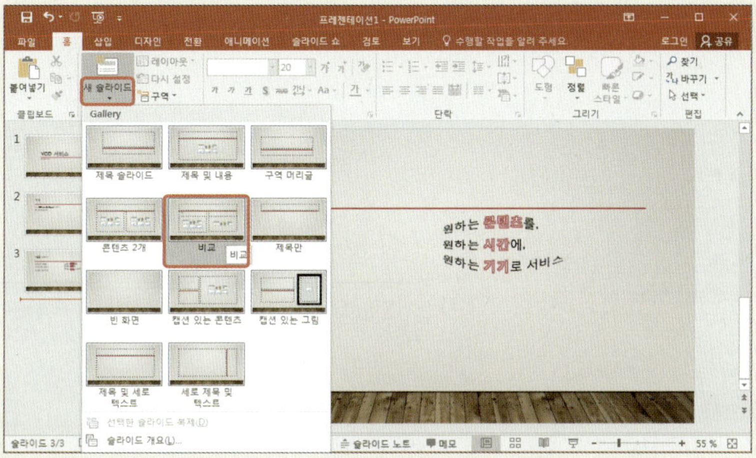

10 슬라이드에 그림과 같이 텍스트를 입력하고 [삽입] 탭-[기호] 그룹-[수식]을 클릭한다.

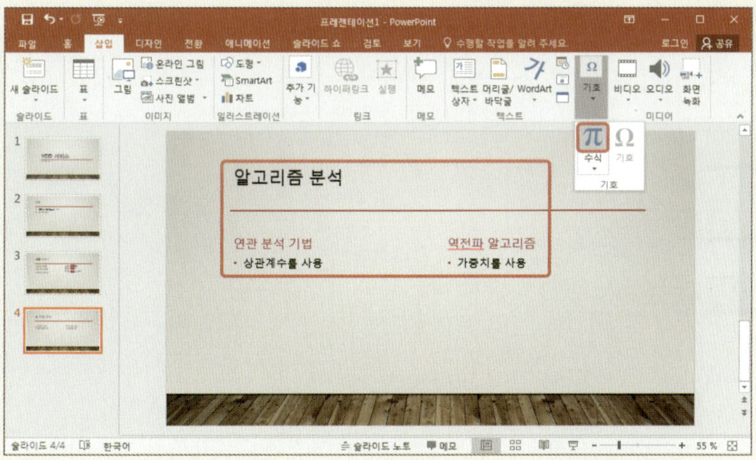

11 다음과 같이 수식을 입력해 삽입한다.

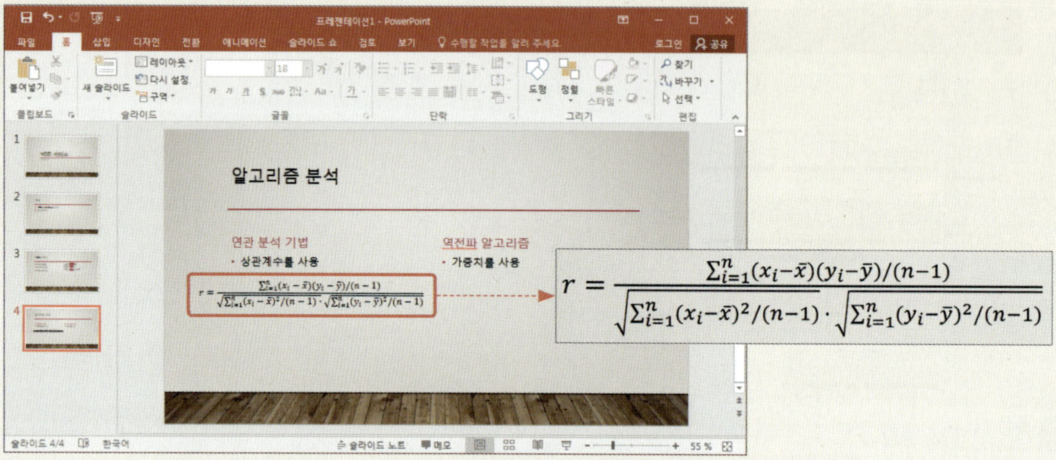

12 [홈] 탭–[슬라이드] 그룹–[새 슬라이드] 목록에서 [빈 화면]을 선택해 새 슬라이드를 추가한다.

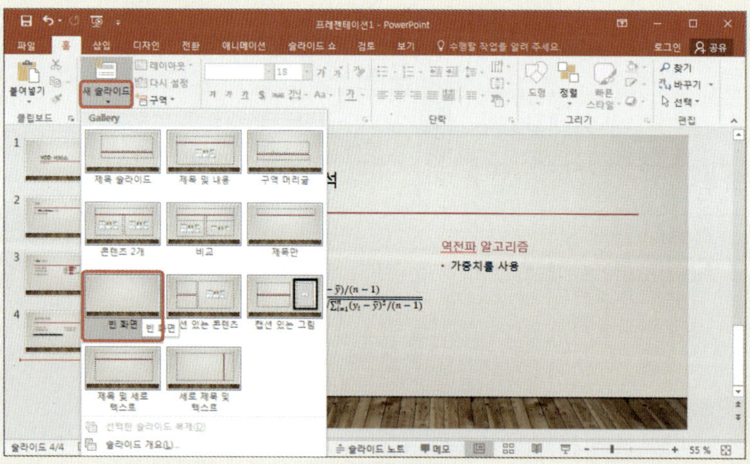

13 [삽입] 탭–[텍스트] 그룹–[WordArt 삽입] 목록에서 [무늬 채우기 – 빨강, 강조 1, 50%, 진한 그림자 – 강조 1]을 선택한 후 *NETFLIX*를 입력한다.

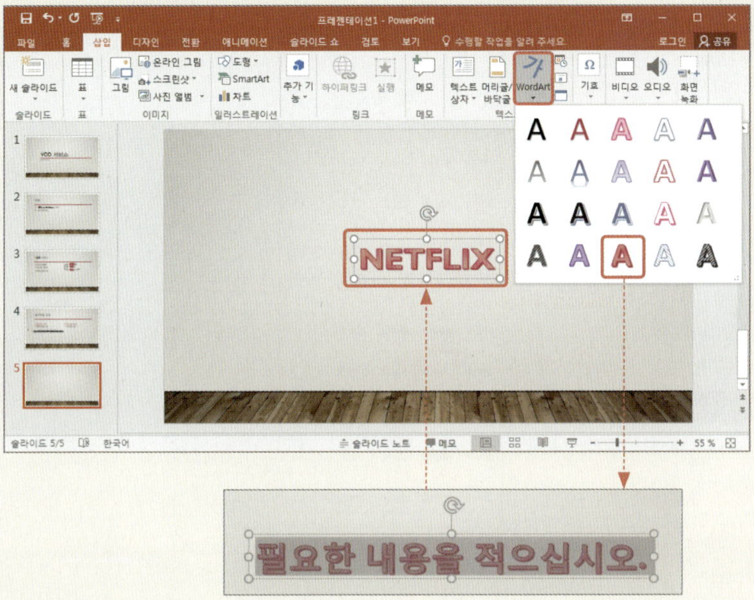

14 삽입한 워드아트 개체를 선택하고 [그리기 도구]–[서식] 탭–[WordArt 스타일] 그룹–[텍스트 효과] 목록에서 [그림자]–[원근감]의 [원근감 대각선 오른쪽 아래]를 선택한다.

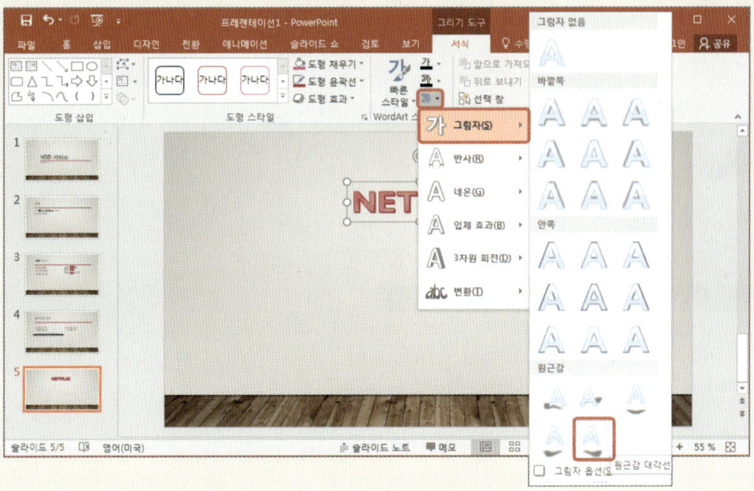

15 워드아트 개체를 선택한 상태에서 [그리기 도구]의 [서식] 탭–[WordArt 스타일] 그룹–[텍스트 효과] 목록에서 [변환]–[휘기]의 [수축]을 선택한다.

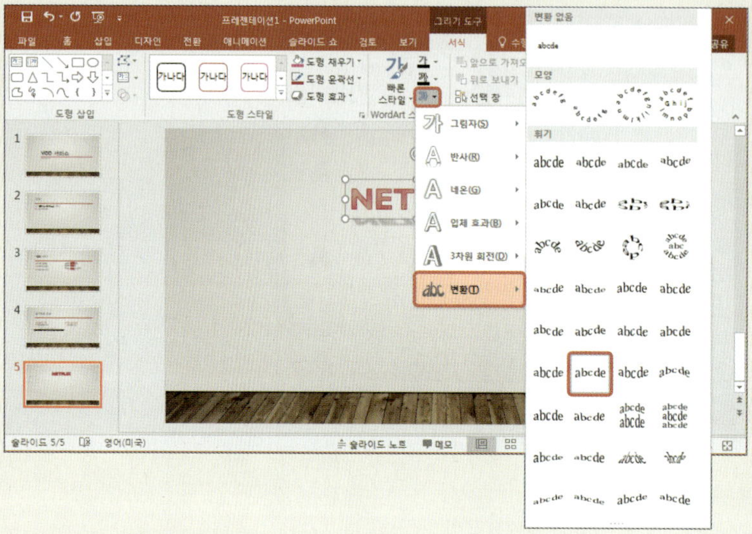

16 그림과 같이 다른 워드아트 개체도 슬라이드에 삽입하고, 작성한 프레젠테이션을 '종합03(완성).pptx'로 저장한다.

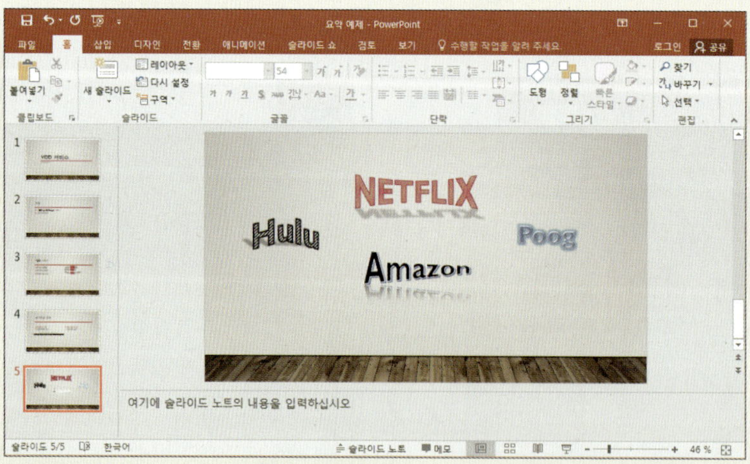

❶ [빠른 스타일]-[채우기 - 검정, 텍스트 1, 윤곽선 - 배경 1, 진한 그림자 - 강조 1]

❷ [텍스트 효과]-[반사]-[근접 반사, 4pt 오프셋]

❸ [텍스트 효과]-[변환]-[휘기]-[오른쪽 줄이기]

❶ [빠른 스타일]-[무늬 채우기 - 회색-80%, 텍스트 2, 어두운 상향 대각선, 진한 그림자 - 텍스트 2]

❷ [텍스트 윤곽선]-[두께]-[3pt]

❷ [텍스트 효과]-[그림자]-[원근감]-[원근감 대각선 왼쪽 위]

❹ [텍스트 효과]-[변환]-[휘기]-[갈매기형 수장]

❶ [빠른 스타일]-[채우기 - 남색, 강조 1, 윤곽선 - 배경 1, 진한 그림자 - 강조 1]

❷ [텍스트 효과]-[입체 효과]-[둥글게]

❸ [텍스트 효과]-[네온]-[청회색, 5pt 네온, 강조색 6]

연습문제

1 다음 지시대로 파워포인트 프레젠테이션을 작성하시오.

❶ '연습03–1.pptx' 파일을 열고 슬라이드 크기를 '표준(4:3)'으로 설정하시오.

TIP 슬라이드 크기 설정은 [디자인] 탭–[사용자 지정] 그룹의 [슬라이드 크기] 목록을 이용한다.

❷ [제목] 슬라이드(슬라이드 1)에는 [기본] 테마를 설정하고, [제목 및 내용] 슬라이드(슬라이드 2)에는 [자연주의] 테마를 설정하시오.

❸ 슬라이드 2의 글머리 기호를 번호 매기기(텍스트 크기는 70%, 색은 빨강)로 설정하시오.

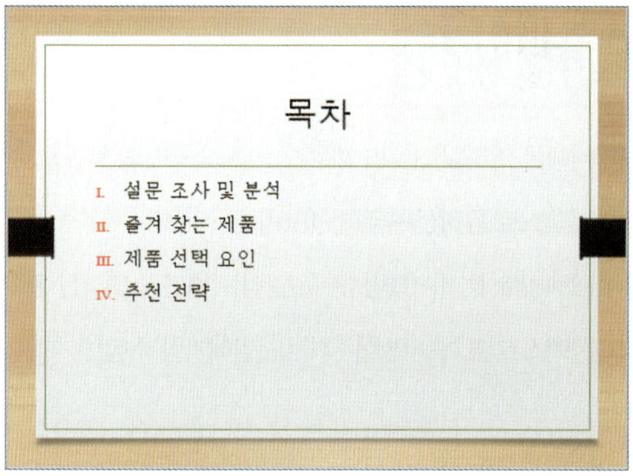

2 연습문제 1에서 작성한 프레젠테이션에 슬라이드를 추가하고 다음 지시대로 수정하시오.

❶ [제목 및 내용] 레이아웃으로 슬라이드 3을 추가하고, 그림과 같이 내용을 입력한 뒤 글머리 번호를 설정하고 수식을 삽입하시오.

❷ [세로 제목 및 텍스트] 레이아웃으로 슬라이드 4를 추가하고, 텍스트 개체 틀의 [텍스트 방향]은 [가로]로, [줄 간격]은 [2.5]로 설정하고 내용을 입력하시오.

❸ 슬라이드 3과 4의 디자인은 [기본] 테마로 설정하시오.

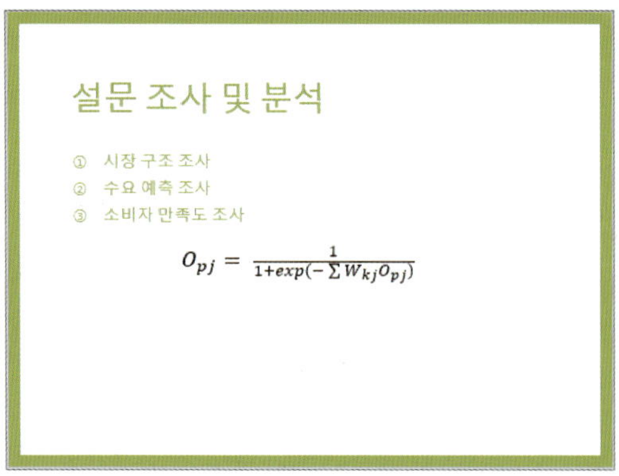

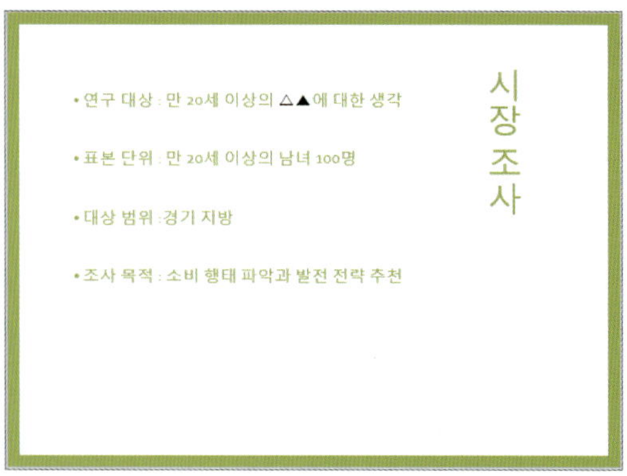

CHAPTER 04

도형 활용

학습목표

- 도형을 삽입하고 복제, 모양 변경, 맞춤 설정을 할 수 있다.
- 도형에 서식이나 효과를 설정할 수 있다.

SECTION 01 도형 다루기

프레젠테이션을 제작할 때 전달하고자 하는 내용을 텍스트로만 나열하는 것보다 도형을 만들어 시각화하면 정보 전달 효과를 높일 수 있다. 파워포인트에서 가장 많이 사용하는 텍스트 상자 역시 텍스트가 있는 사각형 도형이다. 원형이나 삼각형 등 다양한 도형을 슬라이드에 삽입하고 텍스트를 추가하거나 서식을 설정하는 방법에 대해 알아본다.

1.1 도형 삽입과 편집

파워포인트에서 사용할 수 있는 도형에는 텍스트 상자를 비롯해 원이나 삼각형 등의 기본 도형, 화살표, 자유형으로 직접 그린 도형 등이 있다. 도형을 삽입하여 편집할 때는 주로 마우스를 사용하는데, Ctrl이나 Shift를 함께 사용하면 작업 효율을 높일 수 있다. 도형을 삽입한 후 위치나 크기를 조절해 보고, 자주 활용되는 단축키의 활용 방법도 알아본다.

기본예제 4-1 도형 삽입하기

슬라이드에 여러 가지 도형을 다양한 방법으로 삽입하고 텍스트를 입력해 보자.

01 파워포인트를 실행하고 첫 화면에서 [새 프레젠테이션]을 선택한다. [홈] 탭-[슬라이드] 그룹-[레이아웃] 목록에서 [빈 화면]을 선택한다.

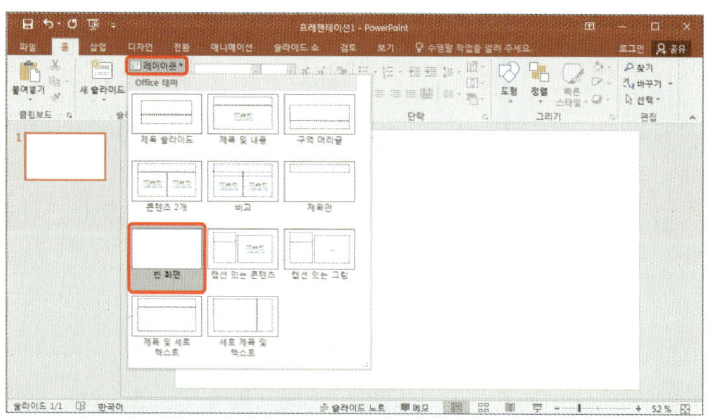

02 [삽입] 탭–[일러스트레이션] 그룹–[도형] 목록에서 [기본 도형]의 [타원]을 선택한다.

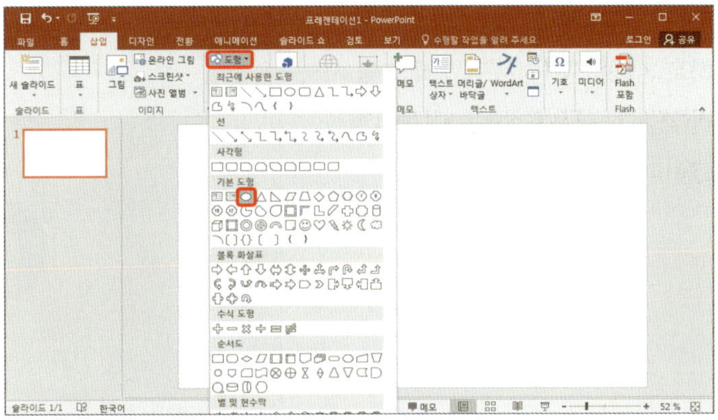

> **TIP** [홈] 탭–[그리기] 그룹에 있는 [도형] 메뉴를 이용해도 된다.

03 타원을 넣을 위치를 클릭하고 드래그해 원하는 크기로 그린다.

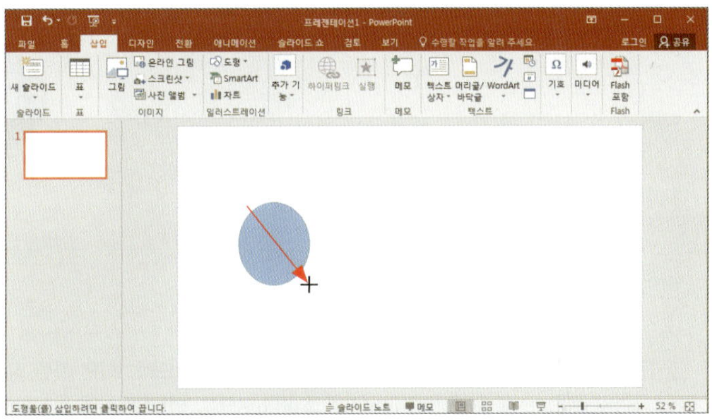

> **TIP** 타원을 넣을 위치를 마우스로 클릭해도 되는데, 이 경우 정해진 크기로 삽입된다.

04 이번에는 [삽입] 탭–[일러스트레이션] 그룹–[도형] 목록에서 [사각형]의 [직사각형]을 선택한다.

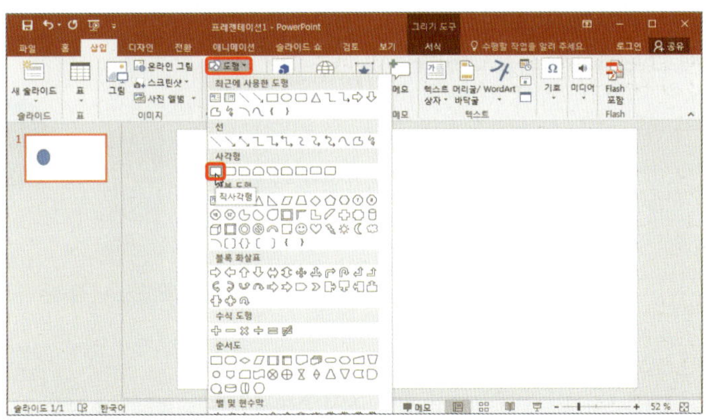

05 직사각형을 넣을 위치를 클릭하고 Ctrl을 누른 채로 드래그해 시작점을 중심으로 하는 직사각형을 그린다.

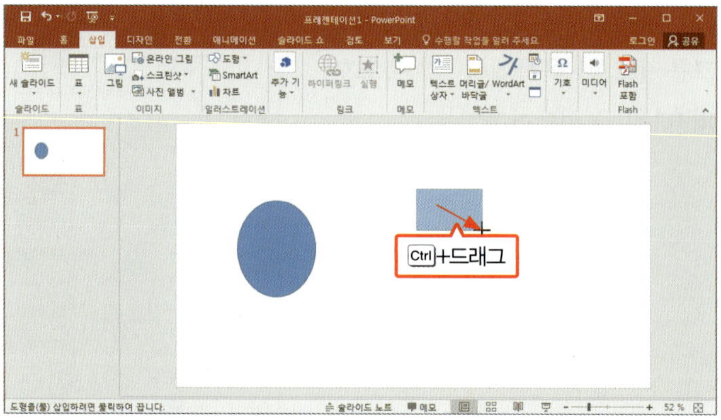

06 단계 **04**와 같은 방법으로 [직사각형]을 선택하고, Shift를 누른 채로 드래그해 정사각형을 그린다.

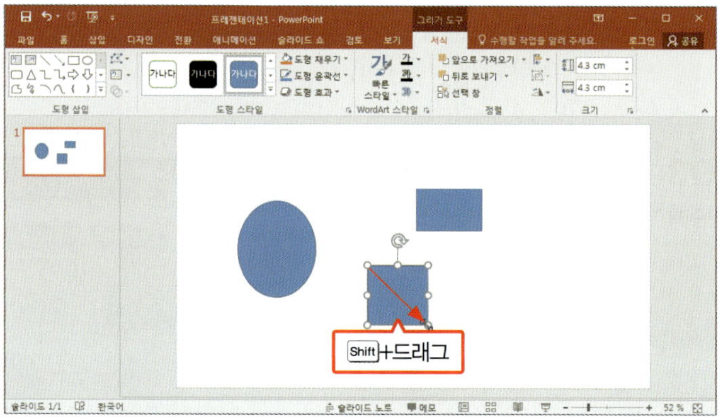

TIP 도형을 삽입할 위치에서 클릭하거나 Shift를 누른 채 드래그하면 좌우 비율이 동일한 정방형의 도형이 그려진다. 이미 그린 도형의 경우 Shift를 누른 채로 모서리의 조절점을 드래그하면 비율을 유지하면서 크기를 조절할 수 있다.

07 [삽입] 탭–[일러스트레이션] 그룹–[도형] 목록에서 [기본 도형]의 [직선]을 선택하고 Shift를 누른 채로 드래그해 선을 그린다.

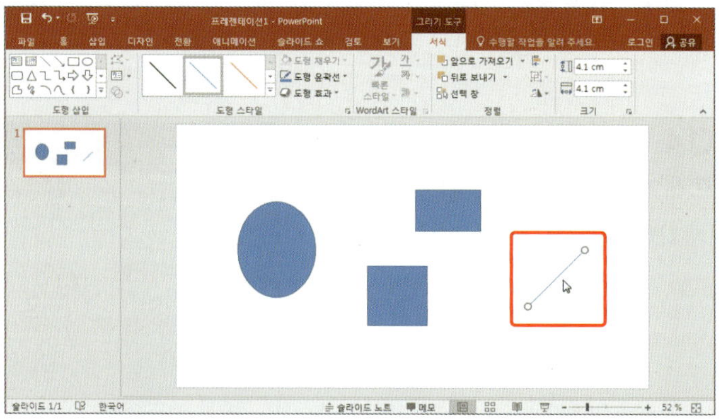

TIP Shift를 누른 채 선을 그리면 수직선, 수평선, 45도 방향의 선을 정확하게 그릴 수 있다.

08 텍스트를 입력할 도형을 선택하고 *교육*이라고 입력한 후, 도형이 선택된 상태에서 [홈] 탭-[글꼴] 그룹에서 [글꼴 크기]를 [36]으로 변경한다.

TIP 마우스 오른쪽 단추로 도형을 클릭하고 바로 가기 메뉴에서 [텍스트 편집]을 선택해도 된다.

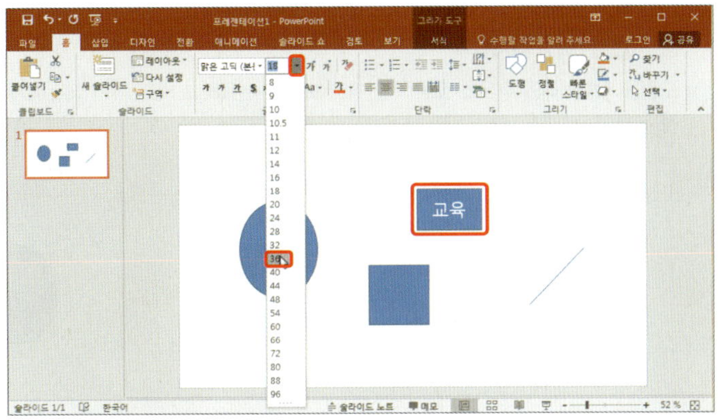

기본예제 4-2 도형의 크기와 위치 조절 및 회전하기

슬라이드에 삽입한 도형 여러 개를 동시에 선택하는 방법을 알아보고, 도형의 크기 및 위치를 변경하고 회전해 보자.

01 여러 도형이 포함되도록 드래그하면 범위 내의 도형이 모두 선택된다.

TIP Shift를 누른 채 도형을 각각 클릭해도 된다.

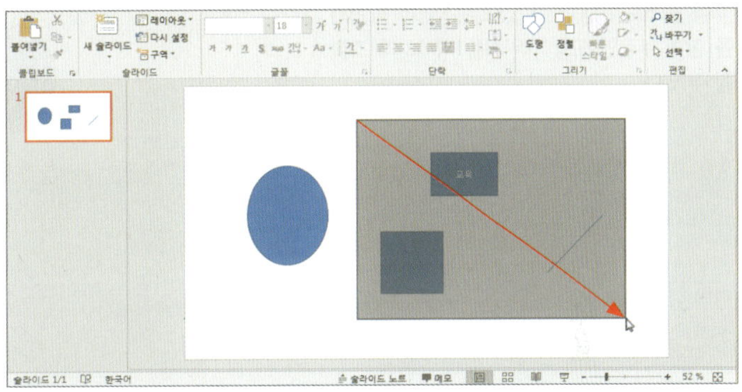

02 여러 도형이 선택된 상태에서 Shift를 누른 채 일부 범위를 드래그하면 드래그한 범위의 선택이 해제된다.

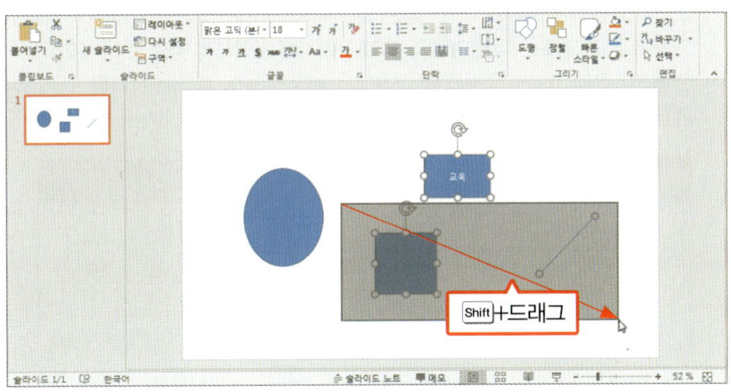

TIP 선택을 해제할 도형을 Shift를 누른 채 하나씩 클릭해도 된다. Ctrl을 누른 채 도형을 클릭해도 선택이 해제되지만, 선택한 도형 중 일부분만 드래그해서 해제할 때는 Ctrl을 사용할 수 없다. 모든 도형의 선택을 해제하려면 슬라이드의 빈 영역을 클릭한다.

여기서 잠깐 도형 삭제하기

도형을 삭제하려면 마우스 오른쪽 단추로 도형을 선택하고 바로 가기 메뉴에서 [잘라내기]를 선택하거나 도형을 선택하고 Delete 를 누른다.

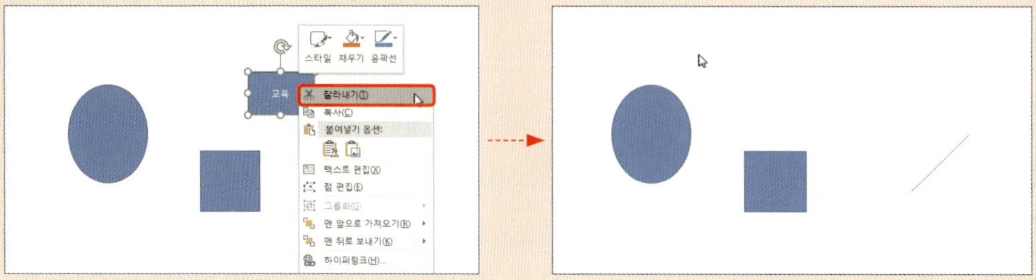

03 도형을 선택하고 드래그하면 위치를 이동할 수 있다.

TIP 도형을 선택하고 방향키 ←, →, ↑, ↓를 눌러도 이동할 수 있으며, Ctrl과 방향키를 함께 누르면 도형의 위치를 미세하게 조절할 수 있다.

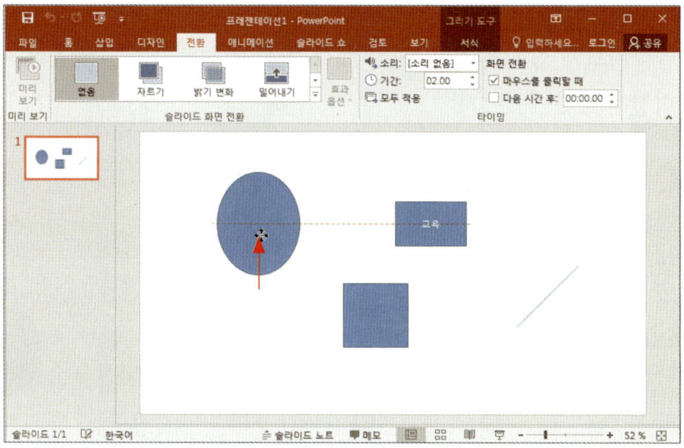

여기서 잠깐 스마트 가이드와 눈금 설정

도형을 이동하면 스마트 가이드라는 빨간색 파선이 화면에 표시되어 위치 설정에 도움이 된다. 도형 등의 개체를 이동하거나 크기를 조절할 때 또는 다른 개체와 크기나 위치를 세밀하게 맞출 때 유용한 표시 기능에는 스마트 가이드 외에도 눈금자, 눈금선, 안내선이 있다. [보기] 탭–[표시] 그룹에서 해당 기능에 체크해 사용할 수 있으며, [눈금 설정] 단추를 클릭하면 열리는 [눈금 및 안내선] 대화상자에서 더 상세하게 설정할 수 있다.

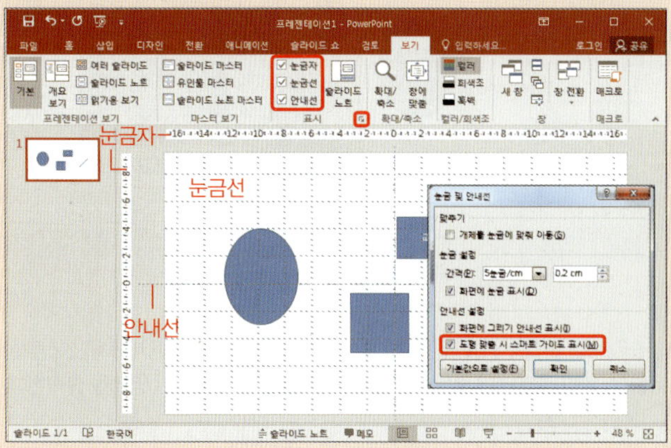

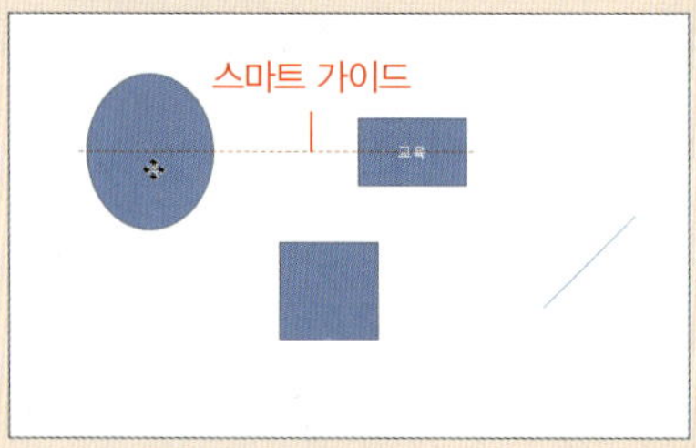

04 도형을 선택하고 크기 조절점을 드래그하면 도형의 크기를 변경할 수 있다.

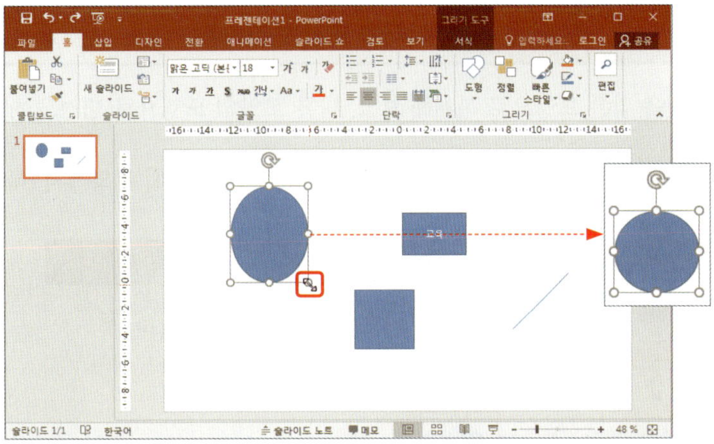

TIP [Shift]와 방향키를 함께 누르거나 [Ctrl]을 누른 채로 크기 조절점을 드래그하면 도형의 중심을 유지한 채 크기가 조절된다. [Shift]를 누른 채로 모서리의 크기 조절점을 드래그하면 도형의 비율이 유지되며, [Ctrl]+[Shift]를 누른 채로 모서리의 크기 조절점을 드래그하면 도형의 중심과 도형 비율을 유지하면서 크기를 조절할 수 있다.

05 도형을 선택하면 도형 위쪽에 회전 핸들이 표시된다. 이 회전 핸들을 드래그하면 도형을 회전할 수 있다.

TIP [Alt]와 방향키를 함께 누르면 도형이 15°씩 회전된다.

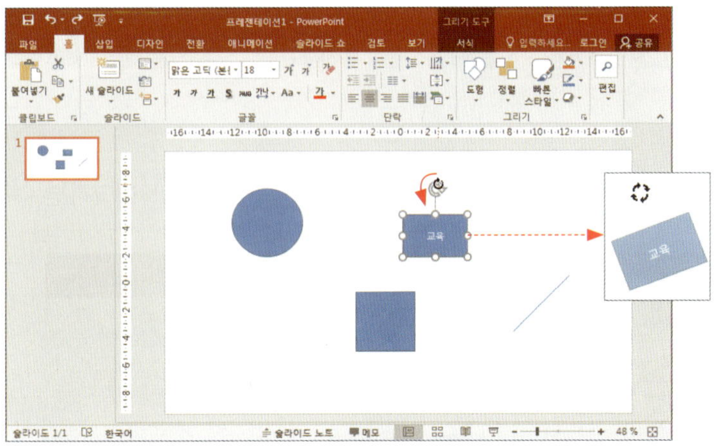

06 도형을 선택하고 [그리기 도구]–[서식] 탭–[정렬] 그룹–[회전] 목록에서 [좌우 대칭]을 선택한다.

TIP [상하 대칭], [좌우 대칭]을 선택해 도형 모양을 상하 또는 좌우 대칭으로 변형할 수도 있고, [기타 회전 옵션]을 선택해 회전 각도를 직접 입력할 수도 있다.

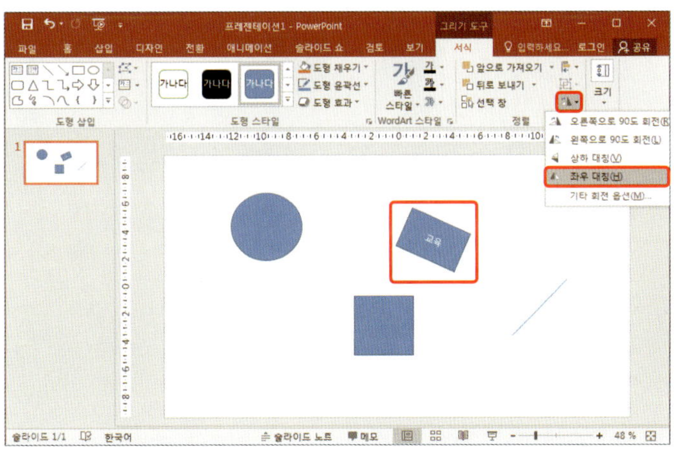

기본예제 4-3 도형 복제와 모양 변경하기

도형을 같은 모양으로 복제해 보고, 다른 모양의 도형으로 변경도 해 보자.

01 도형을 선택하고 [홈] 탭–[클립보드] 그룹–[복사] 목록에서 [복제]를 선택한다.

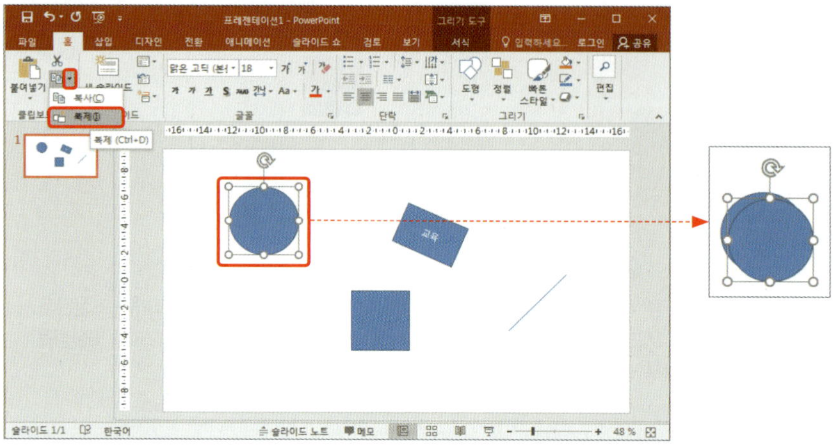

TIP 단축키 Ctrl+D를 눌러도 도형이 복제된다. 또한 Ctrl을 누른 채로 도형을 드래그해 복제할 수도 있다.

02 복제할 도형을 선택하고 Ctrl+Shift를 누른 채로 드래그하면 수평/수직 방향으로 도형이 복제된다.

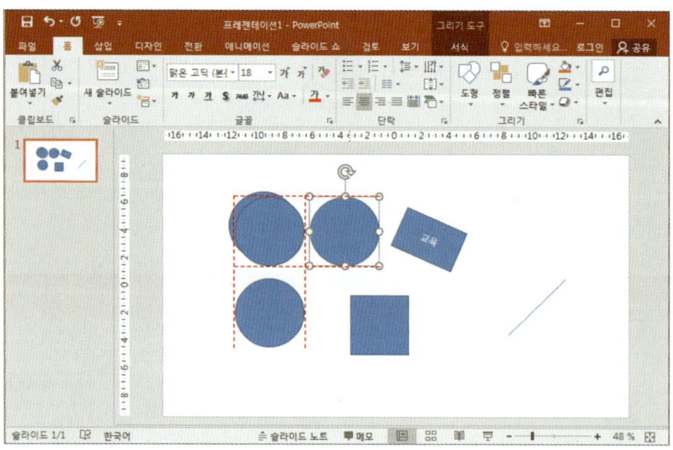

여기서 잠깐 **그리기 잠금 모드**

같은 모양의 도형을 반복해서 여러 개 그려야 하는 경우에는 그리기 잠금 모드를 이용하면 편리하다. [삽입] 탭–[일러스트레이션] 그룹–[도형] 목록에서 삽입할 도형을 마우스 오른쪽 단추로 클릭해 [그리기 잠금 모드]를 선택하면 같은 도형을 연달아서 필요한 만큼 그릴 수 있다. 그리기 잠금 모드를 해제하려면 Esc를 누른다.

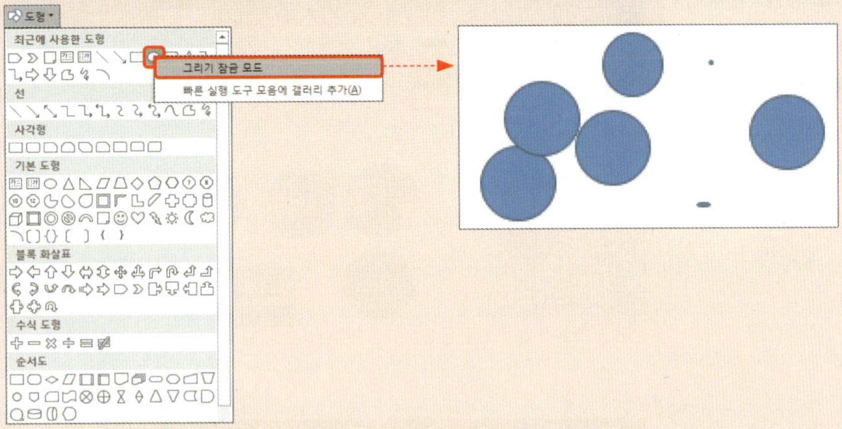

03 모양을 변경할 도형을 선택하고 [그리기 도구]–[서식] 탭–[도형 삽입] 그룹–[도형 편집]–[도형 모양 변경]–[기본 도형]의 [타원]을 선택한다.

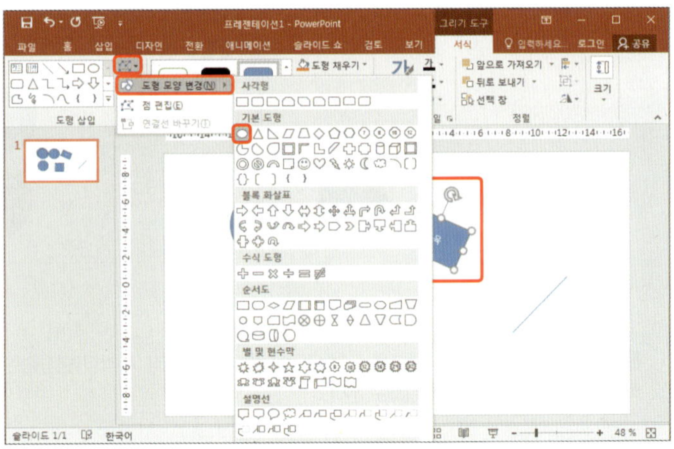

04 선택한 도형의 크기나 글꼴 등의 서식은 바뀌지 않고 모양만 타원으로 변경된다.

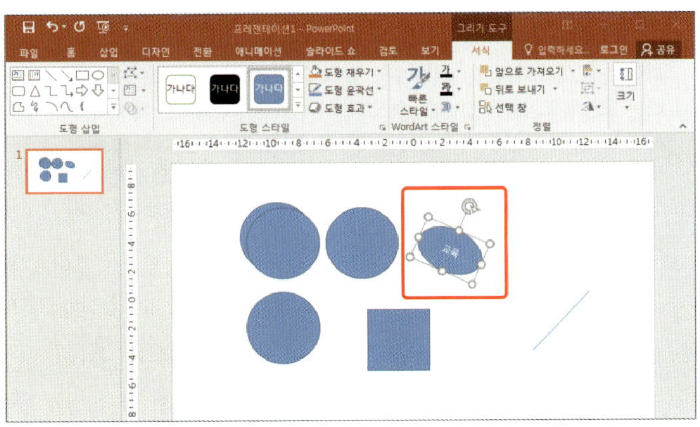

기본예제 4-4 도형의 점 편집과 병합하기

점 편집과 병합 기능을 사용해 파워포인트에서 제공하지 않는 형태의 도형을 직접 만들어 보자.

01 모양을 변경할 도형을 선택하고 [그리기 도구]–[서식] 탭–[도형 삽입] 그룹–[도형 편집]–[점 편집]을 선택한다.

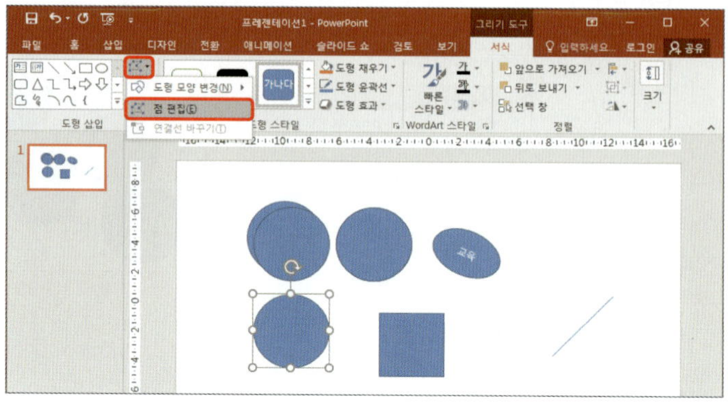

02 도형에 생긴 편집점을 드래그해 원하는 형태로 변경한다. 편집이 끝났으면 Esc를 눌러 작업을 마친다.

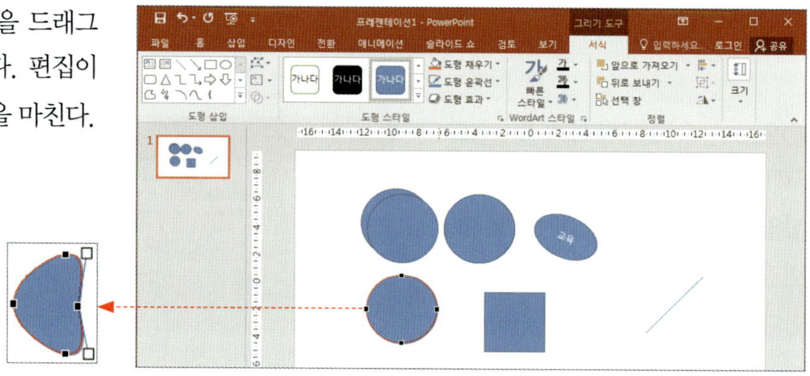

TIP 검은색 편집점을 드래그해 도형 모양을 변형하고, 흰색 사각형 편집점은 곡률을 변경하는 데 사용한다. 점 편집을 끝낼 때는 도형의 바깥 영역을 클릭해도 된다.

여기서 잠깐 **자유형 도형 그리기**

파워포인트에서 제공하는 여러 도형 중 [자유형]을 이용하면 사용자가 원하는 모양의 도형을 직접 그릴 수 있다. 시작 위치에서 클릭한 채 드래그하면 드래그한 모양 그대로 선이 그려지고, 한 점을 클릭한 후 다음 위치를 클릭하면 직선이 그려진다. 직선을 그릴 때 Shift를 누른 채 클릭하면 15° 단위로 직선과 대각선을 그릴 수 있다. 도형 그리기를 종료하려면 Esc를 누르거나 마지막 위치에서 더블클릭한다.

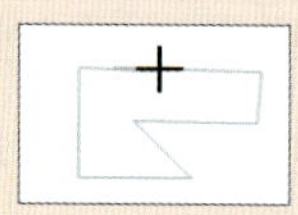

03 이번에는 도형을 병합하는 방법을 알아보기로 한다. 타원 두 개를 그림과 같이 배치한 후 두 원이 모두 포함되도록 드래그하여 동시에 선택한다.

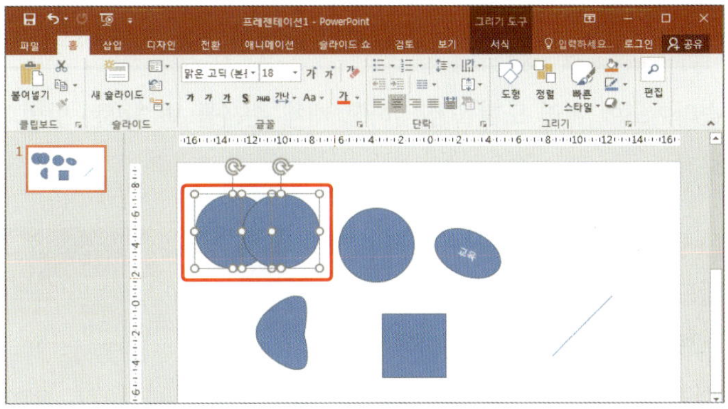

04 [그리기 도구]-[서식] 탭-[도형 삽입] 그룹-[도형 병합]-[병합]을 선택한다.

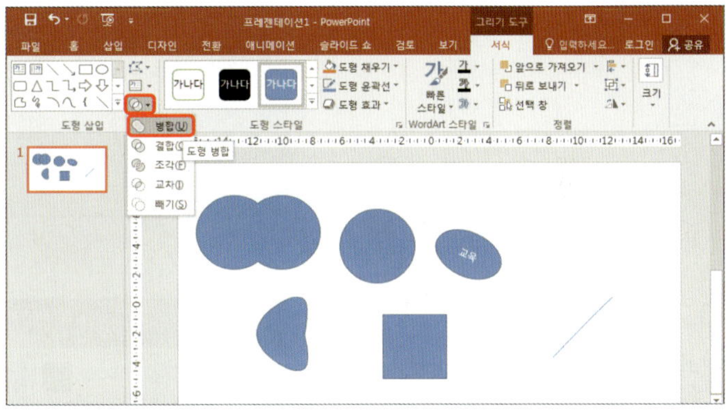

여기서 잠깐 도형 병합 옵션

[도형 병합] 목록에서 선택할 수 있는 옵션은 각각 다음과 같은 효과를 얻을 수 있다.

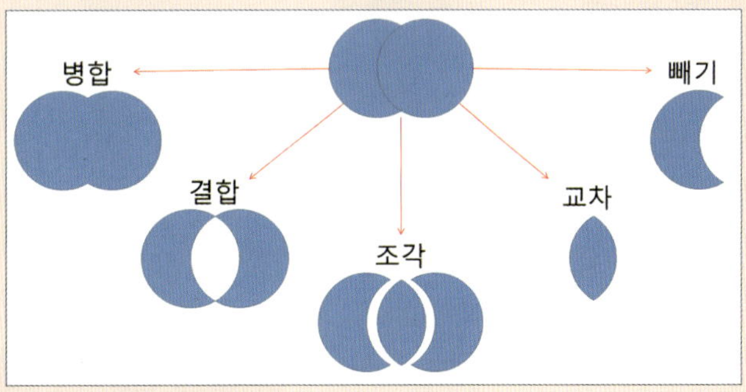

1.2 도형 정렬과 그룹

여러 도형을 슬라이드에 삽입하면 먼저 삽입한 개체가 뒤에 표시되는데, 도형의 형태에 따라 개체를 앞으로 가져오거나 뒤로 보내는 등 순서를 변경해야 할 때가 있다.

또, 슬라이드에 삽입된 여러 도형을 한꺼번에 이동하거나 복제할 때는 그룹 기능으로 하나의 개체로 묶어 간편하게 다룰 수 있고, 기준을 정해서 여러 도형을 일괄적으로 맞춤하여 정렬할 수도 있다.

기본예제 4-5 순서 변경과 정렬하기

슬라이드에 여러 도형을 삽입하고 개체 순서를 변경하는 방법과 위치 기준으로 정렬하는 방법을 알아보자.

01 [빈 화면] 레이아웃의 새 슬라이드를 추가하고 [삽입] 탭–[일러스트레이션] 그룹–[도형] 목록에서 [블록 화살표]의 [오른쪽 화살표]를 선택해 삽입한다.

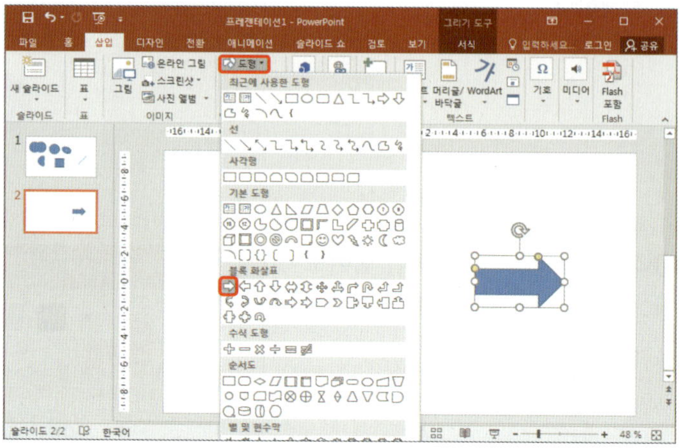

02 Ctrl+D를 눌러 오른쪽 화살표 도형을 복제한 후 [그리기 도구]–[서식] 탭–[정렬] 그룹–[뒤로 보내기]를 클릭한다.

TIP [홈] 탭–[그리기] 그룹–[정렬]–[뒤로 보내기]를 선택해도 된다.

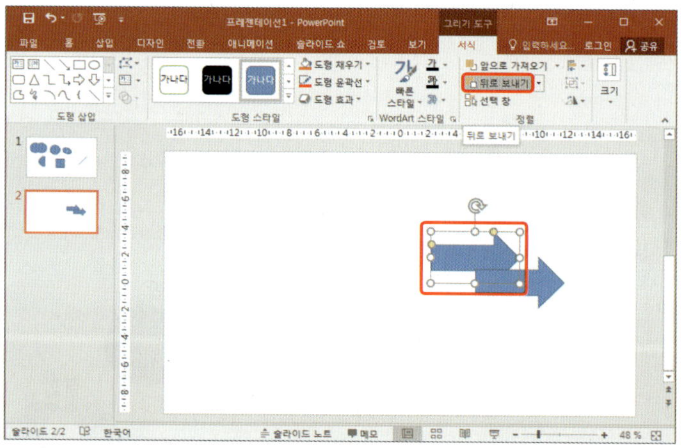

03 도형을 하나 더 복제한 후 [그리기 도구]–[서식] 탭–[정렬] 그룹–[뒤로 보내기] 목록의 [맨 뒤로 보내기]를 선택한다.

TIP 슬라이드에 개체를 삽입하면 순서대로 배치되는데, 가장 마지막에 삽입한 개체가 맨 앞에 온다.

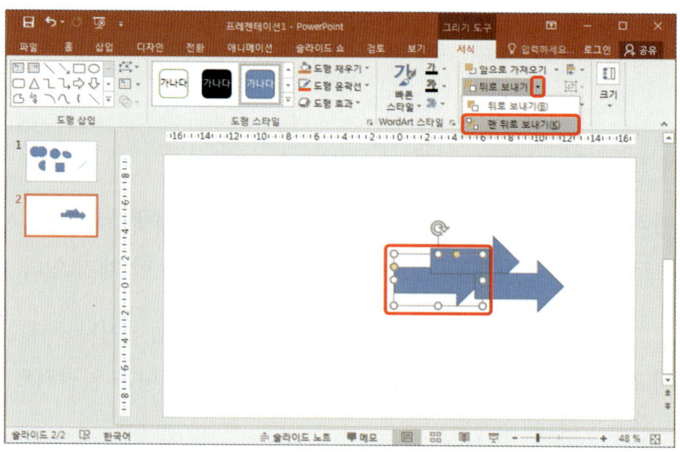

여기서 잠깐 **개체 순서 보기**

[홈] 탭–[편집] 그룹–[선택]–[선택 창]을 선택하면 슬라이드에 있는 모든 개체의 종류와 순서를 볼 수 있고, [선택] 창에서 개체를 드래그해 배치 순서를 바꿀 수도 있다.

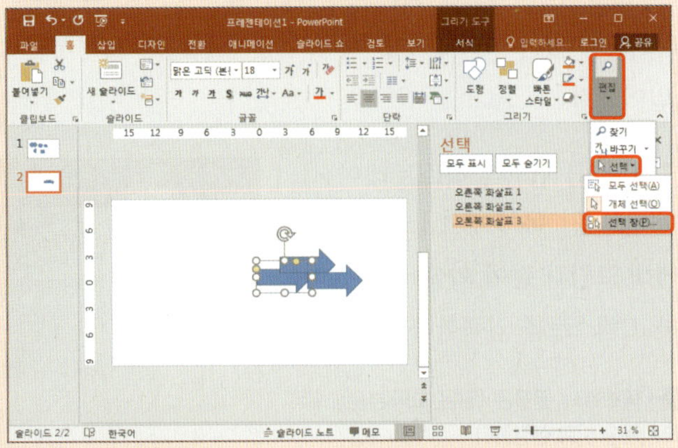

04 마지막으로 삽입한 화살표를 선택하고 [그리기 도구]–[서식] 탭–[정렬] 그룹–[맞춤]–[가운데 맞춤]을 선택해 도형을 슬라이드 가로 방향 가운데로 이동시킨다.

TIP 하나의 개체를 선택하고 정렬하는 경우 [슬라이드에 맞춤]으로 설정되어 슬라이드를 기준으로 배치된다.

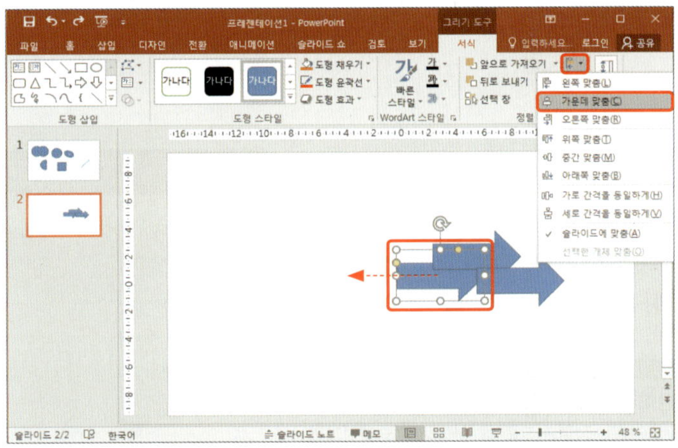

05 도형을 모두 선택하고 [그리기 도구]–[서식] 탭–[정렬] 그룹–[개체 맞춤] 목록에서 [선택한 개체 맞춤], [왼쪽 맞춤], [세로 간격을 동일하게]를 차례로 선택한다.

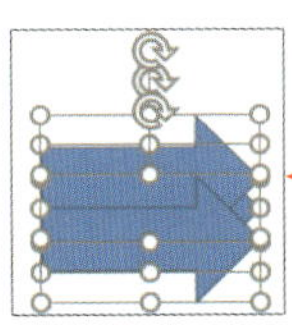

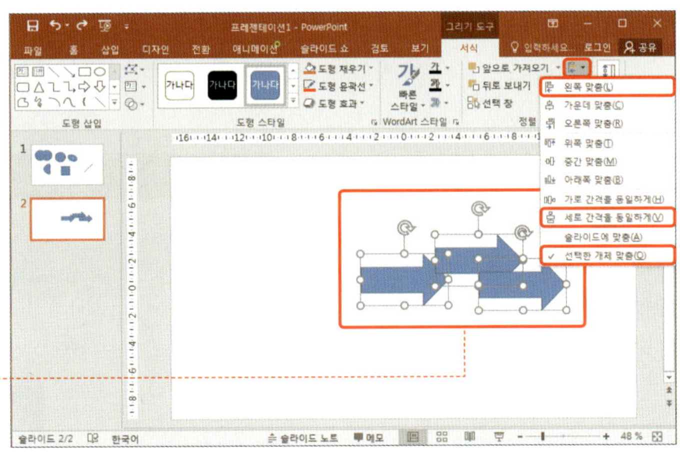

TIP 여러 개체를 선택하고 정렬하는 경우 [슬라이드에 맞춤]과 [선택한 개체 맞춤] 중에서 선택할 수 있다.

기본예제 4-6 도형 그룹 지정과 해제하기

슬라이드에 있는 여러 도형을 다루기 쉽게 하나의 개체처럼 그룹으로 묶어 보고, 그룹을 해제하는 방법도 알아보자.

01 [삽입] 탭–[일러스트레이션] 그룹–[도형] 목록에서 [오각형]을 선택해 그림과 같이 화살표 위에 배치하고 텍스트를 입력한다.

TIP 텍스트의 글꼴은 [맑은 고딕(본문)], 글꼴 크기는 [48]로 설정한다.

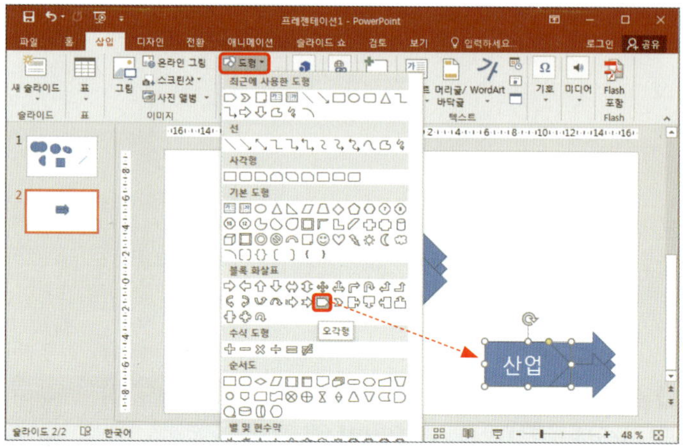

02 슬라이드에 있는 도형이 모두 포함되도록 드래그해 선택하고 마우스 오른쪽 단추를 클릭해 [그룹화]–[그룹]을 선택한다.

TIP 그룹으로 묶을 도형을 모두 선택하고 단축키 Ctrl+G를 눌러도 된다. [홈] 탭–[그리기] 그룹–[정렬]–[그룹]을 선택해도 되고, [그리기 도구]–[서식] 탭–[정렬] 그룹–[그룹화]–[그룹]을 선택해도 된다.

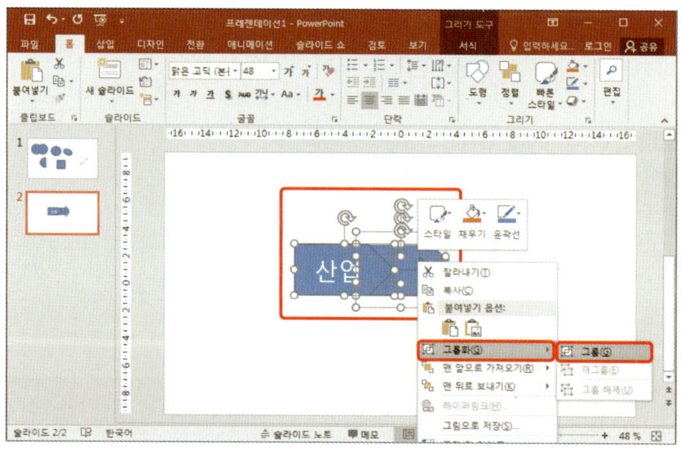

03 그룹화된 도형을 선택하고 단축키 Ctrl+D를 눌러 복제한 후 슬라이드에 나란히 배치한다. 복제된 도형을 클릭해 텍스트를 *교육*으로 수정한다.

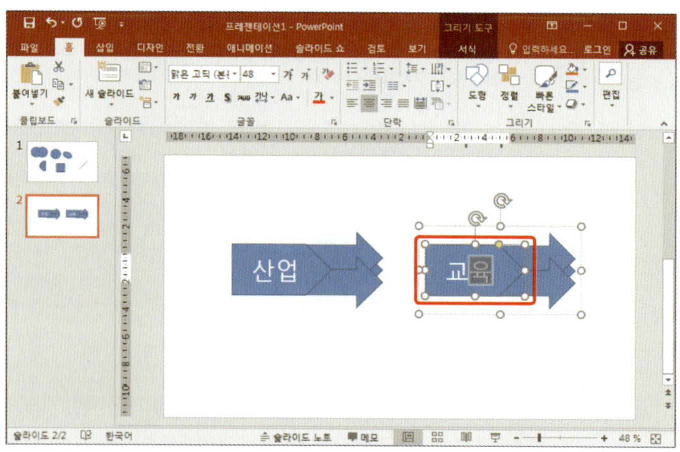

TIP 그룹화된 도형을 클릭하면 그룹 전체가 하나의 개체처럼 선택된다. 그룹 내의 특정 도형을 선택하려면 먼저 그룹 단위로 선택한 후 해당 도형을 한 번 더 클릭한다. 그룹화된 도형은 그룹 단위로 작업을 할 수도 있고, 특정 도형만 선택해 크기나 위치를 변경하고 텍스트나 서식 등을 설정할 수도 있다.

04 그룹을 해제하려면 그룹화된 도형을 마우스 오른쪽 단추로 클릭하고 [그룹화]-[그룹 해제]를 선택한다.

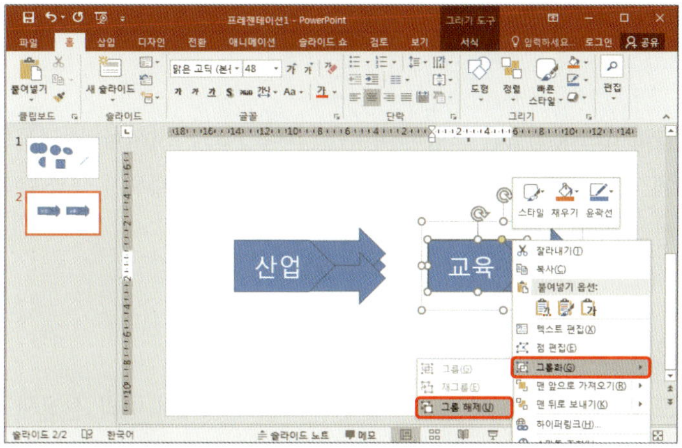

TIP 그룹 해제 단축키인 Ctrl+Shift+G를 눌러도 된다. [홈] 탭-[그리기] 그룹-[정렬]-[그룹 해제]를 선택해도 되고, [그리기 도구]-[서식] 탭-[정렬] 그룹-[그룹화]-[그룹 해제]를 선택해도 된다.

여기서 잠깐 **그룹화된 도형의 특징**

다음 두 도형은 같은 모양이지만 '산업' 도형은 그룹으로 묶여 있고 '교육' 도형은 그룹이 해제되어 있다. 각각 전체 선택하고 크기 조절과 회전을 해 보면 다음과 같은 차이가 있다. 도형을 그룹화하면 복제나 이동이 편리할 뿐 아니라 크기를 조절하거나 회전해도 모양이 변형되지 않는 장점이 있다는 것을 알 수 있다.

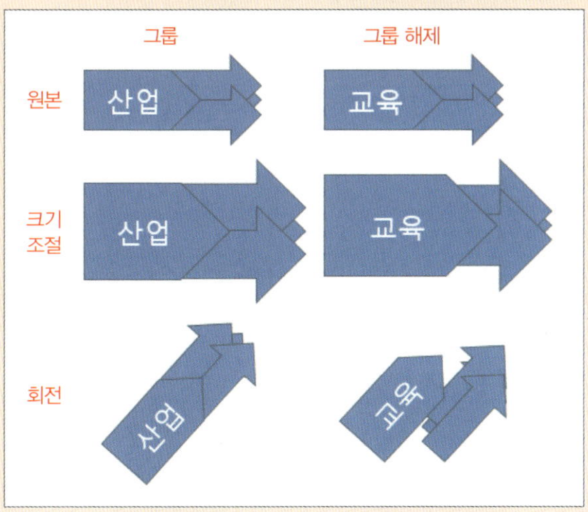

SECTION 02

도형 서식 설정하기

슬라이드에 삽입된 도형의 서식은 [그리기 도구]-[서식] 탭-[도형 스타일] 그룹이나 [도형 서식] 작업 창에 있는 여러 메뉴를 이용하여 설정할 수 있다. 채우기 색과 윤곽선, 색 및 그림자나 입체 효과 등 다양한 효과를 도형에 적용하는 방법을 알아본다.

2.1 도형 서식 설정

도형 스타일이나 빠른 스타일 등 파워포인트에서 미리 설정해 제공하는 도형 서식을 이용하면 도형의 채우기나 윤곽선, 텍스트 모양이나 효과 등을 간편하고 빠르게 설정할 수 있다. 또, [도형 서식] 작업 창을 이용하면 도형에 설정한 서식을 변경하거나 세밀하게 조정할 수 있다.

TIP [도형 서식] 작업 창은 도형을 마우스 오른쪽으로 클릭해 바로 가기 메뉴에서 [도형 서식]을 선택하거나, [그리기 도구]-[서식] 탭의 [도형 서식] 단추를 클릭하면 슬라이드 오른쪽에 표시된다.

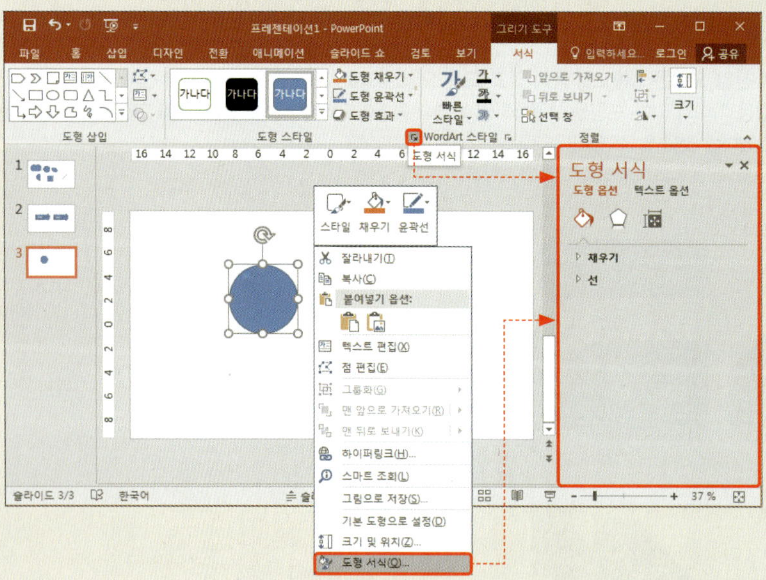

기본예제 4-7 도형 스타일 적용하기

[도형 스타일] 그룹에 있는 도구들을 이용해 도형에 간편하게 서식을 설정해 보자.

01 [빈 화면] 레이아웃의 새 슬라이드를 추가하고 [삽입] 탭-[일러스트레이션] 그룹-[도형] 목록에서 [기본 도형]의 [타원]을 선택해 삽입한다.

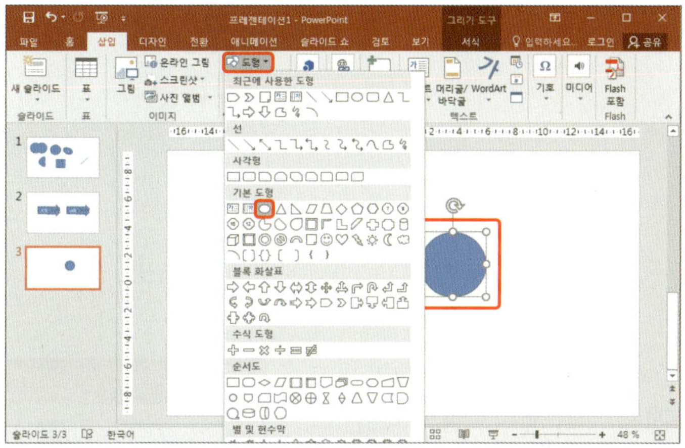

02 삽입한 원을 선택하고 [그리기 도구]-[서식] 탭-[도형 스타일] 그룹에서 [자세히] 단추를 클릭해 [테마 스타일]의 [색 채우기 – 주황, 강조 2]를 선택한다.

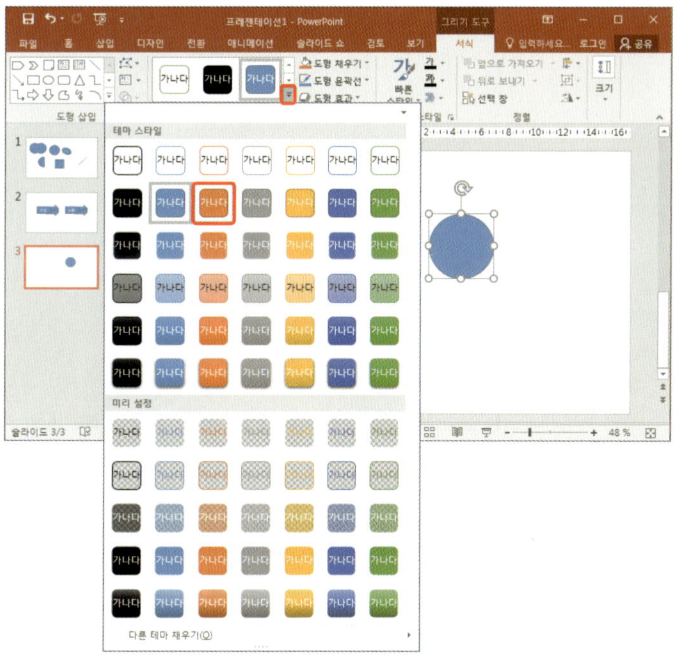

TIP 도형을 마우스 오른쪽 단추로 클릭하면 열리는 미니 도구 모음에서 [스타일] 단추를 클릭해도 도형 스타일을 선택할 수 있다.

03 도형을 선택한 후 *대상*이라고 입력하고 [홈] 탭–[글꼴] 그룹에서 [글꼴]은 [휴먼모음T], [글꼴 크기]는 [44]로 설정한다.

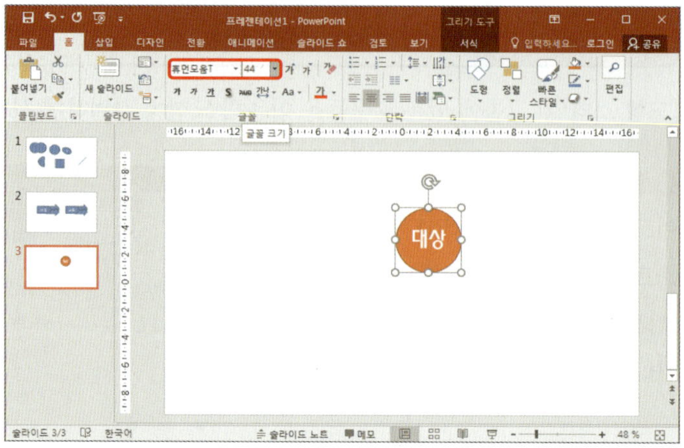

04 도형을 선택하고 [그리기 도구]–[서식] 탭–[도형 스타일] 그룹–[도형 윤곽선] 목록에서 [테마 색]의 [회색–50%, 강조 3]을 선택한다.

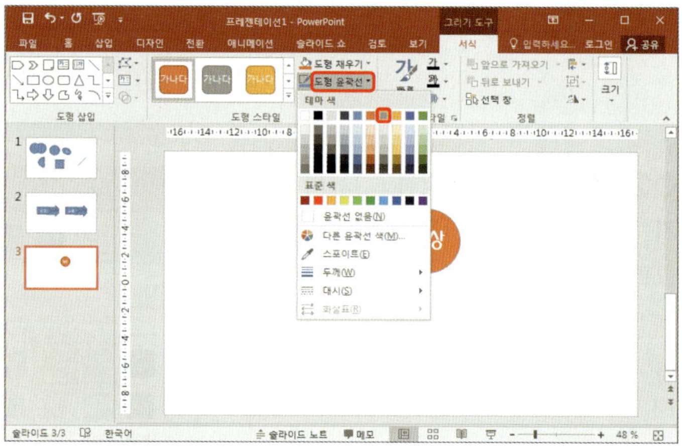

여기서 잠깐 ▶ [테마 색] 변경하기

도형 채우기나 도형 윤곽선의 색상을 선택할 때 메뉴에 표시되는 [테마 색]의 조합은 프레젠테이션 디자인 테마에 따라 제공된다. 다른 색상 조합으로 바꾸려면 [디자인] 탭–[적용] 그룹의 [자세히] 단추를 클릭해 [색] 목록에서 다른 색 조합을 선택하면 된다. 테마 색을 변경하면 모든 슬라이드의 색이 바뀌므로 주의한다.

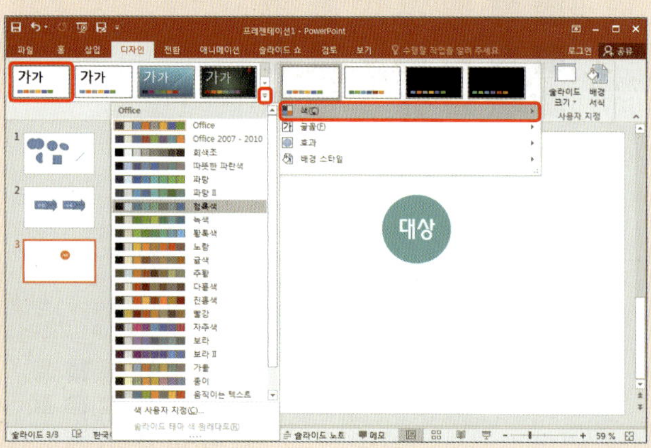

기본예제 4-8 도형 채우기와 윤곽선 설정하기

[도형 서식] 작업 창을 이용해 도형에 다양한 서식 옵션을 설정해 보자.

01 도형을 선택하고 [그리기 도구]–[서식] 탭–[도형 스타일] 그룹의 [도형 서식] 단추를 클릭해 [도형 서식] 작업 창을 연다.

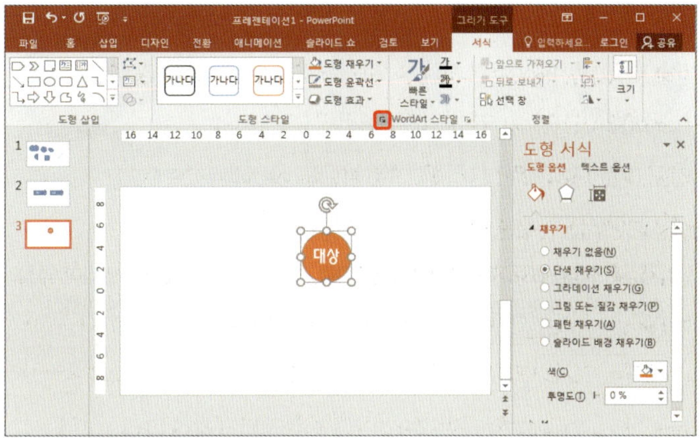

02 [도형 서식] 작업 창의 [도형 옵션]–[채우기 및 선] 탭–[채우기] 항목에서 [투명도]를 [30%]로 설정한다.

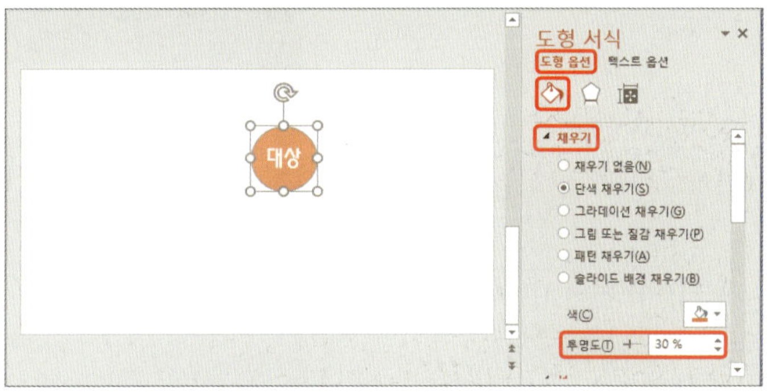

03 [도형 서식] 작업 창의 스크롤 바를 드래그해 아래쪽 항목을 나타낸 후 [선] 항목의 [너비]를 [20pt]로 설정한다.

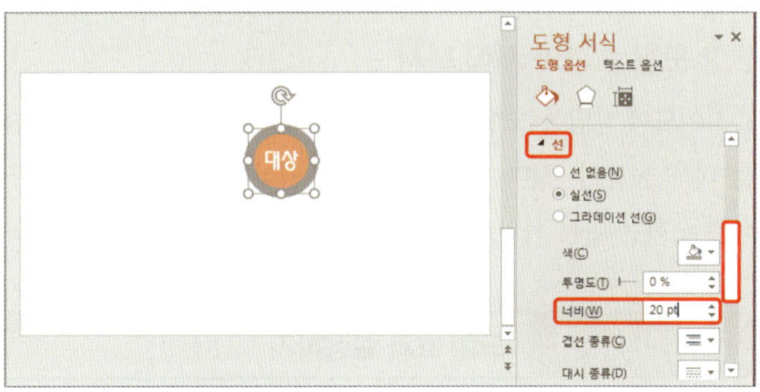

TIP 작업 창을 스크롤하는 대신 [채우기] 항목을 한 번 더 클릭해 메뉴를 접어도 된다.

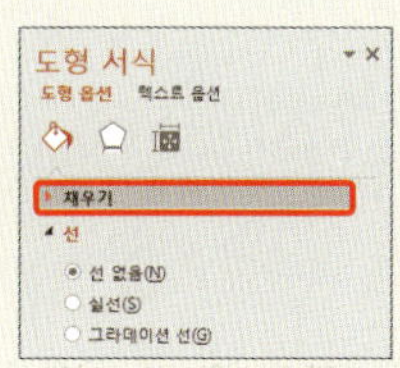

04 다음 순서대로 도형을 연속 복제한다. ① 도형을 선택하고 단축키 Ctrl+D를 눌러 복제한 후 ② 복제된 도형을 이동하고 ③ 다시 Ctrl+D를 눌러 복제한다.

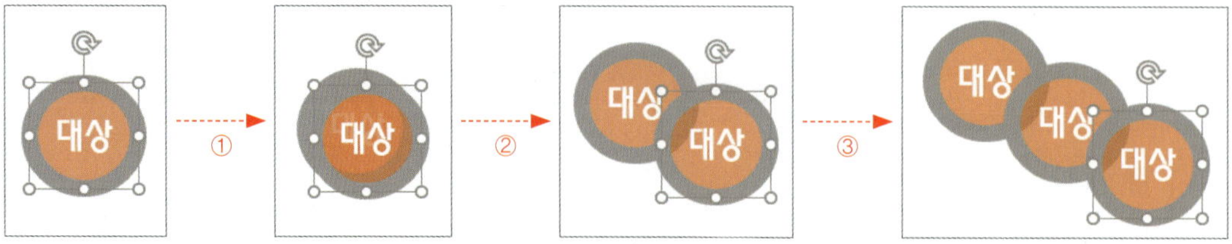

TIP 도형을 모두 복제한 후에 배치하면 도형의 간격과 방향을 일일이 맞춰야 하지만, 이처럼 한 개만 복제해 위치를 결정한 후에 나머지 도형을 복제하면 도형의 간격과 방향까지 복제되므로 편리하다.

05 복제된 도형의 텍스트를 각각 *범위*, *목적*으로 변경한다.

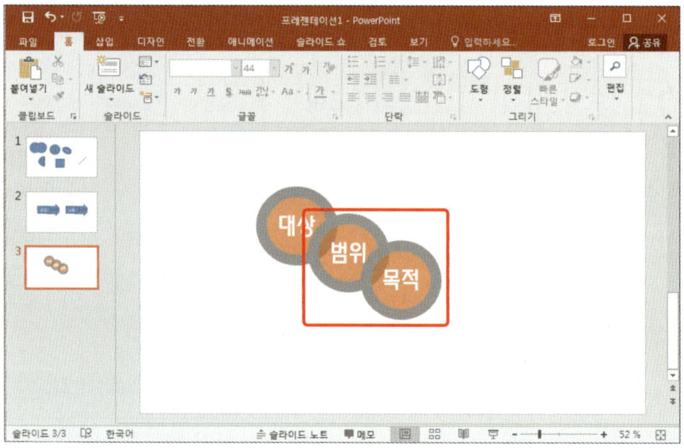

2.2 도형 효과와 서식 복사

슬라이드에 삽입한 도형에 그림자나 입체 효과 등 다양한 효과를 설정하면 프레젠테이션의 시각적 효과를 더욱 높일 수 있다. 도형에 설정한 서식이나 효과 옵션을 다른 도형에도 동일하게 적용하려면 반복 작업을 하는 대신 서식 복사 기능을 사용하면 편리하다.

기본예제 4-9 도형 효과 설정하기

슬라이드에 도형을 삽입하고 그라데이션, 그림자, 3차원 서식 등의 효과 옵션을 설정해 보자.

01 [빈 화면] 레이아웃의 새 슬라이드를 추가한다. [삽입] 탭–[일러스트레이션] 그룹–[도형] 목록에서 [기본 도형]의 [타원]을 선택하고 Shift를 누른 채 드래그해 정원을 그린다.

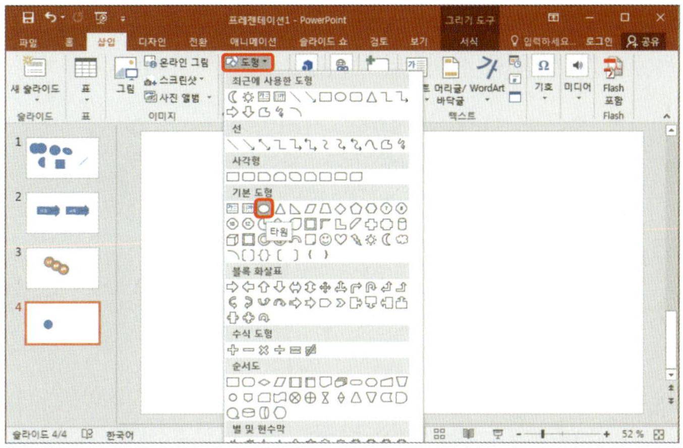

02 타원을 마우스 오른쪽 단추로 클릭하고 바로 가기 메뉴에서 [도형 서식]을 선택한다.

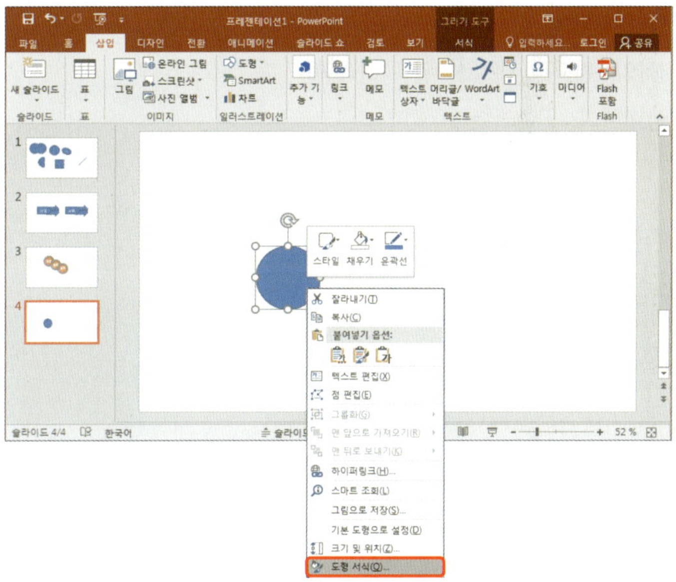

03 [도형 서식] 작업 창의 [도형 옵션]–[채우기 및 선] 탭에서 [채우기]를 [그라데이션 채우기]로 선택하고 [그라데이션 미리 설정]은 [밝은 그라데이션 – 강조 1], [종류]는 [방사형], [방향]은 [가운데에서]로 설정한다.

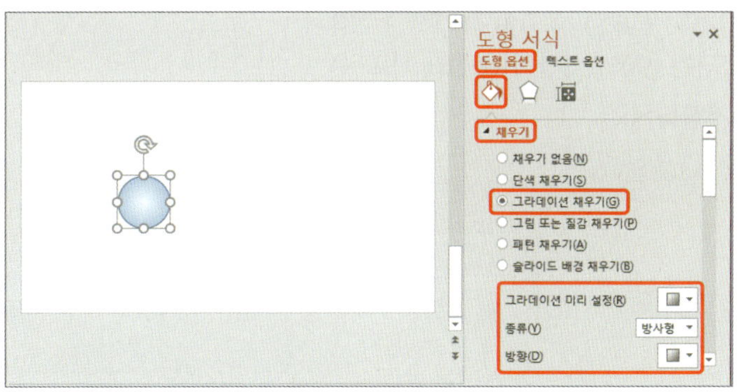

TIP 그라데이션 효과에 대해서는 CHAPTER 08에서 자세히 알아본다.

04 [도형 서식] 작업 창의 [선] 항목에서 [선 없음]을 선택한다.

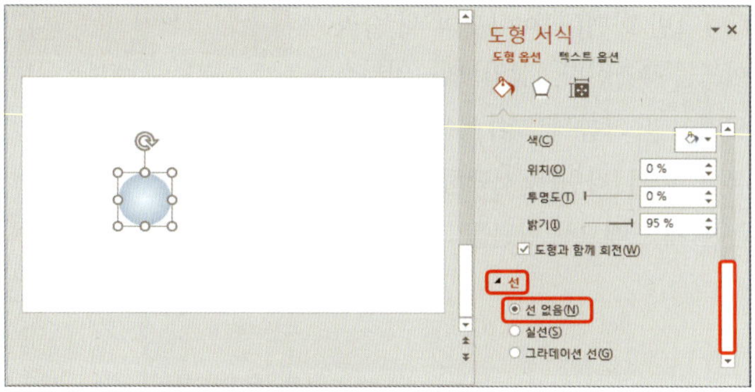

05 [도형 서식] 작업 창의 [도형 옵션]-[효과] 탭에서 [그림자] 항목의 [미리 설정] 목록을 열고 [원근감]의 [원근감 대각선 왼쪽 아래]를 선택한다.

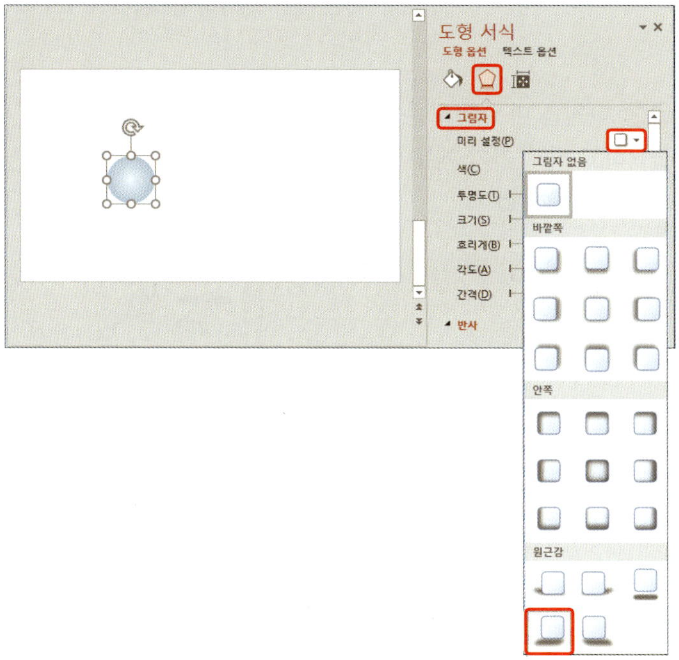

06 설정된 옵션값 중에서 [투명도]는 [90%], [간격]은 [10pt]로 수정한다.

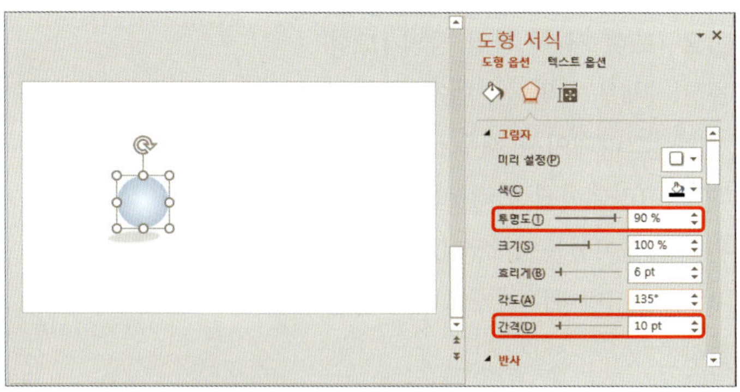

TIP 도형에 어울리도록 그림자 색, 투명도, 간격 등을 조정해 그림자를 더 자연스럽게 표현한다.

07 [도형 서식] 작업 창의 [3차원 서식] 항목에서 [위쪽 입체] 목록을 열고 [입체 효과]의 [둥글게]를 선택한다. [위쪽 입체]의 [너비]와 [높이] 값을 각각 [50pt]로 수정하고, [조명]의 [각도]는 [45°]로 설정한다.

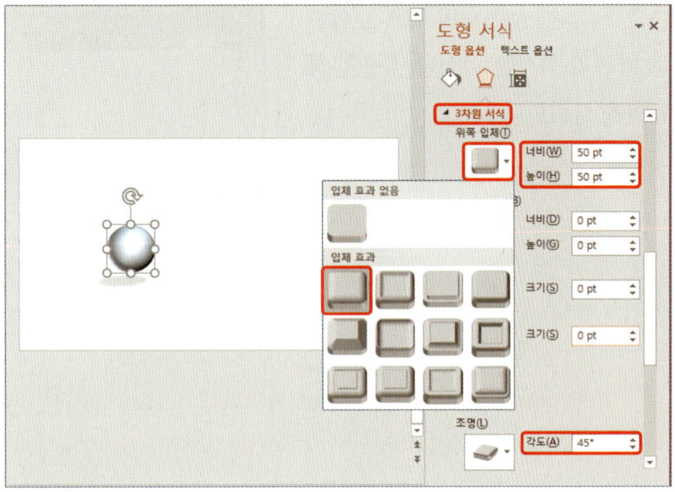

기본예제 4-10 다른 모양의 도형에 서식 복사하기

도형에 설정한 서식을 다른 모양의 도형에 똑같이 적용하기 위해 서식 복사를 해 보자. [기본예제 4-9]에서 설정한 도형 서식을 서식 복사에 이용하기로 한다.

01 [삽입] 탭-[일러스트레이션] 그룹-[도형] 목록에서 [기본 도형]의 [해]를 선택하고 드래그해 슬라이드에 삽입한다.

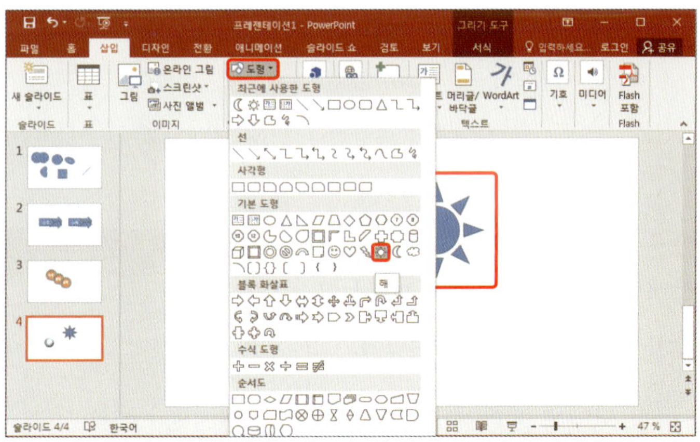

02 [기본예제 4-9]에서 만든 타원을 선택하고 [홈] 탭-[클립보드] 그룹-[서식 복사]를 클릭한다.

TIP 타원에 설정되어 있는 서식을 새로 추가한 해 도형에 적용하기 위해 타원 서식을 복사하는 과정이다.

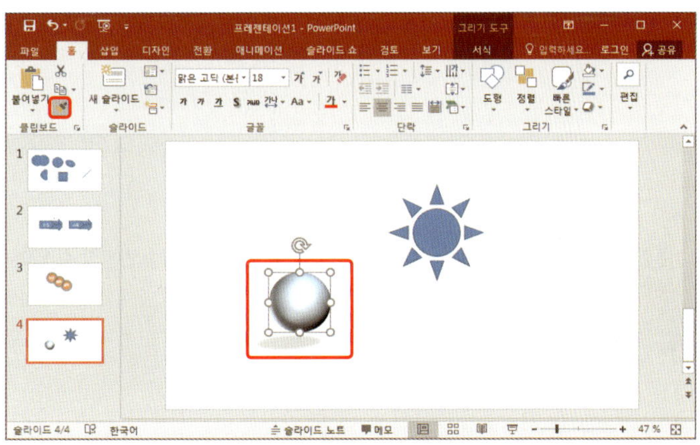

03 마우스 포인터가 모양으로 바뀌면 복사한 서식을 적용할 해 도형을 클릭한다.

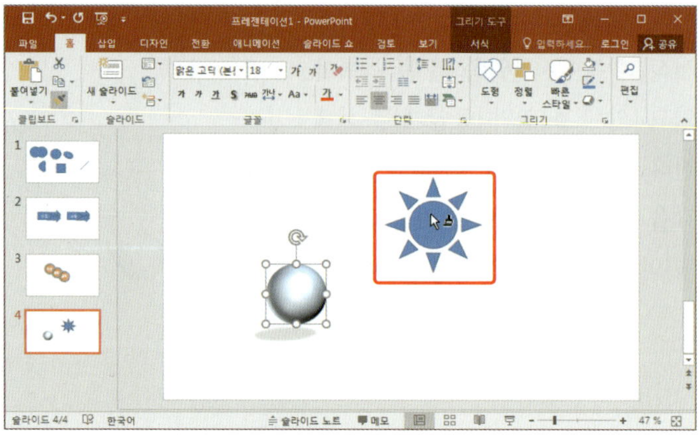

04 [삽입] 탭–[일러스트레이션] 그룹–[도형] 목록에서 [타원], [달], [포인트가 4개인 별]을 선택하고 슬라이드에 각각 드래그해 그린다.

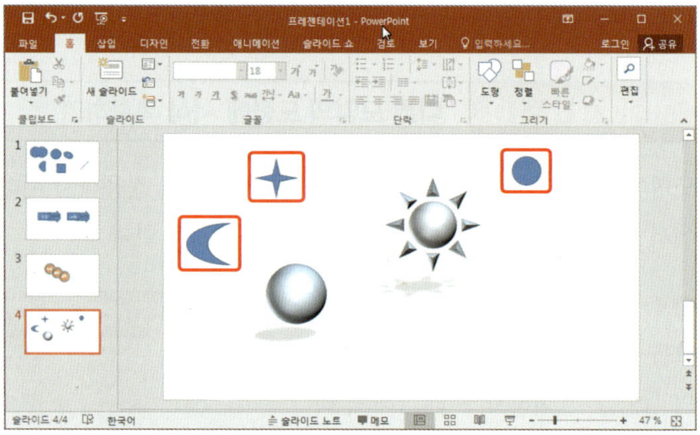

05 서식이 설정된 타원을 다시 선택하고 [홈] 탭–[클립보드] 그룹–[서식 복사]를 더블클릭한다.

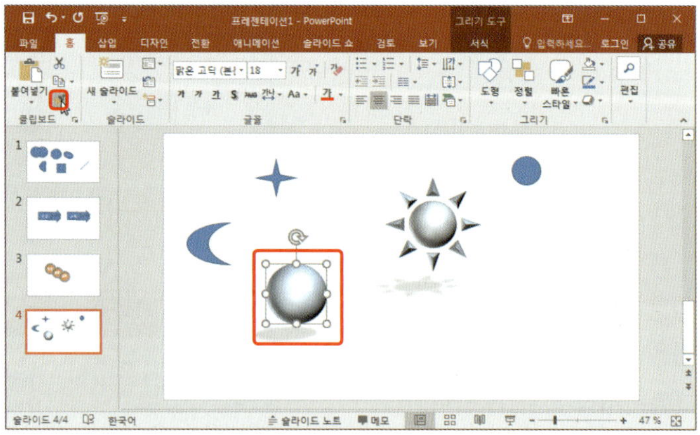

TIP [서식 복사] 단추를 더블클릭하면 서식 복사 동작을 계속 반복할 수 있어서 서식 복사를 적용할 도형이 여러 개일 때 편리하다.

06 마우스 포인터가 [포인터] 모양으로 바뀌면 [달], [포인트가 4개인 별], [타원] 도형을 차례로 클릭해 서식을 복사하고, 작업이 끝나면 Esc를 누른다.

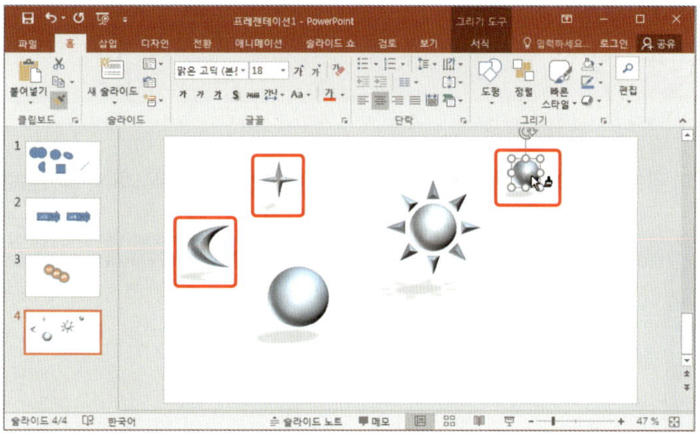

TIP Esc를 누르는 대신 [서식 복사] 단추를 다시 클릭해도 된다.

07 [타원] 도형을 추가하고 서식을 설정해 태양계의 모습을 표현한다. 또 타원 중 하나의 서식을 수정하여 태양을 사이에 두고 반대쪽에 있는 행성처럼 표현해 본다. 작업을 완료했으면 '도형 그리기.pptx'로 저장한다.

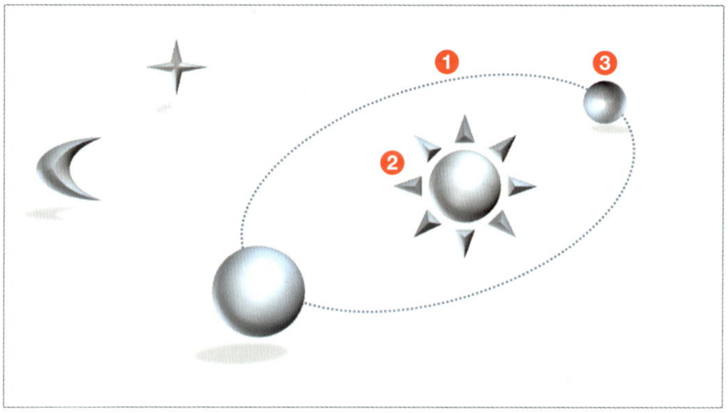

TIP

1

① [삽입] 탭–[일러스트레이션] 그룹–[도형] 목록에서 [기본 도형]의 [타원]을 선택해 타원을 그리고 회전하여 배치

② [그리기 도구]–[서식] 탭–[도형 스타일] 그룹–[도형 채우기]–[채우기 없음]

③ [그리기 도구]–[서식] 탭–[도형 스타일] 그룹–[도형 윤곽선]–[두께]–[3pt]

④ [그리기 도구]–[서식] 탭–[도형 스타일] 그룹–[도형 윤곽선]–[대시]–[둥근 점선]

2 [그리기 도구]–[서식] 탭–[도형 스타일] 그룹–[도형 효과]–[그림자]–[그림자 없음]

3

① [도형 서식] 작업 창의 [도형 옵션]–[효과] 탭–[그림자] 항목–[미리 설정] 목록–[원근감 대각선 오른쪽 아래]

② [도형 서식] 작업 창의 [도형 옵션]–[효과] 탭–[그림자] 항목–[투명도]–[90%]

③ [도형 서식] 작업 창의 [도형 옵션]–[효과] 탭–[3차원 서식] 항목–[조명]–[각도]–[270°]

종합예제

파워포인트의 도형 삽입과 편집 기능을 활용해 다음과 같은 프레젠테이션을 만들어 보자.

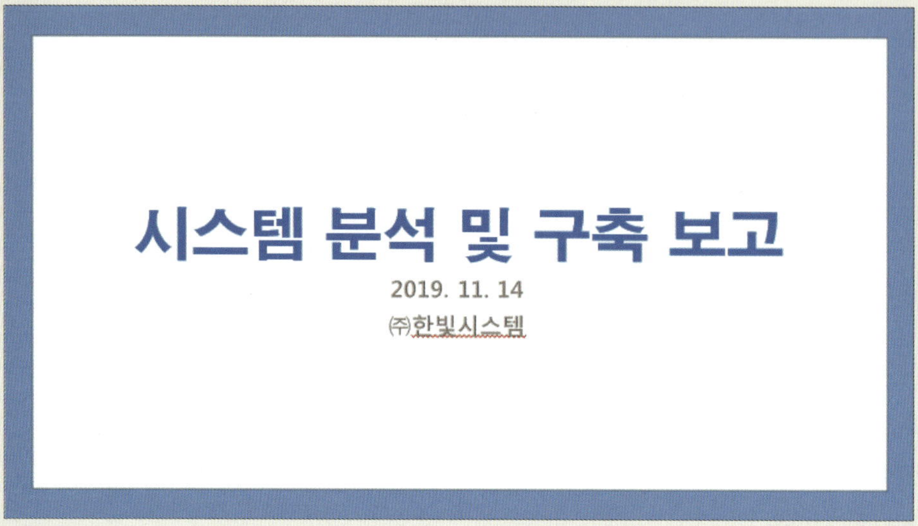

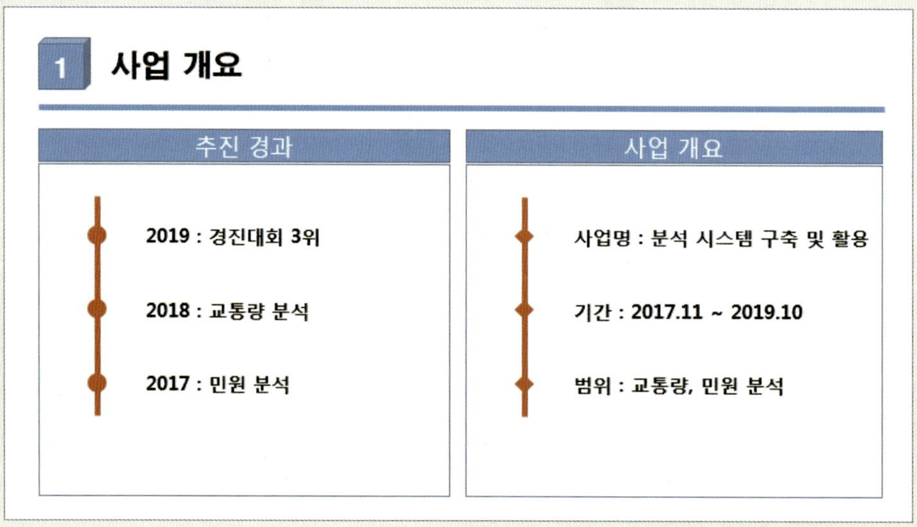

1 파워포인트를 실행하고 [새 프레젠테이션]을 선택한다. 만들어진 프레젠테이션의 제목 슬라이드에 그림과 같이 제목과 부제목을 입력한다.

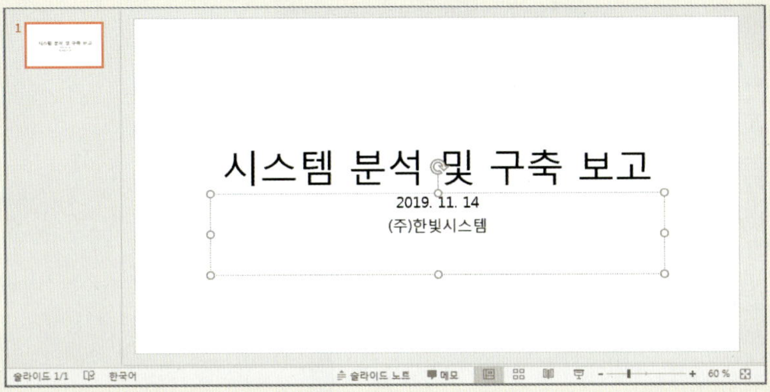

2 제목은 [홈] 탭–[글꼴] 그룹에서 [글꼴]을 [HY 견고딕], [글꼴 색]을 [파랑]으로 설정한다. 부제목은 [그리기 도구]–[서식] 탭–[WordArt 스타일] 그룹–[빠른 스타일] 목록에서 [채우기 – 회색–50%, 강조 3, 선명한 입체]로 설정한다.

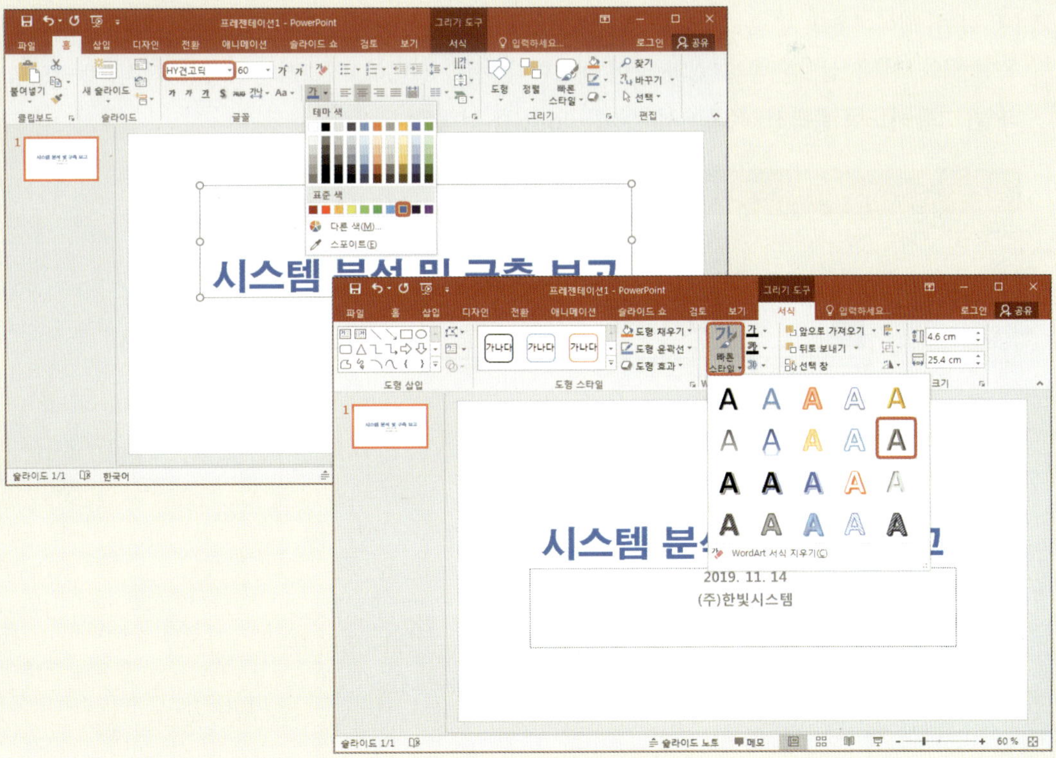

3 [삽입] 탭–[일러스트레이션] 그룹–[도형] 목록에서 [기본 도형]의 [액자]를 선택하고 드래그하여 슬라이드 크기와 같은 액자 도형을 삽입한다.

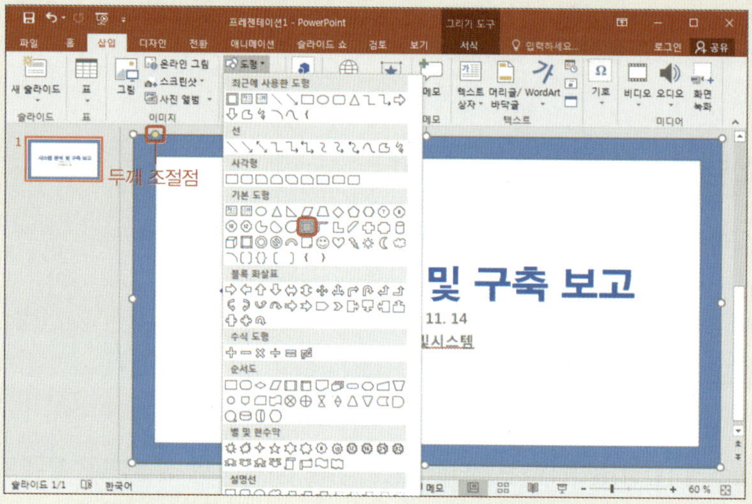

TIP 액자의 노란색 조절점을 마우스로 드래그하면 액자 두께를 조절할 수 있다.

4 [빈 화면] 레이아웃의 새 슬라이드를 추가하고 [삽입] 탭–[일러스트레이션] 그룹–[도형] 목록에서 [정육면체]와 [선]을 삽입한 후 그림과 같이 배치한다. 선을 선택하고 [그리기 도구]–[서식] 탭–[도형 스타일] 그룹–[도형 윤곽선] 목록에서 [두께]–[6pt]를 선택한다.

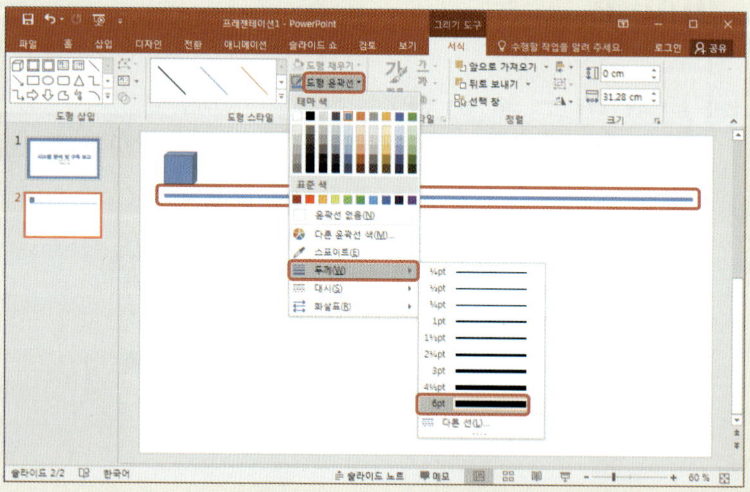

TIP 정육면체의 노란색 조절점을 드래그하면 도형의 깊이를 조절할 수 있다.

5 그림과 같이 [가로 텍스트 상자]를 삽입하고 *사업 개요*라고 입력한다. 정육면체에는 *1*을 입력한다. 정육면체와 텍스트 상자를 모두 선택하고 [홈] 탭–[그리기] 그룹–[정렬]–[맞춤]–[중간 맞춤]을 선택한다.

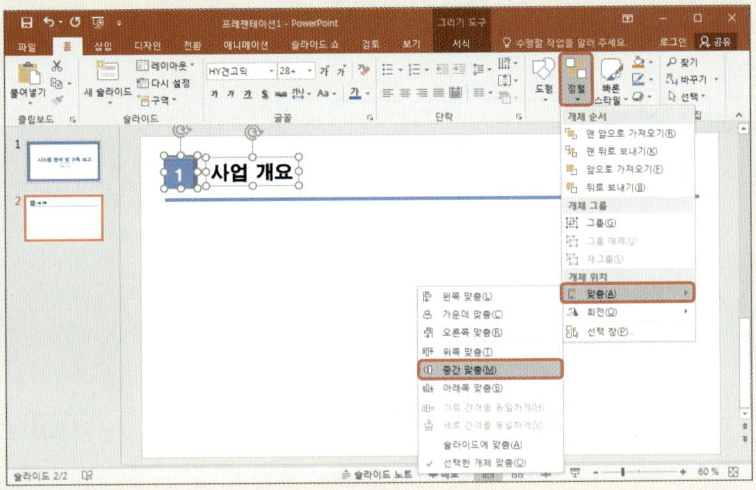

TIP [그리기 도구]–[서식] 탭–[정렬] 그룹–[맞춤]–[중간 맞춤]을 선택해도 된다.

TIP 가로 텍스트 상자의 [글꼴]은 [HY견고딕], [글꼴 크기]는 [32]로 설정하고, 정육면체의 [글꼴]은 [HY견고딕], [글꼴 크기]는 [28]로 설정한다.

TIP 제목으로 사용한 도형(정육면체, 텍스트 상자, 선)을 모두 선택해 그룹으로 설정해 두면 다음 슬라이드에 복사해서 사용하기 좋다.

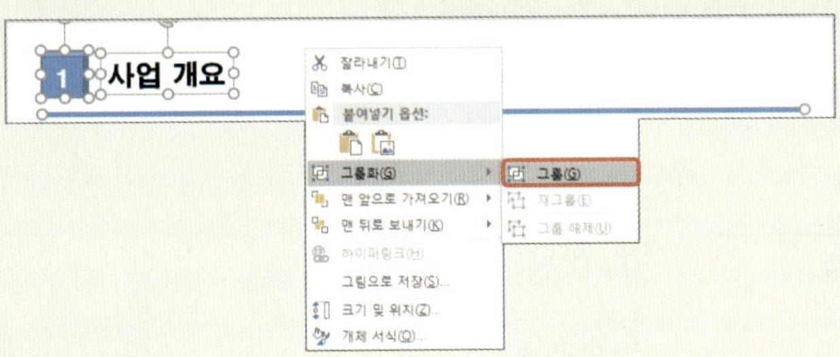

6 [직사각형] 두 개를 슬라이드에 삽입하고 그림과 같이 배치한 후 내용을 입력한다.

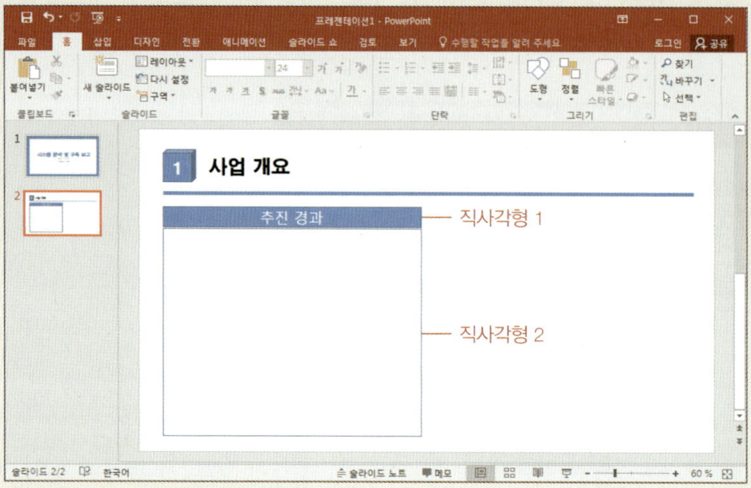

TIP 직사각형 1의 [글꼴]은 [맑은 고딕(본문)], [글꼴 크기]는 [24]로 설정하고, 직사각형 2에는 [도형 채우기]–[채우기 없음]을 설정한다.

7 슬라이드에 [가로 텍스트 상자]를 세 개 삽입하고 그림과 같이 내용을 입력한다. 텍스트 상자를 모두 선택하고 [홈] 탭–[그리기] 그룹–[정렬]–[맞춤]에서 [선택한 개체 맞춤]이 체크된 것을 확인하고 [왼쪽 맞춤]과 [세로 간격을 동일하게]를 차례로 선택한다.

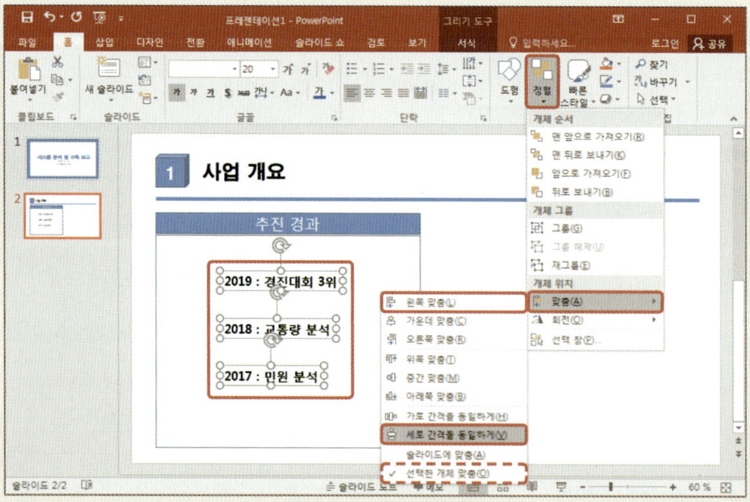

TIP 텍스트 상자의 [글꼴]은 [맑은 고딕(본문)], [굵게], [글꼴 크기]는 [20]으로 설정한다.

8 [선]과 [타원] 세 개를 삽입하고 모두 선택한다. [홈] 탭–[그리기] 그룹–[정렬]–[맞춤]–[선택한 개체 맞춤]에 체크된 것을 확인하고 [맞춤]–[가운데 맞춤]으로 설정한다.

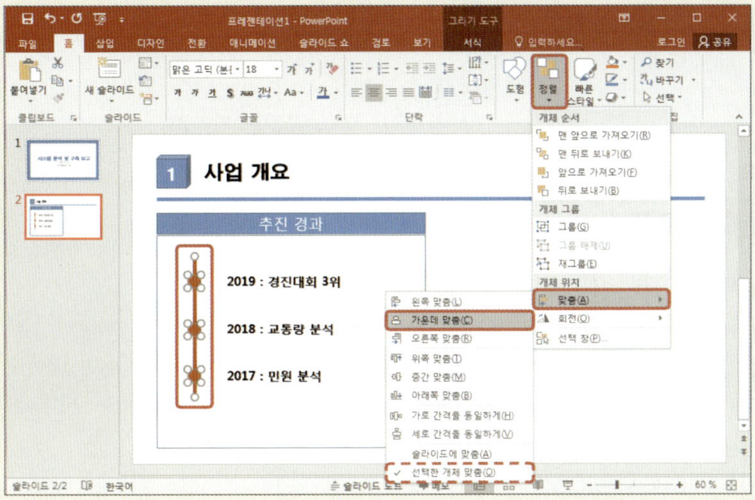

TIP 선과 타원의 [도형 채우기] 색상은 [주황, 강조 2, 25% 더 어둡게]로 설정하고 선의 [너비]는 [6pt]로 설정한다.

9 [선]은 제외하고 [타원] 세 개만 선택한 후 [홈] 탭–[그리기] 그룹–[정렬]–[맞춤]–[세로 간격을 동일하게]를 선택한다.

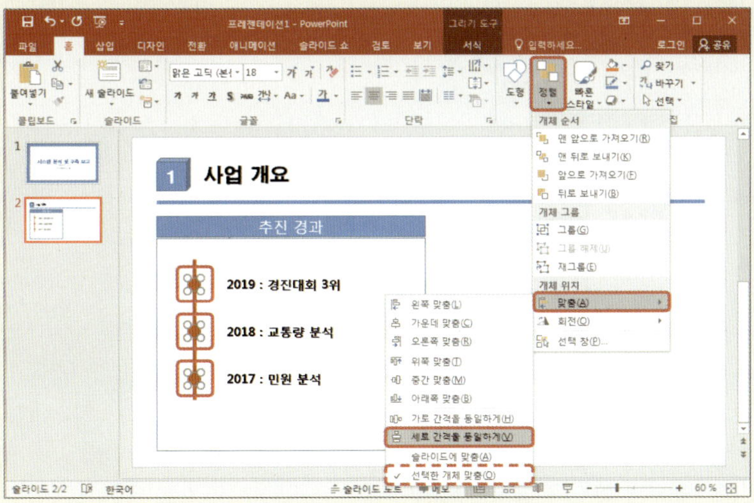

10 삽입한 도형(직사각형, 텍스트 상자, 선, 타원)을 모두 선택하고 [홈] 탭-[그리기] 그룹-[정렬]-[그룹]을 선택한다.

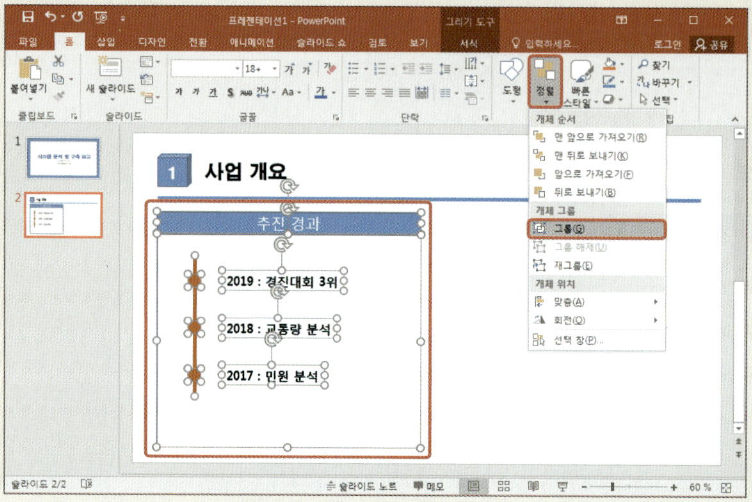

11 그룹화한 도형을 오른쪽에 복제하고 그림과 같이 내용을 수정한다. 타원 세 개를 선택하고 [그리기 도구]의 [서식] 탭-[도형 삽입] 그룹-[도형 편집]-[도형 모양 변경] 목록에서 [기본 도형]의 [다이아몬드]를 선택한다.

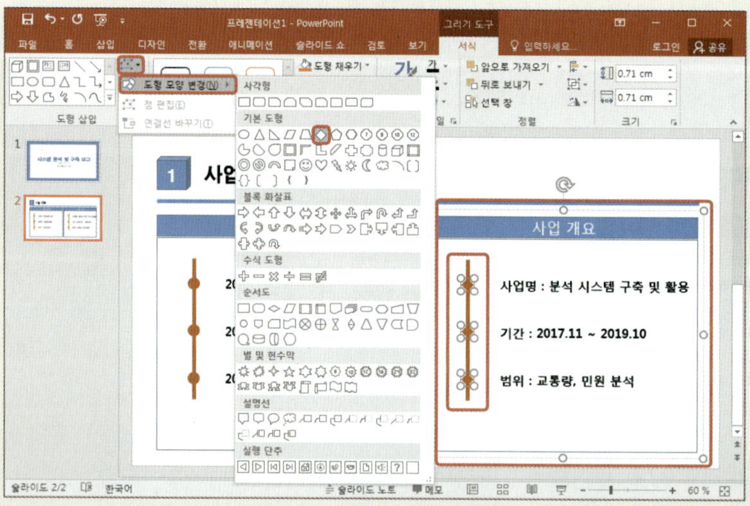

TIP 도형이 그룹화되어 있으므로 전체 도형을 먼저 클릭한 후 타원 하나를 클릭하고 Shift나 Ctrl을 누른 채로 나머지 타원 두 개를 차례로 클릭한다.

연습 문제

1 도형을 삽입하고 다음과 같이 설정해 슬라이드를 작성하시오.

❶ [모서리가 둥근 직사각형] 도형을 삽입하고 제목(발표 순서)을 입력한 후 [도형 채우기]는 [파랑, 강조 5], [글꼴]은 [HY견고딕], [글꼴 크기]는 [36]으로 설정하시오.

❷ [선] 도형을 삽입하고 [도형 스타일]은 [강한 선 – 강조 5], [두께]는 [6pt]로 설정하시오.

❸ [정육면체] 도형을 삽입하고 내용(1)을 입력한 후 [글꼴]은 [HY견고딕], [글꼴 크기]는 [28]로 설정하시오.

❹ [텍스트 상자] 도형을 삽입하고 내용(사업 개요)을 입력한 후 [글꼴]은 [HY견고딕], [글꼴 크기]는 [28]로 설정하시오.

❺ 정육면체와 텍스트 상자를 [중간 맞춤]으로 설정하고 그룹으로 묶으시오.

❻ 그룹으로 묶은 정육면체와 텍스트 상자를 세 개 복제하고 [왼쪽 맞춤]과 [세로 간격을 동일하게]를 설정해 정렬한 후 내용을 수정해 완성하시오.

2 도형을 삽입한 후 다음과 같이 설정하고 배치해 슬라이드를 작성하시오.

❶ [대각선 방향의 모서리가 둥근 사각형] 도형을 삽입하고 제목(진행 과정)을 입력한 후 [도형 채우기]는 [파랑, 강조 5], 글꼴은 [HY견고딕], 글꼴 크기는 [36]으로 설정하시오.

❷ [선] 도형을 삽입하고 [도형 윤곽선]은 [파랑, 강조 1], 두께는 [6pt]로 설정하시오.

❸ [아래쪽 화살표] 도형을 삽입하고 [도형 서식] 작업 창에서 [채우기]는 [그라데이션 채우기], [그라데이션 미리 설정]–[밝은 그라데이션 – 강조 1], [방향]–[선형 위쪽], [선]은 [선 없음]으로 설정하고 [점 편집]을 이용해 모양을 수정하시오.

❹ [타원] 도형을 삽입하고 내용(준비 단계)을 입력한 후 [도형 서식] 작업 창에서 [채우기]는 [단색 채우기], [색]–[흰색, 배경 1], [선]은 [그라데이션 선], [그라데이션 미리 설정]–[가운데 그라데이션 – 강조 5], [너비]–[25pt]로 설정하시오.

❺ [오른쪽 화살표] 도형을 삽입하고 [도형 스타일]을 [색 채우기 – 파랑, 강조 1]로 설정하시오.

❻ 타원을 세 개, 오른쪽 화살표 도형을 두 개 복제하고 [중간 맞춤]과 [가로 간격을 동일하게]를 설정해 정렬한 후 내용을 수정해 완성하시오.

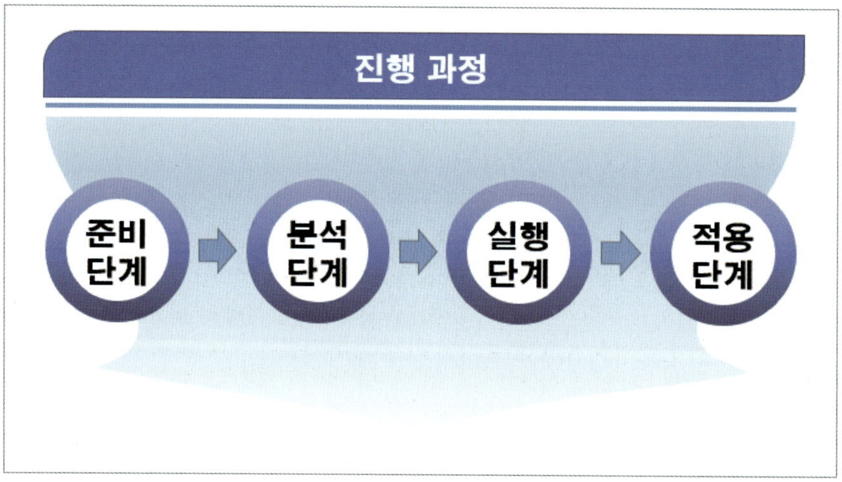

CHAPTER

05

스마트아트 활용

학습목표

- 스마트아트를 용도에 맞게 적절한 모양으로 만들 수 있다.
- 다양한 종류의 스마트아트를 슬라이드에 활용할 수 있다.

SECTION 01

스마트아트 만들기

정보 전달과 발표를 목적으로 하는 프레젠테이션에서는 도형을 이용해 도식화하는 작업을 해야 할 때가 많다. 서술형으로 되어 있는 문장을 구조적으로 표현하면 설명을 많이 하지 않아도 직관적으로 전달할 수 있기 때문이다. 하지만 상황에 알맞은 도형을 일일이 그리고 편집하는 과정은 그리 단순하지 않다. 파워포인트의 스마트아트(SmartArt)는 이 과정을 획기적으로 줄여 주는 도구이다. 스마트아트를 생성하고 내용에 맞게 도형을 추가/삭제하는 방법, 모양을 변형하거나 도형으로 변환하는 방법, 디자인과 서식을 설정하는 방법에 대해 알아본다.

1.1 스마트아트 생성과 변환

파워포인트에서 스마트아트를 생성하는 방법에는 텍스트로 입력된 정보를 스마트아트로 변환하는 방법과 도형을 그릴 때처럼 원하는 종류의 스마트아트를 먼저 선택한 뒤 텍스트를 입력하는 방법이 있다. 만들어진 스마트아트는 텍스트로 변환할 수 있고 그룹화된 도형으로 변환할 수도 있다.

기본예제 5-1 스마트아트 만들기

스마트아트 중에서 관계형 스마트아트를 슬라이드에 삽입하고 텍스트를 입력해 보자.

01 파워포인트를 실행하고 새 프레젠테이션의 첫 번째 슬라이드를 [제목 및 내용] 레이아웃으로 변경한다.

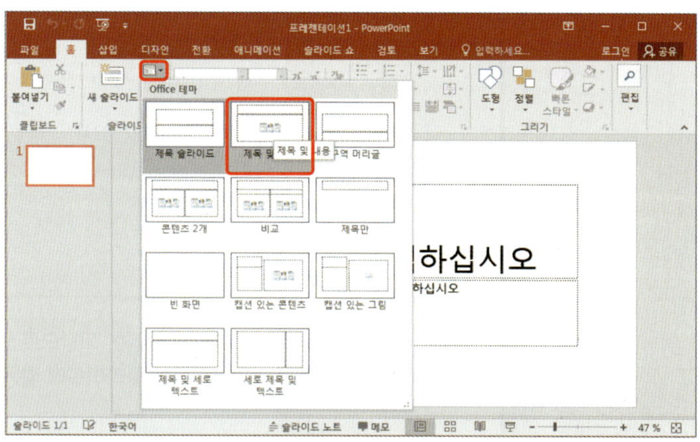

TIP [홈] 탭-[슬라이드] 그룹-[슬라이드 레이아웃] 목록에서 [제목 및 내용]을 선택한다.

02 슬라이드의 제목 개체 틀에 *관계형*이라고 입력하고 콘텐츠 개체 틀에 있는 [SmartArt 그래픽 삽입] 단추를 클릭한다.

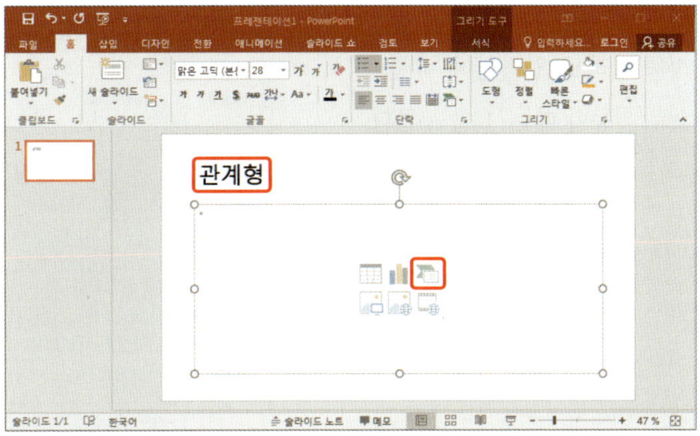

TIP [삽입] 탭–[일러스트레이션] 그룹–[SmartArt]를 클릭해도 된다.

03 [SmartArt 그래픽 선택] 대화상자에서 [관계형]의 [기본 벤형]을 선택하고 [확인]을 클릭한다.

04 스마트아트가 삽입되면 내용을 입력하기 위해 스마트아트 왼쪽에 있는 [< 텍스트 창] 단추를 클릭해 텍스트 창을 연다.

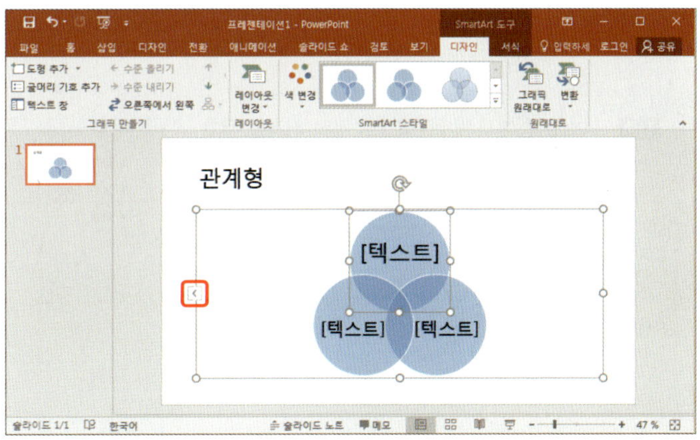

TIP [SmartArt 도구]–[디자인] 탭–[그래픽 만들기] 그룹–[텍스트 창]을 클릭해도 텍스트 창이 열린다. 또한 텍스트 창을 열지 않고 도형을 클릭한 후 직접 내용을 입력해도 된다.

05 텍스트 창에 *대상*, *범위*, *목적*을 차례로 입력한다. 다음 항목으로 이동할 때는 [↓]를 누른다.

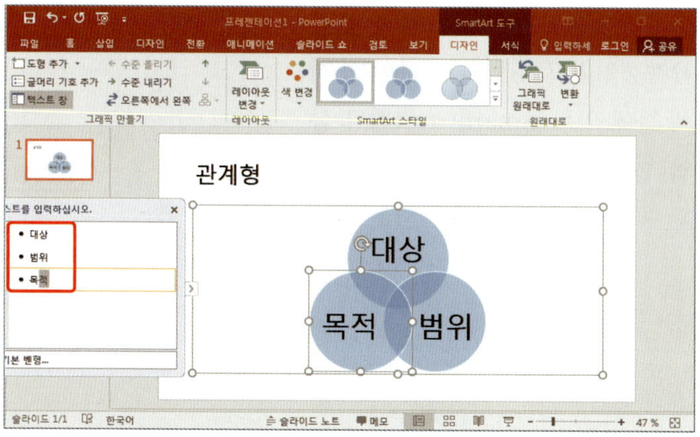

기본예제 5-2 스마트아트 도형 추가/삭제하기

스마트아트의 도형을 추가하거나 삭제하고 순서를 바꿔 보자.

01 도형을 추가하기 위해 '범위' 도형을 선택하고 [SmartArt 도구]–[디자인] 탭–[그래픽 만들기] 그룹–[도형 추가] 목록에서 [뒤에 도형 추가]를 선택한다.

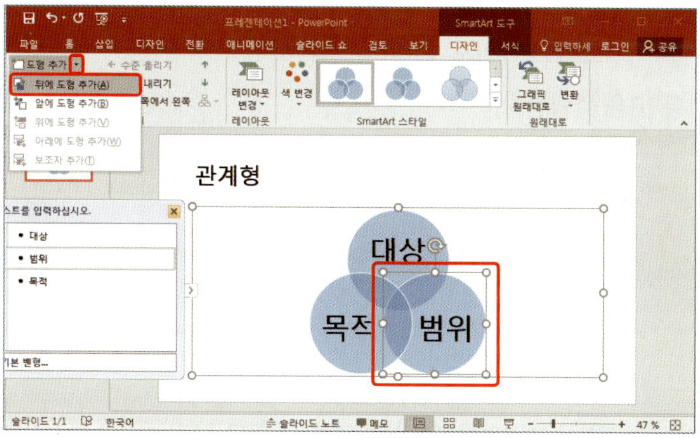

TIP 텍스트 창에서 '범위' 텍스트 뒤에 커서를 두고 [Enter]를 눌러도 도형이 추가된다.

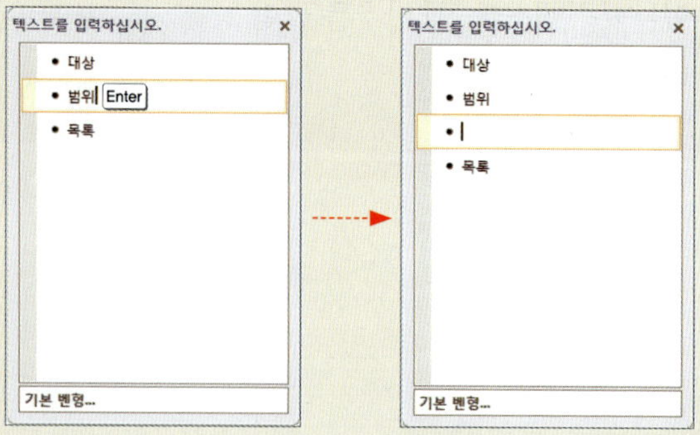

02 추가된 도형에 *기간*이라고 입력한다. [SmartArt 도구]–[디자인] 탭–[그래픽 만들기] 그룹–[선택 영역을 위로 이동]을 클릭해 도형의 위치를 변경한다.

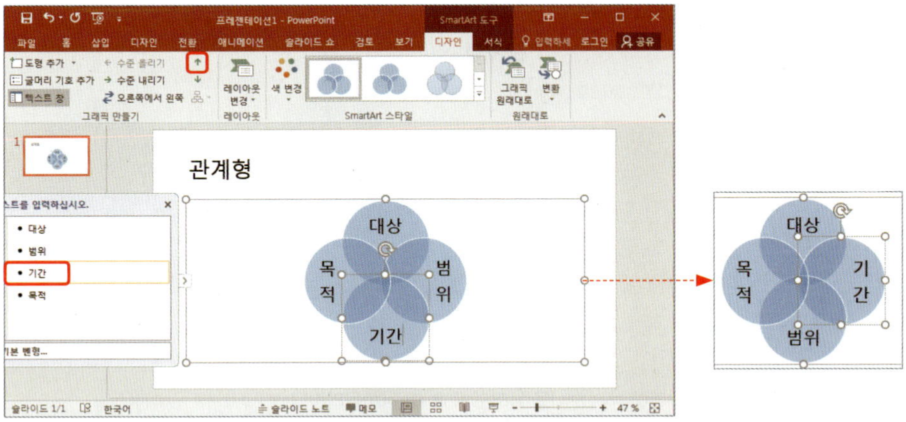

03 '기간' 도형을 선택한 상태에서 [SmartArt 도구]–[디자인] 탭–[그래픽 만들기] 그룹–[수준 내리기]를 클릭해 선택한 도형의 목록 수준을 내린다.

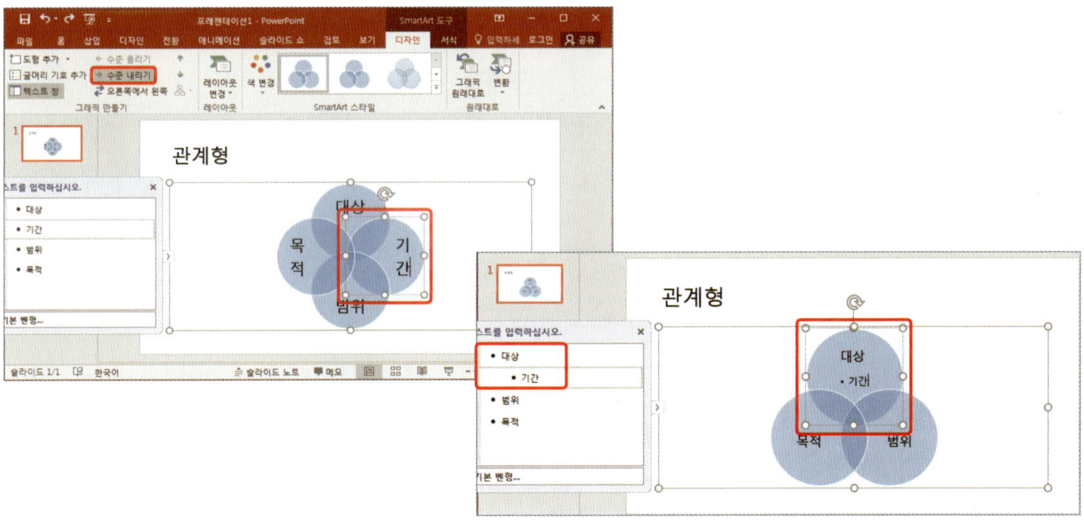

TIP 텍스트 창에서 '기간' 텍스트 앞에 커서를 두고 Tab 을 눌러도 목록 수준이 내려간다.

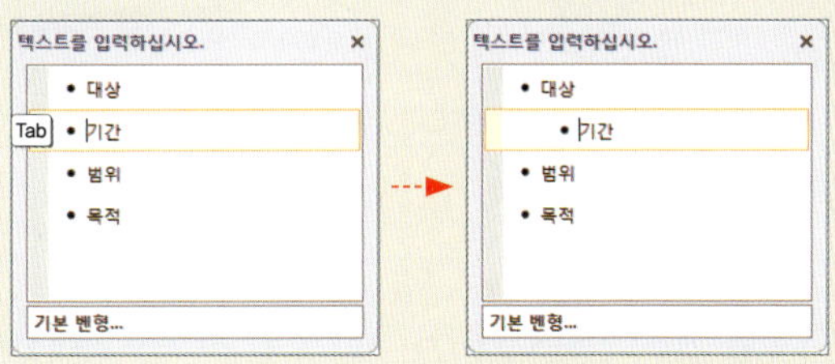

04 '대상' 도형의 '기간' 텍스트를 클릭하고 [SmartArt 도구]–[디자인] 탭–[그래픽 만들기] 그룹–[수준 올리기]를 클릭하면 원래의 목록 수준으로 바뀐다.

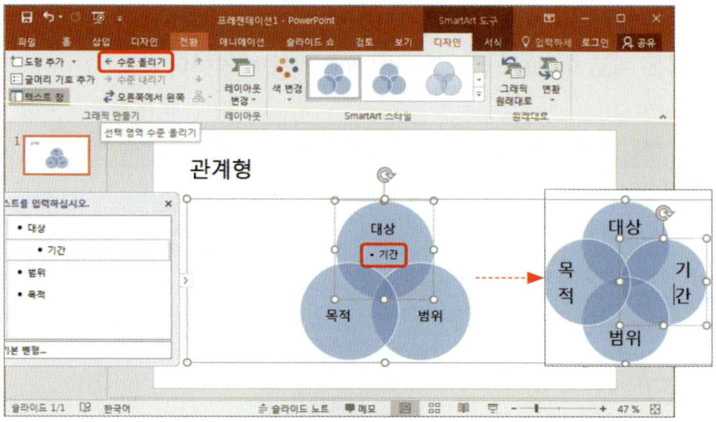

TIP 텍스트 창에서 '기간' 텍스트 앞에 커서를 두고 Shift+Tab을 눌러도 목록 수준이 올라간다.

05 [SmartArt 도구]–[디자인] 탭–[그래픽 만들기] 그룹–[오른쪽에서 왼쪽]을 클릭해 도형의 좌우 배치를 변경한다.

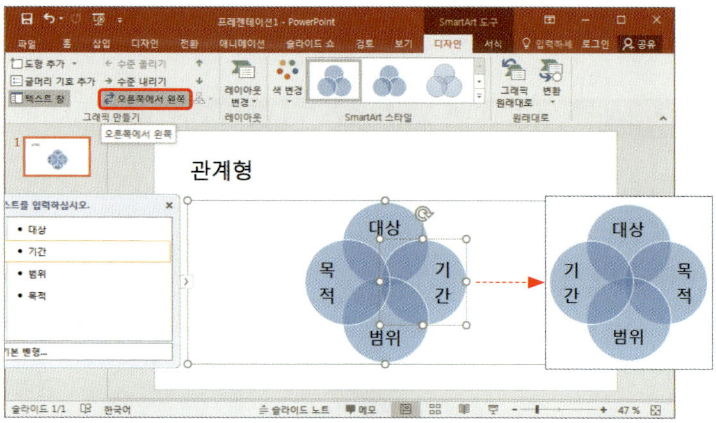

06 '기간' 도형을 선택한 후 마우스 오른쪽 단추를 클릭하고 [잘라내기]를 선택해 도형을 삭제한다.

TIP 삭제할 도형을 선택하고 Delete를 눌러도 된다.

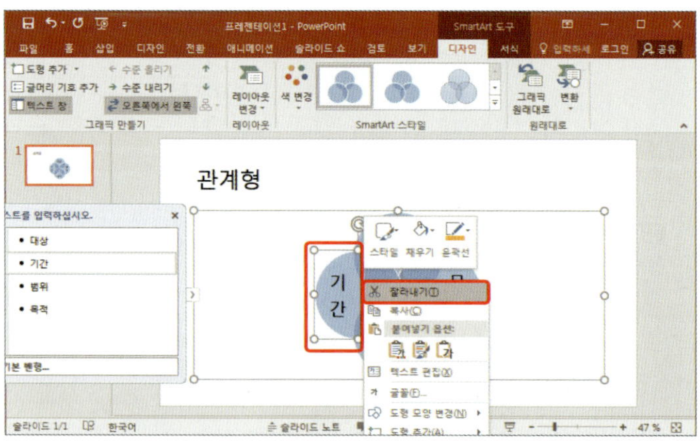

기본예제 5-3 스마트아트 변환하기

스마트아트에 텍스트로 입력한 내용은 글머리 기호가 있는 텍스트로 변환할 수 있고, 스마트아트 개체를 하나의 도형 그룹으로 변환할 수도 있다. 스마트아트를 텍스트나 도형으로 변환해 보자.

01 스마트아트를 선택하고 [SmartArt 도구]–[디자인] 탭–[원래대로] 그룹–[변환]–[텍스트로 변환]을 선택한다.

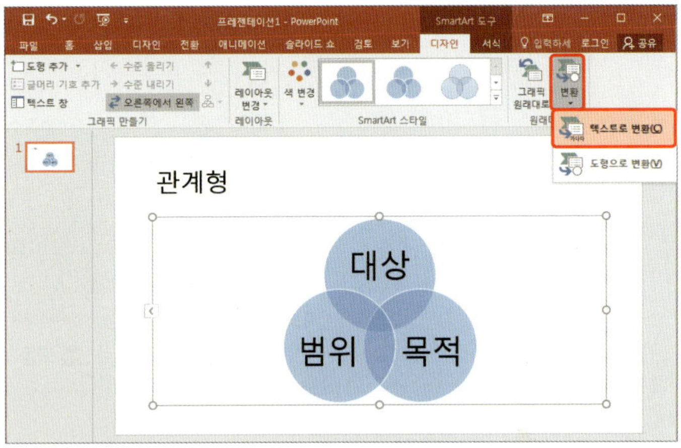

02 스마트아트가 있던 위치에 텍스트 상자가 생기고 스마트아트의 내용이 표시된다. 텍스트를 다시 스마트아트로 변환하려면 텍스트 상자를 선택하고 [홈] 탭–[단락] 그룹–[SmartArt로 변환] 목록에서 원하는 모양을 선택하면 된다. 여기서는 [기본 주기형]을 선택한다.

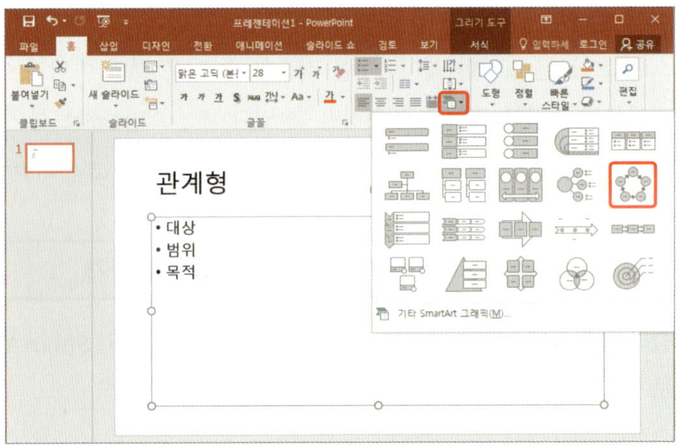

03 텍스트가 다시 스마트아트로 변환된다. 스마트아트가 선택된 상태로 [SmartArt 도구]–[디자인] 탭–[원래대로] 그룹–[변환]–[도형으로 변환]을 선택한다.

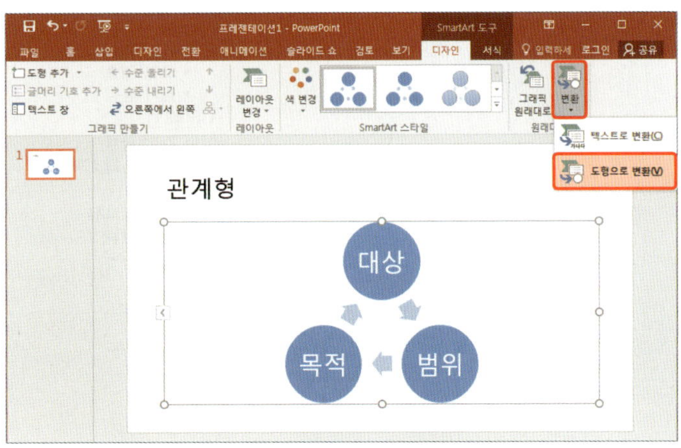

04 스마트아트가 그룹화된 하나의 도형으로 변환되고, [SmartArt 도구] 확장 탭은 표시되지 않는다. 이제 [그리기 도구]를 이용해 서식을 설정하면 된다.

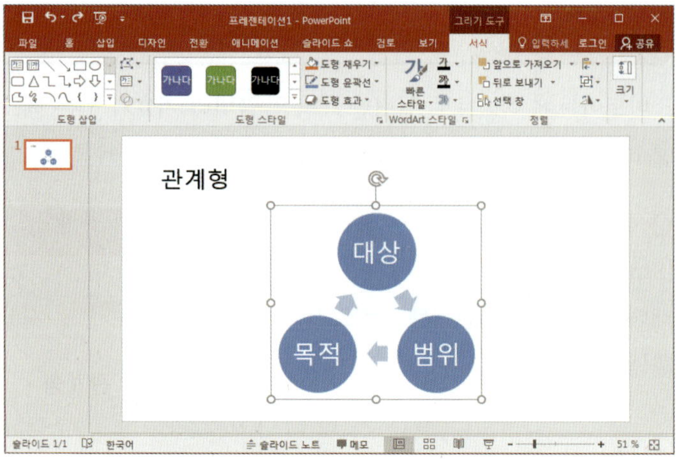

> **TIP** 변환된 도형을 다시 스마트아트로 변환하는 메뉴는 없으므로 [되돌리기] 메뉴나 단축키 Ctrl+Z를 이용해 변환 작업을 취소해야 한다.

1.2 스마트아트 디자인과 서식 설정

스마트아트는 다양한 레이아웃을 적용할 수 있을 뿐만 아니라 여러 가지 스타일과 색을 적용해 프레젠테이션에 적합한 모양으로 수정할 수 있다. 또, 스마트아트를 구성하는 각 도형 개체를 선택해 모양을 바꾸거나 채우기 색, 윤곽선, 효과 등 기본으로 제공되는 서식을 변경할 수도 있다.

기본예제 5-4 스마트아트 스타일과 색 설정하기

슬라이드에 텍스트를 입력한 후 스마트아트로 변환하고 SmartArt 도구를 이용해 스타일과 색을 설정해 보자.

01 프레젠테이션에 [제목 및 내용] 슬라이드를 추가하고 그림과 같이 제목과 내용을 입력한다.

02 텍스트 개체 틀을 선택하고 [홈] 탭–[단락] 그룹–[SmartArt로 변환] 목록에서 [세로 블록 목록형]을 선택한다.

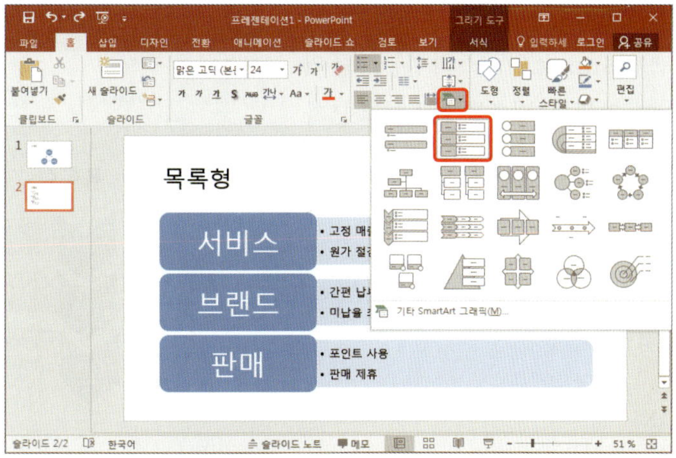

03 스마트아트가 선택된 상태로 [SmartArt 도구]–[디자인] 탭–[레이아웃] 그룹–[레이아웃 변경] 목록에서 [세로 갈매기형 수장 목록형]을 선택한다.

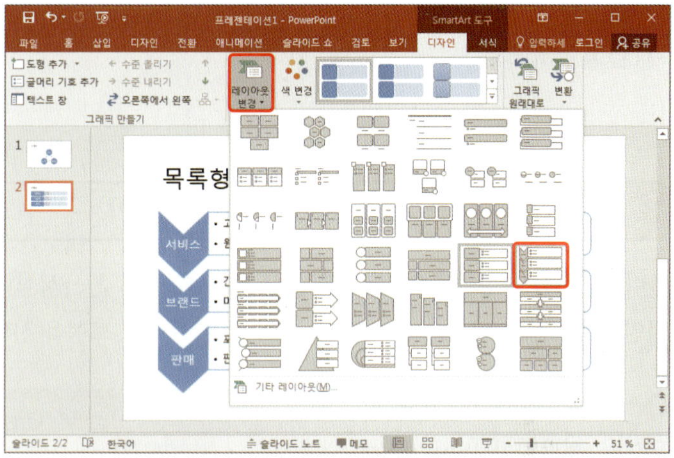

04 [SmartArt 도구]–[디자인] 탭–[SmartArt 스타일] 그룹–[색 변경] 목록에서 [기본 테마 색]의 [어두운 색 1 윤곽선]을 선택한다.

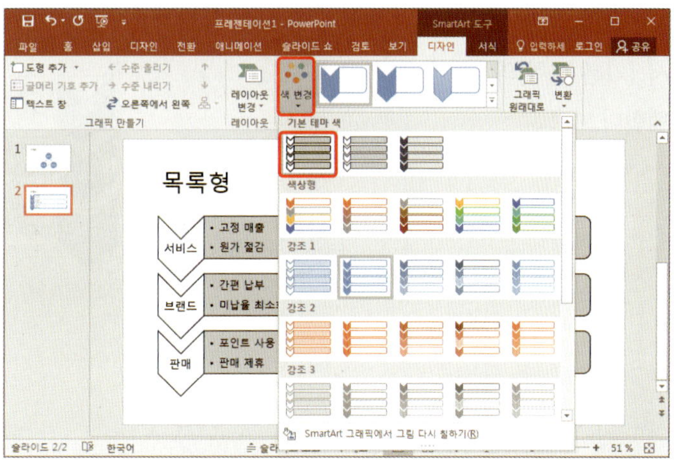

05 [SmartArt 도구]-[디자인] 탭-[SmartArt 스타일] 그룹의 [자세히] 단추를 클릭하고 [3차원]의 [일몰]을 선택한다.

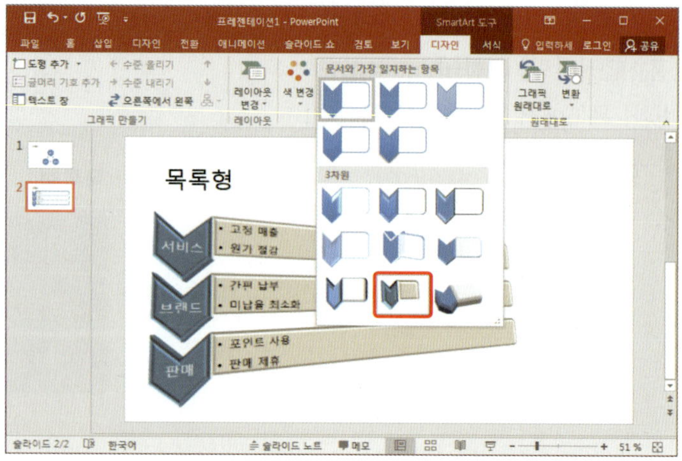

TIP 선택한 색이나 SmartArt 스타일을 원래대로 되돌리려면 [SmartArt 도구]-[디자인] 탭-[원래대로] 그룹-[그래픽 원래대로]를 클릭한다.

기본예제 5-5 스마트아트 도형 서식 설정하기

스마트아트를 구성하고 있는 각 도형은 [SmartArt 도구]-[서식] 탭에서 제공하는 도구들을 이용해 일반적인 도형 개체처럼 서식을 바꿀 수 있다. 스마트아트 도형을 선택하고 서식을 설정해 보자.

01 스마트아트의 '브랜드' 도형을 선택하고 [SmartArt 도구]-[서식] 탭-[도형] 그룹-[도형 모양 변경] 목록에서 [기본 도형]의 [타원]을 선택한다.

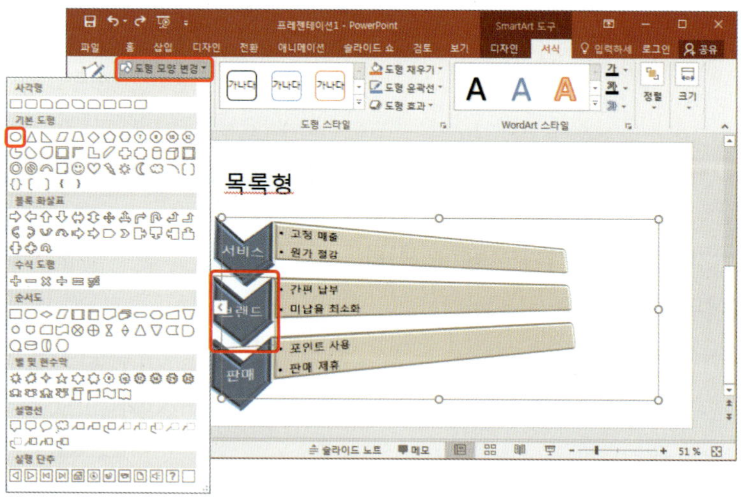

TIP 스마트아트를 구성하고 있는 각 도형을 선택하려면 스마트아트를 먼저 선택한 후 해당 도형을 클릭한다.

02 '브랜드' 도형이 선택된 상태로 [SmartArt 도구]–[서식] 탭–[도형] 그룹–[크게]를 클릭해 도형 크기를 변경한다.

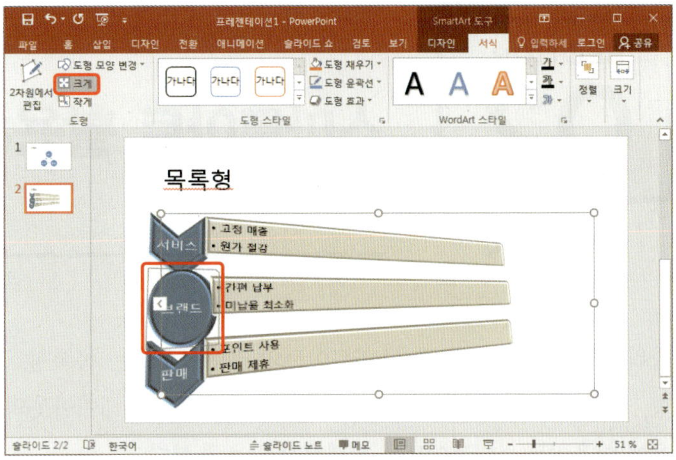

03 '브랜드' 도형이 선택된 상태로 [SmartArt 도구]–[서식] 탭–[도형 스타일] 그룹–[도형 채우기] 목록에서 [표준 색]의 [주황]을 선택한다.

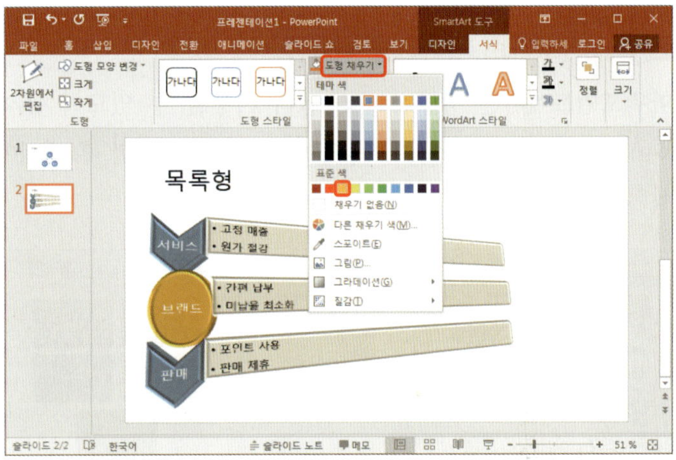

04 '브랜드' 도형이 선택된 상태로 [SmartArt 도구]–[서식] 탭–[WordArt 스타일] 그룹의 [빠른 스타일]에서 [채우기 – 검정, 텍스트 1, 그림자]를 선택해 도형의 텍스트 모양을 바꾼다.

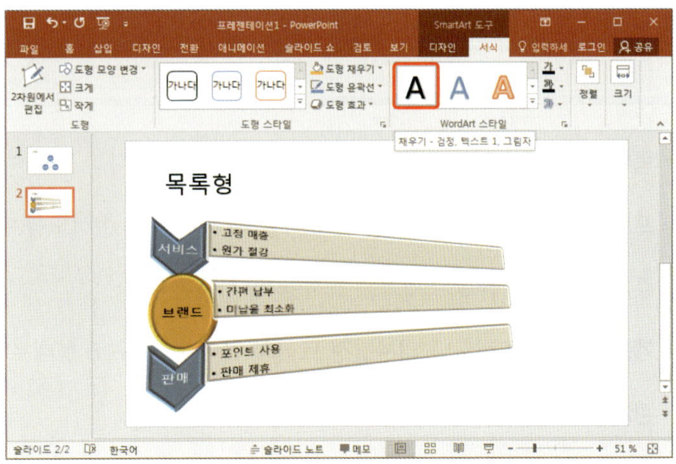

SECTION 02

스마트아트 활용하기

파워포인트에서 제공하는 스마트아트의 레이아웃에는 목록형, 프로세스형, 주기형, 계층 구조형, 관계형, 행렬형, 피라미드형 및 그림이 있다. 스마트아트 레이아웃의 종류와 활용 분야에 대해 알아보고, 내용에 어울리는 스마트아트를 선택해서 활용해 본다.

2.1 스마트아트 레이아웃의 종류

파워포인트에서는 상황에 따라 골라 사용할 수 있도록 규격화된 몇 가지 레이아웃이 제공된다. [SmartArt 그래픽 선택] 대화상자에서 형식을 선택한 후 레이아웃을 보면서 가장 알맞은 모양을 골라 삽입할 수 있다.

- **목록형**: 순서가 없는 정보를 표시할 때 주로 사용한다.
- **프로세스형**: 프로세스나 단계를 표시할 때 사용하며 순서도를 만들 때도 유용하다.
- **주기형**: 연속적인 프로세스를 표시할 때 사용한다.
- **계층 구조형**: 조직도나 의사결정 트리와 같이 계층 구조 형태로 구성된 정보를 표시할 때 사용한다.
- **관계형**: 연결 관계를 표시할 때 사용한다.
- **행렬형**: 부분과 전체의 관계를 표시할 때 사용한다.
- **피라미드형**: 상대적인 관계를 표시할 때 사용하며, 가장 큰 구성 요소를 맨 위나 맨 아래에 둔다.
- **그림**: 그림을 사용해 콘텐츠를 표현하거나 강조할 때 사용한다.

2.2 다양한 스마트아트 레이아웃 활용

스마트아트 레이아웃을 선택할 때는 자료의 구조와 관계를 먼저 파악한 후에 이를 잘 표현할 수 있는 모양을 골라야 한다. 예를 들어 목차를 만들 때는 목록형이, 조직도를 만들 때는 계층 구조형이, 작업 과정을 설명할 때는 프로세스형이 적합하다. 각 레이아웃의 특징을 살려 적절하게 활용하면 시각화 효과를 더욱 높일 수 있다. 프로세스형 스마트아트, 계층 구조형 스마트아트, 그림 스마트아트를 만들어 보면서 다양한 스마트아트 레이아웃을 활용하는 방법을 알아본다.

기본예제 5-6 프로세스형 스마트아트 활용하기

순서가 있는 프로세스의 작업 단계나 진행 방향, 시간 표시 막대 또는 순차적 단계를 표시할 때 주로 사용하는 프로세스형 스마트아트를 슬라이드에 삽입해 보자.

01 프레젠테이션에 [제목 및 내용] 슬라이드를 추가하고 그림과 같이 제목과 내용을 입력한다.

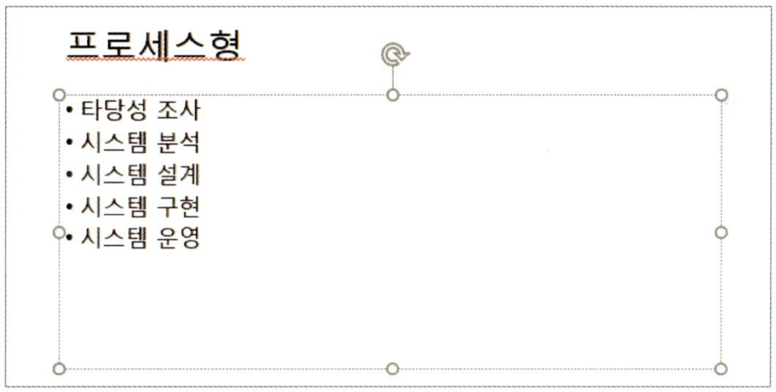

02 텍스트 개체 틀을 선택하고 [홈] 탭–[단락] 그룹–[SmartArt로 변환] 목록에서 [기타 SmartArt 그래픽]을 선택한다.

03 [SmartArt 그래픽 선택] 대화상자에서 [프로세스형]의 [연속 블록 프로세스형]을 선택하고 [확인]을 클릭한다.

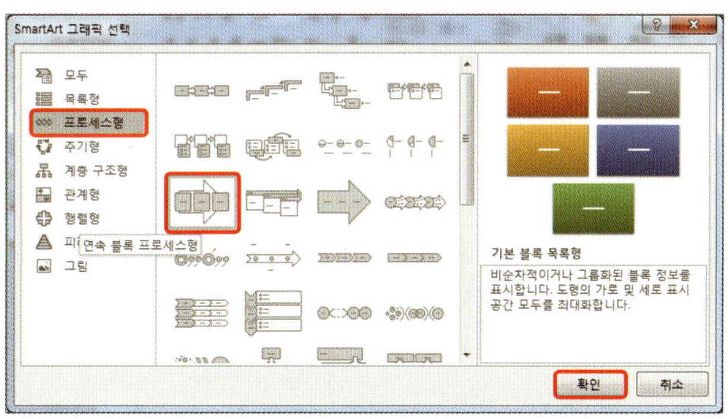

04 스마트아트를 선택한 상태에서 [SmartArt 도구]–[디자인] 탭–[SmartArt 스타일] 그룹–[색 변경] 목록에서 [색상형]의 [색상형 범위 – 강조색 3 또는 4]를 선택한다.

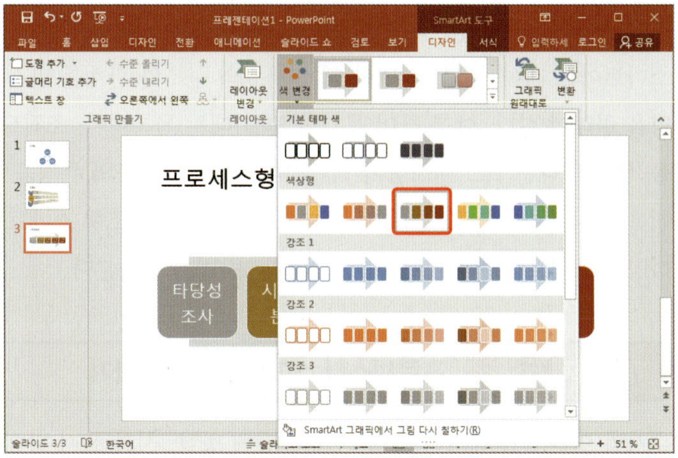

05 [SmartArt 도구]–[디자인] 탭–[SmartArt 스타일] 그룹–[빠른 스타일] 목록에서 [3차원]의 [조감도]를 선택한다.

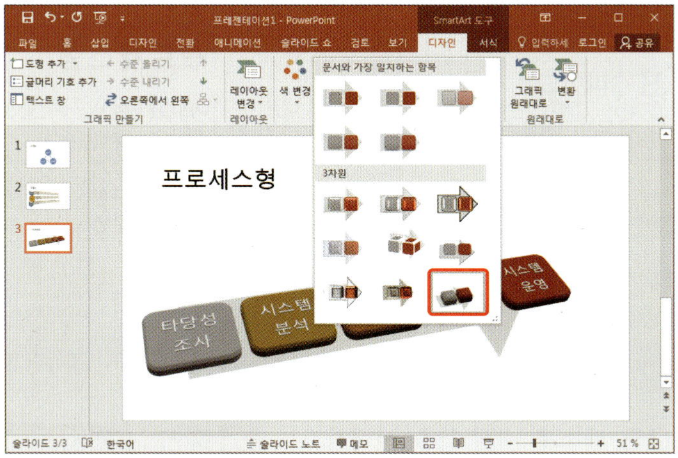

06 스마트아트를 선택한 상태에서 [SmartArt 도구]–[서식] 탭–[도형 스타일] 그룹의 [도형 서식] 단추를 클릭해 [도형 서식] 작업 창을 열고 [도형 옵션]–[효과] 탭을 클릭한다.

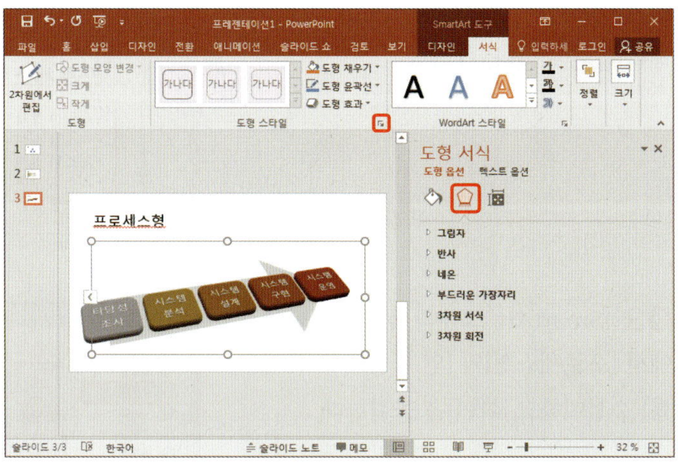

07 [3차원 회전] 항목을 열고 [X 회전]은 [340°], [Y 회전]은 [320°], [Z 회전]은 [20°], [원근감]은 [25°]로 수정한 후 [텍스트 3차원 회전 안 함]을 선택해 텍스트의 가독성을 높인다.

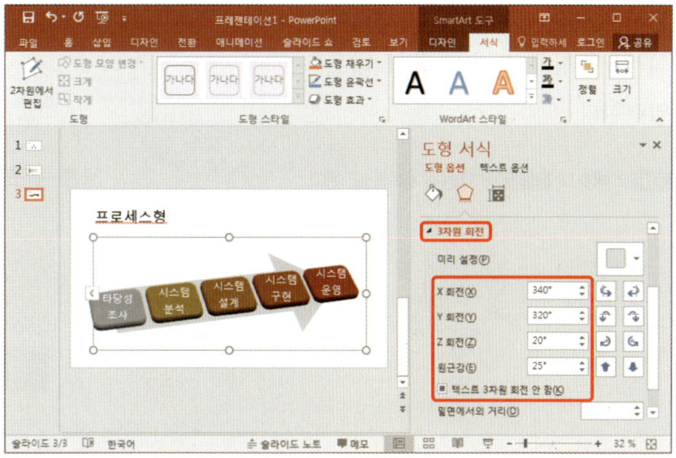

기본예제 5-7 계층 구조형 스마트아트 활용하기

세로나 가로로 진행되는 계층 관계를 보여 주기 위한 계층 구조형 스마트아트에는 조직도형, 표 계층 구조형, 레이블 계층 구조형 등이 있다. 이 중에서 조직의 계층 정보나 보고 관계를 나타내는 조직도형 스마트아트를 만들어 보자.

01 프레젠테이션에 [제목 및 내용] 슬라이드를 추가하고 제목 개체 틀에 *계층 구조형*이라고 입력한 후 [삽입] 탭–[일러스트레이션] 그룹–[SmartArt]를 클릭한다.

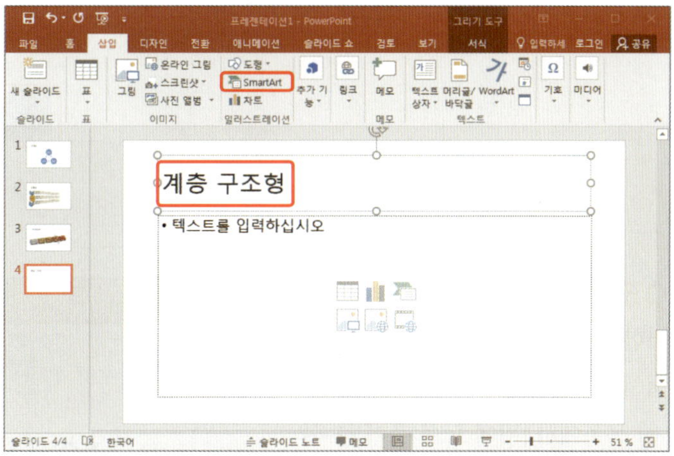

02 [SmartArt 그래픽 선택] 대화상자에서 [계층 구조형]의 [조직도형]을 선택하고 [확인]을 클릭한다.

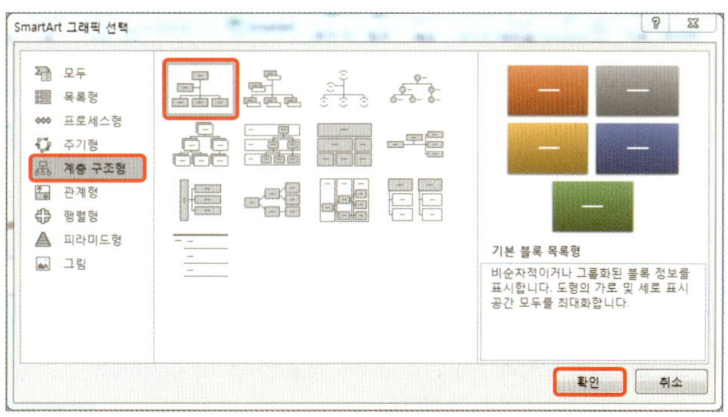

03 삽입된 조직도형 스마트아트의 각 도형에 그림과 같이 내용을 입력한다.

TIP 텍스트 창을 열어 내용을 입력해도 된다.

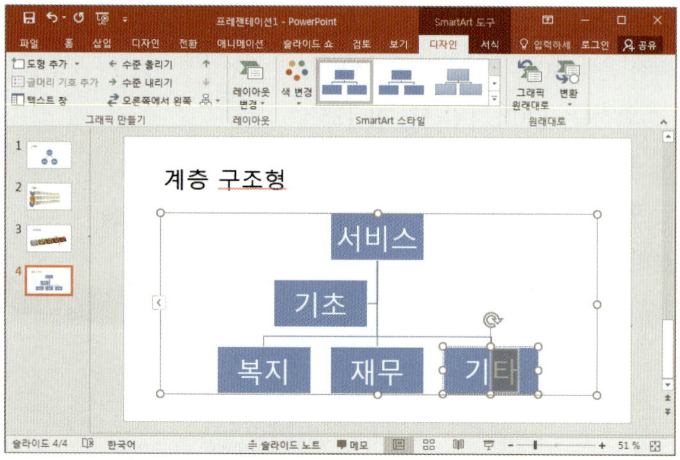

04 '복지' 도형을 클릭해 선택하고 [SmartArt 도구]–[디자인] 탭–[그래픽 만들기] 그룹–[도형 추가] 목록에서 [아래에 도형 추가]를 선택한다.

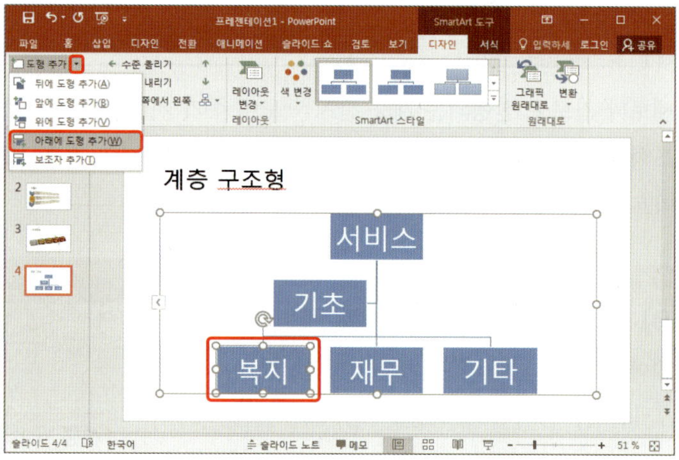

05 추가된 도형에 *의료*라고 입력한 후 [SmartArt 도구]–[디자인] 탭–[그래픽 만들기] 그룹–[도형 추가] 목록에서 [뒤에 도형 추가]를 선택한다.

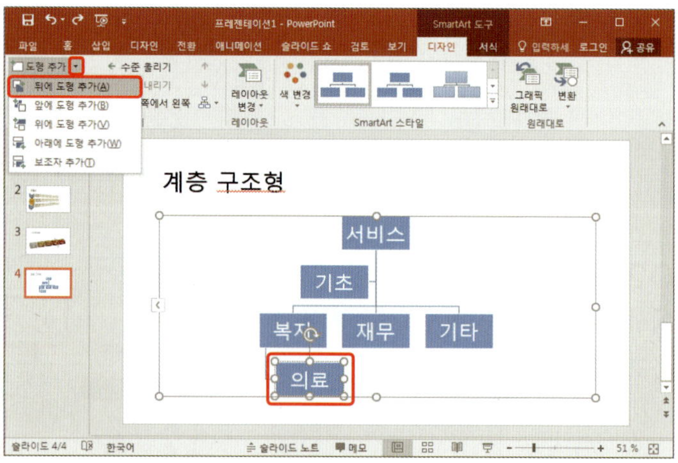

TIP '의료' 도형과 동일한 수준의 도형을 연속으로 추가하려면 [SmartArt 도구]–[디자인] 탭–[그래픽 만들기] 그룹–[도형 추가] 단추를 계속 클릭하면 된다.

06 추가된 도형에 *주거*라고 입력한다. 같은 방법으로 '재무' 도형의 아래에 도형을 추가하고 *보험*과 *지출*을 입력한다.

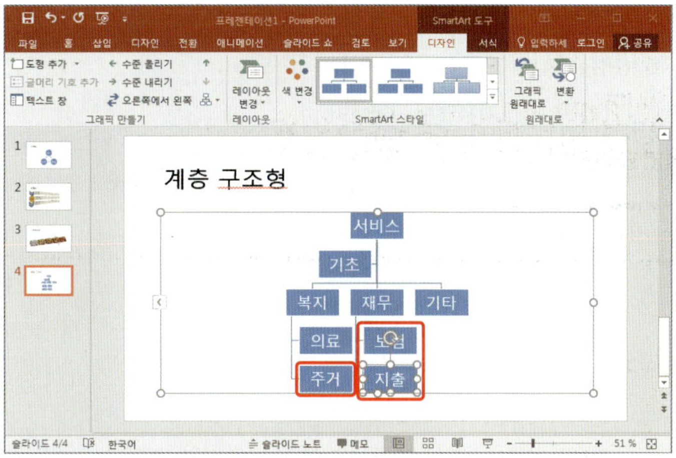

TIP 텍스트 창에서 그림과 같은 모양이 되도록 입력해도 된다. 같은 수준의 도형을 추가할 때는 Enter를 누르고, 수준을 내리거나 올릴 때는 Tab과 Shift+Tab을 이용한다. '기초'와 같은 보조자 도형을 삽입할 때는 [SmartArt 도구] 메뉴를 이용한다.

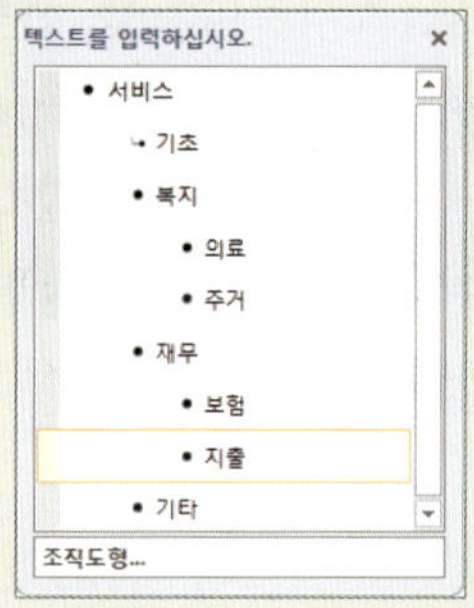

07 '기타' 도형을 선택하고 [SmartArt 도구]–[디자인] 탭–[그래픽 만들기] 그룹–[도형 추가]를 세 번 클릭해 아래에 도형 세 개를 추가하고 각각 *여가*, *법률*, *교육*이라고 입력한다.

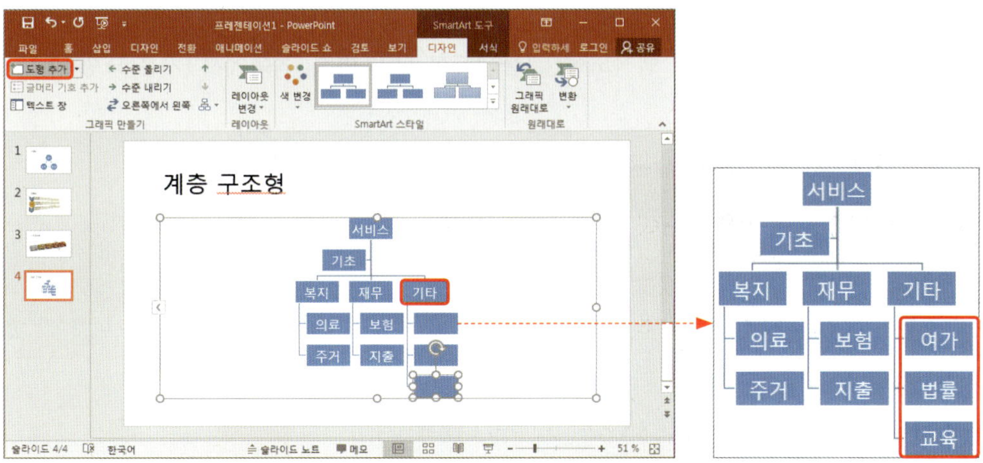

08 '기타' 도형을 선택하고 [SmartArt 도구]–[디자인] 탭–[그래픽 만들기] 그룹–[조직도 레이아웃]–[양쪽 균등 배열]을 선택한다.

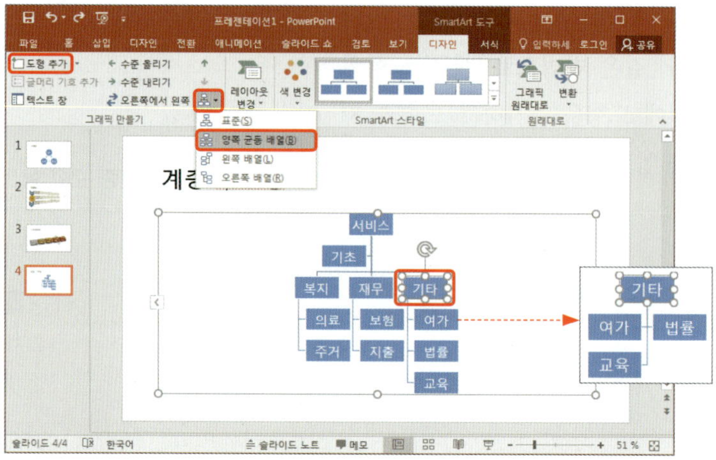

09 스마트아트를 선택한 상태에서 [SmartArt 도구]–[디자인] 탭–[SmartArt 스타일] 그룹–[색 변경] 목록에서 [색상형]의 [색상형 – 강조색]을 선택한다.

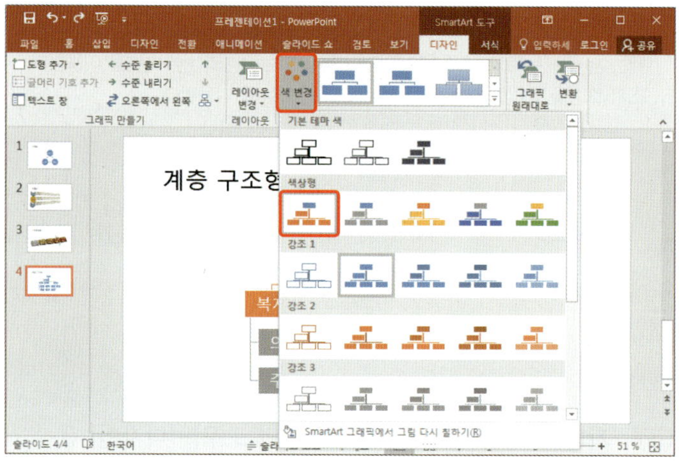

10 마지막 수준의 도형들('의료', '주거', '보험', '지출', '여가', '법률', '교육')을 Shift를 누른 채로 클릭해 다중 선택하고 [SmartArt 도구]–[서식] 탭–[도형] 그룹–[도형 모양 변경] 목록에서 [기본 도형]의 [빗면]을 선택한다.

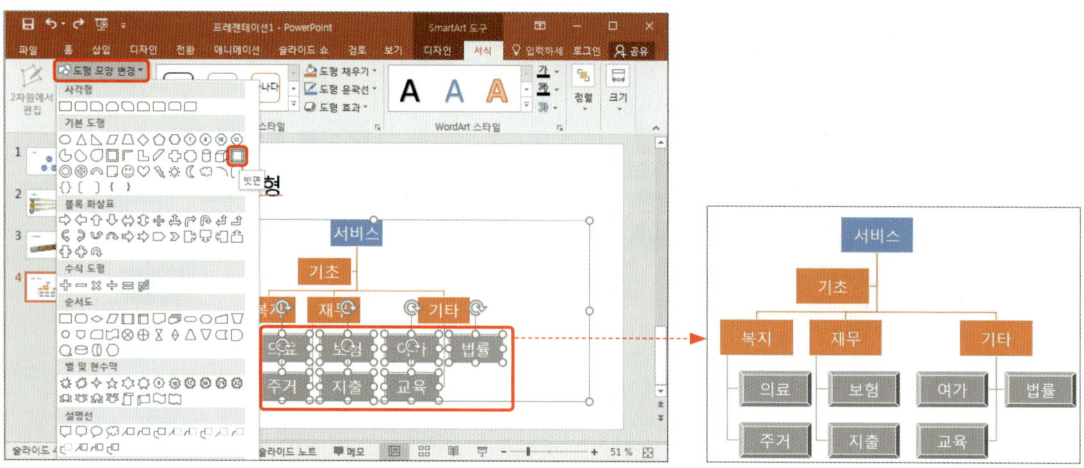

기본예제 5-8 그림 스마트아트 활용하기

그림 스마트아트는 프로세스형, 목록형, 계층 구조형과 같은 스마트아트 레이아웃에 텍스트뿐 아니라 사진이나 그림도 표시할 수 있는 형태이다. 강조하려는 내용과 관련된 그림을 활용해 그림 스마트아트를 만들어 보자.

01 프레젠테이션에 [제목 및 내용] 슬라이드를 추가하고 그림과 같이 제목과 내용을 입력한다.

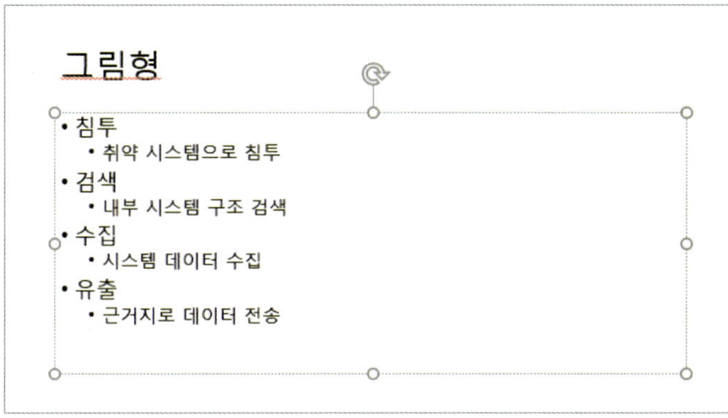

02 텍스트 개체 틀을 선택하고 [홈] 탭–[단락] 그룹–[SmartArt로 변환]–[기타 SmartArt 그래픽]을 선택한다.

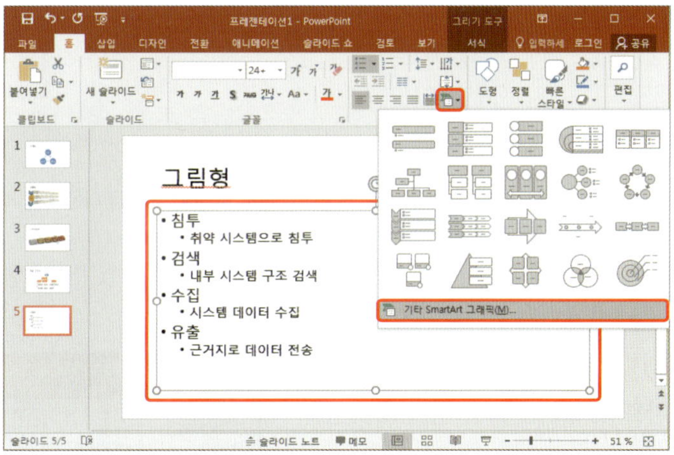

03 [SmartArt 그래픽 선택] 대화상자에서 [그림]의 [그림 설명형]을 선택하고 [확인]을 클릭한다.

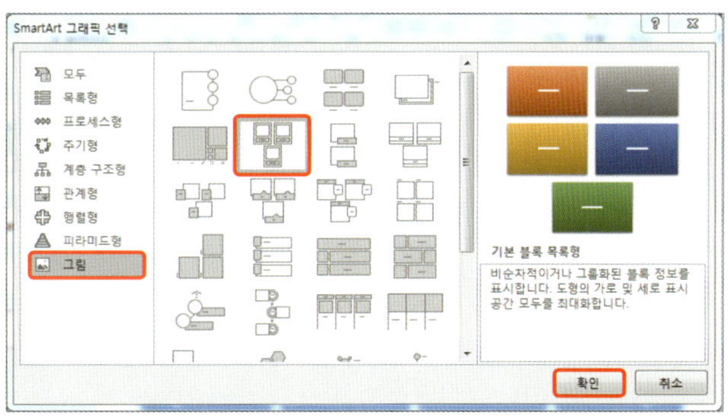

04 스마트아트의 첫 번째 그림 상자 가운데에 있는 그림 아이콘을 클릭한 후 그림 파일을 찾아 선택하고 [삽입]을 클릭한다.

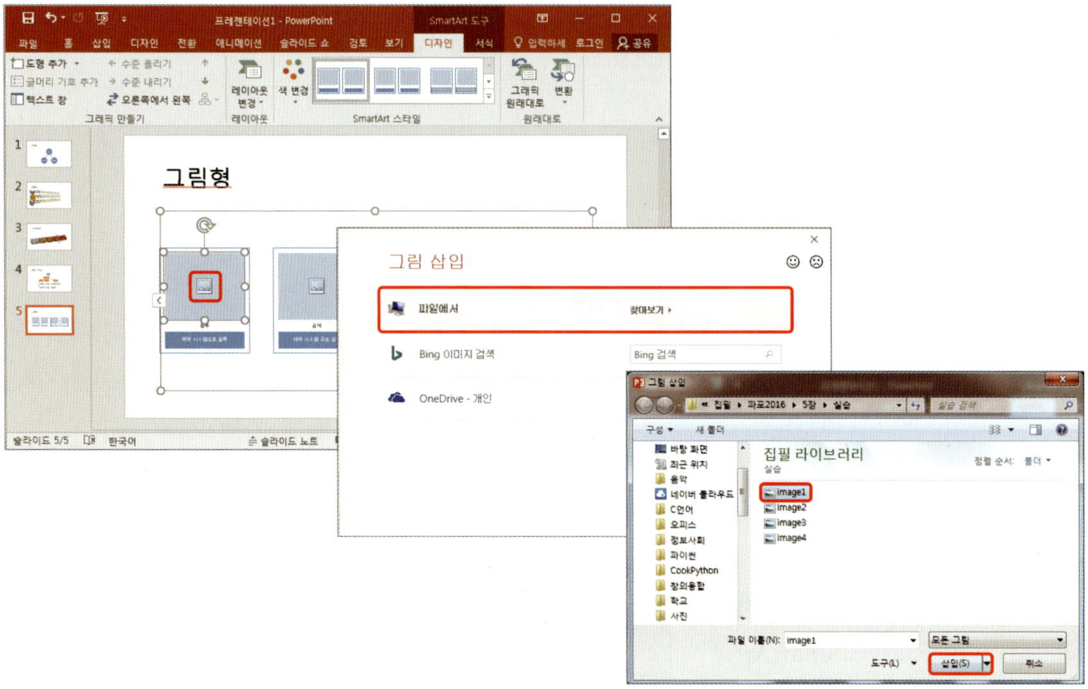

> **TIP** 삽입할 그림은 실습 자료로 제공되는 'image1.jpg' 파일을 다운로드하여 사용한다. 실습 자료가 포함된 'source' 폴더를 다운로드하는 방법은 6쪽을 참고한다.

05 단계 **04**와 같은 방법으로 스마트아트의 각 그림 상자에 그림을 모두 삽입한다.

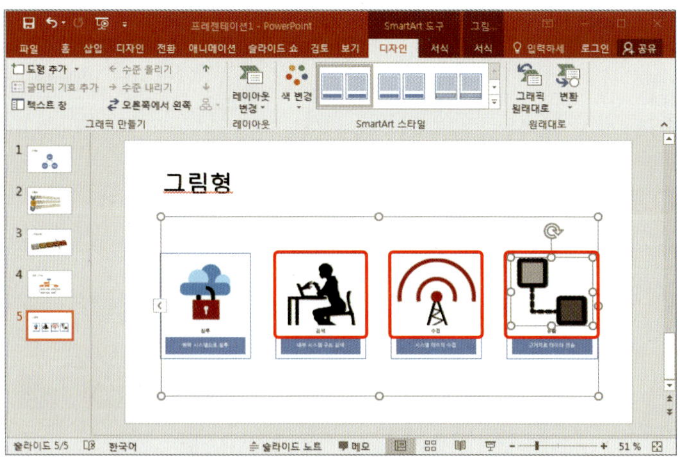

> **TIP** 실습 자료로 제공되는 'image2.jpg', 'image3.jpg', 'image4.jpg' 파일을 다운로드하여 사용한다.

06 스마트아트를 선택하고 [홈] 탭-[글꼴] 그룹-[글꼴 크기 크게]를 클릭해 스마트아트의 텍스트가 잘 보이도록 변경한다.

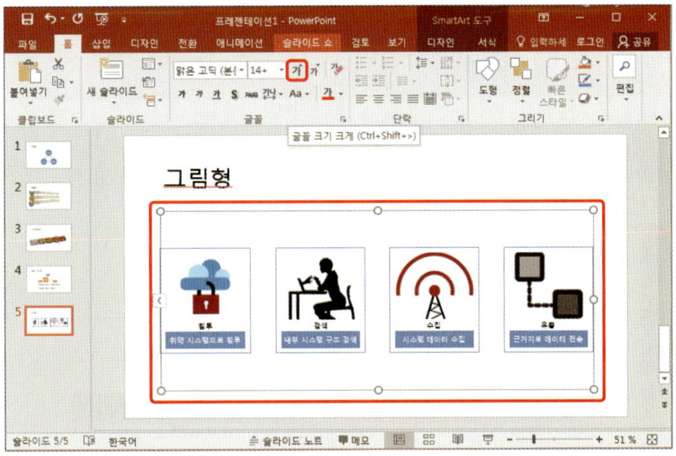

07 스마트아트를 선택한 상태에서 [SmartArt 도구]-[디자인] 탭-[SmartArt 스타일] 그룹-[색 변경] 목록에서 [강조 3]의 [색 채우기 - 강조 3]을 선택한다.

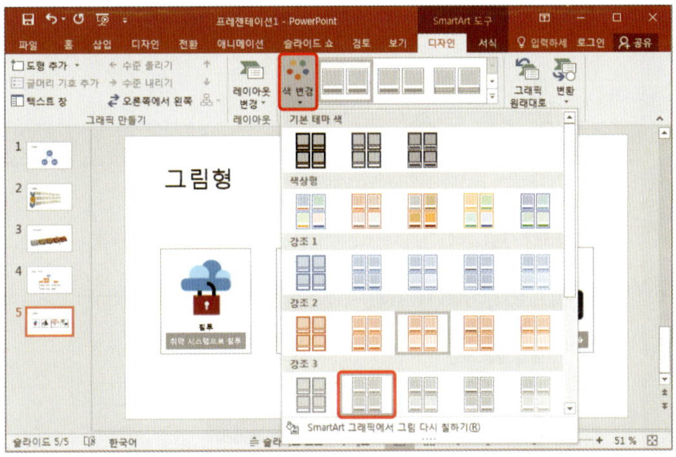

08 스마트아트를 선택한 상태에서 [SmartArt 도구]-[디자인] 탭-[SmartArt 스타일] 그룹-[빠른 스타일] 목록에서 [문서와 가장 일치하는 항목]의 [보통 효과]를 선택한다. 작업을 완료했으면 '스마트아트 만들기.pptx'로 저장한다.

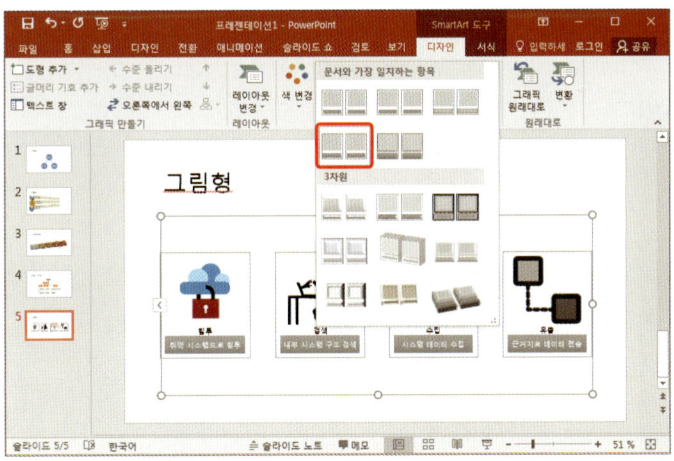

종합예제

스마트아트를 활용해 다음과 같은 슬라이드를 만들어 보자.

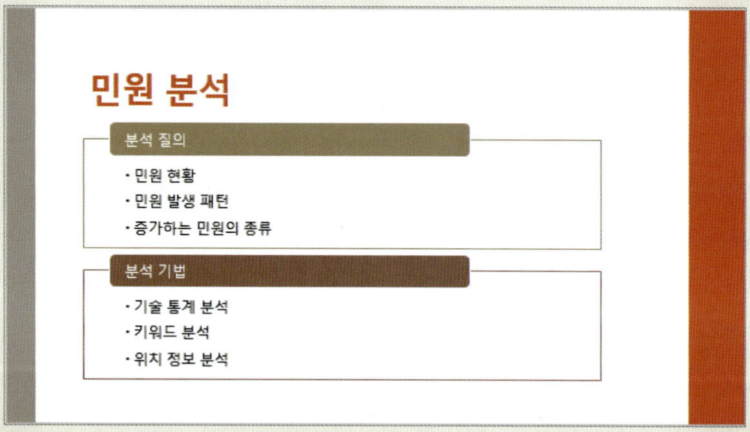

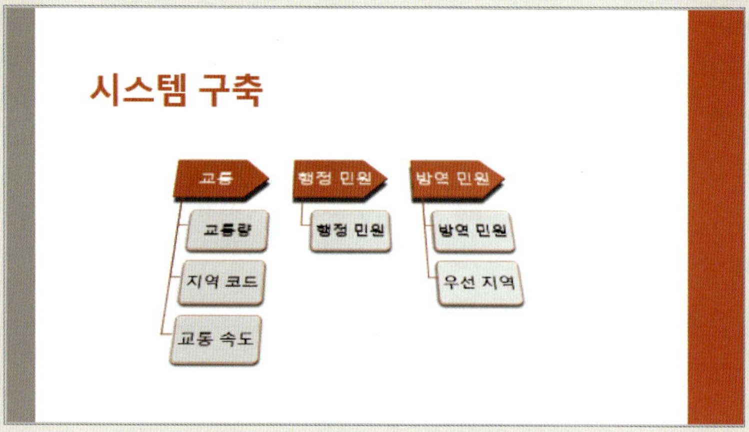

1 파워포인트를 실행하고 첫 화면에서 [새 프레젠테이션]을 선택한다. [디자인] 탭-[테마] 그룹에서 [자세히] 단추를 클릭해 [보기] 테마를 선택하고 [적용] 그룹에서 세 번째 항목을 선택한다.

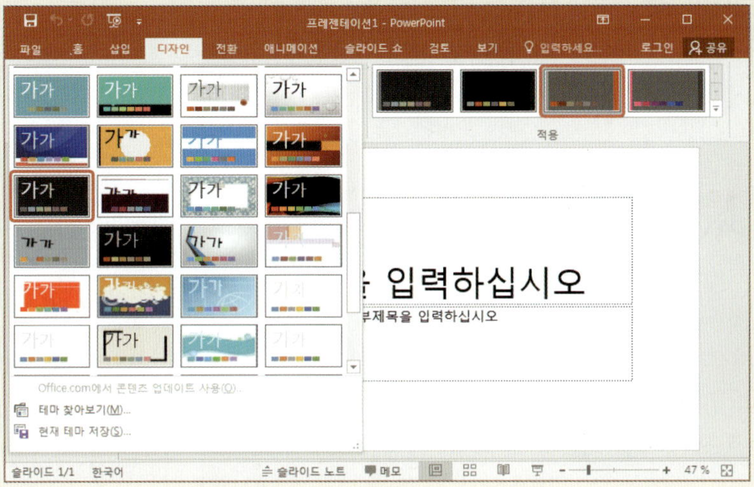

2 [홈] 탭-[슬라이드] 그룹-[슬라이드 레이아웃] 목록에서 [제목 및 내용]을 선택한 후 제목 개체 틀에 *사업 개요*를 입력한다.

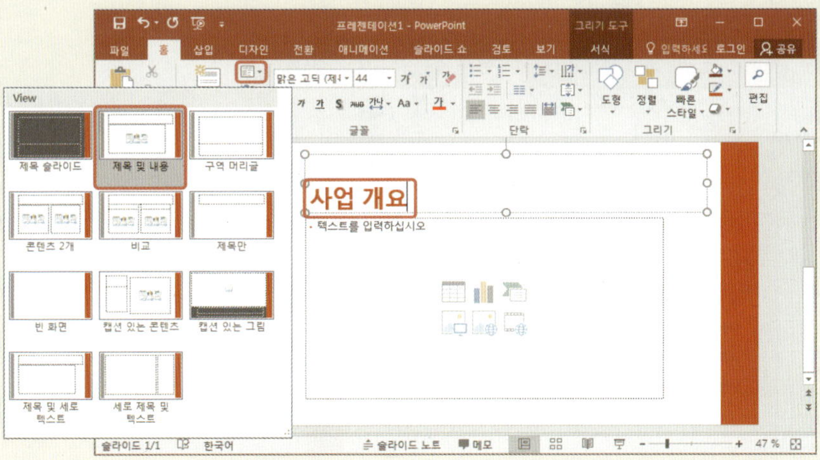

3 콘텐츠 개체 틀에 있는 [SmartArt 그래픽 삽입] 단추를 클릭해 [SmartArt 그래픽 선택] 대화상자가 열리면 [목록형]의 [사각형 강조 목록형]을 선택하고 [확인]을 클릭한다.

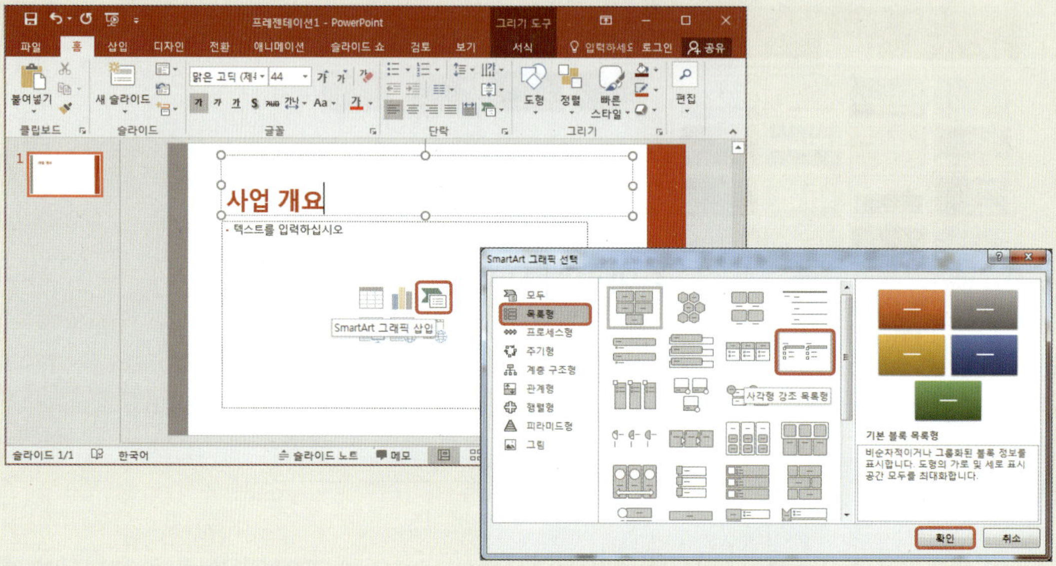

4 텍스트 창을 이용해 다음과 같이 스마트아트의 내용을 입력한다.

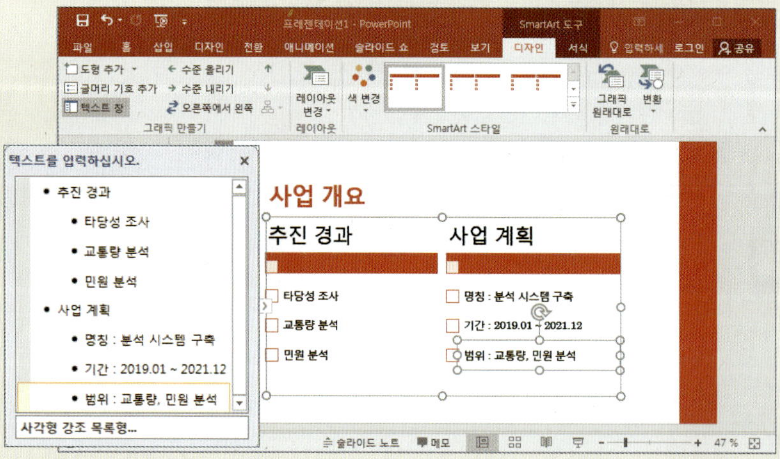

5 텍스트 창을 닫고, [SmartArt 도구]–[디자인] 탭–[SmartArt 스타일] 그룹–[색 변경] 목록에서 [색상형]의 [색상형 범위 – 강조색 3 또는 4]를 선택한다.

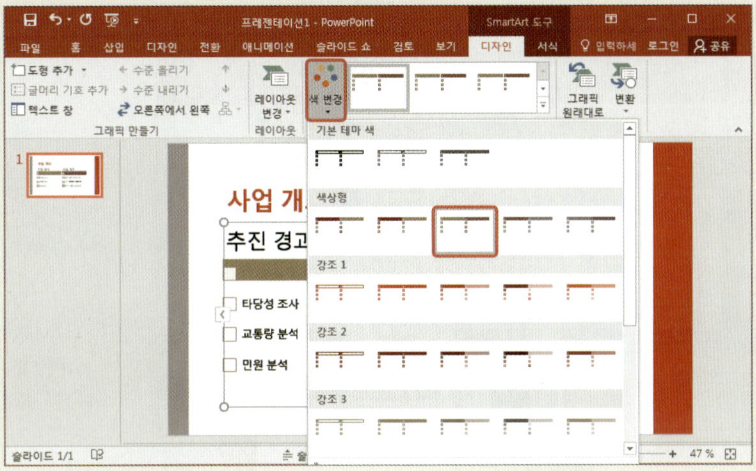

6 [제목 및 내용] 슬라이드를 프레젠테이션에 추가하고 다음과 같이 제목과 내용을 입력한다.

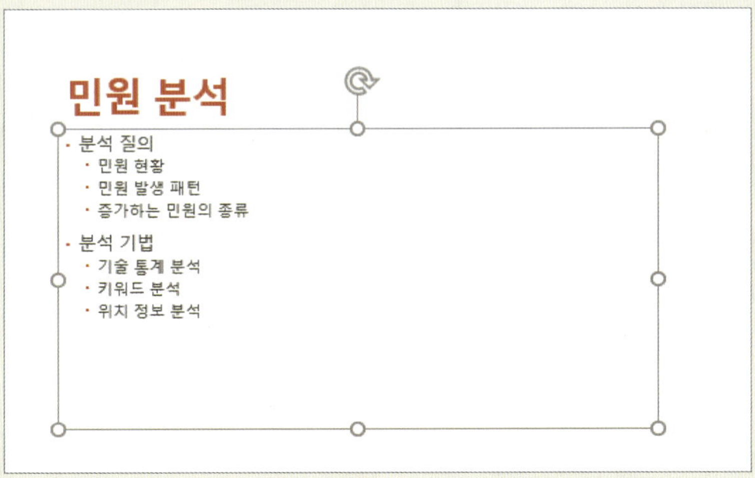

7 콘텐츠 개체 틀을 선택하고 [홈] 탭–[단락] 그룹–[SmartArt로 변환]–[기타 SmartArt 그래픽]을 선택해 [SmartArt 그래픽 선택] 대화상자가 열리면 [목록형]의 [세로 상자 목록형]을 선택하고 [확인]을 클릭한다.

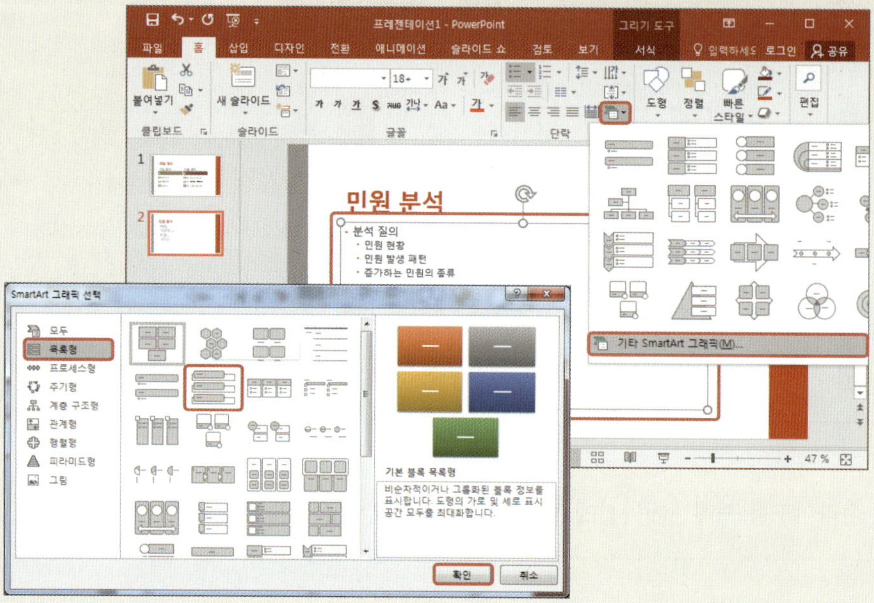

8 텍스트 개체가 스마트아트로 변환된다. [SmartArt 도구]–[디자인] 탭–[SmartArt 스타일] 그룹–[색 변경] 목록에서 [색상형]의 [색상형 범위 – 강조색 3 또는 4]를 선택한다.

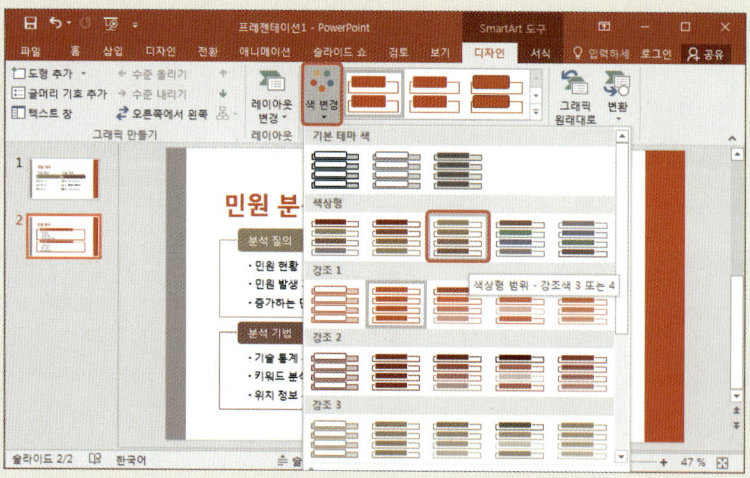

9 [제목 및 내용] 슬라이드를 추가하고 제목 개체 틀에 *시스템 구축*을 입력한다. 콘텐츠 개체 틀에 있는 [SmartArt 그래픽 삽입] 단추를 클릭해 [SmartArt 그래픽 선택] 대화상자가 열리면 [계층 구조형]의 [계층 구조 목록형]을 선택하고 [확인]을 클릭한다.

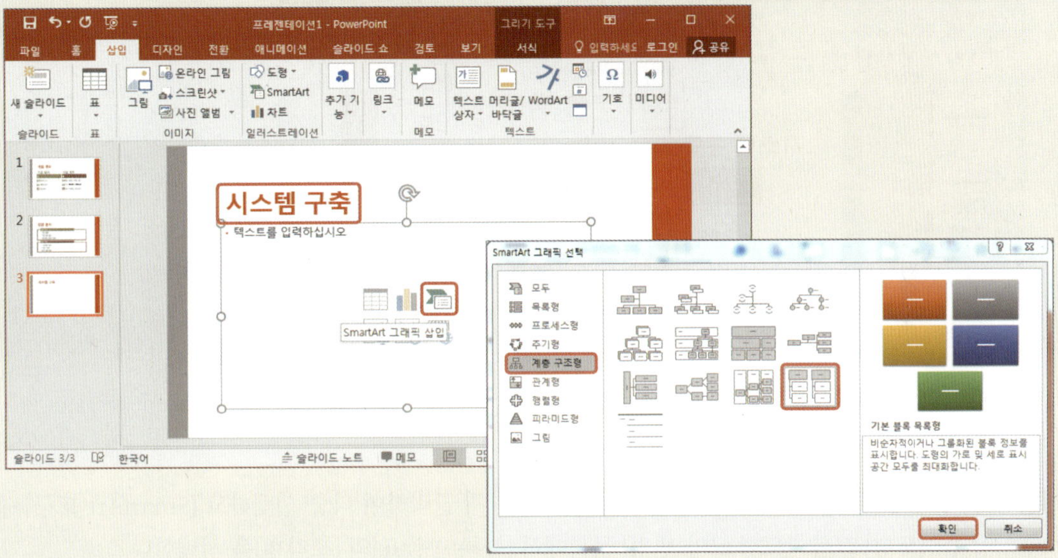

10 [SmartArt 도구]–[디자인] 탭–[그래픽 만들기] 그룹–[도형 추가]를 이용해 스마트아트를 그림과 같은 모양이 되도록 수정하고 내용을 입력한다.

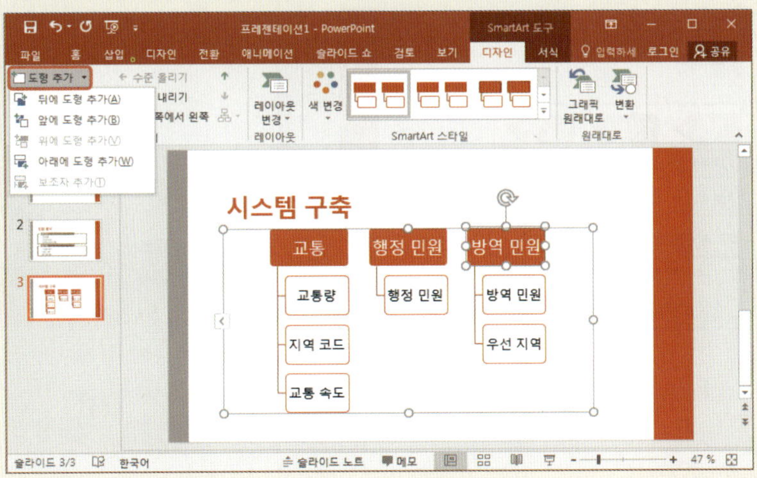

11 [SmartArt 도구]–[디자인] 탭–[SmartArt 스타일] 그룹의 [빠른 스타일] 목록에서 [3차원]의 [평면]을 선택한다.

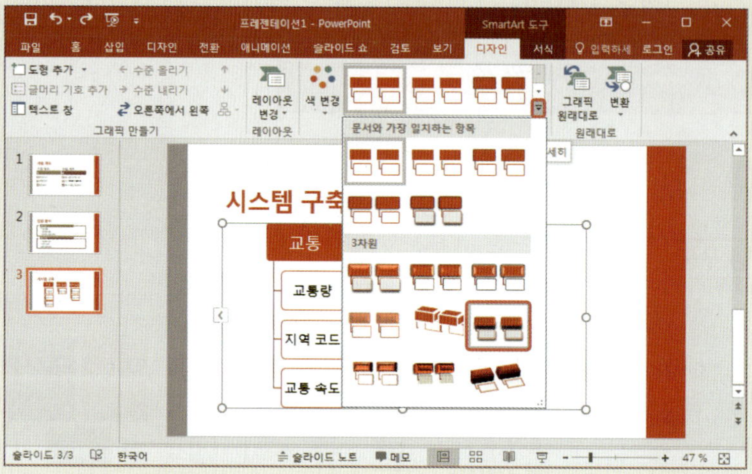

12 '교통', '행정 민원', '방역 민원' 도형을 Shift를 누른 채 클릭하여 다중 선택하고 [SmartArt 도구]–[서식] 탭–[도형] 그룹–[도형 모양 변경] 목록에서 [블록 화살표]의 [오각형]을 선택한다.

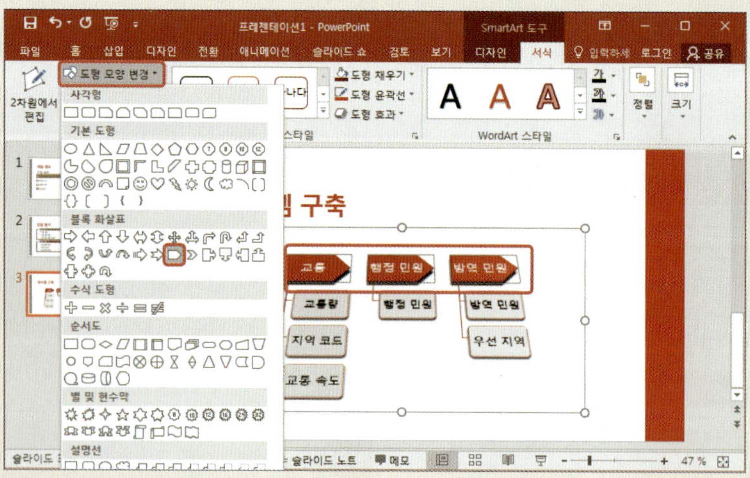

연습문제

1 스마트아트를 활용해 다음 지시대로 슬라이드를 작성하시오.

❶ [제목 및 내용] 레이아웃을 이용하고, 제목 개체 틀에 *환경 분석*을 입력하시오.

❷ 제목 개체 틀의 WordArt 스타일을 [채우기 – 검정, 텍스트 1, 윤곽선 – 배경 1, 진한 그림자 – 배경 1]로 설정하고, 첫 글자(환)는 [글꼴 크기]를 [48], [글꼴 색]을 [빨강]으로 변경하시오.

❸ 콘텐츠 개체 틀에 [눈금 행렬형] 스마트아트를 삽입하고 내용을 입력하시오.

❹ 스마트아트의 색은 [색상형 – 강조색]으로 변경하고, [SmartArt 스타일]은 [단순 채우기]로 설정하시오.

❺ '정치 환경 분석' 도형의 모양을 [구름 모양 설명선]으로 변경하시오.

2 스마트아트를 활용해 다음 지시대로 슬라이드를 작성하시오.

❶ [제목 및 내용] 레이아웃을 이용하고, 제목 개체 틀에 *컴퓨터 활용의 변화*라고 입력하시오.

❷ 제목 개체 틀의 WordArt 스타일을 [그라데이션 채우기 – 파랑, 강조 1, 반사]로 설정하시오.

❸ 콘텐츠 개체 틀에 내용을 입력하고 [오름차순 화살표 프로세스형] 스마트아트로 변환하시오.

❹ 스마트아트의 색은 [색 채우기 - 강조 1]로 변경하고, [SmartArt 스타일]은 [광택 처리]로 설정하시오.

❺ '개인' 화살표 도형의 도형 스타일을 [반투명 - 검정, 어둡게 1, 윤곽선 없음]으로 변경하시오.

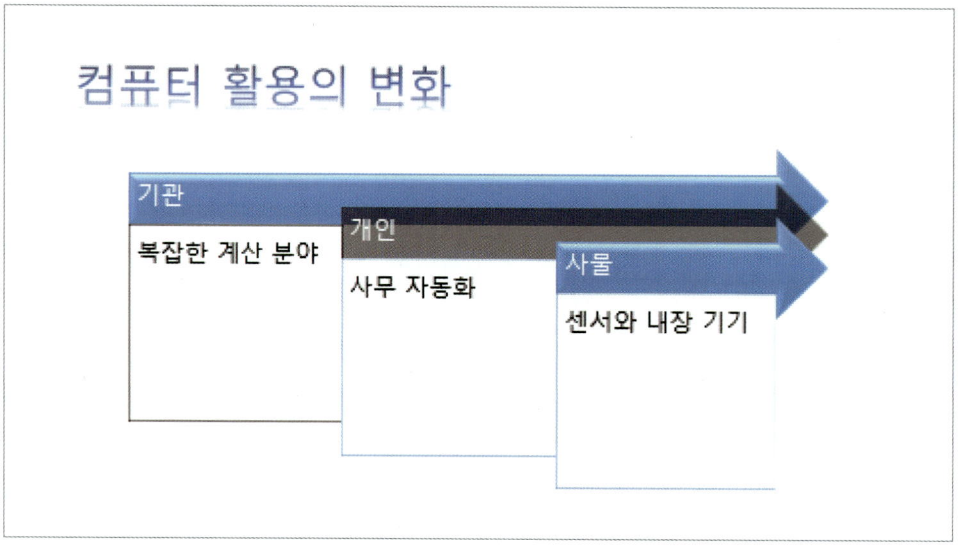

CHAPTER 06

표 활용

학습목표

- 표를 사용하여 내용을 요약하고 구성할 수 있다.
- 다양한 표 도구 기능을 활용하여 표를 편집할 수 있다.

SECTION 01

표 만들기

표는 숫자 데이터나 텍스트를 요약해 알아보기 쉽게 표현할 때 유용하다. 데이터의 의미나 종류별로 구분해 표로 정리하면 비교가 잘 되고 데이터를 이해하기에도 좋다. 표 안에는 숫자나 텍스트 데이터를 입력할 수 있을 뿐 아니라 다양한 스타일과 서식을 설정할 수 있어서 프레젠테이션에서 정보의 전달력을 높일 수 있다.

1.1 표 구성 형식

표(table)는 사각형 모양의 셀(cell)이 하나 이상 모여서 이루어져 있고, 각 셀에는 다음과 같이 열과 행 방향으로 순서가 있다. 표에 몇 개의 열과 행이 필요한지 계산하는 것이 표를 만드는 첫 번째 단계이다.

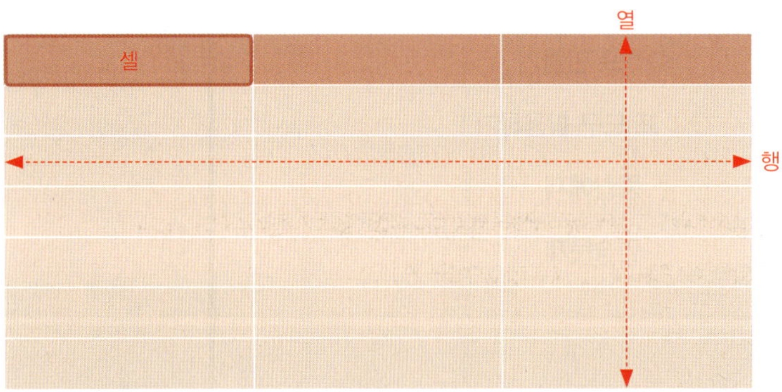

▲ 표 구성 형식

표를 만들 때 다음 단계로 진행하면 좀 더 효율적이다.

① 표의 크기를 계산한다. 병합할 열과 행은 개별적으로 계산하는 것이 좋고, 셀을 분할하기보다는 병합하는 것이 더 편리하다.

② 표를 삽입하고, 셀을 적절히 병합해 원하는 형태로 만든다.

③ 표에 내용을 요약해 입력한다.

④ 셀 크기를 조절해 전체 표를 완성하고 테두리를 편집한다.

⑤ 스타일과 옵션, 서식을 설정해 표를 꾸민다.

1.2 다양한 표 만들기

파워포인트에서는 표를 만드는 방법이 다양하다. 먼저 원하는 크기의 표를 삽입하는 방법을 알아본다.

기본예제 6-1 개체 선택 아이콘 이용하기

프레젠테이션의 본문을 구성할 때 주로 사용하는 [제목 및 내용] 슬라이드에는 글이나 그림 등 콘텐츠를 입력하는 개체 틀이 있다. 콘텐츠 개체 틀에 있는 [표 삽입] 단추를 사용해 슬라이드에 표를 삽입해 보자.

01 [홈] 탭–[슬라이드] 그룹–[레이아웃] 목록에서 [제목 및 내용] 레이아웃을 선택한다.

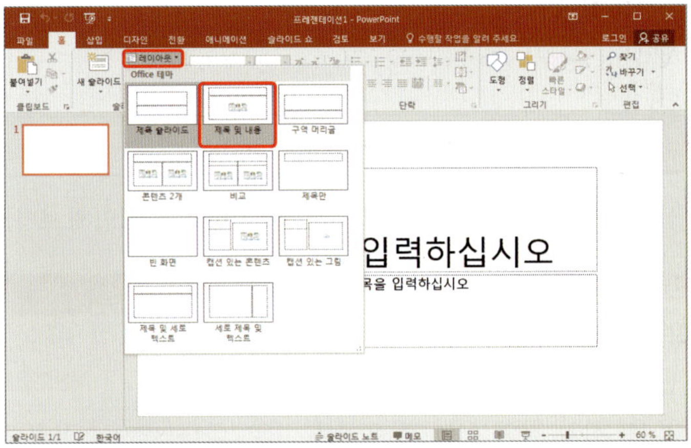

02 제목을 *표 만들기(1)*로 입력하고, 콘텐츠 개체 틀에 있는 [표 삽입] 단추를 클릭한다.

TIP [삽입] 탭–[표] 그룹–[표 삽입]을 클릭해도 된다.

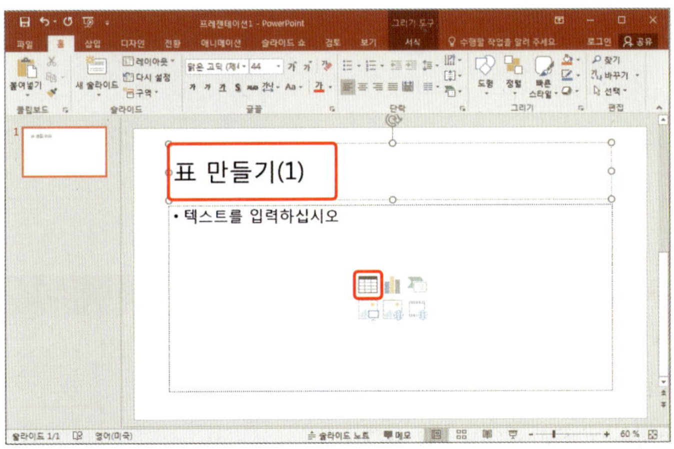

03 [표 삽입] 대화상자가 열리면 열 개수와 행 개수를 입력하고 [확인]을 클릭한다.

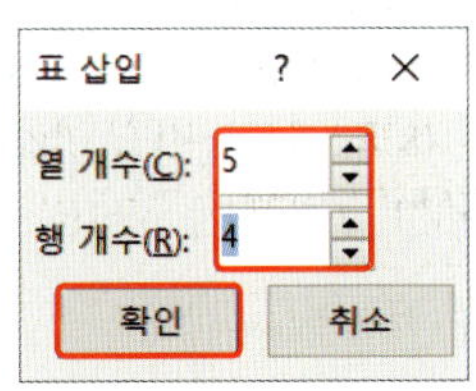

04 입력한 열과 행 개수로 이루어진 표가 콘텐츠 개체 자리에 만들어진다.

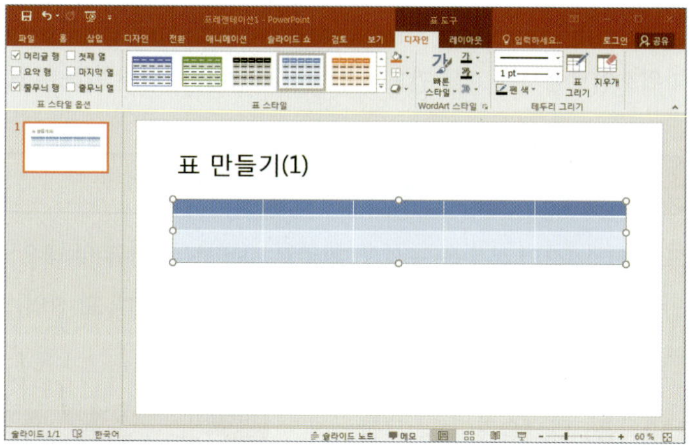

기본예제 6-2 표 도구 이용하기

[삽입] 탭의 [표] 그룹에 있는 메뉴를 이용하여 표를 삽입해 보자.

01 프레젠테이션에 [제목 및 내용] 슬라이드를 하나 더 추가하고, [삽입] 탭–[표] 그룹–[표]를 클릭한다. [표 삽입] 창의 '4×6 표' 위치를 클릭한다.

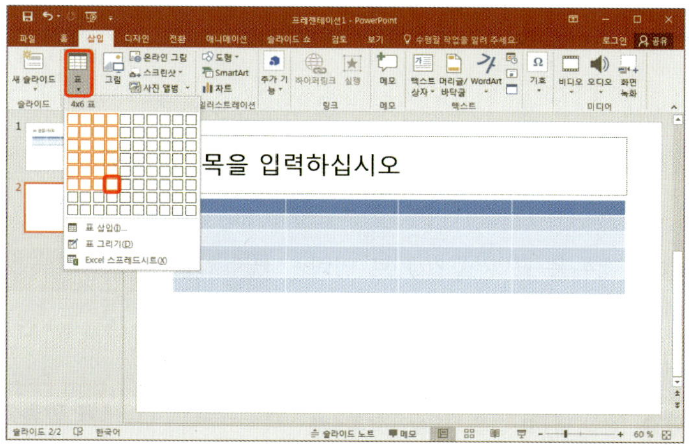

02 선택한 크기의 표가 삽입된 것을 확인하고, 제목 개체 틀에 *표 만들기(2)*를 입력한다.

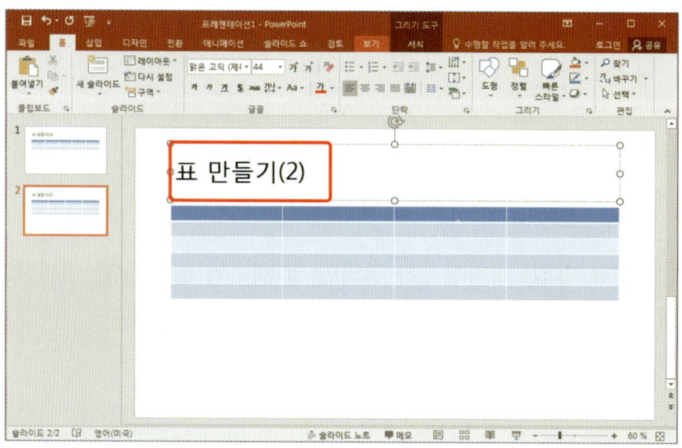

기본예제 6-3 표 그리기 도구 이용하기

표를 삽입하는 메뉴 중에서 [표 그리기]는 도형을 그리듯이 드래그해 표를 만드는 기능이다. 크기를 자유롭게 조절할 수 있을 뿐 아니라 셀 분할이나 병합도 쉽게 할 수 있다. 표 그리기 도구를 이용해 표를 삽입하고 테두리를 설정해 보자.

01 [제목 및 내용] 슬라이드를 추가하고 제목 개체 틀에 *표 만들기(3)*을 입력한다. [삽입] 탭–[표] 그룹–[표]–[표 그리기]를 선택한다.

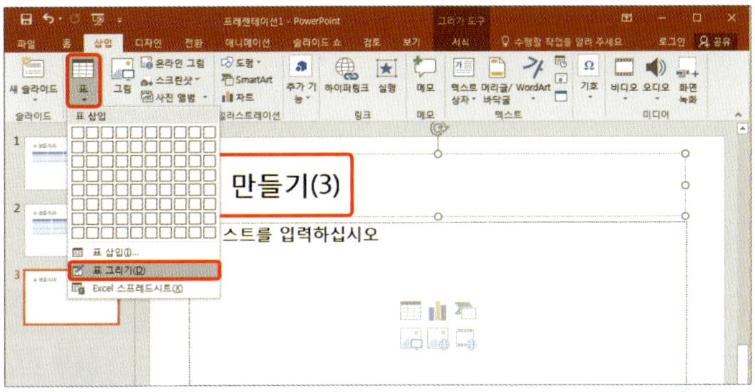

02 슬라이드에 드래그해 큰 사각형을 그리면 '1×1 표'의 바깥 테두리가 만들어진다.

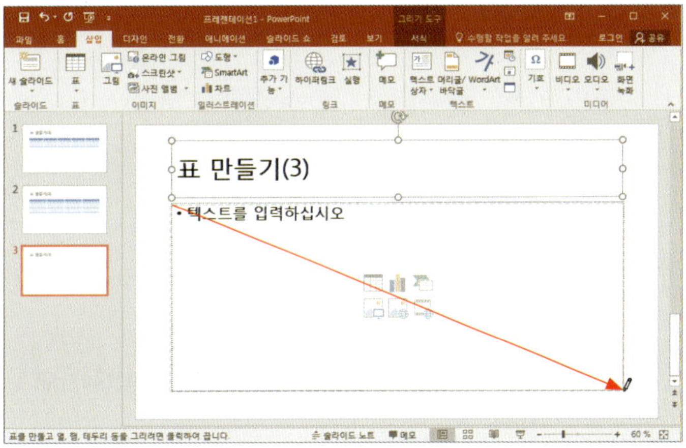

03 표가 선택된 상태로 [표 도구]–[디자인] 탭–[테두리 그리기] 그룹–[표 그리기]를 클릭한다. 마우스 포인터가 연필 모양으로 바뀌면 표 내부에 선을 그려 셀을 분할한다.

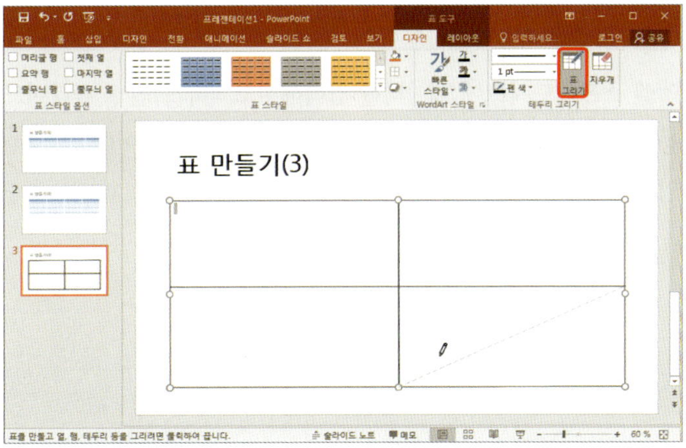

04 이때 [표 도구]-[디자인] 탭-[테두리 그리기] 그룹에서 [펜 스타일], [펜 두께], [펜 색]을 설정하고 그리면 선에 스타일, 두께, 색이 적용된다.

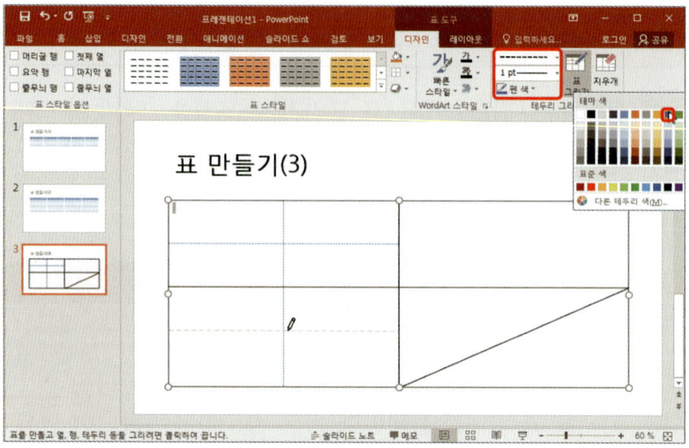

05 분할된 셀을 병합하려면 [표 도구]-[디자인] 탭-[테두리 그리기] 그룹-[지우개]를 클릭한 후 셀을 분할하고 있는 선을 클릭한다.

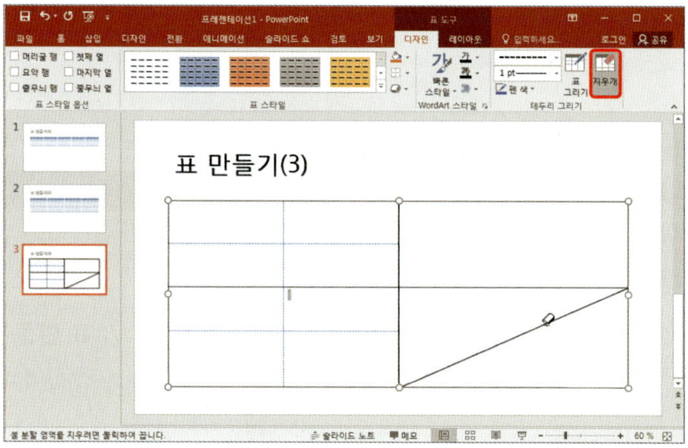

TIP [표 그리기]나 [지우개] 기능은 해당 단추를 한 번 더 클릭하거나 Esc를 누르면 종료된다. 또는 표 바깥쪽을 클릭해도 된다.

기본예제 6-4 엑셀 스프레드시트로 만들기

엑셀 스프레드시트에 데이터를 입력해두고 파워포인트 슬라이드에서 표로 사용할 수도 있다. 숫자를 자동으로 계산하는 엑셀 기능을 이용하기에 좋은 방법이다. 엑셀 데이터를 파워포인트 슬라이드에 표로 삽입해 보자.

01 [제목 및 내용] 슬라이드를 추가하고 제목 개체 틀에 *표 만들기(4)*를 입력한다. 그리고 [삽입] 탭–[표] 그룹–[표]–[Excel 스프레드시트]를 선택한다.

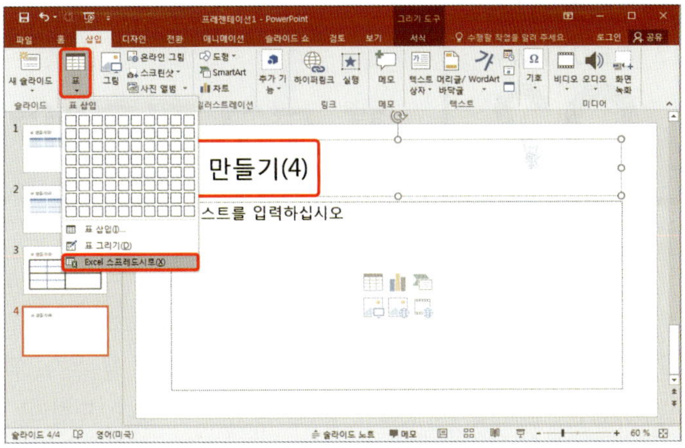

02 엑셀 스프레드시트가 슬라이드에 삽입되면 크기 조절 핸들을 드래그하여 원하는 크기로 조절한다.

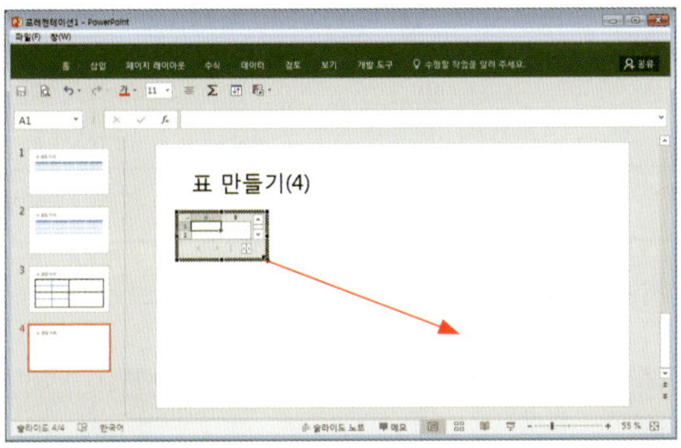

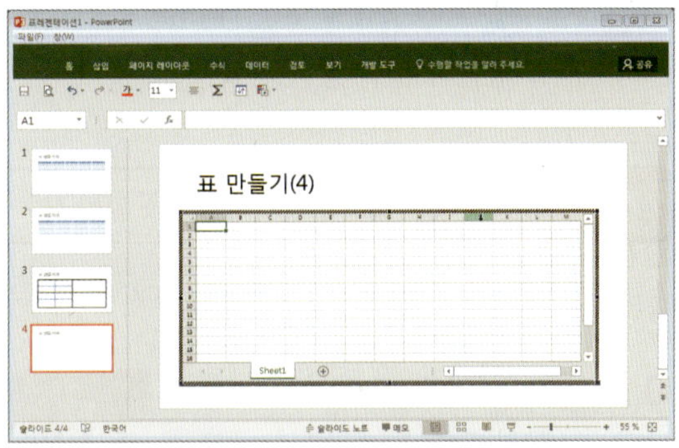

03 스프레드시트 바깥쪽을 클릭하면 엑셀 창은 사라지고 스프레드시트가 슬라이드에 표 형태로 삽입된다.

TIP 슬라이드에 삽입한 엑셀 스프레드시트는 [표 도구]가 아니라 [그리기 도구]를 사용해 서식을 설정한다. 데이터를 입력하거나 수정하려면 스프레드시트를 더블클릭하여 엑셀 프로그램을 실행한다.

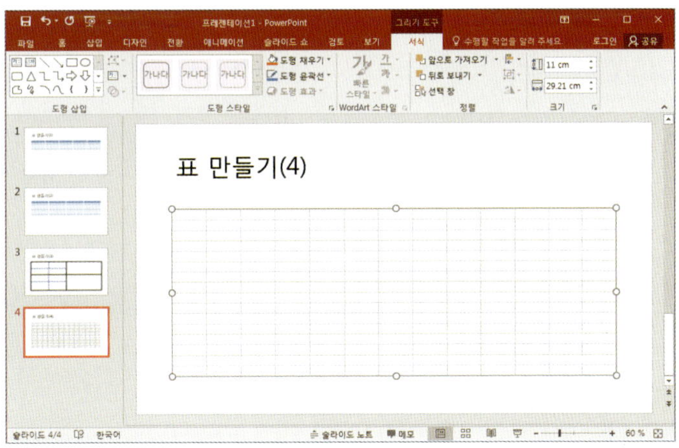

SECTION 02

표 도구 활용하기

슬라이드에 삽입한 표의 전체 크기나 위치뿐 아니라 셀 크기, 셀에 입력된 데이터의 맞춤을 설정하거나 셀 병합이나 분할 등 표의 레이아웃을 조정할 수 있다. 또한 표 스타일이나 옵션, 효과 등 표 도구를 이용해 디자인을 설정할 수 있다.

2.1 표 레이아웃 조정

[표 도구]–[레이아웃] 탭에 있는 메뉴를 이용하면 셀 크기나 여백 조절, 텍스트 맞춤, 행과 열의 추가 또는 삭제, 셀 병합과 분할 등의 작업을 할 수 있다.

기본예제 6-5 표 크기와 위치 조절하기

슬라이드에 표를 삽입하고 표 전체의 크기와 위치를 조절해 보자.

01 [제목 및 내용] 슬라이드를 추가하고 제목 개체 틀에 *개설 과목 현황*을 입력한다.

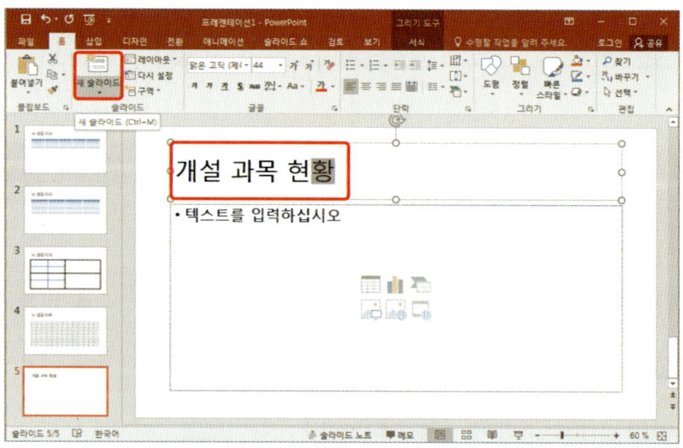

02 콘텐츠 개체 틀에서 [표 삽입] 단추를 클릭해 [표 삽입] 대화상자가 열리면 열 개수를 *3*, 행 개수를 *4*로 입력하고 [확인]을 클릭한다.

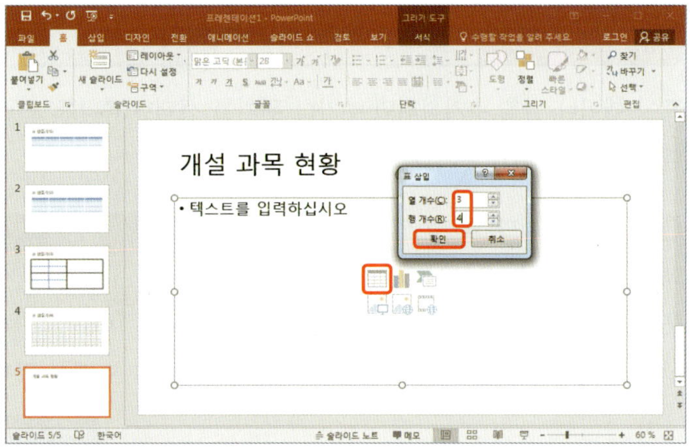

03 표를 선택하면 나타나는 상하좌우 · 대각선 방향의 크기 조절 핸들을 드래그하여 표 전체의 크기를 조절한다.

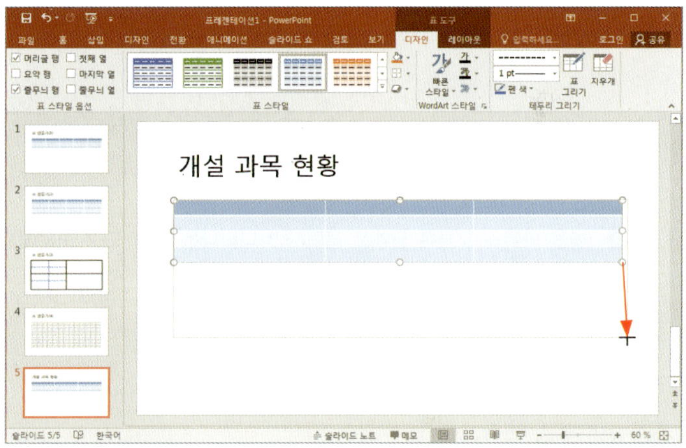

TIP 표 전체의 크기를 바꾸면 표 안 모든 셀의 크기가 같은 비율로 커지거나 작아진다. 표 크기는 [표 도구]–[레이아웃] 탭–[표 크기] 그룹에서 [높이]와 [너비] 값을 직접 입력해서 설정해도 된다.

04 표의 바깥쪽 테두리를 드래그해 원하는 위치로 이동시킨다.

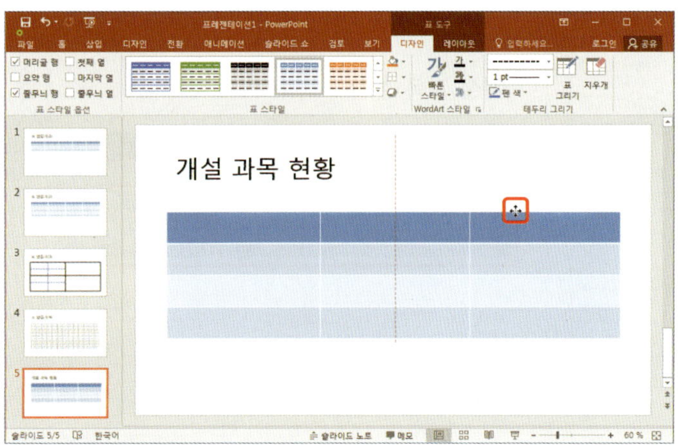

기본예제 6-6 행과 열 추가하고 삭제하기

표에 행이나 열을 추가하려면 추가할 위치를 선택한 후 [표 도구]–[레이아웃] 탭에 있는 메뉴를 이용한다. 표에 행과 열을 추가해 보자.

01 표의 마지막 열 중 임의의 셀에 커서를 두고 [표 도구]–[레이아웃] 탭–[행 및 열] 그룹–[오른쪽에 삽입]을 클릭해 열을 추가한다.

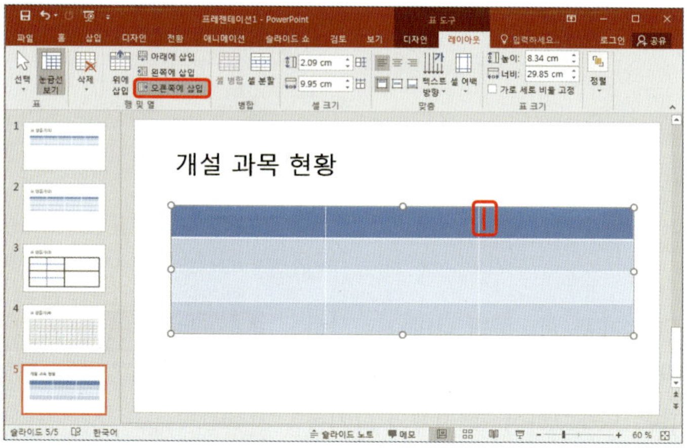

TIP 셀을 마우스 오른쪽 단추로 클릭하면 나타나는 미니 도구 모음에서 [삽입]–[오른쪽에 열 삽입]을 선택해도 된다.

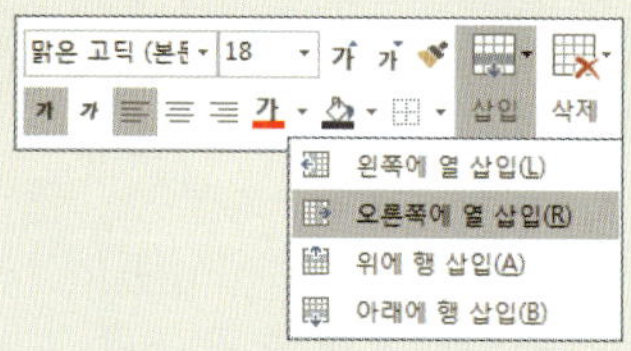

02 3~4행을 드래그하여 선택하고 [표 도구]–[레이아웃] 탭–[행 및 열] 그룹–[아래에 삽입]을 클릭해 선택한 범위만큼 행을 추가한다.

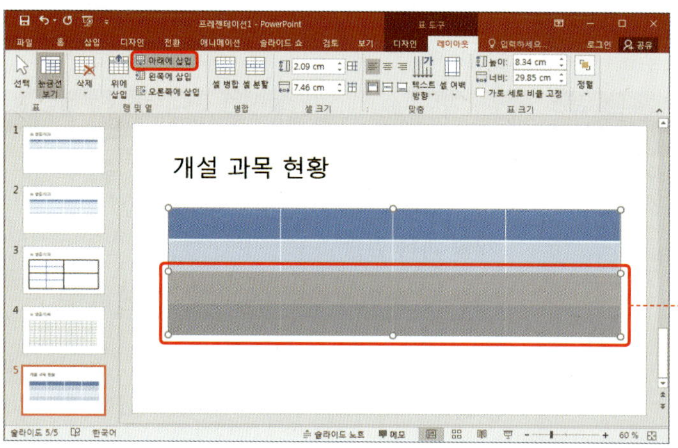

03 임의의 셀을 선택하고 [표 도구]–[레이아웃] 탭–[행 및 열] 그룹–[삭제]–[행 삭제]를 선택하면 현재 셀이 포함된 행이 삭제된다.

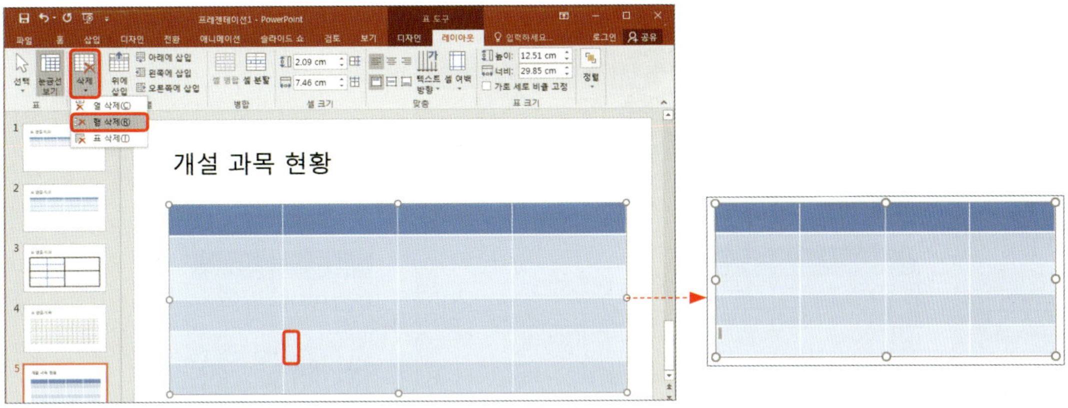

04 3~4열의 임의의 두 셀을 드래그해 선택하고 마우스 오른쪽 단추를 클릭해 미니 도구 모음에서 [삭제]–[열 삭제]를 선택한다. 선택한 두 셀이 포함된 열이 모두 삭제된다.

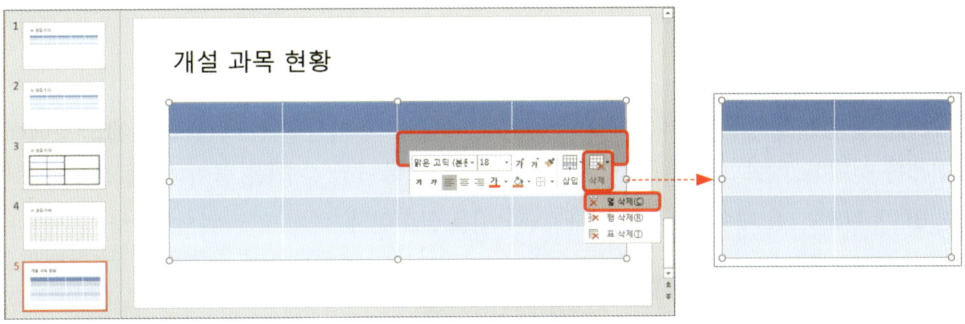

기본예제 6-7 셀을 병합하고 분할하기

표에 입력할 내용에 따라 여러 셀을 하나로 병합하거나 하나의 셀을 여러 개로 분할해야 할 때가 있다. 셀을 병합하고 분할하는 방법을 알아보자.

01 병합할 셀을 드래그해 선택하고 [표 도구]–[레이아웃] 탭–[병합] 그룹–[셀 병합]을 클릭한다.

TIP 여러 셀을 선택했을 때만 [셀 병합] 메뉴가 활성화된다.

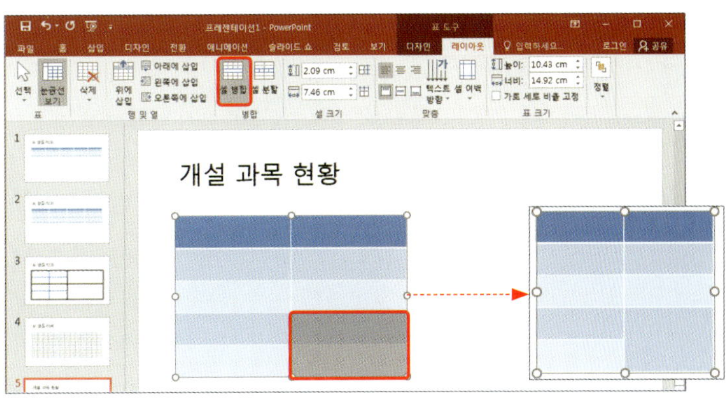

02 [지우개] 메뉴를 사용해 셀 병합을 할 수도 있다. [표 도구]–[디자인] 탭–[테두리 그리기] 그룹의 [지우개]를 클릭하면 마우스 포인터가 지우개 모양으로 변한다. 이때 셀 테두리를 클릭하면 셀 테두리가 지워지면서 인접한 셀이 병합된다.

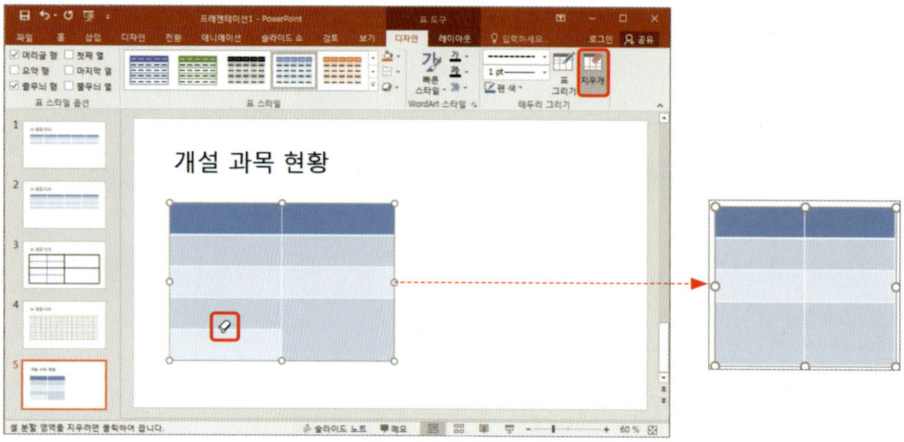

TIP [지우개] 기능을 종료하려면 Esc를 누르거나 표 범위 바깥쪽을 클릭한다.

03 셀을 분할하려면 분할할 셀을 먼저 선택해야 하는데, 이때 하나 이상의 셀 혹은 표 전체를 선택해도 된다. 표 전체를 선택하고 [표 도구]–[레이아웃] 탭–[병합] 그룹–[셀 분할]을 클릭해 [셀 분할] 대화 상자가 열리면 열 개수에 *2*, 행 개수에 *1*을 입력하고 [확인]을 클릭한다.

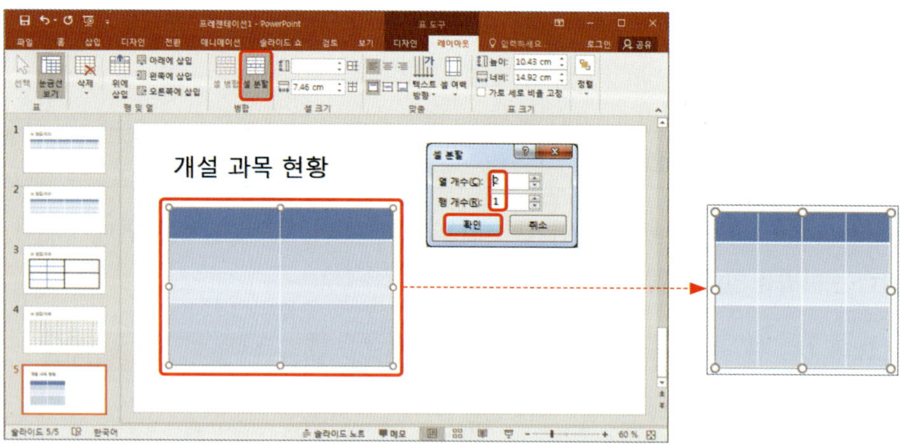

TIP 셀 병합을 할 때와 달리 하나의 셀만 선택해도 분할이 가능하다.

04 임의의 셀을 선택하거나 드래그하여 셀 범위를 선택한 후 [셀 분할] 기능을 사용할 수도 있다.

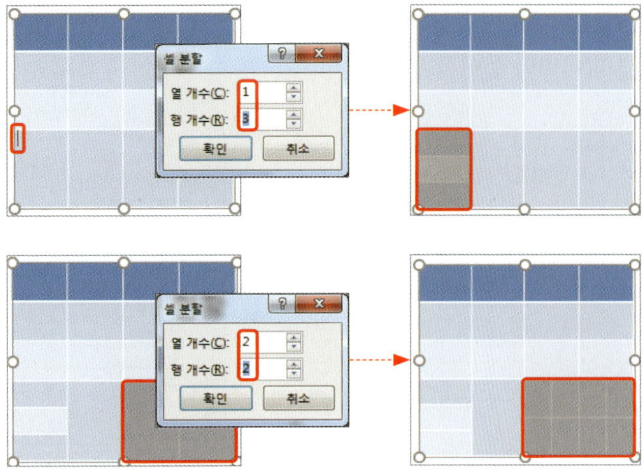

여기서 잠깐 **[표 그리기]를 이용해 셀 분할하기**

[기본예제 6-3]에서 사용한 [표 그리기] 기능으로 셀을 분할할 수도 있다. 표가 선택된 상태에서 [표 도구]-[디자인] 탭-[테두리 그리기] 그룹-[표 그리기]를 클릭한 후 가로나 세로 방향으로 드래그하면 해당 셀이 분할된다.

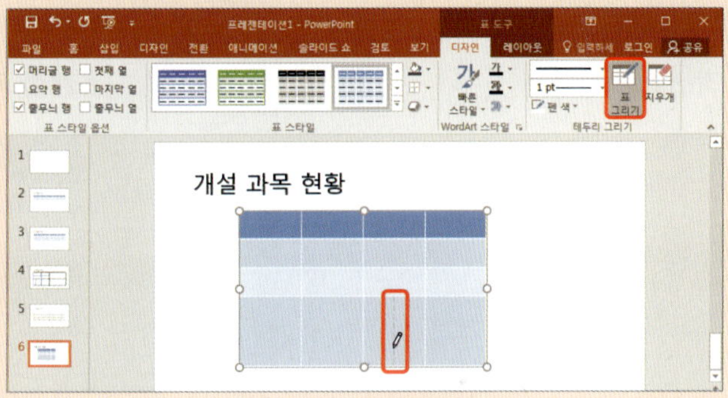

기본예제 6-8 셀 크기 조절하기

[기본예제 6-5]에서 알아본 것과 같이 표 전체의 크기를 조절하면 모든 셀의 크기가 표 크기에 비례해 자동으로 정해진다. 이번에는 선택한 셀의 너비와 높이만 설정해 크기를 바꿔 보자.

01 표를 선택하고 크기 조절 핸들을 드래그해 전체 크기를 조절한다.

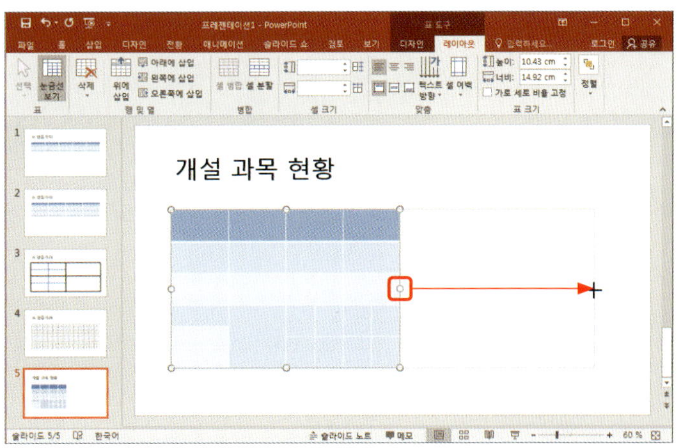

02 셀 사이 테두리를 드래그하여 셀의 너비와 높이를 조절한다.

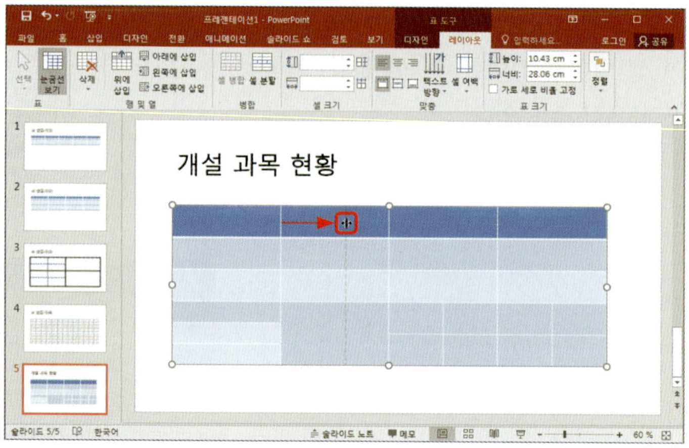

03 첫 행의 임의의 셀을 선택하고 [표 도구]–[레이아웃] 탭–[셀 크기] 그룹에서 [높이]에 *3*,[너비]에 *4*를 직접 입력한다.

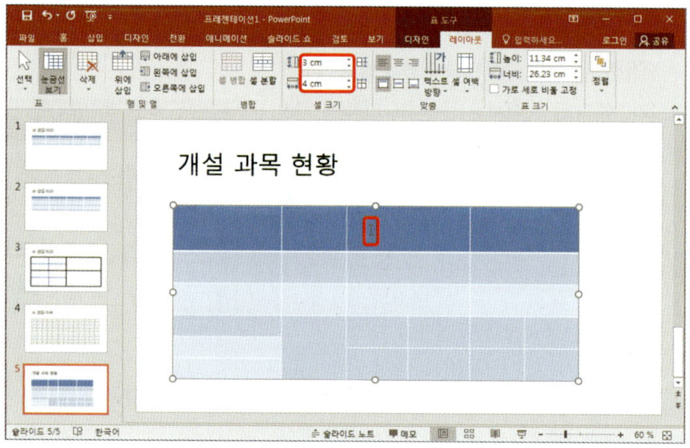

04 표 전체를 선택하고 [표 도구]–[레이아웃] 탭–[셀 크기] 그룹에서 [행 높이를 같게]와 [열 너비를 같게]를 클릭해 표의 모든 셀 높이와 너비를 균등하게 맞춘다.

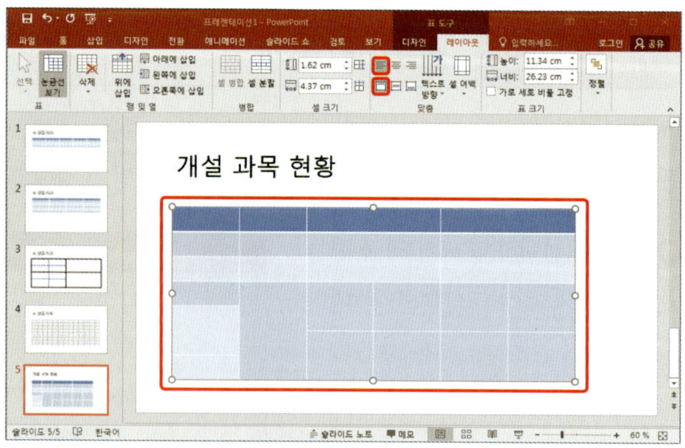

기본예제 6-9 셀 맞춤과 여백 설정하기

표에 내용을 입력한 후에는 셀 맞춤을 설정하거나 텍스트 방향을 지정하고 글의 양에 따라 셀 여백을 조절할 수 있다. 맞춤과 셀 여백 설정 방법을 알아보자.

01 그림과 같이 표 모양을 수정하고 내용을 입력한다.

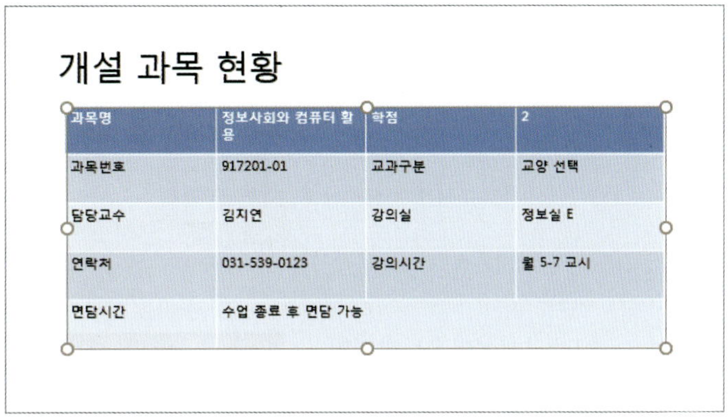

TIP 4×5표의 전체 크기를 먼저 조절하고 [행 높이를 같게]와 [열 너비를 같게]를 사용하여 셀의 크기를 동일하게 한다.

02 표에 입력한 텍스트의 글꼴 크기를 변경하기 위해 표를 선택하고 [홈] 탭–[글꼴] 그룹–[글꼴 크기 크게]를 클릭한다.

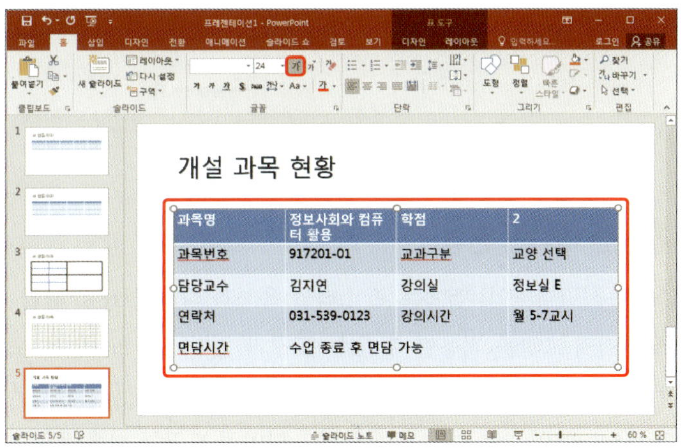

TIP 셀을 드래그해 원하는 범위를 선택한 후 글꼴을 설정해도 된다.

03 텍스트를 정렬하기 위해 [표 도구]–[레이아웃] 탭–[맞춤] 그룹에서 [가운데 맞춤]과 [세로 가운데 맞춤]을 차례로 클릭한다.

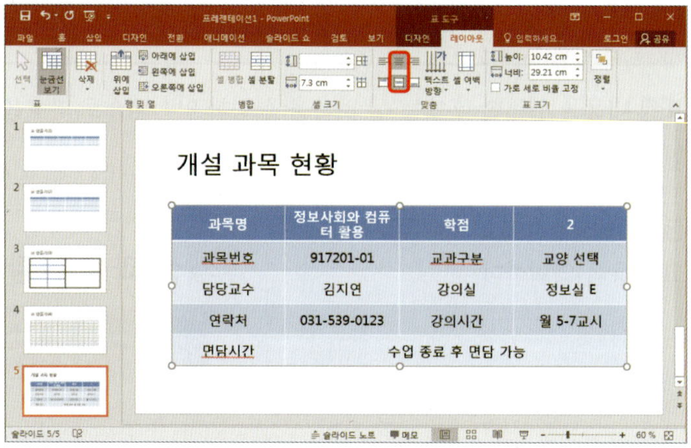

04 [표 도구]–[레이아웃] 탭–[맞춤] 그룹–[셀 여백]–[넓게]를 선택한다.

TIP 표에 입력할 텍스트의 양이 많을 때는 글꼴 크기를 줄여 셀 크기에 맞출 수도 있지만 셀 여백을 좁게 설정하는 것도 좋은 방법이다.

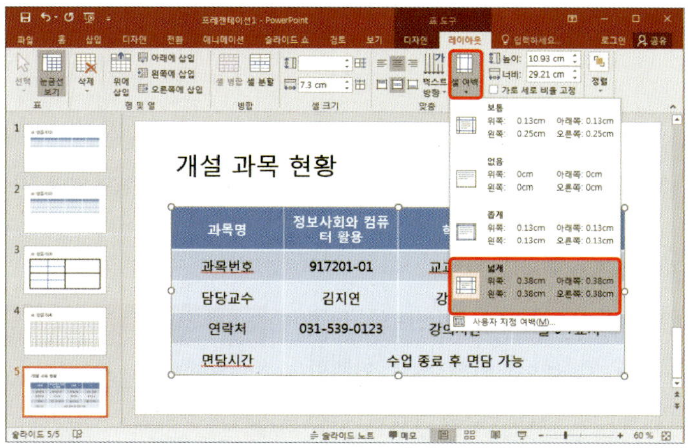

2.2 표 디자인 변경

[표 도구]–[디자인] 탭에는 표 스타일 옵션과 다양한 표 스타일을 비롯해 WordArt 스타일과 테두리 등 여러 가지 효과를 적용할 수 있는 도구가 있다. 표 스타일은 프레젠테이션의 테마 색과 관련된 다양한 서식 조합으로 제공되며, 표를 만들 때 자동으로 설정되는 기본 스타일을 지정할 수 있다. 내용이 입력된 표의 크기와 레이아웃을 설정하고 다양한 도구를 사용해 표 디자인을 변경하는 방법을 알아본다.

기본예제 6-10 표 옵션과 스타일 설정하기

표 디자인을 설정하는 가장 간단하고 효과적인 방법은 [표 도구]–[디자인] 탭의 [표 스타일 옵션]과 [표 스타일] 그룹에 있는 메뉴를 이용하는 것이다. 입력된 내용에 따라 머리글이나 줄무늬와 같은 옵션을 설정해 표를 더 명확하게 표현할 수 있고, [표 스타일]과 [WordArt 스타일] 그룹에서 간편하게 표 디자인을 설정할 수도 있다. 표에 옵션과 스타일을 설정해 보자.

01 표를 선택하고 [표 도구]–[디자인] 탭–[표 스타일 옵션] 그룹에서 [줄무늬 열] 항목만 선택한다.

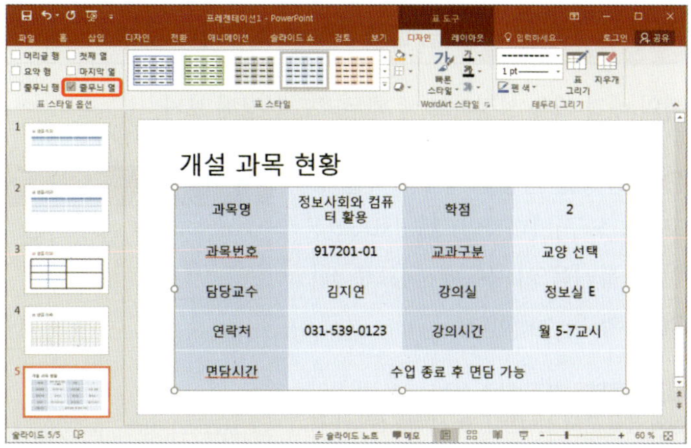

TIP 예제의 경우 홀수 열에 항목 이름이 있고 짝수 열에 항목 내용이 입력되어 있으므로 [줄무늬 열] 옵션으로 내용을 구분하기 좋게 바꾼 것이다.

02 [표 도구]–[디자인] 탭–[표 스타일] 그룹에서 [자세히] 단추를 클릭하고 [밝은 스타일 3]을 선택한다.

TIP [표 스타일] 목록에서 [표 지우기]를 선택하면 설정한 스타일이 해제되고 기본 스타일로 변경된다.

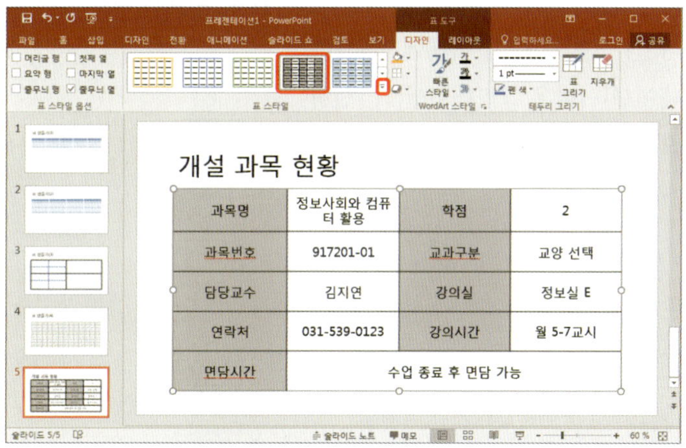

03 첫 번째 열을 선택하고 [표 도구]–[디자인] 탭–[WordArt 스타일] 그룹–[빠른 스타일] 목록에서 [채우기 - 검정, 텍스트 1, 그림자]를 선택한다. 세 번째 열도 같은 스타일로 설정한다.

TIP 여러 셀을 선택할 때는 연속 범위여야만 하며, 드래그하거나 Shift를 누른 채 클릭해 선택한다.

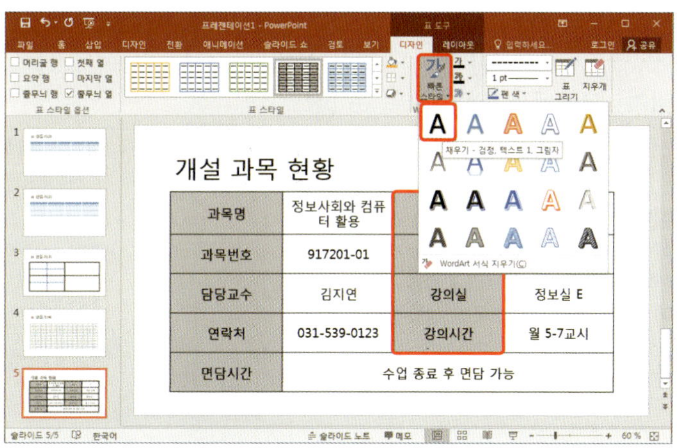

기본예제 6-11 음영과 테두리 설정하기

셀의 배경 색을 설정하고 셀 테두리도 설정해 보자.

01 음영을 변경할 셀에 커서를 두고 [표 도구]–[디자인] 탭–[표 스타일] 그룹–[음영] 목록에서 [표준 색]의 [주황]을 선택한다.

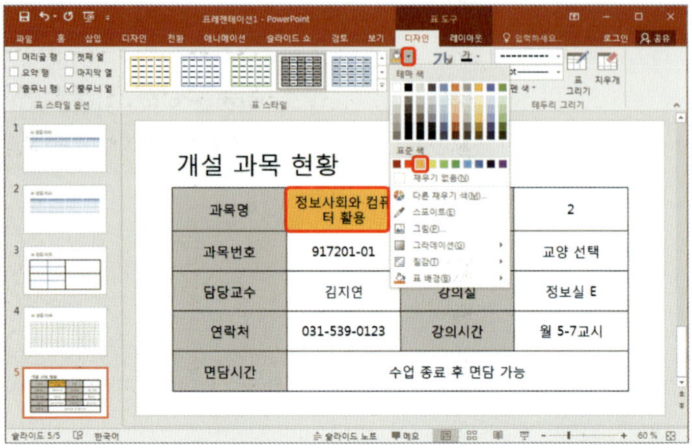

TIP 음영은 셀 단위로 설정되므로 하나 이상의 셀을 먼저 선택한다. 표 전체를 선택한 경우 모든 셀이 설정한 색상이나 그림으로 각각 채워진다.

02 [표 도구]–[디자인] 탭–[표 스타일] 그룹–[음영] 목록에서 [그라데이션]–[밝은 그라데이션]의 [선형 오른쪽]을 선택한다.

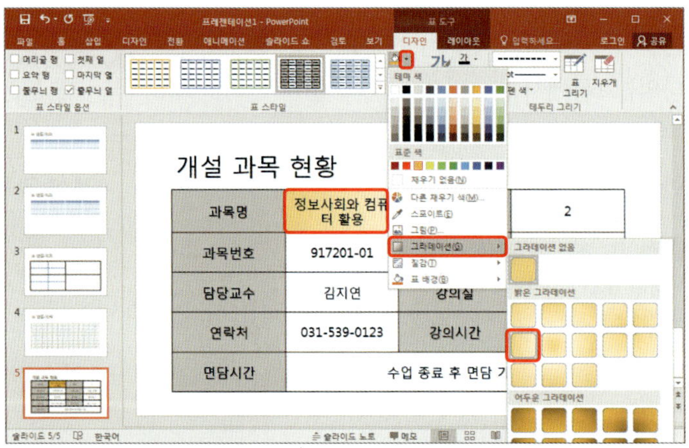

03 모든 셀을 드래그해 선택하고 [표 도구]–[디자인] 탭–[테두리 그리기] 그룹에서 [펜 스타일]은 [점선], [펜 색]은 [파랑]으로 설정한다.

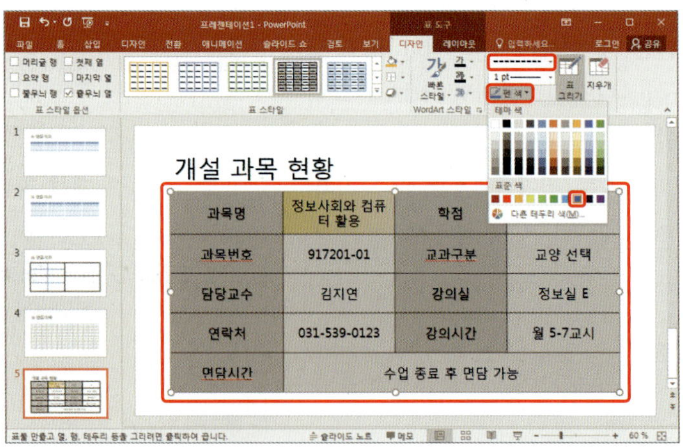

TIP 표의 모든 셀을 드래그해 선택하는 대신 표의 바깥쪽 경계선을 클릭하여 표 전체를 선택해도 된다. 또, 테두리 방향을 선택하기 전에 먼저 테두리 모양과 두께, 색을 설정한다.

04 [표 도구]-[디자인] 탭-[표 스타일] 그룹의 테두리 목록에서 [안쪽 테두리]를 선택한다.

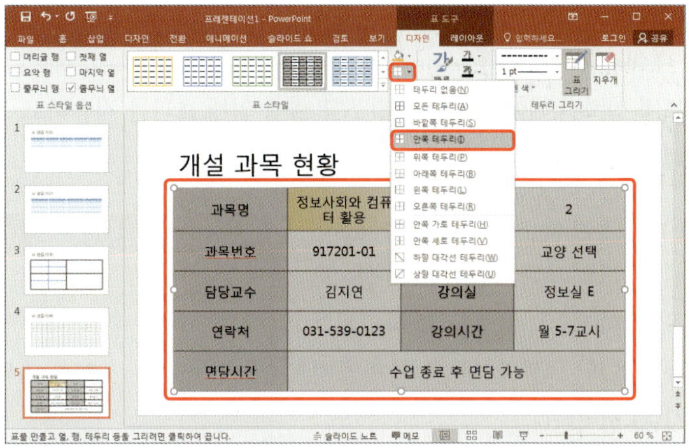

05 [표 도구]-[디자인] 탭-[테두리 그리기] 그룹에서 [펜 스타일]을 [테두리 없음]으로 설정한 후 [표 스타일] 그룹의 테두리 목록에서 [바깥쪽 테두리]를 선택해 바깥쪽 테두리를 모두 없앤다.

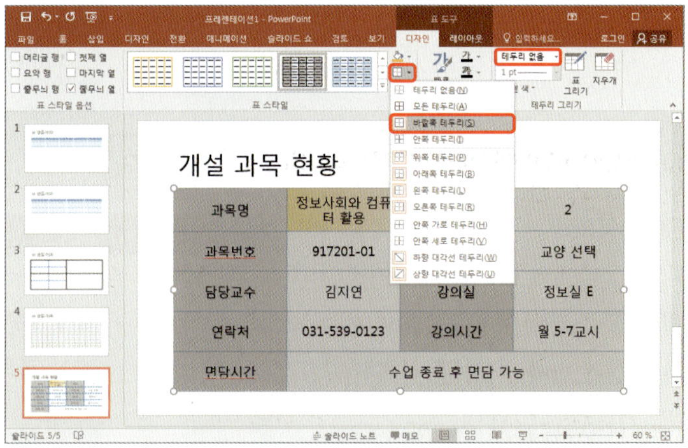

06 [표 도구]-[디자인] 탭-[테두리 그리기] 그룹에서 [펜 스타일]은 점선 모양, [펜 두께]는 [3pt], [펜 색]은 [파랑]으로 설정하고 테두리 목록에서 [위쪽 테두리]와 [아래쪽 테두리]를 차례로 선택한다.

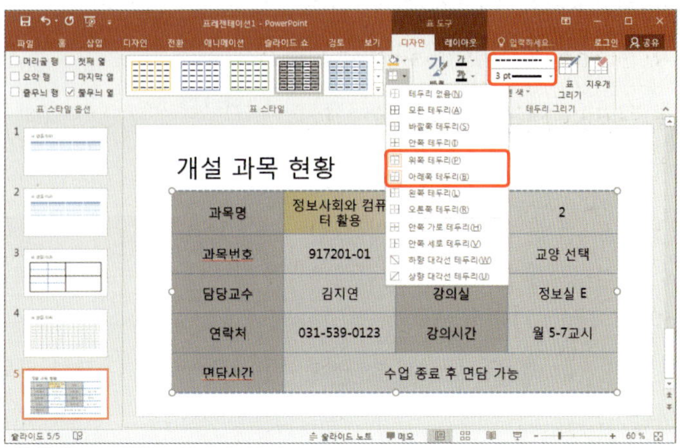

기본예제 6-12 셀 입체 효과와 표 전체 배경 설정하기

표에 입력된 데이터 중에서 강조할 셀에 입체 효과를 적용하고 표 전체에 효과나 그림을 배경으로 설정해 보자.

01 '정보실 E'와 '월 5-7 교시' 셀을 드래그해 선택하고 [표 도구]-[디자인] 탭-[표 스타일] 그룹-[효과]-[셀 입체 효과]-[급경사]를 선택한다.

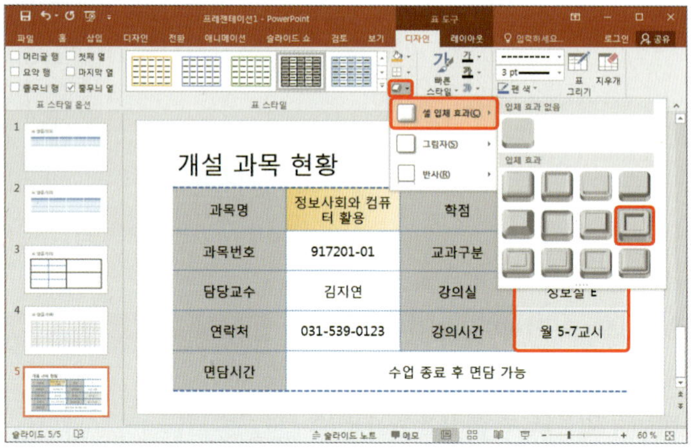

02 임의의 셀이나 표 전체를 선택한 상태에서 [표 도구]-[디자인] 탭-[표 스타일] 그룹-[효과]-[반사]-[근접 반사, 터치]를 선택한다.

TIP [그림자]와 [반사] 효과는 표 전체에 대한 옵션으로 적용된다.

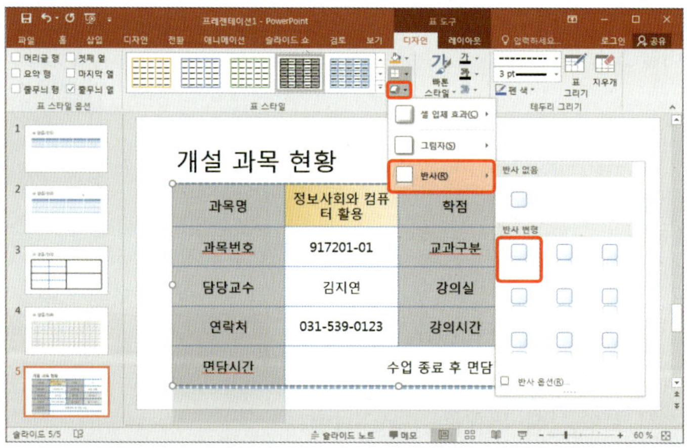

03 표 전체 배경을 하나의 그림으로 설정하려면 [표 도구]-[디자인] 탭-[표 스타일] 그룹-[음영] 목록에서 [표 배경]-[그림]을 선택한다.

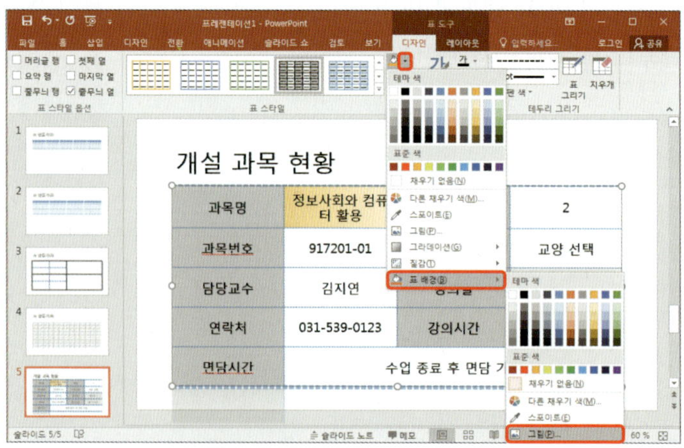

여기서 잠깐 **그림을 셀 배경으로 사용하는 경우**

각 셀의 배경에 그림을 넣으려면 [표 도구]-[디자인] 탭-[표 스타일] 그룹-[음영] 목록에서 [그림]을 선택한다. 여러 셀이 선택된 경우 셀마다 같은 배경 그림이 각각 설정된다.

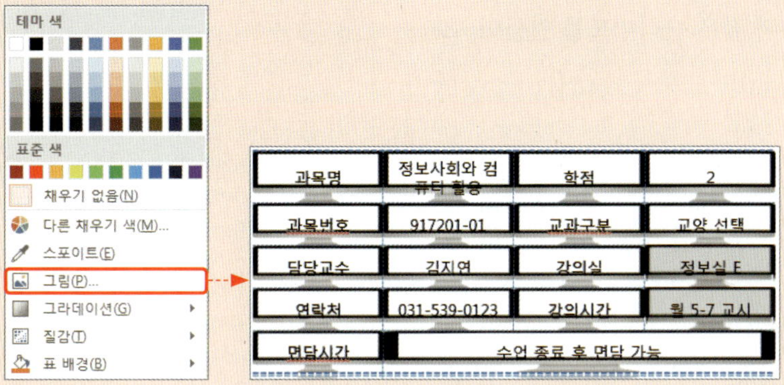

04 [그림 삽입] 대화상자에 검색어를 *컴퓨터*로 입력하고 원하는 그림을 선택한 후 [삽입]을 클릭한다.

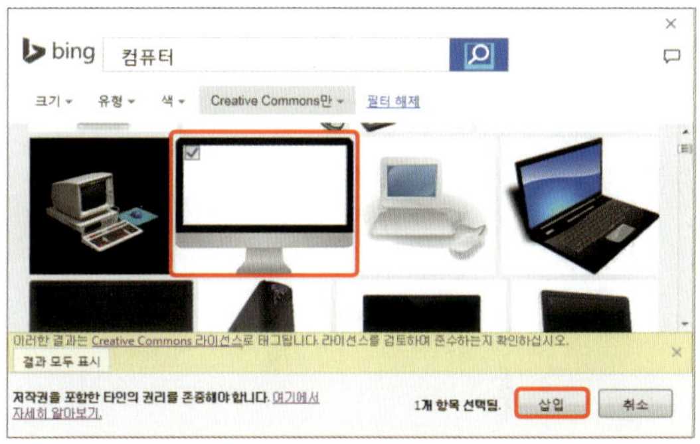

TIP 그림 검색이 안 되는 경우 실습 자료로 제공되는 '컴퓨터.jpg' 파일을 다운로드해 사용한다.

05 설정한 그림이 배경으로 표시되지 않는다면 [음영] 목록에서 [채우기 없음]을 선택한다. 작업을 완료했으면 '표 만들기.pptx'로 저장한다.

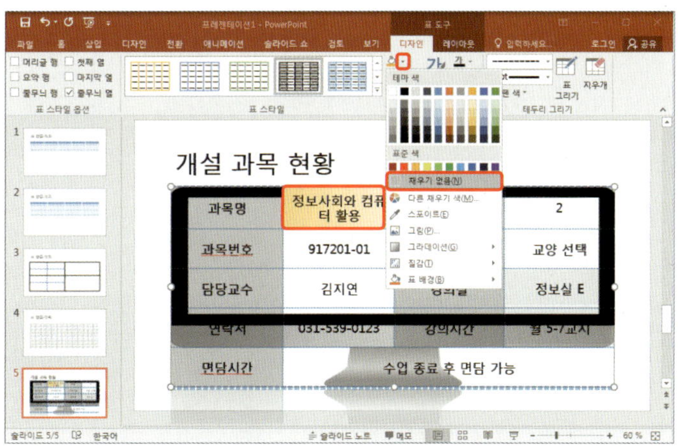

종합예제

표와 스마트아트를 활용해 다음과 같은 슬라이드를 만들어 보자.

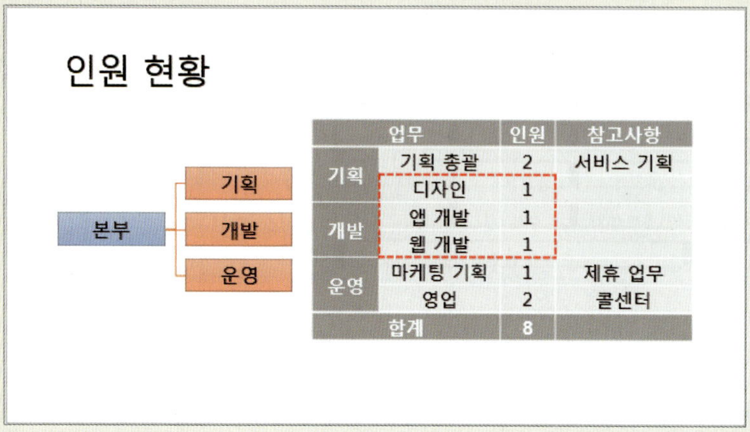

1 파워포인트를 실행하고 첫 화면에서 [새 프레젠테이션]을 선택한다. 첫 번째 슬라이드의 레이아웃을 [콘텐츠 2개]로 수정한다.

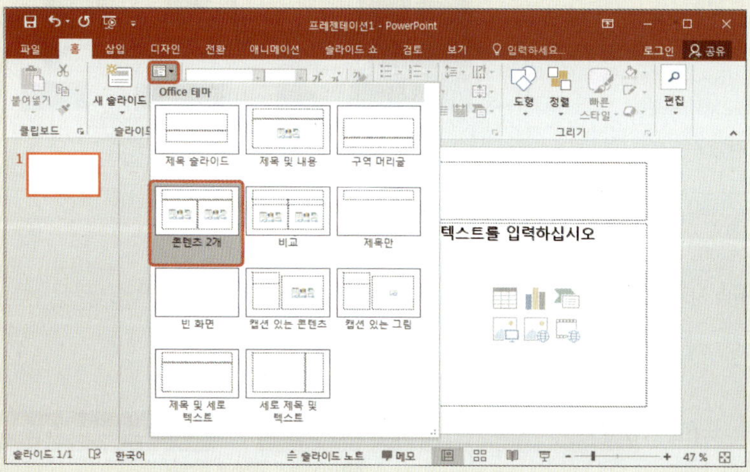

2 제목 개체 틀에 *인원 현황*을 입력하고 왼쪽 콘텐츠 개체 틀의 [SmartArt 그래픽 삽입] 단추를 클릭한다. [SmartArt 그래픽 선택] 대화상자에서 [계층 구조형]의 [가로 조직도형]을 선택하고 [확인]을 클릭한다.

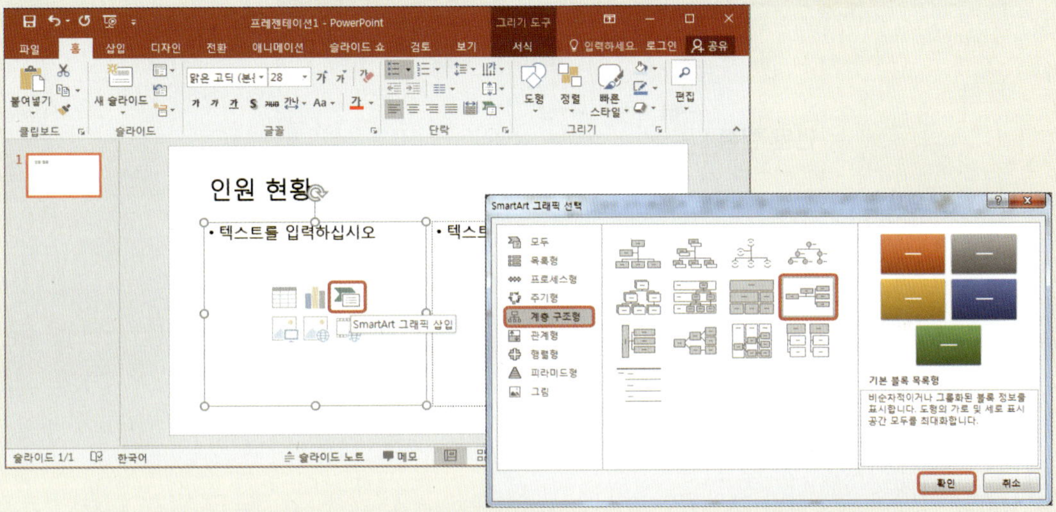

3 스마트아트에 내용을 입력하고 다음과 같이 콘텐츠 개체 틀의 크기를 조절한다.

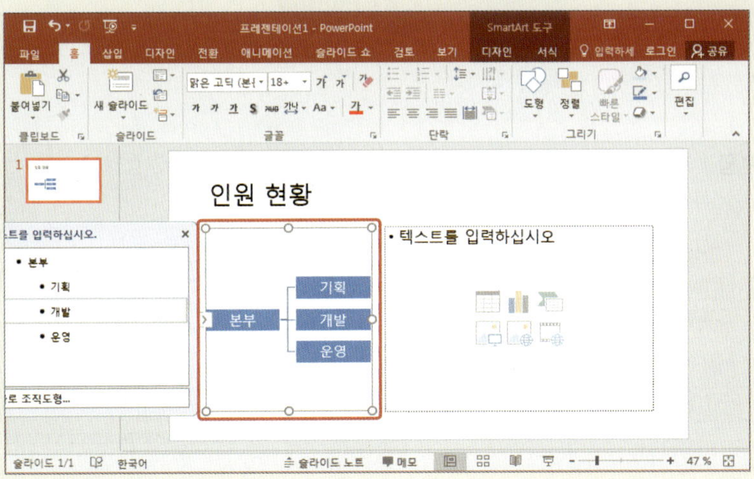

4 [SmartArt 도구]–[디자인] 탭–[SmartArt 스타일] 그룹–[색 변경] 목록에서 [색상형 – 강조색]을 선택하고 [빠른 스타일] 목록에서 [미세 효과]를 선택한다.

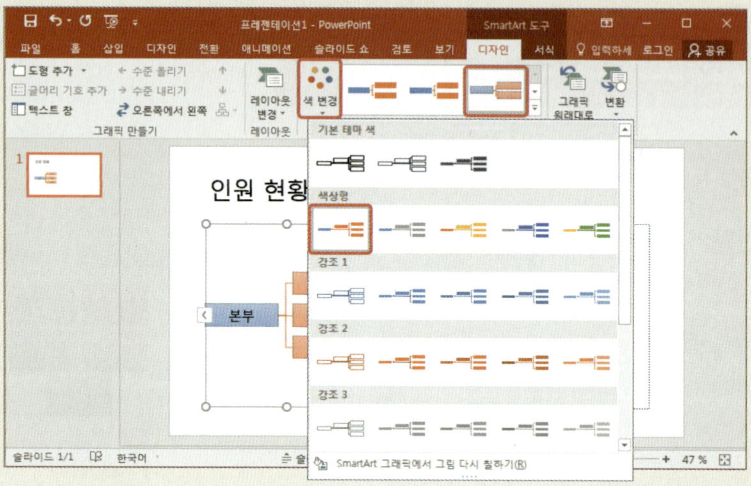

5 오른쪽 콘텐츠 개체 틀의 [표 삽입] 단추를 클릭해 [표 삽입] 대화상자를 열고 [열 개수]는 *4*, [행 개수]는 *8*로 변경한 후 [확인]을 클릭한다.

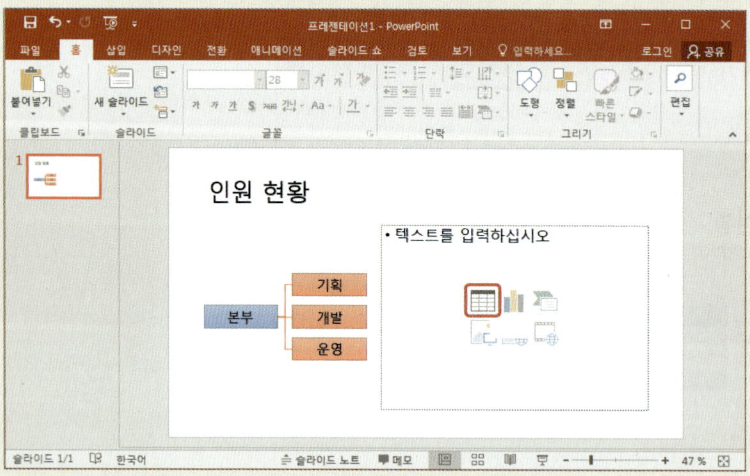

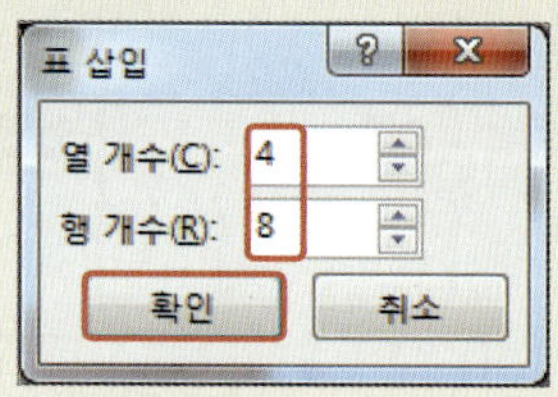

6 표에 내용을 입력하고 [홈] 탭–[글꼴] 그룹에서 [글꼴 크기]를 [24]로 설정한다.

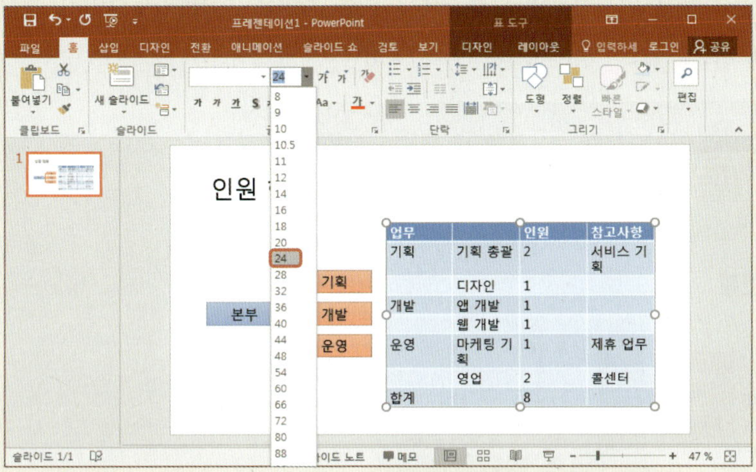

7 [표 도구]–[레이아웃] 탭–[병합] 그룹–[셀 병합]을 이용해 그림과 같은 모양으로 표를 변경한다. 셀 사이 테두리를 드래그해 텍스트 길이에 맞게 셀의 너비를 조절하고, [셀 크기] 그룹에서 [행 높이를 같게]를, [맞춤] 그룹에서 [가운데 맞춤]과 [세로 가운데 맞춤]을 클릭해 정렬한다.

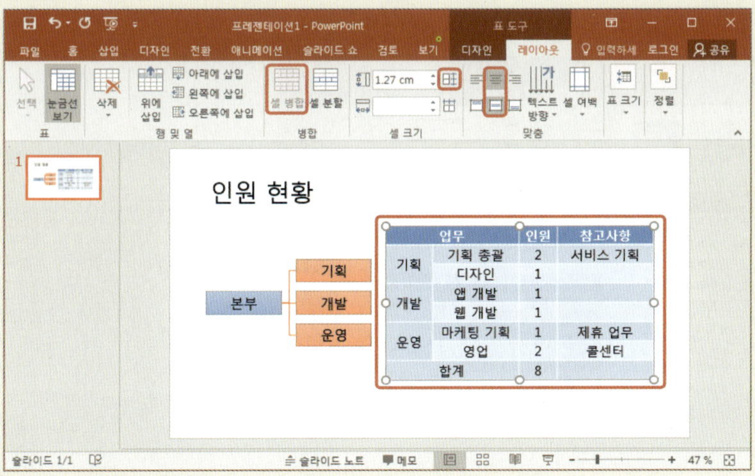

8 [표 도구]–[디자인] 탭–[표 스타일 옵션] 그룹에서 [머리글 행], [첫째 열], [요약 행]을 선택하고 [표 스타일] 그룹의 빠른 스타일 목록에서 [보통 스타일 2 – 강조 3]을 선택한 후 [테두리 그리기] 그룹에서 [펜 스타일]을 점선으로, [펜 두께]는 [3pt]로, [펜 색]은 [빨강]으로 바꾼다.

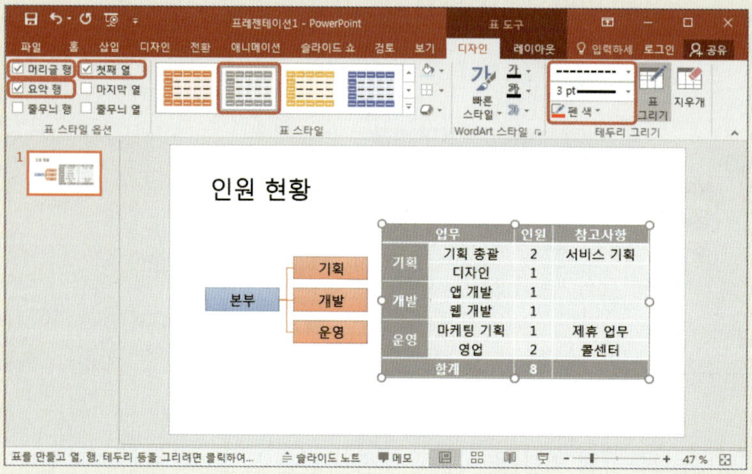

9 빨강 테두리로 강조할 셀을 선택하고 [표 도구]–[표 스타일] 그룹의 테두리 목록에서 [바깥쪽 테두리]를 선택한다.

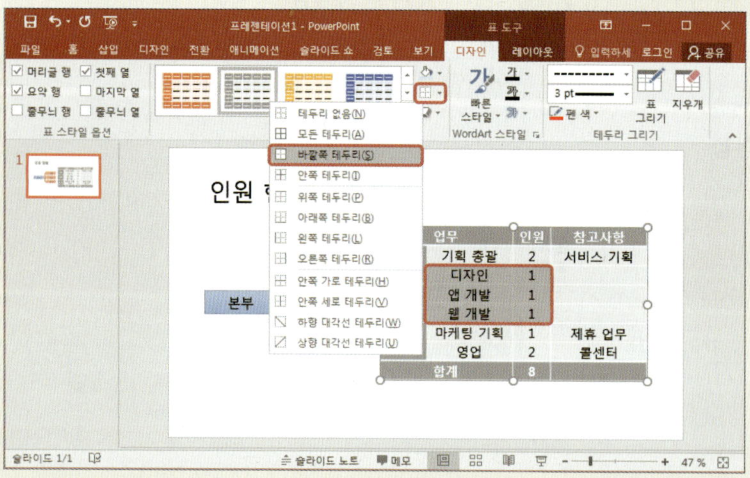

연습문제

1 다음 지시대로 슬라이드에 표를 작성하시오.

❶ [콘텐츠 2개] 슬라이드를 추가하고 제목을 입력하시오.

❷ 제목 텍스트의 [글꼴]은 [HY헤드라인M]으로, [글꼴 크기]는 [40], 단락은 [가운데 맞춤]으로 설정하시오.

❸ 제목 개체 틀의 모양을 [대각선 방향의 모서리가 잘린 사각형]으로 변경하고, 도형 채우기 색은 [회색-25%, 배경 2]로 설정하시오.

❹ 표의 크기를 계산하여 삽입하고 텍스트를 모두 입력한 후 [글꼴]은 [맑은 고딕(본문)], [글꼴 크기]는 [24]로 설정하시오.

❺ 모든 셀의 크기를 [행 높이를 같게], [열 너비를 같게]로 설정하고, [가운데 맞춤], [세로 가운데 맞춤]을 적용하시오.

❻ 표 스타일 옵션은 [머리글 행]과 [요약 행]으로 설정하고, 왼쪽 표 스타일은 [보통 스타일 - 강조 3], 오른쪽 표 스타일은 [보통 스타일 2 - 강조 1]로 설정하시오.

❼ 제목(구분, 시간, 대수) 행에 음영을 설정하고 오른쪽 표의 '야간', '심야' 행에는 음영과 바깥쪽 테두리를 설정하시오.

기존		
구분	시간	대수
주간	9시~18시	21
야간	9시~23시	15
심야	-	
합계		36

변경		
구분	시간	대수
주간	9시~18시	21
야간	6시~23시	15
심야	24시간	5
합계		41

2 다음 지시대로 표를 이용하여 슬라이드를 만드시오.

❶ 슬라이드의 레이아웃을 [빈 화면]으로 하고, 25×6 크기의 표를 삽입하시오.

❷ 첫째 열의 너비는 [8.5cm]로 하고, 나머지 열의 너비는 모두 [1cm]로 설정하시오.

❸ 첫째 행의 개월(1, 2, 3, … 12) 부분을 셀 병합하시오.

❹ 표의 내용을 모두 입력하고 [글꼴 크기]는 [24]로 설정하시오.

❺ 표 전체에 [세로 가운데 맞춤]을 설정하고, 개월(1, 2, 3, … 12) 셀들에는 [가운데 맞춤]을 설정하시오.

❻ 표 스타일 옵션은 [머리글 행], [첫째 열], [줄무늬 행]으로 설정하고, 표 스타일은 [보통 스타일 2]로 설정하시오.

❼ 그림과 같이 [하향 대각선 테두리]와 [음영]을 설정하시오.

개월 계획	1	2	3	4	5	6	7	8	9	10	11	12
서버 구축												
솔루션 개발 및 연동												
전용 앱 개발												
개발 QA												
기능 개선												

CHAPTER 07

차트 활용

학습목표

- 차트의 종류를 알고 차트를 이용해 슬라이드를 작성할 수 있다.
- 다양한 차트 도구 기능을 활용해 차트를 편집할 수 있다.

SECTION 01

차트 만들기

차트는 숫자 데이터를 그래프로 표시하고 데이터 레이블이나 범례, 제목 등 여러 가지 구성 요소를 포함시켜 수치 변화나 차이를 알아보기 쉽게 나타내 프레젠테이션 효과를 높이는 시각화 도구이다. 파워포인트에서는 데이터에 따라 다양한 종류의 차트를 선택할 수 있다. 데이터가 어떤 유형인지 파악해 표현 의도와 제공할 정보를 정확히 비교 및 분석할 수 있도록 적절한 차트를 선택하는 것이 중요하다.

1.1 다양한 종류의 차트

파워포인트에서는 세로 막대형, 가로 막대형, 꺾은선형, 원형 등의 기본적인 차트뿐 아니라 오피스 2016 버전에서 새로 추가된 트리맵, 선버스트, 상자 수염 그림, 폭포 등 다양한 종류의 차트를 목적에 따라 선택할 수 있다. 각 차트의 특징과 주로 활용되는 경우를 요약하면 다음과 같다.

- **세로 막대형**: 일정 기간의 데이터 변화를 표시하여 각 항목을 비교할 수 있다.

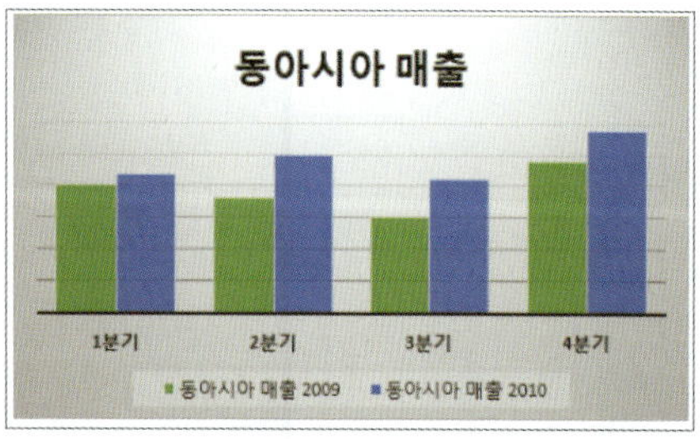

- **꺾은선형**: 일정 기간의 데이터 추세나 데이터 변화를 표시할 수 있다.

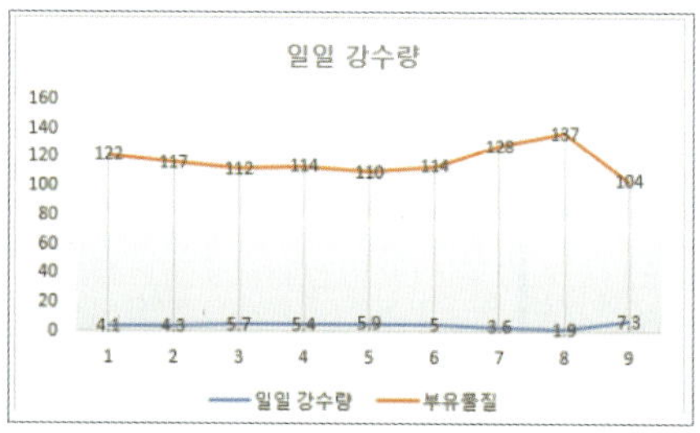

- **원형**: 데이터의 합계 비율을 표시하는 차트로, 하나의 데이터 계열만 강조할 때 유용하다.

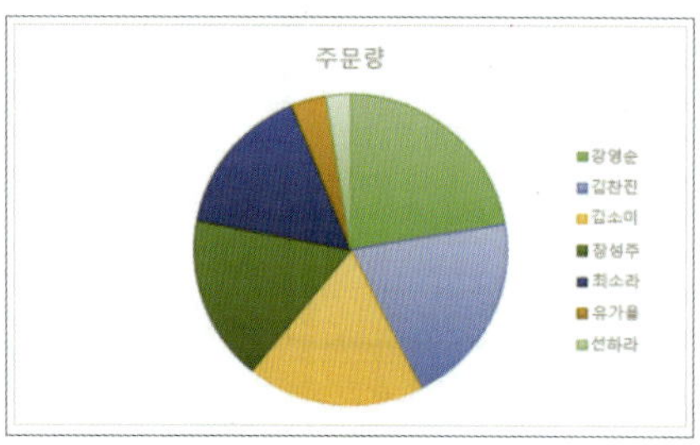

- **가로 막대형**: 축 레이블이 길거나 차트로 표시하는 값이 기간인 경우에 유용하다.

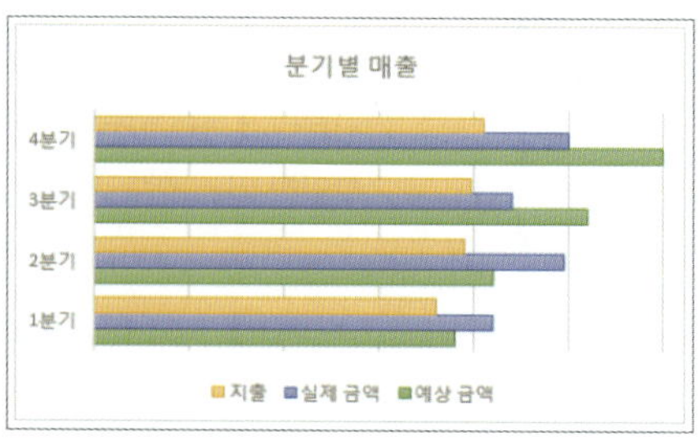

- **영역형**: 시간에 따른 변화, 개별 값과 총합의 관계를 보여주거나 비교할 때 유용하다.

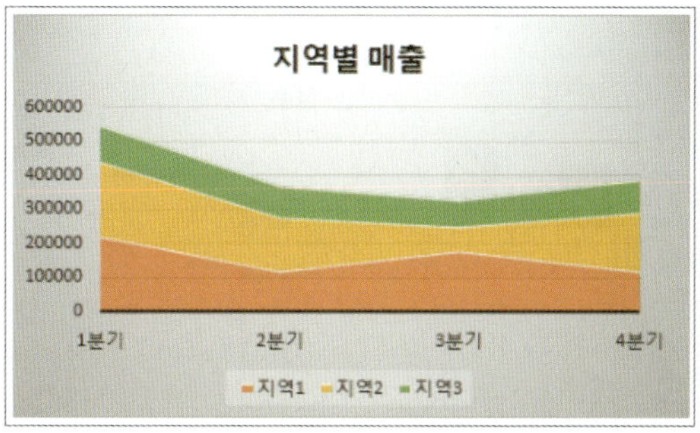

- **주식형**: 주가 변동이나 기온 변화와 같은 데이터 변화를 표시할 수 있다.

- **트리맵**: 데이터를 계층 구조로 표시하는 차트로, 다른 데이터 계열을 비교할 때 유용하다.

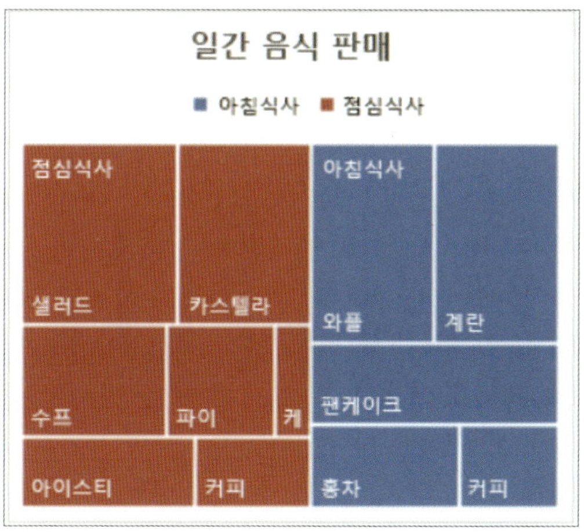

- **분산형**: 두 숫자 그룹을 하나의 xy 좌표 계열로 그리는 것으로, 데이터의 불규칙한 간격이나 묶음을 표시할 수 있다.

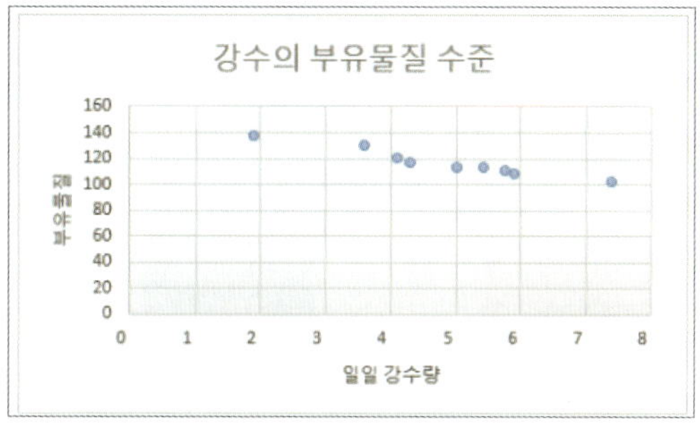

- **표면형**: 같은 값의 범위에 속하는 영역을 색과 무늬로 표시하는 차트로, 두 데이터 집합에서 최적의 조합을 찾을 때 유용하다.

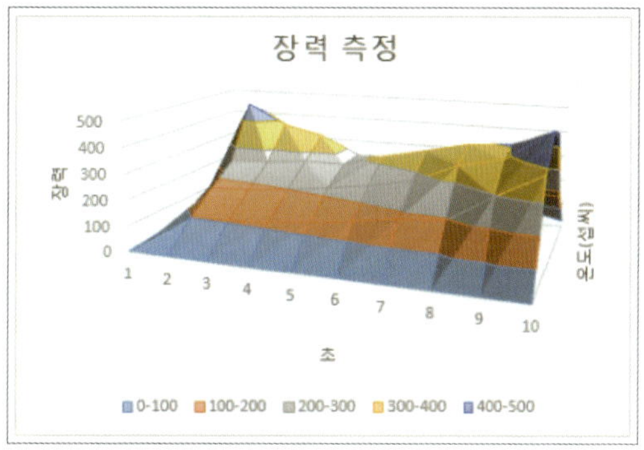

- **방사형**: 여러 데이터 계열의 값을 집계한 것을 비교할 수 있다.

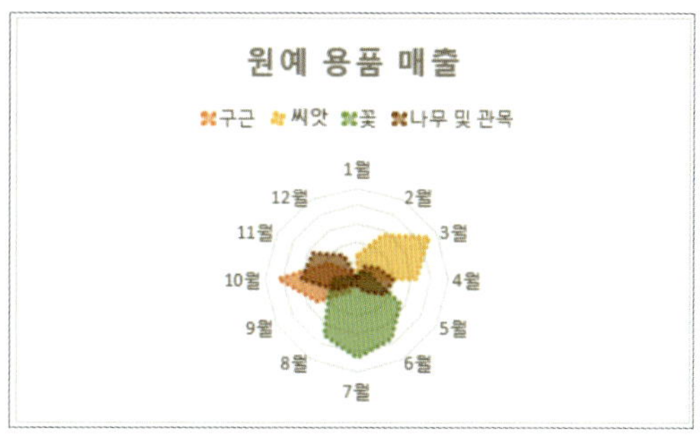

- **선버스트**: 계층 구조를 갖는 데이터를 여러 수준의 고리로 표시하는 것으로, 각 고리가 어떤 구성 요소로 이루어져 있는지 나타낼 때 유용하다.

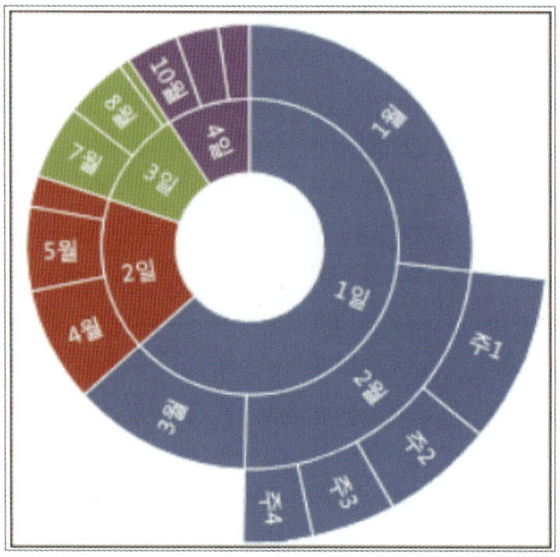

- **히스토그램**: 데이터의 분포와 빈도를 표시하는 차트로, 데이터를 세부적으로 분석할 때 유용하다.

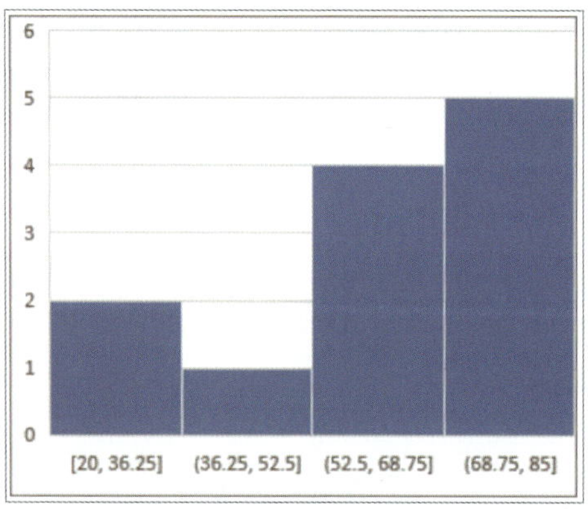

- **상자 수염 그림**: 데이터 분포를 사분위수로 표시하는 것으로, 평균 및 이상값을 강조할 때 유용하다.

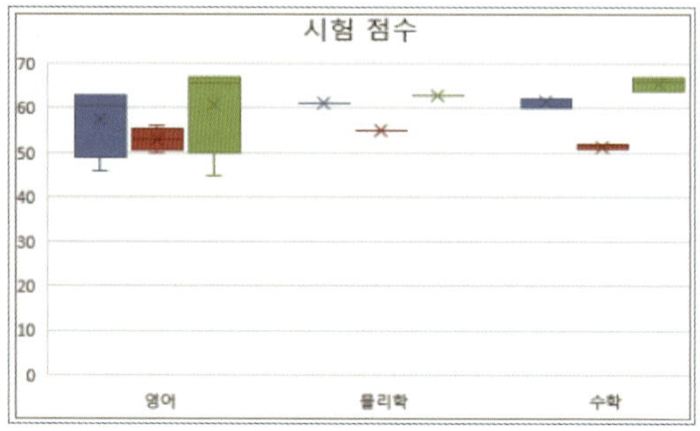

- **폭포**: 양수와 음수를 색이 다른 막대로 표시하는 차트로, 재무 데이터의 누계와 값의 변화에 따른 영향을 표시할 때 유용하다.

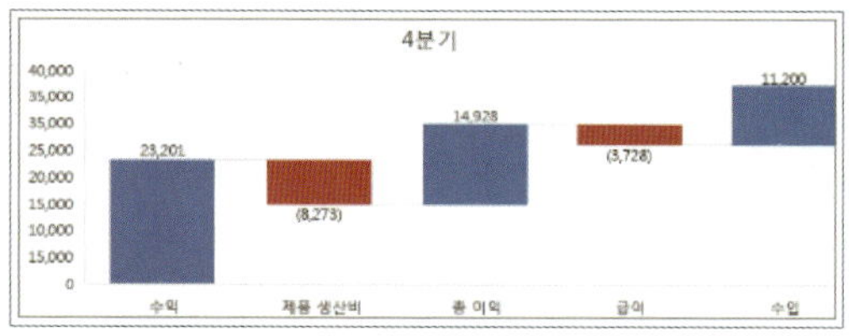

- **콤보**: 데이터 범위가 광범위한 경우에 두 개 이상의 차트 종류를 결합하여 보조 축과 함께 표시할 수 있다.

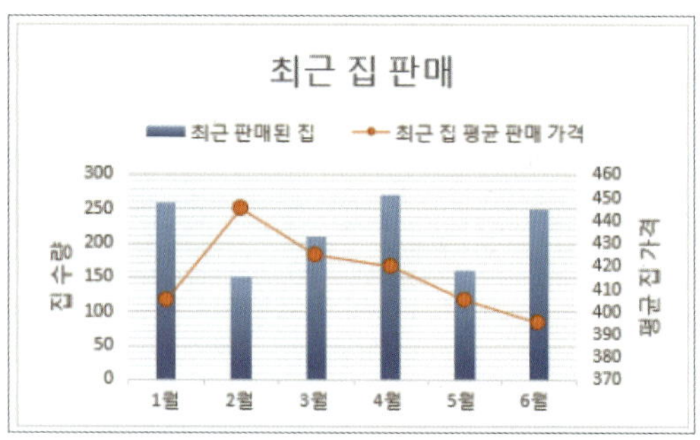

1.2 차트 삽입과 데이터 입력

여러 종류의 차트 중에서 데이터 유형에 따라 적합한 차트를 선택해 슬라이드에 삽입하고 데이터를 입력한다. 데이터를 입력하거나 편집할 때는 엑셀 프로그램이 실행되는데, 파워포인트의 표처럼 사용하면 되므로 엑셀 사용법을 잘 알지 못해도 괜찮다.

기본예제 7-1 차트 삽입하기

슬라이드에 차트를 삽입하려면 [삽입] 탭의 메뉴를 이용하거나 콘텐츠 개체 틀의 [차트 삽입] 단추를 클릭한다. 용도에 알맞은 차트를 선택하고 삽입해 보자.

01 파워포인트를 실행하고 첫 화면에서 [새 프레젠테이션]을 선택한다. [홈] 탭–[슬라이드] 그룹의 [슬라이드 레이아웃] 목록에서 [제목 및 내용]을 선택한 후 제목 개체 틀에 *인구 분석*을 입력한다.

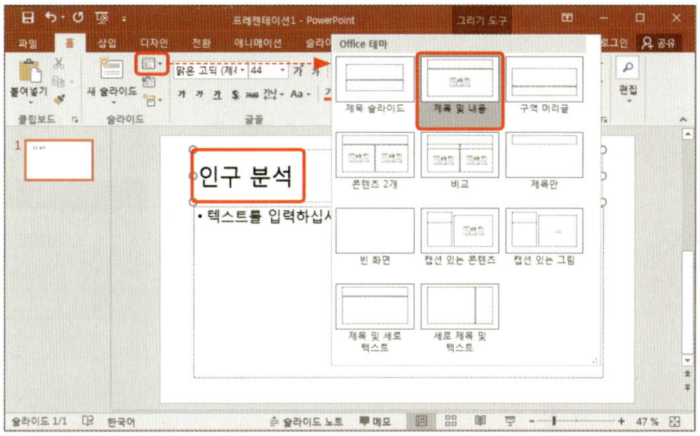

02 [삽입] 탭–[일러스트레이션] 그룹에서 [차트]를 클릭하거나 콘텐츠 개체 틀의 [차트 삽입] 단추를 클릭한다.

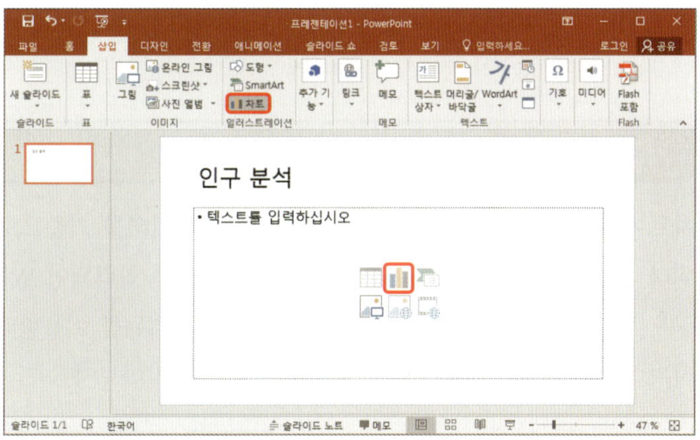

03 [차트 삽입] 대화상자가 열리면 [세로 막대형]의 [묶은 세로 막대형]을 선택하고 [확인]을 클릭한다.

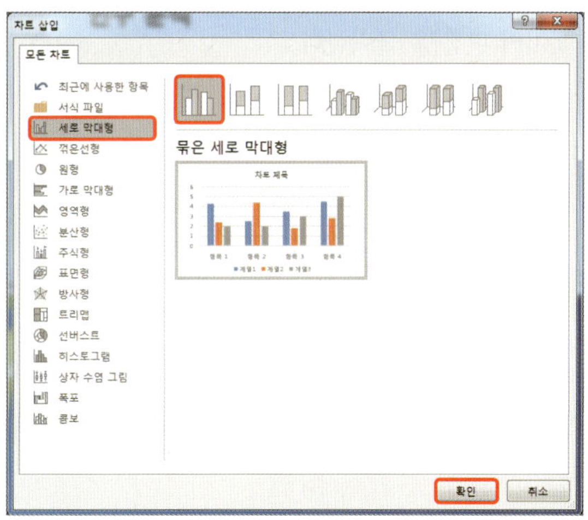

04 슬라이드에 차트가 만들어지고 데이터 입력을 위한 엑셀 창이 열린다. 엑셀 창을 닫으려면 [닫기] 단추를 클릭한다.

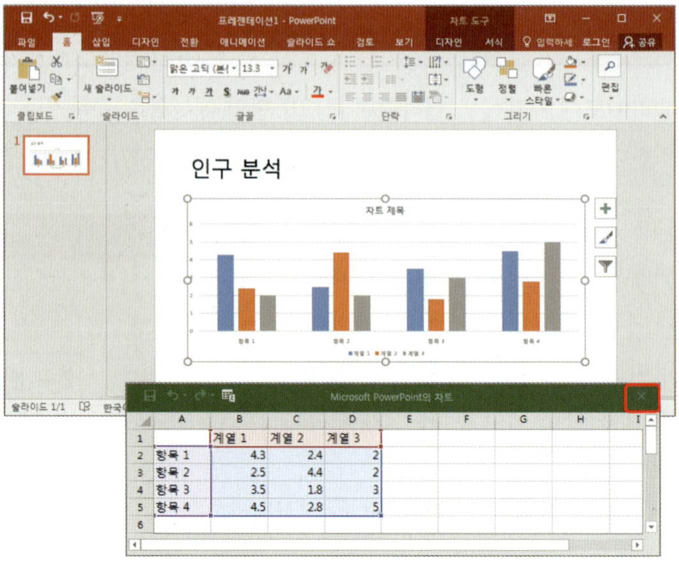

> **TIP** 삽입된 차트를 삭제하려면 차트를 선택한 상태에서 Delete를 누른다. 차트 크기를 변경하려면 크기 조절점을 드래그하고 차트를 이동하려면 차트 경계선을 드래그한다.

기본예제 7-2 차트 데이터 편집하기

차트에 그려지는 그래프는 엑셀 창에 입력한 데이터를 기준으로 막대형이나 원형 같은 도형으로 표시된다. 슬라이드에 차트를 삽입하면 예제 데이터가 입력되어 있는데, 이 데이터를 수정하려면 [차트 도구]–[디자인] 탭–[데이터] 그룹의 [데이터 편집] 메뉴를 이용한다. 데이터를 수정해 보고, 행/열을 전환하거나 선택한 범주의 데이터만 표시하는 방법도 알아보자.

01 차트를 선택하고 [차트 도구]–[디자인] 탭–[데이터] 그룹–[데이터 편집]을 클릭한다.

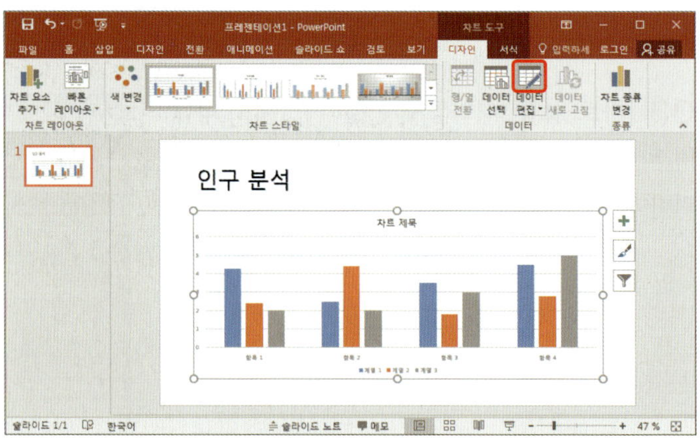

02 엑셀 창이 열리면 그림과 같이 데이터를 입력한다. 이때 필요 없는 '항목 4' 데이터는 삭제하고 파란색 사각형의 조절점을 드래그해 데이터 범위에 맞춘다.

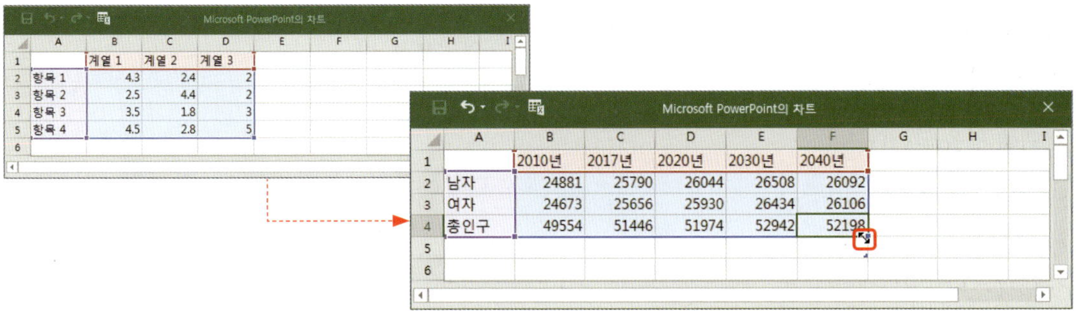

TIP 엑셀 창에서 데이터를 입력할 때 다음 셀로 이동하려면 Enter나 Tab을 누른다. 파워포인트의 표에 데이터를 입력할 때처럼 방향키 →, ←, ↑, ↓를 이용해도 된다.

03 입력된 데이터에 의해 그래프가 만들어진다. 성별로 구분되어 있는 가로축 항목을 연도별로 변경하기 위해 [차트 도구]–[디자인] 탭–[데이터] 그룹–[데이터 선택]을 클릭한다.

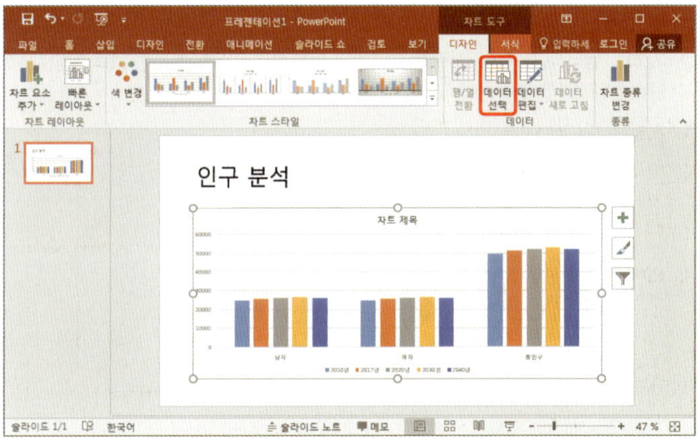

04 [데이터 원본 선택] 대화상자에서 [행/열 전환] 단추를 클릭하고 [가로(항목) 축 레이블] 목록에서 '2030년'과 '2040년'의 선택을 해제한 후 [확인]을 클릭한다.

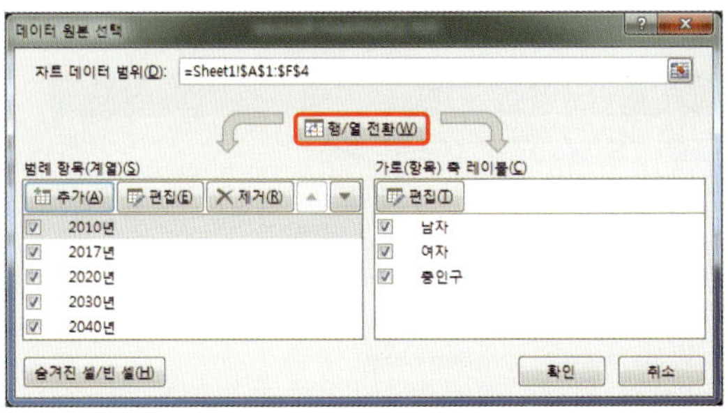

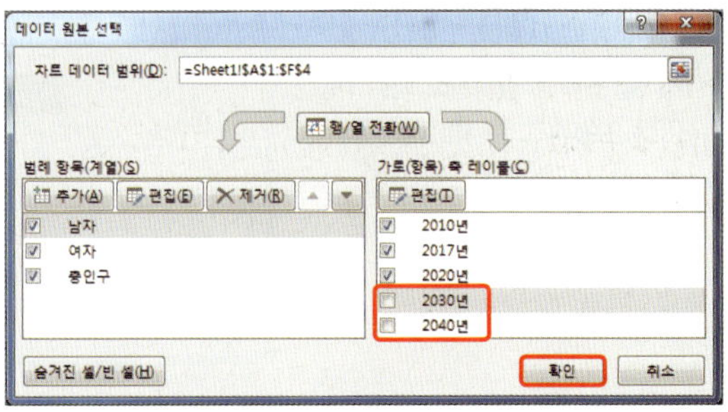

05 데이터를 수정하지 않고도 행과 열이 전환된 모양으로 차트 그래프가 표시되고, 선택을 해제한 2030년과 2040년 데이터는 표시되지 않는다. [닫기] 단추를 클릭해 엑셀 창을 닫는다.

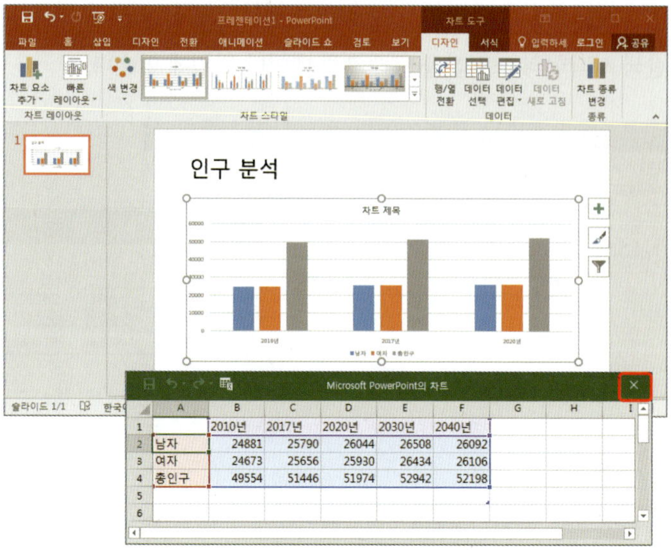

여기서 잠깐 ▶ 데이터의 필터링

데이터를 필터링해 그래프에 표시되지 않도록 하는 또 다른 방법 두 가지는 다음과 같다.

- **[차트 필터]에서 수정:** 차트를 선택하면 오른쪽에 나타나는 [차트 필터] 단추를 클릭한 후 [범주] 목록에서 항목의 선택을 해제하고 [적용]을 클릭한다.

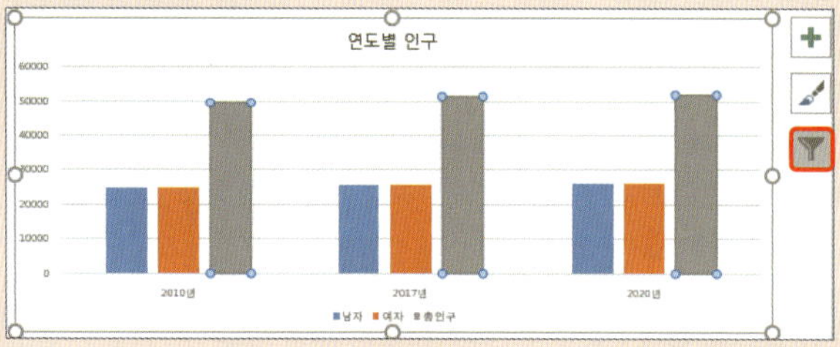

- **[차트 데이터 범위]에서 수정:** [데이터 원본 선택] 대화상자에서 단추를 클릭하고 차트 데이터 범위에서 필터링할 항목을 제외하고 드래그해 선택한다.

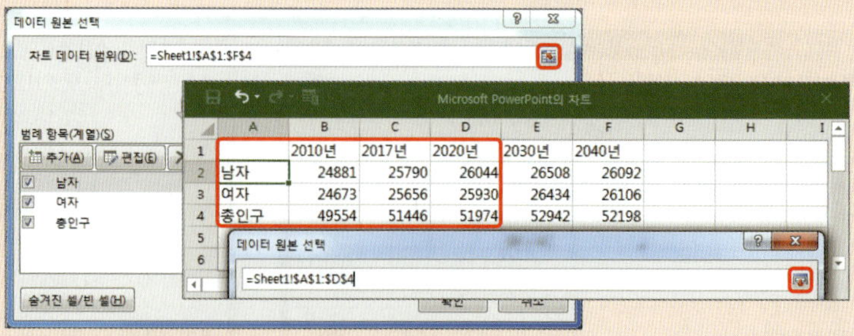

06 차트 제목을 선택하고 *연도별 인구*라고 입력한다.

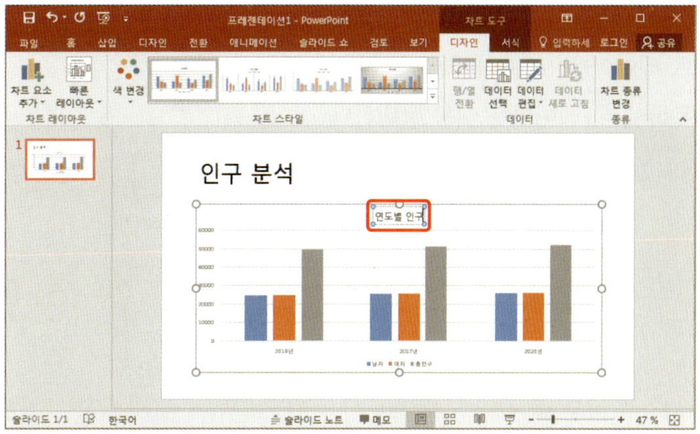

기본예제 7-3 차트 종류와 차트 스타일 변경하기

[차트 도구]-[디자인] 탭을 이용해 차트 종류와 레이아웃, 차트 스타일과 색상을 간편하게 변경해 보자.

01 차트를 선택하고 [차트 도구]-[디자인] 탭-[종류] 그룹-[차트 종류 변경]을 클릭한다.

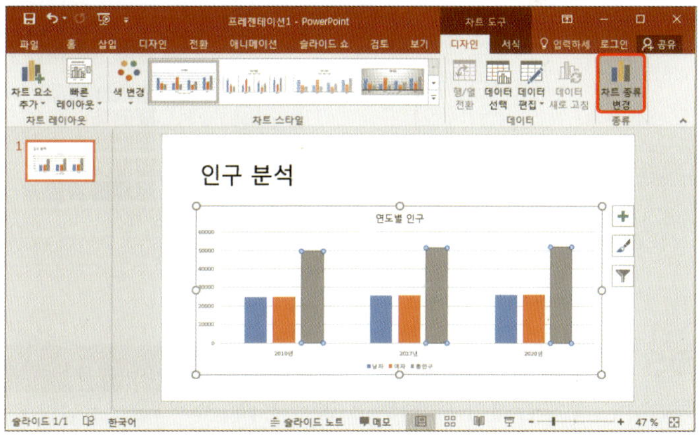

02 [차트 종류 변경] 대화상자의 목록에서 [콤보]를 선택한다. '총인구'의 차트 종류를 [표식이 있는 꺾은선형]으로 선택하고 [보조 축] 항목에 체크한 후 [확인]을 클릭한다.

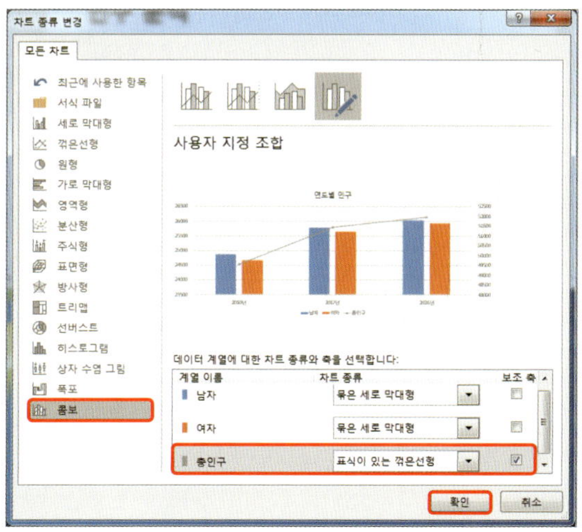

03 [차트 도구]-[디자인] 탭-[차트 레이아웃] 그룹-[빠른 레이아웃] 목록에서 [레이아웃 5]를 선택한다.

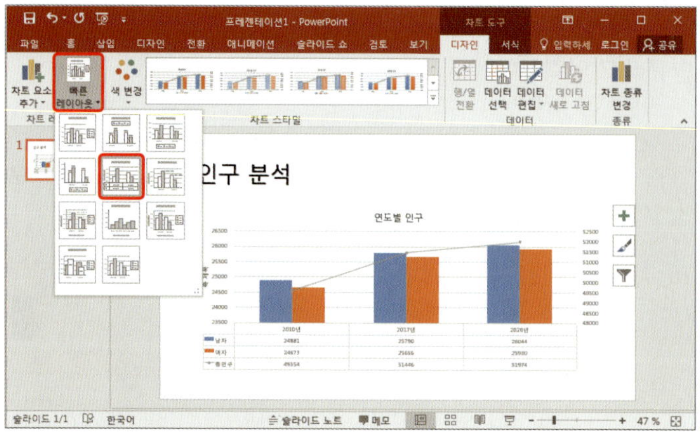

04 [차트 도구]-[디자인] 탭-[차트 스타일] 그룹-[색 변경] 목록에서 [색상형]의 [색 4]를 선택한다.

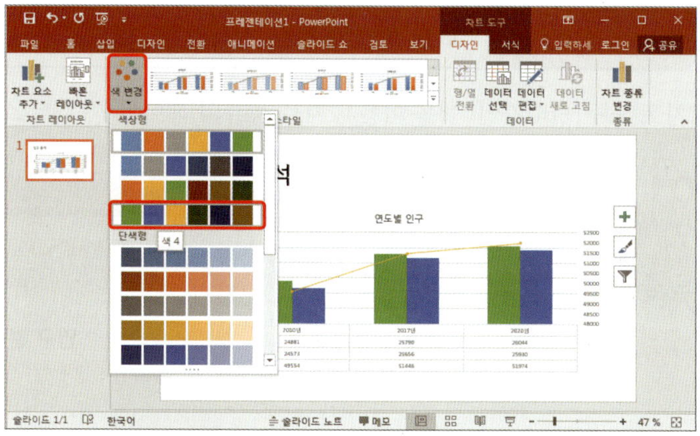

05 [차트 도구]-[디자인] 탭-[차트 스타일] 그룹에서 [스타일 5]를 선택한다. 차트를 완성했으면 '연도별 인구분석(1).pptx'로 저장한다.

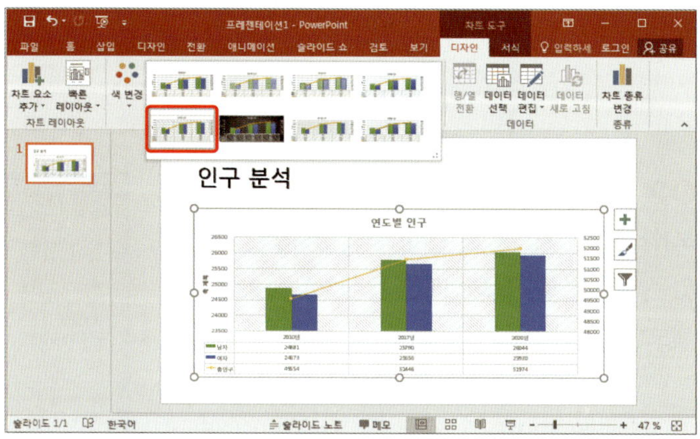

SECTION 02 차트 편집하기

파워포인트에서 제공하는 차트 디자인 도구를 활용하면 손쉽게 차트를 만들고 보기 좋게 꾸밀 수 있다. 사용자가 직접 차트 서식을 설정하는 경우, 예를 들어 불필요한 차트 구성 요소를 제거하거나 정보를 더 효과적으로 표시할 수 있는 모양으로 수정하려면 먼저 차트의 구성 요소를 구별할 수 있어야 한다. 여기서는 차트를 구성하는 요소에 대해 알아보고, 각 구성 요소의 서식을 세부적으로 설정해 사용자가 원하는 모양으로 차트를 만들고 편집하는 방법을 알아본다.

2.1 차트 요소

차트는 차트 전체를 나타내는 차트 영역, 그래프가 표시되는 그림 영역, 차트 제목, 축, 범례, 데이터 계열 등으로 구성된다. 원하는 모양의 차트를 효과적으로 만들려면 차트의 구성 요소를 정확히 파악하고 각 요소의 속성을 설정하는 방법을 알아두는 것이 좋다. 차트의 종류에 따라 구성 요소의 종류도 다르지만, 일반적으로 포함되는 차트 요소는 다음과 같다.

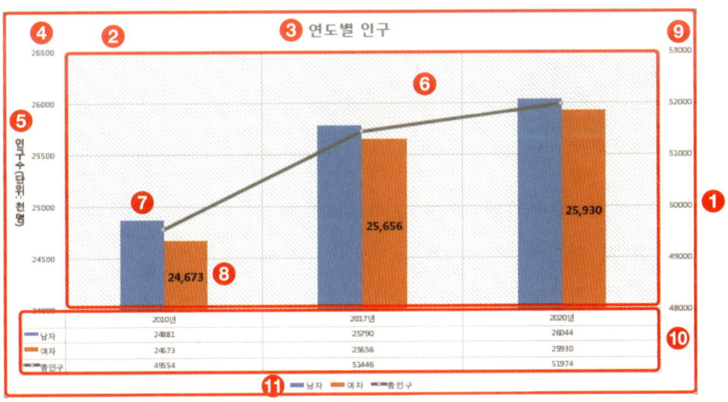

❶ **차트 영역**: 차트 전체의 배경

❷ **그림 영역**: 그래프가 표시되는 부분

❸ **차트 제목**: 차트 내용을 대표하는 제목

❹ **축**: 그래프의 값이나 항목을 표시하는 부분으로 세로 축, 가로 축으로 구성

❺ **축 제목**: 축에 표시되는 값의 의미나 단위를 표시

❻ **눈금선**: 축 값을 기준으로 그림 영역에 표시되는 일정 간격의 선

❼ **데이터 계열/요소**: 막대나 선, 원형 조각 등 그래프를 표시하는 도형

❽ **데이터 레이블**: 그래프에 사용된 데이터 값

❾ **보조 축**: 기본 축의 값 범위와 다른 범위의 데이터 계열 값을 표시하는 축

❿ **데이터 표**: 차트 데이터로 사용된 모든 값을 표시

⓫ **범례**: 그래프의 데이터 계열이 어떤 값을 의미하는지 표시

2.2 차트 서식 설정

차트 구성 요소의 서식을 설정하려면 서식 작업 창을 이용해 각 요소별 속성에 대해 필요한 부분을 변경할 수 있다. 서식 작업 창을 화면에 나타내려면 차트 구성 요소를 선택하고 마우스 오른쪽 단추를 클릭하거나(방법 1), [차트 도구]-[서식] 탭을 이용하거나(방법 2), 차트 구성 요소를 더블클릭한다(방법 3).

❶ **방법 1**: 차트 구성 요소를 선택하고 마우스 오른쪽 단추를 클릭한다.

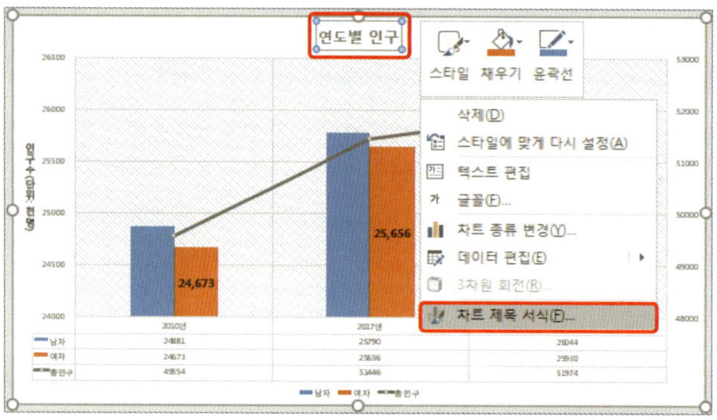

❷ **방법 2**: 차트를 선택하고 [차트 도구]-[서식] 탭-[현재 선택 영역] 그룹-[차트 요소] 목록에서 서식을 설정할 구성 요소를 선택한 후 [선택 영역 서식]을 클릭한다.

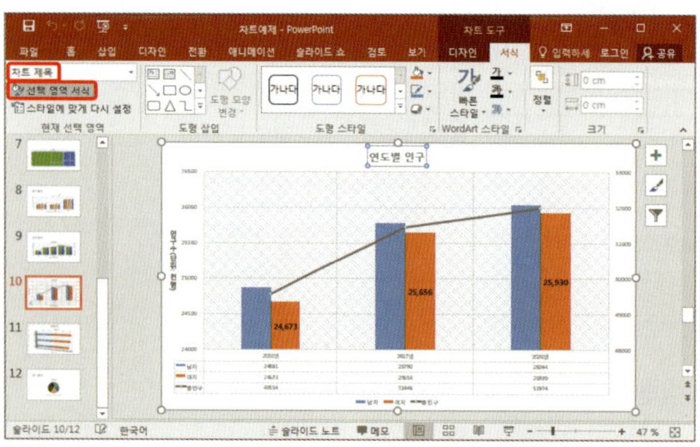

3 방법 3: 차트의 구성 요소를 더블클릭한다.

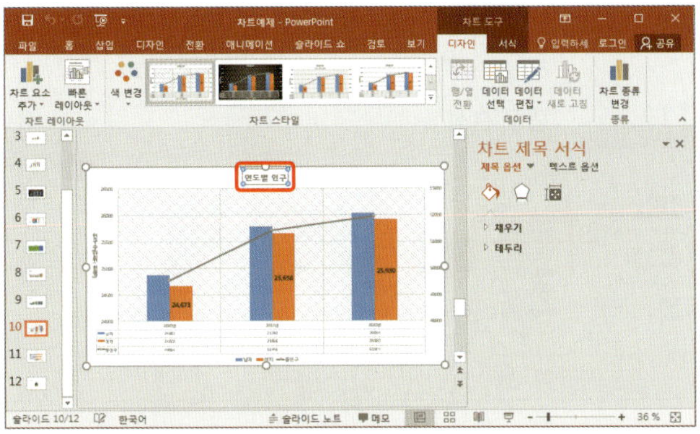

기본예제 7-4 차트 요소 추가 및 변경하기

[차트 도구]–[디자인] 탭의 [빠른 레이아웃]을 이용하면 차트에 표시되는 요소의 종류나 위치를 쉽게 선택할 수 있다. 차트에 표시되지 않은 요소를 추가하거나 위치 및 속성을 변경해 보자.

01 [기본예제 7–3]에서 만든 차트를 선택하고 [차트 도구]–[디자인] 탭–[차트 레이아웃] 그룹–[차트 요소 추가]–[범례]–[아래쪽]을 선택한다.

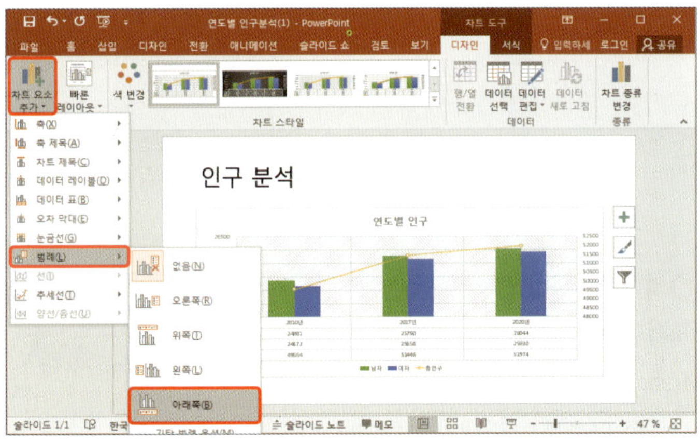

TIP 차트를 선택하면 오른쪽 위에 나타나는 [+ 차트 요소] 단추를 클릭해 원하는 항목을 선택하거나 차트 요소를 추가할 수도 있다. 선택을 해제한 요소는 차트에 표시되지 않는다.

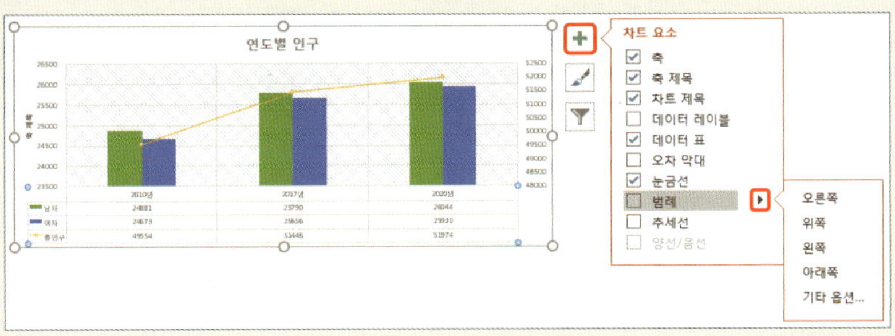

02 파랑 막대 중 하나를 클릭해 '여자' 데이터 계열을 선택한다. 막대 세 개가 모두 선택된 상태에서 [+ 차트 요소] 단추를 클릭하고 [데이터 레이블]–[가운데 맞춤]을 선택한다.

TIP 막대를 두 번 클릭하면 해당 요소만 선택할 수 있다. 차트 요소 목록은 [+ 차트 요소] 단추를 한 번 더 클릭하면 화면에서 사라진다.

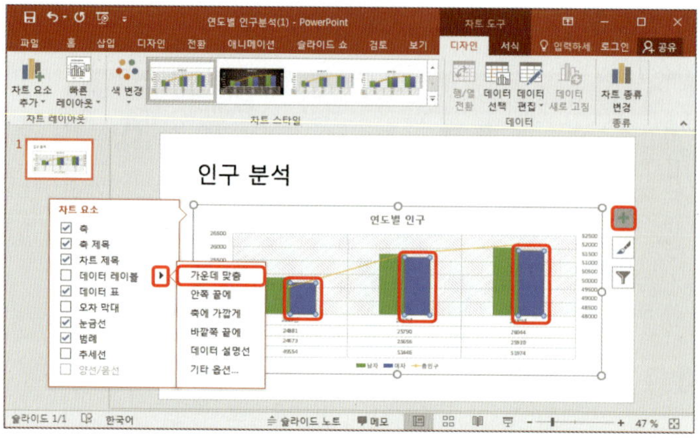

03 추가한 데이터 레이블 중 하나를 클릭해 모두 선택하고 [홈] 탭–[글꼴] 그룹에서 [글꼴 크기]는 [14], [글꼴 색]은 [흰색, 배경 1]로 설정한다.

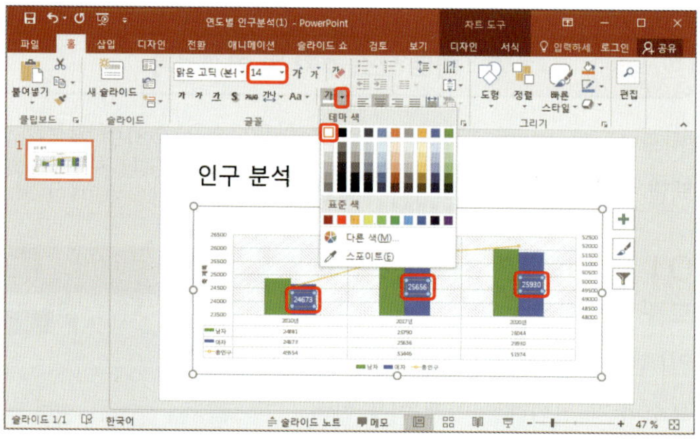

04 꺾은선형 그래프의 2017년 표식을 두 번 클릭해 [계열 "총인구" 요소 "2017년"]만 선택하고 마우스 오른쪽 단추를 클릭해 [데이터 레이블 추가]–[데이터 설명선 추가]를 선택한다.

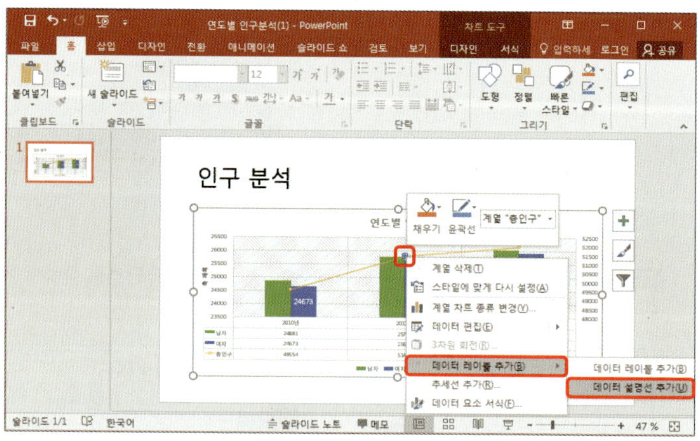

05 데이터 표가 화면에 표시되지 않도록 [차트 도구]–[디자인] 탭–[차트 레이아웃] 그룹–[차트 요소 추가]–[데이터 표]–[없음]을 선택한다.

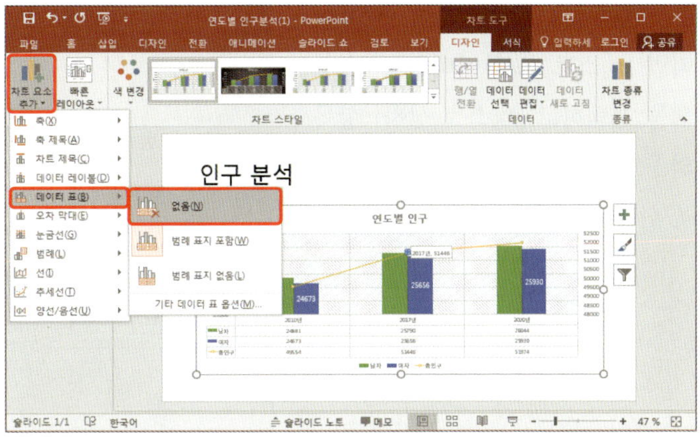

기본예제 7-5 차트 제목과 범례 서식 설정하기

차트에 표시되는 모든 요소는 각각의 특성에 따라 서식을 설정할 수 있다. 서식을 적절하게 설정하면 보기에도 좋고 전달력도 높은 차트로 만들 수 있다. 차트 제목과 축 제목, 범례 서식을 설정해 보자.

01 차트 제목을 선택하고 [차트 도구]–[서식] 탭–[WordArt 스타일] 그룹에서 [텍스트 채우기]를 [검정, 텍스트 1]로 변경하고, [텍스트 효과]–[반사]–[근접 반사, 터치]를 선택한다.

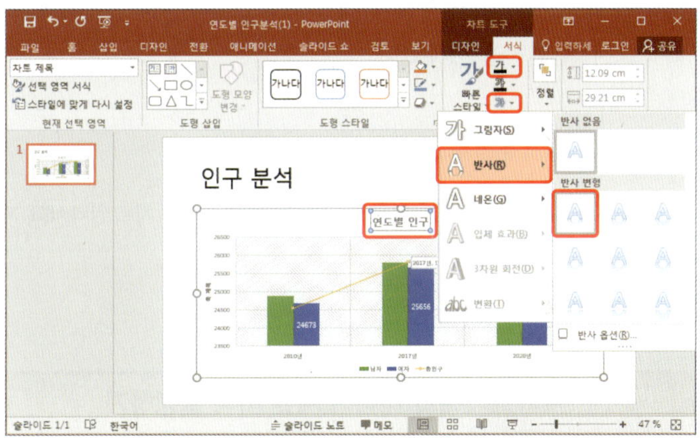

02 축 제목을 *인구수(단위:천명)*으로 수정하고 [차트 도구]–[서식] 탭–[현재 선택 영역] 그룹–[선택 영역 서식]을 클릭한다.

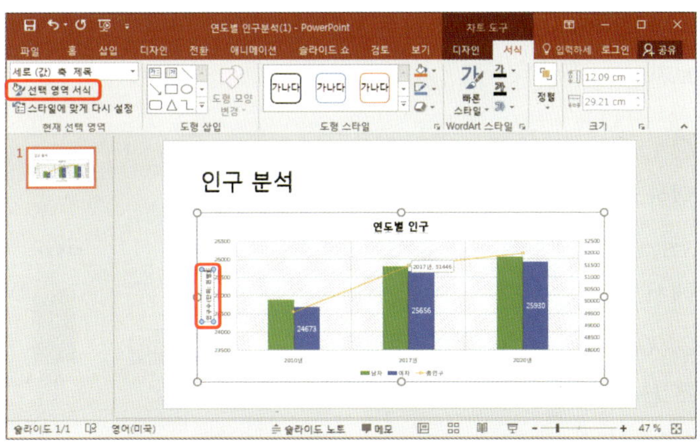

03 [축 제목 서식] 작업 창이 열리면 [텍스트 옵션]–[텍스트 상자] 탭을 선택하고 [텍스트 상자] 항목의 [텍스트 방향] 목록에서 [스택형]을 선택한다.

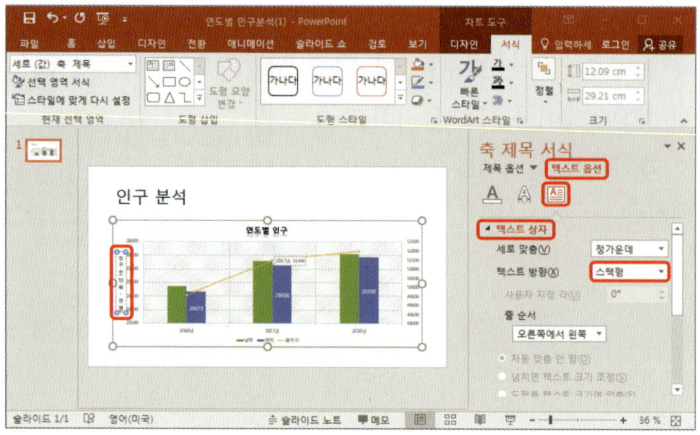

04 차트 아래쪽에 있는 범례를 선택하고 [범례 서식] 작업 창의 [범례 옵션] 항목의 [범례 옵션] 탭에서 [범례 옵션]–[범례 위치]를 [위쪽]으로 바꾸고 [범례를 차트와 겹치지 않게 표시]의 선택을 해제한다.

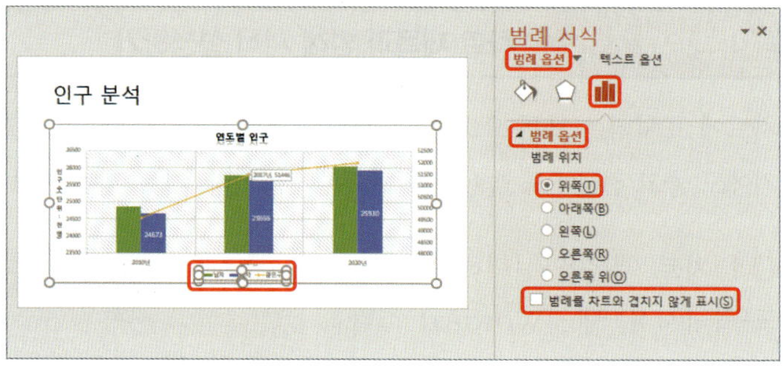

TIP [범례를 차트와 겹치지 않게 표시]를 선택하면 범례가 차트 영역 내에 자리를 차지하므로 그래프가 나타나는 그림 영역이 상대적으로 작아진다.

기본예제 7-6 축과 데이터 계열 서식 설정하기

차트의 그림 영역에 나타나는 그래프는 축 서식 설정에 따라 비교나 분석이 더 용이해질 수 있다. 축의 최솟값/최댓값이나 눈금 단위 등의 축 서식과 막대나 선의 채우기 색 등의 데이터 계열 서식을 설정해 보자.

01 차트에서 [세로 (값) 축]을 선택하고 [축 서식] 작업 창의 [축 옵션]–[축 옵션] 탭–[축 옵션] 항목에서 [경계]의 [최소]와 [최대]를 *24000*, *26400*, [단위]의 [주]와 [보조]를 *600*, *300*으로 설정한다.

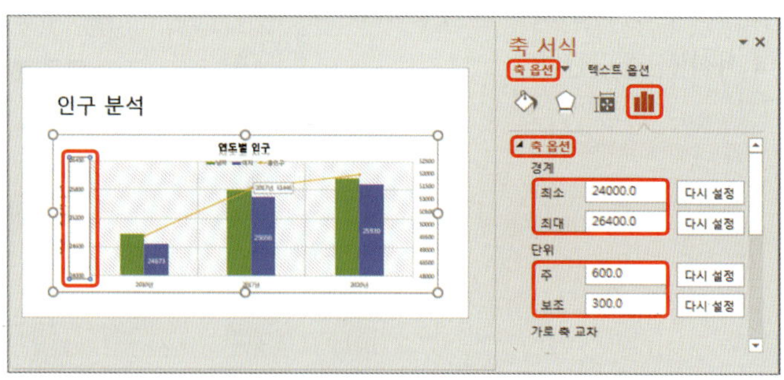

TIP 서식 작업 창의 옵션 탭 옆에 있는 [▼ 옵션] 단추를 클릭하고 요소를 선택해도 된다.

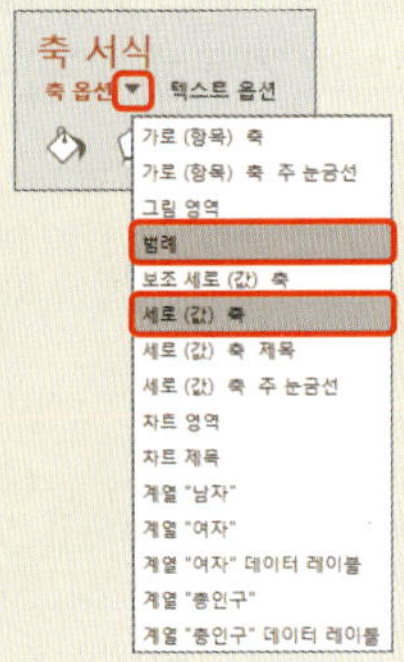

02 [축 서식] 작업 창의 [눈금] 항목에서 [보조 눈금]을 [교차]로 설정한다.

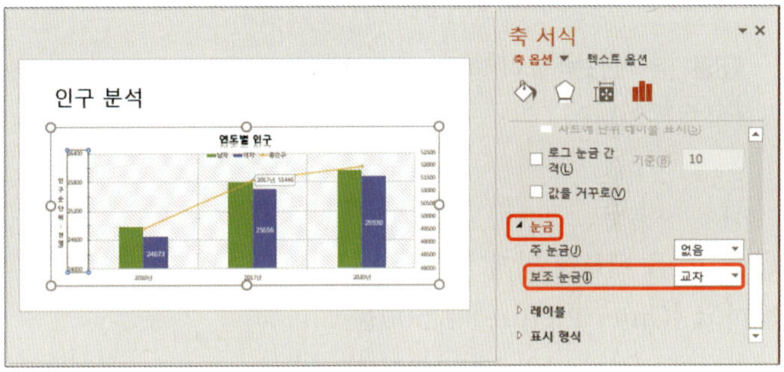

03 차트에서 [보조 세로 (값) 축]을 선택하고 [축 서식] 작업 창의 [축 옵션]–[축 옵션] 탭–[축 옵션] 항목에서 [단위]의 [주]를 *1500*으로 설정한다.

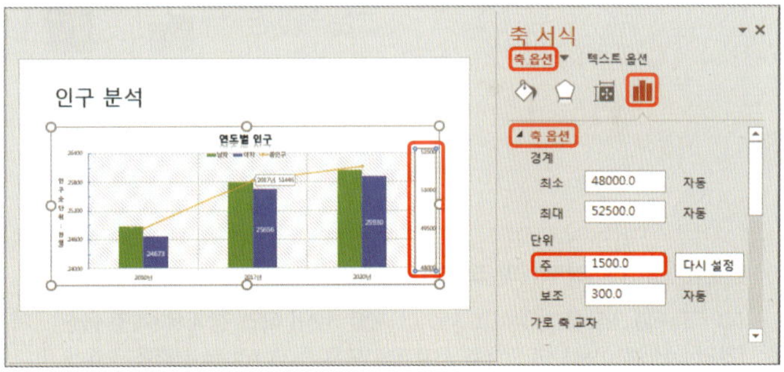

04 차트의 그림 영역에서 [계열 "남자" 요소 "2020년"] 막대를 두 번 클릭해 선택한다. [데이터 요소 서식] 작업 창의 [계열 옵션]–[채우기 및 선] 탭–[채우기] 항목에서 [그림 또는 질감 채우기]를 선택한다.

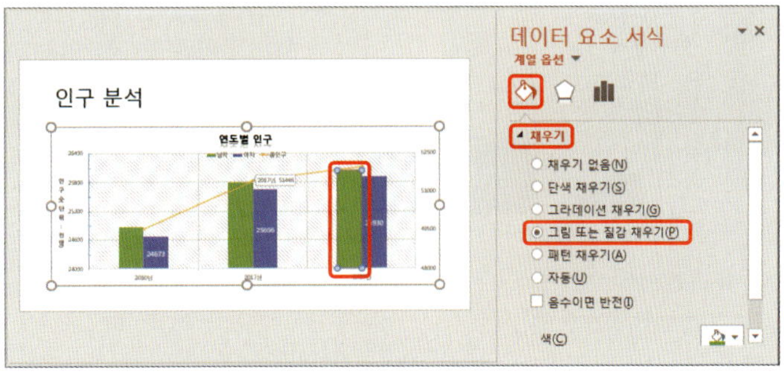

05 [온라인] 단추를 클릭하고 '사람'으로 검색한 뒤 원하는 그림을 찾아 삽입한다.

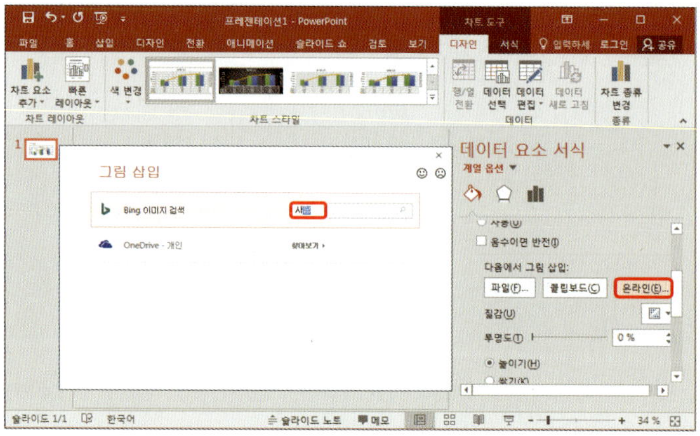

TIP [온라인] 단추를 이용해 그림을 삽입하려면 인터넷에 연결된 상태여야 한다. 실습 자료로 제공하는 '사람.jpg' 파일을 이용해도 된다.

06 [다음 배율에 맞게 쌓기]를 선택하고 [Units/Picture]에 500을 입력하면 데이터 막대에 500단위마다 그림이 하나씩 표시된다.

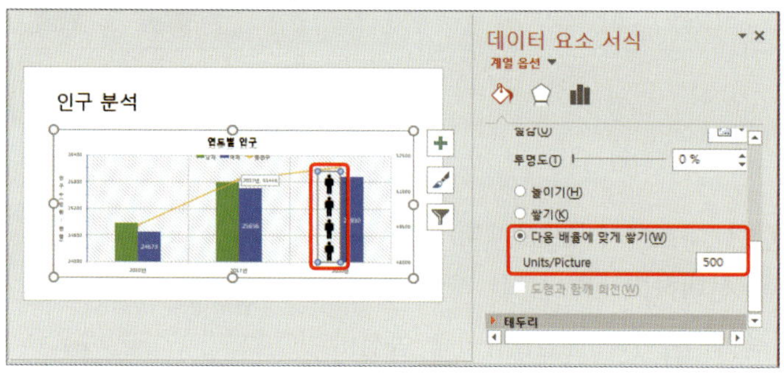

여기서 잠깐 **데이터 막대의 겹치기와 간격 너비 설정**

데이터 계열 막대를 선택하고 [데이터 계열 서식] 작업 창에서 [계열 옵션]-[계열 옵션] 탭-[계열 옵션] 항목의 [계열 겹치기]와 [간격 너비]를 이용하면 막대를 서로 겹치도록 하거나 항목 간격을 조절해 막대의 너비를 변경할 수 있다. [간격 너비]의 값이 작을수록 막대는 넓어진다.

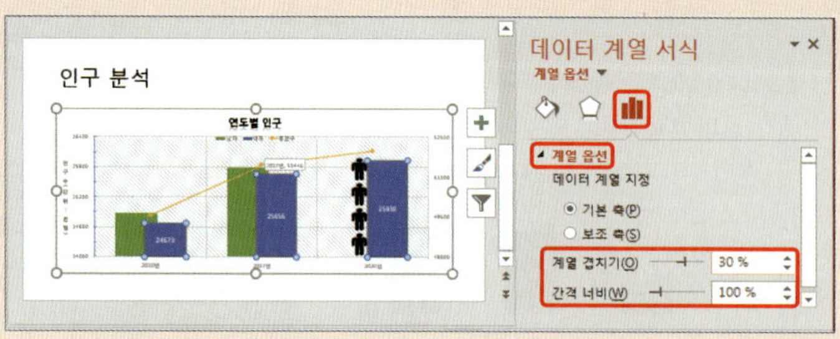

기본예제 7-7 꺾은선형 서식과 배경 서식 설정하기

꺾은선형 그래프의 선과 표식 설정을 하면 시간에 따른 값의 변화를 보기 쉽게 표현할 수 있어 차트의 가독성을 높일 수 있으며, 내용에 어울리는 그림을 넣거나 색상을 설정해 차트를 더 보기 좋게 만들 수 있다. 선과 표식 설정을 하고 배경에 그림을 넣어 보자.

01 차트에서 '총인구' 계열을 나타내는 선을 선택하고 [데이터 계열 서식] 작업 창의 [계열 옵션]–[채우기 및 선] 탭–[선]–[선] 항목에서 [색]은 [주황], [너비]는 [6pt]로 설정한다.

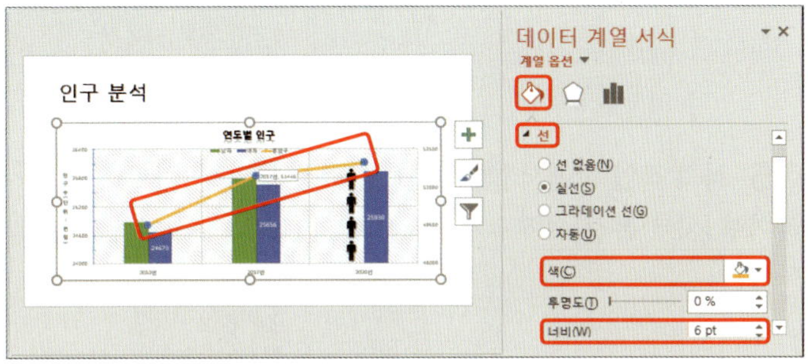

02 [데이터 계열 서식] 작업 창의 [계열 옵션]–[채우기 및 선] 탭에서 [표식]–[표식 옵션] 항목의 [기본 제공]을 선택하고 [크기]를 [20]으로 설정한다.

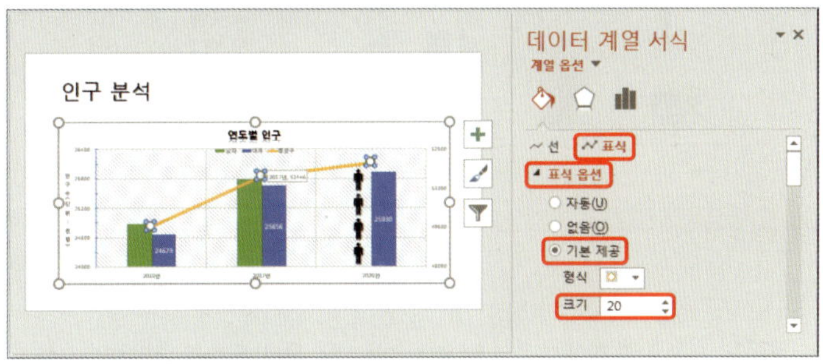

03 [표식]–[채우기] 항목의 [단색 채우기]를 선택한 후 [색]을 [흰색, 배경 1]로 설정한다.

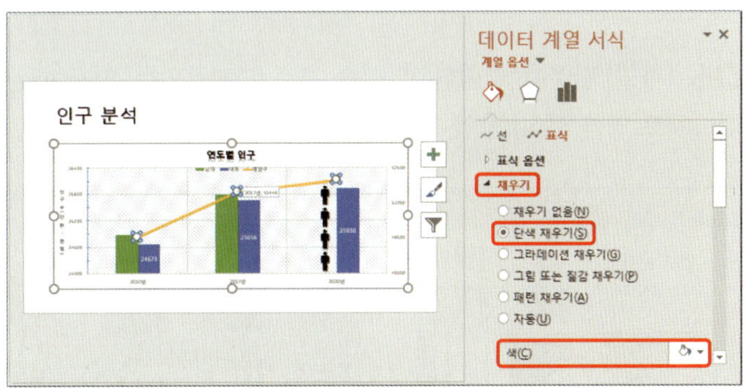

04 [표식]-[테두리] 항목에서 [색]은 [주황], [너비]는 [6pt]로 설정한다.

05 서식 작업 창에서 [▼ 옵션] 단추를 클릭해 [차트 영역]을 선택한다. [차트 영역 서식] 작업 창으로 바뀌면 [차트 옵션]-[채우기 및 선] 탭의 [채우기] 항목에서 [그림 또는 질감 채우기]를 선택한다.

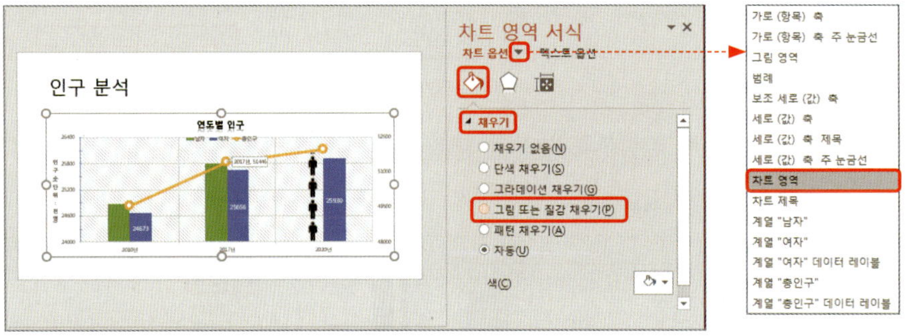

> **TIP** 서식 작업 창에서 옵션 탭 옆에 있는 [▼ 옵션] 단추를 클릭하면 서식 작업 창의 종류를 선택할 수 있다.

06 [파일] 단추를 클릭한 후 실습 자료로 제공되는 '인구.jpg' 파일을 찾아 선택하고 [삽입]을 클릭한다. [차트 영역 서식] 작업 창에서 [투명도]를 [85%]로 설정한다.

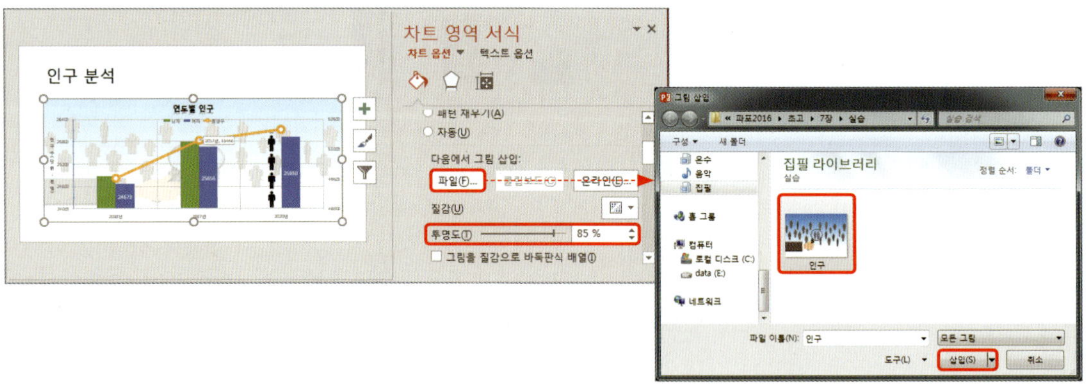

07 서식 작업 창에서 [▼ 옵션] 단추를 클릭해 [그림 영역]을 선택한다. [그림 영역 서식] 작업 창으로 바뀌면 [그림 영역 옵션]–[채우기 및 선] 탭의 [채우기] 항목에서 [채우기 없음]을 선택한다.

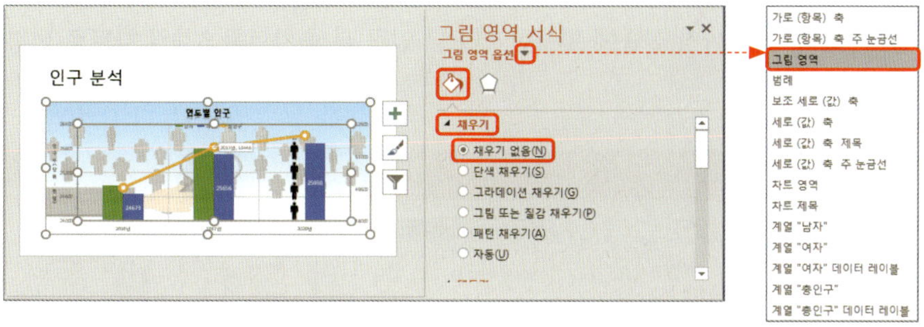

08 [테두리] 항목에서는 [선 없음]을 선택한다.

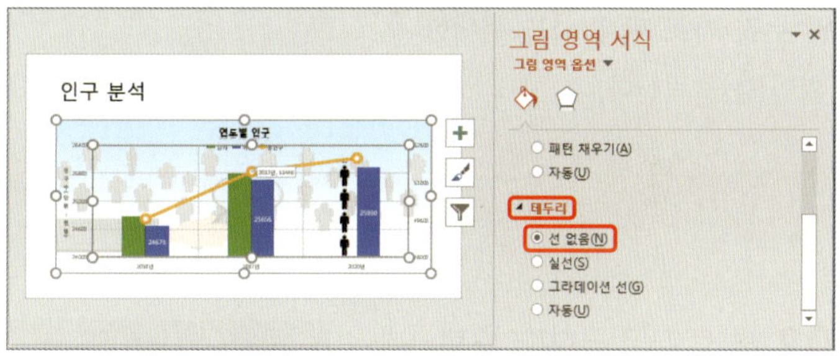

09 서식 작업 창에서 [▼ 옵션] 단추를 클릭해 [세로(값) 축]과 [가로(항목) 축 주 눈금선]을 각각 선택하고 [선] 항목에서 [선 없음]을 선택해 차트 배경 그림이 더 잘 보이도록 한다. 차트를 완성했으면 '연도별 인구분석(2).ppt'로 저장한다.

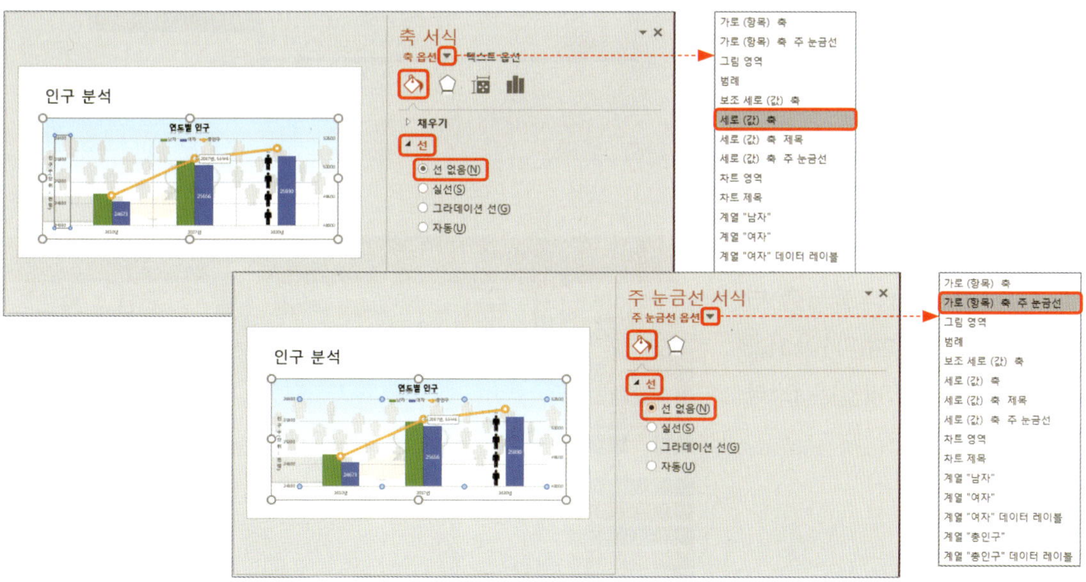

기본예제 7-8 3차원 차트의 서식 설정하기

3차원 차트를 활용하면 축이나 밑면, 옆면 등의 요소가 추가되어 각 요소별로 3차원 회전을 적용하거나 깊이 등의 속성을 설정할 수 있다. 지금까지 실습에 활용한 연도별 인구 분석 차트를 3차원 차트로 변경하고 서식을 설정해 보자.

01 [기본예제 7-7]에서 만든 차트를 선택하고 [차트 도구]–[디자인] 탭–[종류] 그룹–[차트 종류 변경]을 클릭한다. [차트 종류 변경] 대화상자에서 [가로 막대형]의 [3차원 누적 가로 막대형]을 선택한 후 [확인]을 클릭한다.

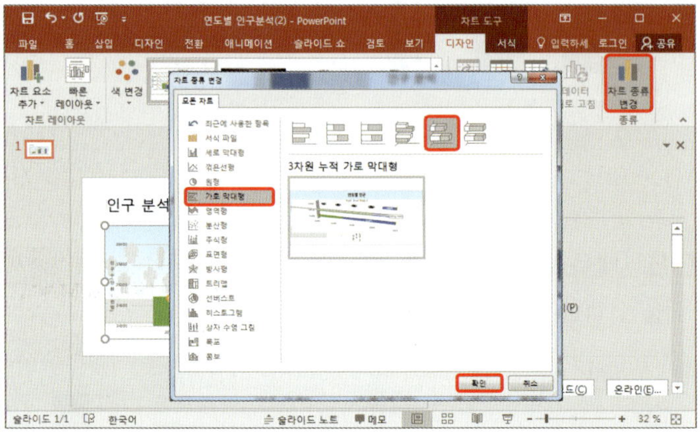

02 [차트 도구]–[디자인] 탭–[데이터] 그룹–[데이터 선택]을 클릭하고 [데이터 원본 선택] 대화상자에서 '총인구'의 선택을 해제한 후 [확인]을 클릭하고 엑셀 창도 닫는다.

TIP '2030년'과 '2040년'의 선택도 해제되어 있는 것을 확인한다.

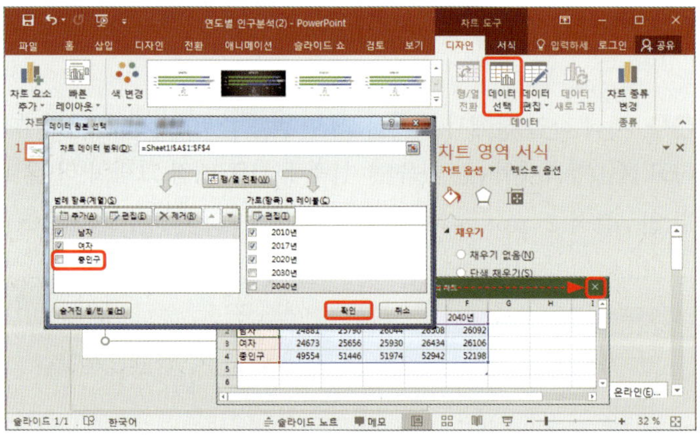

03 [차트 도구]–[디자인] 탭–[차트 스타일] 그룹–[색 변경] 목록에서 [색상형]의 [색 1]을 선택하고, [차트 스타일]은 [스타일 1]로 설정한다.

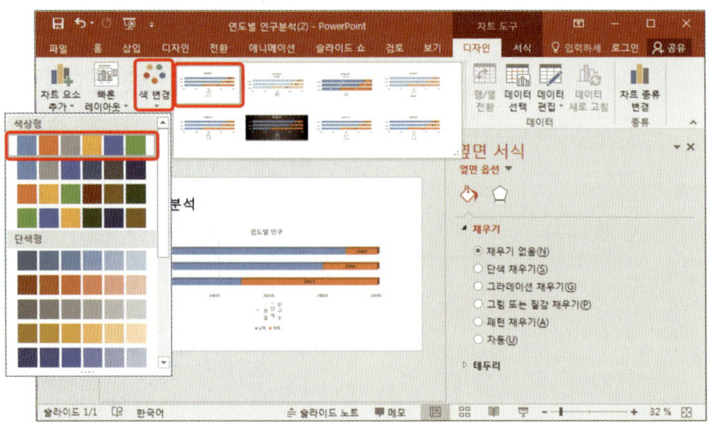

04 가로 축을 더블클릭해 [축 서식] 작업 창을 열고 [축 옵션]–[축 옵션] 탭–[축 옵션] 항목의 [경계]를 [최소]–[0], [최대]–[55000]으로 설정하고, [단위]는 [주]와 [보조] 옆의 [다시 설정]을 클릭해 [자동]으로 설정되도록 한다.

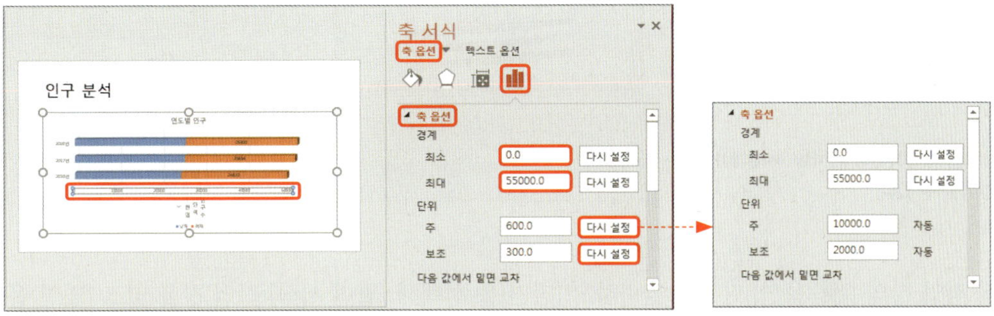

TIP 값을 임의로 설정하면 값 입력 상자 오른쪽에 [다시 설정] 단추가 다시 생긴다.

05 차트 아래쪽에 있는 축 제목을 클릭해 [축 제목 서식] 작업 창으로 바뀌면 [제목 옵션]–[크기 및 속성] 탭–[맞춤] 항목에서 [텍스트 방향]을 [가로]로 설정한다.

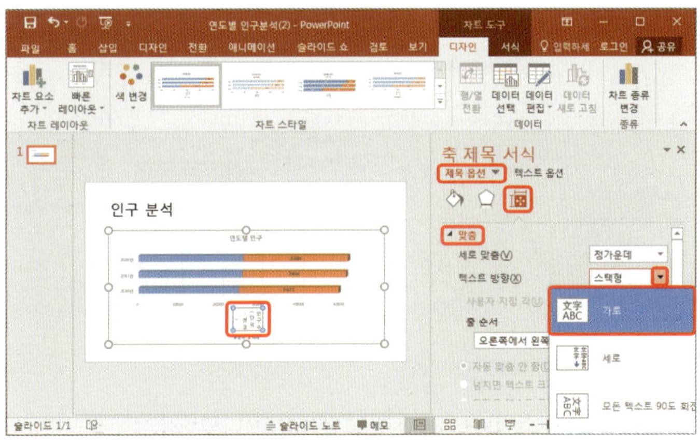

06 차트의 세로 축을 클릭해 [축 서식] 작업 창으로 바뀌면 [축 옵션]–[축 옵션] 탭–[축 옵션] 항목의 [가로 축 교차]를 [최대 항목]으로 설정해 가로 축을 그림 영역 위로 이동시킨다.

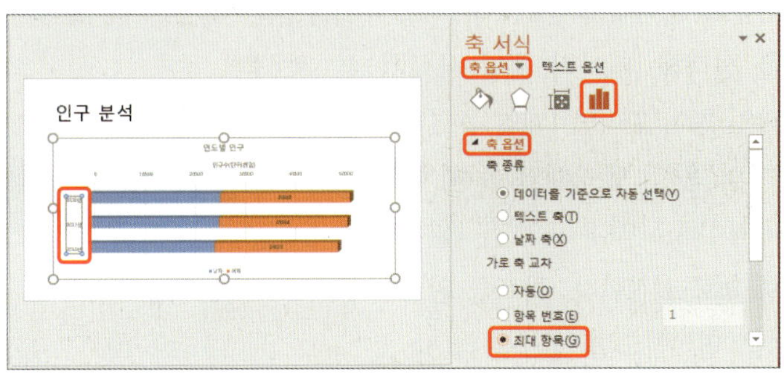

07 차트에서 그림 영역을 선택해 [그림 영역 서식] 작업 창을 열고 [그림 영역 옵션]–[효과] 탭–[3차원 회전] 항목에서 [직각으로 축 고정]의 선택을 해제하고 [원근감]을 [5°]로 설정한다.

TIP [직각으로 축 고정]의 선택을 해제해야 [원근감]을 설정할 수 있다.

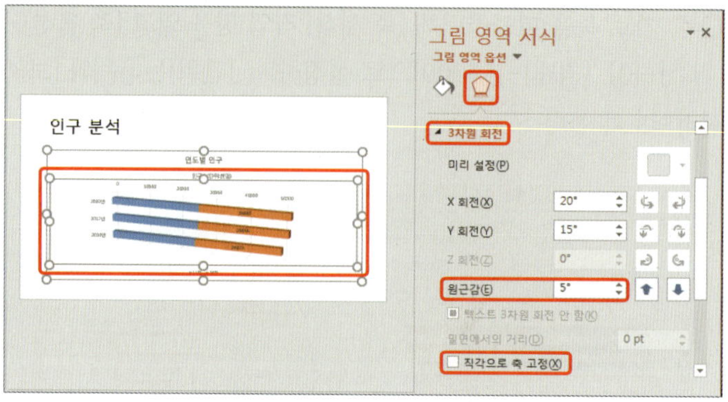

08 서식 작업 창의 [▼ 옵션] 단추를 클릭하고 [밑면]을 선택해 [밑면 서식] 작업 창을 열고 [밑면 옵션]–[채우기 및 선] 탭–[채우기] 항목에서 [단색 채우기]를 선택한다. 같은 방법으로 [옆면 서식] 작업 창에서는 [채우기]를 [단색 채우기]로, [뒷면 서식] 작업 창에서는 [그라데이션 채우기]로 설정한다.

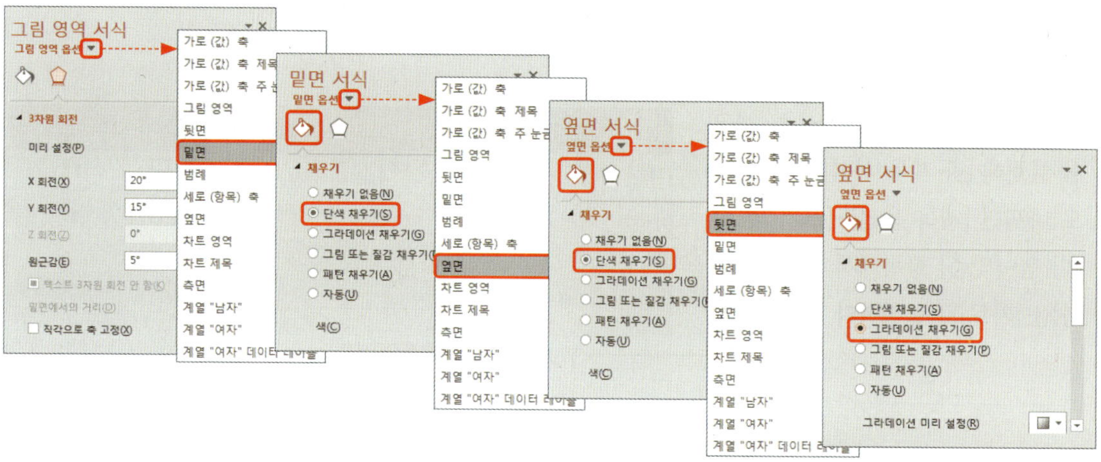

09 서식 작업 창의 [▼ 옵션] 단추를 클릭하고 [계열 "여자"]를 선택해 [데이터 계열 서식] 작업 창이 열리면 [계열 옵션]–[계열 옵션] 탭–[계열 옵션] 항목의 [세로 막대 모양]을 [원통형]으로 설정한다. 차트를 완성했으면 '연도별 인구분석(3).pptx'로 저장한다.

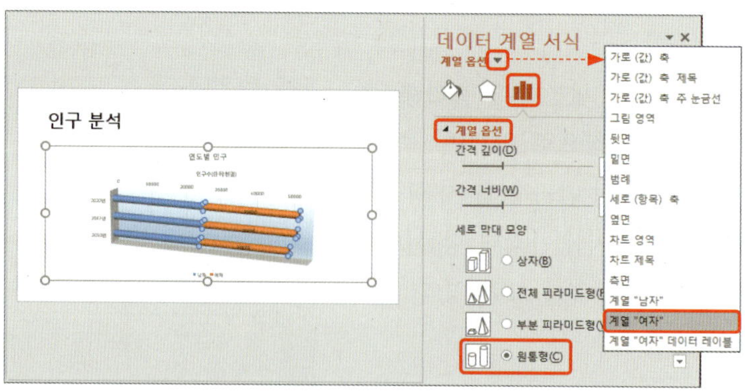

TIP [계열 "남자"]를 선택해도 [데이터 계열 서식] 작업 창이 열린다.

종합예제

오피스 2016 버전에서는 트리맵, 선버스트, 폭포, 상자 수염 그림과 같이 새롭게 추가된 다양한 종류의 차트를 선택할 수 있다. 계층 구조를 갖는 데이터를 표시하기에 좋은 선버스트 차트와 변동 데이터의 증감을 표시하기 좋은 폭포 차트를 만들어 보자.

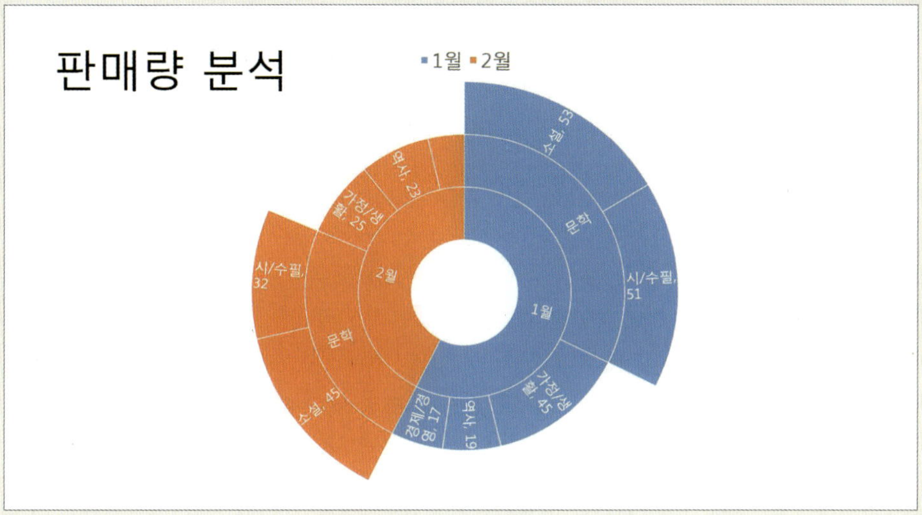

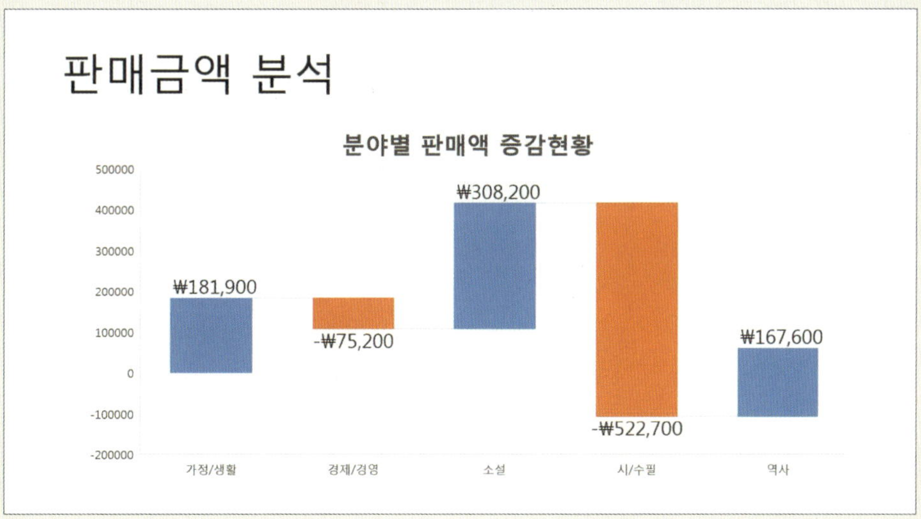

1 파워포인트를 실행하고 첫 화면에서 [새 프레젠테이션]을 선택한다. [홈] 탭–[슬라이드] 그룹–[슬라이드 레이아웃] 목록에서 [제목만]을 선택하고 제목 개체 틀에 *판매량 분석*을 입력한다.

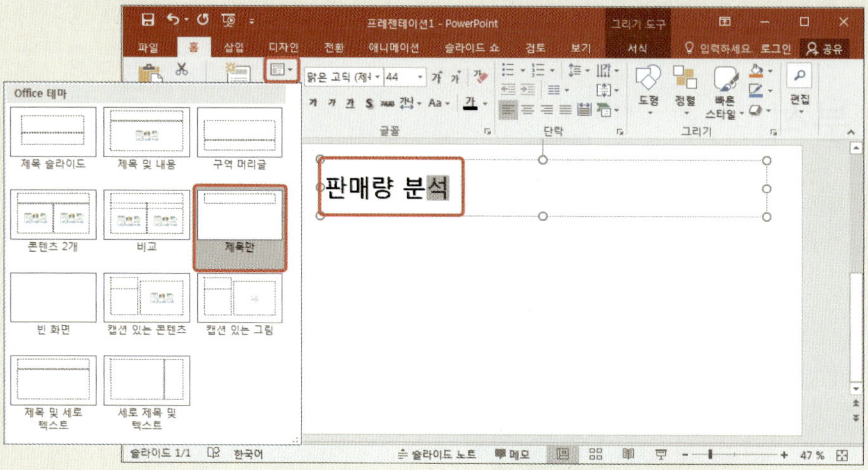

2 [삽입] 탭–[일러스트레이션] 그룹–[차트]를 클릭해 [차트 삽입] 대화상자가 열리면 [선버스트]의 [선버스트]를 선택하고 [확인]을 클릭한다.

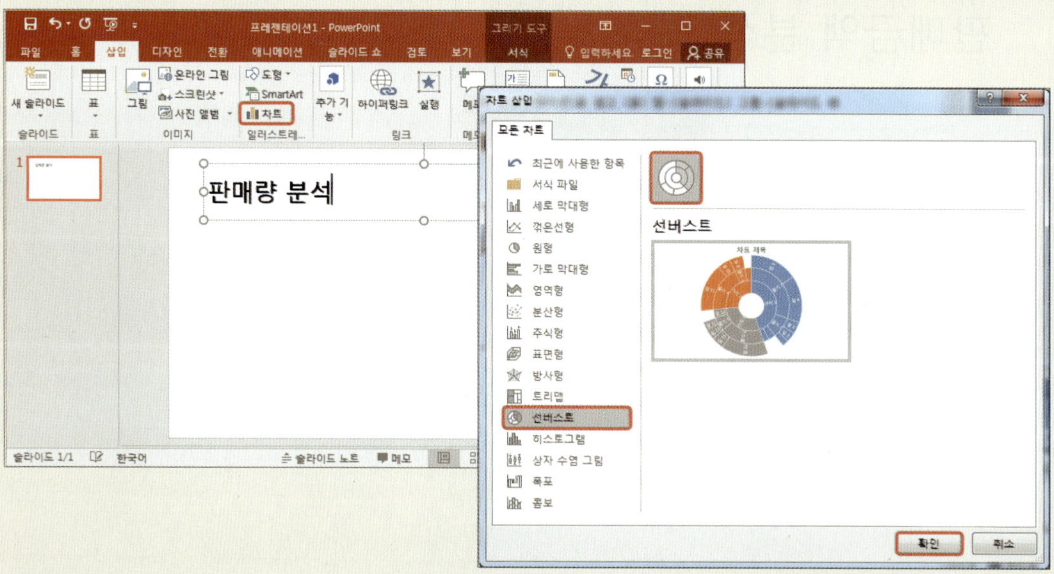

TIP 선버스트 차트는 대분류, 중분류, 소분류와 같은 계층 수준이 있는 데이터의 계층 구조를 나타내기에 좋다. 해당 계층의 값은 면적으로 표시된다.

3 데이터 편집을 위한 엑셀 창의 기존 데이터를 Ctrl+A로 모두 선택하고 Delete를 눌러 삭제한 후 그림과 같은 데이터를 입력한다. [차트 도구]–[디자인] 탭–[데이터] 그룹–[데이터 선택]을 클릭해 [데이터 원본 선택] 대화상자가 열리면 엑셀 창에서 입력한 범위를 선택해 [차트 데이터 범위]로 설정한 후 [확인]을 클릭한다.

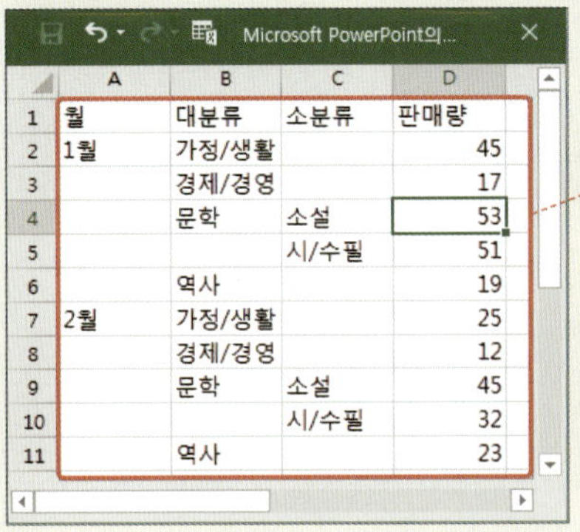

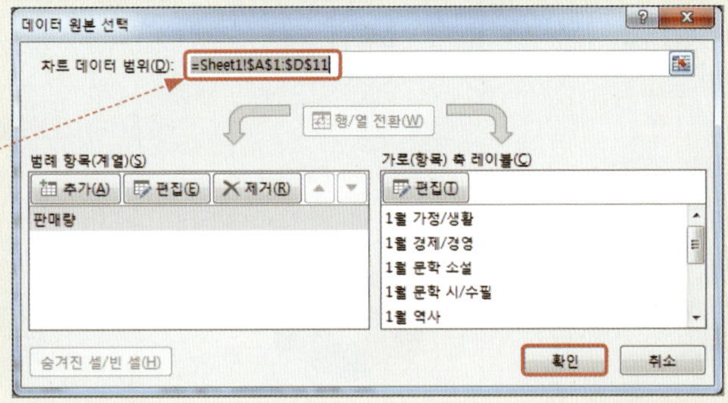

4 엑셀 창을 닫고 차트 오른쪽 위의 [+ 차트 요소] 단추를 클릭해 [차트 제목]의 선택을 해제하고 [데이터 레이블]과 [범례]를 선택한다.

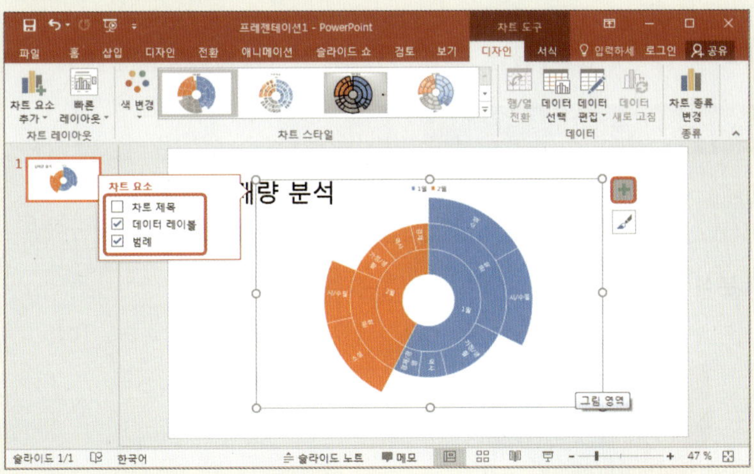

5 임의의 데이터 레이블을 선택하고 마우스 오른쪽 단추를 클릭해 [데이터 레이블 서식]을 선택한다. [데이터 레이블 서식] 작업 창이 열리면 [레이블 옵션]–[레이블 옵션] 탭의 [레이블 옵션] 항목에서 [레이블 내용]의 [값]을 추가로 선택한다.

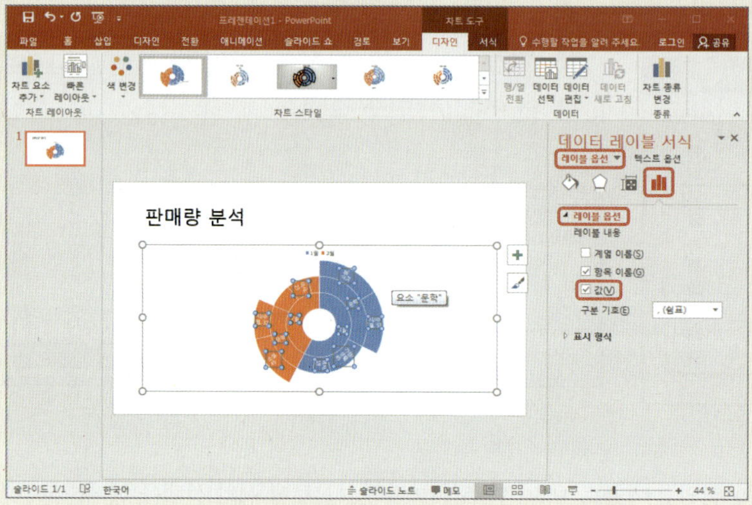

TIP '소설', '문학' 등의 데이터 레이블 중 하나를 선택하면 된다.

6 차트 크기를 조절하고 범례와 데이터 레이블의 글꼴 크기도 더 크게 설정해 가독성을 높인다.

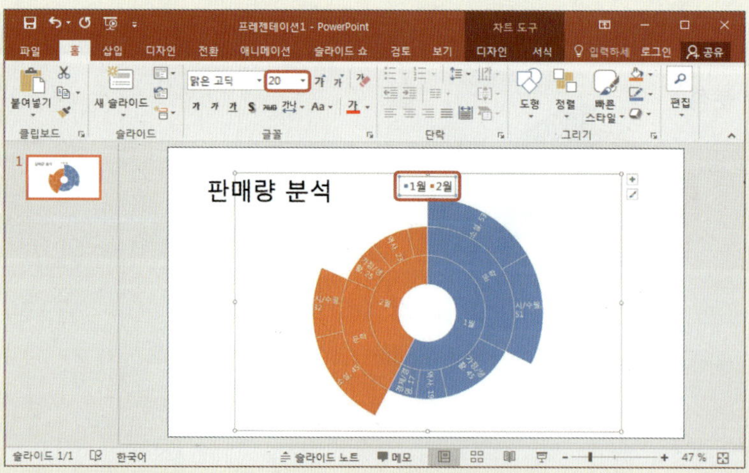

7 [홈] 탭–[슬라이드] 그룹–[새 슬라이드] 목록에서 [제목만]을 선택해 슬라이드를 추가하고 제목 개체 틀에 *판매금액 분석*을 입력한다.

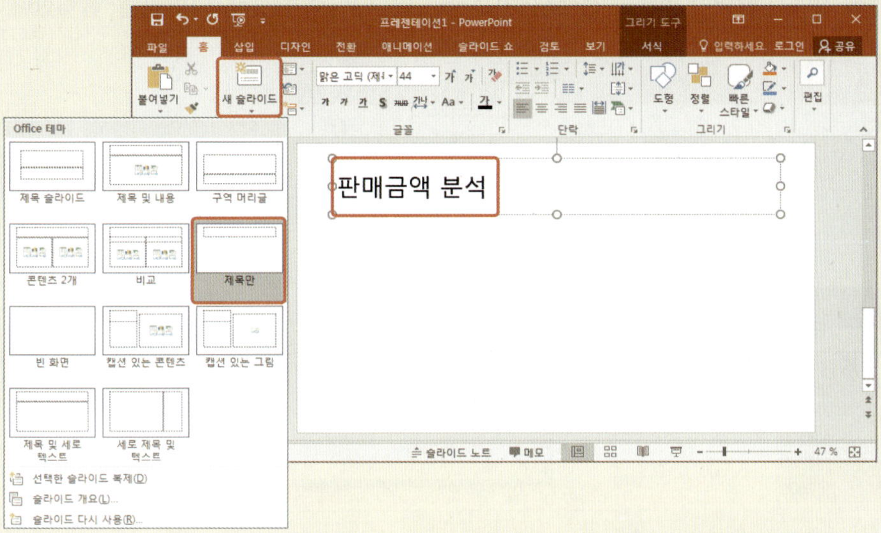

8 [삽입] 탭–[일러스트레이션] 그룹–[차트]를 클릭해 [차트 삽입] 대화상자가 열리면 [폭포]의 [폭포]를 선택하고 [확인]을 클릭한다.

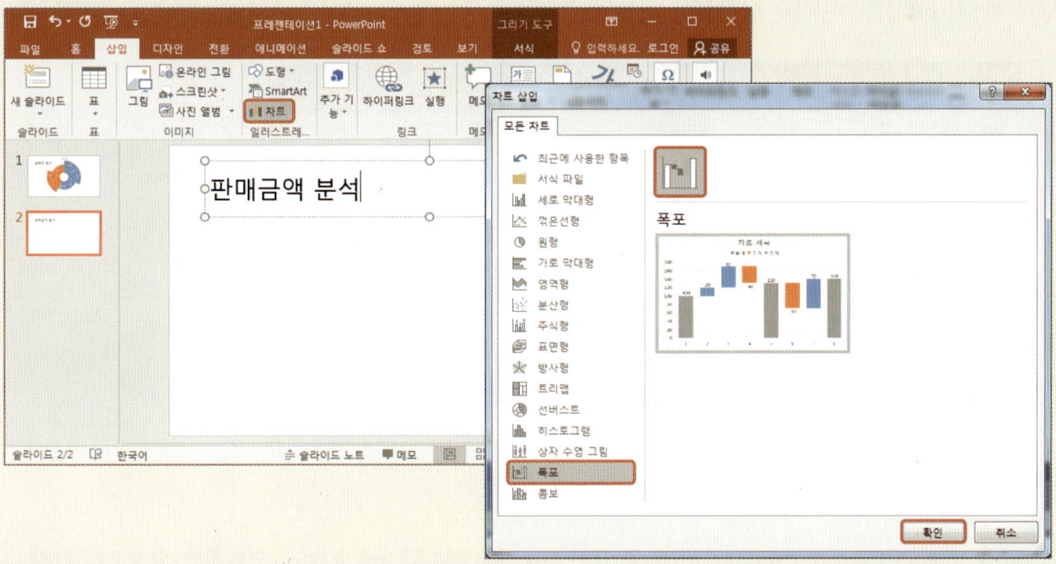

9 엑셀 창의 기존 데이터를 Ctrl+A로 모두 선택하고 Delete를 눌러 삭제한 후 그림과 같은 데이터를 입력한다. [차트 도구]–[디자인] 탭–[데이터] 그룹–[데이터 선택]을 클릭해 [데이터 원본 선택] 대화상자가 열리면 엑셀 창에서 입력한 범위를 선택해 [차트 데이터 범위]로 설정하고 [확인]을 클릭한다.

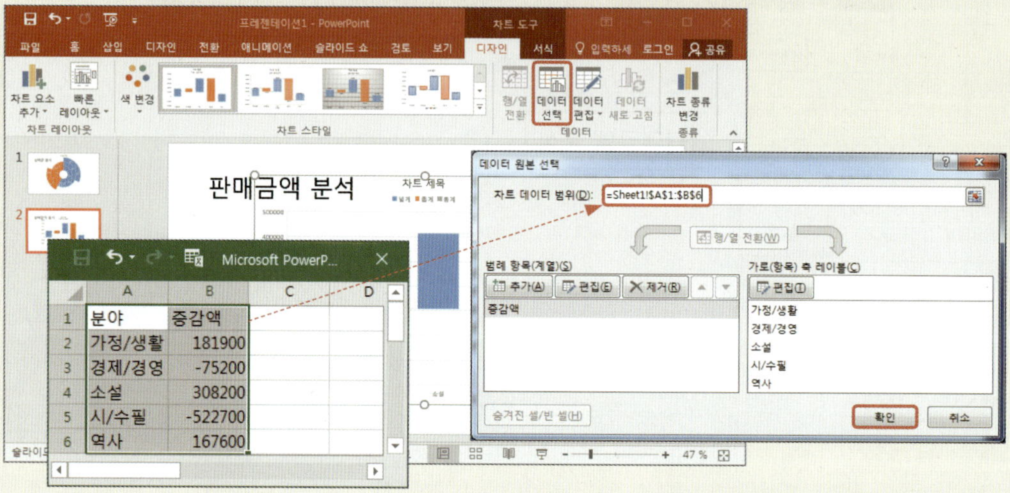

10 엑셀 창을 닫고 임의의 데이터 막대 중 하나를 마우스 오른쪽 단추로 클릭해 [데이터 계열 서식]을 선택한다. [데이터 계열 서식] 작업 창이 열리면 [계열 옵션]–[계열 옵션] 탭의 [계열 옵션] 항목에서 [간격 너비]를 [75%]로 설정한다.

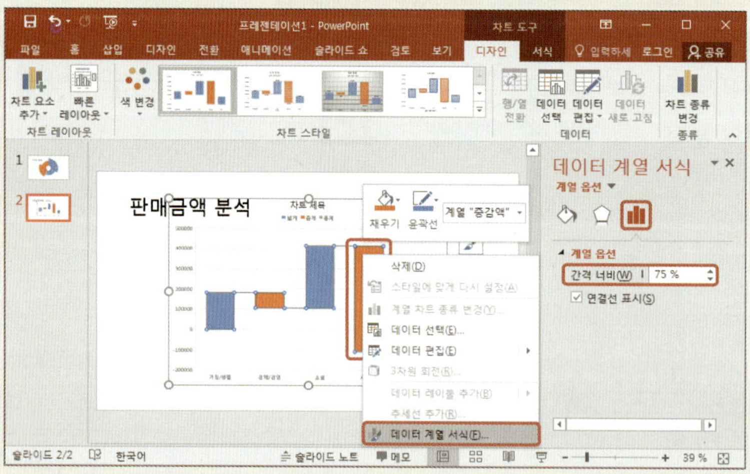

TIP 폭포 차트에서는 첫 번째 막대를 제외한 중간값은 부동 막대 모양이다. 바로 앞 막대를 연결해 양수와 음수의 색상을 다르게 설정함으로써 다음 막대를 표시하는 형태로, 다리형 차트라고도 한다.

11 [차트 도구]–[디자인] 탭–[차트 레이아웃] 그룹–[차트 요소 추가]–[데이터 레이블]–[바깥쪽 끝에]를 선택한다.

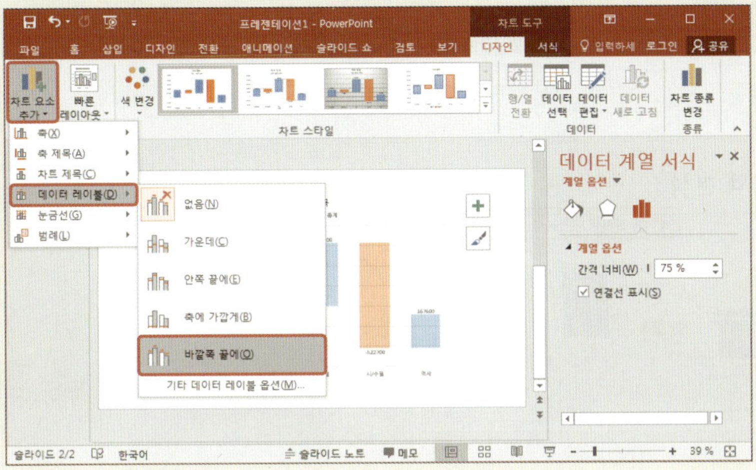

12 임의의 데이터 레이블을 선택하고 [홈] 탭–[글꼴] 그룹에서 [글꼴 크기]를 [20]으로 변경한 후 [데이터 레이블 서식] 작업 창의 [레이블 옵션]–[레이블 옵션] 탭–[표시 형식] 항목에서 [범주]를 [회계]로 설정한다.

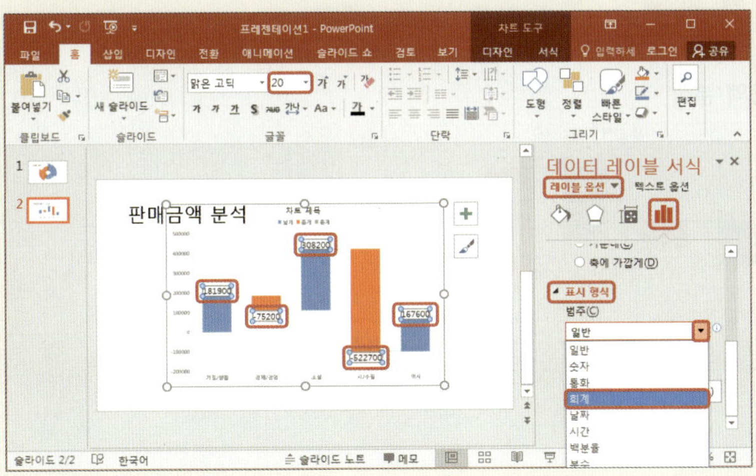

13 차트 제목을 *분야별 판매액 증감현황*이라고 입력한 후 제목 전체를 블록 설정해 [홈] 탭–[글꼴] 그룹에서 [글꼴 크기]를 [24]로 설정하고 [굵게]를 적용한다. 차트 크기와 위치를 보기 좋게 조절한다.

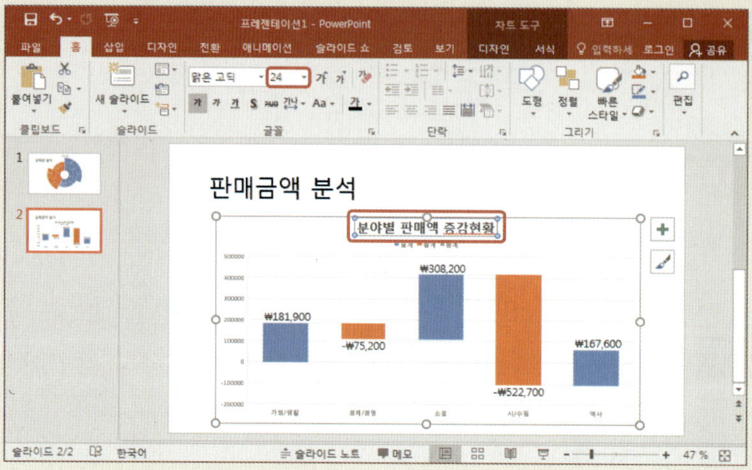

14 차트 오른쪽 위의 [+ 차트 요소] 단추를 클릭해 [눈금선]과 [범례]의 선택을 해제한다.

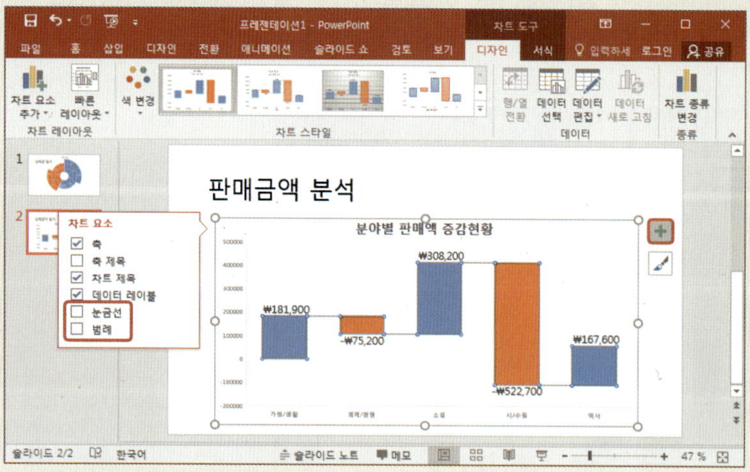

연습 문제

1 다음 지시대로 슬라이드에 차트를 작성하시오.

❶ 슬라이드에 [3차원 세로 막대형] 차트를 삽입하고 다음과 같은 데이터를 입력하시오.

	6월	12월
페이스북	354	320
인스타그램	250	345
밴드	206	195
카카오스토리	190	175

❷ 차트 제목을 그림과 같이 입력하고 [글꼴]은 [HY헤드라인M], [글꼴 크기]는 [32]로 설정한 후 [차트 제목 서식] 작업 창의 [텍스트 옵션]–[텍스트 효과] 탭–[반사] 항목에서 [근접 반사, 8pt 오프셋]으로 설정하시오.

❸ 차트 요소를 추가해 데이터 레이블을 표시("12월"의 값은 [빨강]으로 텍스트 채우기)하고, 범례는 차트 요소에서 제거하시오.

❹ [데이터 계열 서식] 작업 창에서 [세로 막대 모양]을 [원통형]으로 설정하시오.

❺ 옆면과 밑면의 [채우기]를 [그라데이션 채우기]로 설정하시오.

❻ [그림 영역 서식] 작업 창에서 [효과] 탭–[3차원 회전] 항목의 [직각으로 축 고정]을 해제하시오.

❼ [축 서식] 작업 창을 열고 [축 옵션]–[축 옵션] 탭의 [축 옵션] 항목에서 [경계]와 [단위]를 그림과 같이 되도록 설정하시오.

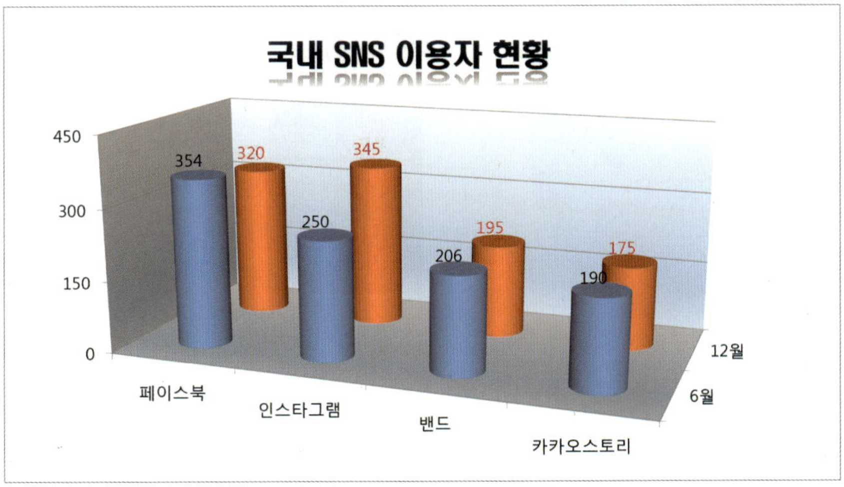

2 슬라이드에 다음과 같은 원형 차트를 작성하시오.

❶ 다음 데이터를 이용해 [원형 대 가로 막대형] 차트를 슬라이드에 삽입하시오.

평가종류	배점
중간고사	35
기말고사	35
출석	5
발표	10
리포트	10
퀴즈	5

❷ 범례 요소는 제거하고, 데이터 레이블과 차트 제목을 그림과 같이 설정하시오.

❸ 차트 영역 서식은 [패턴 채우기]를 선택해 임의의 패턴으로 설정하시오.

❹ 차트의 색은 [색상형]의 [색 2]로 변경하시오.

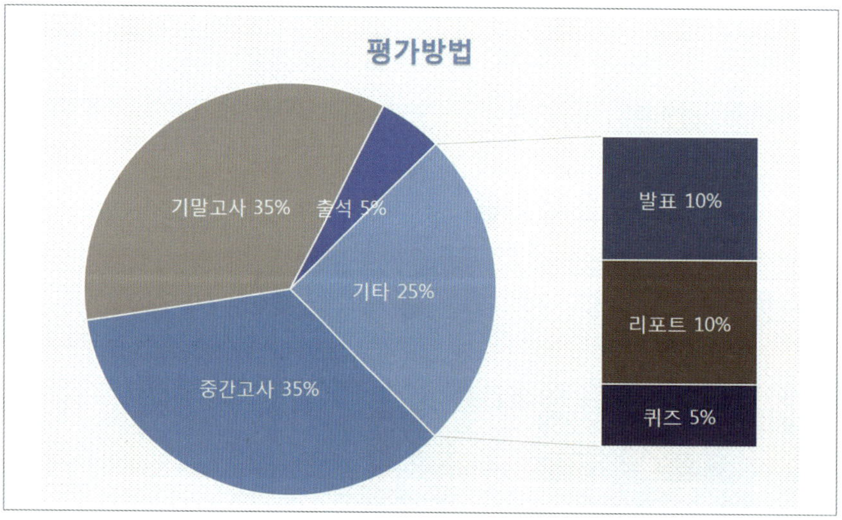

CHAPTER

08

그림 활용

학습목표

- 그림을 삽입하고 그림 도구로 편집할 수 있다.
- 그림을 배경 서식으로 활용할 수 있다.

SECTION 01 그림 삽입과 편집하기

여러 문장으로 나타낼 내용을 강렬한 인상의 그림이나 사진으로 대신하면 정보 전달력을 높일 수 있다. 그래서 프레젠테이션에서는 텍스트 대신 이미지 정보를 종종 활용한다. 파워포인트에서는 손쉽게 그림을 삽입할 수 있을 뿐 아니라 다양한 도구를 이용해 그림을 자르거나 밝기, 선명도, 색조와 채도 등의 편집 작업도 할 수 있다.

1.1 그림 삽입

슬라이드에 그림을 삽입하거나 복제하고 크기를 조절하거나 위치를 이동하는 작업은 도형이나 스마트아트 개체와 동일하다. 그림을 삽입하는 다양한 방법을 알아보자.

기본예제 8-1 다양한 방법으로 그림 삽입하기

파워포인트에서는 컴퓨터에 저장되어 있는 그림을 삽입하거나 온라인에서 검색한 그림을 삽입할 수 있다. 슬라이드에 필요한 그림을 삽입해 보자.

01 파워포인트를 실행하고 [자르기] 서식 파일을 선택한 후 [만들기]를 클릭한다.

02 제목에 *COFFEE*, 부제목에 *푸드 스토리*를 입력하고, [그리기 도구]-[서식] 탭-[WordArt 스타일] 그룹-[빠른 스타일] 목록에서 [무늬 채우기 - 밤색, 강조 3, 좁은 가로선, 안쪽 그림자]를 각각 적용한다.

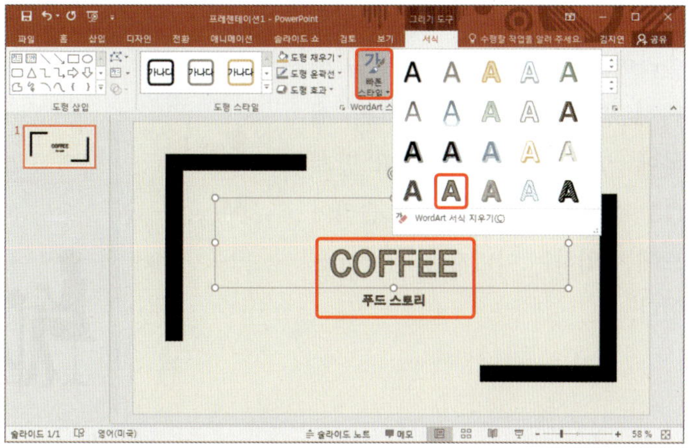

03 [삽입] 탭-[이미지] 그룹-[그림]을 클릭해 [그림 삽입] 대화상자가 열리면 '커피.jpg' 파일을 찾아 선택하고 [삽입]을 클릭한다.

TIP '커피.jpg' 파일은 실습 자료를 제공하는 'source' 폴더에서 찾을 수 있다.

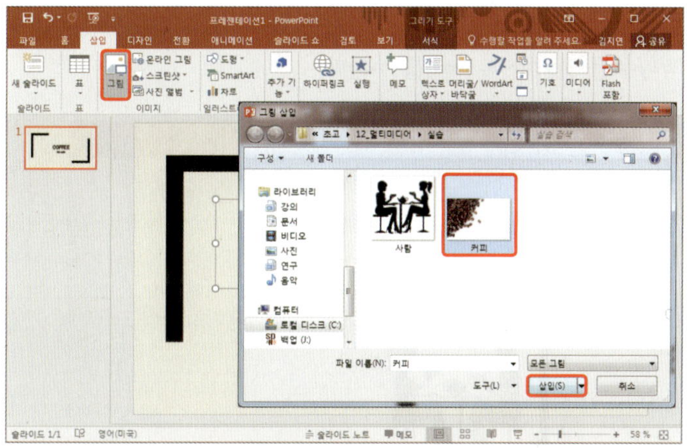

04 삽입된 그림을 선택하고 드래그해 위치를 이동하고, 크기 조절 핸들을 드래그해 크기도 조절한다. [그림 도구]-[서식] 탭-[정렬] 그룹-[뒤로 보내기] 목록에서 [맨 뒤로 보내기]를 선택해 그림이 제목과 부제목을 가리지 않도록 한다.

TIP 사람, 동물, 풍경 사진 등의 경우 그림 크기를 조절할 때 가로와 세로의 비율이 유지되지 않으면 보기에 좋지 않다. 이런 경우 Shift를 누른 채로 크기 조절 핸들을 드래그하면 비율을 유지한 채로 크기를 변경할 수 있다.

05 [홈] 탭–[슬라이드] 그룹–[새 슬라이드] 목록에서 [제목만]을 선택해 슬라이드를 추가한다. 제목에 *커피 열매*를 입력하고 단계 **03~04**를 반복한다. 이때 슬라이드에 삽입하는 이미지는 '사람.jpg'이다.

06 [삽입] 탭–[이미지] 그룹–[온라인 그림]을 클릭해 [그림 삽입] 대화상자를 열고 검색 입력란에 *커피나무*를 입력한 후 Enter를 누른다.

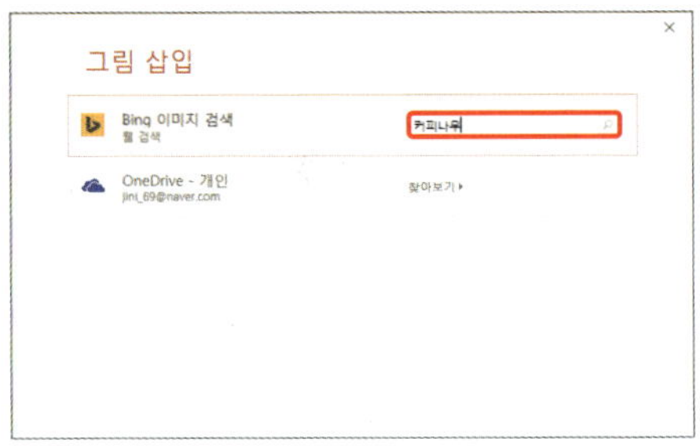

07 검색 결과 중에서 원하는 그림을 선택하고 [삽입]을 클릭하면 슬라이드에 그림이 삽입된다.

여기서 잠깐 **그림 검색 조건 설정하기**

오피스 프로그램에서는 온라인 그림을 검색할 때 마이크로소프트에서 만든 Bing 검색엔진을 사용하는데, 검색 조건으로 크기, 유형, 색, 저작권을 필터링할 수 있다. 예를 들어 배경이 투명하고 공유가 가능한 그림만 검색하려면 [유형]-[투명]과 [Creative Commons만]을 선택하면 된다.

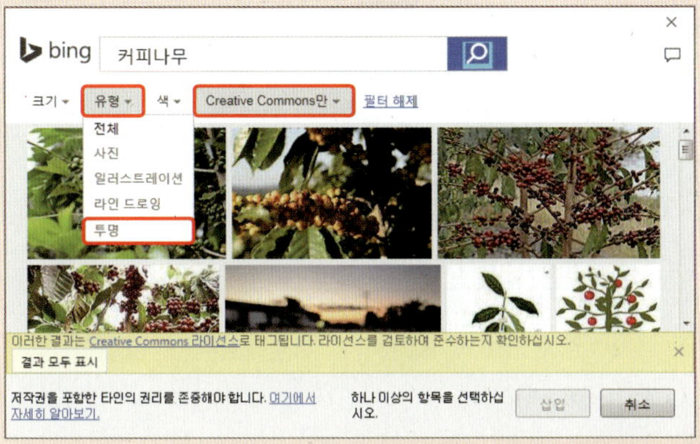

Creative Commons는 저작물 이용에 대한 사전 허락 표시라고 할 수 있는데, 저작물에 대한 이용 조건만 따르면 자유롭게 사용할 수 있다.

기본예제 8-2 화면 캡처로 그림 삽입하기

파워포인트 2010부터 추가된 스크린샷 기능을 사용하면 현재 실행중인 프로그램의 전체 창이나 필요한 영역을 캡처할 수 있다. 스크린샷 기능을 사용해 슬라이드에 그림을 삽입해 보자.

01 인터넷 익스플로러나 구글 크롬과 같은 웹브라우저를 실행하고 *커피열매* 이미지를 검색한다.

02 파워포인트의 [삽입] 탭-[이미지] 그룹-[스크린샷]-[화면 캡처]를 선택한다.

TIP [사용할 수 있는 창]에 현재 실행 중인 프로그램 목록이 표시된다. 창 전체를 그림으로 삽입하려면 여기에서 선택하면 된다.

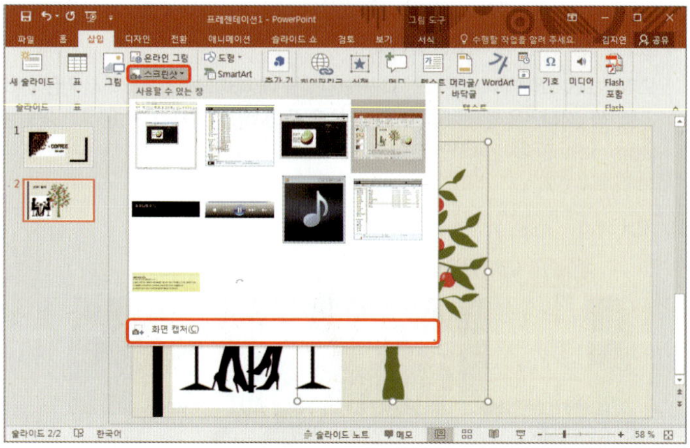

03 캡처할 영역을 드래그해 선택한다.

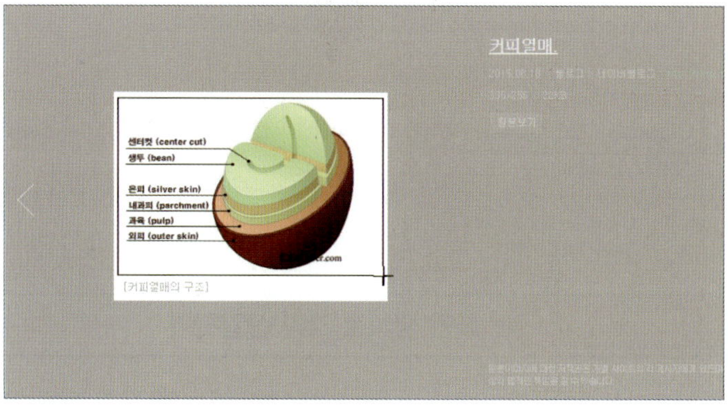

TIP 캡처할 화면이 있는 작업 창을 미리 스크린에 활성화해야 한다.

04 캡처한 영역이 슬라이드에 그림으로 추가되면 선택하고 드래그하여 그림 위치를 변경한다.

1.2 그림 효과와 그림 편집

슬라이드에 삽입한 그림을 선택하면 [그림 도구]–[서식] 탭이 활성화되어 그림 편집에 필요한 여러 도구를 이용할 수 있게 된다. 그림의 배경 제거, 자르기, 선명도와 밝기 조절하기, 꾸밈 효과 적용 등 그림 편집 기능을 사용하는 방법을 알아본다.

기본예제 8-3 그림의 배경 제거와 투명한 색 설정하기

파워포인트에서는 [배경 제거]와 [투명한 색 설정] 기능을 이용해 필요하지 않은 배경이나 그림의 특정 영역을 제거할 수 있다. 슬라이드에 삽입한 그림의 배경과 색을 제거해 보자.

01 [기본예제 8–1]에서 만든 제목 슬라이드에서 삽입한 '커피.jpg' 그림을 선택하고 [그림 도구]–[서식] 탭–[조정] 그룹–[배경 제거]를 클릭한다.

02 붉은 색으로 표시되는 부분이 제거할 배경이 된다. 크기 조절 핸들을 드래그해 제거할 영역을 결정하고 그림 바깥 영역을 클릭하면 선택한 영역의 배경이 제거된다.

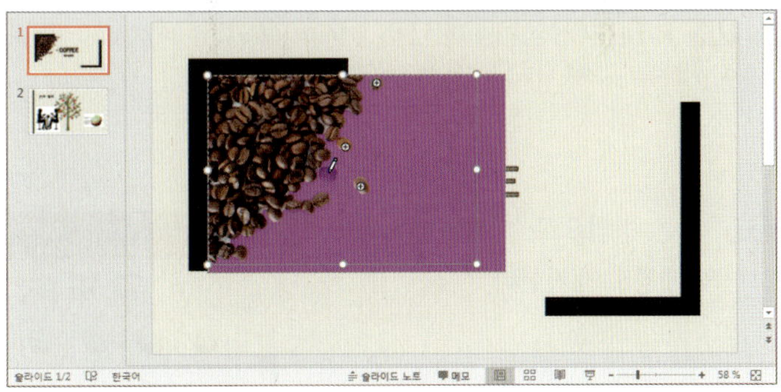

TIP 제거할 영역이 선택된 상태에서 활성화되는 [배경 제거] 탭의 [고급 검색] 그룹에서 [보관할 영역 표시]나 [제거할 영역 표시]를 클릭한 후 그림의 해당 영역을 선택하면 보관하거나 제거할 영역을 세밀하게 선택할 수 있다.

03 두 번째 슬라이드에 삽입한 '사람.jpg' 그림을 선택하고 [그림 도구]–[서식] 탭–[조정] 그룹–[색]–[투명한 색 설정]을 선택한다.

04 마우스 포인터가 모양으로 변경되면 그림의 배경 영역을 클릭해 선택한다.

TIP [투명한 색 설정] 기능 대신 단계 01~02에서 다룬 [배경 제거] 기능을 사용해도 되지만 이처럼 배경과 전경이 명확하게 구분되는 그림의 경우 [투명한 색 설정]이 더 간편하다.

05 같은 방법으로 '커피열매.jpg' 그림의 배경도 제거한다.

기본예제 8-4 그림 수정과 색, 효과 설정하기

파워포인트에서도 포토샵과 같은 이미지 편집 프로그램에서 할 수 있는 선명도나 밝기/대비 조절, 색 채도나 색조 변경 등을 수행할 수 있다. 또, 이미지 편집 프로그램의 필터 효과와 비슷한 꾸밈 효과를 이용해 스케치나 필름 등의 효과를 적용하거나, 그림 스타일을 변경해 테두리나 그림자 등을 설정할 수도 있다. 그림에 다양한 효과를 적용해 보자.

01 '사람.jpg' 그림을 선택하고 [그림 도구]–[서식] 탭–[조정] 그룹–[수정] 목록에서 [선명도 조절]의 [선명하게: 25%]를 선택한다.

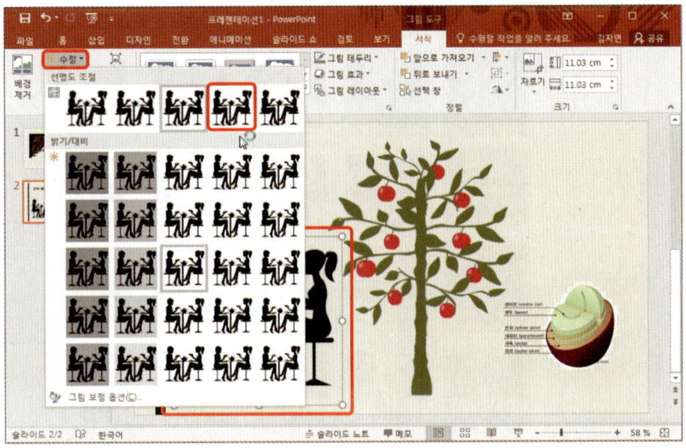

여기서 잠깐 ▶ 선명도 조절

선명도는 가운데의 원본을 기준으로 25% 단위로 좌/우 각각 두 가지 옵션을 선택할 수 있다. 슬라이드에 삽입한 그림의 화질이 떨어진다면 선명도를 조금 높여 화질 개선 효과를 얻을 수 있다. 반대로 선명도를 낮추면 그림을 부드럽게 표현할 수 있다.

02 '사람.jpg' 그림을 선택한 상태로 [그림 도구]–[서식] 탭–[조정] 그룹–[수정] 목록에서 [밝기/대비]의 [밝기: +20%, 대비: +20%]를 선택한다.

여기서 잠깐 **밝기/대비 조절**

밝기를 조절하면 그림을 밝게 또는 어둡게 수정할 수 있다. 대비는 밝은 부분과 어두운 부분의 차이를 의미하므로 대비를 높이면 밝은 부분과 어두운 부분에 경계가 생겨 그림이 또렷해지는 효과가 생긴다. 선명도와 밝기/대비를 더 세밀하게 변경하려면 [그림 보정 옵션]을 선택한다.

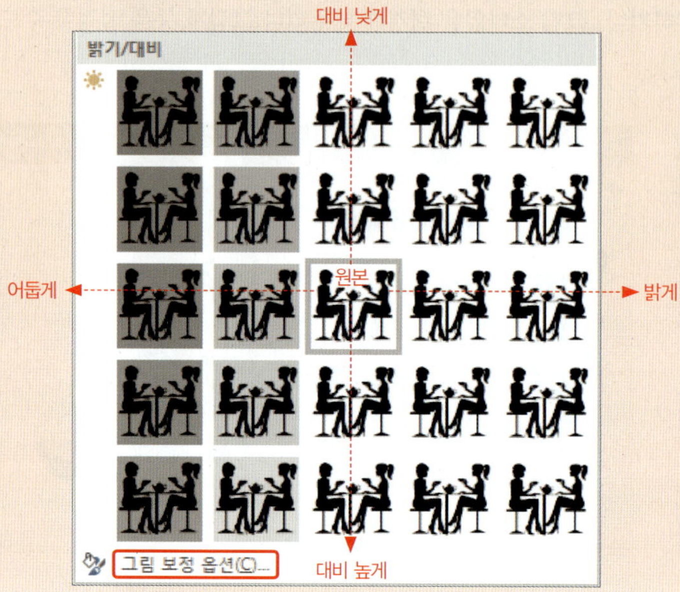

03 '사람.jpg' 그림을 선택하고 [그림 도구]–[서식] 탭–[조정] 그룹–[색] 목록에서 [다시 칠하기]의 [녹색, 밝은 강조색 4]를 선택한다.

여기서 잠깐 **색 채도와 색조 조절**

색 채도와 색조를 조절하면 그림의 색 농도나 온도, 톤을 변경할 수 있다. 색 채도가 높을수록 색이 강해지고, 색조가 높을수록 따뜻한 느낌이 든다.

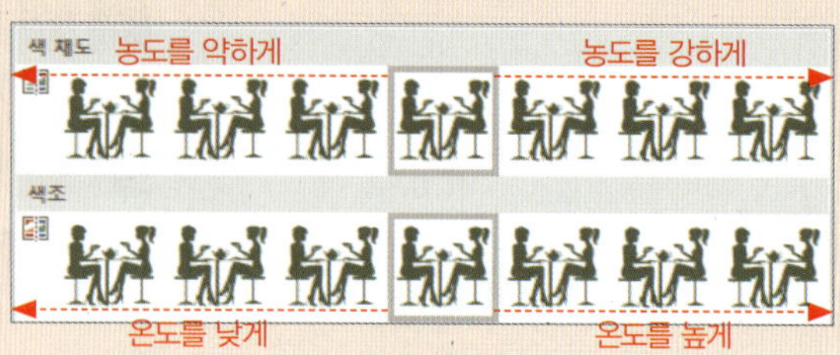

여기서 잠깐 **다시 칠하기**

그림의 전체적인 색상 톤을 변경하는 다시 칠하기 기능을 이용하면 원본 그림을 흑백이나 다홍처럼 다른 색으로 바꿀 수 있다. 다시 칠하기 목록에 없는 색상으로 바꾸려면 [기타 변형]을 선택하고 색을 고르면 된다.

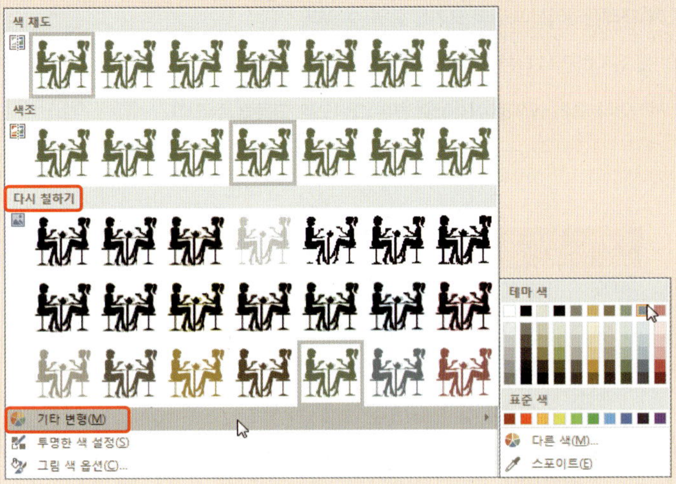

04 '사람.jpg' 그림을 선택하고 [그림 도구]-[서식] 탭-[조정] 그룹-[꾸밈 효과] 목록에서 [플라스틱 워프]를 선택한다.

여기서 잠깐 **꾸밈 효과**

꾸밈 효과를 그림에 적용하면 파스텔이나 연필로 그린 것처럼 변형하거나 카메라 필터 기능 등의 특수 효과를 그림에 적용할 수 있다. 꾸밈 효과를 취소하려면 맨 윗줄의 원본 그림을 다시 선택하고, 꾸밈 효과의 세부 속성은 [꾸밈 효과 옵션]을 선택해 변경할 수 있다.

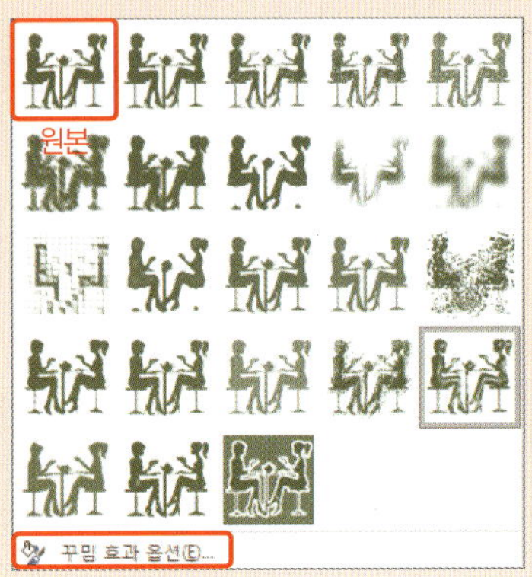

여기서 잠깐 **그림 조정 도구**

[그림 도구]의 [서식] 탭-[조정] 그룹에 있는 [그림 압축], [그림 바꾸기], [그림 원래대로] 도구는 다음과 같은 목적으로 사용할 수 있다.

- **그림 압축:** 그림을 압축 후 저장하여 전체 프레젠테이션 파일의 크기를 줄일 수 있다.
- **그림 바꾸기:** 선택한 그림의 서식과 크기를 유지하면서 다른 그림으로 변경할 수 있다.
- **그림 원래대로:** 선택한 그림에 설정한 서식이나 크기 설정을 취소하고 원본 그림으로 되돌릴 수 있다.

05 '사람.jpg' 그림을 선택한 상태로 [그림 도구]-[서식] 탭-[그림 스타일] 그룹-[그림 효과]-[그림자]-[원근감]의 [원근감 대각선 왼쪽 위]를 선택한다.

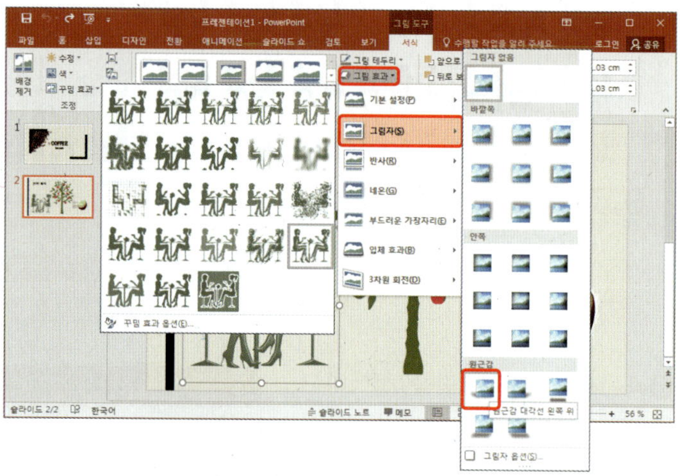

TIP [그림 스타일] 그룹의 [자세히] 단추를 클릭하면 미리 설정된 서식 스타일을 선택할 수 있다. 선택한 스타일에 따라 그림 테두리나 그림 효과를 빠르게 적용할 수 있다.

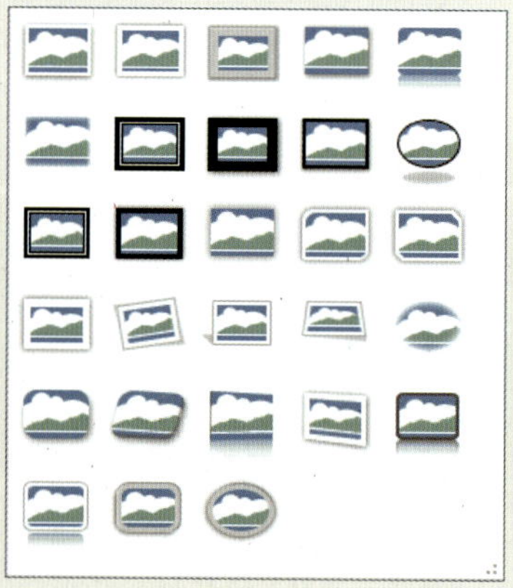

기본예제 8-5 개체 회전과 자르기

도형이나 개체 틀에 그림을 삽입할 때 틀에 맞추려고 그림을 확대하거나 축소하면 높이와 너비의 비율이 달라져 어색해질 수 있다. 이런 경우에는 이미지를 틀에 맞게 자르는 것이 훨씬 보기 좋다. 다른 이미지 편집 프로그램을 사용하지 않아도 파워포인트에서 제공하는 자르기 도구를 이용하면 이런 작업을 편리하게 수행할 수 있다. 그림에서 필요한 부분만 자르고 회전해 보자.

▲ 그림 크기를 변경한 경우

▲ 그림 자르기를 사용한 경우

01 '사람.jpg' 그림을 선택하고 [그림 도구]–[서식] 탭–[크기] 그룹–[자르기]–[도형에 맞춰 자르기]–[기본 도형]의 [사다리꼴]을 선택한다.

02 사다리꼴로 표시되는 부분이 그림에서 잘릴 영역이다. 이 영역을 조정하기 위해 [그림 도구]–[서식] 탭–[크기] 그룹–[자르기]–[자르기]를 선택한다.

03 자르기 핸들을 드래그하거나 그림을 드래그해 원하는 부분을 선택한다. 선명하게 표시되는 부분이 슬라이드에 남게 된다. 자르기 작업을 끝내려면 그림 바깥을 클릭한다.

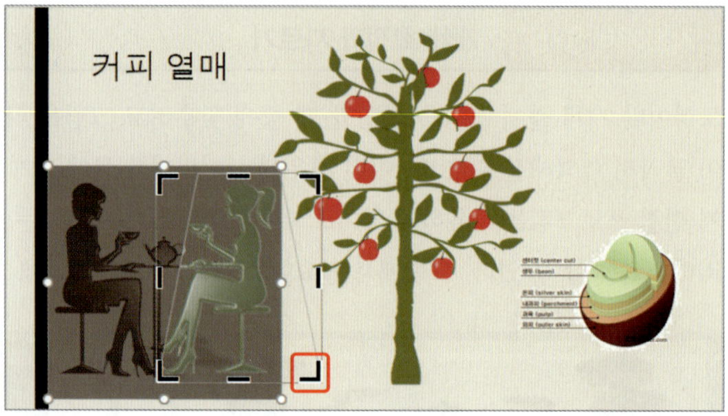

04 그림을 회전하기 위해 [그림 도구]–[서식] 탭–[정렬] 그룹–[개체 회전]–[좌우 대칭]을 선택하고 위치를 이동해 적절하게 배치한다.

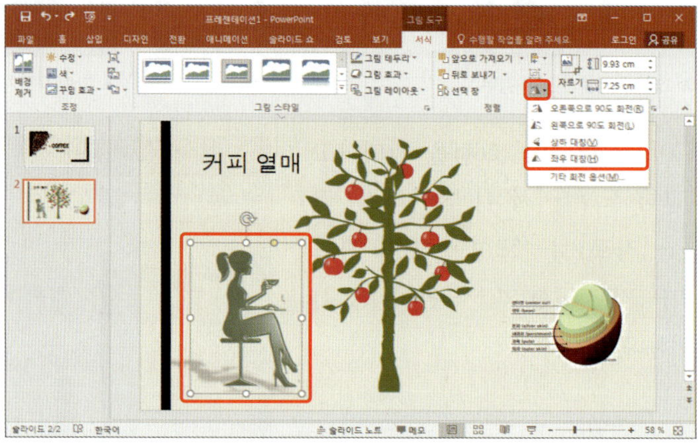

05 [삽입] 탭–[일러스트레이션] 그룹–[도형] 목록에서 [기본 도형]의 [눈물 방울]을 선택한다.

06 커피 열매 그림과 같은 위치에 도형을 그리고 [그리기 도구]–[서식] 탭–[정렬] 그룹에서 [뒤로 보내기]를 클릭해 그림 뒤로 보낸다. [도형 스타일] 그룹에서 [도형 채우기]는 [채우기 없음]으로, [정렬] 그룹에서 [개체 회전]은 [좌우 대칭]으로 설정한다.

여기서 잠깐 **설정한 서식 그대로 그림 바꾸기**

슬라이드에 삽입한 그림을 자르기나 회전, 색이나 꾸밈 효과 등으로 조정한 후 다른 그림으로 바꿔야 하는 경우, 그림을 지우고 다시 작업을 반복할 필요는 없다. [그림 도구]–[서식] 탭–[조정] 그룹–[그림 바꾸기]를 클릭해 바꾸고자 하는 다른 그림을 찾아 선택하면 기존 그림에 적용되어 있던 설정이 그대로 적용된 상태로 그림만 변경된다.

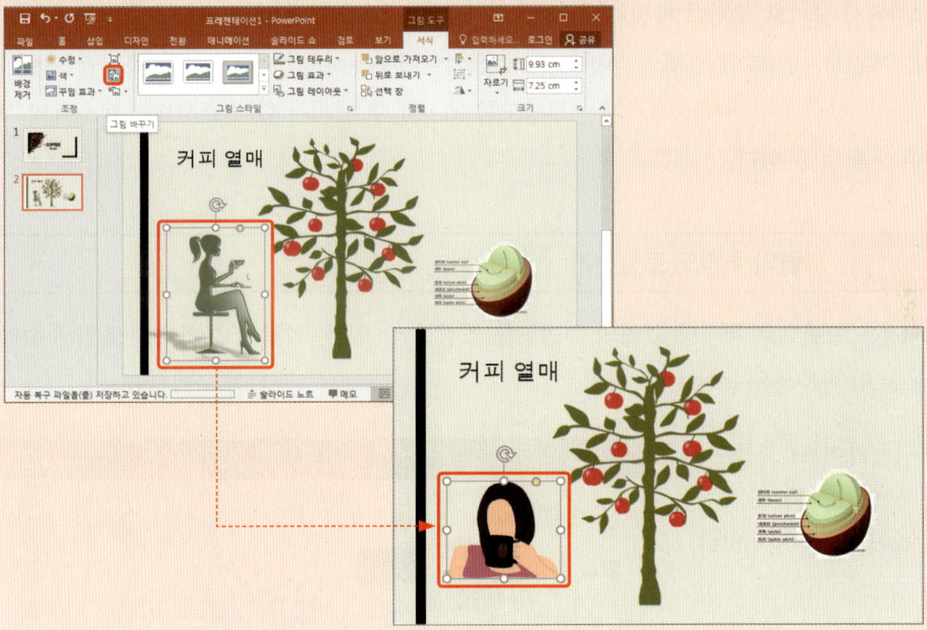

SECTION 02

그림 활용하기

프레젠테이션에서 시각적 효과를 사용해 전달력을 높이고자 할 때 그림을 사용하는데, 그림만 보여줄 수도 있지만 그림을 배경으로 텍스트를 보여주거나 그림과 텍스트를 함께 배치할 수도 있다. 이때 그림의 상태로 인해 텍스트의 가독성이 떨어진다면 투명도를 조절하거나 그라데이션 효과를 이용해 그림과 텍스트를 적절하게 배치할 수 있다.

2.1 투명도 효과

[기본예제 8-3]에서 살펴본 것처럼 파워포인트의 그림 도구는 그림의 특정 색을 지정하여 투명하게 설정하는 기능은 제공하지만 그림 전체의 투명도를 설정하는 기능은 제공하지 않는다. 하지만 도형이나 슬라이드의 배경을 그림으로 채우는 경우에는 투명도를 조절할 수 있어서 함께 표시되는 텍스트의 가독성을 높이는 효과를 낼 수 있다.

기본예제 8-6 그림의 투명도 조절하기

슬라이드의 배경을 그림으로 채우면 그림의 투명도를 조절할 수 있다. 그림의 투명도를 조절해 슬라이드에 있는 텍스트의 가독성을 높여 보자.

01 [홈] 탭–[슬라이드] 그룹–[새 슬라이드] 목록에서 [제목 및 내용]을 선택해 새 슬라이드를 삽입한다.

02 삽입한 슬라이드의 제목과 내용을 그림과 같이 입력하고, 내용 개체 틀의 [글꼴]을 [돋움(본문)], [굵게], [글꼴 크기]는 [32], [줄 간격]은 [1.5]로 설정한다.

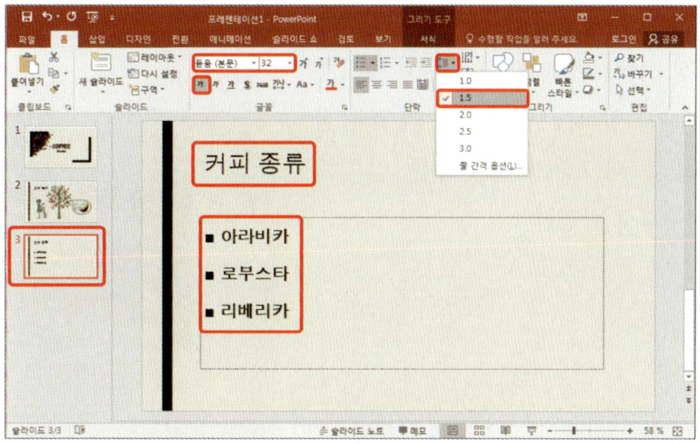

03 [디자인] 탭–[사용자 지정] 그룹–[배경 서식]을 클릭해 [배경 서식] 작업 창을 연다.

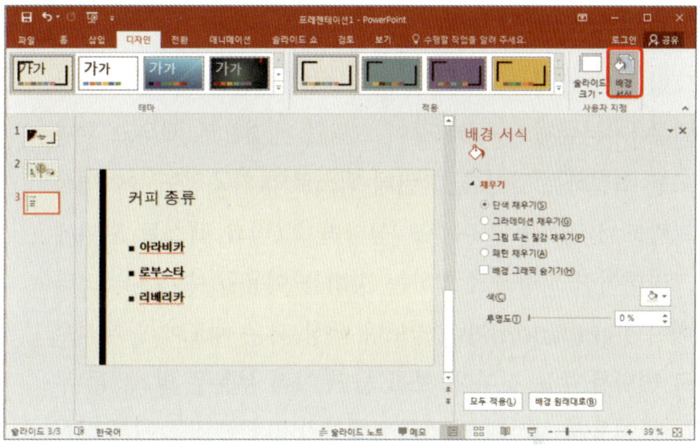

04 [배경 서식] 작업 창의 [채우기] 탭–[채우기] 항목에서 [그림 또는 질감 채우기]를 선택하고 [파일] 단추를 클릭해 [그림 삽입] 대화상자가 열리면 '커피.jpg' 파일을 찾아 선택하고 [삽입]을 클릭한다.

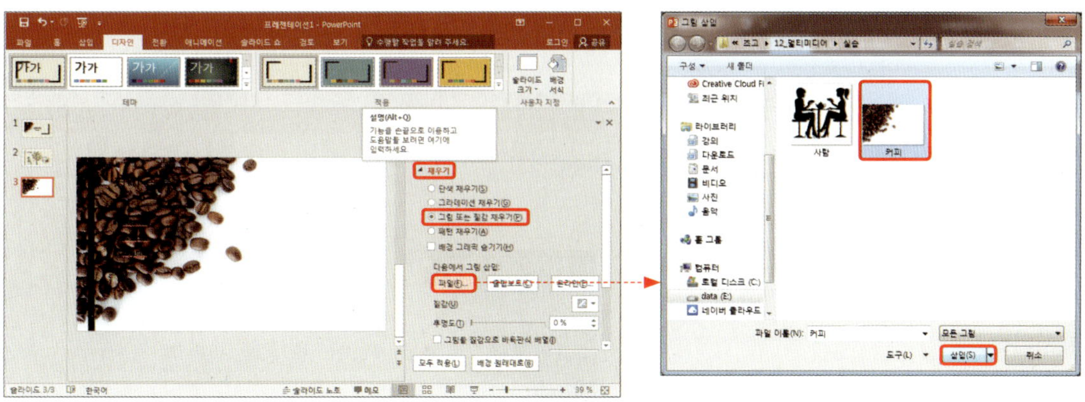

05 투명도를 조절하기 위해 [배경 서식] 작업 창의 [채우기] 탭–[채우기] 항목에서 [투명도]의 조절점을 드래그하거나 숫자를 입력해 '60%'로 변경한다.

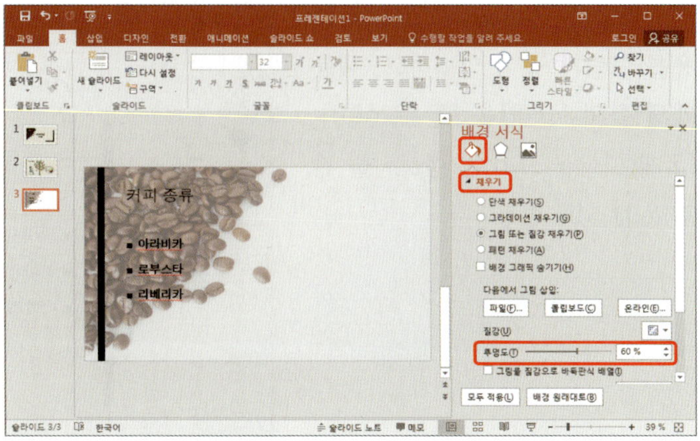

2.2 그라데이션 효과

그림 위에 배치한 텍스트를 잘 보이게 하는 가장 간단한 방법은 [기본예제 8–6]과 같이 그림을 배경으로 채우고 투명도를 조절하는 것이다. 그런데 텍스트의 가독성도 높이면서 그림도 선명하게 보여주고 싶다면, 그림과 텍스트 사이에 그라데이션 도형을 삽입하는 방법을 이용할 수 있다. 그라데이션(gradation)이란 명도나 색상 혹은 채도에 단계적으로 변화를 주는 것이다. 예를 들면 시작 부분은 밝게, 끝 부분은 어둡게 설정해 명도를 변화시키거나 한 색상에서 다른 색상으로 점차 변해가는 것 등을 말한다.

기본예제 8-7 그라데이션 효과 활용하기

도형의 투명도와 그라데이션을 조절해 텍스트와 그림의 가독성을 높여 보자.

01 [기본예제 8–6]에서 만든 슬라이드를 단축키 Ctrl+D를 눌러 복제하고 [배경 서식] 작업 창의 [채우기] 탭–[채우기] 항목에서 [투명도]를 '0%'로 변경해 그림을 선명하게 표시한다.

02 [삽입] 탭–[일러스트레이션] 그룹–[도형] 목록에서 [직사각형]을 선택해 직사각형을 그린다. 이때 직사각형의 높이는 슬라이드 높이로, 너비는 슬라이드의 약 2/3 정도로 그린다.

03 도형을 선택하고 [그리기 도구]–[서식] 탭의 [정렬] 그룹–[뒤로 보내기] 목록에서 [맨 뒤로 보내기]를 선택한다. [도형 서식] 작업 창을 나타내기 위해 도형을 마우스 오른쪽 단추로 클릭하고 [도형 서식]을 선택한다.

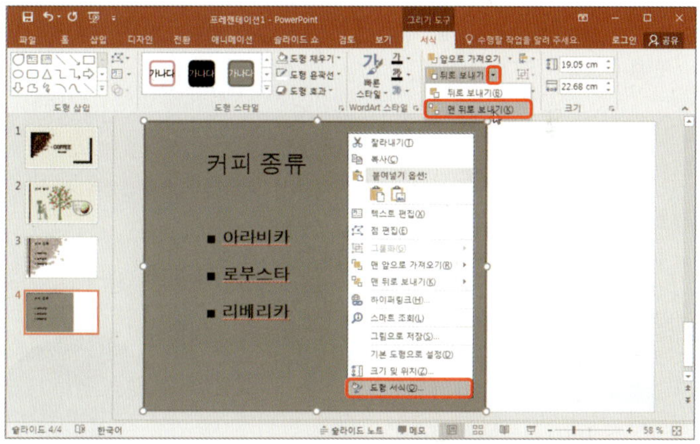

04 [도형 서식] 작업 창의 [도형 옵션]–[채우기 및 선] 탭–[채우기] 항목에서 [그라데이션 채우기]를 선택하고, [종류]는 [선형], [방향]은 [선형 오른쪽]으로 설정한다.

05 세 개의 그라데이션 중지점을 두고 첫 번째와 두 번째 중지점의 [색]은 [밤색, 강조 3, 50% 더 어둡게], 세 번째는 [흰색, 배경 1]로 설정한다. 각 그라데이션 중지점의 위치와 투명도, 밝기는 그림과 같이 설정한다.

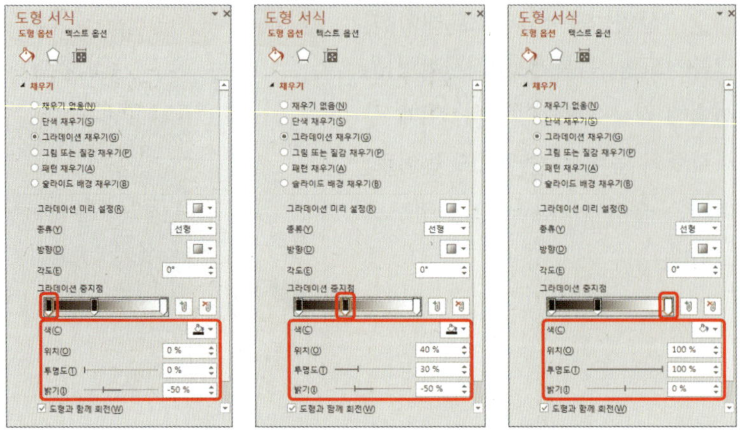

TIP 그라데이션 중지점의 개수는 [그라데이션 중지점 추가] 단추나 [그라데이션 중지점 제거] 단추를 클릭해 필요한 만큼 설정할 수 있다.

여기서 잠깐 **그라데이션 더 알아보기**

파워포인트에서는 [그라데이션 미리 설정] 메뉴를 통해 특정 형태의 그라데이션이 제공되지만, 원하는 형태가 없다면 [종류], [방향], [각도]와 [그라데이션 중지점]의 개수, 색, 위치 등을 조절해 직접 만들 수 있다.

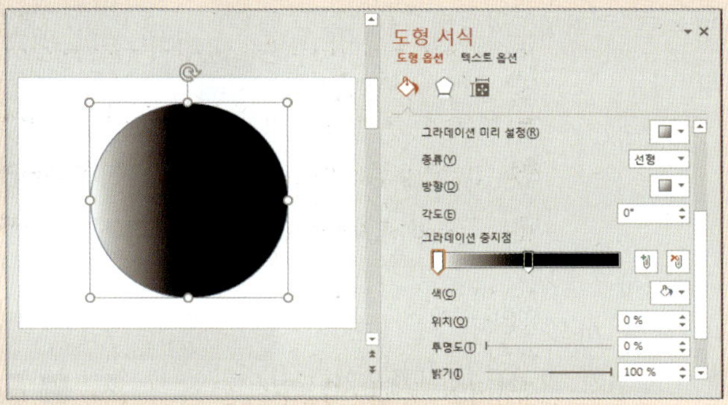

- **그라데이션 미리 설정:** 여섯 가지 색상을 기준으로 미리 설정된 그라데이션 스타일 중에서 선택할 수 있다.
- **종류:** [선형], [방사형], [사각형], [경로형] 중에서 그라데이션 형태를 선택할 수 있다.
- **방향:** 그라데이션을 진행할 방향을 선택할 수 있다.
- **각도:** [종류]를 [선형]으로 선택하면 각도를 설정할 수 있다. 각도는 방향과 연관된 값으로, 선형에서는 다음 그림과 같이 시계 방향으로 각도가 정해지는데, 사용자가 값을 입력해 원하는 각도를 설정할 수도 있다.

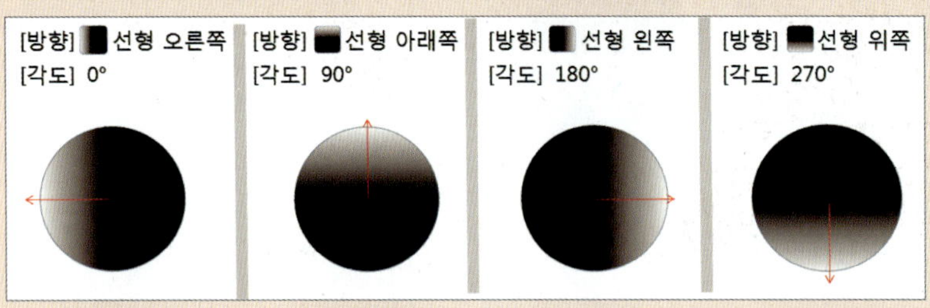

- **그라데이션 중지점:** 그라데이션에서 인접한 두 색상의 혼합이 끝나는 지점을 중지점이라고 하며, 2~10개를 설정할 수 있다. 각 중지점의 [색], [위치], [투명도], [밝기]를 각각 설정할 수 있다.

06 [도형 서식] 작업 창의 [도형 옵션]–[채우기 및 선] 탭–[선] 항목에서 [선 없음]을 선택한다.

07 텍스트를 더 잘 보이도록 하기 위해 제목과 내용이 적힌 텍스트 개체 틀을 선택하고 [홈] 탭–[글꼴] 그룹–[글꼴 색]에서 [흰색, 배경 1]을 선택한다. 완성한 프레젠테이션을 '커피 스토리.pptx'로 저장한다.

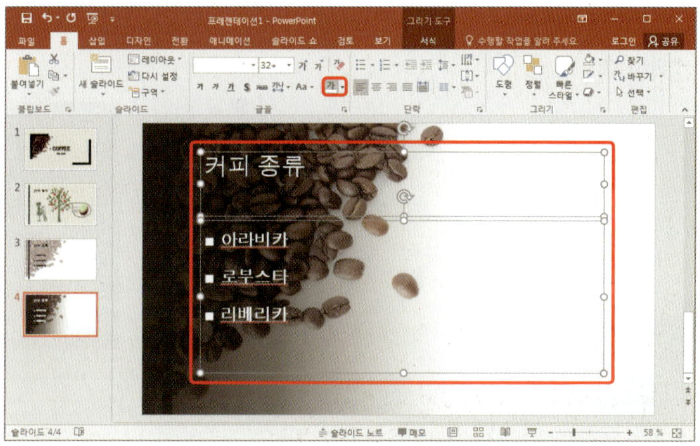

TIP 슬라이드 왼쪽에 있는 세로 막대의 모양을 더 잘 보이게 하려면 그라데이션 중지점을 하나 더 추가하고 첫 번째와 두 번째 중지점의 위치와 투명도 설정을 그림과 같이 변경한다.

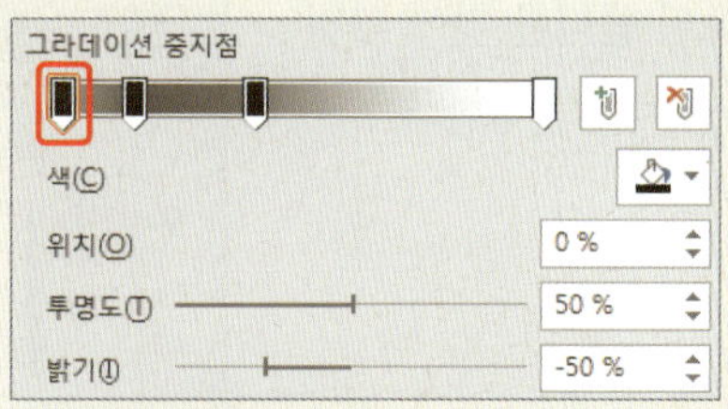

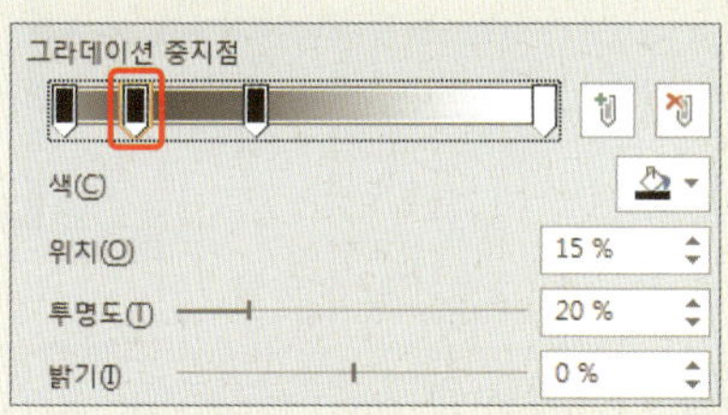

2.3 사진 앨범 제작

[사진 앨범] 기능을 이용하면 원하는 그림을 여러 개 선택하고 제목이나 캡션을 입력하거나 테마나 레이아웃 등을 설정해 빠르고 쉽게 앨범을 제작할 수 있다. 만들어진 사진 앨범은 프레젠테이션 형식으로 저장되므로 [내보내기] 기능을 이용해 비디오 형식으로 변환하거나 [공유] 기능을 통해 다른 사용자와 공유할 수도 있다.

기본예제 8-8 그림으로 사진 앨범 만들기

그림을 이용해 프레젠테이션을 사진 앨범으로 만들어 보자.

01 [삽입] 탭–[이미지] 그룹–[사진 앨범] 목록에서 [새 사진 앨범]을 선택한다.

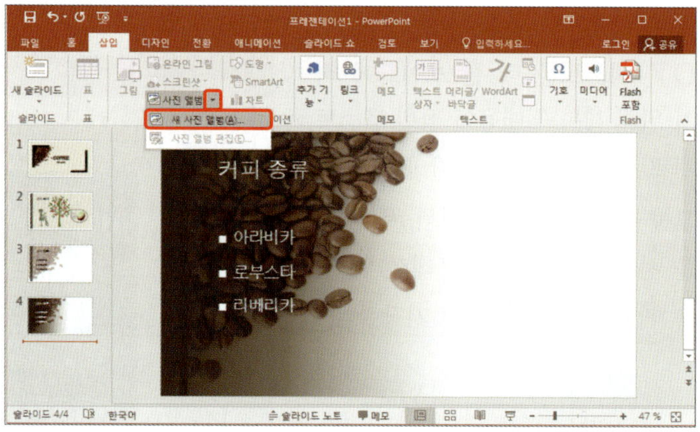

02 [사진 앨범] 대화상자에서 [그림 삽입]의 [파일/디스크]를 클릭한다. [새 그림 삽입] 대화상자가 열리면 그림이 저장된 폴더를 찾아 파일을 선택하고 [삽입]을 클릭한다.

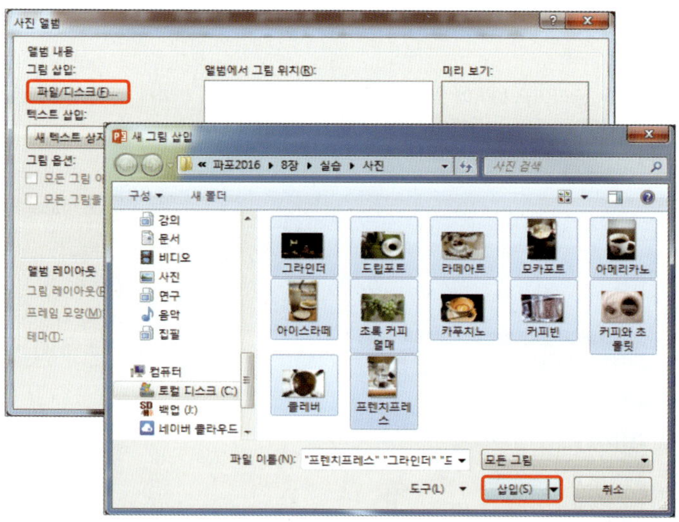

> **TIP** 실습 자료로 제공하는 그림 파일을 다운로드해 사용한다. Ctrl+A를 눌러 해당 폴더의 모든 파일을 선택할 수 있고 Ctrl이나 Shift를 누른 채 필요한 파일만 선택해도 된다.

03 [앨범에서 그림 위치]에서 그림을 선택한다. 이때 ↑나 ↓ 단추를 클릭해 그림의 순서를 변경하거나 선택한 그림을 [제거] 단추로 앨범에서 삭제할 수 있다.

TIP 여러 그림을 선택하고 한 번에 삭제할 수도 있다.

04 그림을 선택하고 [회전], [대비], [밝기]를 변경하는 단추를 클릭해 그림을 수정한다.

05 [앨범 레이아웃]에서 [그림 레이아웃]을 [그림 2개]로 선택하고 [프레임 모양]은 [단순형 프레임, 흰색]을 선택한다.

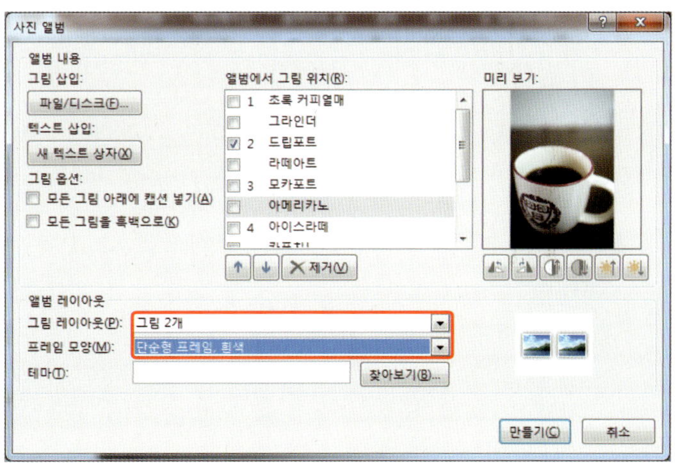

06 [그림 옵션]에서 [모든 그림 아래에 캡션 넣기]를 선택하고 [만들기]를 클릭한다.

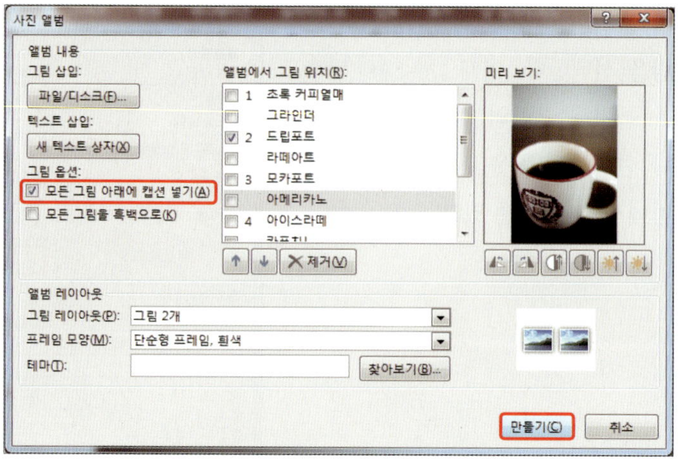

TIP 기본적으로 파일 이름이 캡션으로 표시되는데, 프레젠테이션을 만든 후 기본 보기에서 수정할 수 있다.

07 설정한 옵션과 표지가 추가된 형태로 사진 앨범이 만들어진다. 사진 앨범을 수정하려면 [삽입] 탭–[이미지] 그룹–[사진 앨범] 목록에서 [사진 앨범 편집]을 선택한다. 완성한 사진 앨범을 '커피 스토리_사진 앨범.pptx'로 저장한다.

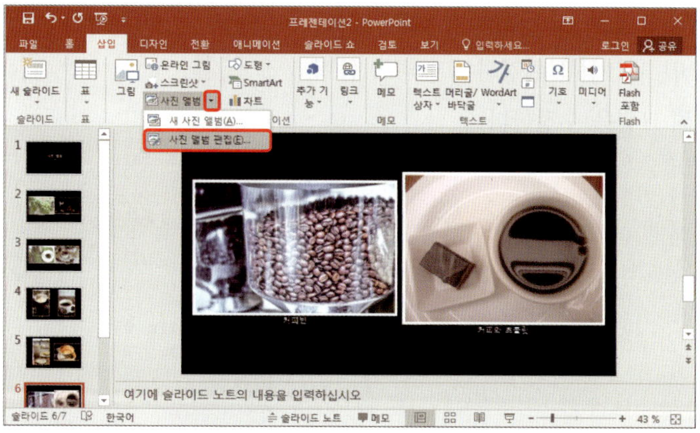

종합예제

그림을 활용해 다음과 같은 프레젠테이션 자료를 만들어 보자.

1 파워포인트를 실행하고 [새 프레젠테이션]을 선택해 만들어진 제목 슬라이드에 그림과 같이 제목과 부제목을 입력한다.

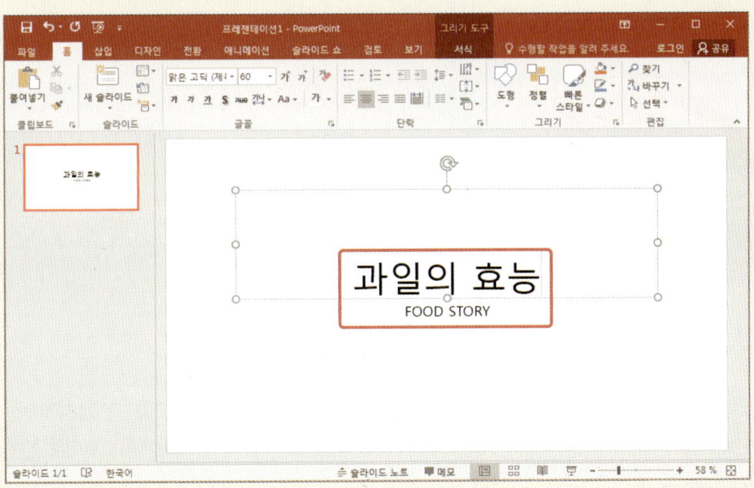

2 [디자인] 탭–[사용자 지정] 그룹–[배경 서식]을 클릭하고 [배경 서식] 작업 창에서 [채우기] 탭–[채우기] 항목의 [그림 또는 질감 채우기]를 선택한 후 [파일] 단추를 클릭하면 [그림 삽입] 대화상자가 열린다. 배경으로 채울 그림을 선택하고 [삽입]을 클릭한다.

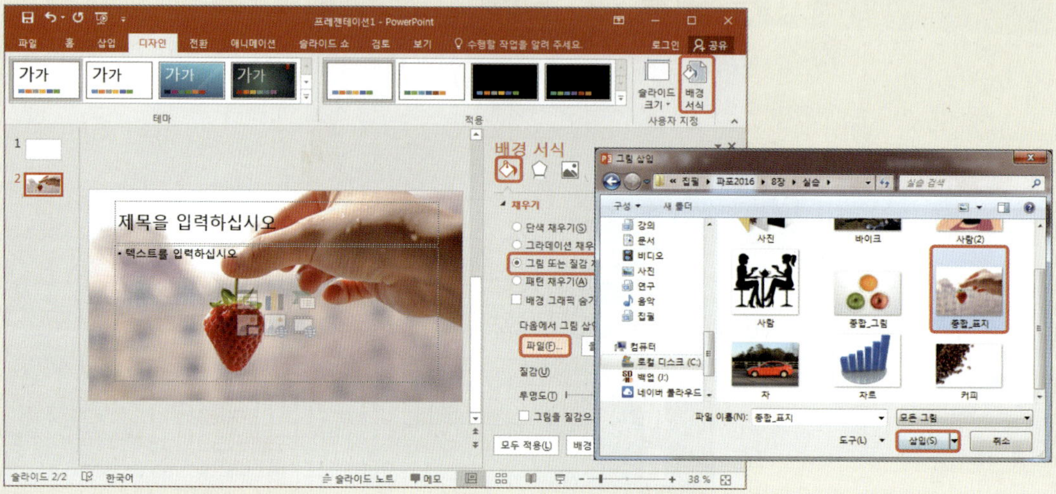

3 [배경 서식] 작업 창의 [채우기] 탭–[채우기] 항목에서 [오프셋 위쪽]을 [–10%], [오프셋 아래쪽]을 [–24%]로 설정해 그림이 표시되는 위치를 아래로 조금 이동시킨다.

TIP 그림으로 배경 서식을 채울 때 슬라이드 크기와 그림의 비율이 맞지 않아 원본 그림이 그대로 표시되지 못하고 필요한 부분이 잘리는 경우가 있다. 배경으로 채운 그림은 위치 이동이나 크기 조절을 할 수 없기 때문에, 그림이 표시되는 위치를 오프셋으로 조정해서 원하는 그림 영역이 슬라이드의 적절한 위치에 표시되도록 한다.

4 [삽입] 탭–[일러스트레이션] 그룹–[도형] 목록에서 [직사각형]을 선택해 슬라이드와 너비는 같고 높이는 [17cm]인 직사각형을 삽입한 후 [그리기 도구]–[서식] 탭–[정렬] 그룹에서 [뒤로 보내기] 목록의 [맨 뒤로 보내기]를 선택한다.

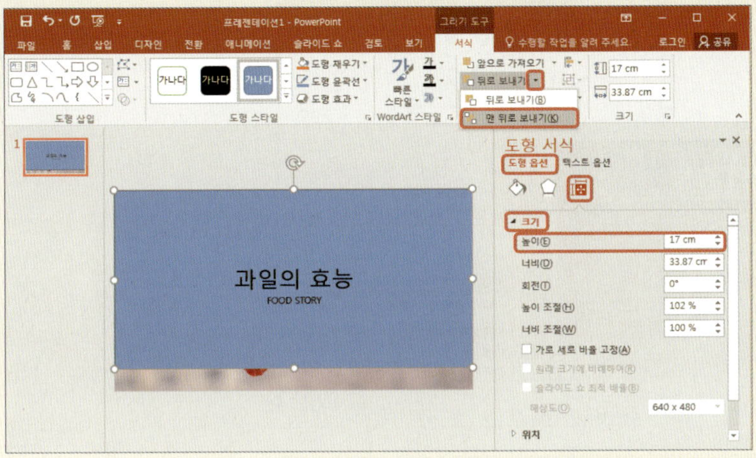

5 [도형 서식] 작업 창에서 [도형 옵션]–[채우기 및 선] 탭–[채우기] 항목의 [그라데이션 채우기]를 선택하고 [종류]는 [선형], [방향]은 [선형 아래쪽], [각도]는 [90°]로 설정한다. 그라데이션 중지점을 세 개로 하여 각각 그림과 같이 설정한다.

TIP 중지점 1과 2의 [색]은 [진한 녹색, 강조 6, 50% 더 어둡게]로, 중지점 3은 [흰색, 배경 1]로 하고, 도형 옵션의 [선]은 [선 없음]으로 설정한다.

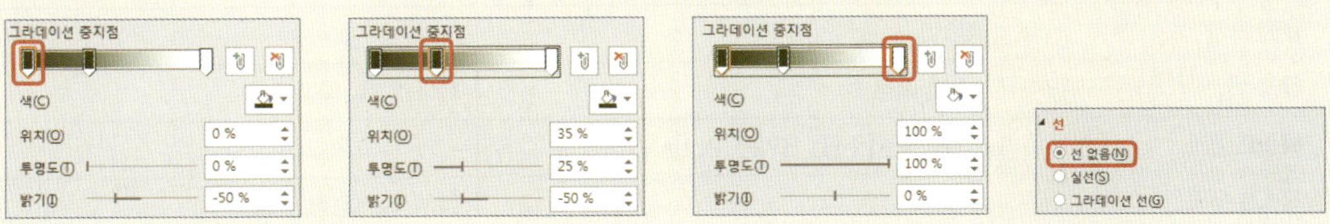

6 제목과 부제목의 크기와 위치를 조정하고, 글꼴 종류와 크기, 텍스트 옵션을 각각 그림과 같이 설정한다.

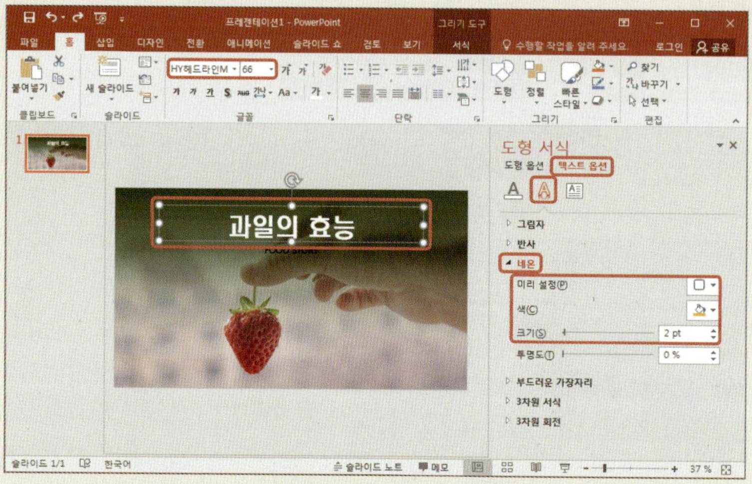

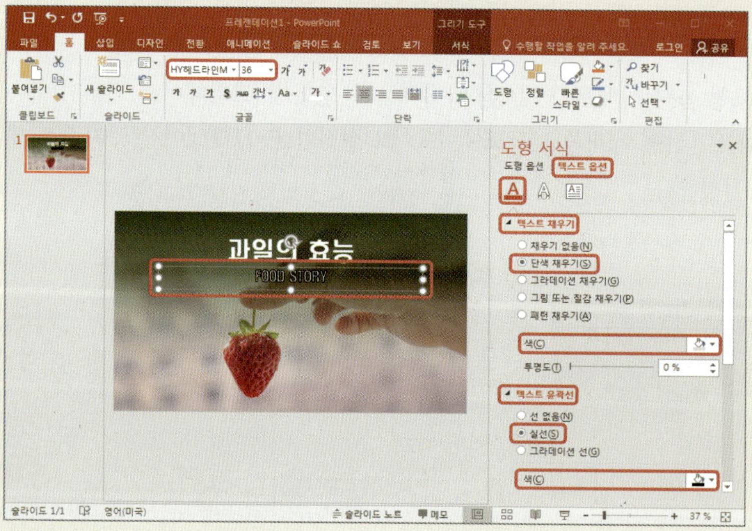

TIP

	제목	부제목
글꼴	HY헤드라인M	HY헤드라인M
글꼴 크기	66	36
글꼴 색	흰색, 배경 1	회색-25%, 배경 2
텍스트 효과	네온(색은 [주황], 크기는 [2pt])	–
텍스트 윤곽선	–	실선(색은 [검정, 텍스트 1])

7 [빈 화면] 슬라이드를 추가한다. [디자인] 탭-[사용자 지정] 그룹-[배경 서식]을 클릭해 [배경 서식] 작업 창을 열고 [채우기] 탭-[채우기] 항목에서 [그림 또는 질감 채우기]를 선택한 후 [파일] 단추를 클릭해 [그림 삽입] 대화상자가 열리면 '종합_그림.jpg' 파일을 찾아 선택하고 [삽입]을 클릭한다.

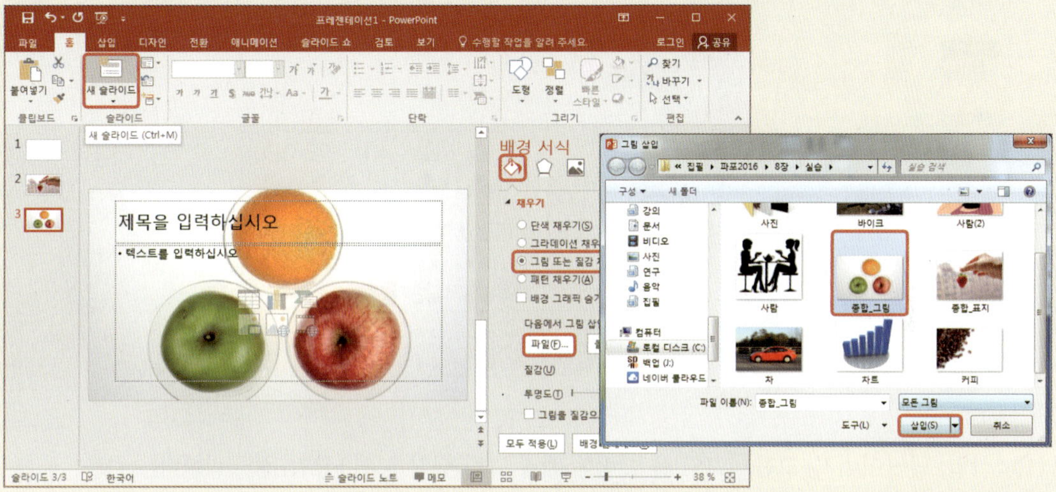

8 [배경 서식] 작업 창의 [채우기] 탭-[채우기] 항목에서 [오프셋 위쪽]은 [-6%], [오프셋 아래쪽]은 [-12%]로 변경한다.

9 [꾸밈 효과] 항목에서 [꾸밈 효과]의 종류를 [밝은 화면]으로 설정한다.

10 [삽입] 탭–[이미지] 그룹–[그림]을 클릭해 배경 그림을 찾은 뒤 [삽입]을 클릭한다.

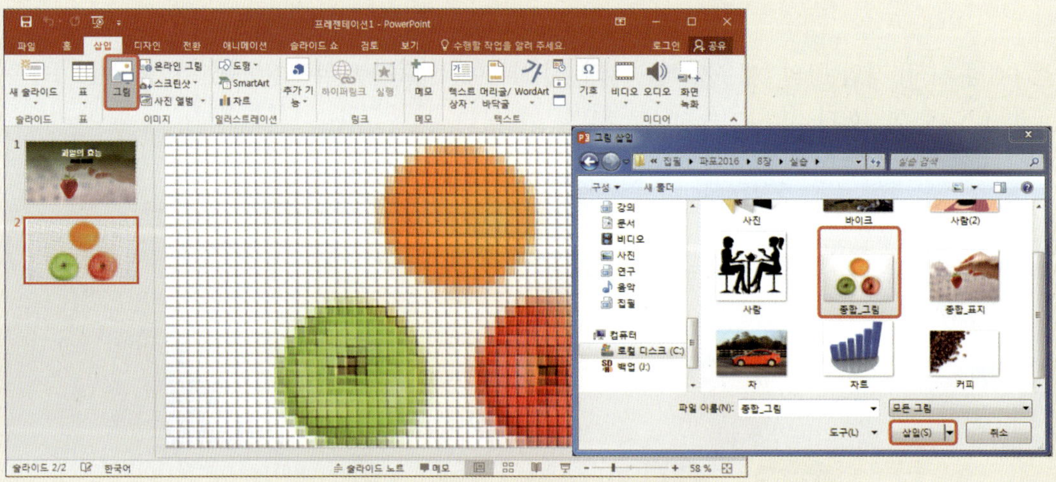

11 삽입한 그림의 크기를 조정하고 [그림 도구]–[서식] 탭–[크기] 그룹–[자르기] 목록에서 [도형에 맞춰 자르기]–[기본 도형]의 [타원]을 선택한다.

12 [그림 도구]–[서식] 탭–[크기] 그룹–[자르기]를 클릭하면 자르기 조절점이 나타난다. 마우스로 조절점을 움직여 오렌지만 남기고 그림을 자른다. 자르기 작업을 끝내려면 그림 바깥쪽을 클릭한다.

TIP 오렌지는 선명하게 나타나는 반면, 그 외의 전체 배경은 흐리게 표시된다. 꾸밈 효과를 설정한 배경 그림 위에 특정 부분만 잘라낸 같은 그림을 겹쳐 놓으면 사진 촬영의 아웃 포커스(out of focus)와 같은 효과를 낼 수 있다.

13 [삽입] 탭–[일러스트레이션] 그룹–[도형] 목록에서 [직사각형]을 선택해 두 개의 직사각형을 그림과 같이 삽입하고 [채우기]는 [그라데이션 채우기]로, [선]은 [선 없음]으로 설정한다.

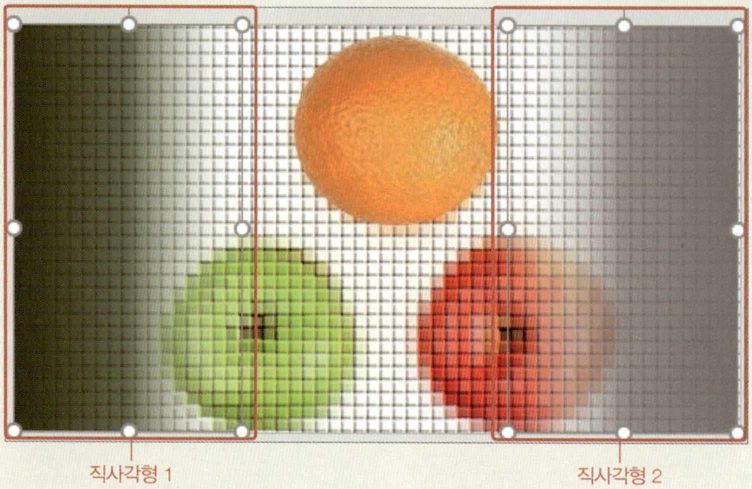

TIP

그라데이션 설정	직사각형 1	직사각형 2
종류	선형	선형
방향	선형 오른쪽	선형 왼쪽
각도	0°	180°
중지점 1의 색	진한 녹색, 강조 6, 50% 더 어둡게	흰색, 배경 1, 50% 더 어둡게
중지점 1의 위치/투명도/밝기	0% / 0% / –50%	0% / 0% / –50%
중지점 2의 색	진한 녹색, 강조 6, 50% 더 어둡게	흰색, 배경 1, 50% 더 어둡게
중지점 2의 위치/투명도/밝기	50% / 25% / –50%	50% / 25% / –50%
중지점 3의 색	흰색, 배경 1	흰색, 배경 1
중지점 3의 위치/투명도/밝기	100% / 100% / 0%	100% / 100% / 0%

14 [삽입] 탭-[텍스트] 그룹-[텍스트 상자] 목록에서 [가로 텍스트 상자]를 선택해 두 개의 텍스트 상자를 삽입하고 다음과 같이 설정한다.

TIP

	제목	부제목
글꼴	HY헤드라인M	HY헤드라인M
글꼴 크기	54	32
글꼴 색	흰색, 배경 1	회색-25%, 배경 2
텍스트 윤곽선	선 없음	실선(색은 [검정, 텍스트 1])

연습문제

1 다음 과정을 수행하여 그림을 활용한 슬라이드를 작성하시오.

❶ 실습 자료로 제공되는 '차.jpg' 파일 또는 온라인으로 'car'를 검색해 찾은 그림을 슬라이드의 배경으로 채우시오.

❷ 슬라이드의 가운데에 직사각형을 삽입하고 [개체 맞춤]을 [중간 맞춤]으로 설정한 후, [채우기]는 [단색 채우기]의 [검정, 텍스트 1]로, [투명도]는 [40%]로 설정하시오.

❸ 실습 자료로 제공되는 '차트.jpg' 파일을 슬라이드에 그림으로 삽입한 후 배경을 제거하고 크기를 조절해 직사각형 위에 배치하시오.

❹ 텍스트 상자를 추가해 내용을 입력하고 직사각형 위에 배치한 후 제목의 [글꼴]은 [HY헤드라인M], [글꼴 크기]는 [24]로, 소제목의 [글꼴]은 [맑은 고딕(본문)], [글꼴 크기]는 [16]으로 설정하시오.

2 다음 과정을 수행하여 슬라이드를 작성하시오.

❶ 실습 자료로 제공되는 '바이크.jpg' 파일 또는 온라인으로 '바이크'를 검색해 찾은 그림을 슬라이드의 배경으로 채우시오.

❷ 배경 서식의 [꾸밈 효과]를 [연필 스케치]로, [압력]은 [50]으로 설정하시오.

❸ 배경으로 사용한 '바이크.jpg' 파일을 슬라이드에 그림으로 삽입하시오. 삽입한 그림을 [모서리가 둥근 직사각형] 도형에 맞춰 자르고, [부드러운 가장자리] 효과를 [크기]–[10pt]로 설정하시오.

❹ 자르기한 그림에 [3차원 회전] 효과의 [원근감 강조(오른쪽)]을 적용하시오.

❺ 텍스트 상자를 추가해 [글꼴]은 [맑은 고딕(제목)], [글꼴 크기]는 [48], [굵게]를 적용하고 내용을 입력하시오. 위치를 이동해 다음 그림과 같이 배치하고 [3차원 회전] 효과의 [원근감 강조(오른쪽)]을 적용하시오.

PART

02

파워포인트 활용

POWERPOINT 2016

CHAPTER

09

멀티미디어 활용

학습목표

- 오디오 파일을 삽입하고 오디오 도구로 편집할 수 있다.
- 비디오를 슬라이드에 삽입하고 활용할 수 있다.

SECTION 01

오디오 활용하기

프레젠테이션 자료를 만들 때 텍스트와 그림을 주로 사용하지만 청중의 집중도를 높이고 정보를 더 효과적으로 전달하기 위해 오디오와 비디오 등의 멀티미디어를 사용하기도 한다. 파워포인트에서는 멀티미디어 파일을 슬라이드에 삽입하고 재생하는 기능뿐 아니라 간단한 편집 기능도 지원한다. 여기서는 오디오 도구의 종류와 사용법에 대해 알아본다.

1.1 오디오 삽입

파워포인트에서는 mp3, wav, wma, midi, aiff나 au 등 여러 가지 오디오 파일 형식을 지원하고 있지만 다른 컴퓨터에서도 오류 없이 재생되도록 하려면 mp3나 wav와 같이 호환성 높은 형식을 이용하는 것이 좋다. 슬라이드에 오디오를 삽입하면 생기는 오디오 컨트롤 막대를 이용해 재생하거나 멈추고 볼륨을 조절할 수 있다.

기본예제 9-1 오디오 파일 삽입하기

슬라이드에 오디오 파일을 삽입하고 재생해 보자.

01 예제로 제공되는 '기본예제.pptx' 파일을 열고 제목 슬라이드를 선택한다.

02 [삽입] 탭–[미디어] 그룹–[오디오] 목록에서 [내 PC의 오디오]를 선택한다.

03 오디오 파일을 찾아 선택하고 [삽입]을 클릭한다.

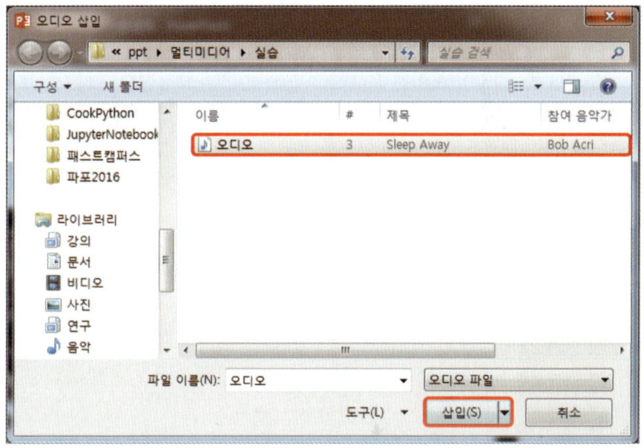

여기서 잠깐 **오디오 파일을 삽입하지 않고 연결하는 경우**

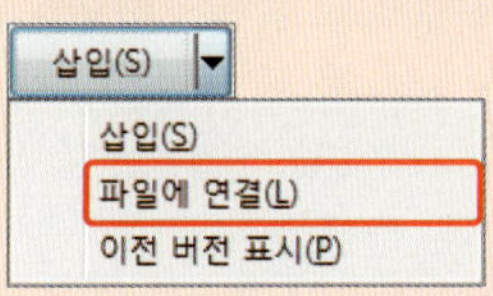

[오디오 삽입] 대화상자에서 [삽입]의 [▼ 목록] 단추를 클릭하면 [파일에 연결] 메뉴가 있다. 오디오 파일을 프레젠테이션 파일에 삽입하지 않고 연결하여 재생하는 기능으로, 프레젠테이션 파일의 크기를 줄일 수 있는 장점이 있다. 이렇게 설정한 경우 프레젠테이션 파일을 공유하거나 발표할 때 오디오 파일을 함께 복사해 두지 않으면 뜻하지 않은 상황이 발생할 수 있으므로 프레젠테이션 파일과 오디오 파일을 같은 폴더에 두고 사용하는 것이 바람직하다.

04 슬라이드에 오디오 클립 아이콘이 만들어지는데, 이 아이콘 위에 마우스를 위치시키거나 클릭하면 오디오 컨트롤 막대가 나타난다. 재생 버튼을 클릭해 오디오를 재생한다.

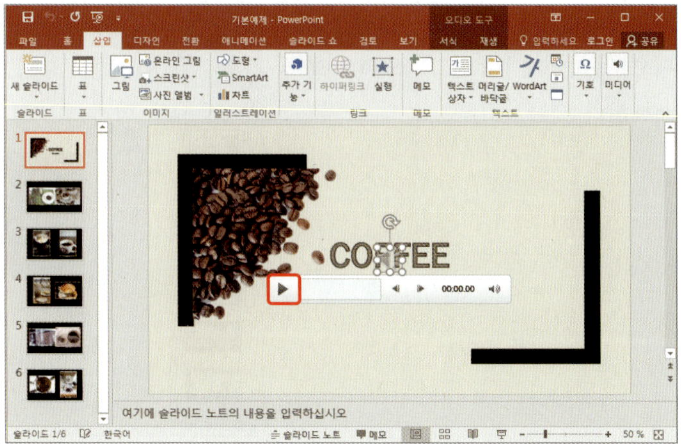

여기서 잠깐 **호환성 최적화와 미디어 압축**

멀티미디어 파일이 포함된 프레젠테이션은 [파일] 탭–[정보] 화면에 [호환성 최적화]와 [미디어 압축] 항목이 표시된다. 슬라이드에 오디오나 비디오를 삽입하는 경우 [호환성 최적화]를 실행하면 다른 장치에서 재생할 때 파워포인트 버전이나 미디어 코덱 등으로 인한 문제를 진단하여 정보를 제공해 준다. 단, 삽입된 미디어에 호환성 문제가 없어 공유 가능한 상태라면 이 옵션이 표시되지 않는다. 또, 슬라이드에 미디어 파일이 포함되면 프레젠테이션 파일의 크기가 커지는데, [미디어 압축]을 이용하면 디스크 공간을 절약하고 재생 성능을 향상시킬 수 있다.

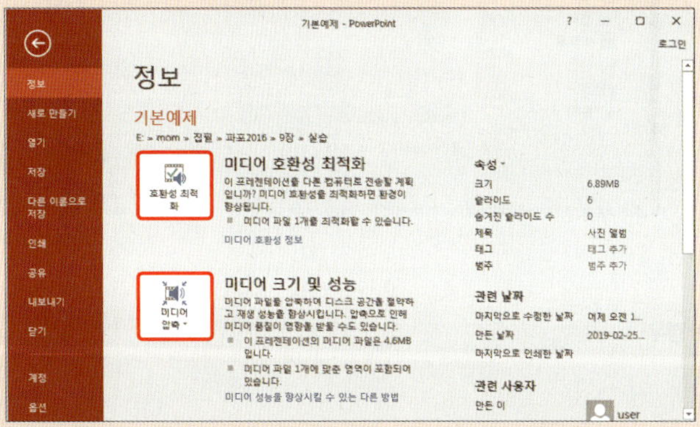

1.2 오디오 편집

슬라이드에 오디오를 삽입하면 나타나는 [오디오 도구] 확장 탭에서는 오디오 재생과 볼륨 조절, 트리밍, 페이드 설정 등 다양한 편집 기능을 지원한다. 또 발표 도중 오디오 재생 버튼을 찾아 클릭하는 대신 슬라이드가 표시될 때 자동으로 오디오가 재생되도록 하거나 프레젠테이션을 진행하는 동안 계속 재생되도록 배경 음악으로 설정할 수도 있다. 자주 사용되지는 않지만 오디오에도 도형이나 그림처럼 서식을 설정할 수 있는데, 오디오 단추의 테두리나 스타일을 설정해 슬라이드에 표시되는 모양을 변경하는 경우에 이용할 수 있다.

기본예제 9-2 오디오 파일 편집과 배경 음악 설정하기

슬라이드에 삽입한 오디오를 편집해 다양하게 활용해 보자.

01 오디오 클립 아이콘을 클릭한 후 [오디오 도구]–[재생] 탭–[미리 보기] 그룹–[재생]을 클릭해 오디오를 재생시키다가 임의의 지점에서 [책갈피] 그룹–[책갈피 추가]를 클릭한다.

TIP 책갈피가 추가된 부분으로 건너뛰어 재생하려면 단축키 Alt+End를, 이전 책갈피 부분으로 돌아가려면 단축키 Alt+Home를 누른다.

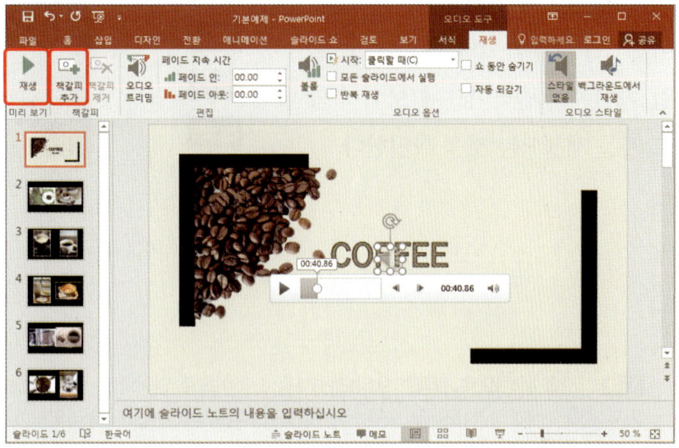

02 [오디오 도구]–[재생] 탭–[편집] 그룹–[오디오 트리밍] 단추를 클릭해 [오디오 맞추기] 대화상자가 열리면 [종료 시간]을 40초(00:40)로 설정하고 [확인]을 클릭한다.

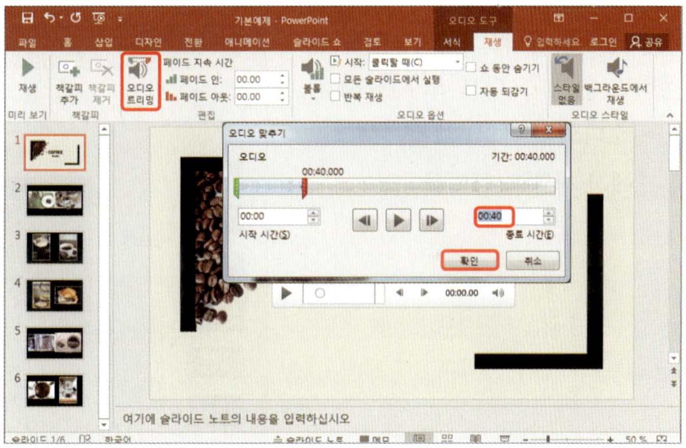

03 [오디오 도구]–[재생] 탭–[편집] 그룹에서 [페이드 인]과 [페이드 아웃]을 각각 [02:00]로 설정한다.

TIP 오디오 재생이 시작될 때 볼륨이 높아지는 구간(페이드 인)과 재생이 끝날 때 볼륨이 낮아지는 구간(페이드 아웃)을 각각 2초로 설정해 자연스럽게 오디오가 재생되도록 한 것이다.

04 [오디오 도구]–[재생] 탭–[오디오 옵션] 그룹에서 [시작]을 [자동 실행]으로 변경하고 [쇼 동안 숨기기]를 선택한다. 화면 하단의 [슬라이드 쇼] 단추를 클릭해 오디오 클립 아이콘이 슬라이드에 보이지 않고 자동 재생되는 것을 확인한다.

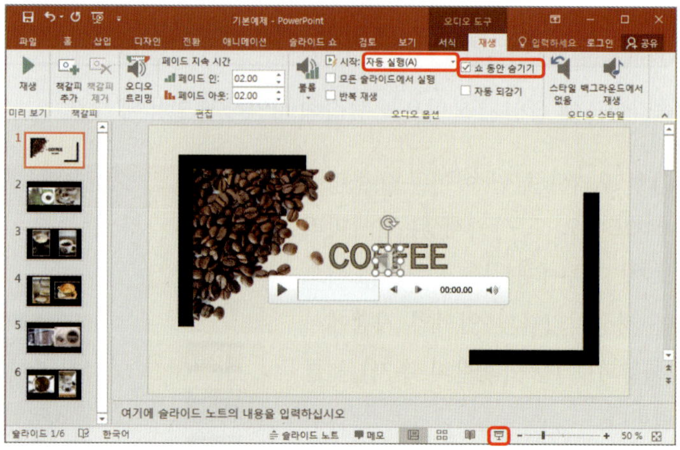

TIP [자동 실행]으로 설정한 오디오는 다음 슬라이드로 넘어가면 정지된다. 오디오가 삽입된 슬라이드부터 마지막 슬라이드까지 계속 재생하려면 [오디오 도구]–[재생] 탭–[오디오 옵션]–[모든 슬라이드에서 실행]을 선택한다.

05 [배경 음악으로 오디오를 설정하기 위해 [오디오 도구]–[재생] 탭–[오디오 스타일] 그룹–[백그라운드에서 재생]을 클릭한다.

TIP [오디오 스타일]을 [백그라운드에서 재생]으로 바꾸면 [오디오 옵션]이 자동으로 변경된다. 이때 주의할 점은 배경 음악으로 사용할 오디오를 첫 번째 슬라이드에 삽입해야 프레젠테이션의 시작부터 끝까지 오디오를 재생할 수 있다는 것이다.

여기서 잠깐 **오디오 재생 슬라이드의 범위 설정하기**

모든 슬라이드가 아닌 슬라이드의 범위를 제한해서 오디오가 재생되도록 하려면 애니메이션 창을 이용해야 한다. 애니메이션에 관한 내용은 CHAPTER 10에서 다룰 것이므로 오디오 재생 범위를 설정하는 방법만 간략하게 설명한다.

① [애니메이션] 탭–[고급 애니메이션] 그룹–[애니메이션 창]을 클릭한다.

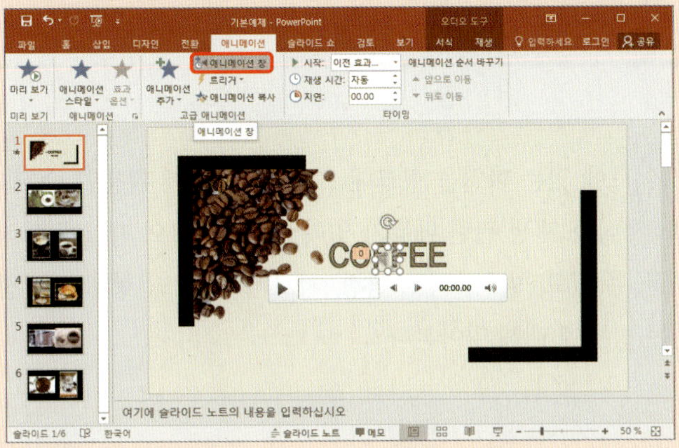

② [애니메이션 창] 작업 창에서 [오디오]를 클릭하면 나타나는 [▼ 목록] 단추를 클릭해 [효과 옵션]을 선택한다.

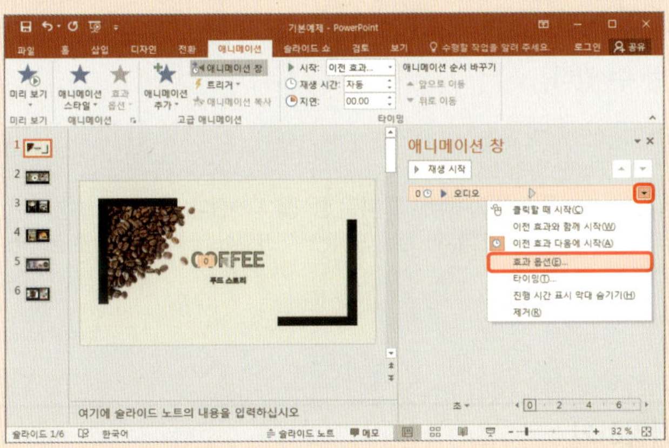

③ [오디오 재생] 대화상자에서 [재생 중지]의 [지금부터]를 [3]으로 설정한다. 오디오가 1번 슬라이드에 삽입된 경우라면 1~3번 슬라이드에서 오디오가 재생된다.

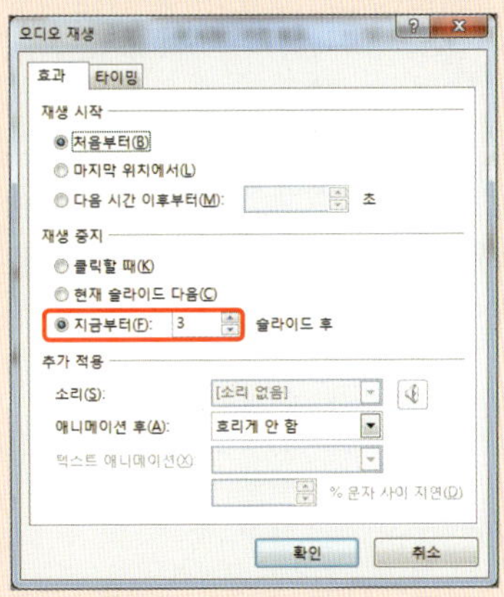

SECTION 02 비디오 활용하기

비디오 파일을 슬라이드에 삽입하거나 웹사이트에 있는 파일을 링크해 프레젠테이션에 활용할 수 있다. 오디오 도구와 마찬가지로 비디오 도구에도 서식과 재생 관련 메뉴가 있다. 또한 비디오 파일에 서식을 설정해 비디오 표지나 비디오 스타일을 바꿀 수 있고, 밝기, 색조 변경, 자르기 등 여러 형태로 편집할 수도 있다. 비디오 파일을 삽입하고 활용하는 방법에 대해 알아본다.

2.1 비디오 삽입과 편집

파워포인트의 비디오 도구는 재생과 볼륨 조절, 트리밍, 페이드 시간 지정과 같이 오디오 도구와 비슷한 재생 기능들을 지원한다. 또 서식 설정 기능을 이용해 비디오 화면의 색이나 테두리, 효과 및 스타일을 설정하여 재생 화면의 모양이나 색을 편집할 수 있다.

TIP 파워포인트에서는 wmv, asf, avi, mp4, mov, mpeg 등 여러 가지 비디오 파일 형식을 지원한다. 또한 파일 크기나 저작권 문제 등으로 인해 웹사이트에 있는 파일을 링크하여 보여주기도 한다. 이 경우 프레젠테이션 장소에 따라 통신 환경이 원활하지 않을 수도 있으니 미리 점검하여 대비하도록 한다.

기본예제 9-3 슬라이드에 비디오 삽입하기

슬라이드에 비디오 파일을 삽입하고 재생해 보자.

01 [홈] 탭–[슬라이드] 그룹–[새 슬라이드] 목록에서 [제목만]을 선택해 프레젠테이션의 마지막 부분에 슬라이드를 추가한다.

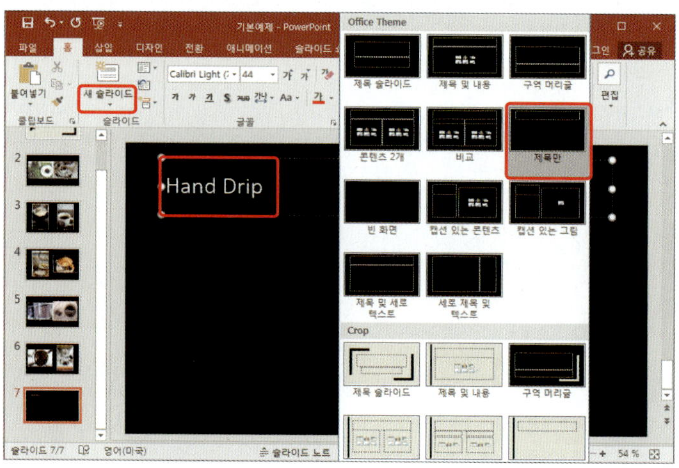

02 [삽입] 탭–[미디어] 그룹–[비디오] 목록에서 [내 PC의 비디오]를 선택한다. [비디오 삽입] 대화상자가 열리면 비디오 파일을 찾아 선택하고 [삽입]을 클릭한다.

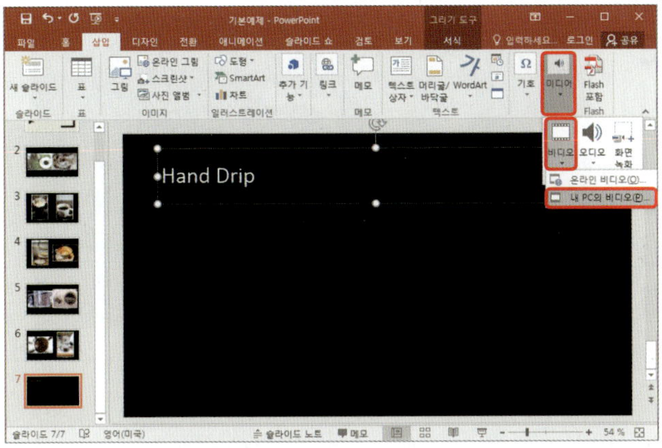

TIP 비디오 파일을 프레젠테이션에 포함시키지 않고 연결하려면 [비디오 삽입] 대화상자에서 [삽입]의 [▼ 목록] 단추를 클릭해 [파일에 연결]을 선택한다. 이렇게 설정하면 프레젠테이션 파일의 저장 용량을 줄일 수 있지만, 비디오 파일이 저장된 위치가 바뀌면 재생되지 않으므로 파일 관리에 주의해야 한다.

03 슬라이드에 비디오 클립이 삽입되면 크기 조절점을 드래그해 크기를 조절한다.

04 [비디오 도구]–[재생] 탭–[비디오 옵션] 그룹–[볼륨] 목록에서 [음소거]를 선택하고 [전체 화면 재생]을 선택한다.

TIP 슬라이드의 배경 음악이 자동 재생되도록 오디오 클립을 설정한 경우 비디오의 볼륨은 [음소거]로 설정하는 것이 좋다. 또, 비디오를 전체 화면으로 재생하면 더 자세히 볼 수 있어 청중의 집중도를 높일 수 있다.

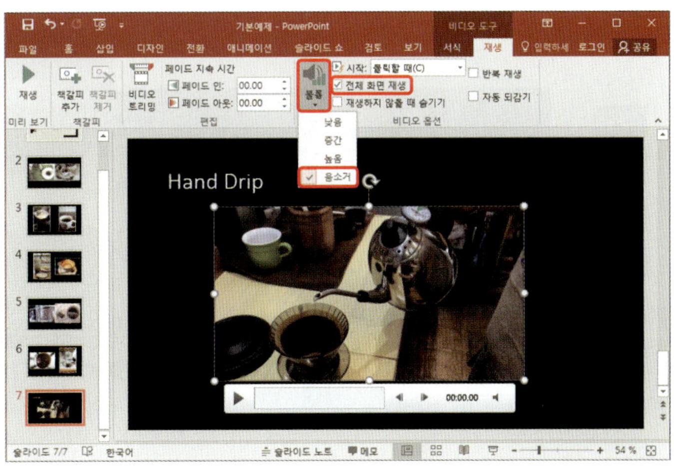

05 [비디오 도구]-[재생] 탭-[편집] 그룹에서 [페이드 인]과 [페이드 아웃]을 모두 [02.00]으로 설정한다.

06 [비디오 도구]-[재생] 탭-[편집] 그룹-[비디오 트리밍]을 클릭해 [비디오 맞추기] 대화상자가 열리면 [시작 시간]은 [00:03]으로, [종료 시간]은 [00:15]로 설정하고 [확인]을 클릭한다.

TIP 초록색 바와 빨간색 바를 드래그해 비디오의 시작 시간과 종료 시간을 조절해도 된다. 트리밍된 영역 바깥쪽의 영상은 재생되지 않는다.

07 작업 표시줄의 [읽기용 보기]나 [슬라이드 쇼] 단추를 클릭해 프레젠테이션을 실행하고 비디오를 클릭해 재생되는 모습을 확인한다.

기본예제 9-4 비디오 편집하기

[비디오 도구]-[서식] 탭의 메뉴를 이용해 슬라이드에 삽입된 비디오의 밝기와 대비를 조절해 보자. 또 표지 화면에 해당하는 포스터 틀을 설정하고 비디오 스타일을 3차원 도형 모양으로 변경해 보자.

01 [비디오 도구]-[서식] 탭-[조정] 그룹-[수정] 목록에서 [밝기: +20% 대비: +20%]를 선택한다.

02 [비디오 도구]-[서식] 탭-[조정] 그룹-[포스터 틀]-[파일의 이미지]를 선택한다.

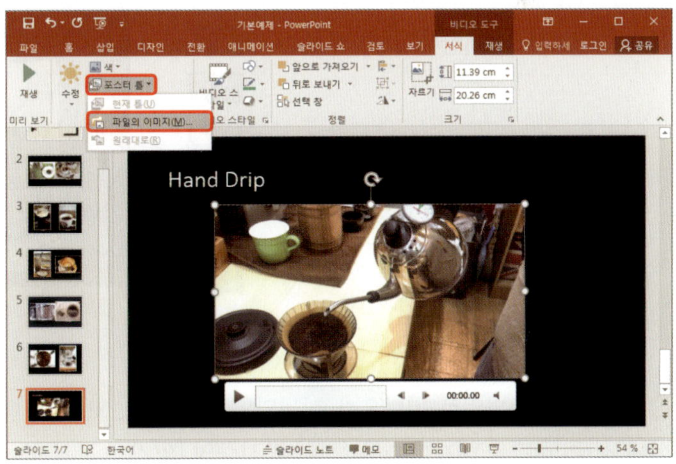

03 [그림 삽입] 창에서 [파일에서]의 [찾아보기]를 클릭해 [그림 삽입] 대화상자가 열리면 비디오 포스터 틀로 설정할 그림을 선택하고 [삽입]을 클릭한다.

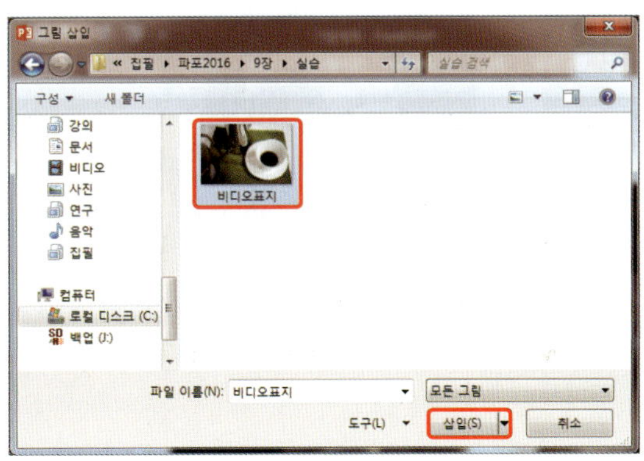

04 [비디오 도구]-[서식] 탭-[비디오 스타일] 그룹-[비디오 스타일] 목록에서 [강함]의 [캔버스, 흰색]을 선택한다.

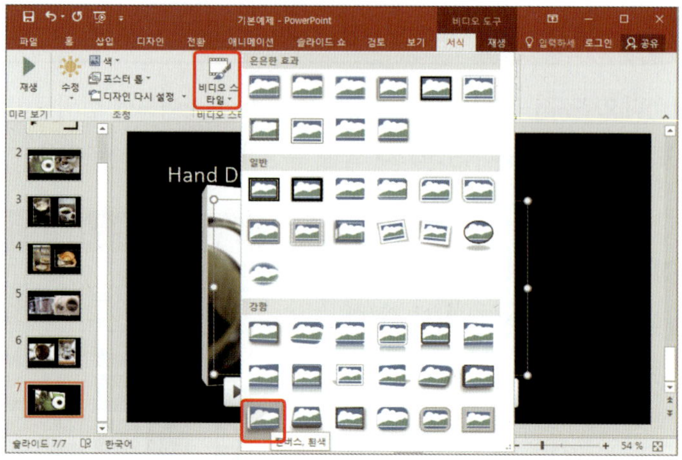

05 [비디오 도구]-[서식] 탭-[비디오 스타일] 그룹-[비디오 셰이프] 목록에서 [사각형]의 [모서리가 둥근 직사각형]을 선택한다.

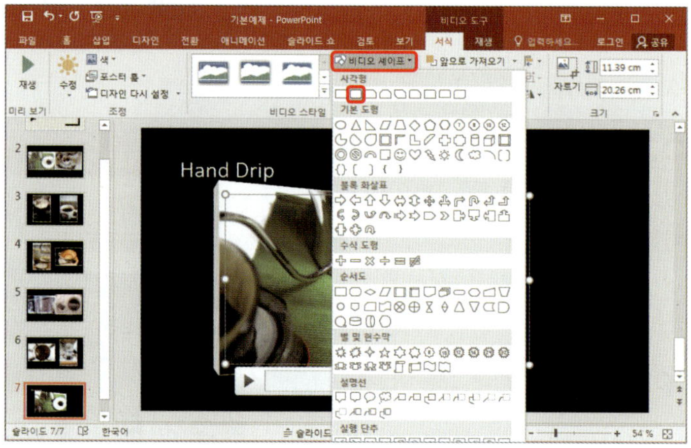

06 설정한 스타일로 비디오가 재생되도록 [비디오 도구]의 [재생] 탭-[비디오 옵션] 그룹에서 [전체 화면 재생] 선택을 해제한 다음, 작업 표시줄의 [읽기용 보기]를 클릭해 비디오를 재생시켜 본다.

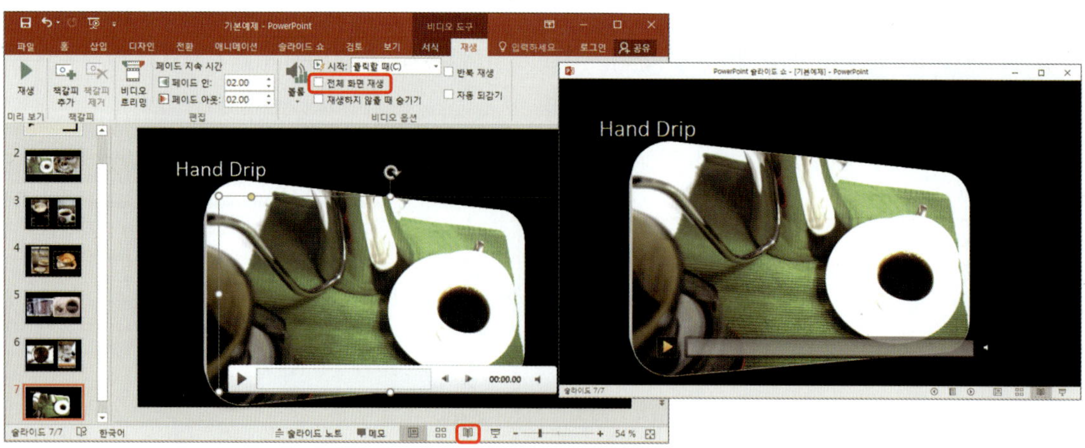

2.2 도형과 온라인 비디오 활용

비디오 도구에 제공되는 기능 외에 도형을 이용해 효과를 적용하는 방법도 있다. CHAPTER 08에서 도형의 그라데이션 효과를 이용해 그림을 배경으로 하는 텍스트의 가독성을 높이는 방법을 알아보았는데, 비디오에도 이를 활용할 수 있다. 비디오에 텍스트를 삽입해 자막처럼 활용할 때 텍스트가 잘 보이도록 도형을 함께 이용하는 것이다. 또 프레젠테이션에서 비디오를 활용할 때 컴퓨터에 저장된 파일이 아니라 유튜브와 같은 웹 사이트에서 검색한 영상을 가져올 수도 있다. 여러 가지 방법으로 비디오를 활용하는 방법에 대해 알아본다.

기본예제 9-5 도형을 이용한 자막 만들기

도형을 활용해 비디오에 자막을 넣어 보자.

01 비디오가 삽입된 슬라이드에서 [삽입] 탭–[일러스트레이션] 그룹–[도형] 목록에서 [사각형]의 [모서리가 둥근 직사각형]을 선택한다.

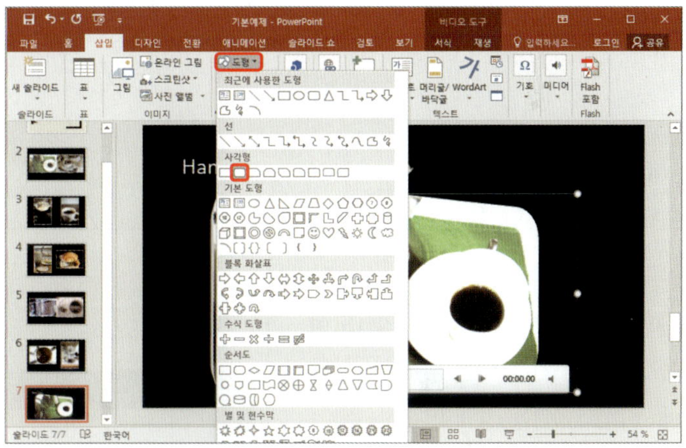

02 그림과 같이 비디오 크기의 절반 정도 높이가 되도록 도형을 그려 넣고, 마우스 오른쪽 버튼으로 도형을 클릭해 [도형 서식]을 선택한다.

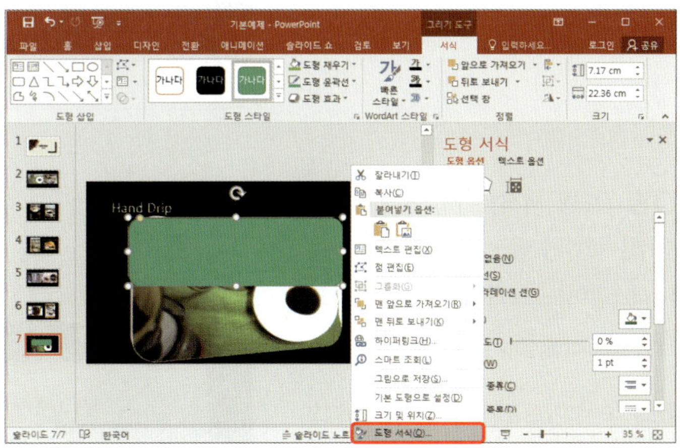

03 [도형 서식] 작업 창이 열리면 [도형 옵션]–[채우기 및 선] 탭의 [채우기] 항목에서 [그라데이션 채우기]를 선택하고, [종류]는 [선형], [방향]은 [선형 아래쪽]으로 설정한다.

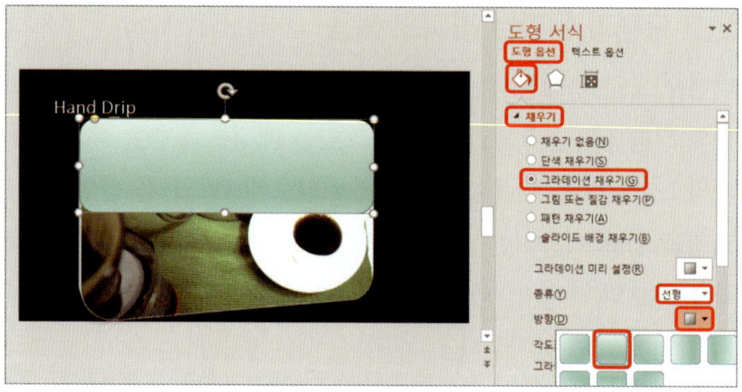

04 그라데이션 중지점 세 개의 [색]을 [흰색, 텍스트 1]로 선택하고, 각 중지점의 [위치], [투명도], [밝기]를 다음 그림과 같이 설정한다.

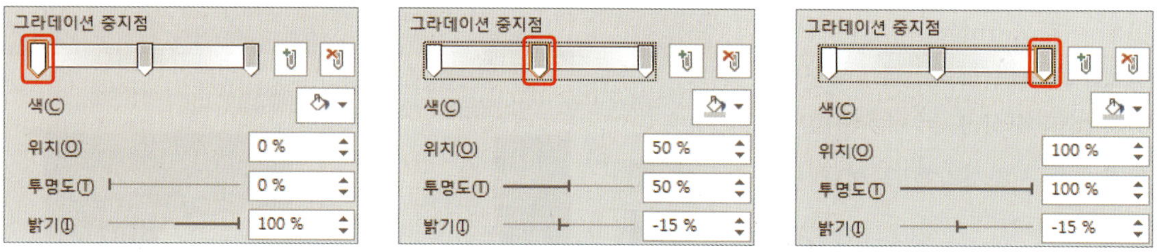

05 [도형 서식] 작업 창의 [도형 옵션]–[채우기 및 선] 탭–[선] 항목에서 [선 없음]을 선택한다.

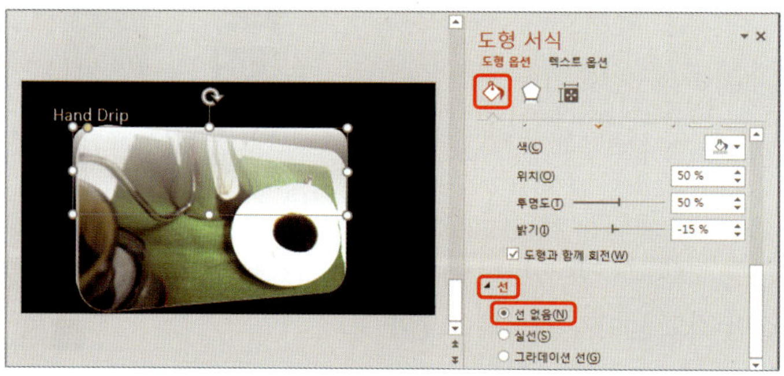

06 [도형 서식] 작업 창의 [도형 옵션]–[효과] 탭–[3차원 서식] 항목에서 [깊이]–[크기]를 [75pt]로, [조명]–[각도]를 [60°]로 설정한다.

TIP 모서리가 둥근 직사각형 도형에 비디오 스타일과 유사한 3차원 서식을 설정하기 위해 편집하는 과정이다.

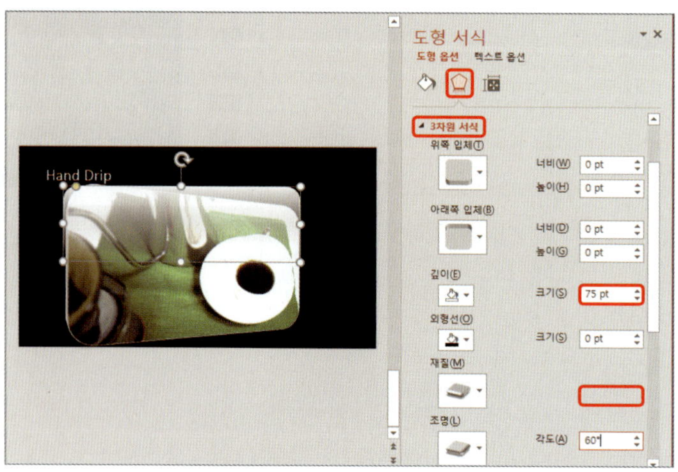

07 [도형 서식] 작업 창의 [도형 옵션]-[효과] 탭-[3차원 회전] 항목에서 [미리 설정]을 [원근감]의 [원근감 강조(오른쪽)]로 선택한 후 [X 회전]은 [330°], [Y 회전]은 [0°], [Z 회전]은 [0°], [원근감]은 [80°]로 변경한다.

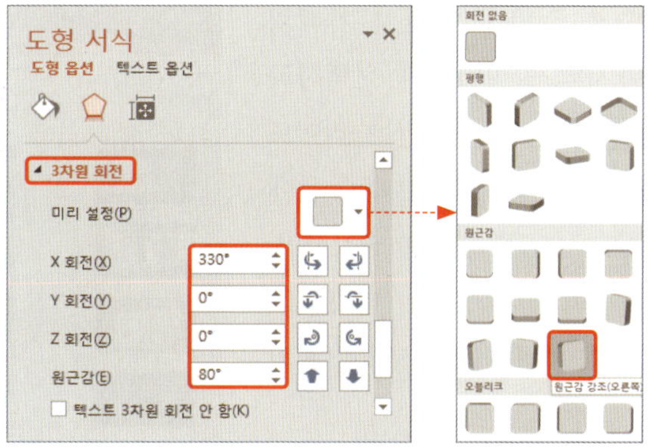

08 서식 작업 창을 닫고 도형의 크기와 위치를 조절한 후 [삽입] 탭-[텍스트] 그룹-[텍스트 상자]-[가로 텍스트 상자]를 선택한다.

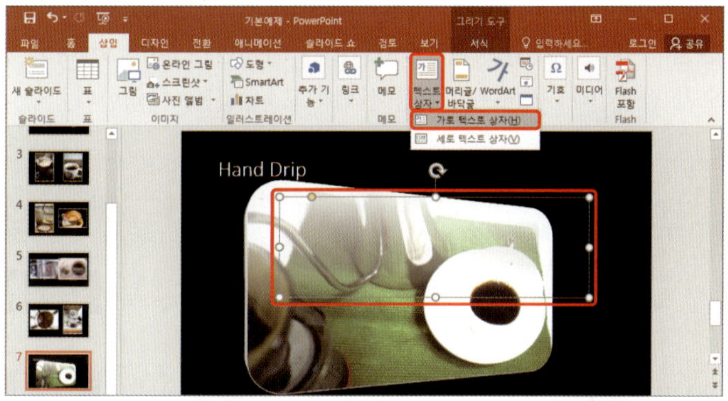

09 비디오 위쪽에 텍스트 상자를 삽입하고 *맛있는 커피 내리기*라고 입력한 후 [글꼴 색]은 [검정, 배경 1], [글꼴 크기]는 [32], [굵게]로 설정한다.

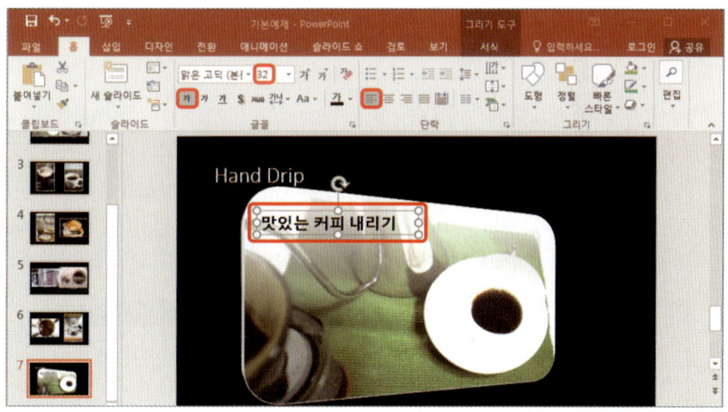

기본예제 9-6 온라인 비디오 활용하기

프레젠테이션에서 비디오를 활용할 때 컴퓨터에 저장된 파일이 아니라 유튜브와 같은 웹 사이트에서 검색한 영상을 가져올 수도 있다. 유튜브에서 비디오를 검색해 슬라이드에 바로 삽입해 보자.

TIP 외부에서 가져온 비디오 파일을 슬라이드에 직접 삽입하는 기능은 파워포인트 2010 버전부터 지원된다.

01 슬라이드 보기 창에서 마지막 슬라이드를 선택하고 Enter를 눌러 [제목만] 슬라이드를 추가한다. 제목 개체 틀에 *Latte Art*를 입력한 후 [삽입] 탭–[미디어] 그룹–[비디오]–[온라인 비디오]를 선택한다.

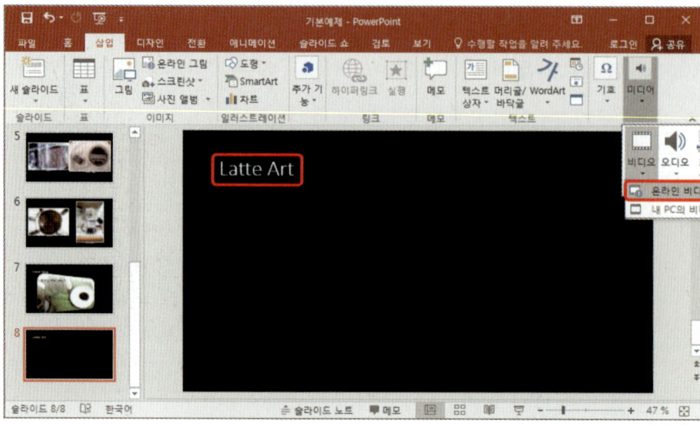

02 [비디오 삽입] 창의 [YouTube] 검색란에 *latte art*라고 입력하고 Enter를 누르면 여러 개의 비디오가 검색된다. 원하는 항목을 선택하고 [삽입]을 클릭한다.

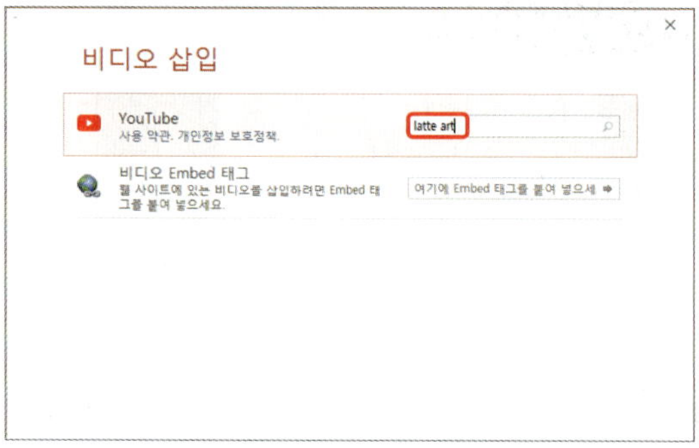

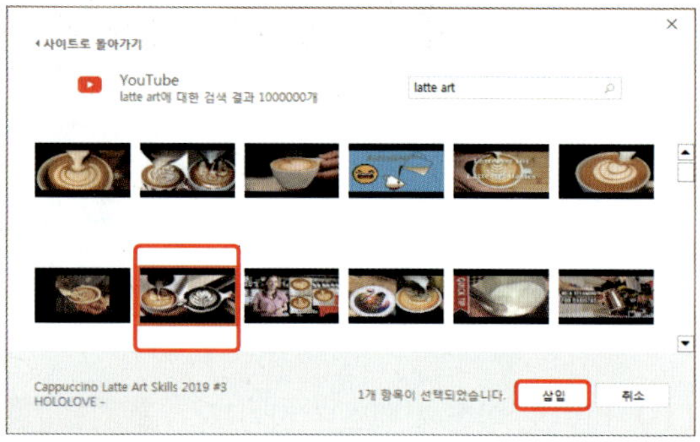

여기서 잠깐 **비디오 파일의 주소 이용하기**

[YouTube] 검색란에 검색 키워드를 입력하는 대신 비디오 파일의 주소(URL, Uniform Resource Locator)를 입력해도 된다. 웹브라우저로 유튜브 사이트에 접속해 검색한 비디오의 경우, [공유]를 클릭하면 열리는 URL을 [복사]를 클릭해 복사한 후 파워포인트에서 [비디오 삽입] 창의 검색란에 단축키 Ctrl+V를 눌러 붙여넣는다.

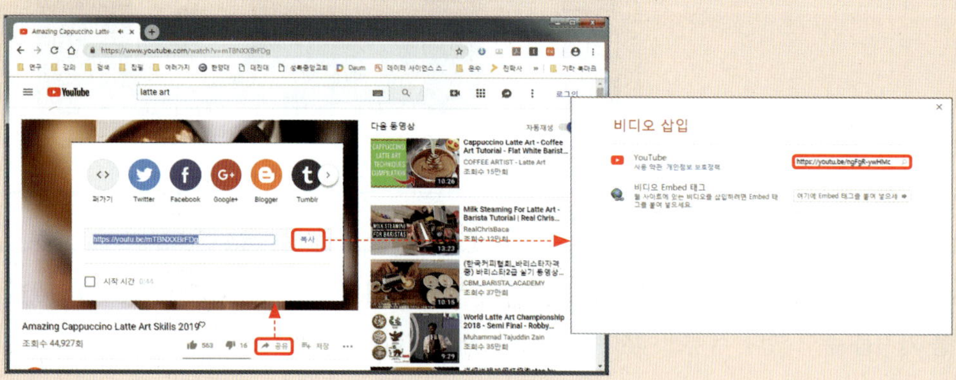

03 삽입된 비디오를 드래그해 위치를 이동하고 조절점을 이용해 크기를 조절한다. [비디오 도구]-[재생] 탭-[미리 보기] 그룹-[재생]을 클릭한다.

04 유튜브에 연결되었을 때의 화면이 표시되고 [재생] 단추를 클릭하면 비디오가 실행된다.

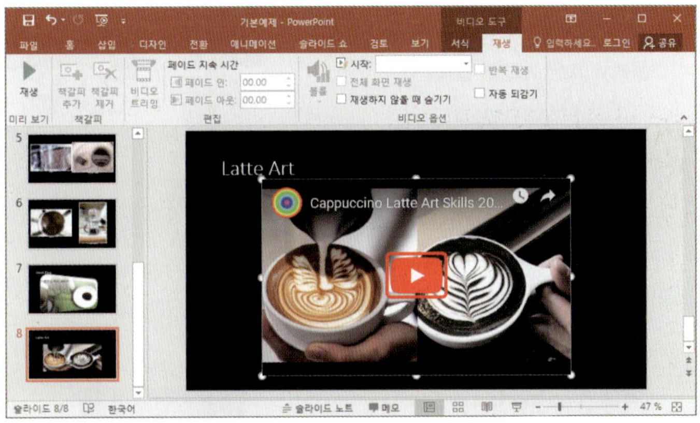

여기서 잠깐 **오디오 녹음과 화면 녹화 기능**

파워포인트에는 오디오 녹음과 화면 녹화 기능이 있어 미디어 파일을 직접 만들어 사용할 수 있다. 마이크나 스피커가 컴퓨터에 연결된 경우 직접 녹음이나 녹화를 진행하여 프레젠테이션에 삽입할 수 있다.

① 오디오 녹음을 하려면 [삽입] 탭-[미디어] 그룹-[오디오]-[오디오 녹음]을 선택한다.

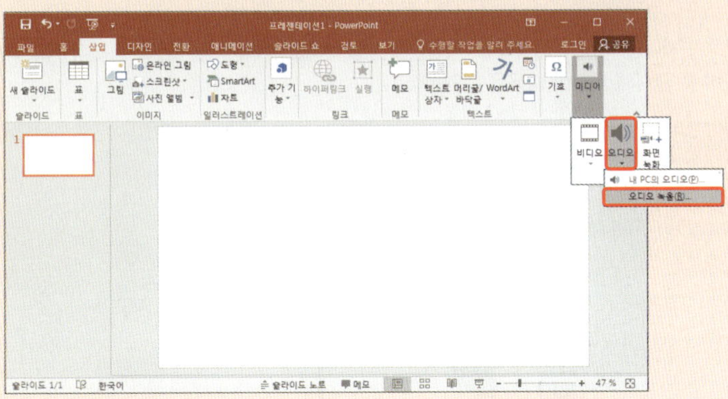

② [소리 녹음] 대화상자가 열리면 [녹음] 단추를 클릭하고 녹음을 시작한다. [중지] 단추를 클릭한 후 [확인]을 클릭하면 녹음한 오디오 파일이 슬라이드에 삽입된다.

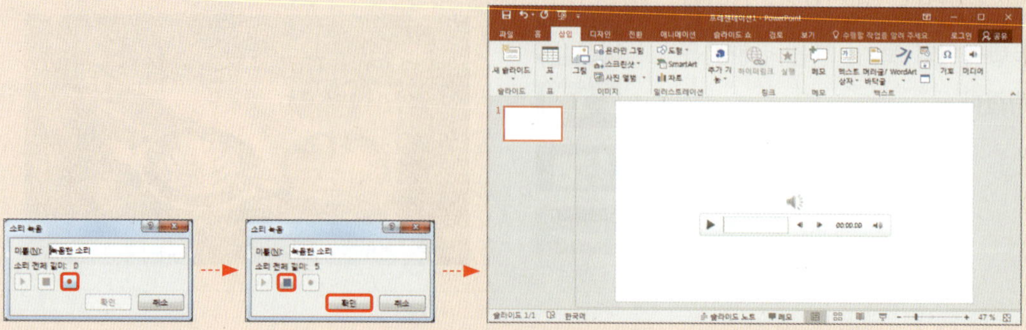

③ 화면 녹화를 하려면 [삽입] 탭–[미디어] 그룹에서 [화면 녹화]를 클릭한다.

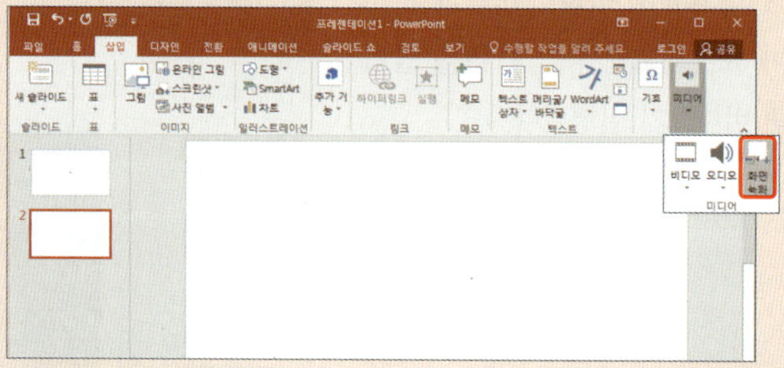

④ 화면 녹화 메뉴 중 [영역 선택]을 클릭하고 녹화할 화면 영역을 드래그해 선택한다.

TIP 녹화 영역을 선택하면 선택 영역만 선명하게 표시되고 화면의 나머지 부분은 흐리게 나타난다.

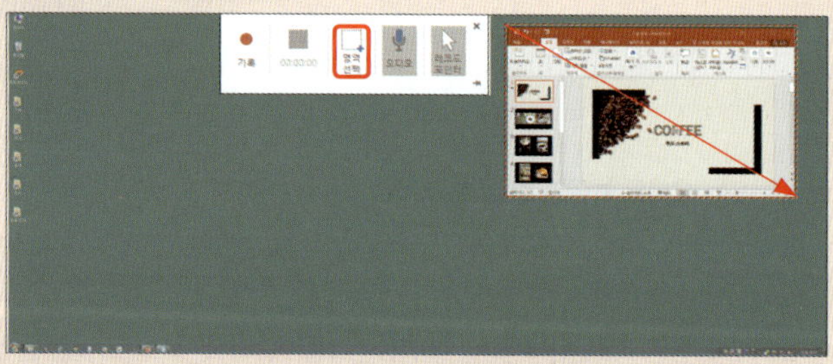

⑤ 화면 녹화 메뉴 중 [기록]을 클릭하고 3초가 지나면 녹화가 시작되고 ⊞+Shift+Q를 누르면 녹화가 중지된다. 녹화가 종료되면 슬라이드에 비디오가 삽입된다. [재생] 단추를 클릭해 녹화한 내용을 확인한다.

종합예제

멀티미디어 도구를 활용해 슬라이드를 만들어 보자. 예제에 사용되는 그림과 비디오는 실습 자료로 제공되므로 미리 다운로드해 둔다.

1 파워포인트를 실행하고 [새 프레젠테이션]을 선택한 후 제목 슬라이드를 [홈] 탭–[슬라이드] 그룹–[레이아웃] 목록의 [빈 화면]으로 변경한다.

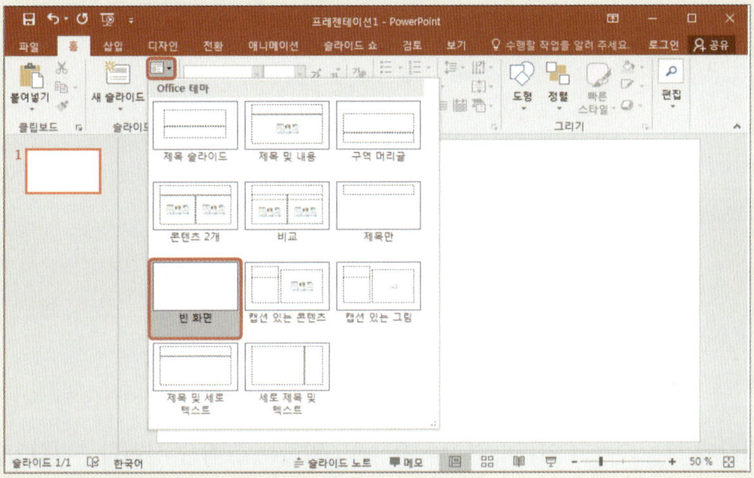

2 [디자인] 탭–[사용자 지정] 그룹–[슬라이드 크기]–[표준]을 선택하고 대화상자가 열리면 [맞춤 확인]을 클릭한다.

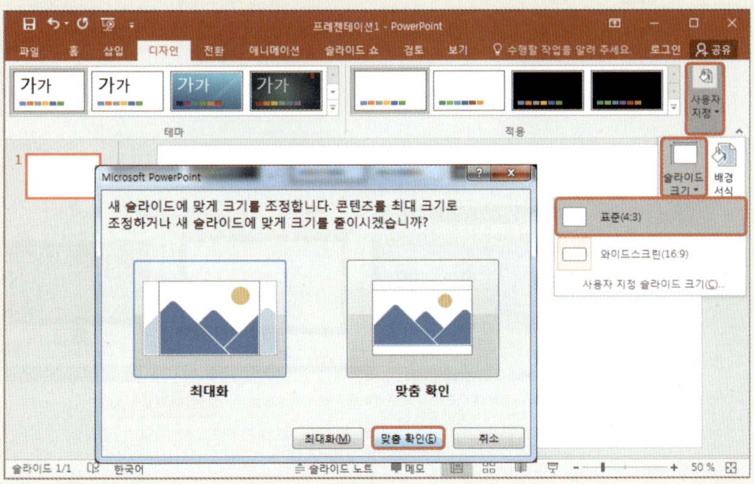

3 슬라이드를 마우스 오른쪽 단추로 클릭해 [배경 서식]을 선택한다. [배경 서식] 작업 창이 열리면 [채우기] 탭–[채우기] 항목에서 [그림 또는 질감 채우기]를 선택하고 [온라인] 단추를 클릭한다.

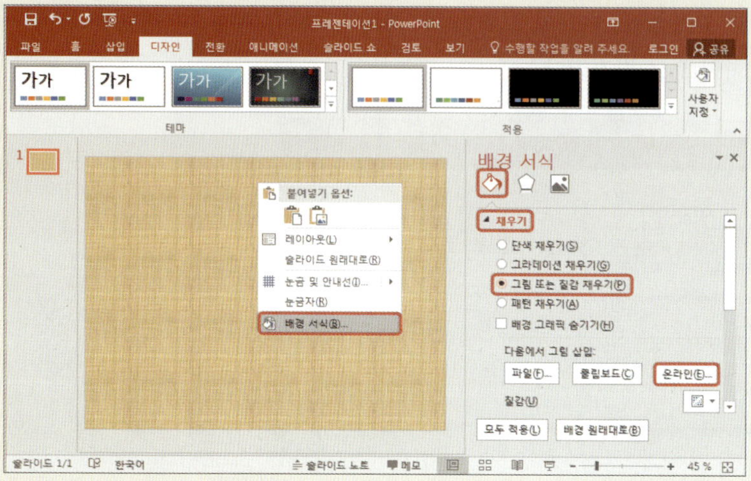

4 [Bing 이미지 검색]의 검색란에 *모니터*라고 입력하고 Enter를 눌러 원하는 그림을 선택한 후 [삽입]을 클릭한다.

5 [배경 서식] 작업 창의 [채우기] 탭에서 [투명도]를 [40%]로 설정하고 [오프셋 위쪽]과 [오프셋 아래쪽]을 [−1%]로 변경한다.

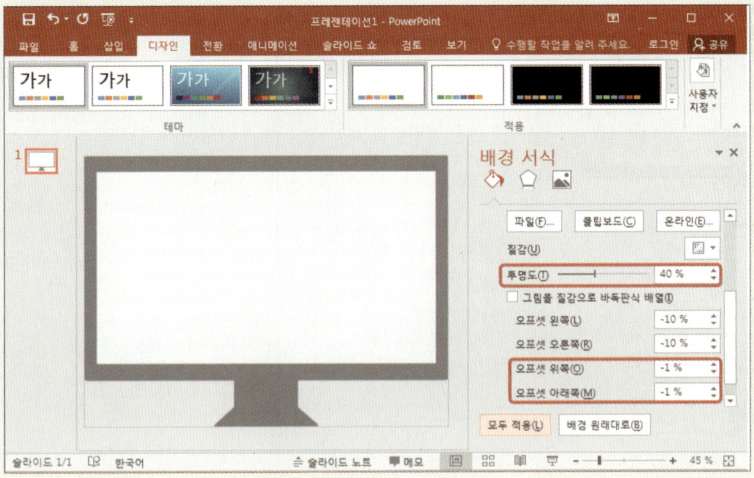

TIP 오프셋은 삽입한 그림에 따라 다르게 설정될 수 있다. 슬라이드에 모니터가 꽉 차도록 오프셋을 조절한다.

6 [삽입] 탭–[미디어] 그룹–[비디오]–[내 PC의 비디오]를 선택하고 [비디오 삽입] 대화상자가 열리면 비디오 파일을 찾아 선택하고 [삽입]을 클릭한다.

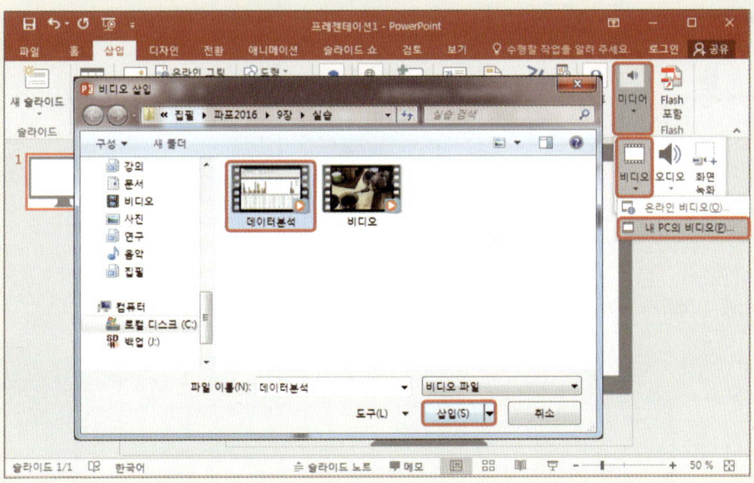

7 비디오의 크기와 위치를 모니터 모양에 맞게 조절한다. 비디오를 마우스 오른쪽 단추로 클릭하고 [비디오 형식 지정]을 선택해 [비디오 형식 지정] 작업 창을 연다.

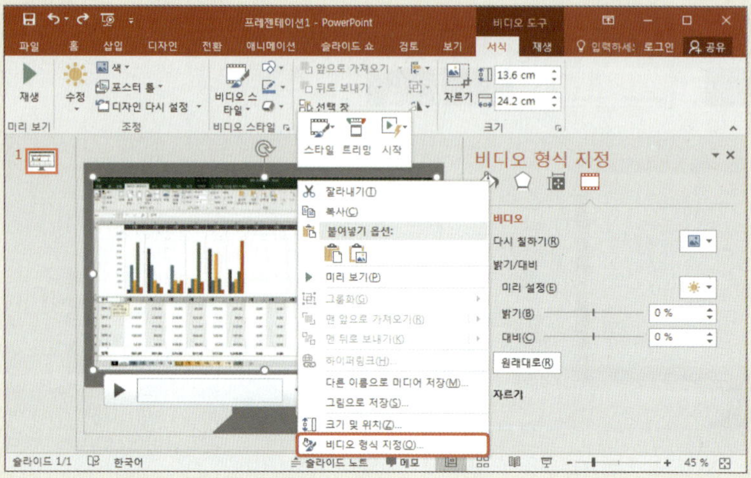

8 [비디오 형식 지정] 작업 창의 [효과] 탭–[부드러운 가장자리] 항목에서 [크기]를 [1pt]로 설정한다.

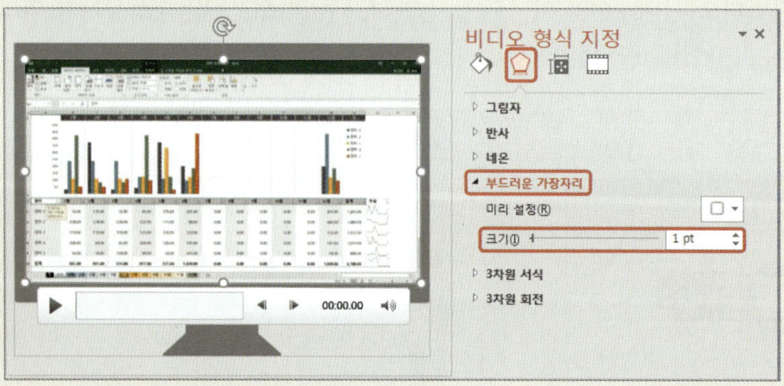

TIP 비디오의 가장자리를 부드럽게 설정하면 화면이 확대되었을 때 모니터 배경 그림과 자연스럽게 어울리게 된다.

9 비디오의 표지를 만들기 위해 [홈] 탭–[슬라이드] 그룹–[새 슬라이드] 목록에서 [제목 슬라이드]를 선택한다.

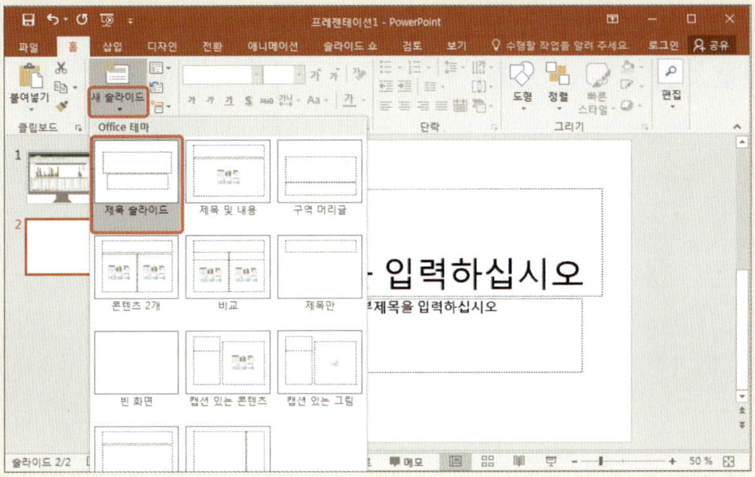

10 제목 개체 틀에는 *데이터 분석*, 부제목 개체 틀에는 *화면 클릭하고 동영상 보기*라고 입력한다.

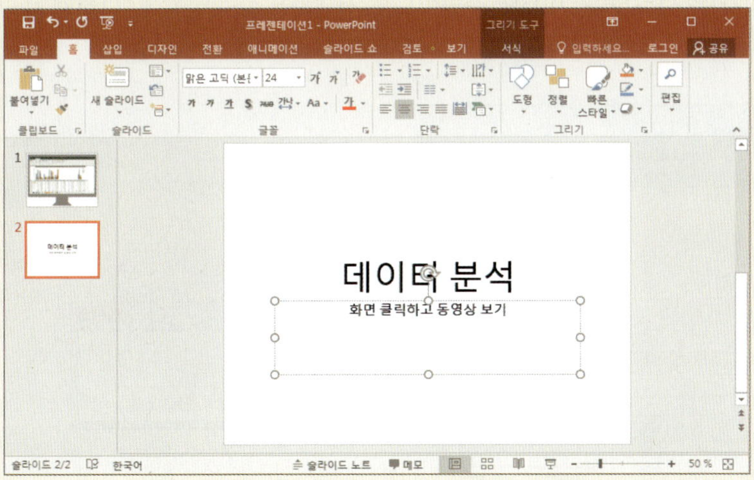

11 [파일] 탭–[다른 이름으로 저장]을 선택해 백스테이지 화면을 열고 표지를 저장할 폴더를 선택한다.

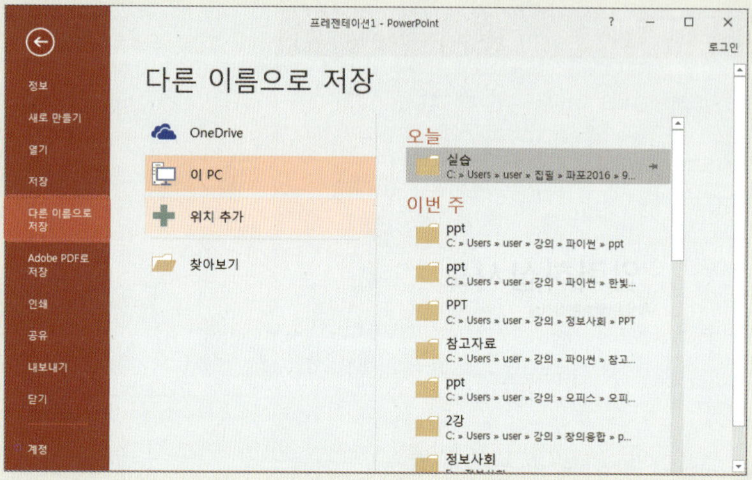

12 [다른 이름으로 저장] 대화상자에서 [파일 형식]은 [JPEG 파일 교환 형식], [파일 이름]은 *데이터분석표지*라고 입력하고 [저장]을 클릭한다. 내보낼 슬라이드를 선택하는 대화상자에서 [현재 슬라이드만]을 클릭한다.

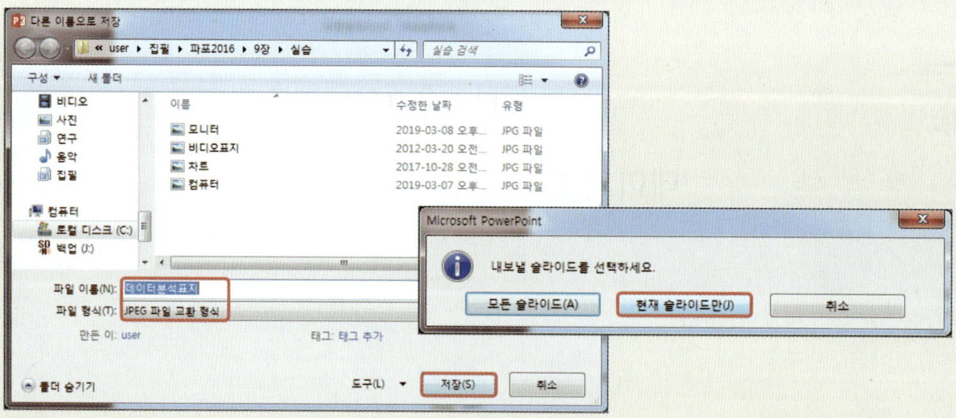

TIP [파일 형식]은 GIF나 PNG와 같이 다른 이미지 파일 형식을 사용해도 된다.

13 첫 번째 슬라이드의 비디오를 선택하고 [비디오 도구]–[서식] 탭–[조정] 그룹–[포스터 틀]–[파일의 이미지]를 선택한다.

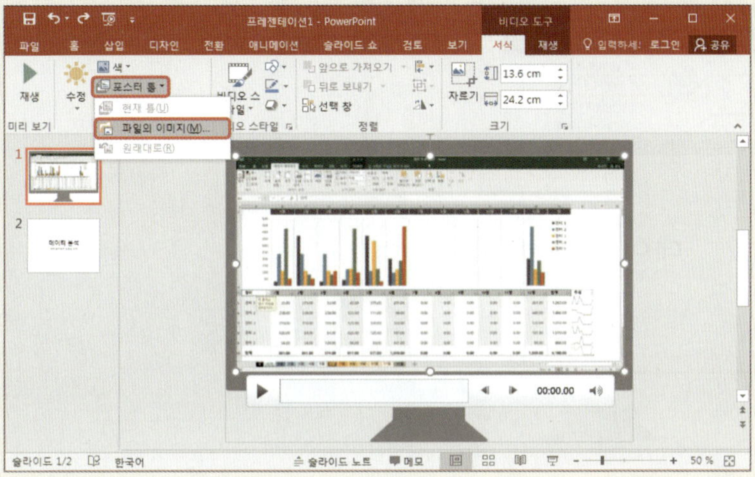

14 [그림 삽입] 창에서 [파일에서]를 클릭해 [그림 삽입] 대화상자가 열리면 저장해둔 '데이터분석표지.jpg' 파일을 선택하고 [삽입]을 클릭한다.

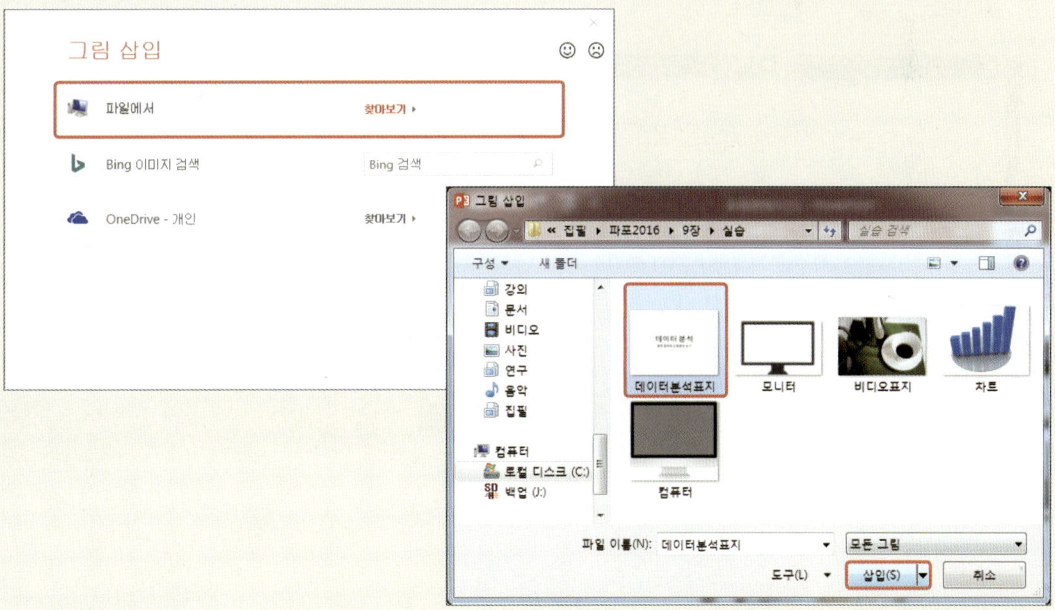

15 [비디오 도구]-[재생] 탭-[편집] 그룹에서 [페이드 인]과 [페이드 아웃]을 [01.00]으로 설정하고 [비디오 옵션] 그룹에서 [전체 화면 재생]을 선택한다.

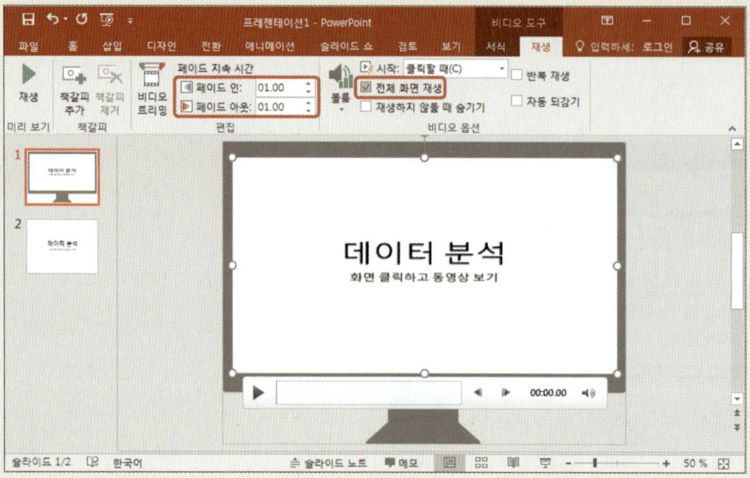

TIP 비디오 표지를 만들기 위해 사용한 두 번째 슬라이드는 삭제해도 된다.

16 화면 하단 작업 표시줄의 [읽기용 보기]를 클릭하거나 F5를 눌러 슬라이드 쇼를 진행해 비디오가 재생되는 모습을 확인한다.

17 [파일] 탭-[정보]를 선택해 [정보] 백스테이지 화면이 열리면 [미디어 압축] 목록에서 [프레젠테이션 품질]을 선택한다. 압축이 완료되면 [미디어 압축] 대화상자의 [닫기]를 클릭하고 프레젠테이션을 '종합08(완성).pptx'로 저장한다.

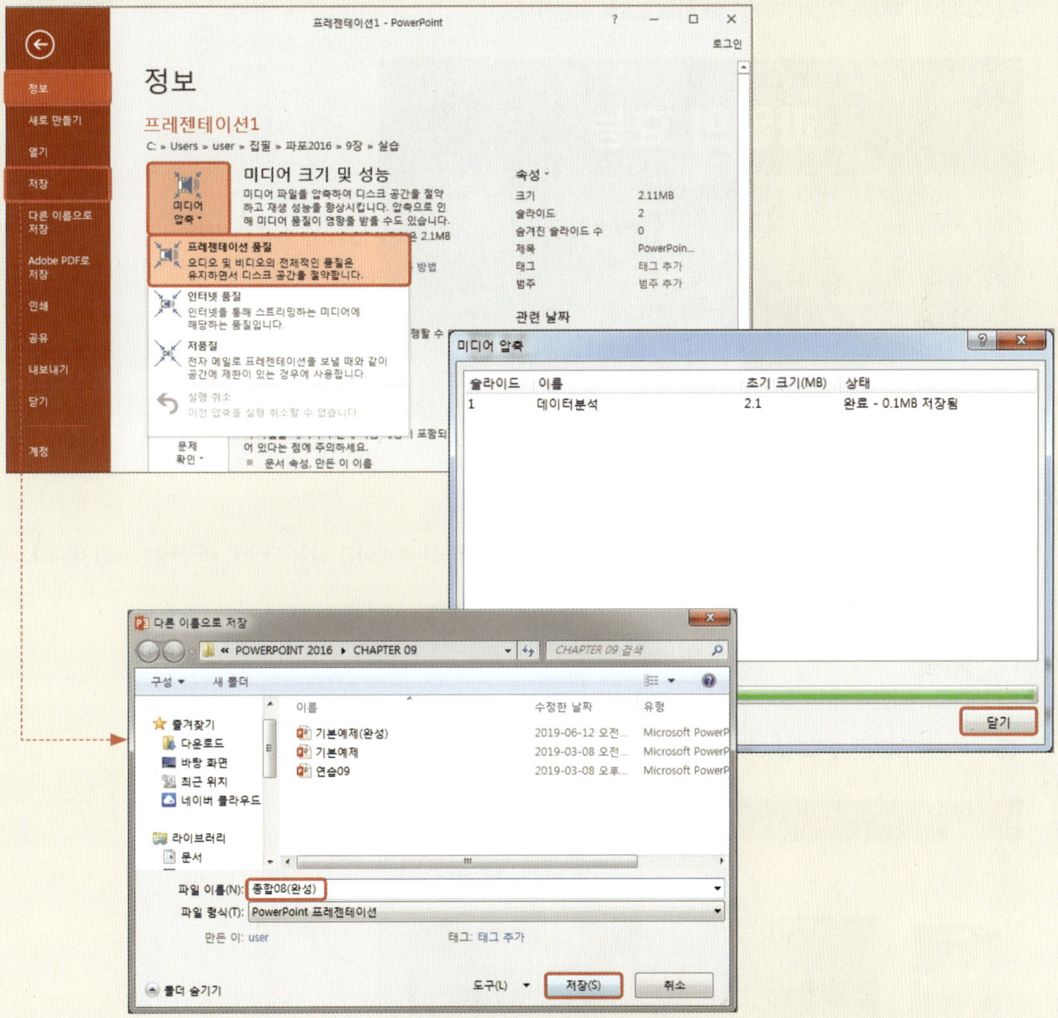

연습문제

1 '연습09.pptx' 파일을 이용해 다음 지시대로 오디오를 설정하시오.

❶ '오디오.mp3' 파일을 프레젠테이션 배경 음악으로 설정하여 프레젠테이션 시작부터 끝까지 자동으로 반복 재생되도록 하시오.

❷ 오디오의 [페이드 인]과 [페이드 아웃]을 2초로 설정하시오.

2 다음 지시대로 비디오 파일을 슬라이드에 추가하시오.

❶ 연습문제 1에서 사용한 '연습09.pptx' 프레젠테이션에 슬라이드를 추가하고 실습 자료로 제공되는 '과일 비디오.mp4' 파일을 삽입하시오.

❷ 비디오의 포스터 틀을 '과일표지.jpg' 이미지로 설정하시오.

❸ 비디오 스타일을 [일반 입체 사각형]으로 설정하시오.

❹ 비디오의 [페이드 인]과 [페이드 아웃]을 모두 1초로 설정하고 자동 실행되도록 설정하시오.

CHAPTER

10

애니메이션 활용

학습목표

- 다양한 종류의 애니메이션을 개체에 설정할 수 있다.
- 애니메이션 효과와 옵션을 편집하고 활용할 수 있다.

SECTION 01

애니메이션 설정하기

파워포인트에서는 슬라이드의 텍스트, 도형, 스마트아트, 그림 등의 개체에 애니메이션 효과를 설정할 수 있다. 개체가 나타나고 사라지고 이동하는 효과와 크기나 색이 바뀌는 효과 등을 적용한 애니메이션을 활용해 프레젠테이션을 동적으로 구성하면 청중의 이목을 집중시키고 분위기를 환기할 수 있다. 또, 슬라이드의 내용을 더 쉽게 이해할 수 있게 돕는 역할도 한다. 애니메이션의 동적 효과를 잘 활용하기 위해 먼저 어떤 효과들이 있는지 알아본다.

1.1 애니메이션의 종류와 설정

파워포인트에서 제공하는 애니메이션은 무척 다양한데, 나타내기, 끝내기, 강조, 이동 경로의 네 가지 종류로 크게 구분할 수 있다. 이는 애니메이션 동작에 따라 구분하는 것으로 특징은 다음과 같다.

종류	효과 설정 후 동작	
나타내기	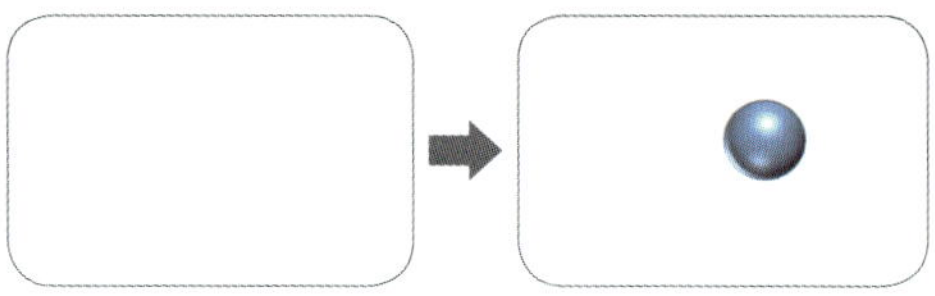	올라오기 등의 설정 효과로 슬라이드에 없는 개체가 나타난다.
끝내기	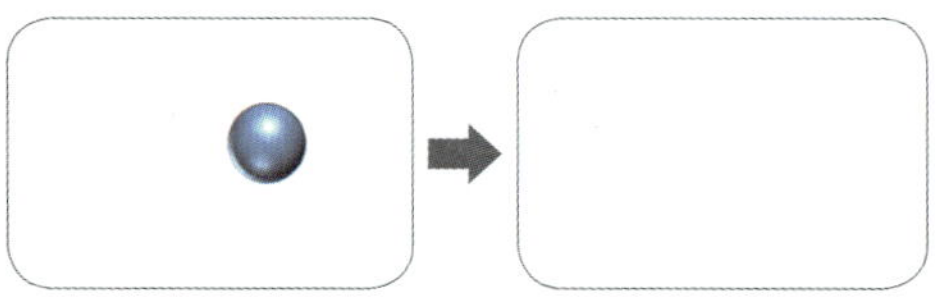	가라앉기 등의 효과로 슬라이드에 표시된 개체가 사라진다.
강조	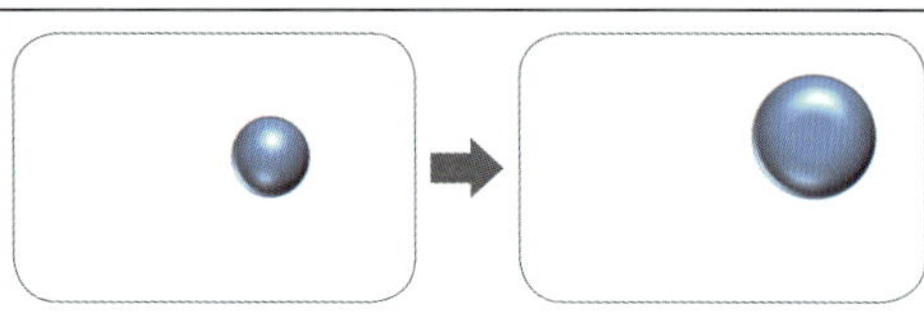	슬라이드에 있는 개체의 크기나 색 등이 변화하면서 강조된다.
이동 경로	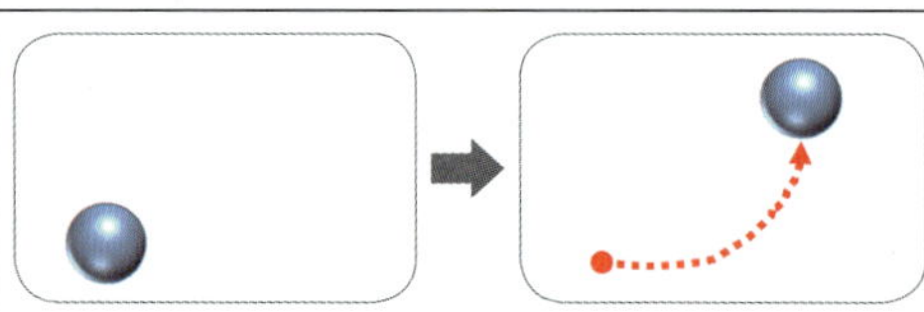	슬라이드에 있는 개체가 지정한 경로에 따라 이동한다.

자주 사용하는 몇 가지 애니메이션을 개체에 적용하고 효과 옵션이나 타이밍 등을 설정하는 방법을 알아본다.

기본예제 10-1 애니메이션 설정하기와 지우기

슬라이드에 있는 제목이나 내용을 보여주는 텍스트 상자, 도형과 그림, 스마트아트 및 차트 등 모든 개체에 애니메이션을 적용할 수 있다. 애니메이션을 선택하고 재생 시간을 변경하거나 설정한 애니메이션을 제거하는 기본적인 방법을 알아보자.

01 '준비.pptx' 파일을 열고 슬라이드 2를 선택한다.

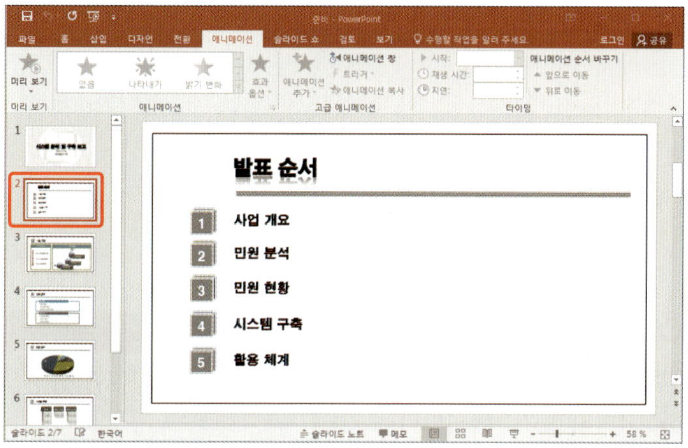

02 '1 사업 개요'를 선택하고 [애니메이션] 탭–[애니메이션] 그룹의 [자세히] 단추를 클릭해 [나타내기]의 [밝기 변화]를 선택한다.

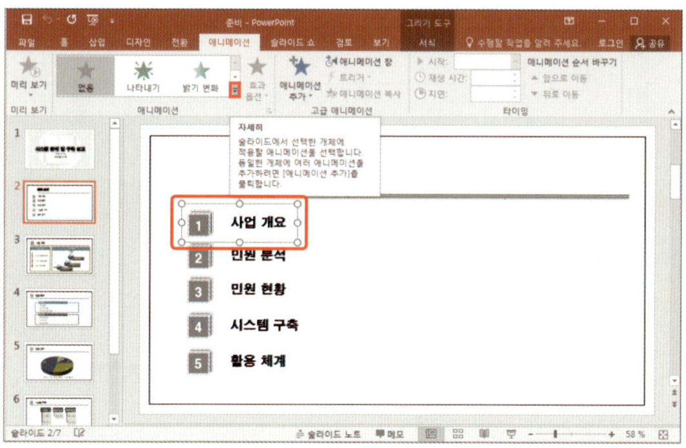

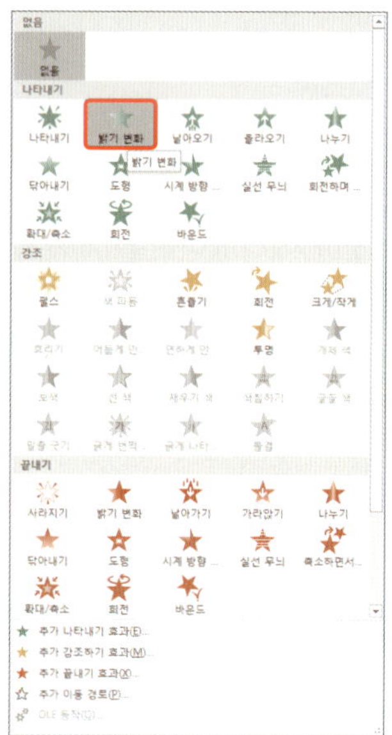

여기서 잠깐 **다양한 나타내기 효과**

단계 02의 [애니메이션] 목록에서 [추가 나타내기 효과]를 선택하면 [기본 효과], [은은한 효과], [온화한 효과], [화려한 효과]로 분류된 많은 나타내기 효과를 선택할 수 있다.

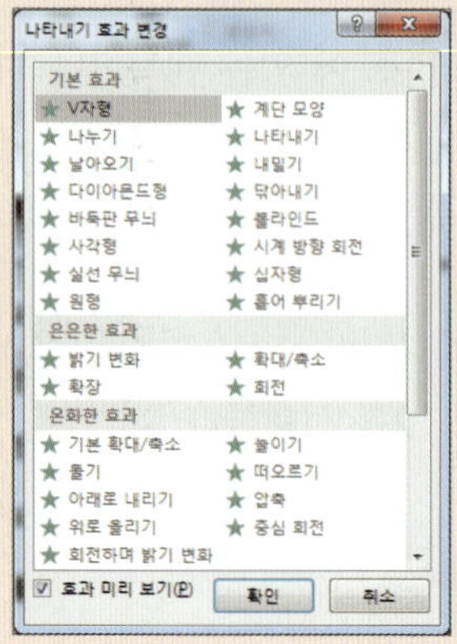

03 [애니메이션] 탭–[타이밍] 그룹에서 [재생 시간]을 '1'초로 변경하고 [미리 보기] 탭–[미리 보기]를 클릭해 애니메이션을 재생해 본다.

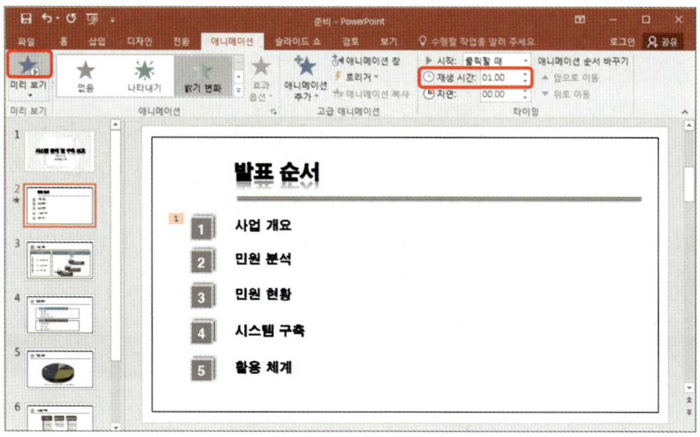

04 설정한 애니메이션을 제거하려면 개체를 선택하고 [애니메이션] 탭–[애니메이션] 그룹–[없음]을 클릭한다.

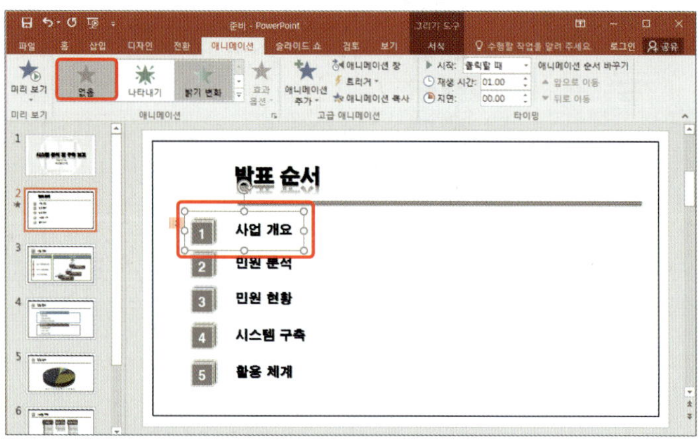

TIP 개체 앞에 표시되는 애니메이션 순서 번호를 클릭하고 Delete를 눌러도 애니메이션을 제거할 수 있다.

05 '2 민원 분석'을 선택하고 [애니메이션] 탭–[애니메이션] 그룹의 [자세히] 단추를 클릭해 [강조]의 [투명]을 선택한다.

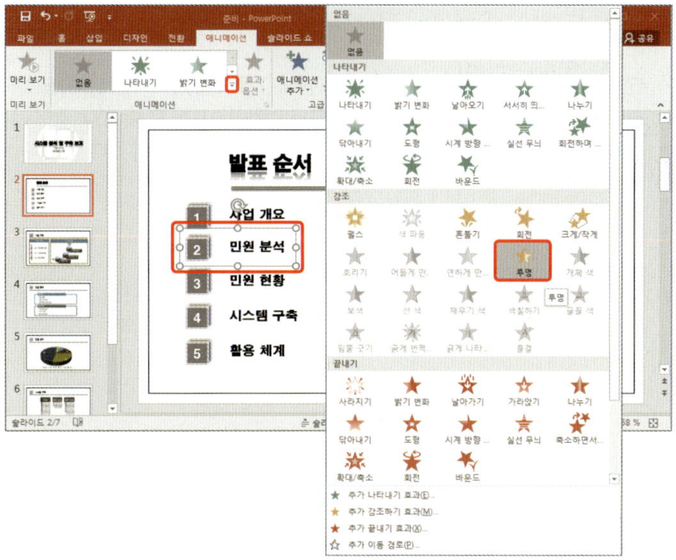

TIP [투명] 효과는 선택한 개체를 투명하게 함으로써 선택하지 않은 다른 개체를 더 강조할 때 주로 사용한다.

TIP 일부 강조 효과를 선택할 수 없게 되어 있는 이유는 현재 선택한 도형 개체가 그룹이기 때문이다. 단일 개체가 아닐 때는 애니메이션 효과가 제한적으로 사용된다.

여기서 잠깐 **다양한 강조하기 효과**

단계 05의 [애니메이션] 목록에서 [추가 강조하기 효과]를 선택하면 기본 효과 외에도 다양한 강조하기 효과를 선택할 수 있다. [크게/작게], [밑줄 긋기], [흔들기], [깜박이기] 등의 효과를 적용해 강조하려는 개체를 부각시키고자 할 때 사용한다.

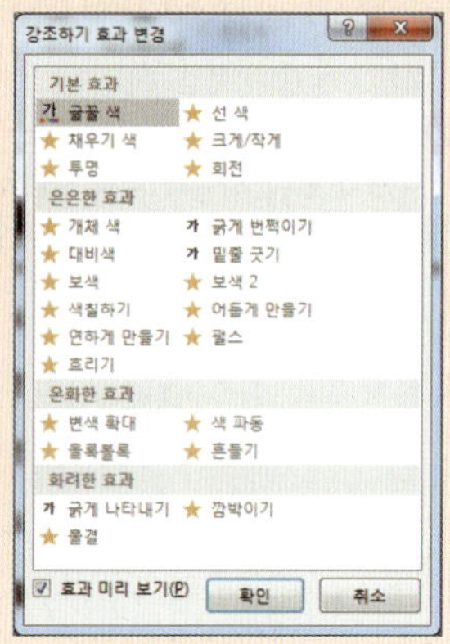

06 '3 민원 현황'을 선택하고 [애니메이션] 탭–[애니메이션] 그룹의 [자세히] 단추를 클릭해 [끝내기]의 [실선 무늬]를 선택한다.

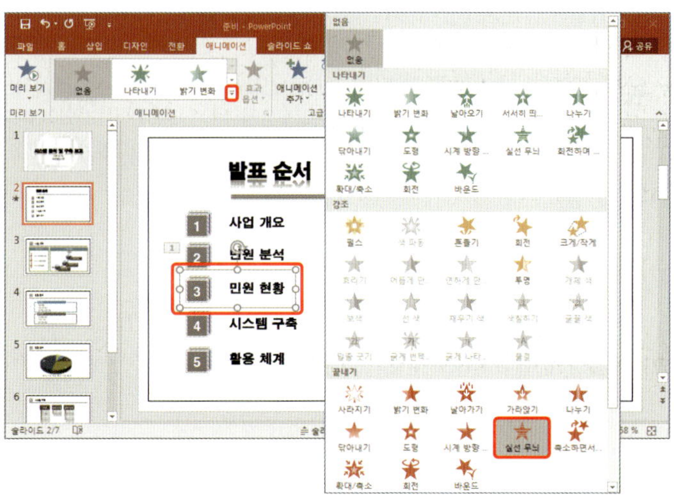

여기서 잠깐 ▸ 다양한 끝내기 효과

단계 06의 [애니메이션] 목록에서 [추가 끝내기 효과]를 선택하면 프레젠테이션 중에 슬라이드에서 숨기고 싶은 개체를 다양한 모양으로 사라지게 할 수 있다. 많이 사용되는 끝내기 효과에는 [나누기], [사라지기], [실선 무늬], [밝기 변화] 등이 있다.

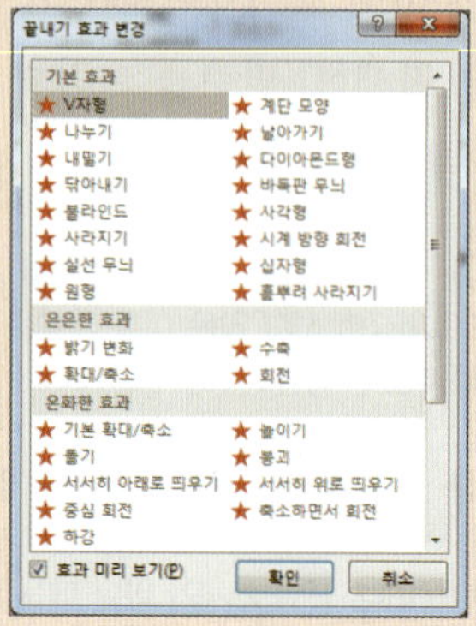

07 '4 시스템 구축'을 선택하고 [애니메이션] 탭–[애니메이션] 그룹의 [자세히] 단추를 클릭해 [이동 경로]의 [타원]을 선택한다.

TIP ▸ 시작과 종료 지점을 연결하는 선의 모양은 다음과 같다. 시작과 종료 지점의 삼각형 도형을 드래그해 이동 경로를 변경할 수 있다.

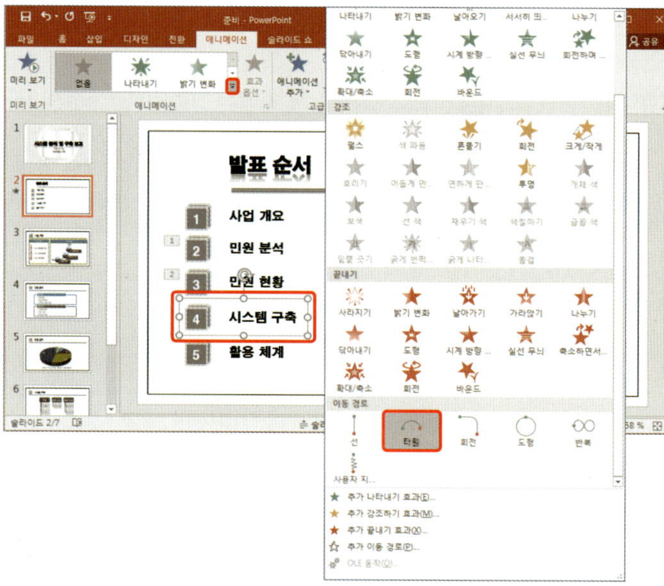

여기서 잠깐 ▸ 다양한 이동 경로

단계 07의 [애니메이션] 목록에서 [추가 이동 경로]를 선택하면 [기본 경로], [직선 및 곡선 경로], [기타 경로]로 분류된 많은 이동 경로 모양을 선택할 수 있다. 그 외의 이동 경로 모양이 필요하면 [사용자 지정 경로]를 선택해 직선과 곡선을 직접 그릴 수도 있다.

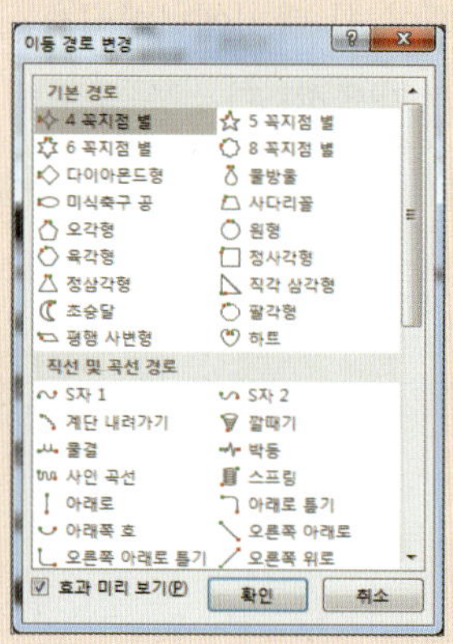

08 Shift를 누른 상태로 개체 앞에 표시된 애니메이션 순서 번호를 클릭해 모두 선택한 후 Delete를 눌러 애니메이션 효과를 한 번에 제거한다.

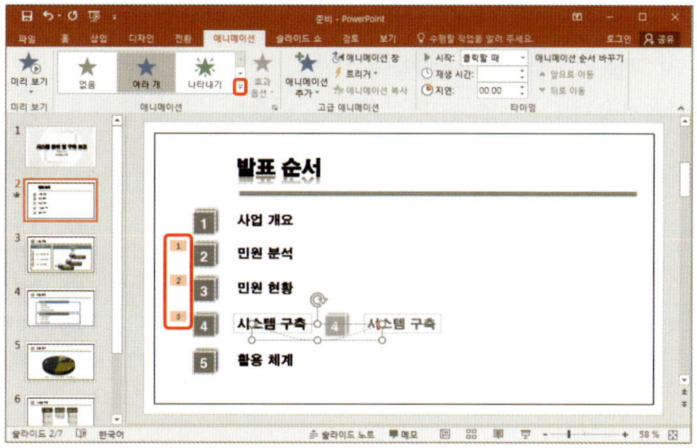

1.2 애니메이션 효과 옵션

개체에 설정한 애니메이션의 종류에 따라 각기 다른 효과 옵션이 제공된다. 예를 들어 [기본예제 10-1]에서 사용한 [밝기 변화]로 나타내기에서는 효과 옵션이 제공되지 않지만 [닦아내기]로 나타내기에서는 [아래에서], [왼쪽에서], [오른쪽에서], [위에서]의 네 가지 효과 옵션을 선택할 수 있다. 애니메이션에 제공되는 효과 옵션을 사용하는 방법에 대해 알아보자.

기본예제 10-2 효과 옵션과 애니메이션 복사하기

애니메이션 효과 옵션을 설정하고, 설정한 애니메이션을 다른 개체에 복사해 보자.

01 슬라이드 2의 '1 사업 개요'를 선택하고 [애니메이션] 탭-[애니메이션] 그룹에서 [자세히] 단추를 클릭하고 [나타내기]의 [닦아내기]를 선택한다.

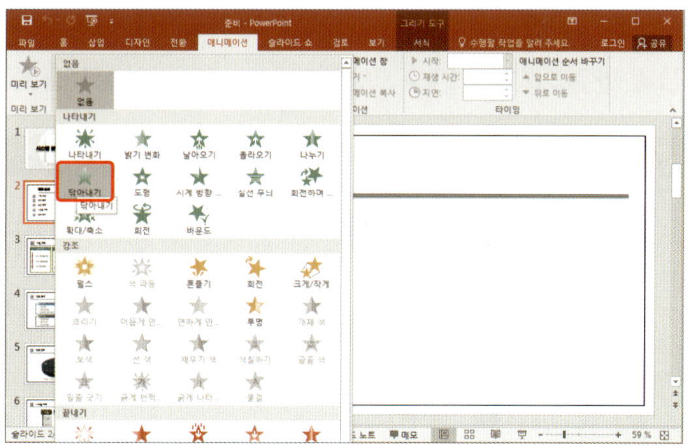

02 [애니메이션] 탭-[애니메이션] 그룹-[효과 옵션]-[왼쪽에서]를 선택한다.

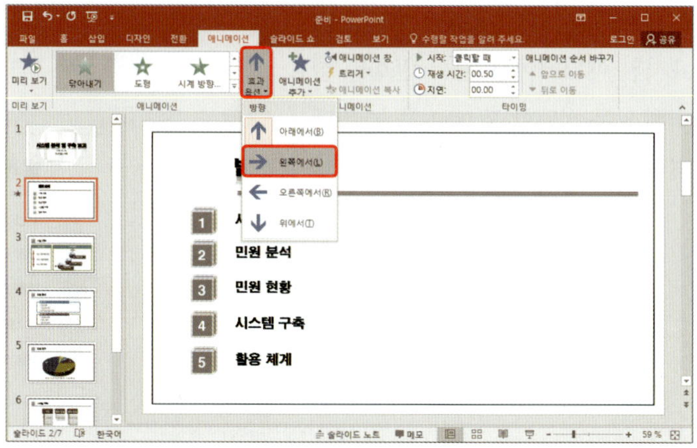

03 '1 사업 개요'를 선택하고 [애니메이션] 탭-[고급 애니메이션] 그룹-[애니메이션 복사]를 클릭한다.

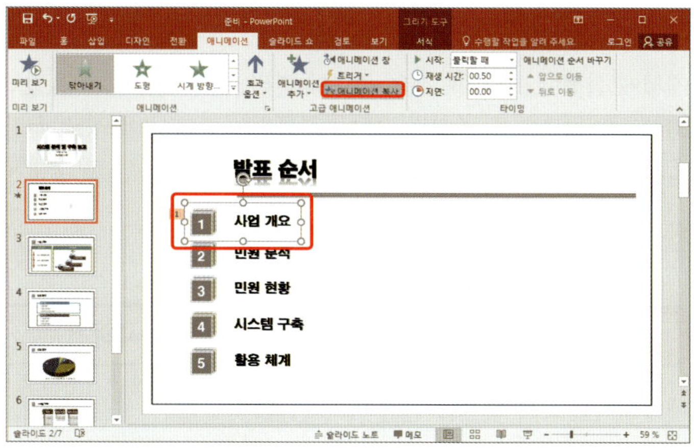

04 마우스 포인터가 ⬉ 모양으로 바뀌면 '2 민원 분석'을 클릭해 선택한다.

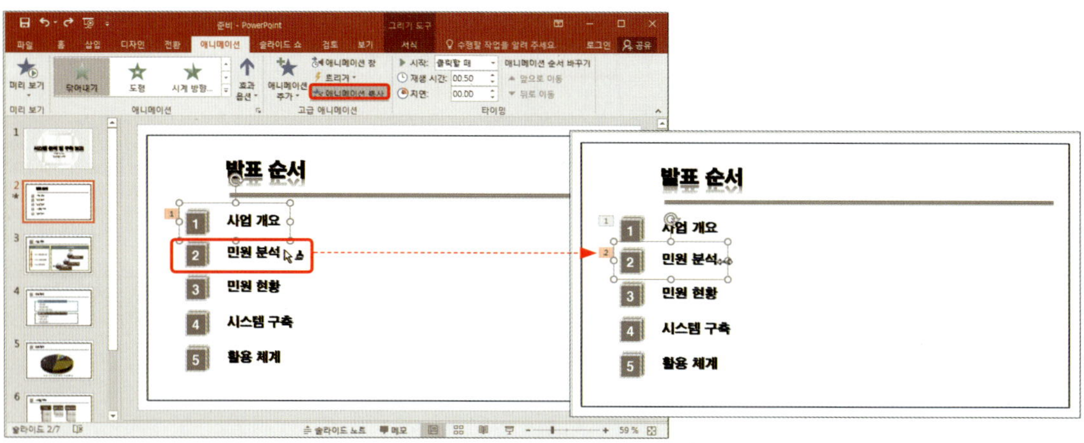

05 '3 민원 현황', '4 시스템 구축', '5 활용 체계'를 모두 선택한 후 [애니메이션] 탭–[애니메이션] 그룹에서 [자세히] 단추를 클릭하고 [나타내기]의 [닦아내기]를 선택한다.

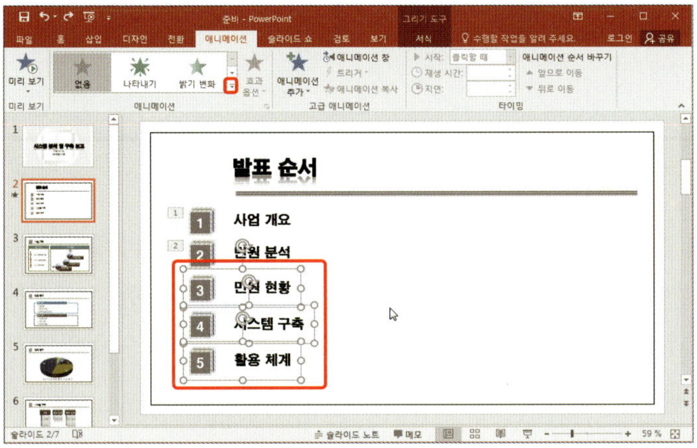

06 [애니메이션] 탭–[애니메이션] 그룹–[효과 옵션]–[왼쪽에서]를 선택한다.

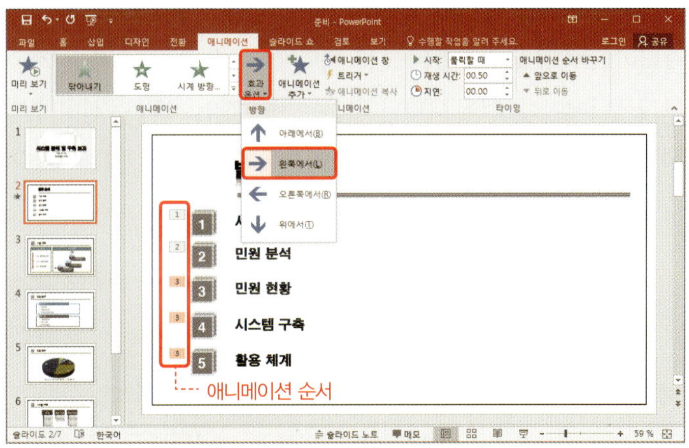

TIP 여러 개체를 한 번에 선택하고 애니메이션을 설정하면 마치 하나의 개체처럼 동시에 같은 동작을 하게 된다. 따라서, 애니메이션을 복사할 때와는 달리 애니메이션 순서도 하나의 번호로 표시된다.

SECTION 02

애니메이션 활용하기

프레젠테이션에 애니메이션을 활용하면 청중의 집중도와 이해도를 높일 수 있지만, 아무리 좋은 기능이라도 효과를 과도하게 적용하거나 진행에 지장을 줄 만큼 많이 설정하는 것은 자제해야 한다. 프레젠테이션의 목적과 상황에 잘 어울리는 효과를 선택하고 재생 시간이나 순서, 소리나 반복 횟수 등의 효과 옵션을 적절하게 조정해야 좋은 자료를 만들 수 있다.

2.1 애니메이션 창

슬라이드에 여러 애니메이션이 설정되어 있는 경우 [애니메이션 창] 작업 창을 이용하면 편리하다. 현재 슬라이드에 설정되어 있는 모든 애니메이션을 한눈에 볼 수 있어서 순서를 바꾸거나 추가 및 삭제가 쉽고, [애니메이션] 탭에 나타나지 않는 세부적인 효과 옵션이나 타이밍 메뉴를 설정할 수 있다. [애니메이션 창] 작업 창의 구성과 기능은 다음과 같다.

TIP 애니메이션을 제거하려면 [제거]를 클릭하는 대신 항목 선택 후 Delete를 눌러도 된다.

기본예제 10-3 애니메이션 창에서 옵션 설정하기

[애니메이션 창] 작업 창을 열어 슬라이드에 설정되어 있는 애니메이션 순서를 바꾸고 효과 옵션과 타이밍을 변경해 보자.

01 '준비.pptx' 파일의 슬라이드 2를 선택하고 [애니메이션] 탭–[고급 애니메이션] 그룹–[애니메이션 창]을 클릭한다.

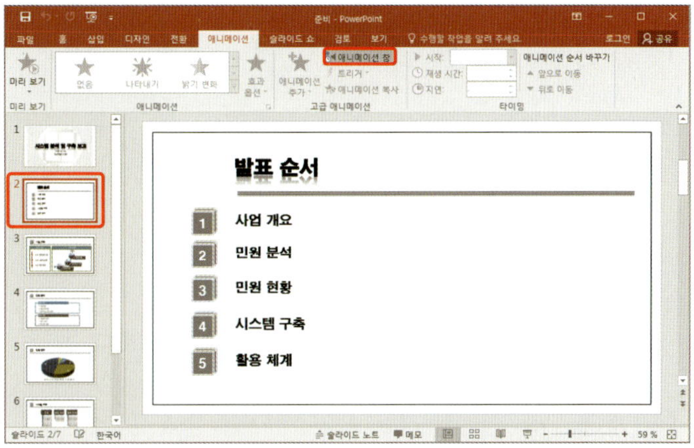

02 '발표 순서' 제목 텍스트 상자를 선택하고 [애니메이션] 탭–[애니메이션] 그룹에서 [강조]의 [흔들기]를 선택한다.

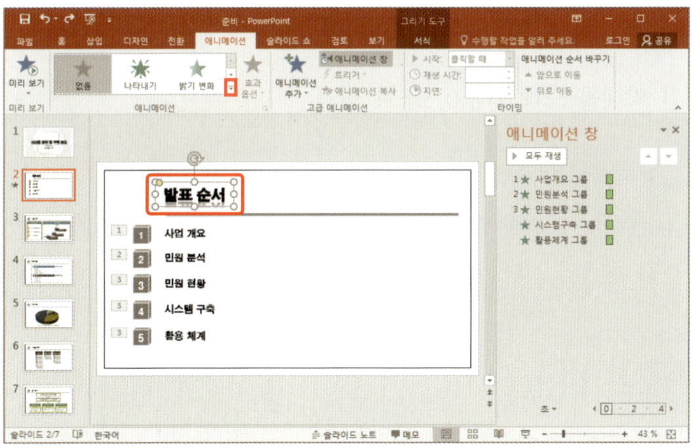

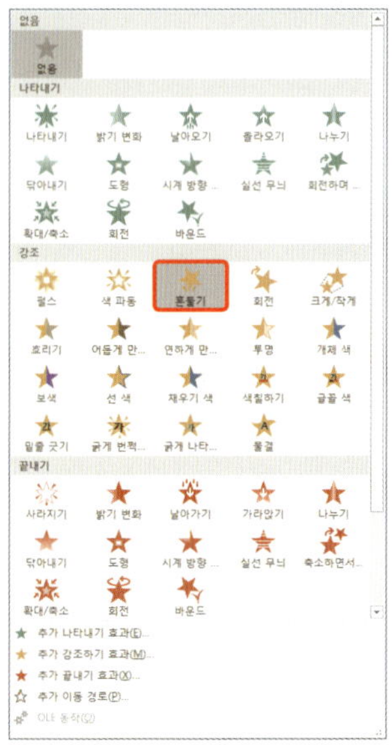

03 [애니메이션 창]에서 추가된 '제목: 발표 순서' 항목을 선택하고 [▲] 단추를 다섯 번 클릭해 순서를 첫 번째로 변경한다.

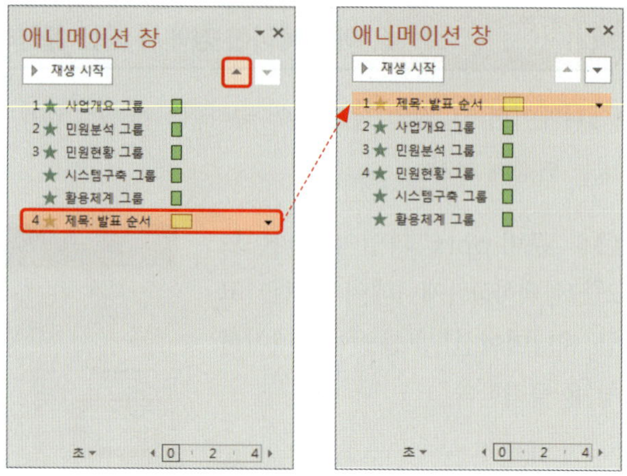

TIP 선택한 항목을 마우스로 드래그해 원하는 위치로 옮겨도 된다.

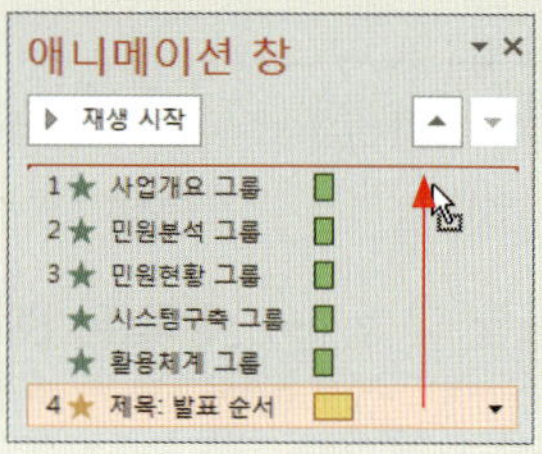

04 '제목: 발표 순서' 항목의 재생 시간 막대를 드래그해 0.5초로 변경한다.

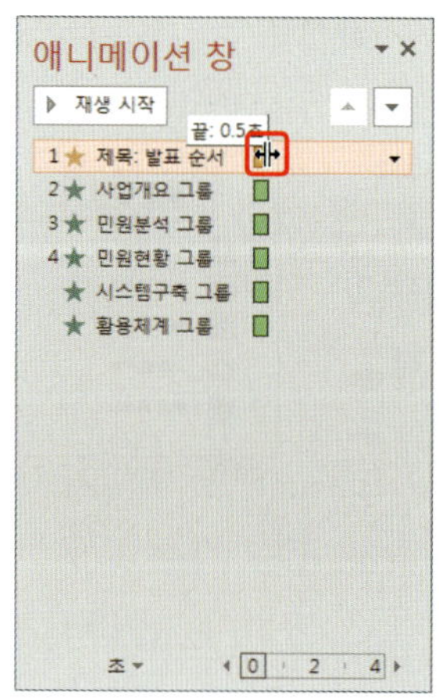

05 두 번째 항목부터 마지막 항목까지 모두 선택한 상태에서 [▼ 목록] 단추를 클릭하고 [이전 효과 다음에 시작]을 선택한다.

TIP ▶ 두 번째 항목을 선택하고 Shift를 누른 상태에서 마지막 항목을 선택하면 모든 항목을 선택할 수 있다.

기본예제 10-4 반복 재생과 색 변경하기

[애니메이션 창] 작업 창에서는 애니메이션 종류에 따라 효과 옵션, 소리 추가, 반복 재생 등을 세부적으로 설정할 수 있다. 제목 텍스트 상자에 설정한 애니메이션을 두 번 반복하고, 애니메이션이 끝나면 글꼴 색이 변경되도록 설정해 보자.

01 [애니메이션 창] 작업 창에서 '제목: 발표 순서'의 [▼ 목록] 단추를 클릭하고 [효과 옵션]을 선택한다.

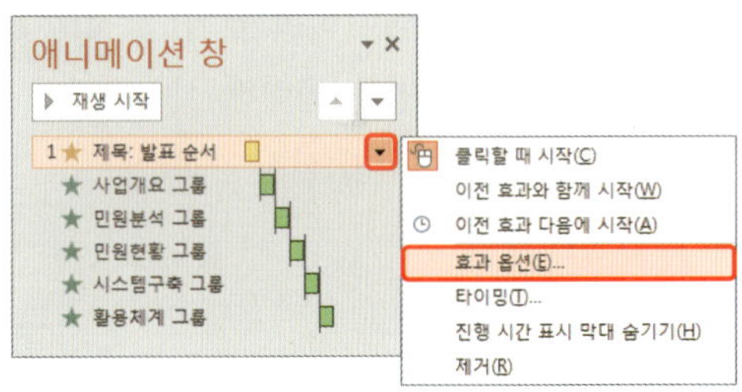

02 [흔들기] 대화상자가 나타나면 [효과] 탭에서 [애니메이션 후]의 [▼ 목록] 단추를 클릭하고 애니메이션이 끝난 후 변경할 글꼴 색을 그림과 같이 선택한다.

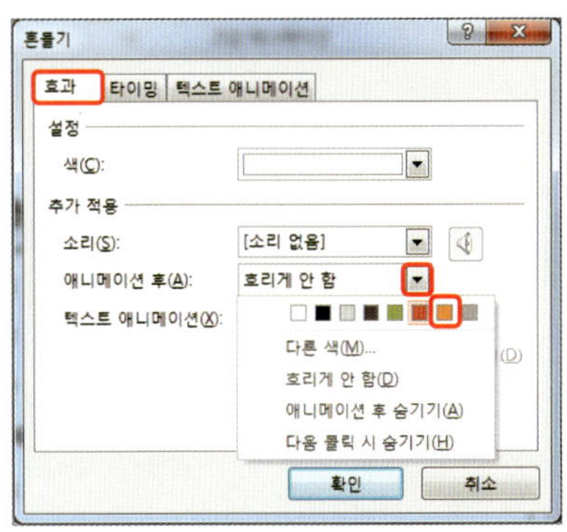

03 [텍스트 애니메이션] 목록에서 [단어 단위로]를 선택한다.

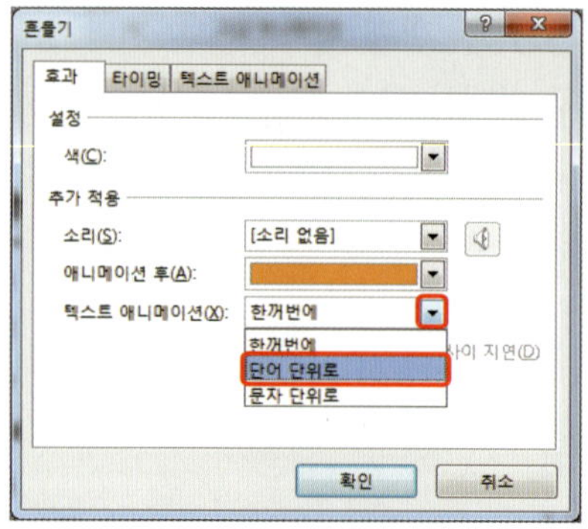

04 [타이밍] 탭에서 [반복]을 [2]로 설정하고 [확인]을 클릭한다.

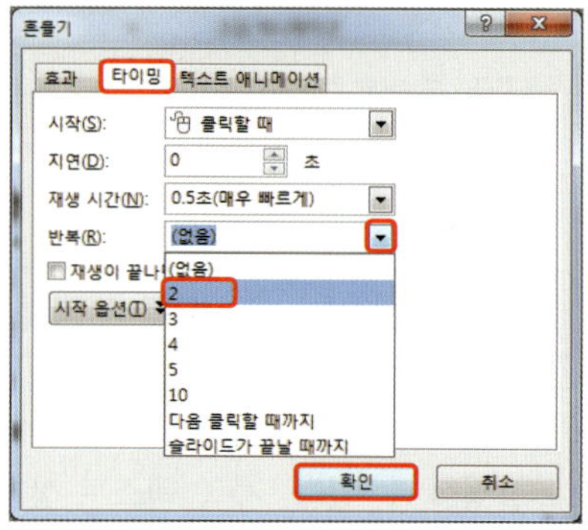

05 [애니메이션] 탭–[미리 보기] 그룹에서 [미리 보기]를 클릭해 설정한 효과 옵션과 타이밍 설정 결과를 확인한다.

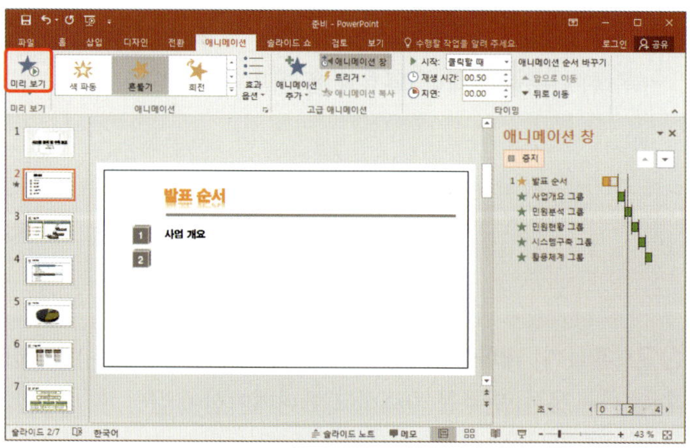

TIP [애니메이션 창] 작업 창의 [재생 시작]을 클릭해도 된다.

2.2 애니메이션 추가

슬라이드에 있는 개체에 애니메이션을 설정할 때 하나 이상의 동작을 하도록 하려면 애니메이션 추가 기능을 이용한다. 가령, 텍스트 상자가 나타났다가 다시 사라지게 하거나 도형이 회전하면서 타원 모양으로 변형되도록 하려면 애니메이션 효과를 하나 이상 설정해야 한다.

기본예제 10-5 하나의 개체에 여러 효과 설정하기

슬라이드에 있는 하나의 개체가 여러 가지 동작을 하도록 애니메이션을 추가해 보자.

01 '준비.pptx' 파일의 슬라이드 2에서 '1 사업 개요'를 선택하고 [애니메이션] 탭–[고급 애니메이션] 그룹–[애니메이션 추가]를 클릭한다.

TIP [애니메이션] 탭–[애니메이션] 그룹에 있는 애니메이션 효과를 선택하면 기존에 설정되어 있던 나타내기 효과는 사라지고 새로운 애니메이션이 적용된다.

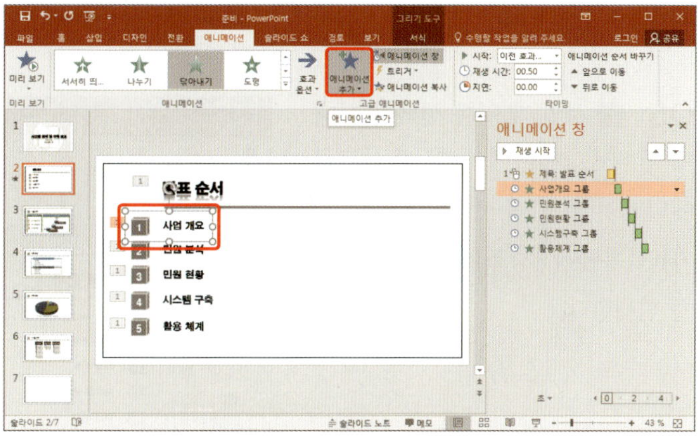

02 애니메이션 종류 중에서 [이동 경로]의 [선]을 선택한다.

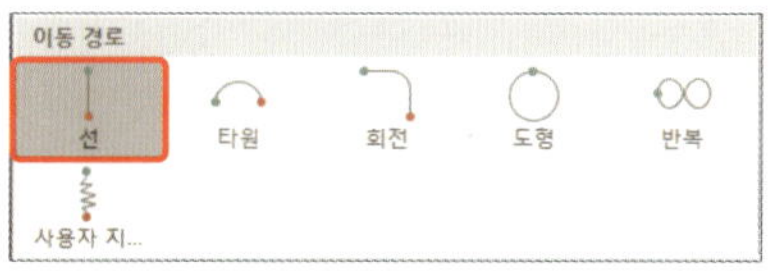

03 [애니메이션] 탭–[애니메이션] 그룹–[효과 옵션]–[방향]의 [오른쪽]을 선택한다.

TIP 효과 옵션 목록의 [원본]을 [잠금]으로 설정하면 다른 사용자가 애니메이션을 변경하지 못하도록 할 수 있다. 또, [경로]의 [점 편집]과 [경로 방향 바꾸기]를 이용하면 이동 경로의 모양이나 방향을 직접 지정할 수 있다.

04 설정한 이동 경로로 개체가 움직이는 동작을 미리 보기로 재생할 수 있다. 슬라이드에는 이동 경로의 시작과 종료 지점을 연결하는 선이 표시되는데, 종료 화살표를 드래그해 슬라이드의 가운데 지점으로 이동하도록 수정한다.

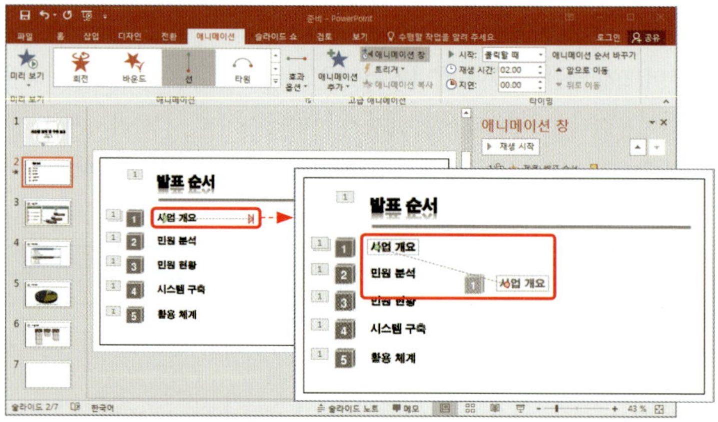

05 '1 사업 개요'를 선택한 상태에서 다시 [애니메이션] 탭–[고급 애니메이션] 그룹–[애니메이션 추가] 목록에서 [강조]의 [크게/작게]를 선택한다.

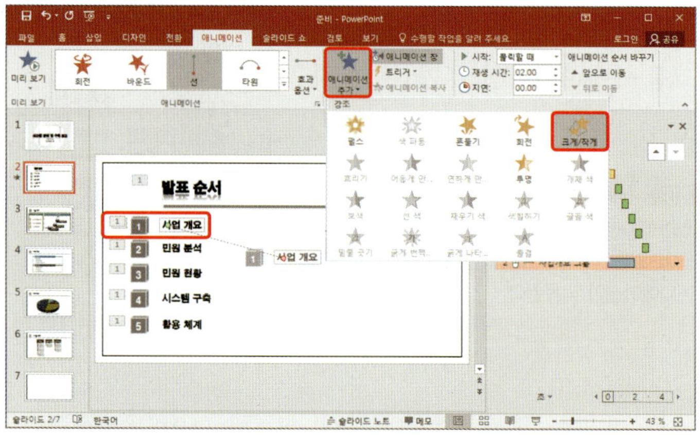

06 [애니메이션 창]에서 3 항목의 '사업개요 그룹'에 있는 [▾ 목록] 단추를 클릭하고 [효과 옵션]을 선택한다.

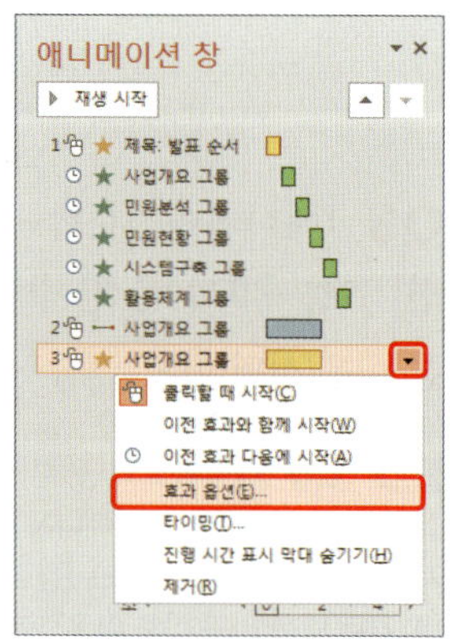

07 [크게/작게] 대화상자에서 [효과] 탭–[설정]–[크기]의 [▼ 목록] 단추를 클릭해 [사용자 지정]을 [200%]로 설정하고 Enter를 눌러 수정한다. [확인]을 클릭해 대화상자를 닫는다.

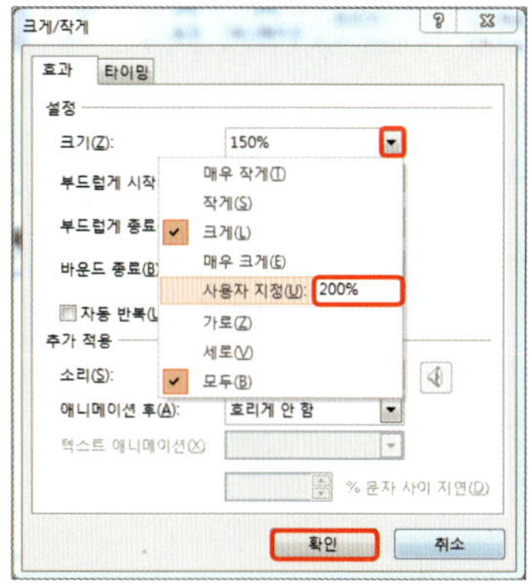

08 '2 민원 분석', '3 민원 현황', '4 시스템 구축', '5 활동 체계'를 드래그해 모두 선택하고, [애니메이션] 탭–[고급 애니메이션] 그룹–[애니메이션 추가] 목록에서 [끝내기]의 [확대/축소]를 선택한다.

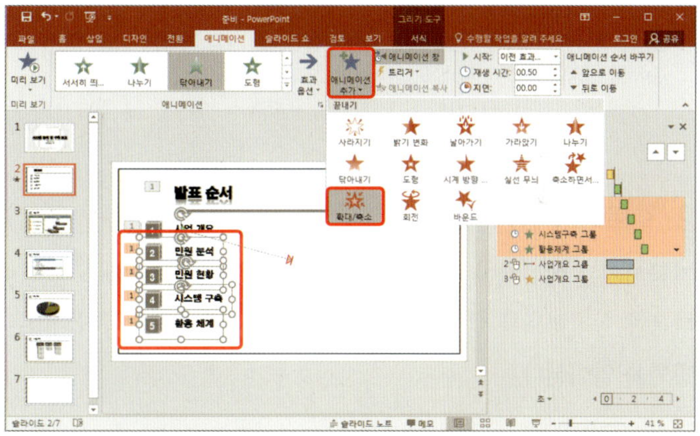

09 [애니메이션 창] 작업 창에서 '사업개요 그룹'에 설정한 2와 3 애니메이션 항목의 재생 시간 막대를 드래그해 재생 시간을 0.5초로 설정한다.

10 [애니메이션 창] 작업 창에서 Shift를 누른 채 3과 4 항목을 클릭해 선택하고 [▼ 목록] 단추를 클릭해 [이전 효과와 함께 시작]으로 시작 방법을 수정한다.

> **TIP** 설정한 애니메이션을 모두 재생해 보면 '1 사업 개요'가 강조되면서 나머지 내용은 모두 사라진다. 이 방법을 통해 발표 순서를 설명할 때 첫 번째 발표할 내용을 효과적으로 보여줄 수 있다.

2.3 트리거 활용

지금까지는 애니메이션의 시작 옵션을 마우스를 클릭했을 때나 이전 효과와 함께 또는 이전 효과가 끝난 다음에 동작하도록 설정했다. 이번에는 애니메이션을 동작시키는 시작 옵션으로 트리거 기능을 활용하는 방법을 알아본다.

기본예제 10-6 트리거로 애니메이션 시작 옵션 설정하기

특정 도형을 클릭하는 것을 트리거로 하여 관련 그림이 나타났다 사라지는 애니메이션을 만들어 보자.

01 '준비.pptx' 파일의 슬라이드 3을 선택하고 [삽입] 탭–[이미지] 그룹에서 [그림]을 클릭해 [그림 삽입] 대화상자가 열리면 '대시보드.jpg'를 찾아 선택하고 [삽입]을 클릭한다.

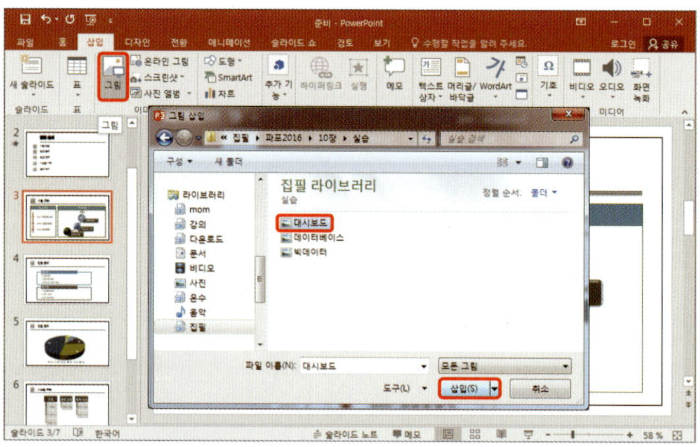

02 [홈] 탭–[편집] 그룹–[선택]–[선택 창]을 선택하면 오른쪽에 [선택] 작업 창이 나타난다.

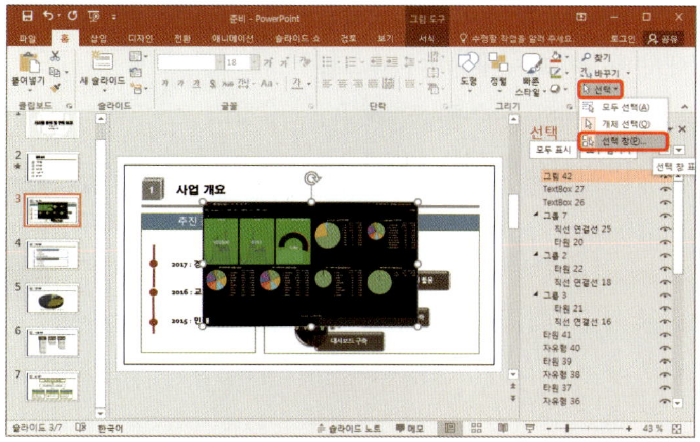

TIP [선택] 작업 창에는 현재 슬라이드에 삽입되어 있는 모든 개체 목록이 나타난다. 여기서 개체 이름을 변경하거나 개체를 숨길 수 있다. 애니메이션을 설정하기 전에 트리거로 사용할 도형과 애니메이션을 설정할 그림의 이름을 알기 쉽게 변경한다.

03 단계 1에서 삽입한 그림을 선택해 [선택] 작업 창 목록에서 해당 개체가 선택되면 이름을 클릭하고 *대시보드*라고 수정한다.

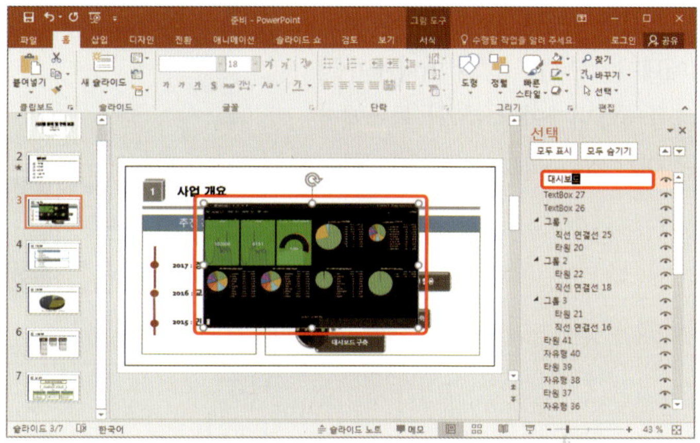

04 트리거로 사용할 타원을 선택하고 [선택] 작업 창에서 이름을 *대시보드 트리거*로 수정한다.

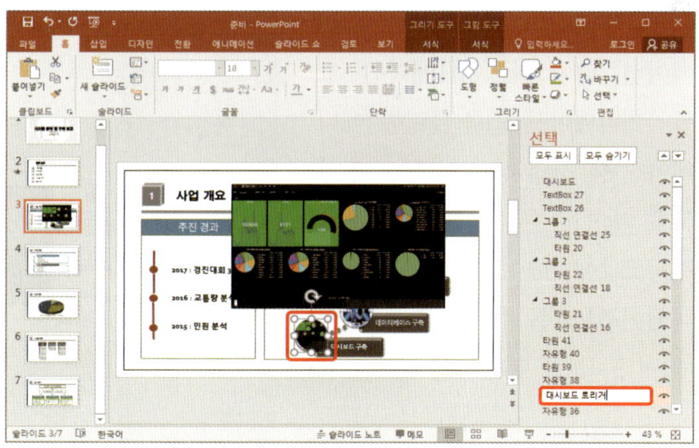

TIP '트리거'의 사전적 의미는 '방아쇠', '계기'로, 어떤 동작에 반응해 필요한 작업을 실행하는 기능을 일컫는 용어로 쓰인다. 파워포인트에서 트리거는 특정 개체를 클릭했을 때 애니메이션이 실행되도록 하는 동작을 말한다.

05 '대시보드' 그림을 클릭하고 [애니메이션] 탭–[애니메이션] 그룹의 [자세히] 단추를 클릭해 [나타내기]의 [밝기 변화]를 선택한다.

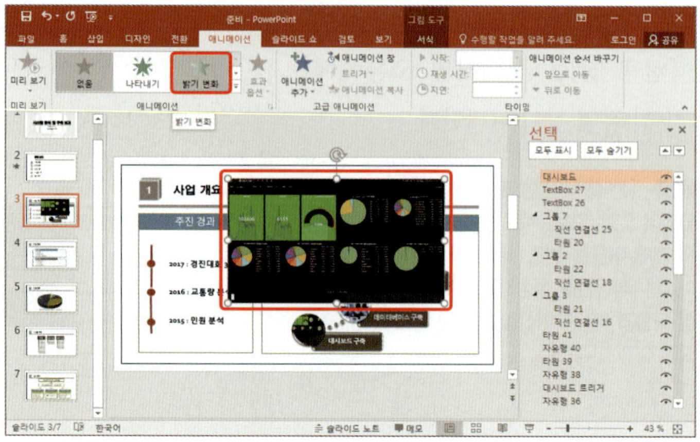

06 '대시보드' 그림을 클릭하고 [애니메이션] 탭–[고급 애니메이션] 그룹–[애니메이션 추가] 목록에서 [끝내기]의 [사라지기]를 선택한다.

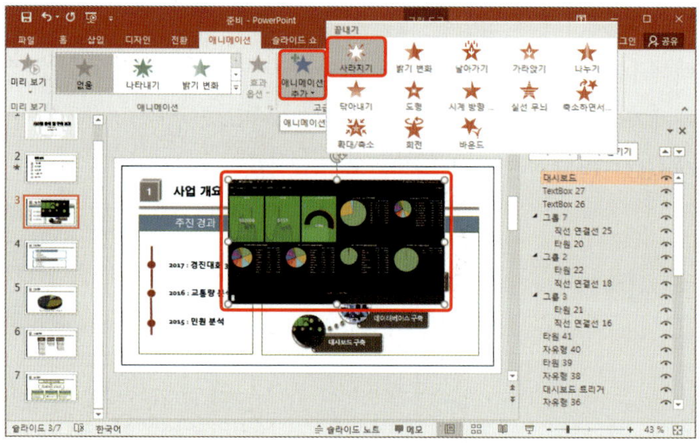

07 [선택] 작업 창은 닫고 [애니메이션] 탭–[고급 애니메이션] 그룹–[애니메이션 창]을 클릭해 [애니메이션 창] 작업 창을 연다. 1, 2 항목을 Shift를 누른 채 클릭해 모두 선택하고 [애니메이션] 탭–[고급 애니메이션] 그룹–[트리거]–[클릭할 때]–[대시보드 트리거]를 선택한다.

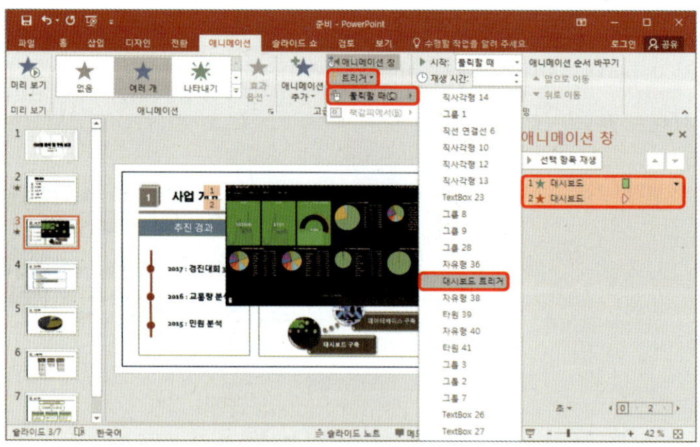

TIP 슬라이드 창에서 '대시보드' 그림을 클릭해도 [애니메이션 창] 작업 창에 있는 두 항목이 선택된다.

08 [애니메이션 창]에서 2 항목의 [▼ 목록] 단추를 클릭해 [이전 효과 다음에 시작]을 선택하고 [지연] 시간을 2초로 설정한다.

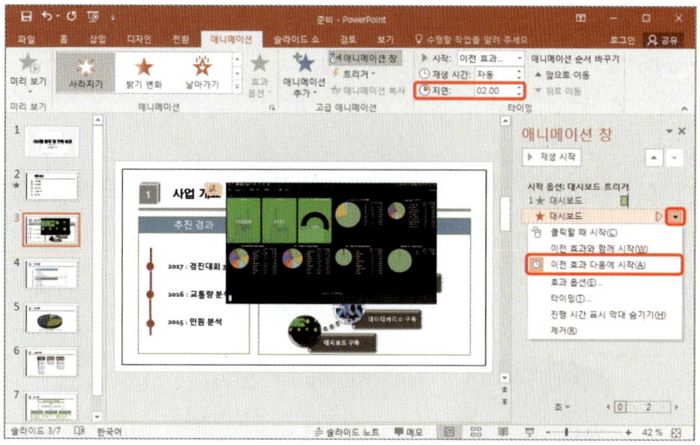

09 '대시보드' 그림을 드래그해 위치를 이동시킨 후 [읽기용 보기]나 [슬라이드 쇼] 보기 상태에서 '대시보드 트리거'인 타원을 클릭해 그림이 2초간 나타났다 사라지는 것을 확인한다.

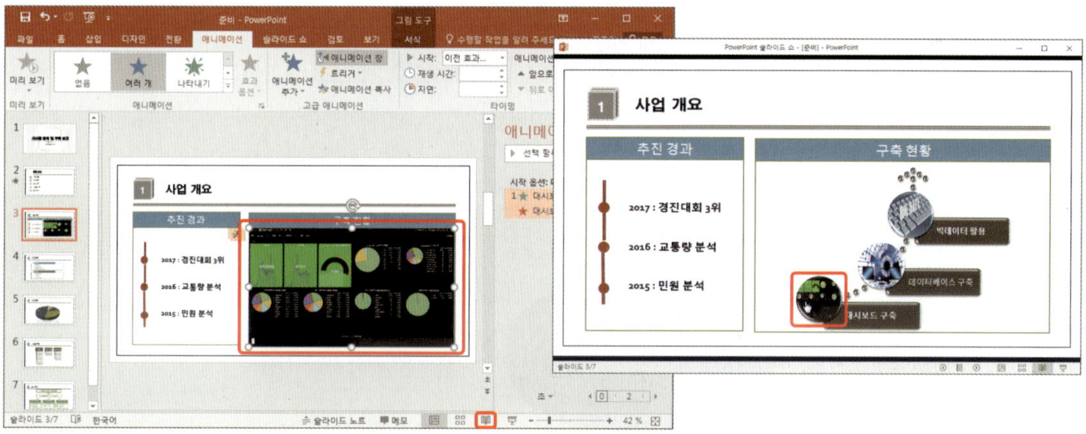

10 단계 **01~09**와 같은 방법으로 다른 타원들도 트리거로 활용하여 타원을 클릭하면 그림이 나타났다 사라지게 하는 애니메이션을 설정한다.

종합예제

다음과 같이 차트와 스마트아트 혹은 여러 가지 도형으로 이루어진 슬라이드에 이 장에서 학습한 애니메이션을 적용하여 동적 효과를 나타내 보자.

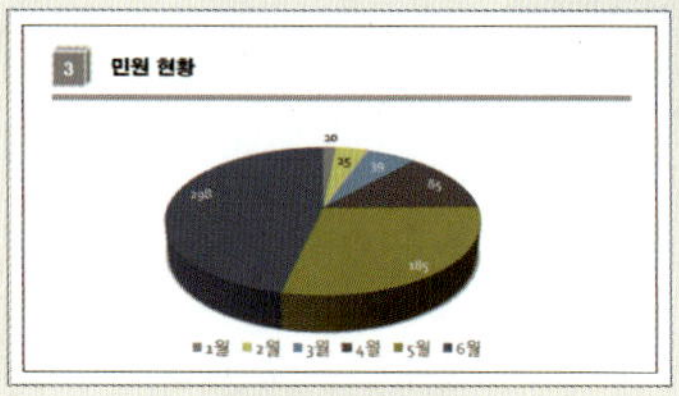

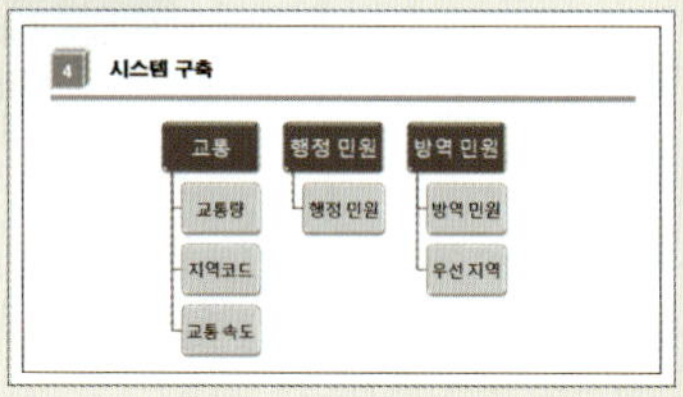

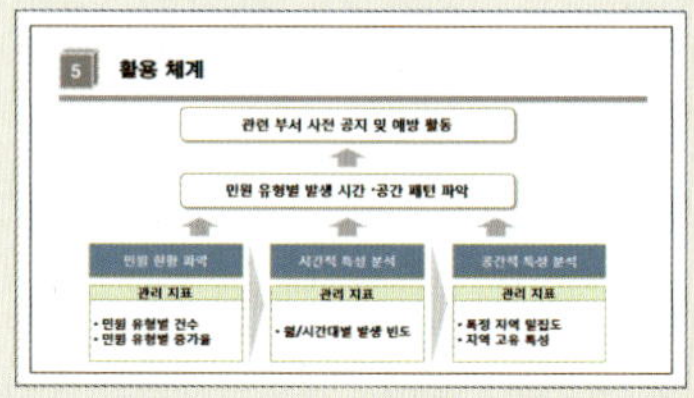

1 '종합10.pptx' 파일의 슬라이드 5에 있는 원형 차트를 선택하고 [애니메이션] 탭–[애니메이션] 그룹의 [자세히] 단추를 클릭해 [나타내기]의 [시계 방향 회전]을 선택한다.

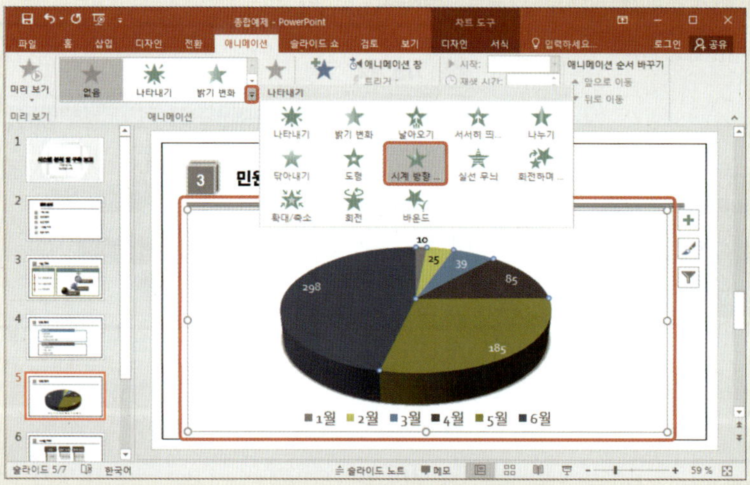

TIP [미리 보기]로 애니메이션을 재생해 보면 회전의 중심이 차트의 중심축과 일치하지 않아 차트가 나타나는 형태가 부자연스럽게 보인다.

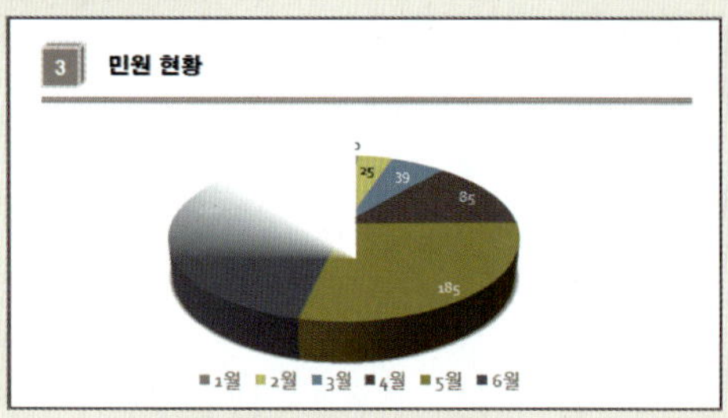

2 [애니메이션] 탭–[애니메이션] 그룹–[효과 옵션]–[시퀀스]의 [항목별로]를 선택한 후, 애니메이션 항목 2~7을 Ctrl 을 누른 채 클릭해 선택하고 [애니메이션] 탭–[타이밍] 그룹–[시작] 목록에서 [이전 효과와 함께]를 선택한다.

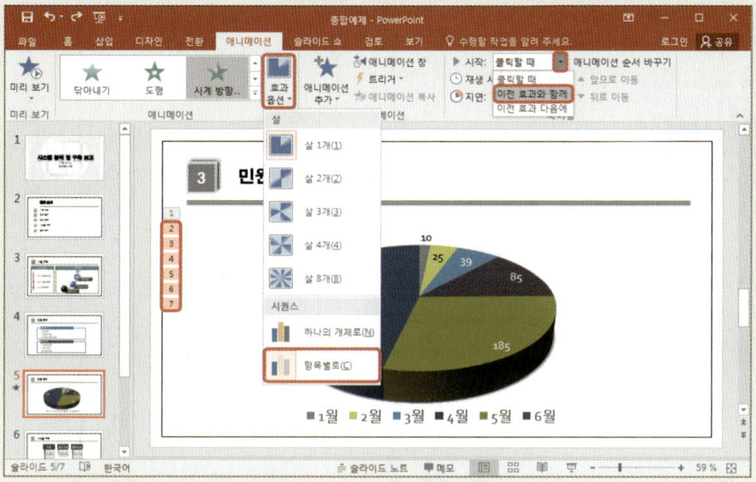

3 이번에는 슬라이드 6의 스마트아트를 선택하고, [애니메이션] 탭–[애니메이션] 그룹의 [자세히] 단추를 클릭해 [강조]의 [채우기 색]을 선택한다.

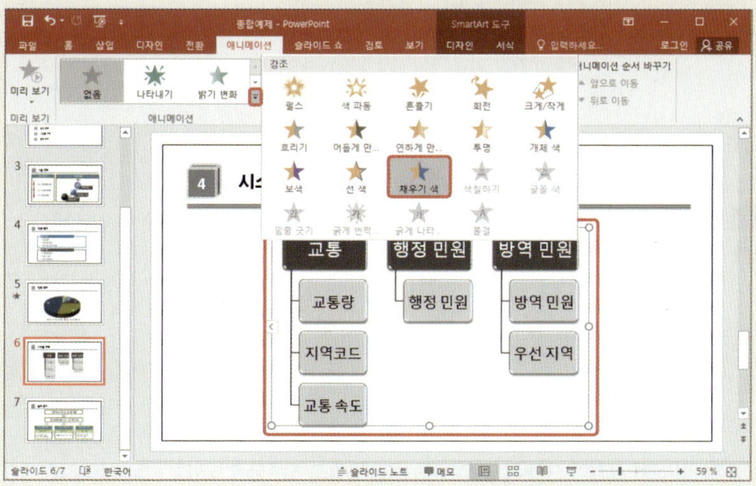

4 [애니메이션] 탭–[애니메이션] 그룹–[효과 옵션]–[테마 색]에서 임의의 색을 선택하고, [시퀀스]의 [수준(개별적으로)]를 선택한다.

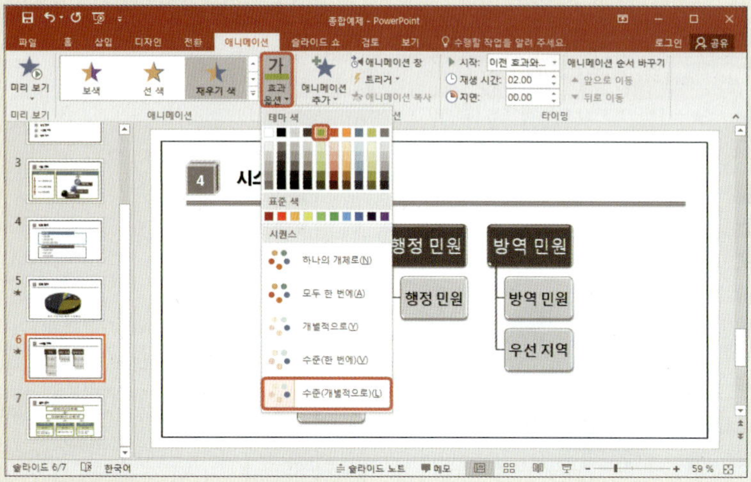

5 [애니메이션] 탭–[고급 애니메이션] 그룹–[애니메이션 창]을 클릭해 [애니메이션 창] 작업 창을 열고, [애니메이션] 탭–[타이밍] 그룹에서 [재생 시간]을 *0.3*초로 설정한다.

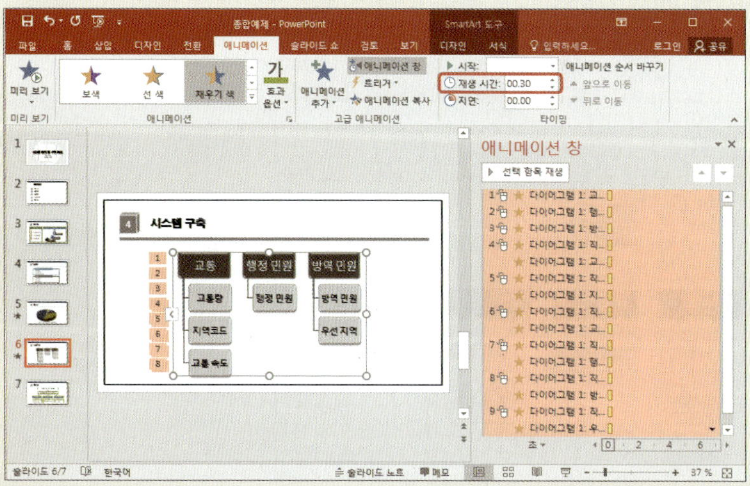

TIP 재생 시간을 1초 이상으로 설정하면 모든 도형이 순서대로 나타나는 시간이 길고 지루하게 느껴질 수도 있으므로 재생 시간을 줄인다. 또, [애니메이션 창] 작업 창에서 항목을 모두 표시하려면 [확장] 단추를 클릭한다.

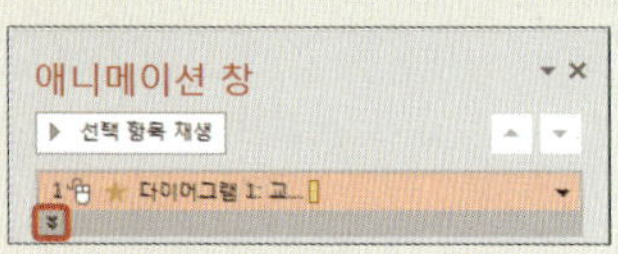

6 [애니메이션 창] 작업 창에서 항목 2~9를 Shift를 누른 채 클릭해 선택하고 [애니메이션] 탭–[타이밍] 그룹–[시작] 목록에서 [이전 효과 다음에]를 선택한다.

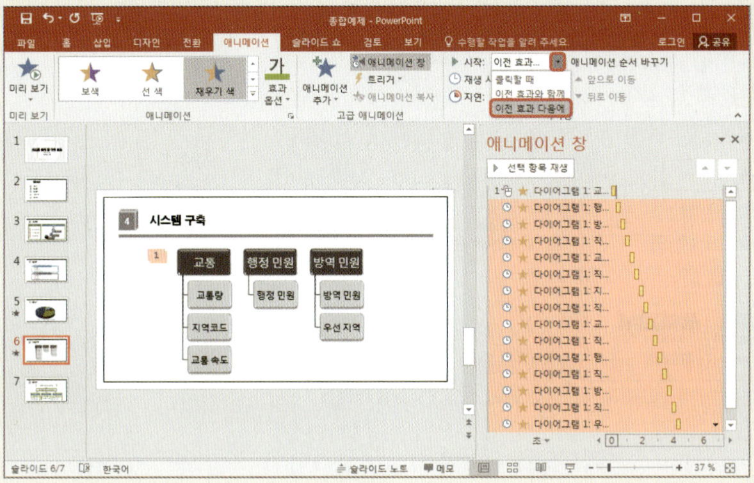

TIP 슬라이드가 표시될 때 한 번만 클릭하면 모든 도형의 색이 차례대로 바뀌는 효과가 연속 재생되도록 한다.

7 슬라이드 7을 선택하고 아래쪽 도형인 '그룹 1~3'을 모두 선택한 후 [애니메이션] 탭–[애니메이션] 그룹에서 [나타내기]의 [밝기 변화]를 선택한다.

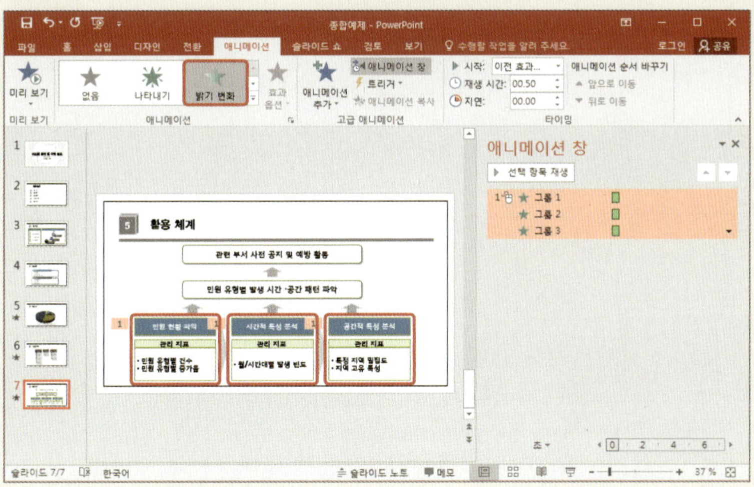

8 오른쪽 화살표 도형 두 개를 선택하고 애니메이션을 [나타내기]의 [닦아내기]로 설정한 후, [효과 옵션]–[왼쪽에서]를 선택한다.

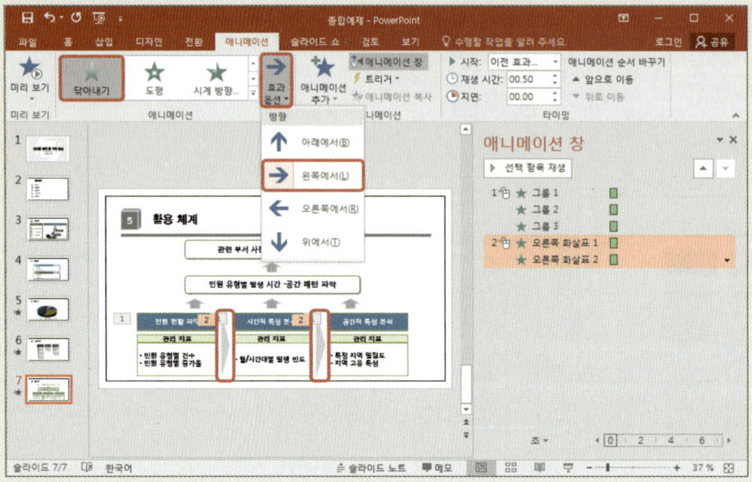

9 [애니메이션 창] 작업 창에서 '오른쪽 화살표 1~2'의 애니메이션 순서를 그림과 같이 변경하고 그룹 2~3까지 함께 선택한 후 [▼ 목록] 단추를 클릭해 [이전 효과 다음에 시작]을 선택한다.

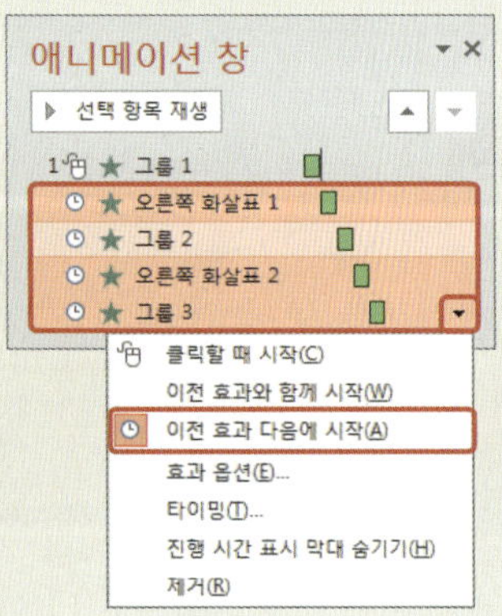

10 위쪽 화살표 도형 세 개를 모두 선택하고 애니메이션을 [나타내기]의 [닦아내기]로 설정한 후, [효과 옵션]–[아래에서]를 선택한다.

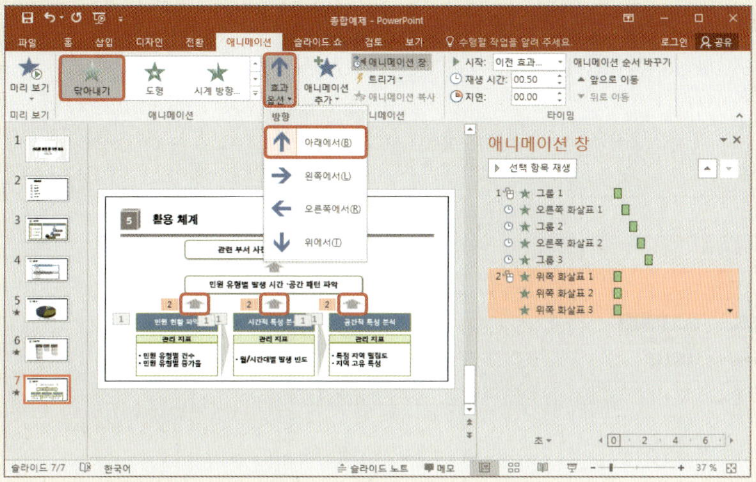

11 [애니메이션] 창에서 '위쪽 화살표 1'에 [이전 효과 다음에 시작]을 설정해 위쪽 화살표 1~3의 동작이 그림과 같이 시작되도록 한다.

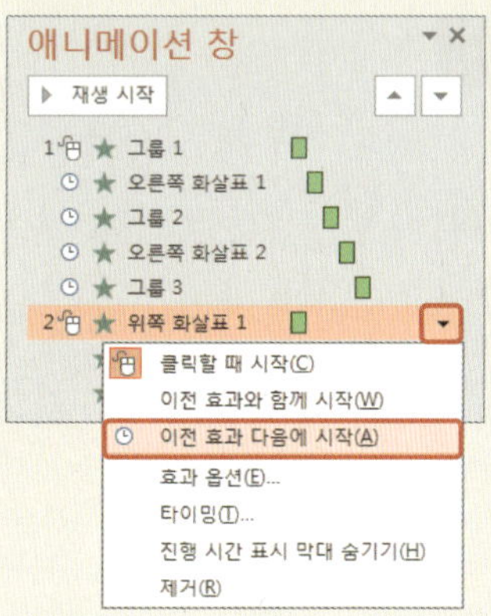

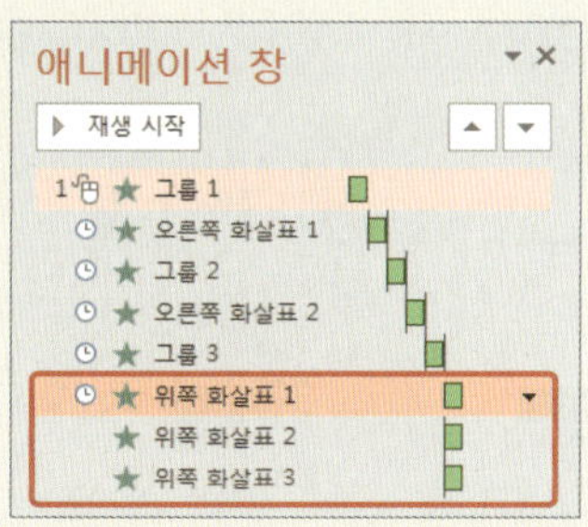

12 '사각형 1', '사각형 2' 도형을 선택하고 애니메이션을 [나타내기]의 [밝기 변화]로 설정한 후, [애니메이션 창] 작업 창에서 [이전 효과 다음에 시작]으로 설정한다.

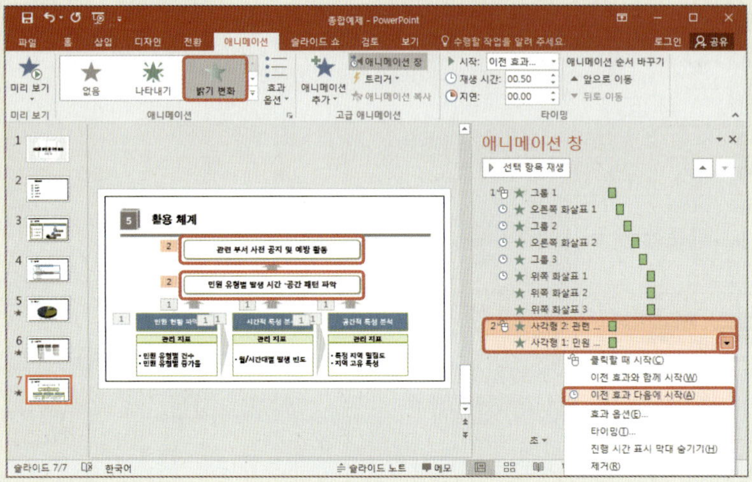

13 '위쪽 화살표 4' 도형을 선택하고 애니메이션을 [나타내기]의 [닦아내기]로 설정한 후 [효과 옵션]–[아래에서]로 선택한다.

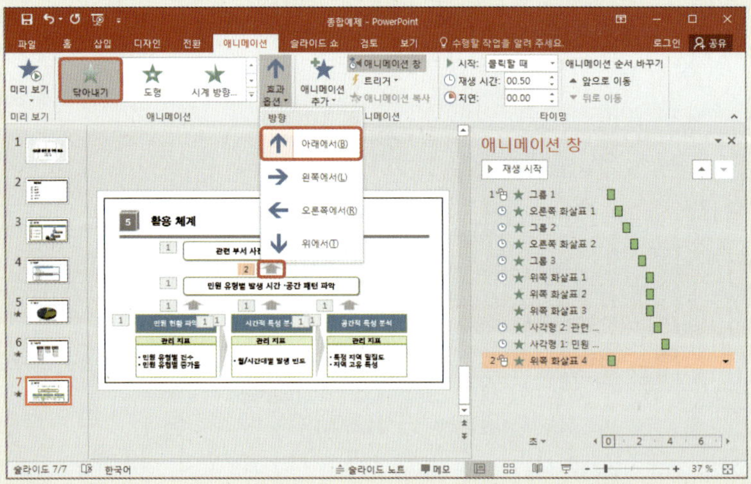

14 [애니메이션 창] 작업 창에서 '위쪽 화살표 4'의 애니메이션 순서를 그림과 같이 변경하고 [이전 효과 다음에 시작]으로 설정한다.

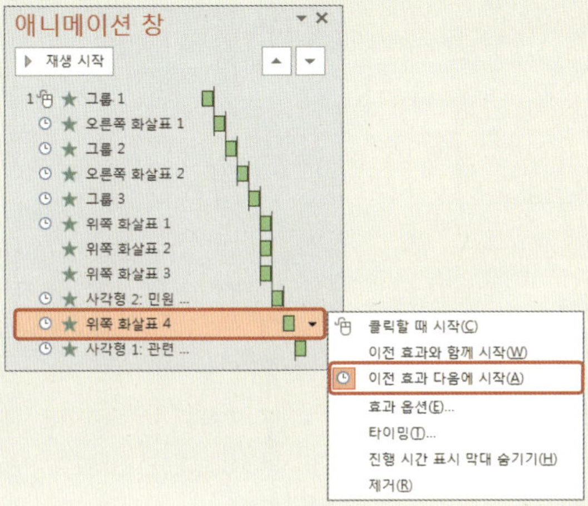

15 '사각형 2' 도형을 선택하고 [애니메이션] 탭–[고급 애니메이션] 그룹–[애니메이션 추가] 목록에서 [강조]의 [크게/작게]를 선택한다.

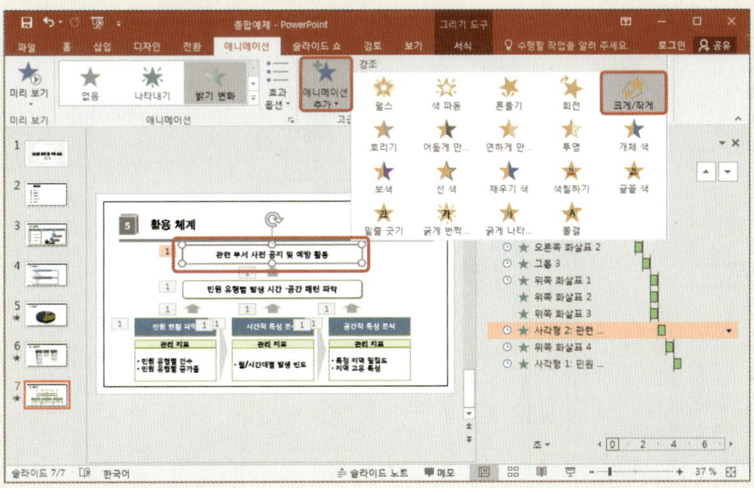

16 [애니메이션 창] 작업 창에서 '사각형 2'의 [효과 옵션]을 선택한다.

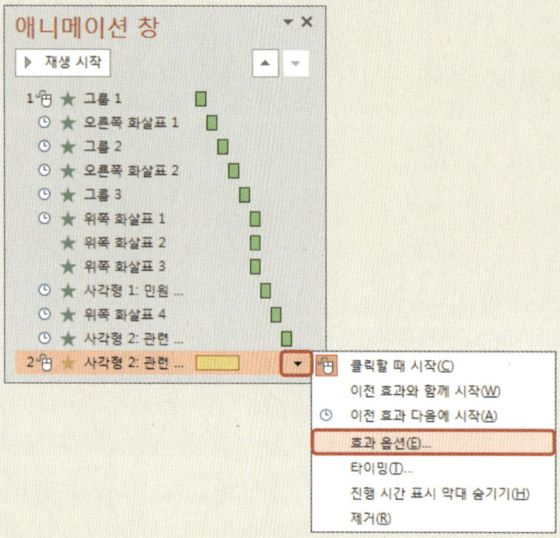

17 [크게/작게] 대화상자의 [효과] 탭에서 [설정] 그룹의 [크기]를 [사용자 지정]-[120%]로 변경하고, [타이밍] 탭에서 [시작]을 [이전 효과 다음에]로, [재생 시간]을 [0.5초(매우 빠르게)]로 설정한 후 [확인]을 클릭한다.

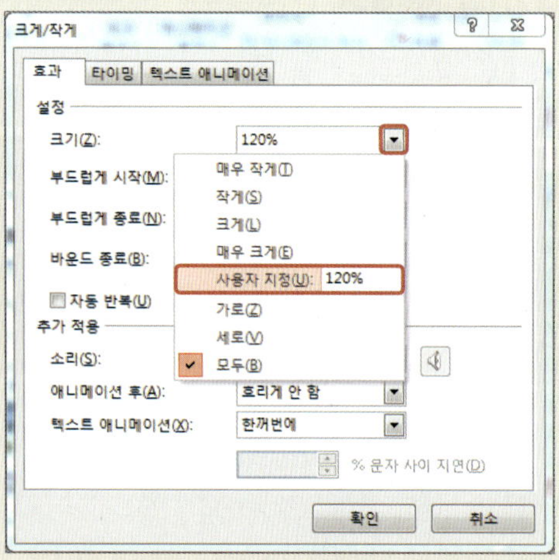

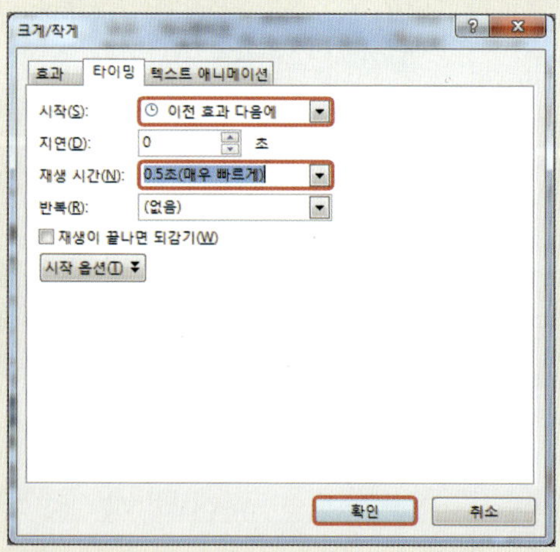

18 [애니메이션] 그룹–[미리 보기] 그룹–[미리 보기]를 클릭해 설정한 애니메이션의 동작을 확인한다.

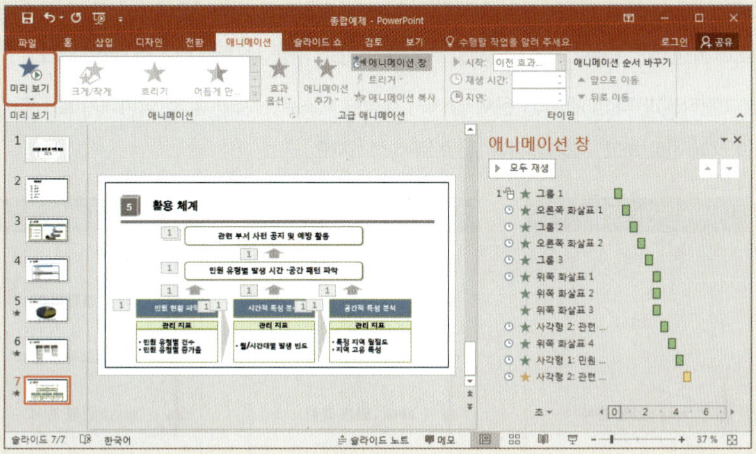

연습 문제

1 '연습10.pptx' 파일의 슬라이드 3에 다음 지시대로 애니메이션을 설정하시오.

❶ '추진 경과' 아래에 있는 텍스트 상자 세 개가 아래쪽부터 차례대로 [나누기] 모양으로 나타나도록 하시오. 시작 옵션을 [이전 효과 다음에]로 하고, [효과 옵션]에서 나누기 방향은 [세로 바깥쪽으로]로, 재생 시간은 *0.3*초로 설정하시오.

❷ '추진 경과' 아래의 빨간 도형 그룹(타원과 직선) 세 개가 문제 ❶에서 설정한 텍스트 상자와 함께 [닦아내기]로 나타나도록 하시오. 닦아내기 방향은 [아래에서]로 하고, 재생 시간은 *0.3*초로 설정하시오.

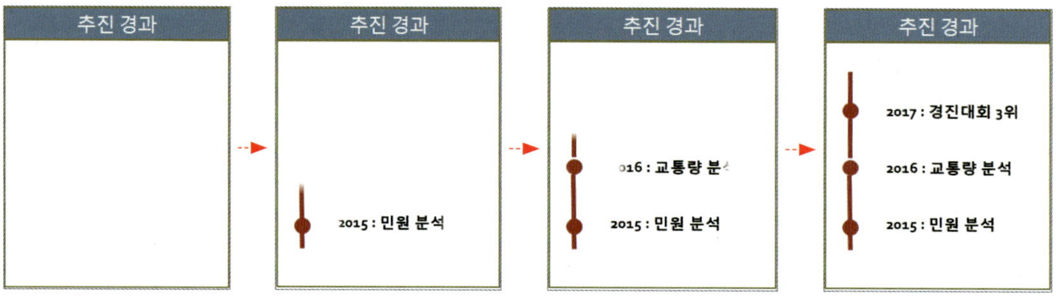

2 '연습10.pptx' 파일의 슬라이드 4에 다음 지시대로 애니메이션을 설정하시오.

❶ 슬라이드에 있는 '스마트아트'가 슬라이드 가운데 지점으로 이동하며 130% 크기로 커지도록 애니메이션을 설정하시오. 이때 [이동 경로]-[선]과 [강조]-[크게/작게]를 이용하시오.

❷ 슬라이드 오른쪽 위에 있는 '돋보기' 그림을 클릭하면 스마트아트에 설정한 애니메이션이 동작하도록 트리거를 시작 옵션으로 활용하시오.

❸ 스마트아트가 커지면서 이동할 때 '제목'과 제목 아래의 '직선' 도형이 사라지도록 애니메이션을 설정하시오.

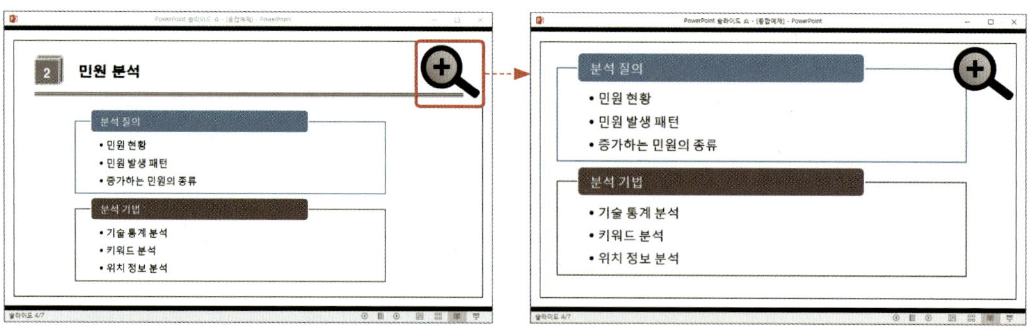

CHAPTER 11

하이퍼링크와 화면 전환

학습목표

- 하이퍼링크와 실행 도구를 활용할 수 있다.
- 슬라이드에 화면 전환 효과를 설정할 수 있다.

SECTION 01

하이퍼링크와 실행 도구 활용하기

인터넷에서 웹 서비스를 이용할 때 연관된 웹 사이트나 웹 페이지를 서로 연결해 필요한 정보를 빠르고 쉽게 검색할 수 있게 하는 기술이 하이퍼링크이다. 파워포인트에서도 하이퍼링크 기능을 사용할 수 있는데, 웹 사이트뿐 아니라 다른 프로그램도 연결할 수 있다. 슬라이드에 있는 특정 개체를 클릭했을 때 웹 브라우저나 다른 프로그램이 실행되도록 하는 기능 외에도 현재 프레젠테이션 파일에 있는 다른 슬라이드를 연결해 바로 가기처럼 활용할 수 있다. 또, 실행 도구를 활용하면 하이퍼링크뿐 아니라 슬라이드 쇼 마침과 같은 특정 동작을 실행하도록 지정할 수 있다.

1.1 하이퍼링크 활용

프레젠테이션을 진행할 때 슬라이드에 있는 내용 외에 웹 사이트나 다른 파일에 있는 자료를 봐야 하거나, 관련 내용을 확인하거나 추가 설명을 위해 다른 슬라이드로 건너뛰어야 할 때가 있다. 이 경우, 하이퍼링크를 활용해 도형이나 텍스트를 클릭했을 때 다른 자료가 바로 보이도록 설정하면 웹 사이트를 검색하거나 파일을 찾고 실행하는 번거로움을 줄일 수 있고 제한된 발표 시간을 낭비하지 않을 수 있다. 하지만 하이퍼링크를 지나치게 많이 사용하면 발표자가 링크된 개체를 일일이 기억하지 못해 실수를 할 수도 있으니 주의해야 한다.

기본예제 11-1 하이퍼링크로 웹사이트 연결하기

슬라이드에 있는 개체에 하이퍼링크를 설정해 특정 웹사이트로 이동하도록 만들어 보자.

01 '준비.pptx' 파일의 슬라이드 2에서 제목 텍스트 상자인 '발표 순서'를 클릭하고 [삽입] 탭–[링크] 그룹–[하이퍼링크]를 클릭한다.

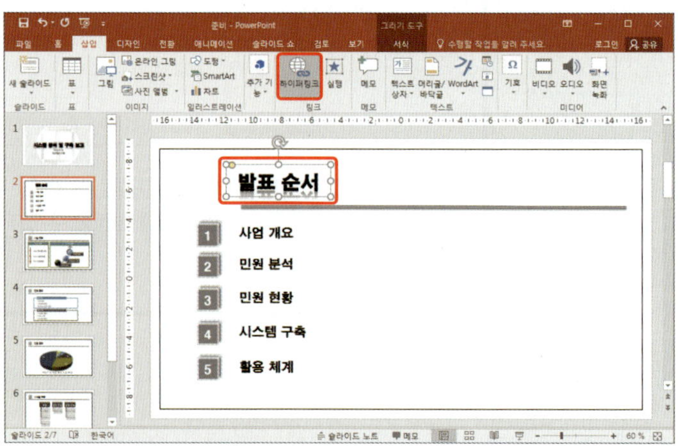

TIP 텍스트 상자를 마우스 오른쪽 단추로 클릭해 [하이퍼링크]를 선택해도 된다.

02 [하이퍼링크 삽입] 대화상자가 열리면 [웹 찾아보기] 단추를 클릭해 웹 브라우저를 실행하고 검색한 페이지의 주소를 복사해 [하이퍼링크 삽입] 대화상자의 [주소]에 붙여넣는다.

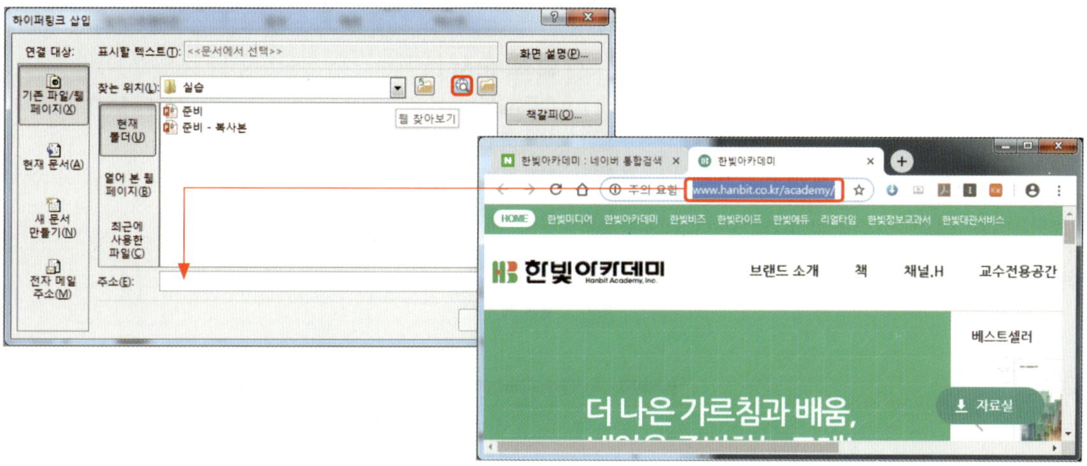

TIP [주소]에 웹 사이트의 주소를 직접 입력해도 된다. 이때 웹 주소의 'http://' 부분은 생략해도 자동으로 추가된다.

03 [하이퍼링크 삽입] 대화상자에서 [화면 설명]을 클릭한다.

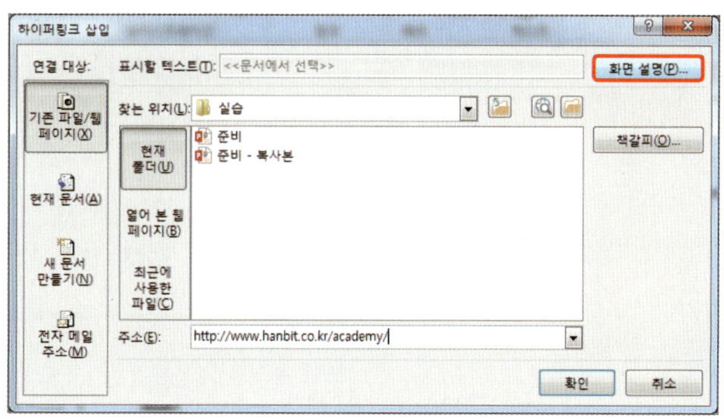

04 [하이퍼링크 화면 설명 설정] 대화상자에서 [화면 설명 텍스트]에 *한빛 사이트로 이동*이라고 입력하고 [확인]을 클릭해 대화상자를 모두 닫는다.

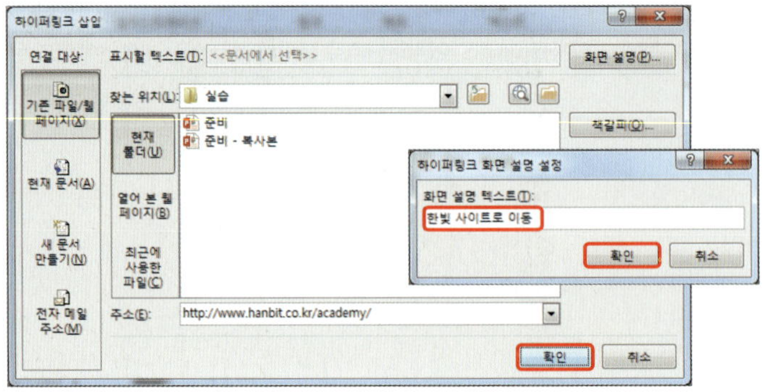

TIP 화면 설명을 설정하면 링크된 개체 위에 마우스를 올려놓았을 때 주소 대신 입력한 화면 설명 텍스트가 나타난다.

05 작업 표시줄에서 [읽기용 보기] 단추를 클릭해 슬라이드 쇼를 시작한다. 하이퍼링크가 설정된 제목에 마우스를 올리면 설명 텍스트가 보이고, 클릭하면 웹 브라우저가 실행되면서 입력한 주소로 바로 연결된다.

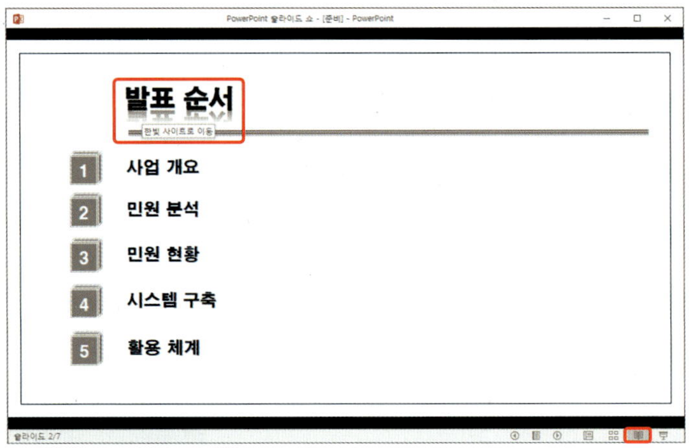

여기서 잠깐 **링크 제거와 편집하기**

설정된 링크를 제거하거나 편집하려면 개체를 마우스 오른쪽 단추로 클릭해 [하이퍼링크 제거] 또는 [하이퍼링크 편집]을 선택한다. 또는 개체를 선택한 뒤 [삽입] 탭–[링크] 그룹–[하이퍼링크]를 클릭해 [하이퍼링크 편집] 대화상자에서 [링크 제거]를 클릭하거나 내용을 수정한다.

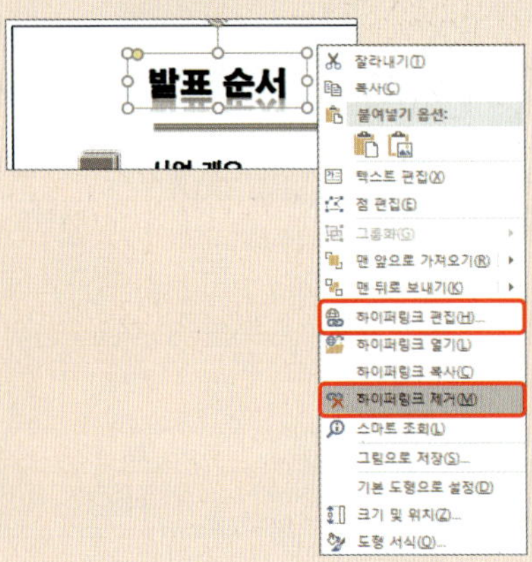

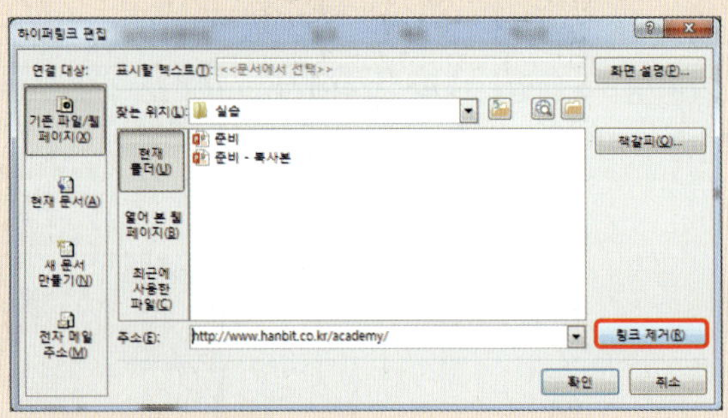

기본예제 11-2 하이퍼링크로 다른 문서 열기

하이퍼링크를 이용해 특정 개체를 클릭하면 관련 PDF 문서를 볼 수 있도록 만들어 보자.

01 도형 '2'를 클릭하고 [삽입] 탭–[링크] 그룹–[하이퍼링크]를 클릭한다.

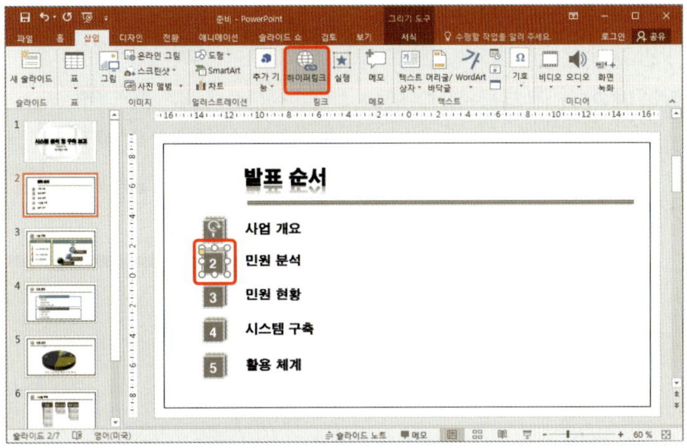

02 [하이퍼링크 삽입] 대화상자에서 [연결 대상]을 [기존 파일/웹 페이지]로 선택하고 [찾는 위치]에서 문서 저장 폴더를 선택한다.

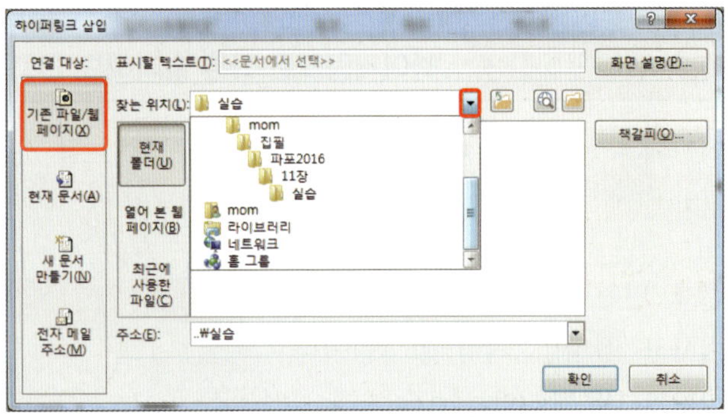

03 링크할 PDF 문서를 선택하고 [확인]을 클릭해 대화상자를 닫는다.

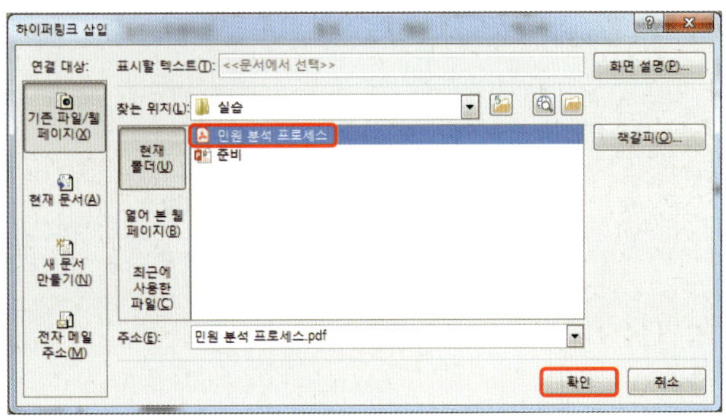

04 작업 표시줄에서 [읽기용 보기] 단추를 클릭해 슬라이드 쇼를 실행하고 하이퍼링크가 설정된 도형을 클릭하면 [Microsoft Office] 대화상자가 나타난다. [확인]을 클릭하면 PDF 문서를 볼 수 있다.

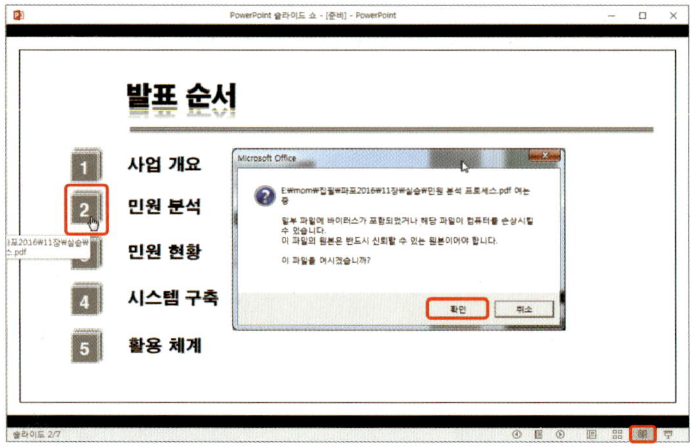

TIP 링크하는 문서는 프레젠테이션 문서와 같은 폴더에 저장하는 것이 좋다. 링크된 문서의 저장 위치가 변경되면 하이퍼링크를 사용할 수 없으므로 반드시 문서 저장 위치를 확인하고 위치가 변경되면 링크를 수정해야 한다.

기본예제 11-3 하이퍼링크로 다른 슬라이드 연결하기

이번에는 현재 프레젠테이션에 있는 다른 슬라이드를 하이퍼링크로 연결해 이동할 수 있도록 만들어 보자.

01 '민원 현황' 텍스트 상자를 클릭하고 [삽입] 탭–[링크] 그룹–[하이퍼링크]를 클릭한다.

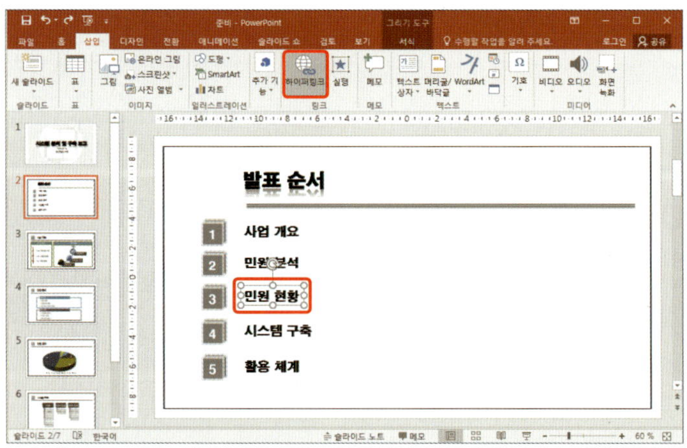

TIP 텍스트 상자의 글자를 드래그해 선택하고 하이퍼링크를 설정해도 되지만, 글자에 하이퍼링크를 설정하면 글꼴 색상이 변한다.

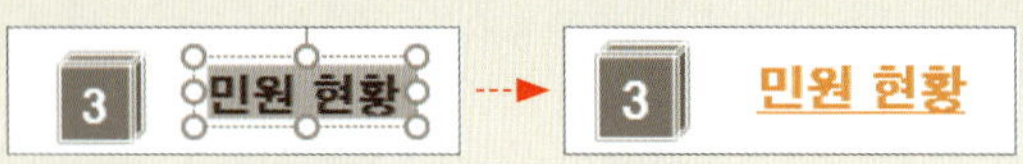

02 [하이퍼링크 삽입] 대화상자에서 [연결 대상]을 [현재 문서]로 선택한 후 [이 문서에서 위치 선택]에서 '슬라이드 5'를 선택한다.

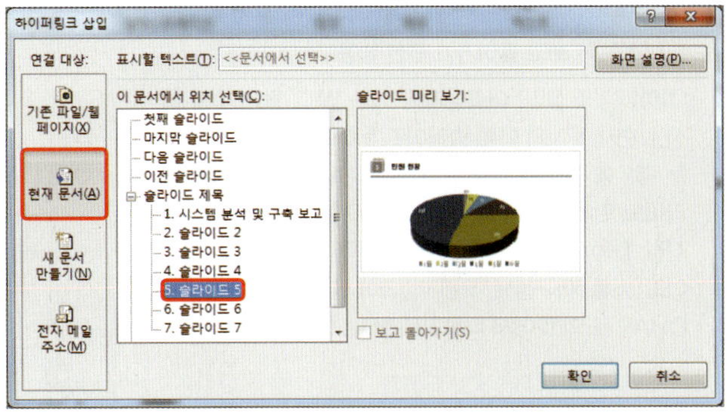

03 [화면 설명]을 클릭해 [하이퍼링크 화면 설명 설정] 대화상자가 열리면 [화면 설명 텍스트]에 *민원 현황 차트 보기*라고 입력하고 [확인]을 클릭해 대화상자를 모두 닫는다.

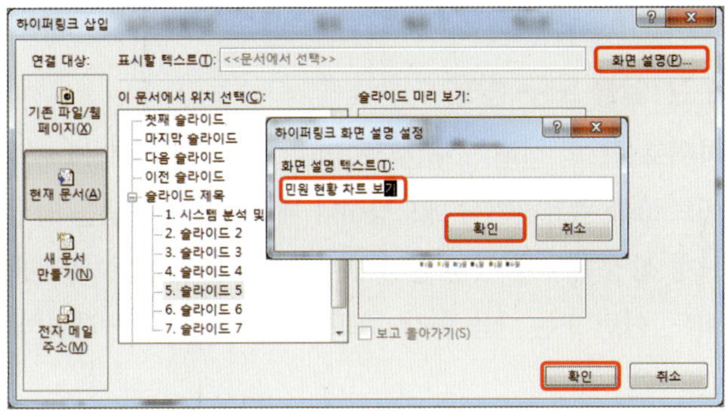

04 작업 표시줄에서 [읽기용 보기]를 클릭해 슬라이드 쇼를 실행하고 텍스트 상자를 클릭하면 슬라이드 5로 이동된다.

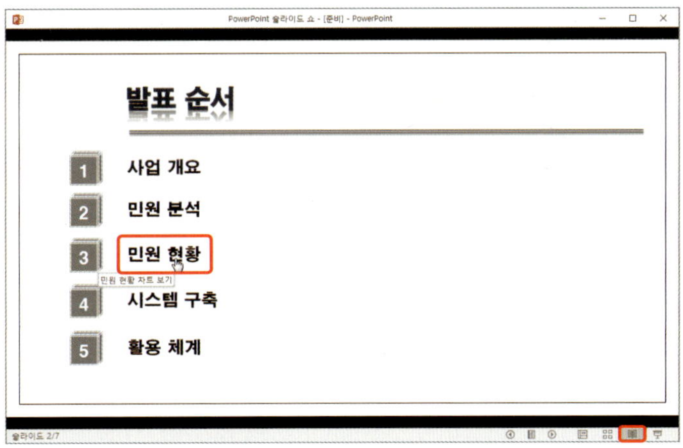

여기서 잠깐 ▶ 보고 돌아가기 옵션 활용

[하이퍼링크 삽입] 대화상자에 있는 [보고 돌아가기] 옵션은 현재 문서의 다른 슬라이드를 하이퍼링크로 연결하는 경우에 활용할 수 있으며, 슬라이드 이동 후 원래 슬라이드 위치로 다시 돌아가게 설정하는 옵션이다. 이 옵션을 활용하려면 [재구성한 쇼] 항목이 필요한데, 슬라이드 쇼를 재구성해 하이퍼링크에서 이용하는 방법은 CHAPTER 12에서 다루기로 한다.

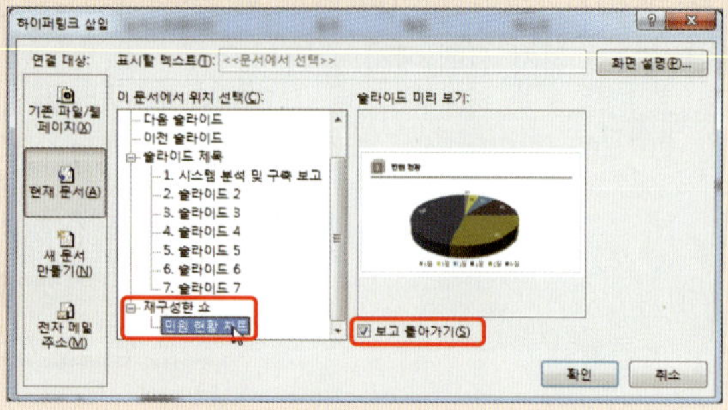

1.2 실행 도구 활용

파워포인트의 실행 도구는 하이퍼링크와 유사한 링크 기능이지만, 파일이나 웹 사이트 주소 외에 슬라이드 쇼를 종료하거나 메모장이나 계산기 프로그램을 실행하는 등의 다양한 동작을 연결할 수 있다. 또, 도형 삽입 메뉴에 있는 실행 단추를 이용하면 같은 프레젠테이션 내의 첫 번째 슬라이드나 마지막 슬라이드, 이전 또는 다음 슬라이드로 이동하는 동작을 간편하게 작성할 수 있다.

기본예제 11-4 실행 도구로 다른 프로그램 실행하기

프레젠테이션 진행 중에 계산기(calc.exe)나 메모장(notepad.exe)과 같은 다른 프로그램을 실행시켜야 하는 경우 실행 도구를 이용해 필요한 프로그램이 바로 실행되도록 설정해 보자.

01 '준비.pptx' 파일의 슬라이드 5에 있는 원형 차트를 선택하고 [삽입] 탭–[링크] 그룹–[실행]을 클릭한다.

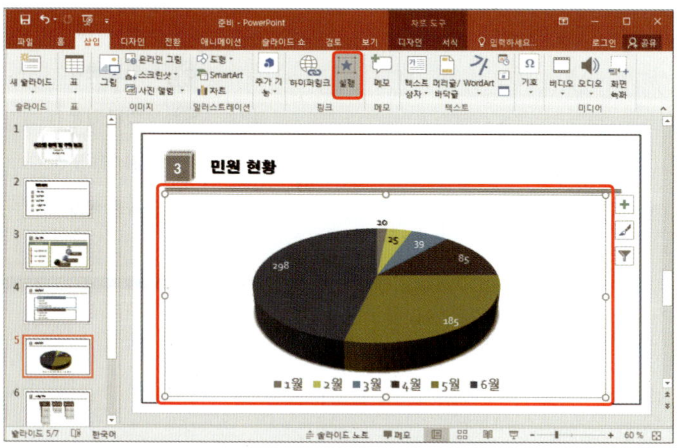

02 [실행 설정] 대화상자의 [마우스를 클릭할 때] 탭에서 [프로그램 실행]을 선택하고 입력란에 *calc.exe*를 입력한 후 [확인]을 클릭한다.

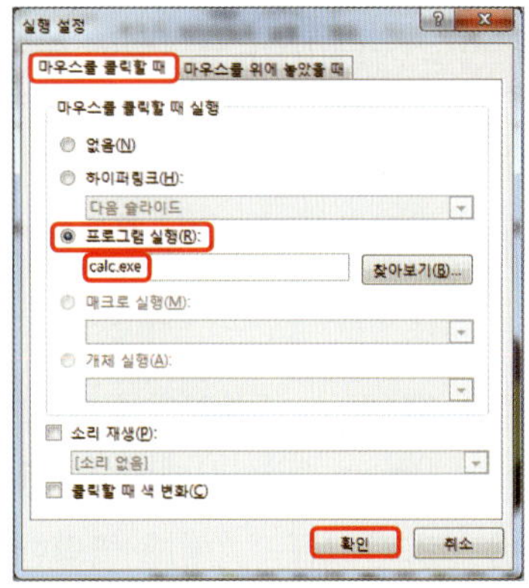

TIP [찾아보기] 단추를 클릭해 탐색기에서 실행할 프로그램을 검색하고 선택해도 된다.

03 작업 표시줄에서 [읽기용 보기] 단추를 클릭해 슬라이드 쇼를 실행하고 차트를 클릭한다.

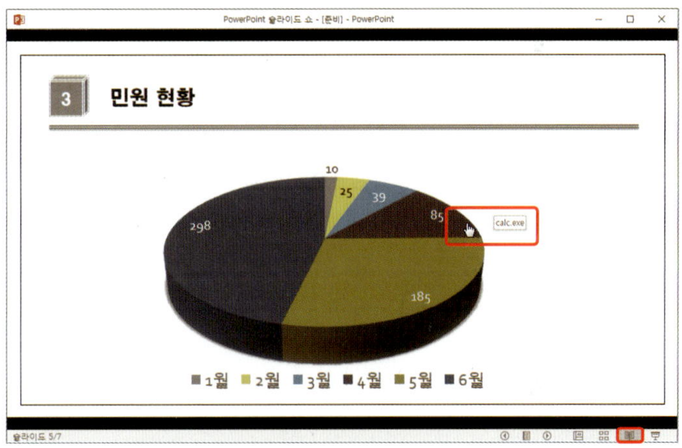

04 외부 프로그램 실행 설정에 대한 보안 알림 대화상자가 열리면 [사용]을 클릭한다. 계산기 프로그램이 실행된다.

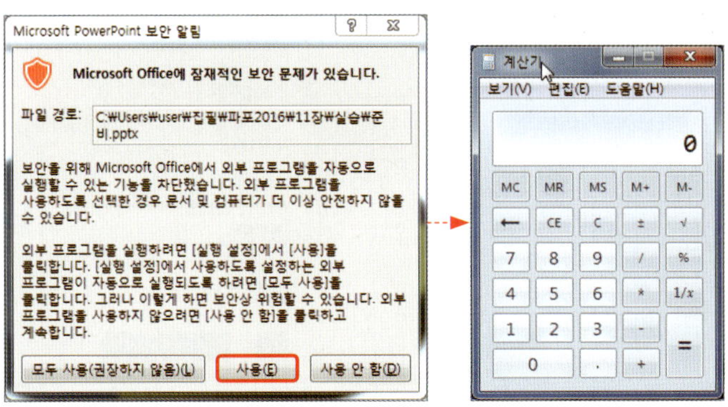

기본예제 11-5 실행 도구로 쇼 마침과 슬라이드 이동 설정하기

실행 도구는 하이퍼링크와 같이 슬라이드에 있는 개체를 이용할 수도 있고, 실행 단추를 만들어 동작하도록 작성할 수도 있다. 개체를 이용해 실행하는 방법과 실행 단추를 만들어 실행 도구를 활용하는 방법을 알아보자.

01 '준비.pptx' 파일의 슬라이드 7에서 '5' 도형을 선택하고 [삽입] 탭–[링크] 그룹–[실행]을 클릭한다.

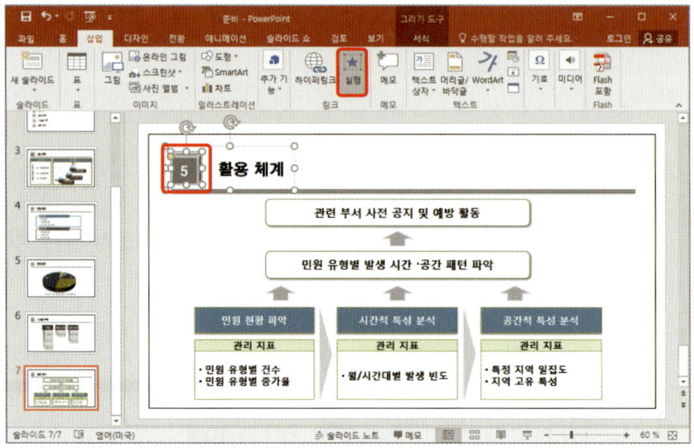

02 [실행 설정] 대화상자에서 [하이퍼링크]를 선택하고 목록에서 [쇼 마침]을 선택한 후 [확인]을 클릭한다.

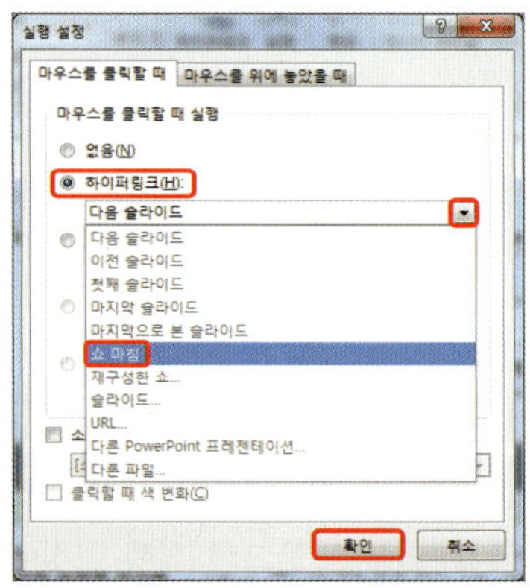

03 실행 단추를 삽입하기 위해 [삽입] 탭–[일러스트레이션] 그룹–[도형] 목록에서 [실행 단추]의 [실행 단추: 홈]을 선택한다.

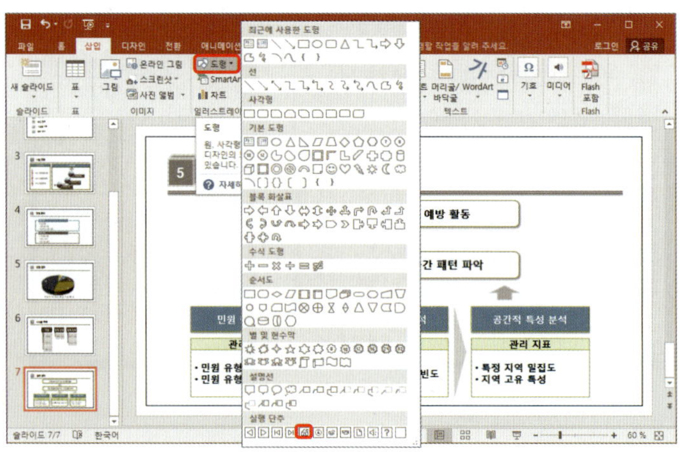

04 마우스 포인터가 십자 모양으로 바뀌면 슬라이드에 드래그하여 실행 단추를 삽입한다.

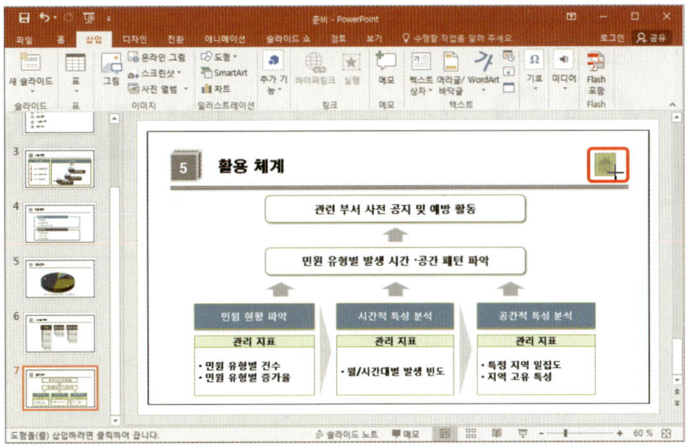

05 [실행 설정] 대화상자가 열리면 [하이퍼링크]–[첫째 슬라이드]를 선택하고 [확인]을 클릭한다.

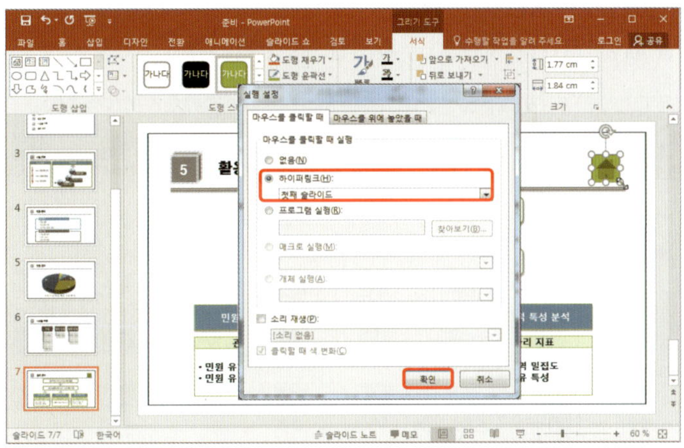

06 작업 표시줄에서 [읽기용 보기] 단추나 [슬라이드 쇼] 단추를 클릭해 슬라이드 쇼를 실행하고 '5' 도형과 실행 단추( )를 각각 클릭해 실행 동작을 확인해 본다.

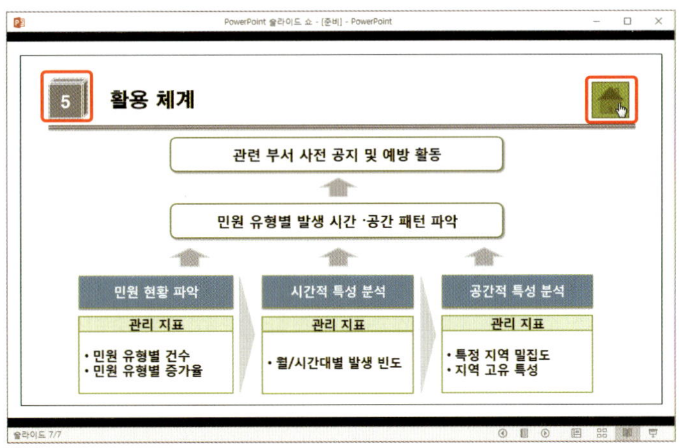

SECTION 02

화면 전환 활용하기

슬라이드 쇼를 진행하는 과정에서 슬라이드가 표시될 때 동적 효과를 설정하는 것을 전환이라고 한다. 슬라이드 내에 있는 각 개체에 동적 효과를 설정하는 애니메이션과 달리 전환은 각 슬라이드에 동적 효과를 설정하는 기능이다. 화면 전환을 이용하면 슬라이드가 바뀔 때 나타나는 모양을 다양하게 설정할 수 있고 애니메이션처럼 소리나 시간을 적용할 수도 있어서 이야기하려는 주제가 바뀔 때 청중의 이목을 집중시키거나 분위기를 환기할 수 있다.

▲ 슬라이드 화면 전환 스타일

2.1 전환 효과 설정

하나의 개체에 여러 가지 효과를 추가할 수 있는 애니메이션과 달리 전환은 슬라이드마다 한 가지 효과만 설정할 수 있다. 전환 효과를 설정할 슬라이드를 슬라이드 보기 창에서 선택할 수도 있지만 [여러 슬라이드]로 보기 모양을 바꾸면 슬라이드에 효과를 설정하기 편리하다.

기본예제 11-6 슬라이드에 전환 효과 설정하기

전환 효과를 이용하여 슬라이드가 표시될 때 실행될 다양한 형태의 동적 효과를 설정해 보자.

01 '준비.pptx' 파일을 열고 [보기] 탭-[프레젠테이션 보기] 그룹-[여러 슬라이드]를 클릭한다.

TIP 작업 표시줄에서 [여러 슬라이드] 단추를 클릭해도 된다.

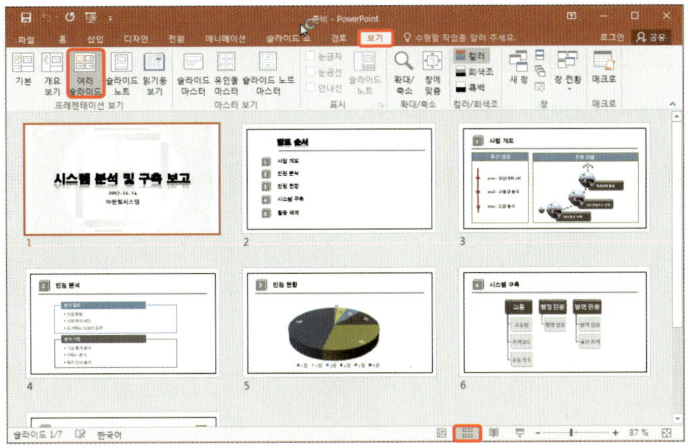

02 슬라이드 1을 선택하고 [전환] 탭-[슬라이드 화면 전환] 그룹에서 [자세히] 단추를 클릭해 [화려한 효과]의 [늘어뜨리기]를 선택한다.

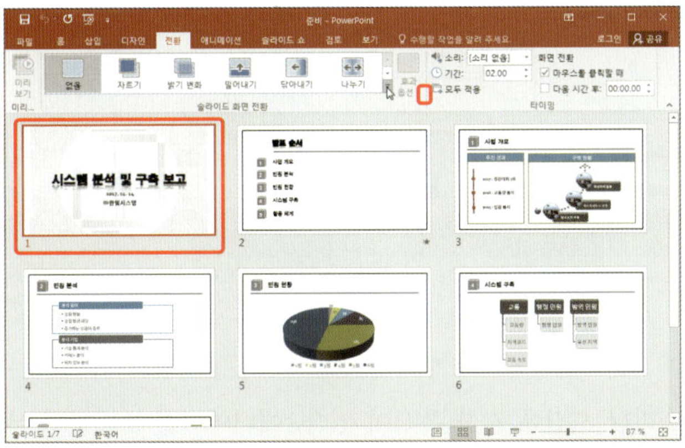

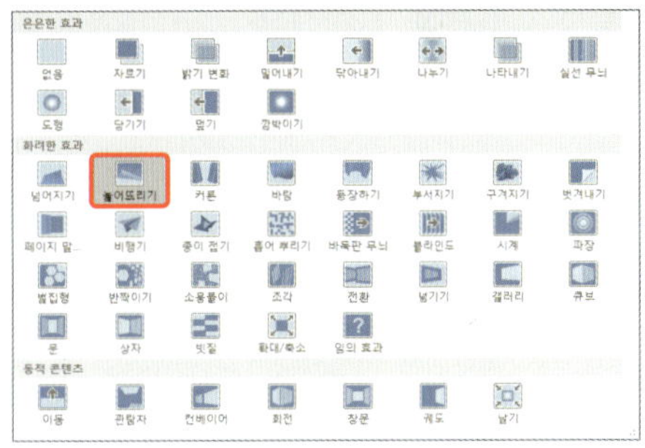

TIP 전환 효과를 선택하면 슬라이드 축소판 화면에 설정한 효과가 미리 보기로 나타난다.

03 [전환] 탭-[슬라이드 화면 전환] 그룹-[효과 옵션]-[오른쪽으로]를 선택하고 [미리 보기] 그룹-[미리 보기]를 클릭해 효과를 확인한다.

TIP 슬라이드의 오른쪽 아래에 나타나는 [★] 모양은 동적 효과가 설정되었다는 표시이다.

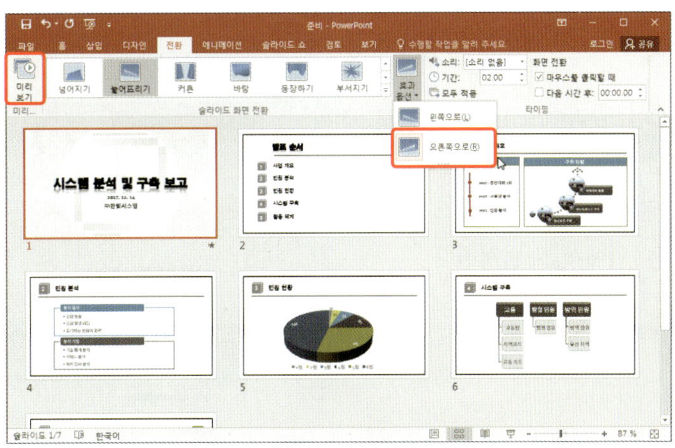

04 [전환] 탭–[타이밍] 그룹–[모두 적용]을 클릭하면 모든 슬라이드에 동일한 전환 효과가 적용된다.

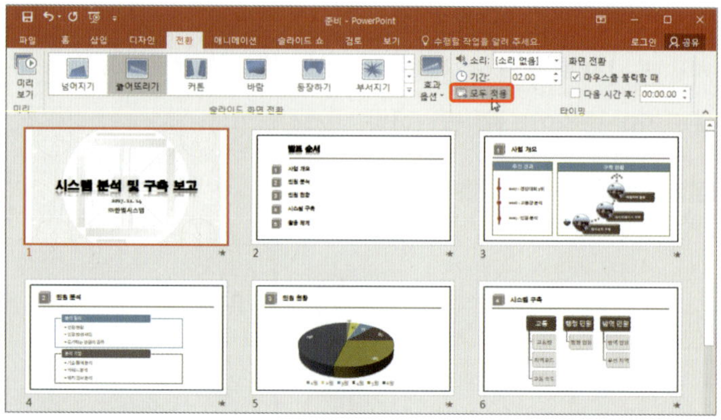

05 설정한 전환 효과를 제거하려면 슬라이드를 선택하고 [전환] 탭–[슬라이드 화면 전환] 그룹의 목록에서 [없음]을 선택한다.

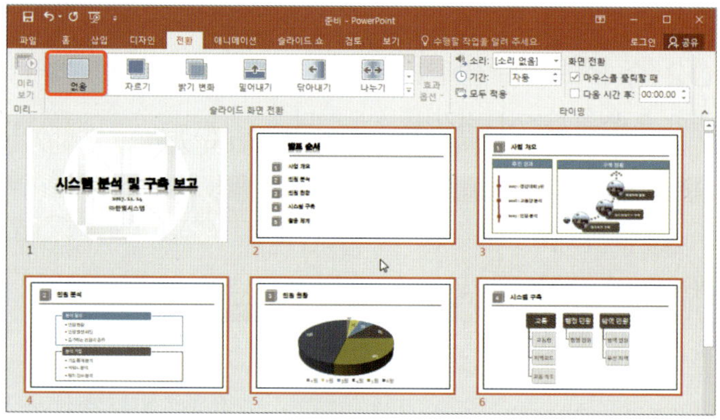

2.2 전환 효과 속성 변경

애니메이션의 효과 옵션처럼 화면 전환에도 소리나 시간에 관한 옵션이 있다. 애니메이션에 비하면 복잡하지 않지만 적절하게 사용하면 다채로운 전환 효과를 설정할 수 있다. 화면 전환 효과의 속성을 변경하는 방법을 알아본다.

기본예제 11-7 전환 효과 속성 변경하기

슬라이드에 적용한 효과의 속성을 변경해 보자.

01 슬라이드 1을 선택하고 [전환] 탭–[슬라이드 화면 전환] 그룹에서 [밀어내기]를 선택하고 [효과 옵션]은 [위에서]로 설정한다.

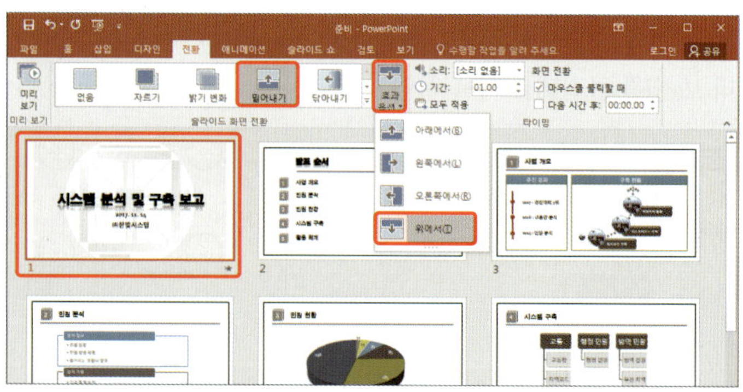

02 [전환] 탭-[타이밍] 그룹에서 [기간]을 [01.50](1.5초)으로 설정하고, [미리 보기] 그룹-[미리 보기]를 클릭해 슬라이드의 전환 효과가 재생되는 시간을 확인한다.

TIP 슬라이드 1에 설정한 [기간]이 1.5초인 것은 슬라이드 1이 밀어내기 효과로 나타나는 데 걸리는 시간이 1.5초라는 의미이다.

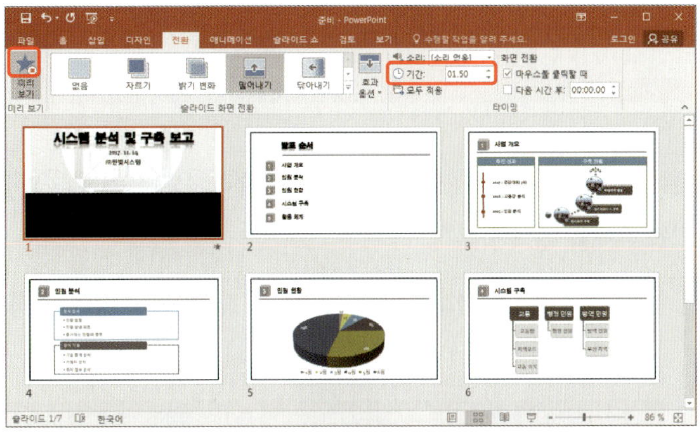

03 [전환] 탭-[타이밍] 그룹에서 [화면 전환]의 [다음 시간 후]를 선택하고 시간을 [00:05.00]으로 설정하면 슬라이드 1 아래에 '00:05'로 시간이 표시된다. 이는 슬라이드 1이 나타난 후 5초가 지나면 자동으로 슬라이드 2로 전환된다는 의미이다.

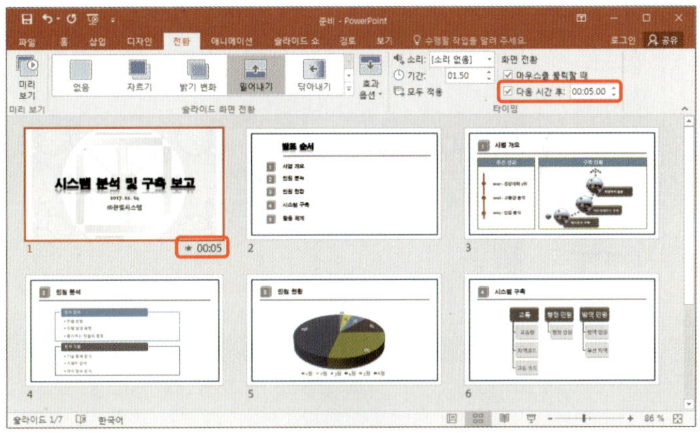

TIP [화면 전환]의 [마우스를 클릭할 때]를 함께 선택하면 5초가 경과하지 않더라도 클릭해서 다음 슬라이드로 전환할 수 있다.

04 [전환] 탭-[타이밍] 그룹-[모두 적용]을 클릭한다. [읽기용 보기]나 [슬라이드 쇼]를 실행해 각 슬라이드가 나타나는 시간(1.5초)과 다음 슬라이드로 바뀌는 시간(5초)을 확인한다.

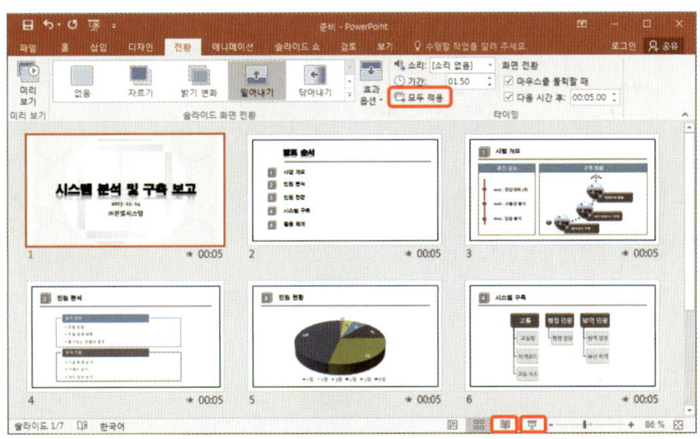

종합예제

하이퍼링크와 전환 도구를 이용해 다른 슬라이드나 엑셀 파일을 연결하고, 주제가 바뀌는 슬라이드에 전환 효과를 설정해 보자.

1 '종합11.pptx'를 열고 슬라이드 2의 첫 번째 원 도형을 선택한 후 [삽입] 탭–[링크] 그룹–[하이퍼링크]를 클릭한다.

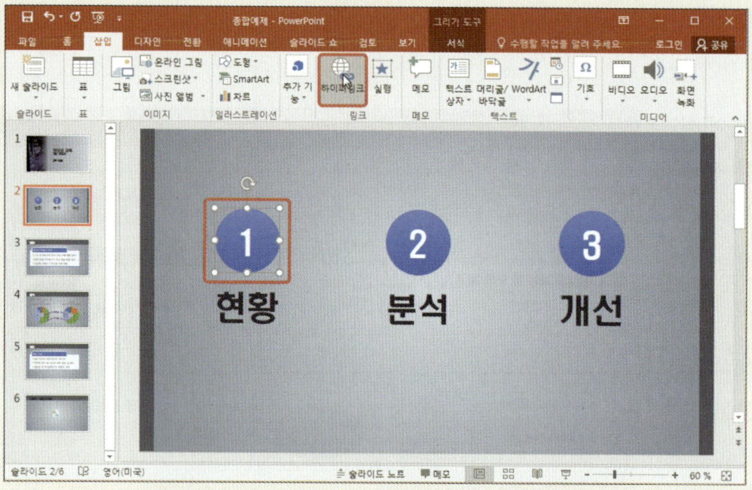

2 [하이퍼링크 삽입] 대화상자가 열리면 [연결 대상]을 [현재 문서]로 선택하고 [이 문서에서 위치 선택]에서 '3. 현황' 슬라이드를 선택한 후 [확인]을 클릭한다.

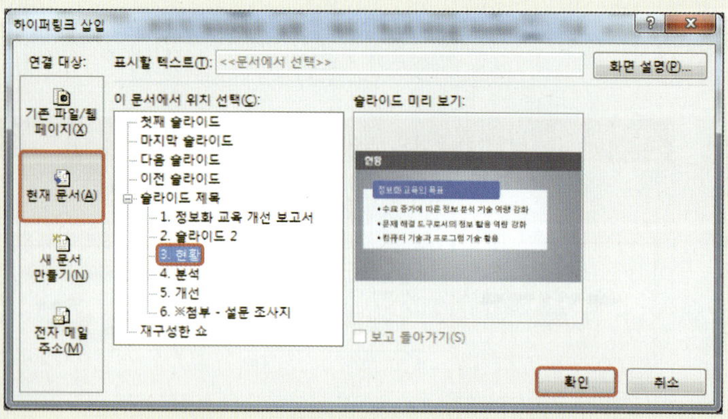

3 단계 01~02와 같은 방법으로 두 번째 원 도형에 '4. 분석' 슬라이드를 하이퍼링크로 연결한다.

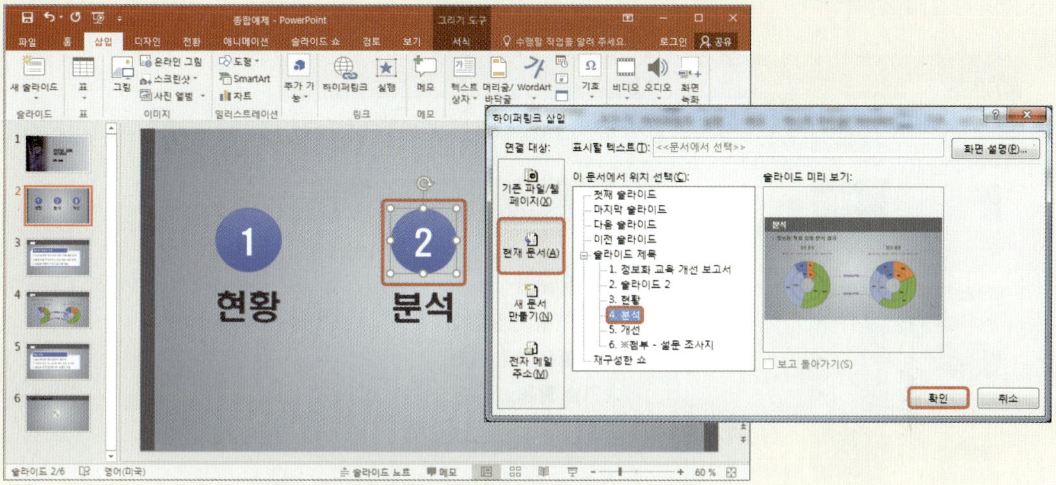

4 단계 01~02와 같은 방법으로 세 번째 원 도형에 '5. 개선' 슬라이드를 하이퍼링크로 연결한다.

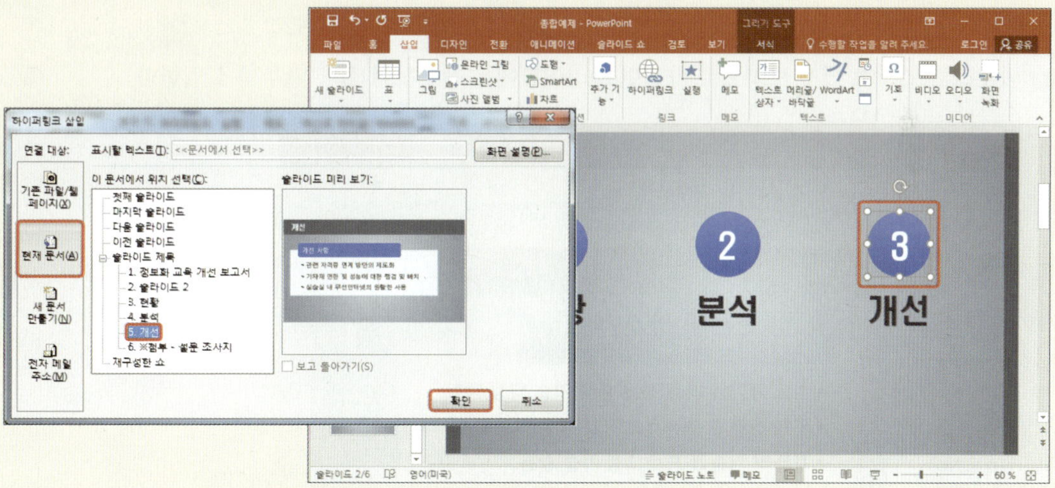

5 슬라이드 3을 선택하고 [삽입] 탭–[일러스트레이션] 그룹–[도형] 목록에서 [실행 단추]의 [실행 단추: 돌아가기]를 선택한다.

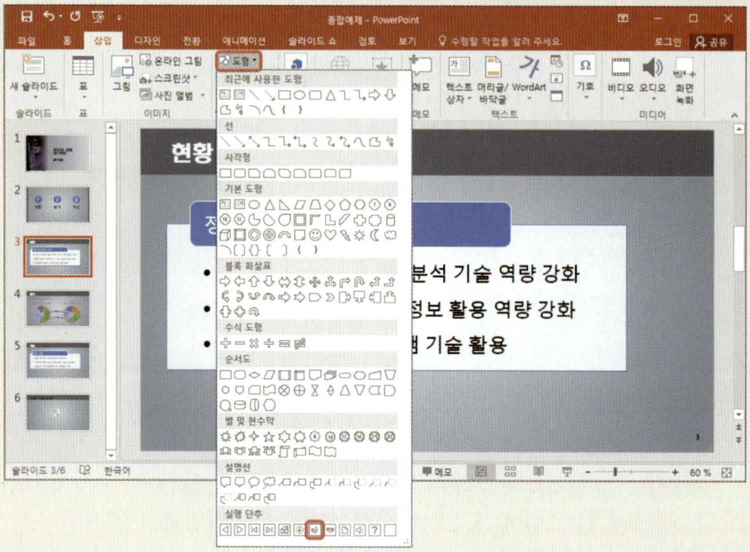

6 마우스 포인터가 십자 모양으로 바뀌면 슬라이드에 드래그하여 실행 단추를 삽입한다.

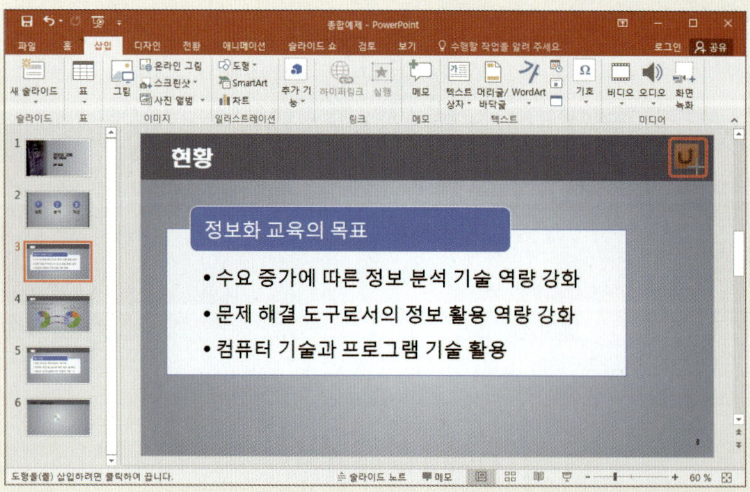

7 [실행 설정] 대화상자가 나타나면 [마우스를 클릭할 때] 탭에서 [하이퍼링크]를 선택하고 목록에서 [마지막으로 본 슬라이드]를 선택한 후 [확인]을 클릭한다.

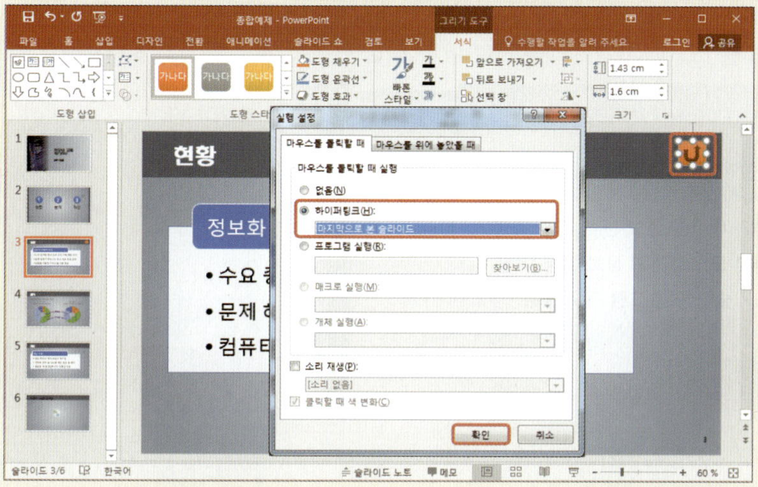

8 실행 단추를 선택한 상태에서 [그리기 도구]–[서식] 탭–[도형 스타일] 그룹의 빠른 스타일 목록에서 [보통 효과 – 회색–50%, 강조 3]을 선택한다.

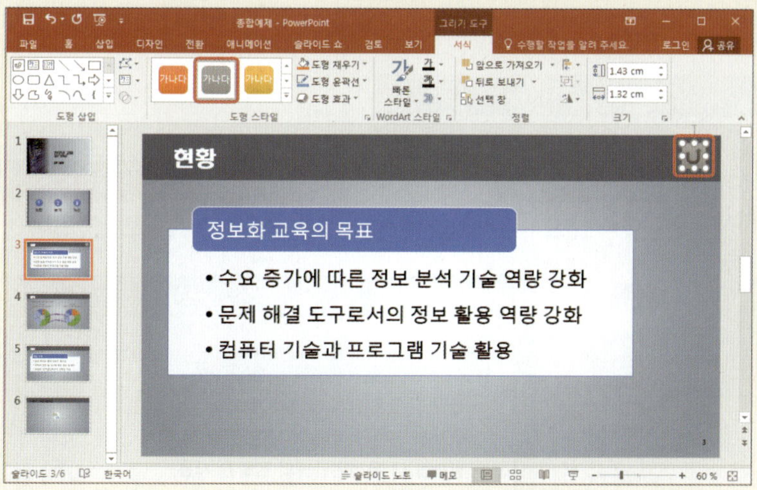

9 실행 단추를 마우스 오른쪽 단추로 클릭하고 [복사]를 선택하거나 단축키 Ctrl+C를 눌러 복사한다.

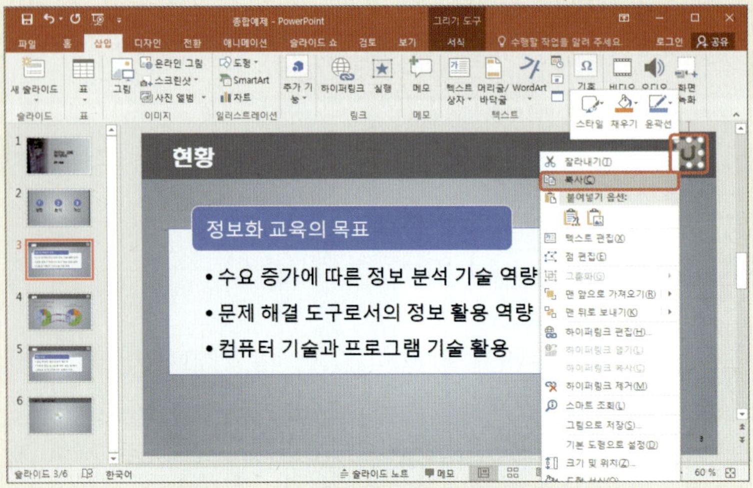

10 슬라이드 4와 슬라이드 5를 각각 선택하고 [홈] 탭–[클립보드] 그룹에서 [붙여넣기]를 클릭하거나 단축키 Ctrl+V를 눌러 실행 단추를 붙여넣는다.

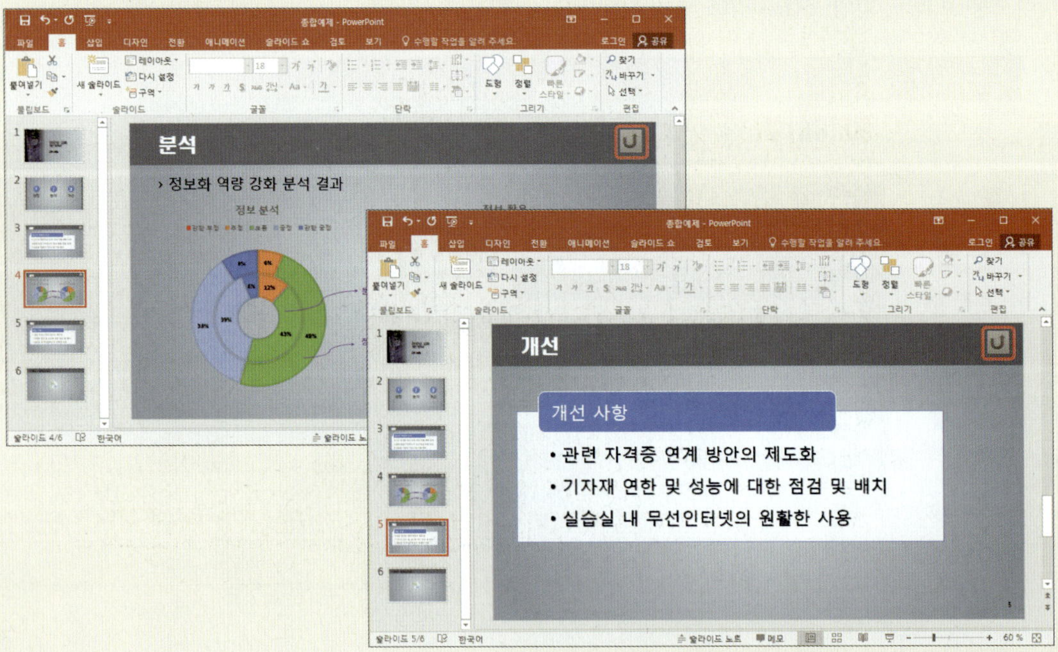

11 슬라이드 6을 선택하고 그림을 마우스 오른쪽 단추로 클릭해 [하이퍼링크]를 선택한다.

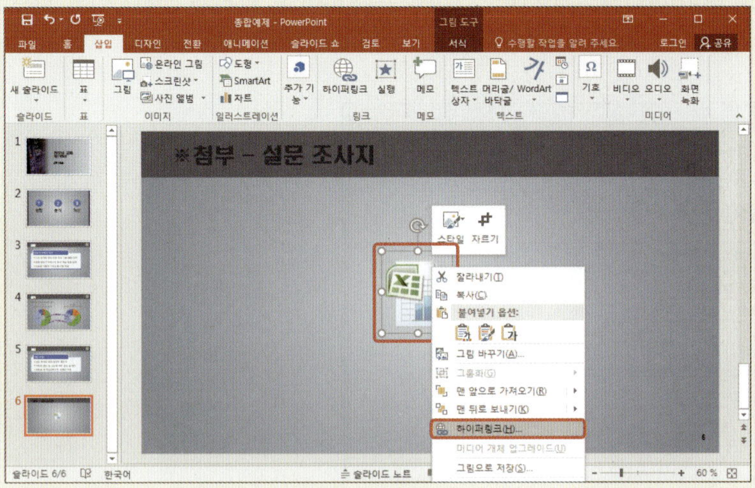

12 [하이퍼링크 삽입] 대화상자에서 [연결 대상]을 [기존 파일/웹 페이지]로 선택하고 '설문지.xlsx' 파일을 찾아 선택한 후 [화면 설명]을 클릭한다.

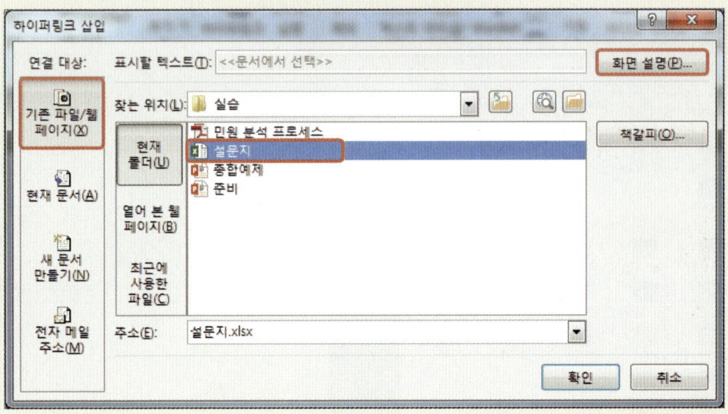

13 [하이퍼링크 화면 설명 설정] 대화상자가 열리면 [화면 설명 텍스트]에 *설문 내역 및 결과 보기*를 입력하고 [확인]을 클릭한다. [하이퍼링크 삽입] 대화상자에서도 [확인]을 클릭해 대화상자를 모두 닫는다.

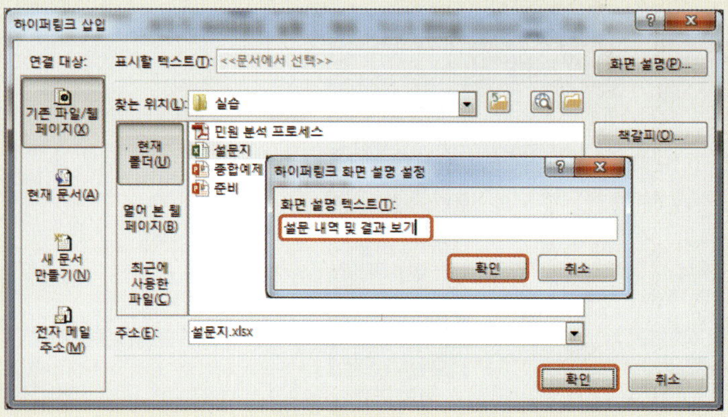

14 슬라이드 2를 선택하고 [전환] 탭–[슬라이드 화면 전환] 그룹에서 [자세히] 단추를 클릭해 [은은한 효과]의 [나타내기]를 선택한다.

15 [전환] 탭–[슬라이드 화면 전환] 그룹–[효과 옵션]–[왼쪽부터 검은 화면 후 다음 슬라이드]를 선택하고 [타이밍] 그룹에서 [기간]을 [01.00](1초)로 설정한다.

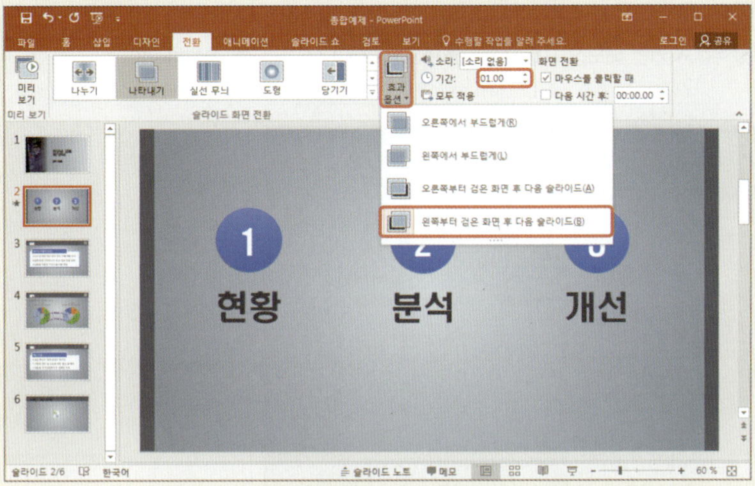

16 작업 표시줄의 [읽기용 보기]나 [슬라이드 쇼] 단추를 클릭해 설정된 하이퍼링크와 실행 및 슬라이드 전환을 확인한다.

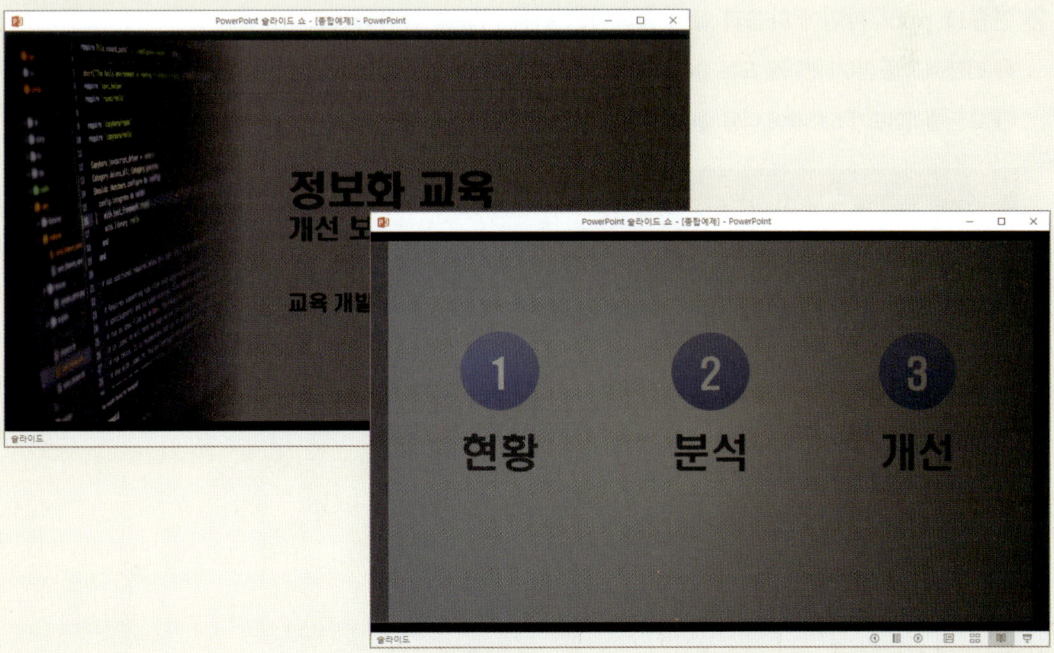

연습문제

1 '연습11.pptx' 파일을 열고 다음과 같이 하이퍼링크와 실행 옵션을 설정하시오.

❶ 슬라이드 6의 제목 텍스트를 클릭하면 슬라이드 1로 이동하도록 하고, 하이퍼링크 화면 설명 텍스트는 *보고서 표지로 이동*으로 설정하시오.

❷ 슬라이드 6의 그림에 마우스를 위치시키면 메모장 프로그램(notepad.exe)이 실행되도록 설정하시오.

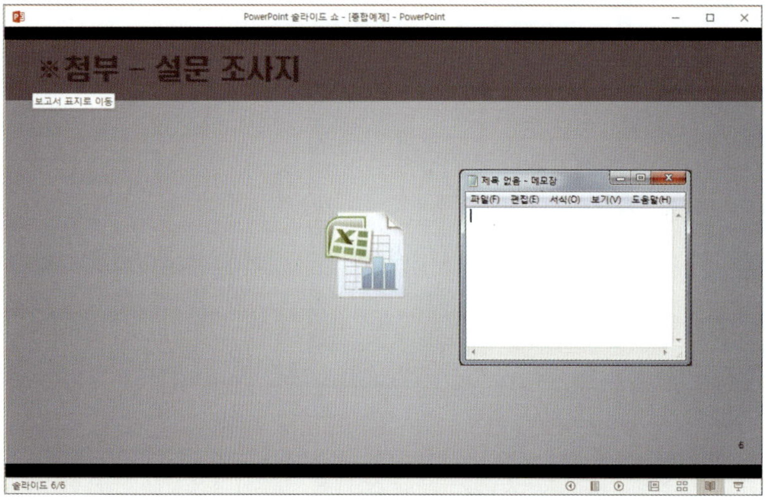

2 '연습11.pptx' 파일에 다음과 같이 슬라이드 전환 기능을 설정하시오.

❶ 전환 효과 중 [밝기 변화]를 모든 슬라이드에 적용하고, 기간을 1초로 설정하시오.

❷ 모든 슬라이드가 5초 후에 다음 슬라이드로 자동 전환되도록 설정하시오.

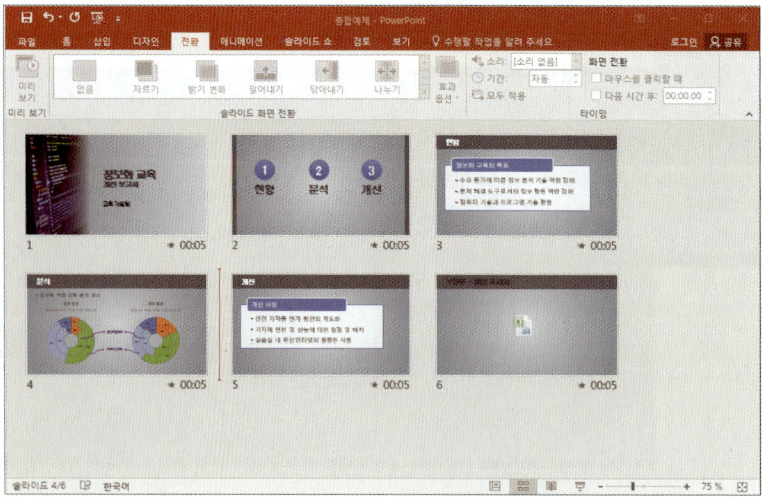

CHAPTER 12

슬라이드 쇼와 인쇄

학습목표

- 슬라이드 쇼 진행을 위한 도구를 사용할 수 있다.
- 슬라이드를 필요한 형태로 인쇄할 수 있다.

SECTION 01

슬라이드 쇼 진행하기

프레젠테이션을 기획하는 단계부터 제작 단계까지 공들여 만든 자료를 청중 앞에서 발표하는 시간은 그 어떤 단계보다도 중요하다. 프레젠테이션 자료를 잘 만들기 위해 다양한 도구를 사용하였듯이, 발표를 잘 하려면 다양한 슬라이드 쇼 도구 사용법을 알아 두고 많은 연습을 통해 손에 익혀야 한다. 그래야 발표할 때 실수나 긴장감을 줄이고 자신감을 가질 수 있을 뿐만 아니라, 예상치 못한 변화가 발생할 수 있는 발표 현장이나 업무 보고 상황에 유연하게 대처할 수 있다.

1.1 슬라이드 쇼 도구 활용

파워포인트의 [슬라이드 쇼] 탭에는 슬라이드 쇼를 진행할 때 혹은 미리 연습할 때 필요한 도구와 슬라이드 쇼를 재구성하거나 발표 환경에 알맞게 쇼를 설정하는 도구들이 있다.

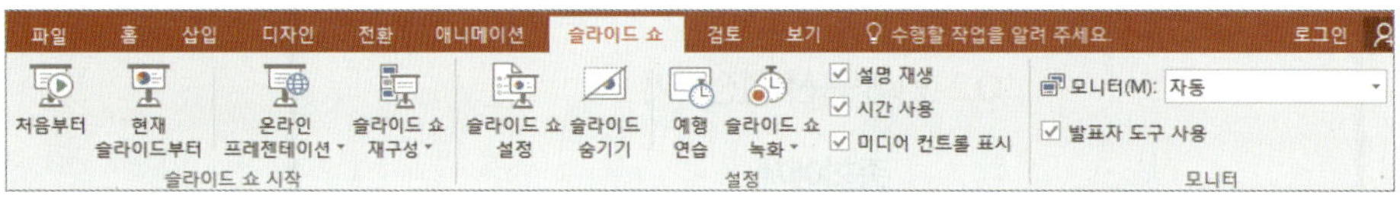

▲ [슬라이드 쇼] 탭

슬라이드 쇼를 진행할 때 화면 하단에 마우스를 위치시키면 펜, 레이저 포인터, 형광펜 등의 컨트롤 도구가 표시된다. 이 도구들을 이용하면 발표 도중에 펜으로 슬라이드 화면에 글씨를 쓰거나 표시를 할 수 있고, 레이저 포인터로 특정 위치를 가리키거나 확대하는 등의 동작을 할 수 있다.

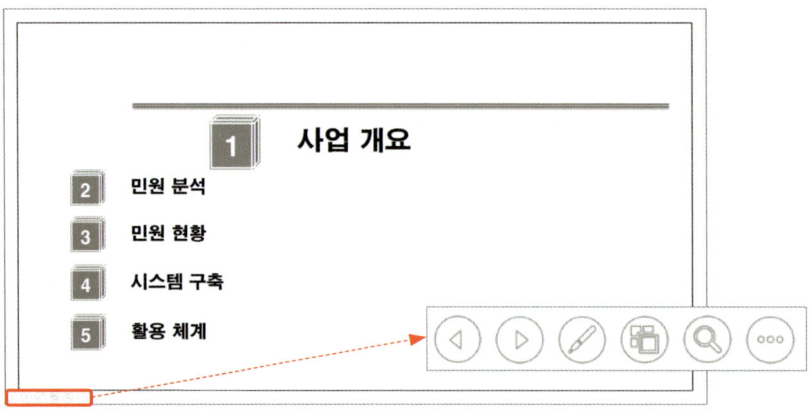

▲ 슬라이드 쇼에 사용할 수 있는 컨트롤 도구

기본예제 12-1 슬라이드 쇼 시작하기

슬라이드를 쇼를 시작하는 방법과 쇼가 진행되는 동안 컨트롤 도구를 사용하는 방법을 알아보자.

01 '준비.pptx' 파일을 열고 [슬라이드 쇼] 탭–[슬라이드 쇼 시작] 그룹–[처음부터]를 클릭한다.

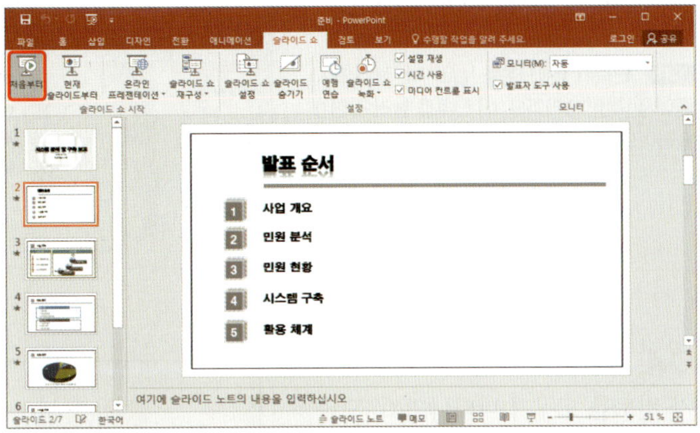

TIP 첫 번째 슬라이드부터 쇼를 진행하려면 F5를 눌러도 된다.

02 첫 번째 슬라이드부터 슬라이드 쇼가 진행된다. 쇼를 마치려면 마우스를 화면 아래쪽에 있는 컨트롤 도구에서 [더 보기] 단추를 클릭하고 [쇼 마침]을 선택한다.

TIP 화면에서 마우스 오른쪽 단추를 클릭해 [쇼 마침] 메뉴를 선택하거나 Esc를 눌러도 된다.

03 슬라이드 2를 선택하고 [슬라이드 쇼] 탭–[슬라이드 쇼 시작] 그룹–[현재 슬라이드부터]를 클릭하면 슬라이드 2부터 쇼가 진행된다.

TIP 단축키 Shift+F5를 누르거나, 작업 표시줄에서 [슬라이드 쇼] 단추를 눌러도 현재 슬라이드부터 쇼가 진행된다.

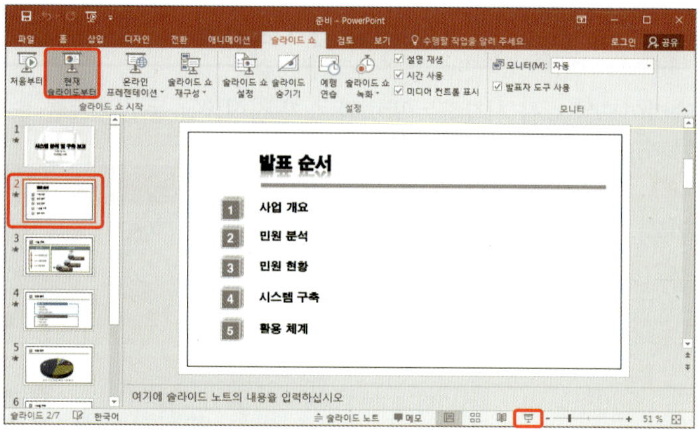

04 마우스를 화면 아래쪽에 가져가 컨트롤 도구가 나타나면 ✎ 단추를 클릭하고 [펜]을 선택한다.

TIP 화면에 직접 글씨를 쓰거나 표시를 할 때 사용하는 펜의 단축키는 Ctrl+P이고, 형광펜의 단축키는 Ctrl+I이다.

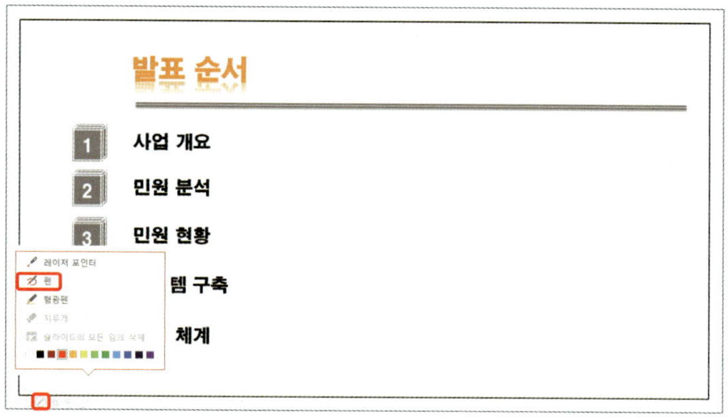

05 마우스 포인터가 빨간색 펜으로 바뀌면 화면에 직접 글씨를 쓰거나 줄을 그어 필요한 부분을 표시할 수 있다. 필기한 내용은 단축키 Ctrl+E로 지우개(✎)를 표시하여 지우거나 E를 눌러 한 번에 모두 지울 수 있다.

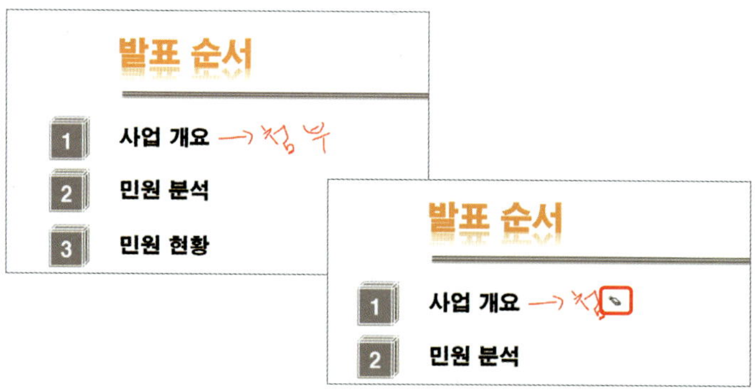

TIP 슬라이드 쇼를 마칠 때 필기한 내용을 프레젠테이션 파일에 포함시켜 저장할지 여부를 선택할 수 있도록 그림과 같은 대화상자가 나타난다.

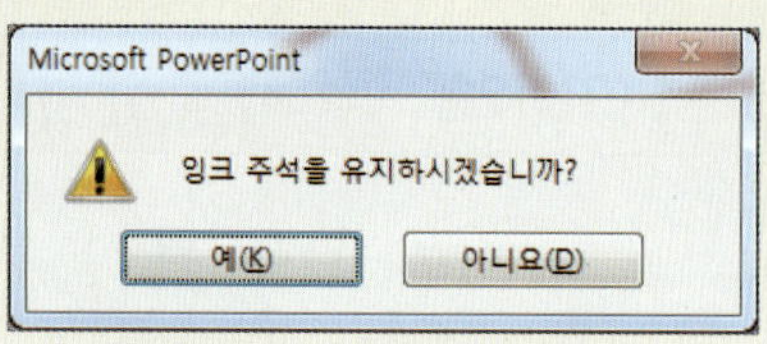

06 발표자 도구의 [모든 슬라이드] 단추를 클릭한 후 원하는 슬라이드를 선택하면 슬라이드를 이동한 상태에서 쇼를 계속 진행할 수 있다.

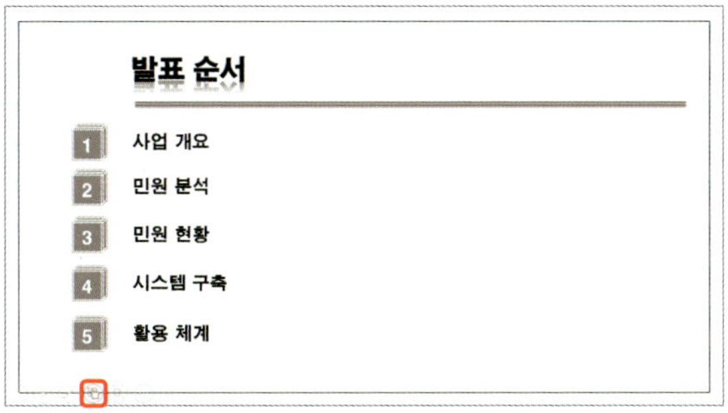

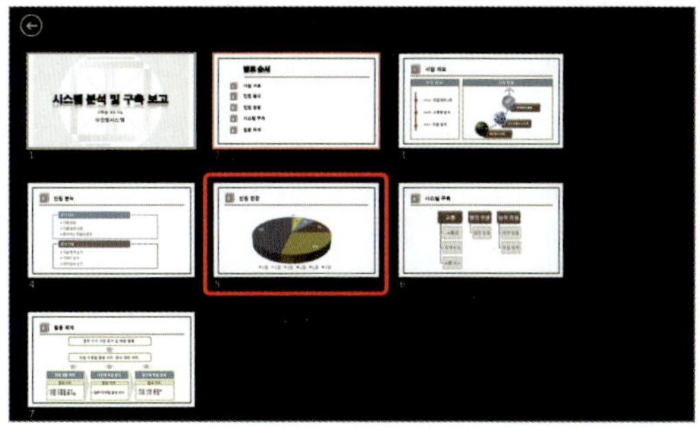

TIP 슬라이드 쇼 도중에 슬라이드 번호(1, 2, …)를 클릭하고 Enter를 눌러도 슬라이드를 이동할 수 있다. 첫 번째 슬라이드로 이동하려면 Home을, 마지막 슬라이드로 이동하려면 End를 누른다.

07 슬라이드의 내용 중 일부를 크게 확대해서 보여주려면 컨트롤 도구의 [확대] 단추를 클릭한다.

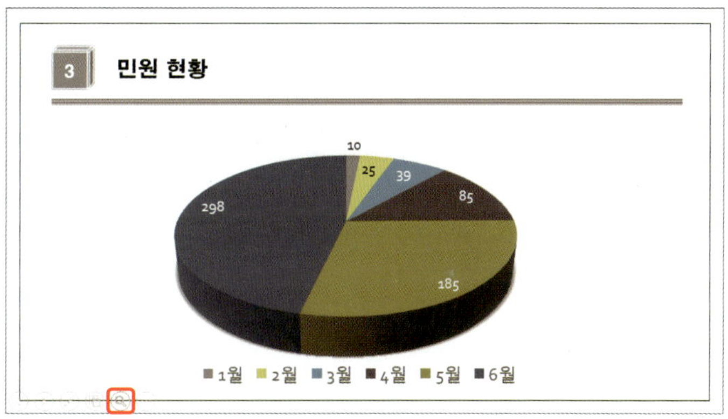

08 확대할 영역을 클릭하면 해당 영역이 전체 화면 크기로 표시된다. Esc를 누르면 슬라이드가 원래 크기로 표시된다.

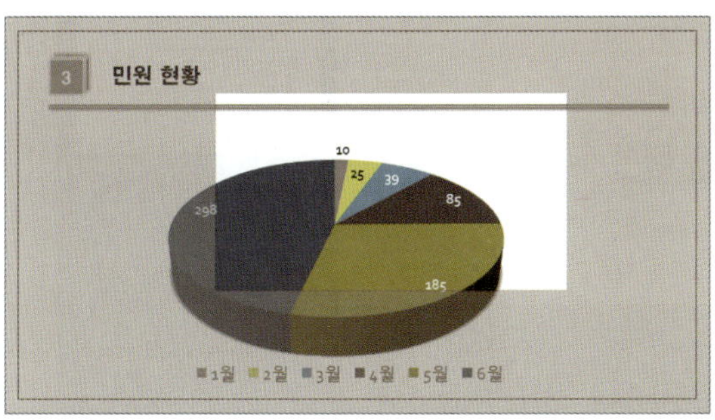

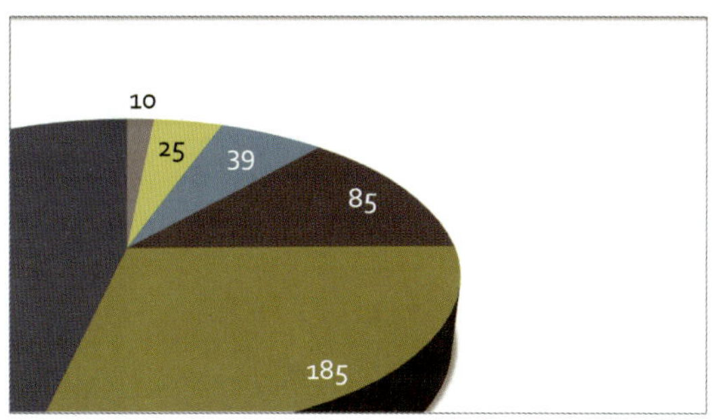

TIP Ctrl을 누른 채 화면을 스크롤해도 확대하거나 축소할 수 있다.

여기서 잠깐 발표자 보기 화면 표시하기

두 개 이상의 모니터나 프로젝트를 연결하는 [여러 디스플레이] 설정을 [디스플레이 확장] 방식으로 하면 발표자 보기 화면을 표시할 수 있다.

발표자 보기 화면은 슬라이드 쇼를 진행할 때 청중에게 보이는 화면과 별도로 슬라이드 노트와 발표자 도구를 포함한 화면을 보는 기능이다. [슬라이드 쇼] 탭–[모니터] 그룹에서 [발표자 도구 사용]을 선택하고 슬라이드 쇼를 진행하면 발표자 보기 화면을 볼 수 있다. 컴퓨터가 다중 디스플레이로 설정되어 있지 않다면 단축키 Alt+F5를 눌러 발표자 보기 화면을 확인할 수 있다.

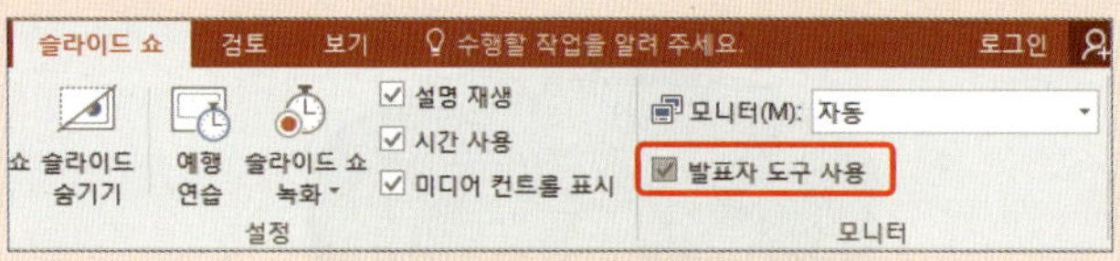

[디스플레이 확장] 상태로 설정되어 있으면 다음 그림과 같이 청중이 보는 화면 1과 발표자가 보는 화면 2로 구분되어 표시된다. 발표자 보기 화면(화면 2)에서는 여러 가지 발표자 도구들뿐 아니라 현재 슬라이드와 다음 슬라이드 및 발표자가 준비한 슬라이드 노트의 내용이 함께 나타나므로 프레젠테이션을 더욱 원활하게 진행할 수 있다.

화면 1

화면 2

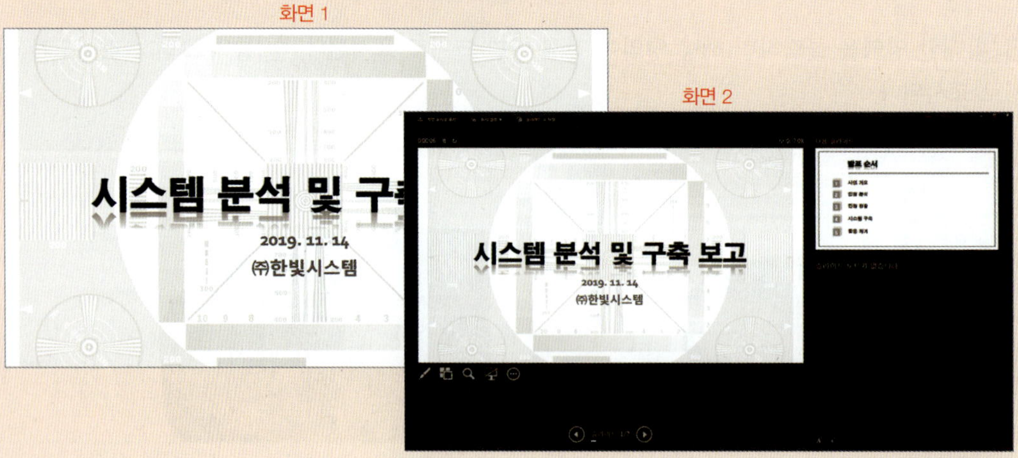

기본예제 12-2 예행 연습 활용하기

제한된 발표 시간 안에 좋은 프레젠테이션을 하려면 준비한 내용을 모두 설명할 수 있도록 많은 연습을 거쳐야 한다. 파워포인트의 예행 연습 기능을 활용하면 각 슬라이드를 설명할 때 소요된 시간을 기록하면서 전체 발표 시간을 예측할 수 있다.

01 [슬라이드 쇼] 탭-[설정] 그룹-[예행 연습]을 클릭한다.

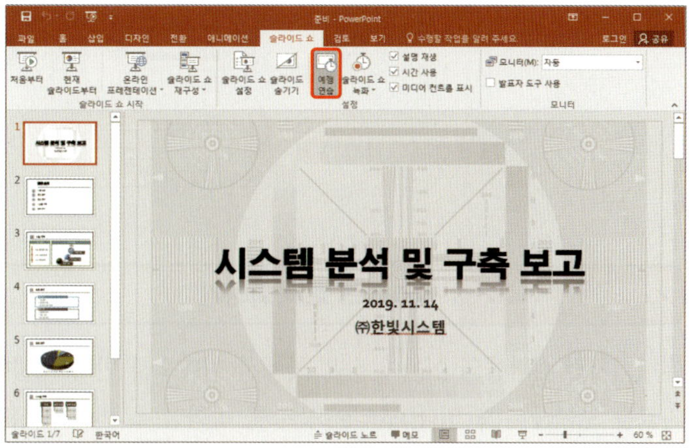

02 슬라이드 쇼가 시작되고 [녹화] 대화상자가 나타나 각 슬라이드마다 걸린 시간과 전체 발표 시간이 기록된다.

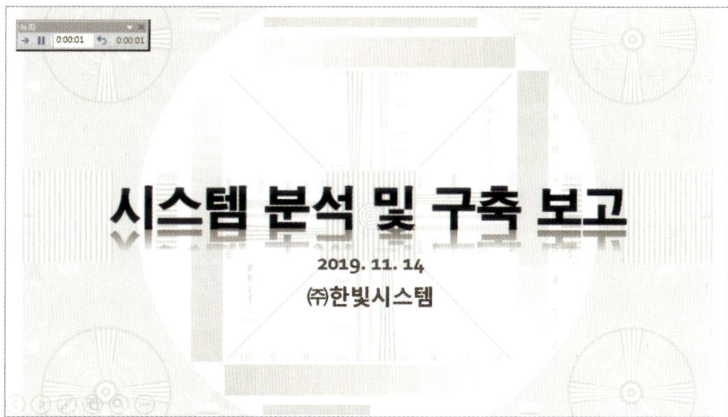

03 슬라이드 화면을 클릭하거나 Enter를 눌러 슬라이드 쇼가 끝나면 슬라이드를 진행하는 데 걸린 시간을 저장할 것인지 묻는 대화상자가 나타난다. [예]를 클릭해 측정된 시간을 저장한다.

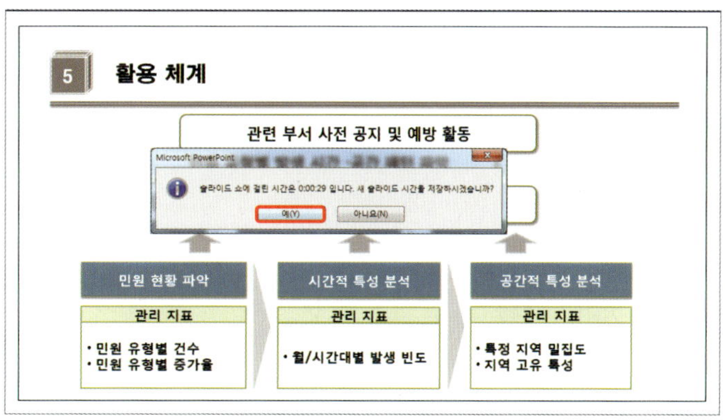

04 작업 표시줄의 [여러 슬라이드] 단추를 클릭하면 예행 연습에서 기록된 시간이 슬라이드 아래에 모두 표시된다.

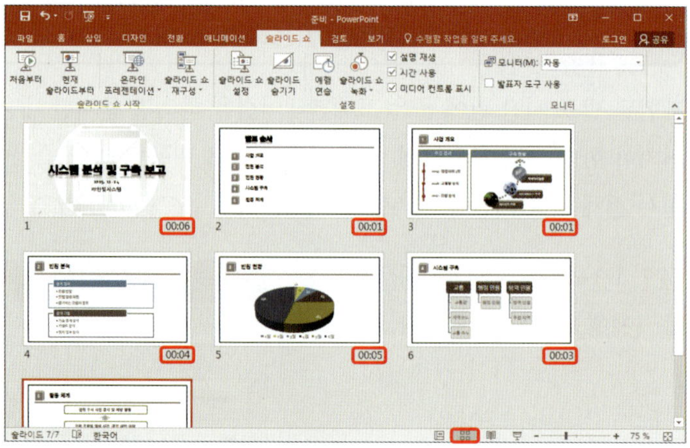

기본예제 12-3 슬라이드 쇼 녹화하기

전시회처럼 사람들의 이동이 잦은 곳에서 비디오를 반복 재생하는 것과 같은 방식으로 프레젠테이션 자료를 보여줄 수도 있다. 슬라이드 쇼를 녹화한 후 반복 재생하도록 설정하고 비디오 파일로 저장해 보자.

01 [슬라이드 쇼] 탭-[설정] 그룹-[슬라이드 쇼 녹화] 목록에서 [처음부터 녹음 시작]을 선택한다.

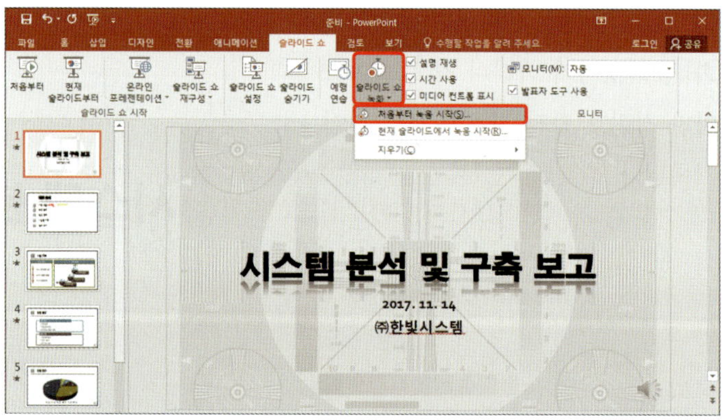

02 [슬라이드 쇼 녹화] 대화상자가 나타나면 녹화할 항목을 선택하고 [녹화 시작]을 클릭한다.

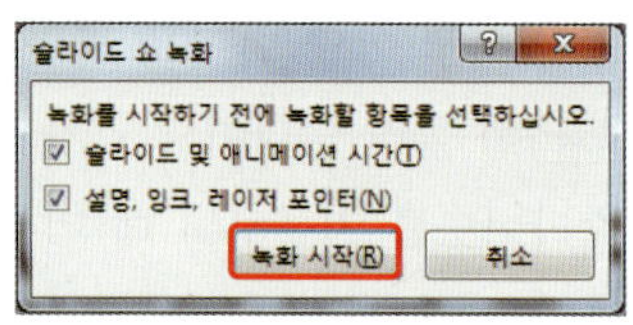

TIP 컴퓨터에 마이크가 연결되어 있지 않으면 [설명, 잉크, 레이저 포인터] 항목을 선택할 수 없어서 슬라이드 쇼를 진행하는 시간만 기록할 수 있다.

03 슬라이드 쇼가 진행되고, 마이크로 녹음한 설명과 시간이 함께 저장된다. 저장된 시간은 [여러 슬라이드] 보기에서 확인할 수 있다.

TIP [설정] 그룹의 [설명 재생]과 [시간 사용]이 선택되어 있으면 슬라이드 쇼를 실행할 때 녹화한 내용이 기록된 시간에 따라 자동 재생된다. 슬라이드 쇼를 자동 재생하지 않고 발표자가 수동으로 진행하려면 이 항목의 선택을 해제한다.

04 [슬라이드 쇼] 탭-[설정] 그룹-[슬라이드 쇼 설정]을 클릭해 [쇼 설정] 대화상자가 열리면 [표시 옵션]의 [〈Esc〉 키를 누를 때까지 계속 실행]을 선택한다. 이제 Esc를 누를 때까지 슬라이드 쇼가 반복 실행된다.

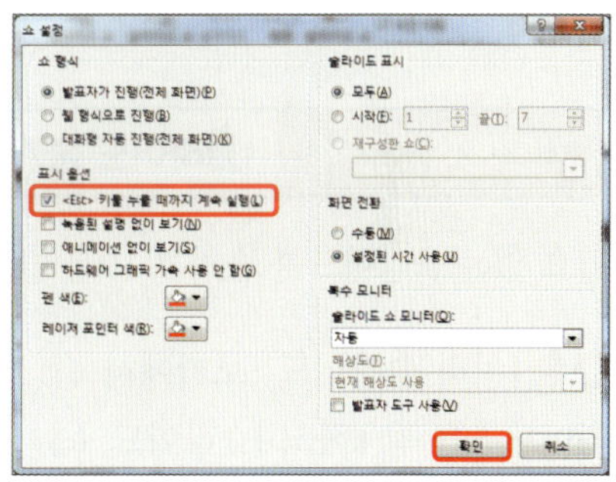

여기서 잠깐 **[쇼 설정] 대화상자의 [쇼 형식]**

[쇼 설정] 대화상자의 [쇼 형식] 옵션은 각각 다음과 같이 활용할 수 있다.

- **발표자가 진행(전체 화면)**: 슬라이드 쇼를 진행하는 사람이 클릭해 슬라이드를 전환할 수 있는 일반적인 발표 상황에서 사용한다.
- **웹 형식으로 진행**: 슬라이드 전환을 제어할 수 없는 화면에서 슬라이드 쇼를 발표하는 경우에 활용하는 옵션으로, 모니터나 펜 색을 설정할 수 없다.
- **대화형 자동 진행(전체 화면)**: 키오스크와 같은 화면에서 슬라이드 쇼를 보는 사람이 Esc를 누를 때까지 무한 반복하면서 슬라이드 쇼를 보여줄 때 활용할 수 있다.

05 슬라이드 쇼를 비디오 파일 형식으로 저장하려면 [파일] 탭–[내보내기]를 선택하고 [내보내기] 백스테이지에서 [비디오 만들기]를 선택한다. [프레젠테이션 품질]이나 [기록된 시간 및 설명 사용]을 선택하고 [비디오 만들기]를 클릭한다. 비디오 파일을 저장할 폴더와 파일 이름을 입력하고 [저장]을 클릭한다.

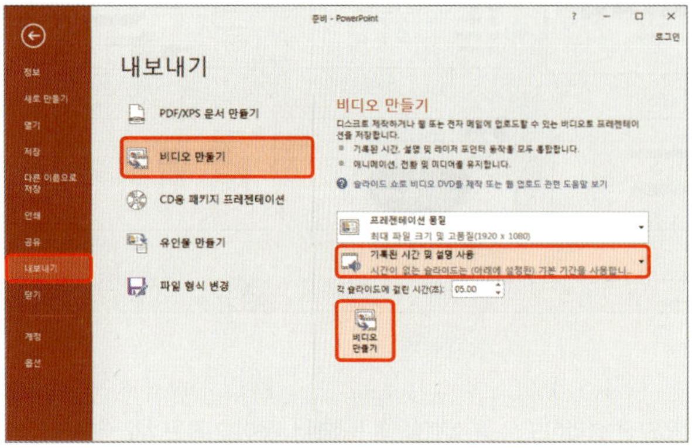

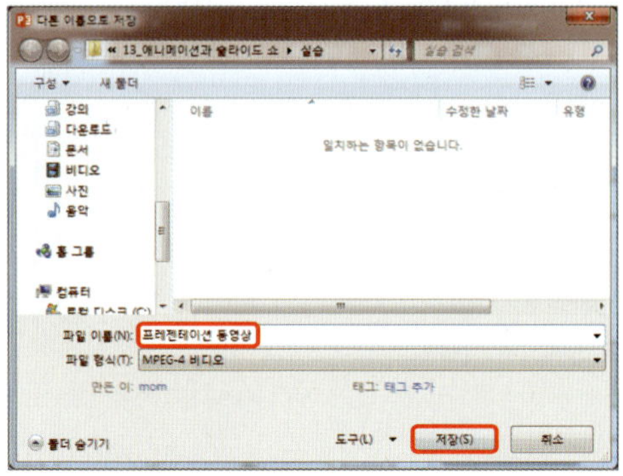

1.2 슬라이드 숨기기와 쇼 재구성

발표 시간에 제한이 있거나 발표 대상이 변경되는 등 여러 가지 상황으로 인해 준비한 슬라이드를 모두 설명하지 못하는 경우가 있다. 이런 경우에는 슬라이드를 삭제하지 않고도 특정 슬라이드가 보이지 않도록 슬라이드 쇼에서 숨길 수 있다. 또, '10분 발표'나 '20분 발표' 혹은 '재학생 대상'이나 '졸업생 대상' 등 상황에 맞게 슬라이드 쇼를 재구성하여 미리 준비하는 방법도 있다.

기본예제 12-4 슬라이드 숨기기와 슬라이드 쇼 재구성하기

필요 없는 슬라이드를 숨기고 10분 발표용으로 슬라이드 쇼를 재구성해 보자.

01 [여러 슬라이드] 보기에서 슬라이드 5를 선택하고 [슬라이드 쇼] 탭–[설정] 그룹–[슬라이드 숨기기]를 클릭하면 슬라이드 쇼에서 슬라이드 5는 제외된다.

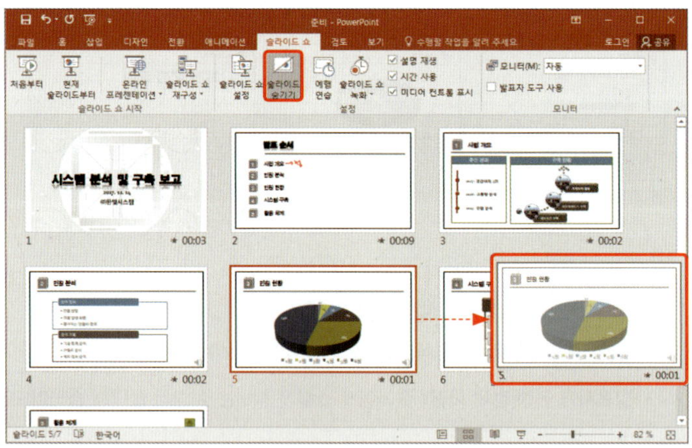

TIP 제외한 슬라이드를 다시 쇼에 포함시키려면 [슬라이드 숨기기]를 한 번 더 클릭한다.

02 [슬라이드 쇼] 탭-[슬라이드 쇼 시작] 그룹-[슬라이드 쇼 재구성]-[쇼 재구성]을 선택한다. [쇼 재구성] 대화상자가 열리면 [새로 만들기]를 클릭한다.

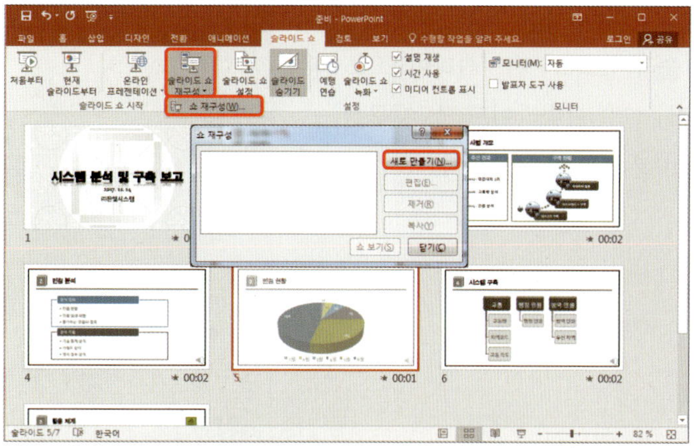

03 [쇼 재구성하기] 대화상자에서 [슬라이드 쇼 이름]을 *10분 발표*로 바꾸고, 쇼에 보여줄 슬라이드를 선택한 후 [추가]를 클릭해 [재구성한 쇼에 있는 슬라이드] 목록으로 이동한다. [확인]을 클릭해 [쇼 재구성하기] 대화상자를 닫는다.

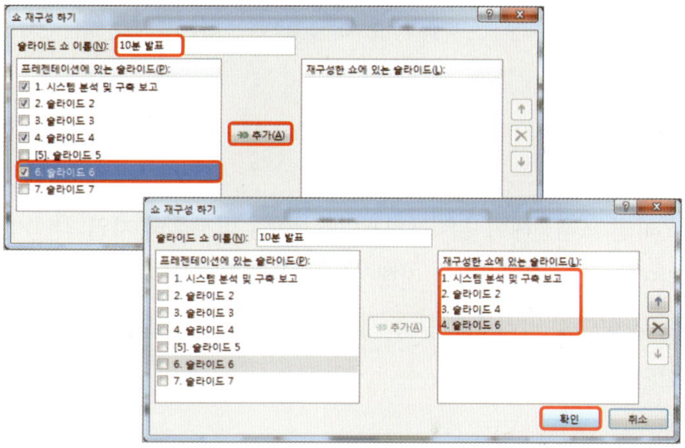

04 [쇼 재구성] 대화상자 목록에 '10분 발표'가 표시된다. [쇼 보기]를 클릭해 슬라이드 쇼를 실행해 본 뒤 [닫기]를 클릭해 대화상자를 닫는다.

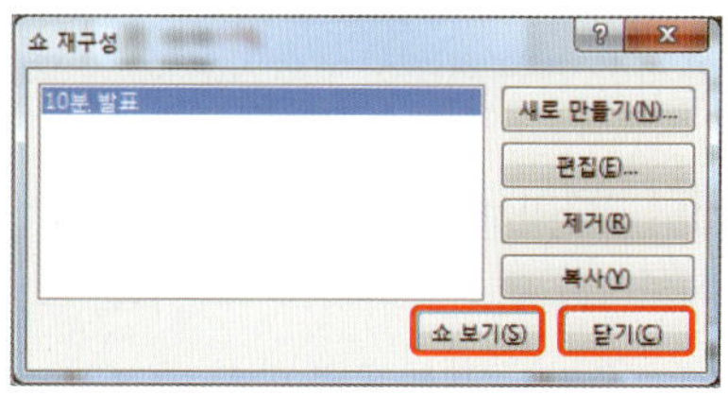

TIP [쇼 재구성] 대화상자는 재구성한 쇼의 편집과 제거, 복사에도 이용할 수 있다.

05 재구성한 쇼를 진행하려면 [슬라이드 쇼] 탭–[슬라이드 쇼 시작] 그룹–[슬라이드 쇼 재구성]–[10분 발표]를 선택한다.

TIP [처음부터]나 [현재 슬라이드부터]를 클릭하면 재구성한 쇼가 아닌 전체 슬라이드가 슬라이드 쇼로 진행된다.

1.3 온라인 프레젠테이션

온라인 프레젠테이션은 파워포인트 2013 버전부터 지원되는 기능으로, 온라인으로 연결된 청중에게 슬라이드 쇼를 실시간으로 진행하는 방법이다. 온라인 프레젠테이션에 참가할 청중에게 슬라이드 쇼를 진행할 링크를 알려주고 방송 서비스를 이용하는 것처럼 웹 브라우저를 통해 발표 내용을 볼 수 있도록 한다.

기본예제 12-5 온라인 프레젠테이션 활용하기

완성한 프레젠테이션을 온라인을 통해 공개해 보자.

01 '준비.pptx' 파일을 열고 [슬라이드 쇼] 탭–[슬라이드 쇼 시작] 그룹–[온라인 프레젠테이션]–[Office Presentation Service]를 선택한다.

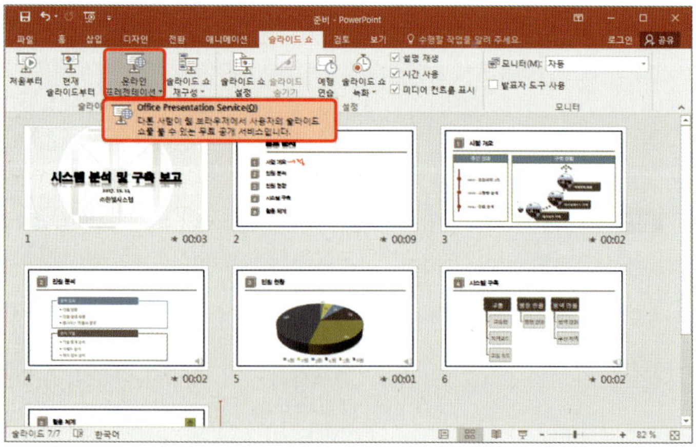

02 온라인 프레젠테이션으로 제공하는 파일의 다운로드 허용 여부와 서비스 계약 동의 내용을 확인하고 [연결]을 클릭한다.

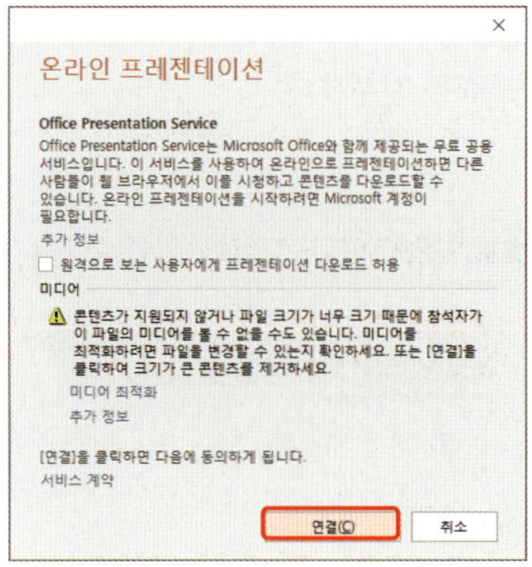

03 온라인 프레젠테이션 진행자는 미리 등록해 둔 오피스 클라우드 서비스(OneDrive) 계정을 이용해 로그인한다.

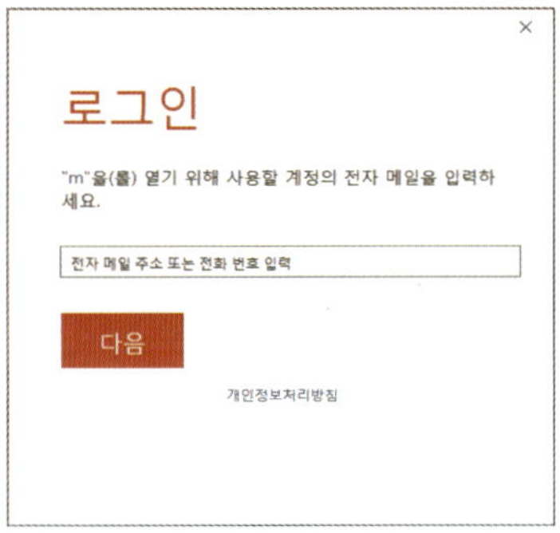

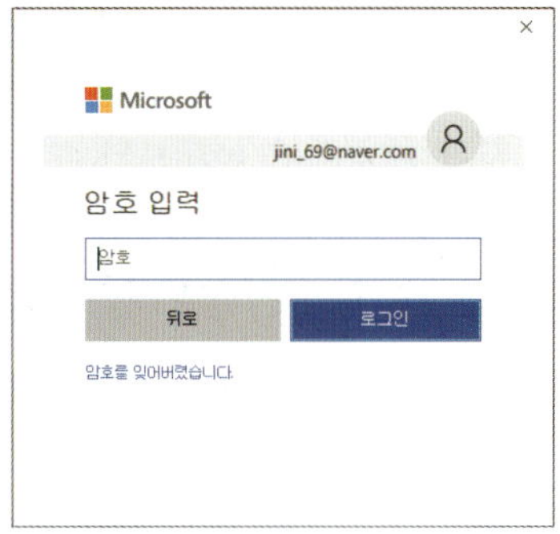

04 온라인 프레젠테이션이 준비되면 슬라이드 쇼의 링크가 표시된다. [링크 복사]를 클릭해 참석할 청중에게 전자 메일 등으로 링크를 알린다.

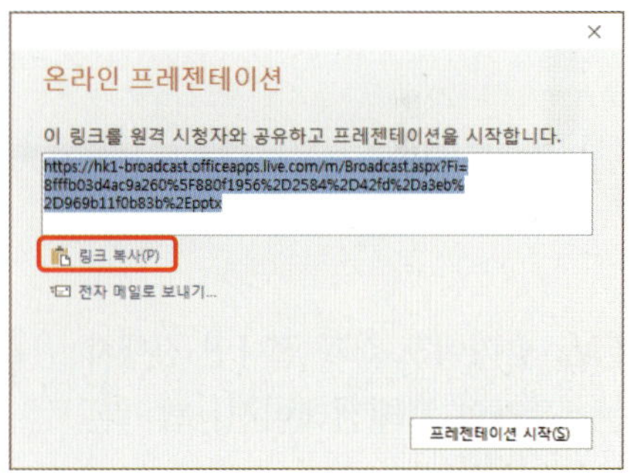

TIP 청중이 웹 브라우저 주소 창에 링크를 입력하고 슬라이드 쇼가 시작되기를 기다리는 화면이다.

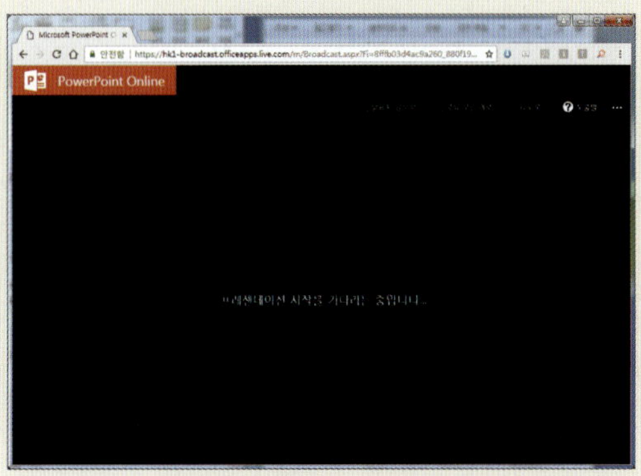

05 청중이 모두 연결하고 슬라이드 쇼를 진행할 준비가 완료되면 [프레젠테이션 시작]을 클릭해 슬라이드 쇼를 진행한다.

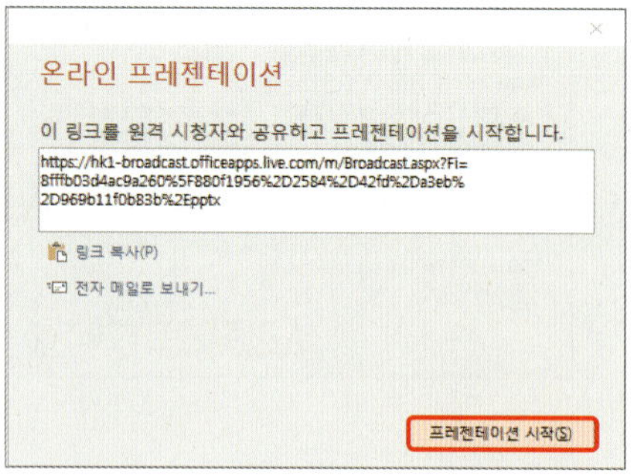

TIP 슬라이드 쇼가 진행될 때 청중에게 보여지는 화면은 다음과 같다.

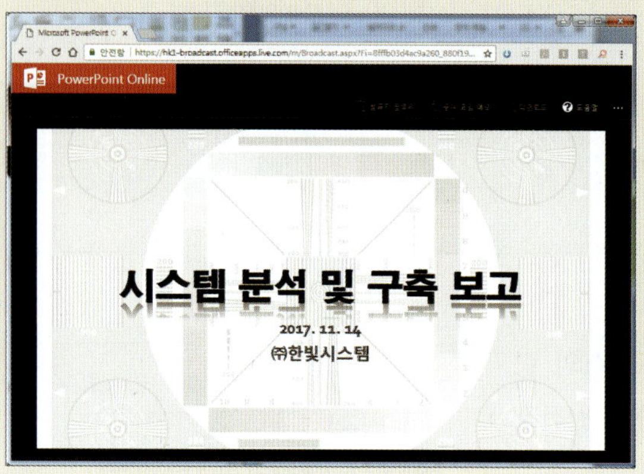

06 슬라이드 쇼가 끝나면 진행자는 [온라인 프레젠테이션] 탭–[온라인 프레젠테이션] 그룹–[온라인 프레젠테이션 종료]를 클릭한다. [Microsoft PowerPoint] 대화상자가 열리면 [온라인 프레젠테이션 종료]를 클릭해 링크를 해제한다.

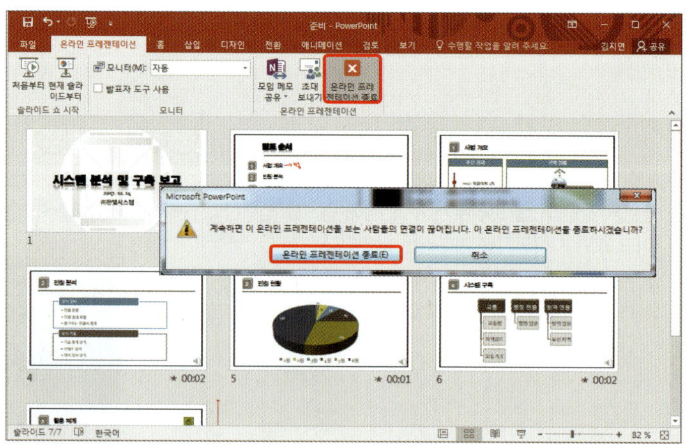

TIP 진행자가 온라인 프레젠테이션을 종료했을 때 청중에게 보여지는 화면은 다음과 같다.

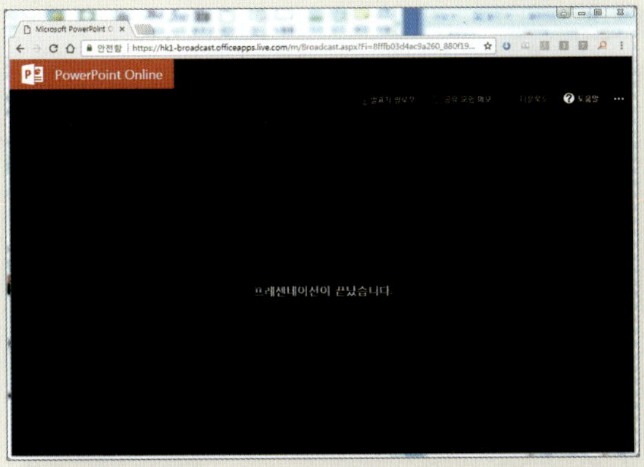

여기서 잠깐 **클라우드 서비스 이용하기**

마이크로소프트에서 제공하는 원드라이브(OneDrive)에 계정을 등록하면 클라우드 서비스를 이용할 수 있다. 클라우드 서비스는 인터넷으로 ICT(Information and Communication Technologies) 자원을 이용한다는 개념으로, 스마트폰이나 PC 등 다양한 장치를 통해 필요할 때 원하는 만큼 서비스를 받을 수 있다. 아이클라우드나 N드라이브처럼 데이터 저장 공간을 제공(Cloud Storage Service)하는 방식과 오피스 365처럼 프로그램을 일정 기간 대여(SaaS, Software as a Service)하는 방식이 주로 쓰인다. 원드라이브는 클라우드 스토리지 서비스의 일종으로, 저장 공간을 제공한다.

원드라이브를 이용하면 사진이나 문서, 동영상 등 여러 가지 콘텐츠를 클라우드 서버에 저장해 두고 필요할 때 액세스하거나 다른 사람과 공유할 수 있다. 특히, 엑셀이나 파워포인트 등의 오피스 문서를 작성한 후 원드라이브를 하드디스크나 이동식 디스크처럼 저장 위치로 선택할 수 있어 편리하다. 이렇게 저장한 문서는 다른 장소에 있거나 이동 중일 때도 휴대폰이나 태블릿과 같은 장치를 이용해 조회하거나 편집할 수 있다.

원드라이브로 클라우드 서비스를 이용하려면 먼저 계정을 만들어야 한다.

① 웹브라우저를 실행한 뒤 주소 입력란에 'onedrive.com'을 입력해 다음과 같은 페이지가 열리면 [무료 가입]을 클릭한다.

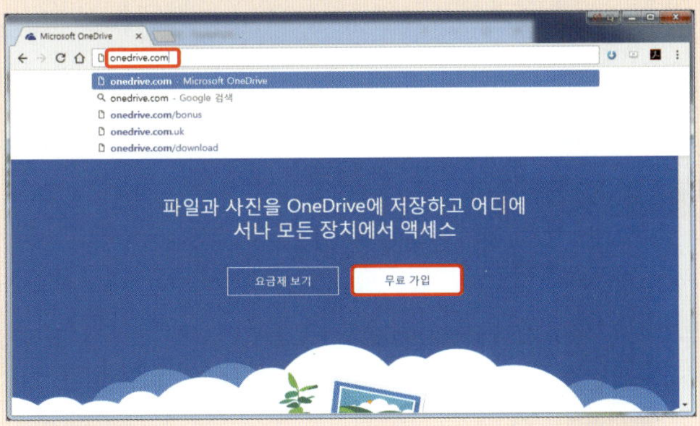

② [Microsoft 계정 만들기]를 선택하고 이메일 주소와 암호를 입력한 다음 [동의하고 계정 만들기]를 클릭한다.

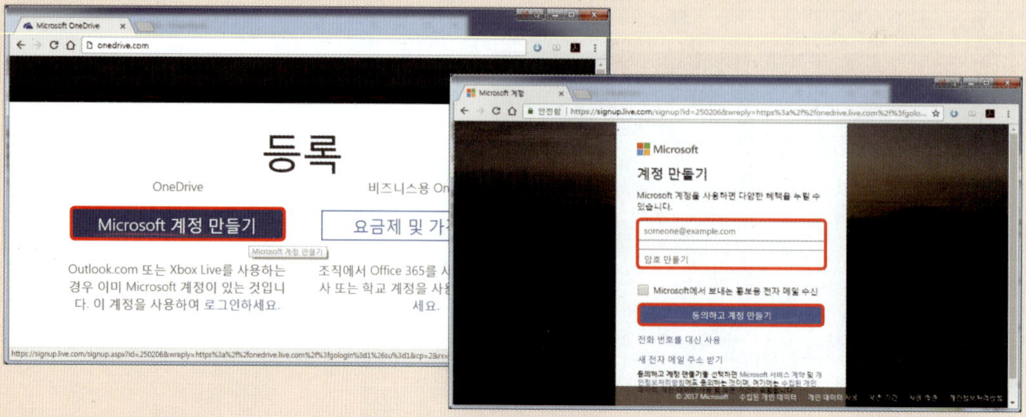

③ 계정을 설정하기 위한 개인 정보를 입력하고 보안 코드로 본인 인증을 마치면 클라우드 서비스를 시작할 수 있다.

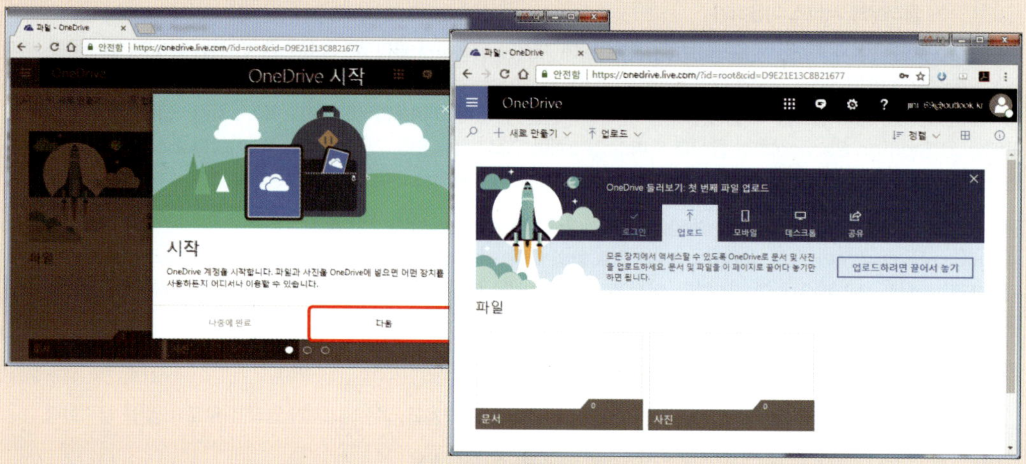

④ 계정을 만들었다면 엑셀이나 파워포인트와 같은 오피스 프로그램의 오른쪽 상단에 있는 [로그인]을 클릭해 등록한 계정으로 로그인한다. 그러면 작업 중인 문서를 원드라이브에 저장할 수 있다.

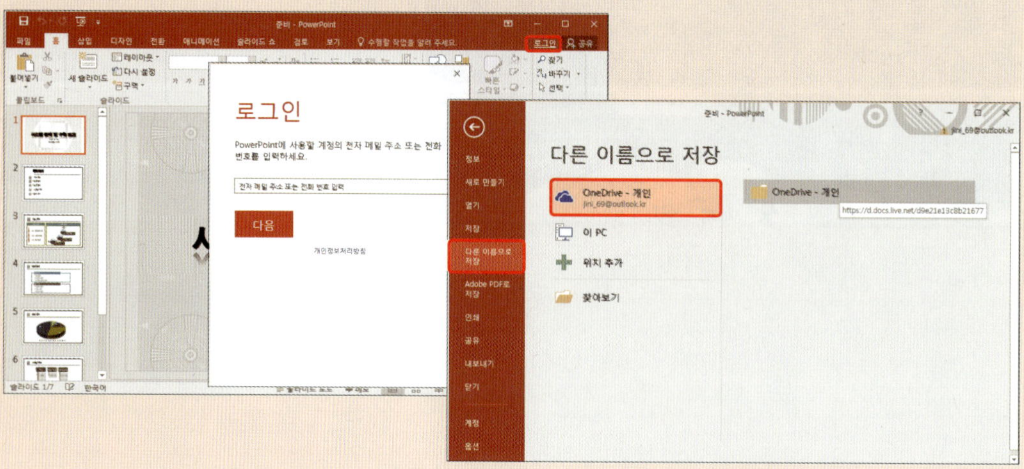

SECTION 02

인쇄 옵션 설정하기

프레젠테이션의 보조 자료로 청중에게 배포할 유인물을 준비할 때 슬라이드를 그대로 인쇄해도 되지만 필요한 슬라이드만 골라 인쇄하거나 유인물 형식으로 설정해 여러 슬라이드를 한 페이지에 인쇄할 수도 있다. 여러 가지 인쇄 옵션에 대해 알아본다.

2.1 인쇄 설정

[파일] 탭–[인쇄]를 선택해 [인쇄] 백스테이지에서 인쇄 환경을 설정하는 옵션을 선택할 수 있다. 인쇄할 범위와 인쇄 부수를 설정하고, 흑백이나 회색조 인쇄, 머리글 및 바닥글 편집 등의 옵션을 설정할 수 있으며, 인쇄될 모양을 미리 보기로 확인할 수 있다.

❶ 인쇄 부수 ❷ 인쇄하기 ❸ 프린터 설정
❹ 슬라이드 범위 선택 ❺ 인쇄 모양 선택 ❻ 단면/양면 선택
❼ 인쇄 순서 ❽ 인쇄 색상 선택 ❾ 머리글/바닥글 모양 선택

기본예제 12-6 인쇄 옵션을 설정하고 미리 보기로 확인하기

용도에 따라 슬라이드를 원하는 형태로 인쇄하기 위해 필요한 옵션을 설정하고 인쇄 미리 보기로 확인해 보자.

01 인쇄할 파일을 열고 [파일] 탭–[인쇄]를 선택한다.

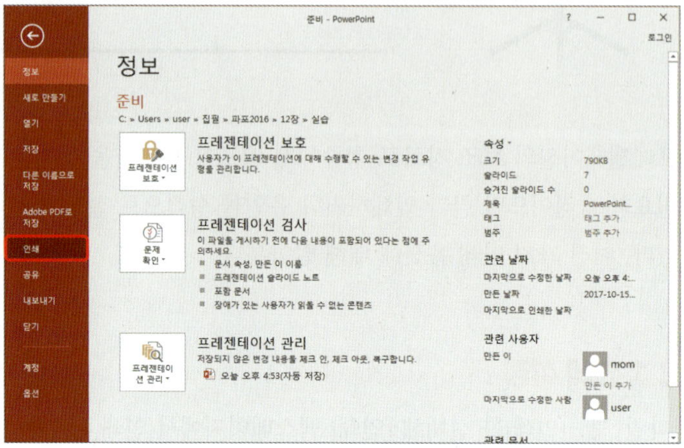

02 [설정]의 [전체 페이지 슬라이드]를 클릭해 목록을 열고 [유인물]의 [3슬라이드]를 선택한다.

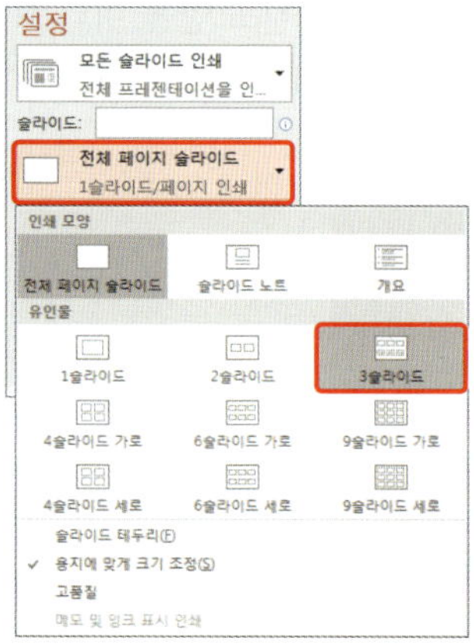

03 용지 방향은 [세로 방향]으로 설정하고, [컬러]를 클릭해 목록에서 [회색조]로 인쇄 색상을 변경한다.

TIP 흰색과 검정으로만 표현되는 [흑백]보다는 자연스러운 형태로 인쇄되는 [회색조]를 많이 사용한다.

04 [설정] 항목의 하단에서 [머리글 및 바닥글 편집]을 클릭한다. [머리글/바닥글] 대화상자의 [슬라이드] 탭에서 [날짜 및 시간], [슬라이드 번호], [제목 슬라이드에는 표시 안 함]을 선택하고 [모두 적용]을 클릭한다.

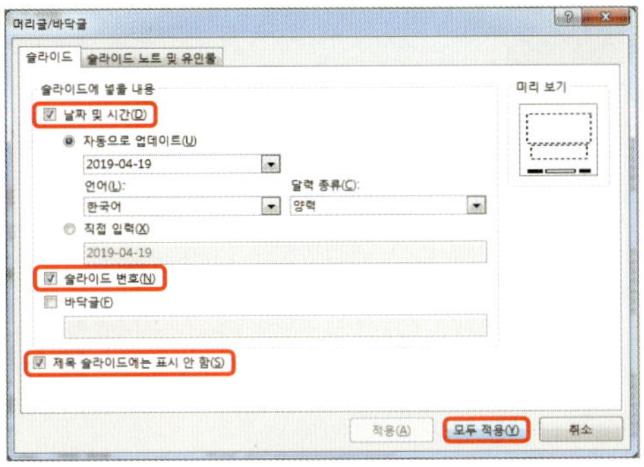

05 설정한 인쇄 모양을 미리 보기 화면에서 확인하고 프린터 연결 상태도 확인한다. [복사본]에 인쇄 부수를 입력하고 [인쇄]를 클릭하면 설정한 모양대로 유인물이 인쇄된다.

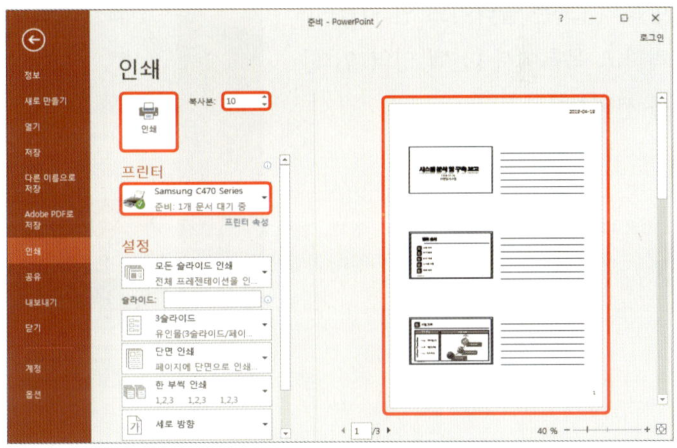

기본예제 12-7 원하는 범위의 슬라이드만 인쇄하기

모든 슬라이드를 인쇄하지 않고 필요한 슬라이드만 지정해 인쇄해 보자.

01 작업 표시줄에서 [여러 슬라이드] 단추를 클릭해 전체 슬라이드를 표시하고, Shift를 누른 채 슬라이드 3, 4, 6을 클릭해 선택한다.

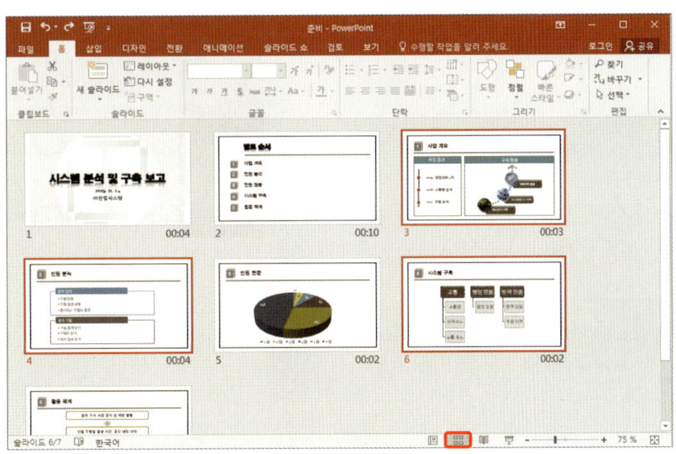

02 [파일] 탭-[인쇄]를 선택한다.

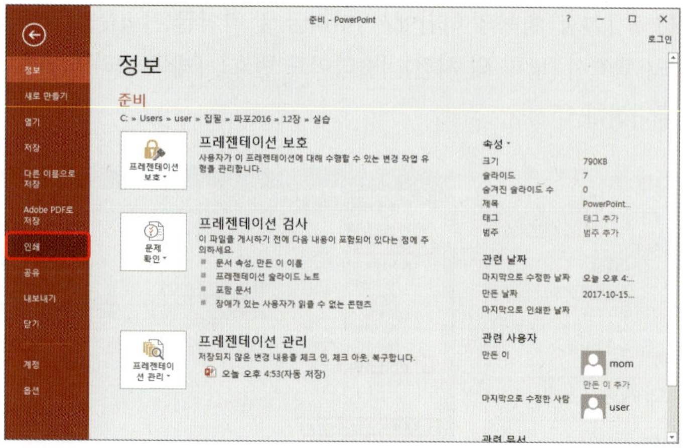

03 [인쇄] 백스테이지에서 [설정] 항목의 [모든 슬라이드 인쇄]를 클릭하고 목록에서 [선택 영역 인쇄]를 선택한다.

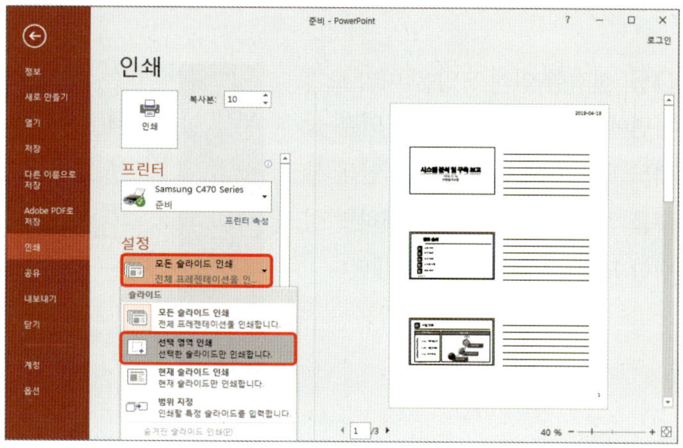

04 선택한 세 개의 슬라이드의 인쇄 모양을 미리 보기에서 확인한다. 이번에는 [선택 영역 인쇄]를 클릭하고 목록에서 [범위 지정]을 선택한다.

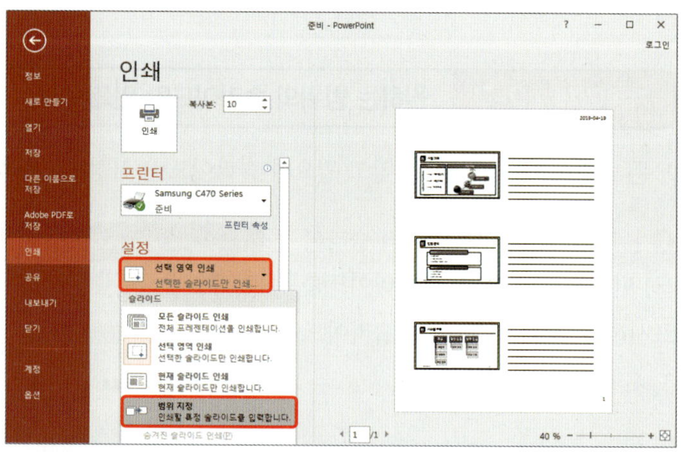

05 [슬라이드] 입력란에 *2, 5-7*을 직접 입력하고 미리 보기에서 슬라이드 범위를 확인한다.

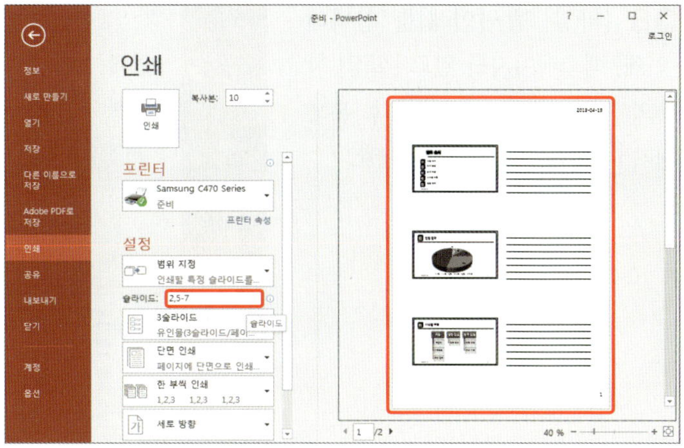

TIP 입력한 값에 따라 슬라이드 2와 5, 6, 7이 인쇄 범위로 설정된다.

06 구역을 설정하고 해당 구역만 인쇄할 수도 있다. [여러 슬라이드] 보기에서 슬라이드 3을 선택하고 [홈] 탭-[슬라이드] 그룹-[구역]-[구역 추가]를 선택한다.

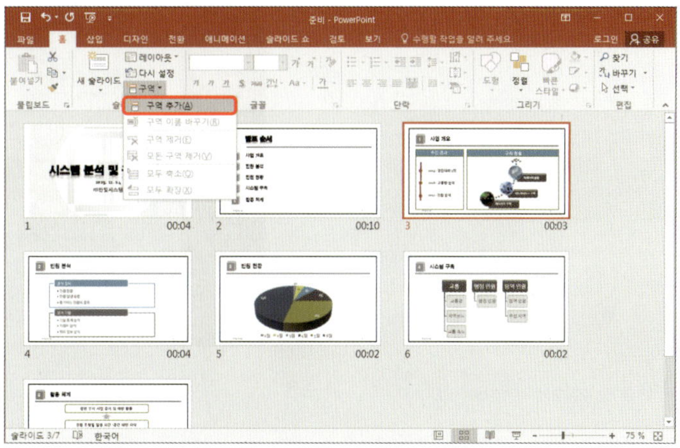

07 두 번째 구역을 마우스 오른쪽 단추로 클릭해 [구역 이름 바꾸기]를 선택하고, [구역 이름 바꾸기] 대화상자에서 [구역 이름]에 *본론*이라고 입력한 후 [이름 바꾸기]를 클릭한다.

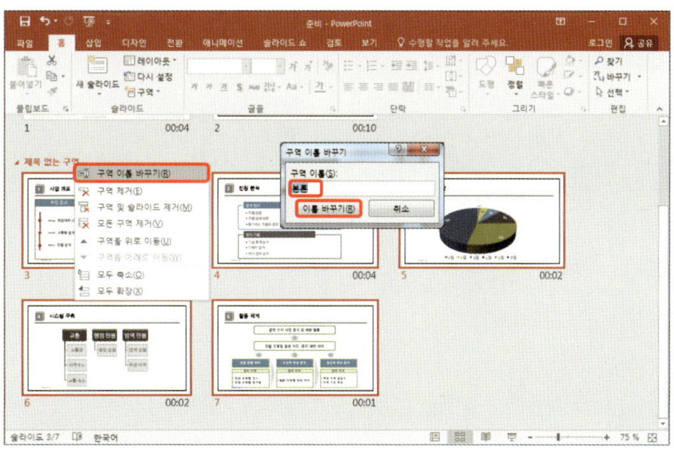

08 [파일] 탭-[인쇄]를 선택해 [인쇄] 백스테이지를 열고 [설정] 항목의 [범위 지정]을 클릭한 후 목록에서 [구역]의 [본론]을 선택한다.

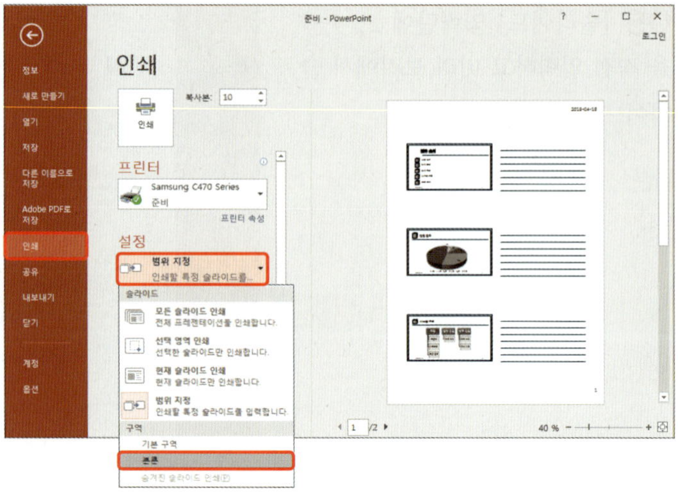

09 '본론' 구역이 인쇄 범위로 지정된다. 미리 보기에서 슬라이드의 모양을 확인할 수 있다.

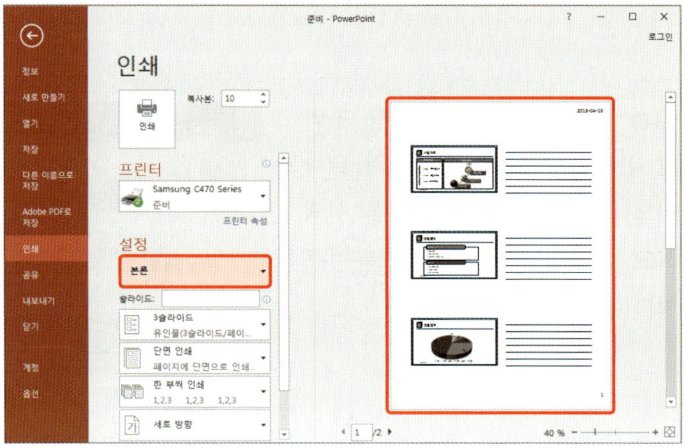

종합예제

CHAPTER 11의 종합예제에서는 실행 설정을 이용해 슬라이드를 보고 돌아가는 기능을 만들어 보았다. 목차에서 해당 내용에 대한 각 슬라이드로 이동한 후 실행 단추를 클릭하면 다시 목차로 돌아가도록 링크를 설정했다. 그런데 실행 단추 대신 슬라이드 쇼 재구성을 이용할 수도 있다. 보고 돌아갈 슬라이드마다 실행 단추를 만들어 일일이 클릭하지 않고도 발표할 스토리에 알맞게 쇼를 재구성해서 슬라이드를 자연스럽게 이동할 수 있다.

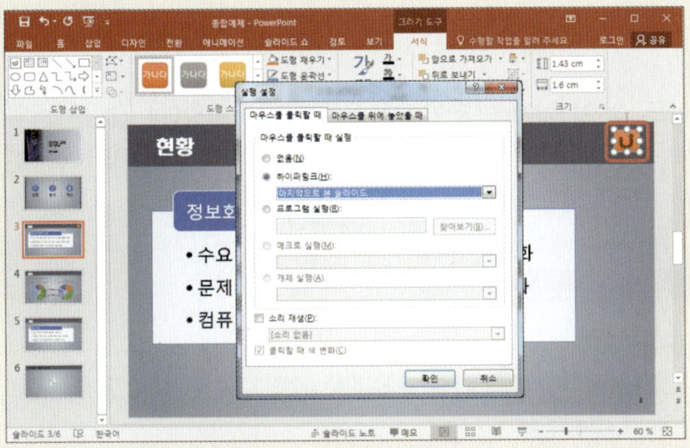

▲ CHAPTER 11의 종합예제에서 실행 단추를 이용해 [마지막으로 본 슬라이드]로 이동하는 화면

목차와 관련 있는 슬라이드로 쇼를 재구성해 두고, 목차 슬라이드에서 하이퍼링크로 재구성한 쇼가 연결되도록 해 보자.

1 '종합12.pptx' 파일을 열고 [슬라이드 쇼] 탭–[슬라이드 쇼 시작] 그룹–[슬라이드 쇼 재구성]–[쇼 재구성]을 선택한다.

2 [쇼 재구성] 대화상자가 열리면 [새로 만들기]를 클릭한다.

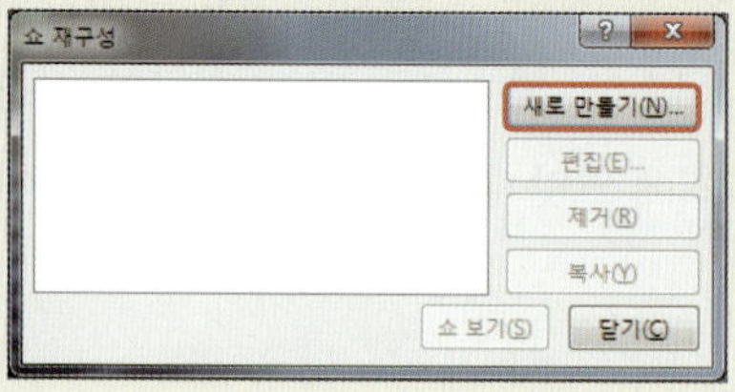

3 [쇼 재구성하기] 대화상자가 열리면 [슬라이드 쇼 이름]에 *현황*이라고 입력한다. '현황(1)' 슬라이드와 '현황(2)' 슬라이드를 선택하고 [추가]를 클릭해 [재구성한 쇼에 있는 슬라이드] 목록에 추가한 후 [확인]을 클릭한다.

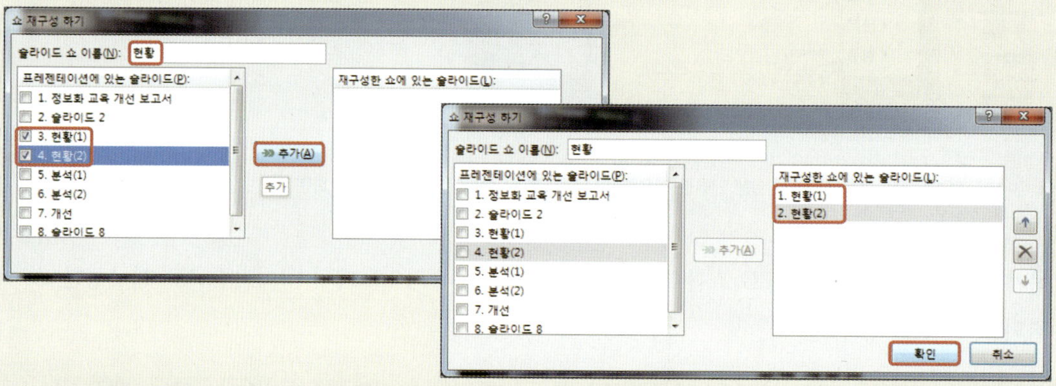

4 [쇼 재구성] 대화상자에서 [새로 만들기]를 클릭해 [쇼 재구성하기] 대화상자가 열리면 [슬라이드 쇼 이름]에 *분석*이라고 입력한다. '분석(1)' 슬라이드와 '분석(2)' 슬라이드를 선택하고 [추가]를 클릭해 [재구성한 쇼에 있는 슬라이드] 목록에 추가한 후 [확인]을 클릭한다.

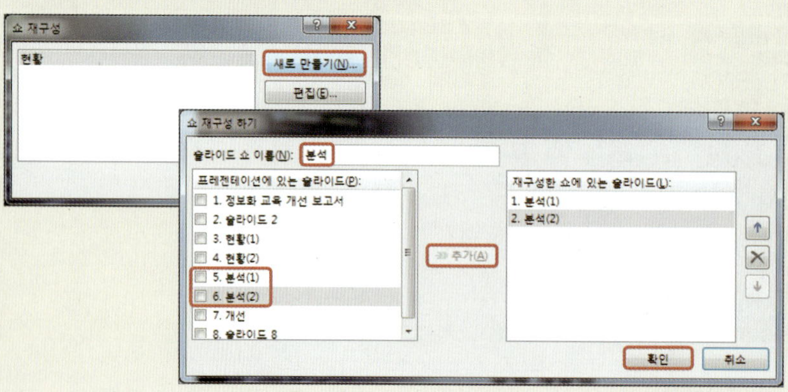

5 단계 04와 같은 방법으로 *개선*이라는 이름으로 '개선' 슬라이드를 목록에 추가해 재구성한 쇼를 만든다.

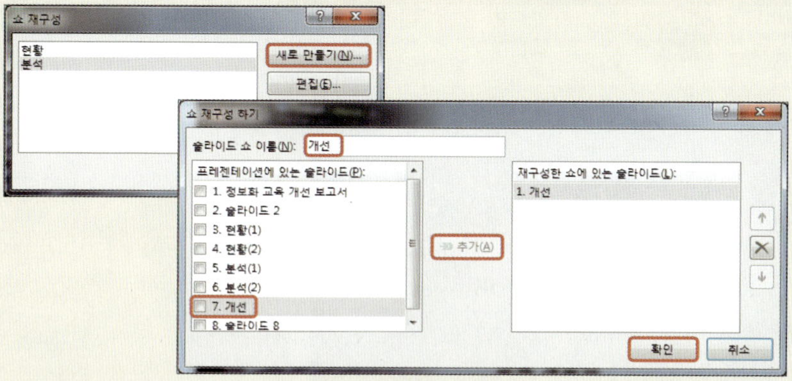

6 [쇼 재구성] 대화상자를 닫고 목차가 있는 슬라이드 2로 이동한다.

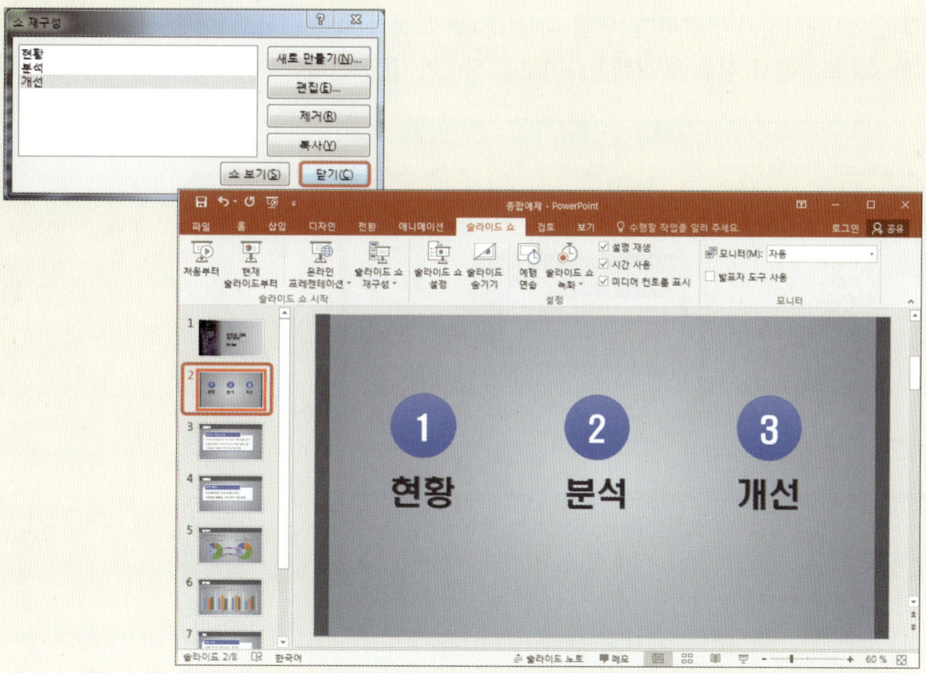

7 첫 번째 원 도형을 선택하고 [삽입] 탭–[링크] 그룹–[하이퍼링크]를 클릭한다.

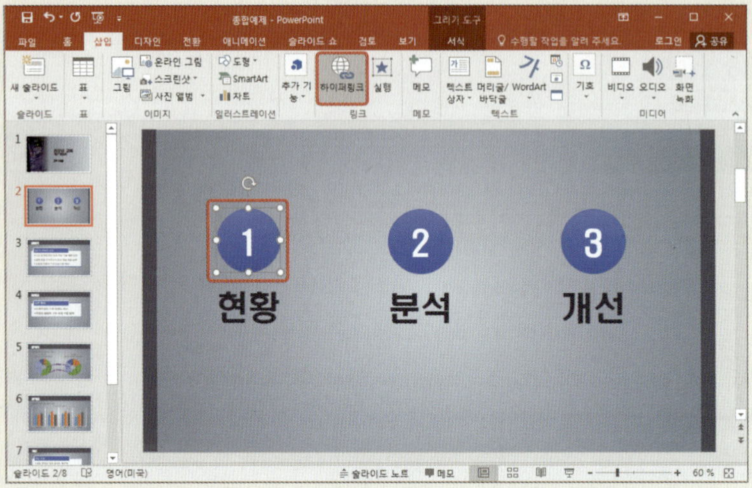

8 [하이퍼링크 삽입] 대화상자가 열리면 [연결 대상]을 [현재 문서]로 선택하고 [이 문서에서 위치 선택]의 [재구성한 쇼] 목록에서 '현황'을 선택한다. [보고 돌아가기]를 선택한 후 [확인]을 클릭한다.

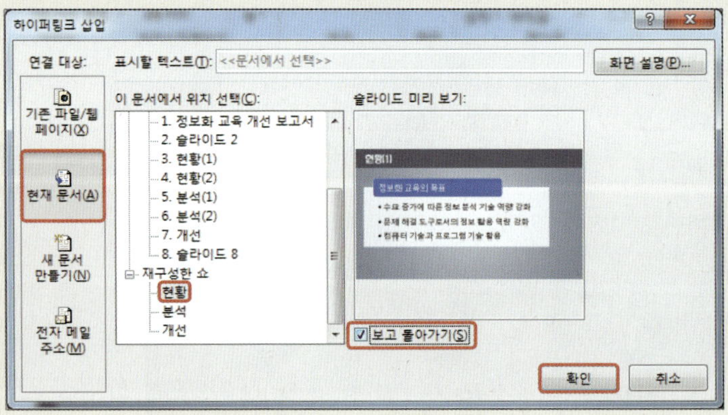

9 두 번째 원 도형을 선택하고 [삽입] 탭–[링크] 그룹–[하이퍼링크]를 클릭한다.

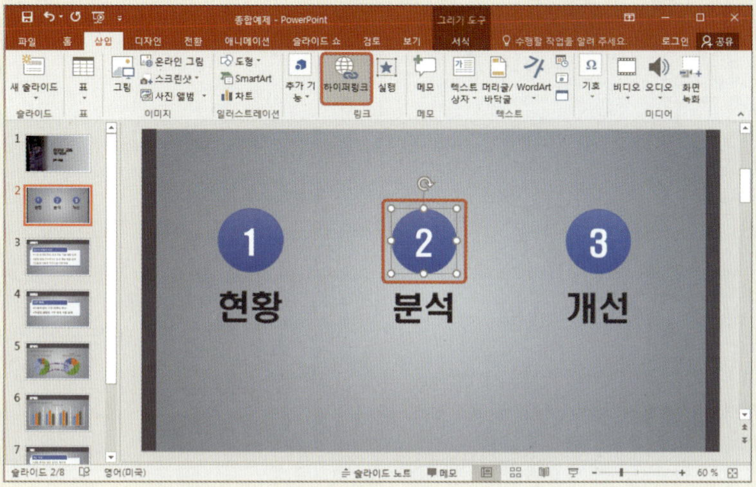

10 [하이퍼링크 삽입] 대화상자가 열리면 [연결 대상]을 [현재 문서]로 선택하고 [이 문서에서 위치 선택]의 [재구성한 쇼] 목록에서 '분석'을 선택한다. [보고 돌아가기]를 선택한 후 [확인]을 클릭한다.

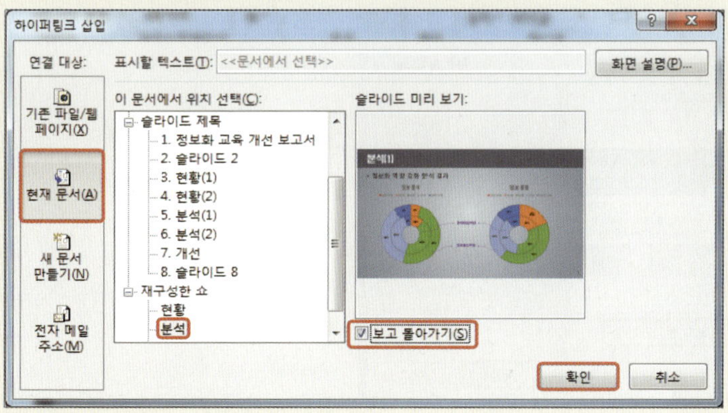

11 세 번째 원 도형을 선택하고 [삽입] 탭-[링크] 그룹-[하이퍼링크]를 클릭한다.

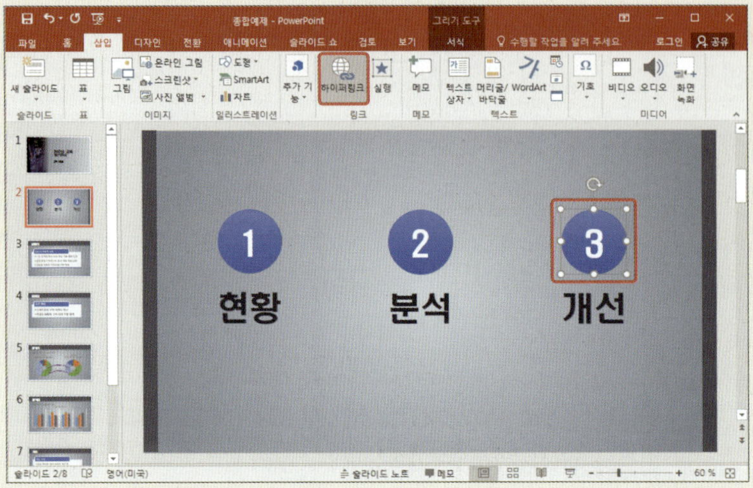

12 [하이퍼링크 삽입] 대화상자가 열리면 [연결 대상]을 [현재 문서]로 선택하고 [이 문서에서 위치 선택]의 [재구성한 쇼] 목록에서 '개선'을 선택한다. [보고 돌아가기]를 선택한 후 [확인]을 클릭한다.

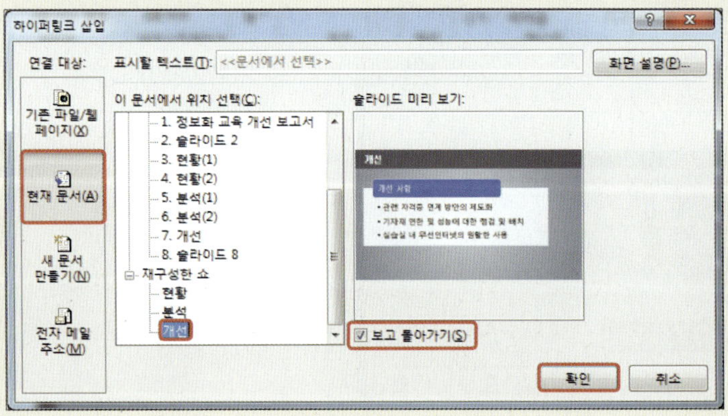

13 작업 표시줄에서 [읽기용 보기]를 클릭해 슬라이드 쇼를 진행한다. 하이퍼링크를 설정한 도형들을 각각 클릭해 보면 목차 슬라이드에서 각 주제와 관련된 슬라이드로 이동한 후 다시 목차로 돌아가는 것을 확인할 수 있다.

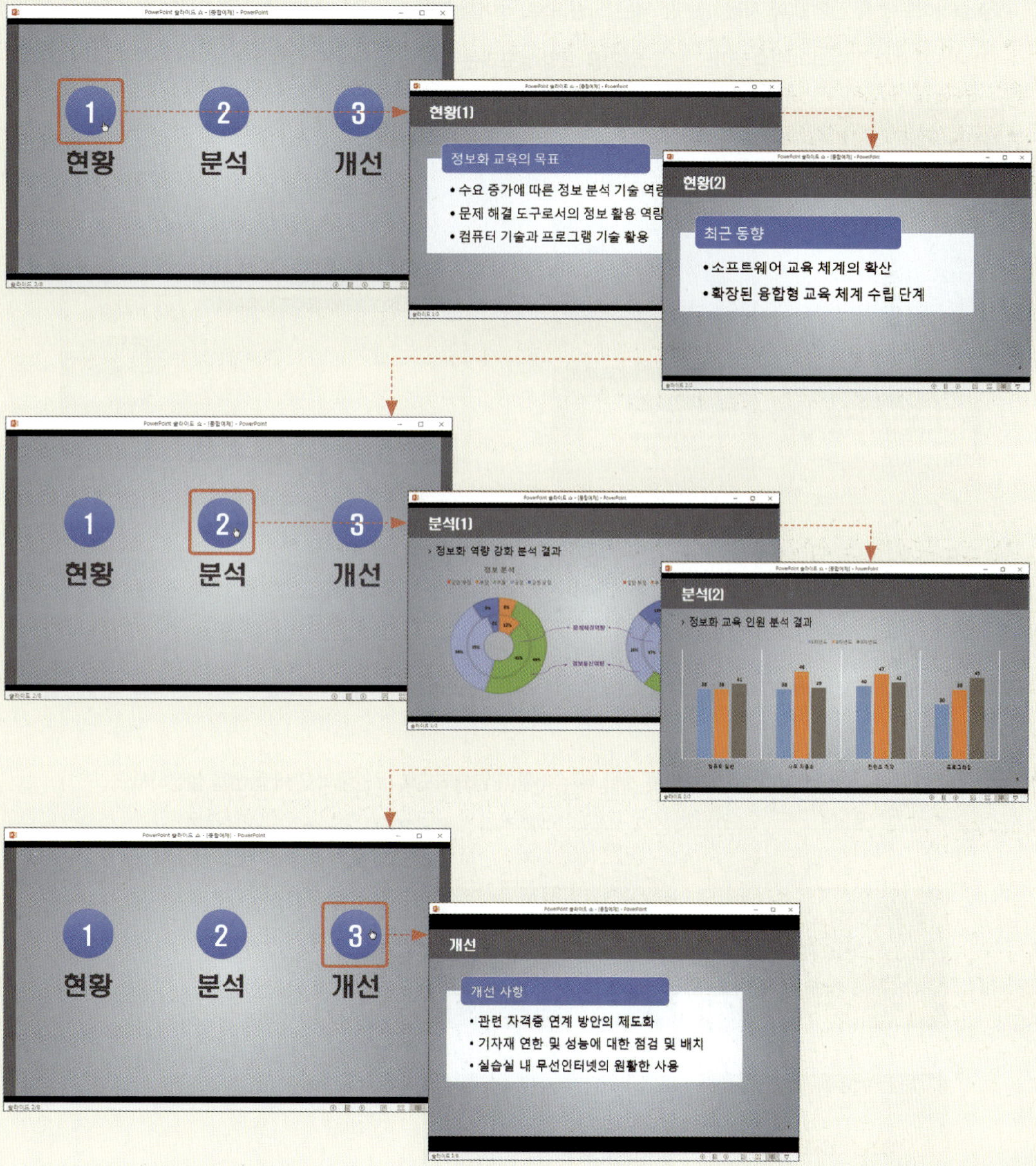

연습문제

1 '연습12.pptx' 파일을 이용해 다음과 같이 슬라이드 쇼를 설정하시오.

❶ 모든 슬라이드의 화면 전환 시간을 5초로 설정하고, 슬라이드 쇼를 설정된 시간을 사용해 [〈Esc〉 키를 누를 때까지 계속 실행]되도록 슬라이드 쇼의 옵션을 설정하시오.

❷ 슬라이드 쇼를 진행할 때 사용하는 펜 색은 [노랑]으로, 레이저 포인터 색은 [녹색]으로 설정하시오.

❸ 번호가 홀수인 슬라이드(슬라이드 1, 3, 5, 7)를 요약 발표라는 이름의 쇼로 재구성하시오.

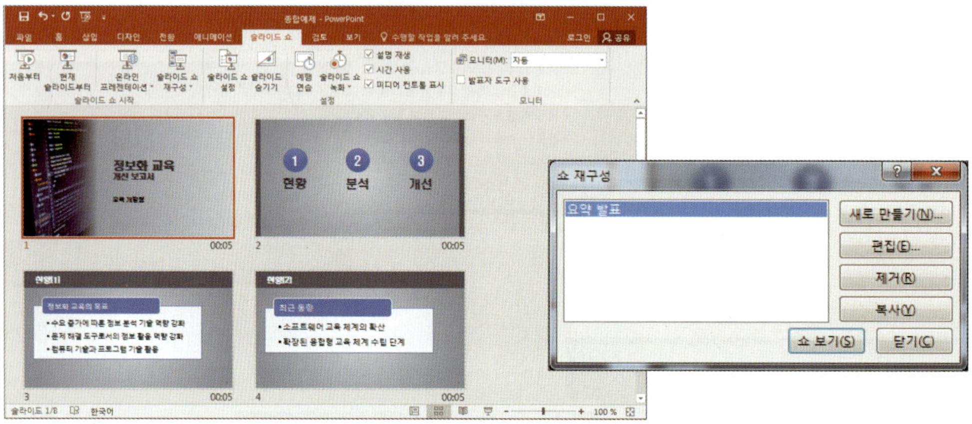

2 '연습12.pptx' 파일을 이용해 그림과 같이 슬라이드를 인쇄하도록 조건에 맞게 인쇄 옵션을 설정하시오.

❶ 슬라이드 1과 2, 슬라이드 5와 6을 인쇄할 범위로 하고, 슬라이드 네 개가 가로 방향으로 인쇄되도록 옵션을 설정하시오.

❷ 각 페이지에 날짜 및 시간, 페이지 번호, 개발 부서 이름이 인쇄되도록 유인물의 인쇄 옵션을 설정하시오.

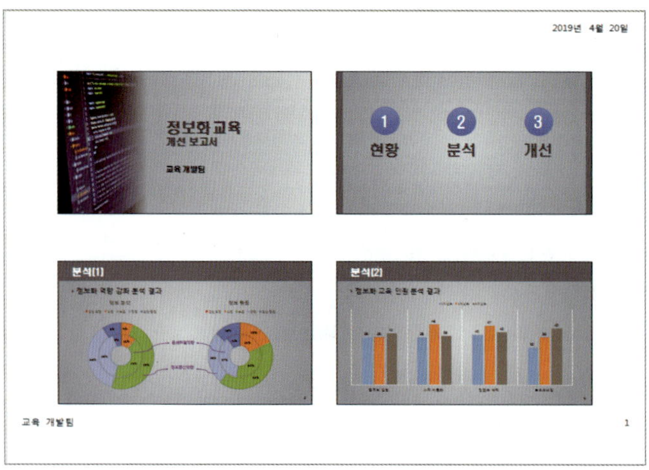

CHAPTER 13

마스터 활용

학습목표

- 슬라이드 마스터를 만들고 활용할 수 있다.
- 유인물 마스터를 활용해 원하는 모양의 유인물을 만들 수 있다.

SECTION 01 슬라이드 마스터 활용하기

발표할 슬라이드를 제작할 때 각 슬라이드마다 다른 모양으로 서식이나 레이아웃을 디자인할 수도 있지만, 그렇게 하면 작업 시간이 오래 걸려 효율적이지 않을 뿐 아니라 결과물의 일관성도 떨어져 역효과가 날 수 있다. 많은 양의 슬라이드를 제작하거나 회사에서 사용하는 대표 색상이나 로고를 프레젠테이션에 공통으로 사용해야 하는 경우, 슬라이드 마스터를 활용하면 작업의 효율성을 높이고 슬라이드를 일관된 형태로 표현할 수 있다.

1.1 슬라이드 마스터와 레이아웃

식빵을 구울 때 빵 틀을 먼저 만들고 원하는 재료를 틀에 넣어 구우면 재료에 따라 우유식빵, 곡물식빵, 초코식빵 등 여러 종류의 식빵을 비슷한 모양으로 만들 수 있다. 우리가 일상에서 흔히 볼 수 있는 이런 틀은 같은 모양으로 많은 양의 작업을 할 때 아주 유용하다.

슬라이드 마스터는 슬라이드를 같은 모양으로 만들기 위해 사용하는 틀이라고 할 수 있다. 배경 서식, 도형, 글꼴 등 슬라이드에 공통으로 사용하는 개체를 몇 가지 레이아웃으로 배치해 두고, 내용만 바꾸어 여러 장의 슬라이드로 만들 수 있도록 한다.

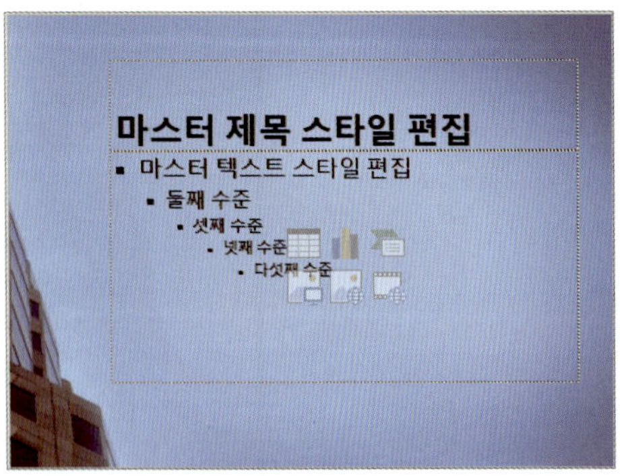

▲ 슬라이드 마스터 레이아웃 1

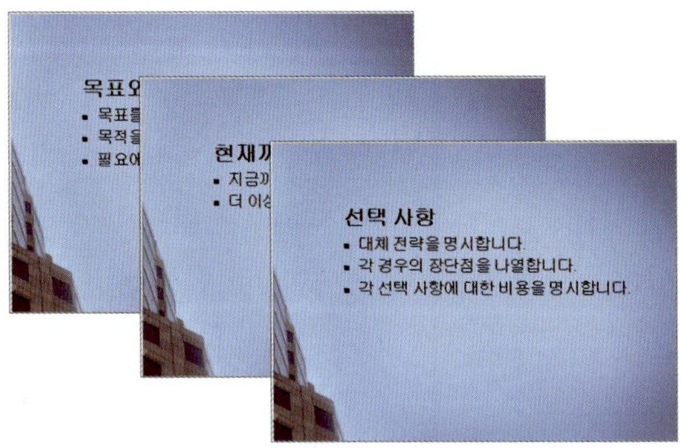

▲ 슬라이드 1, 슬라이드 2, 슬라이드 3

하나의 슬라이드 마스터는 여러 종류의 레이아웃으로 구성되는데, 이는 하나의 팀이 각자의 역할을 가진 팀원 여러 명으로 구성되는 것과 같다. 레이아웃은 제목 슬라이드 레이아웃, 제목 및 내용 레이아웃, 빈 화면 레이아웃 등의 이름으로, 용도에 따라 개체 틀의 배치나 서식을 다르게 설정하여 슬라이드 마스터 하위에 만들어 둔다.

작성한 슬라이드 마스터를 테마 파일 형식으로 저장해 두면 새 프레젠테이션을 만들 때 파워포인트에서 제공하는 여러 가지 디자인 테마처럼 사용할 수도 있다.

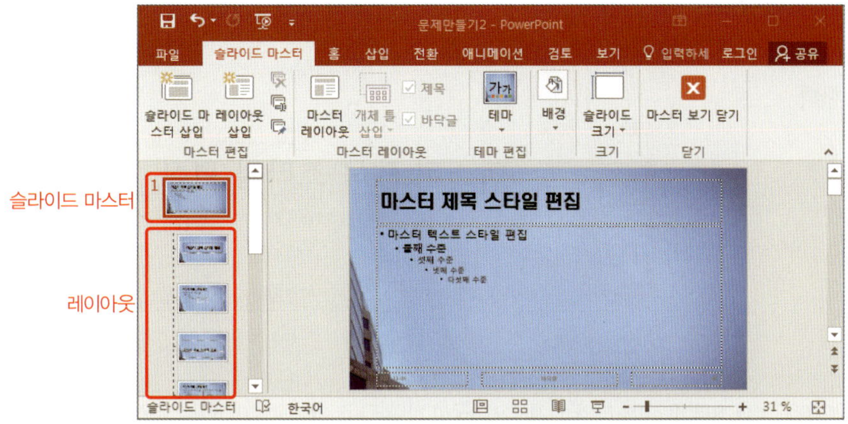

> **TIP** 하나의 프레젠테이션 파일 안에서 여러 개의 슬라이드 마스터를 사용할 수도 있다.

기본예제 13-1 슬라이드 마스터와 레이아웃 추가, 삭제하기

슬라이드 마스터 도구를 사용해 슬라이드 마스터와 레이아웃을 만드는 기본 사용 방법을 알아보자.

01 파워포인트를 실행하고 새 프레젠테이션을 만든 후 [보기] 탭–[마스터 보기] 그룹–[슬라이드 마스터]를 클릭한다.

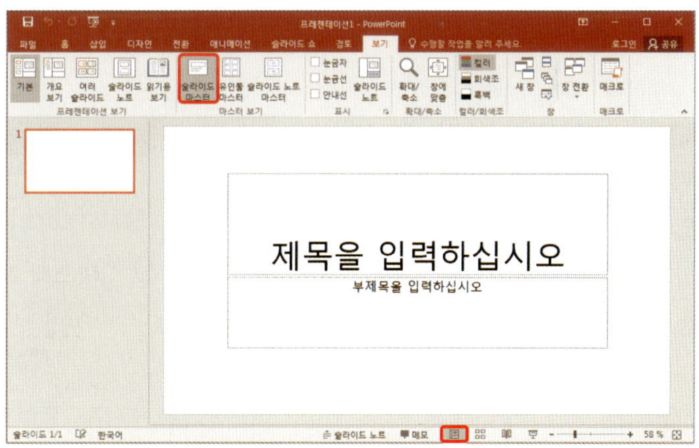

> **TIP** 작업 표시줄에서 [기본] 단추와 Shift를 함께 눌러도 슬라이드 마스터 보기를 실행할 수 있다.

02 [제목 슬라이드] 레이아웃과 [제목 및 내용] 레이아웃을 제외한 나머지 레이아웃을 모두 선택하고 [슬라이드 마스터] 탭-[마스터 편집] 그룹-[삭제]를 클릭한다.

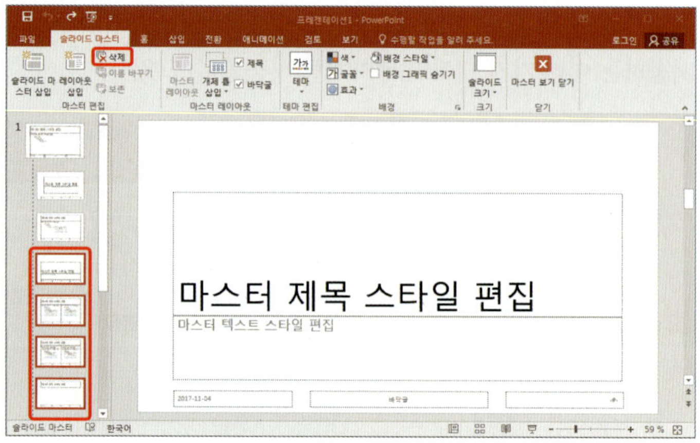

TIP 기본으로 제공되는 'Office 테마 슬라이드 마스터'와 11개 레이아웃이 하위에 나타난다. 레이아웃에 마우스를 위치시키면 레이아웃 이름과 해당 레이아웃을 사용하는 슬라이드 번호를 알 수 있다. 이때 사용 중인 슬라이드가 있는 레이아웃은 삭제할 수 없다.

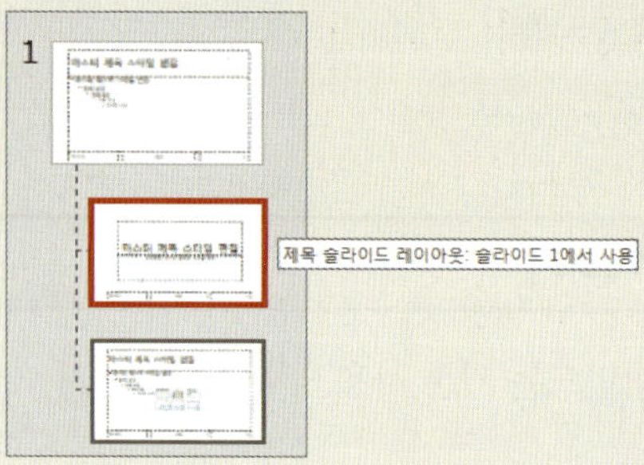

03 [슬라이드 마스터] 탭-[마스터 편집] 그룹-[레이아웃 삽입]을 클릭해 레이아웃을 추가한다.

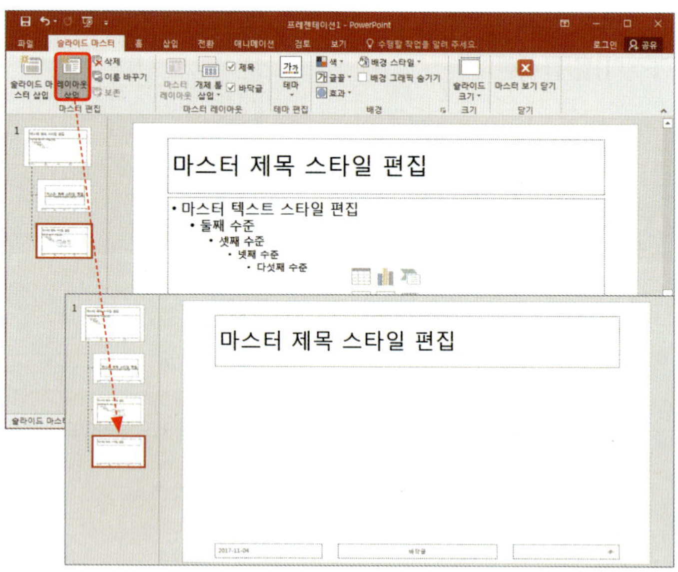

TIP [슬라이드 마스터 삽입]을 클릭하면 새로운 슬라이드 마스터와 레이아웃 그룹이 만들어진다.

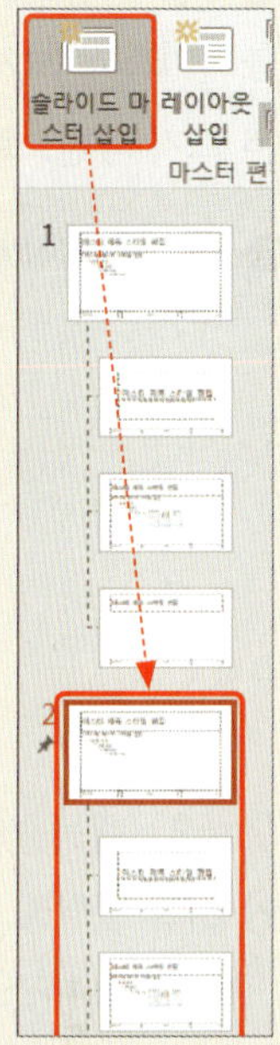

04 추가한 레이아웃을 선택하고 [슬라이드 마스터] 탭–[마스터 편집] 그룹–[이름 바꾸기]를 클릭한다. [레이아웃 이름 바꾸기] 대화상자의 [레이아웃 이름]에 *제목만*이라고 입력하고 [이름 바꾸기]를 클릭한다.

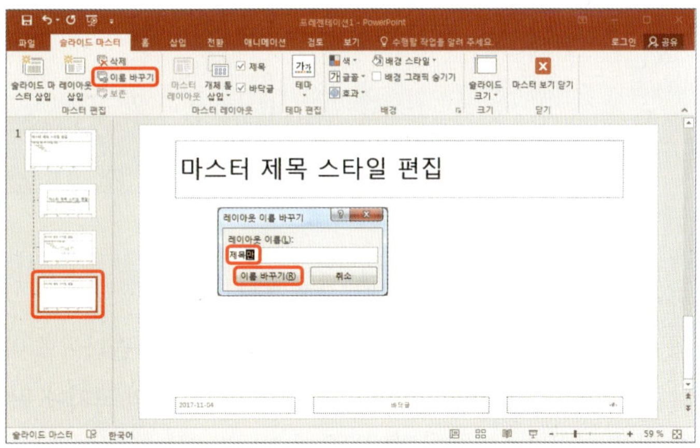

05 슬라이드 마스터를 선택하고 단계 **04**를 반복하여 이름을 *제안서*로 변경한다.

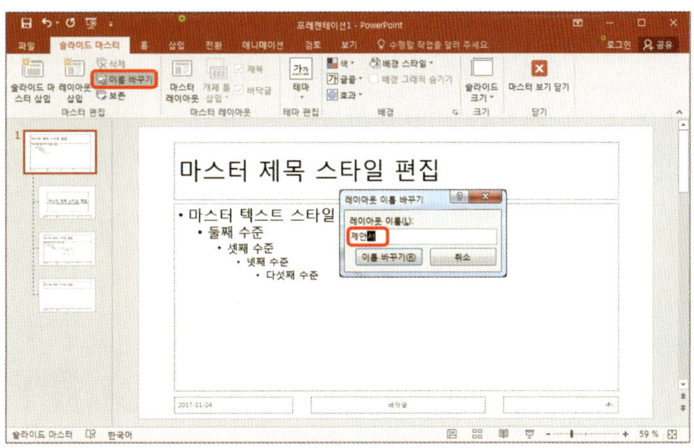

06 [슬라이드 마스터] 탭–[닫기] 그룹–[마스터 보기 닫기]를 클릭해 기본 보기 화면으로 돌아간다.

TIP 작업 표시줄에서 [기본] 단추를 클릭해도 된다.

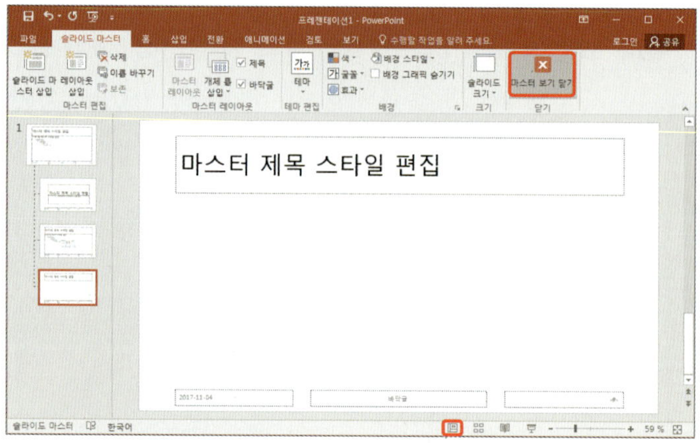

07 [홈] 탭–[슬라이드] 그룹–[레이아웃]을 클릭해 보면 이름을 변경한 슬라이드 마스터와 레이아웃이 표시된다.

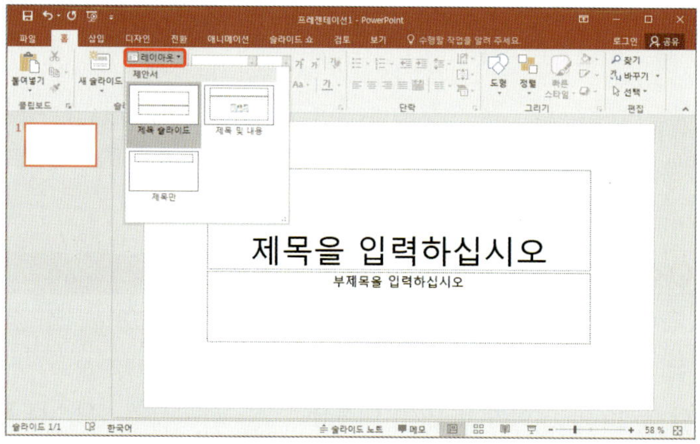

1.2 슬라이드 마스터와 레이아웃 편집

제목 슬라이드 레이아웃, 제목 및 내용 레이아웃 등 슬라이드 마스터를 구성하는 각 레이아웃은 텍스트나 그림 등의 개체 틀로 구성되어 있고, 이 개체 틀의 크기나 위치 또는 서식을 원하는 모양으로 설정할 수 있다. 마찬가지로 여러 레이아웃의 상위에 있는 슬라이드 마스터의 개체 틀과 서식 설정도 변경할 수 있다. 이때 슬라이드 마스터를 편집하면 하위의 모든 레이아웃에 영향을 주게 된다.

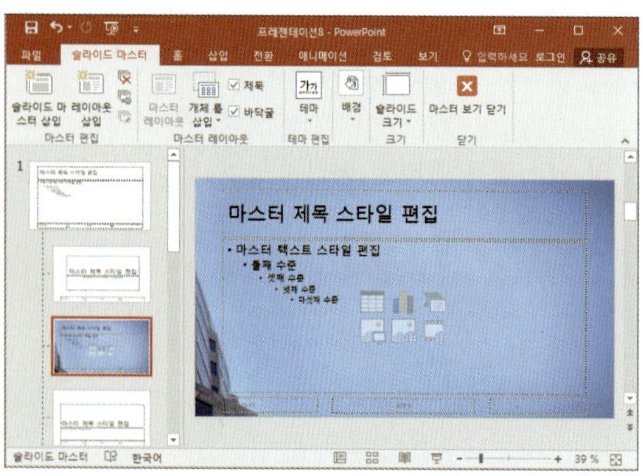

▲ [제목 및 내용] 레이아웃에 배경 서식을 설정한 경우

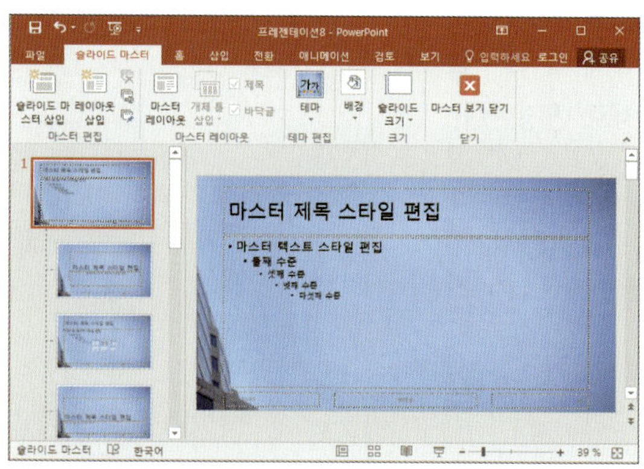

▲ [슬라이드 마스터]에 배경 서식을 설정한 경우

모든 레이아웃에 동일한 모양으로 사용해야 하는 글꼴, 도형, 배경 서식 등이 있다면 슬라이드 마스터에서 편집하고, 그 외의 경우는 해당 레이아웃을 선택한 뒤 개별적으로 서식을 설정하는 것이 좋다.

기본예제 13-2 슬라이드 마스터 편집하기

일반적인 슬라이드 편집과 같이 슬라이드 마스터에도 배경이나 글꼴 등의 서식을 설정할 수 있다. 슬라이드 마스터를 이용해 전체 레이아웃에 공통으로 설정할 모양을 만들어 보자.

01 화면 하단의 작업 표시줄에서 Shift를 누른 채 [기본] 단추를 클릭해 슬라이드 마스터 보기로 화면을 전환하고, 맨 위에 있는 슬라이드 마스터를 선택한다.

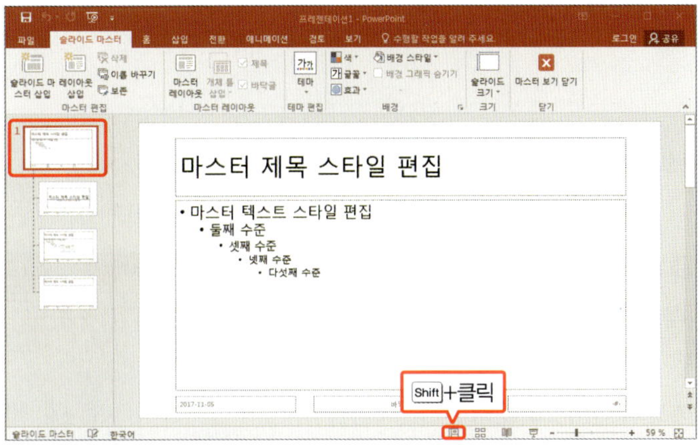

02 마우스 오른쪽 단추로 슬라이드 마스터를 클릭하고 [배경 서식]을 선택해 [배경 서식] 작업 창을 연다.

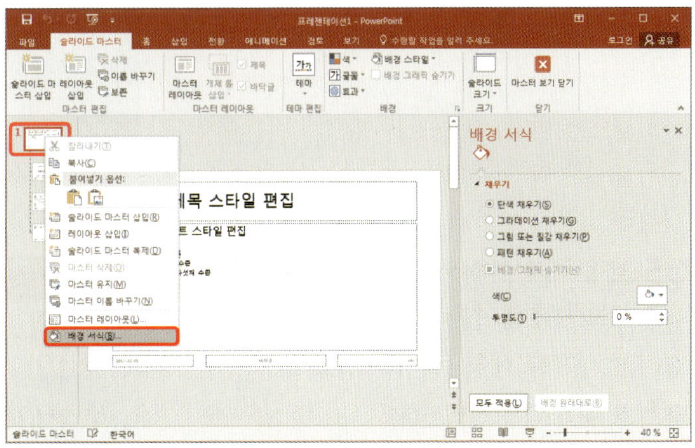

TIP [슬라이드 마스터] 탭–[배경] 그룹–[배경 스타일] 목록에서 [배경 서식]을 선택해도 된다.

03 [배경 서식] 작업 창의 [채우기] 탭–[채우기] 항목에서 [그림 또는 질감 채우기]를 선택하고 [파일]을 클릭해 [그림 삽입] 대화상자가 열리면 그림을 선택하고 [삽입]을 클릭한다.

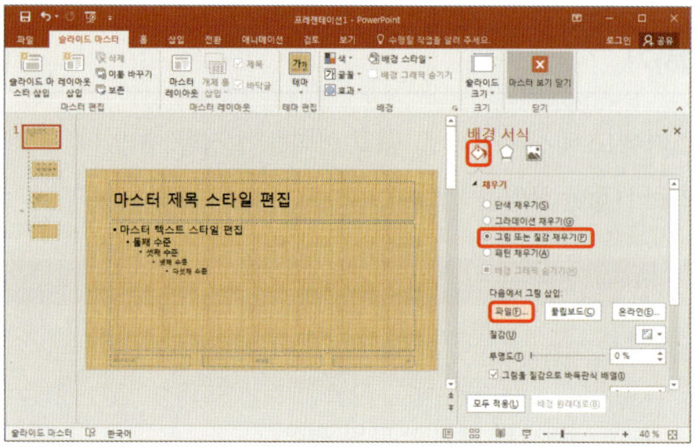

04 [배경 서식] 작업 창을 닫고 제목 개체 틀을 선택한다. [홈] 탭–[글꼴] 그룹에서 [글꼴]은 [HY헤드라인M]으로, [글꼴 크기]는 [40]으로 설정한다.

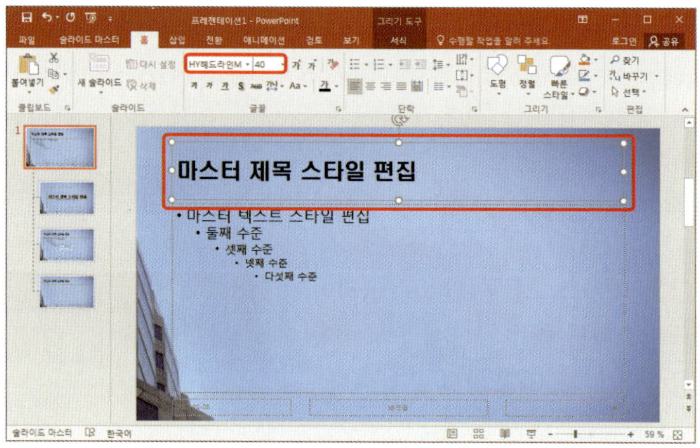

05 내용 개체 틀의 첫 단락에 커서를 두고 [홈] 탭–[단락] 그룹–[번호 매기기] 목록에서 [글머리 기호 및 번호 매기기]를 선택한다.

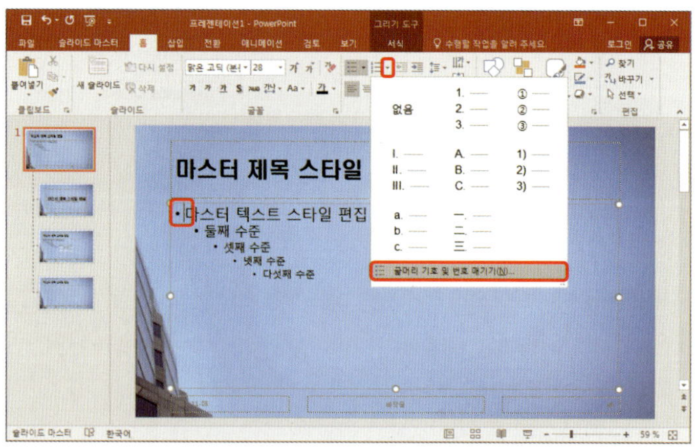

06 [글머리 기호 및 번호 매기기] 대화상자의 [번호 매기기] 탭에서 [1) 2) 3)]을 선택하고 [텍스트 크기]는 [90%], [색]은 [검정, 텍스트 1, 35% 더 밝게]로 설정한 후 [확인]을 클릭한다.

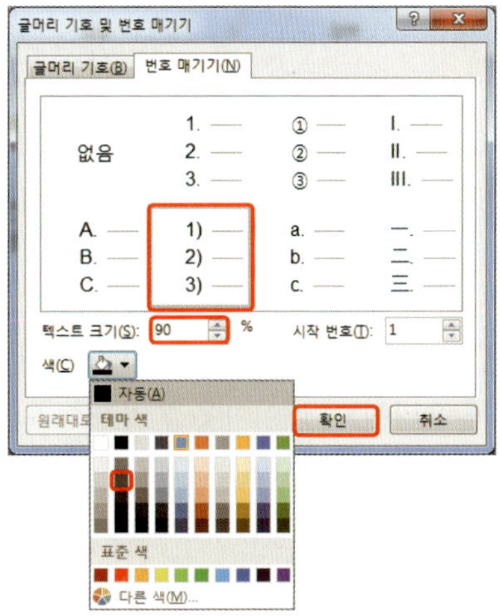

07 내용 개체 틀의 나머지 단락을 모두 선택하고 [홈] 탭–[단락] 그룹–[글머리 기호] 목록에서 [글머리 기호 및 번호 매기기]를 선택한다. [글머리 기호 및 번호 매기기] 대화상자의 [글머리 기호] 탭에서 [색]을 [검정, 텍스트 1, 35% 더 밝게]로 설정하고 [확인]을 클릭한다.

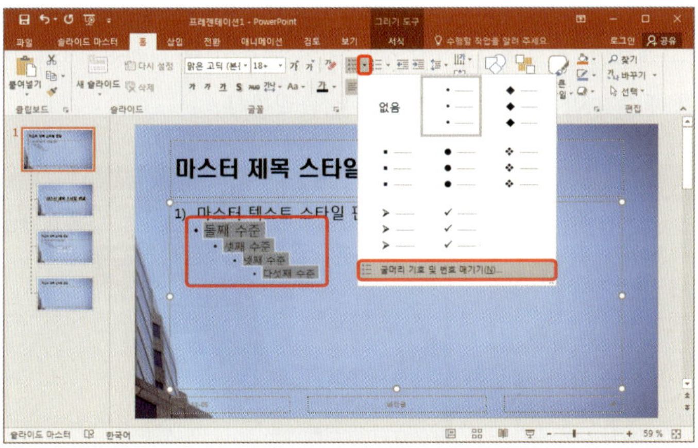

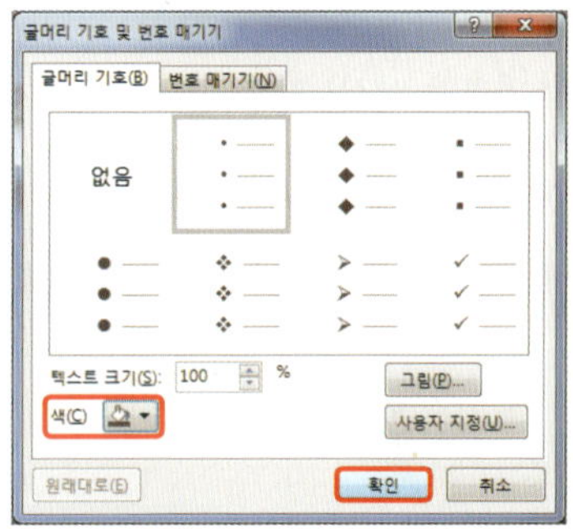

TIP 설정을 마치면 슬라이드 마스터 하위에 있는 다른 레이아웃에도 설정이 적용되어 제목 글꼴이나 글머리 기호 모양 등이 변경된다.

기본예제 13-3 레이아웃 편집과 개체 틀 삽입하기

슬라이드 마스터를 구성하는 레이아웃은 표지나 목차 슬라이드, 그림이나 차트를 보여주는 슬라이드 등 용도에 따라 다양한 개체 틀을 배치하고 서식을 설정하게 된다. 레이아웃에 개체 틀을 삽입하거나 서식을 설정해 보자.

01 슬라이드 마스터 보기에서 [제목 슬라이드] 레이아웃을 마우스 오른쪽 단추로 클릭하고 [배경 서식]을 선택한다.

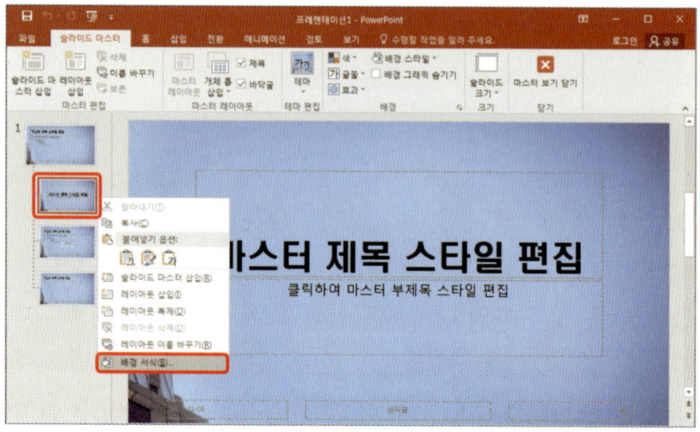

02 [배경 서식] 작업 창의 [채우기] 탭–[채우기] 항목에서 [그림 또는 질감 채우기]를 선택하고 [파일]을 클릭해 [그림 삽입] 대화상자가 열리면 배경 그림을 선택한 후 [삽입]을 클릭한다.

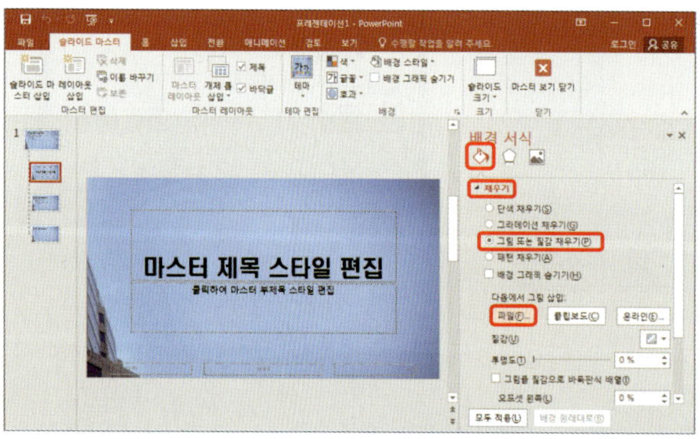

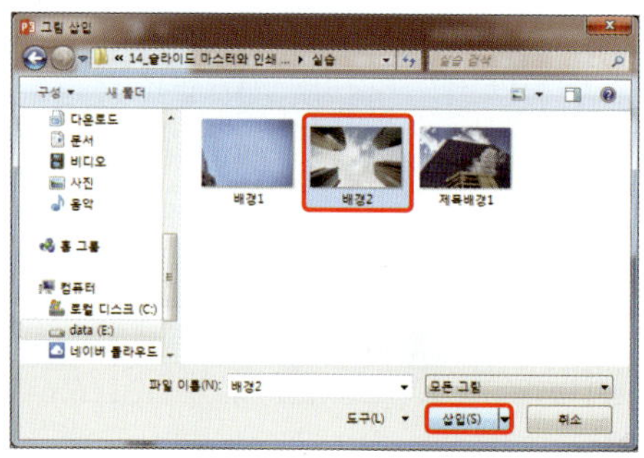

03 [삽입] 탭–[일러스트레이션] 그룹–[도형] 목록에서 [직사각형]을 선택해 제목과 부제목을 덮을 크기로 직사각형을 삽입한 뒤 마우스 오른쪽 단추를 클릭해 [맨 뒤로 보내기]를 선택한다.

04 직사각형을 선택한 상태로 [도형 서식] 작업 창의 [도형 옵션]–[채우기 및 선] 탭–[채우기] 항목에서 [투명도]를 [60%]로 설정한다. [선] 항목에서는 [선 없음]을 선택한다.

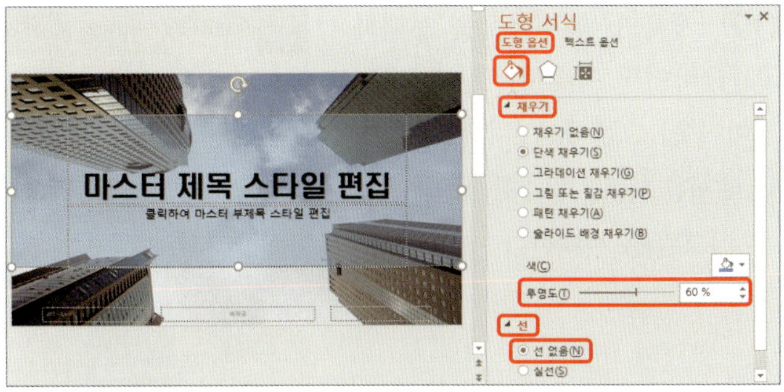

05 [슬라이드 마스터] 탭–[마스터 레이아웃] 그룹–[바닥글]을 클릭해 선택을 취소한다.

> **TIP** 제목 슬라이드에는 날짜나 슬라이드 번호와 같은 바닥글을 표시하지 않는 것이 더 좋다.

06 제목과 부제목, 직사각형을 모두 선택하고 텍스트 가독성을 높이기 위해 슬라이드의 가운데로 드래그해 배치한다.

07 [제목만] 레이아웃을 선택하고 [슬라이드 마스터] 탭–[마스터 레이아웃] 그룹에서 [바닥글] 선택을 해제한 다음 [개체 틀 삽입] 목록에서 [그림]을 선택한다.

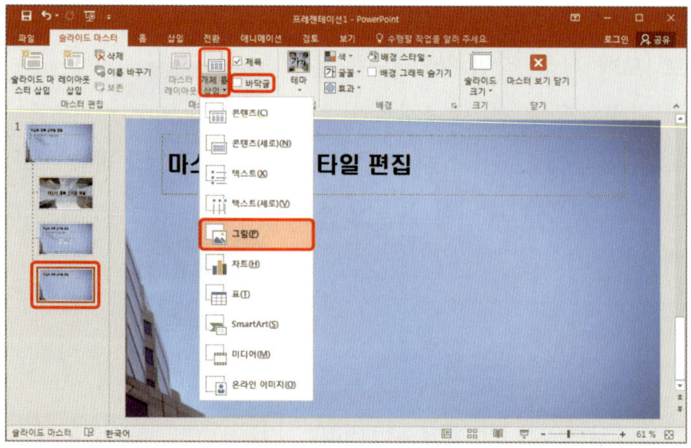

08 슬라이드 오른쪽에서 드래그해 그림 개체 틀을 삽입하고 제목 개체 틀의 크기와 위치를 조정한다.

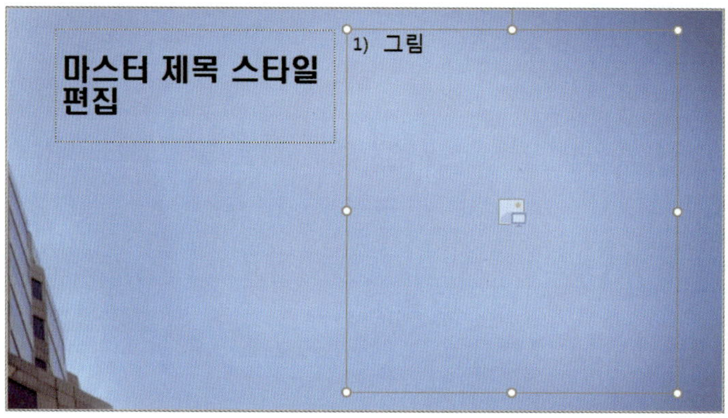

09 레이아웃 편집이 끝나면 작업 표시줄의 [기본] 단추를 클릭해 슬라이드 편집 창으로 돌아간 후 그림과 같이 제목 슬라이드의 내용을 입력한다.

10 [홈] 탭-[새 슬라이드] 목록에서 필요한 레이아웃을 선택해 슬라이드를 추가하고 각 슬라이드에 다음과 같이 내용을 입력한다. 완성된 파일은 '시장 분석.pptx'로 저장한다.

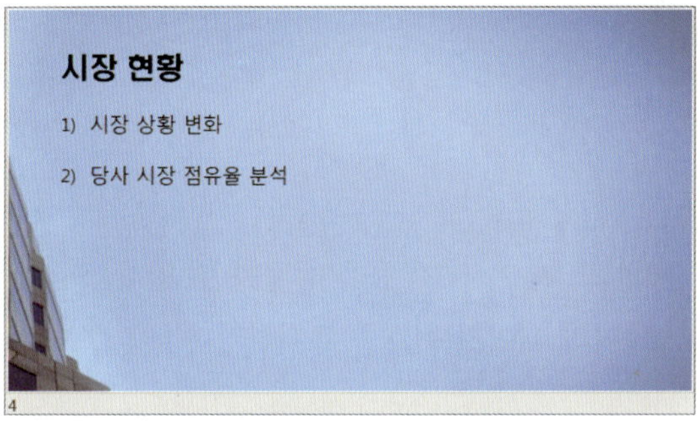

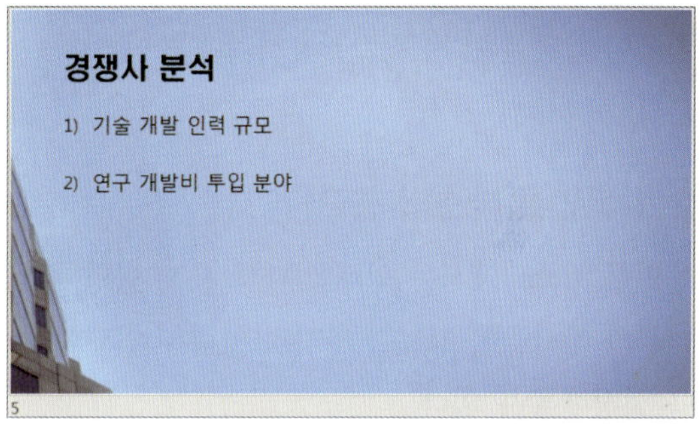

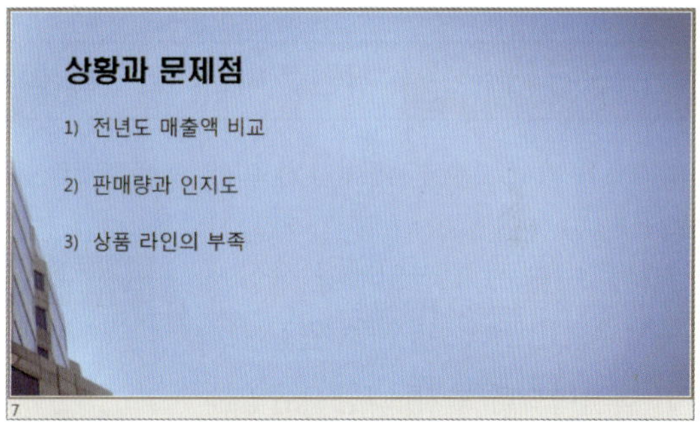

SECTION 02

유인물 마스터 활용하기

유인물은 프레젠테이션의 효과를 높이기 위해 청중에게 배포하는 인쇄물을 말한다. 유인물을 인쇄할 때 화면에 표시되는 슬라이드를 그대로 출력할 수도 있지만 여러 슬라이드를 한 면에 인쇄하면 인쇄 용지의 낭비를 줄일 수 있어 효율적이다. 또, 회사 로고, 발표자 정보, 날짜 등을 추가해 인쇄하면 프레젠테이션이 끝난 후에 자료로 활용하기에 좋다.

2.1 유인물 마스터 도구

유인물 마스터에서는 인쇄할 때의 용지 방향, 인쇄할 슬라이드 개수, 크기 등을 설정할 수 있다. 또, 머리글과 바닥글에 정보를 추가로 입력해 인쇄할 수 있고, 날짜와 페이지 번호를 표시하거나 배경 스타일을 설정할 수도 있다.

기본예제 13-4 유인물 마스터로 인쇄 형식 설정하기

유인물을 효과적으로 인쇄하기 위해 유인물 마스터를 활용하는 방법을 알아보자.

01 [기본예제 13-3]에서 작성한 '시장 분석.pptx' 파일을 열고 [보기] 탭–[마스터 보기] 그룹–[유인물 마스터]를 클릭한다.

02 [유인물 마스터] 탭–[페이지 설정] 그룹–[유인물 방향] 목록에서 [가로]를 선택한다.

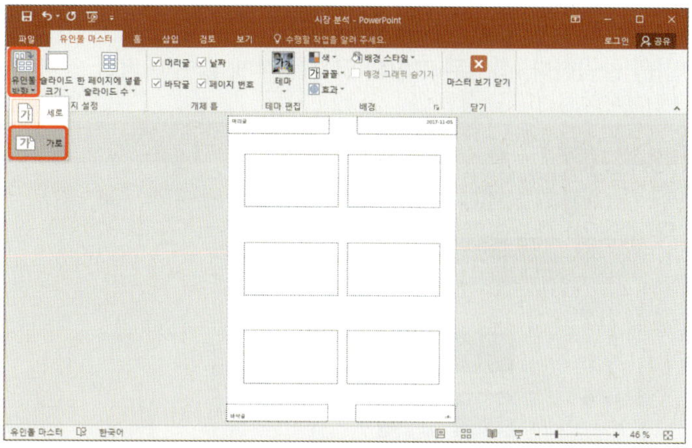

03 [유인물 마스터] 탭–[페이지 설정] 그룹–[한 페이지에 넣을 슬라이드 수] 목록에서 [4슬라이드]를 선택한다.

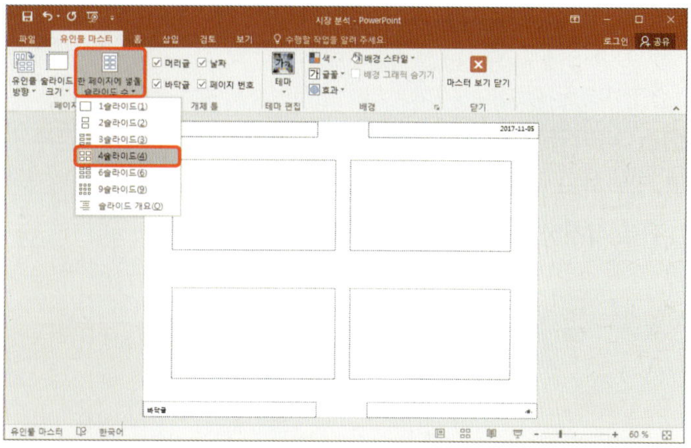

04 머리글을 클릭해 선택한 후 *마케팅 전략 제안서*라고 입력하고 [홈] 탭–[글꼴] 그룹에서 [글꼴 크기]를 [14]로 설정한다.

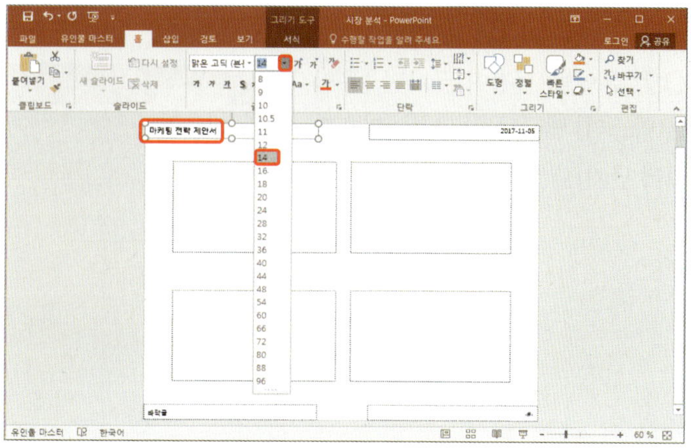

05 [삽입] 탭–[이미지] 그룹–[그림]을 클릭해 [그림 삽입] 대화상자를 열고 '로고.jpg'를 선택한 후 [삽입]을 클릭한다. 삽입된 그림의 크기를 작게 줄여 바닥글 영역에 위치시킨다.

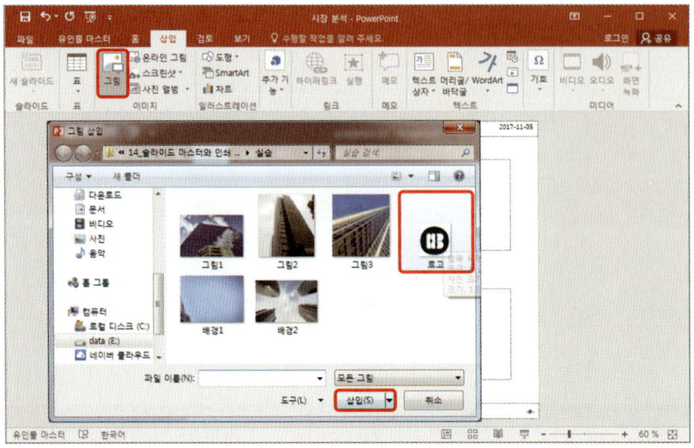

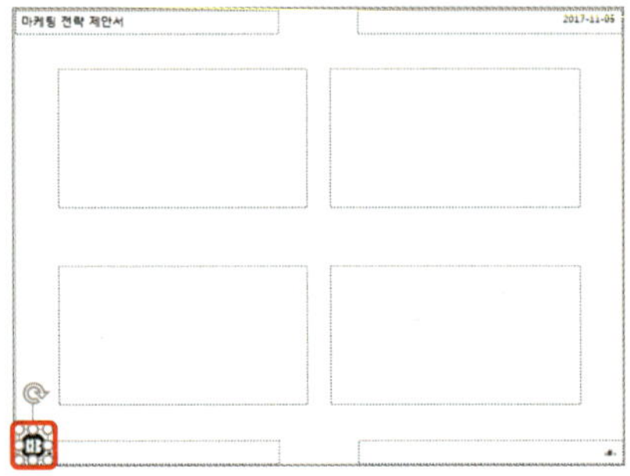

06 바닥글을 클릭해 선택한 후 *한빛시스템*이라고 입력하고 [홈] 탭–[글꼴] 그룹에서 [글꼴 크기]를 [14]로 설정한다.

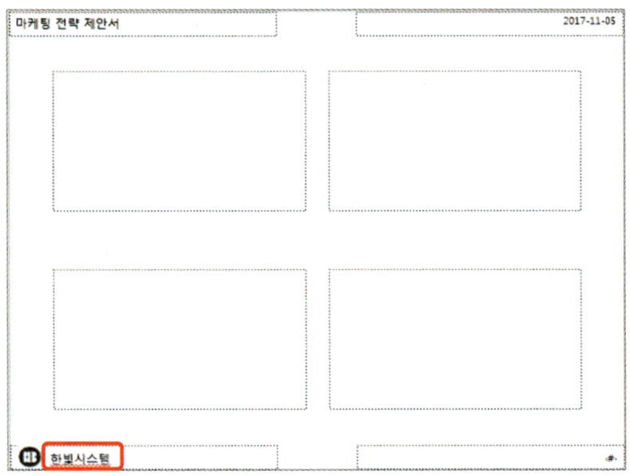

07 유인물 설정이 끝나면 [유인물 마스터] 탭–[닫기] 그룹–[마스터 보기 닫기]를 클릭한다.

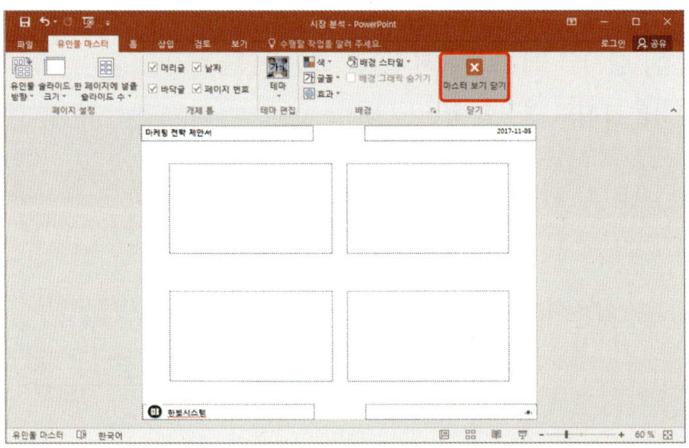

08 유인물을 인쇄하기 위해 [파일] 탭–[인쇄]를 선택해 [인쇄] 백스테이지를 열고 [전체 페이지 슬라이드]의 [▼ 목록] 단추를 클릭해 [유인물]의 [4 슬라이드 가로]를 선택한다. [용지에 맞게 크기 조정]의 선택은 해제한다.

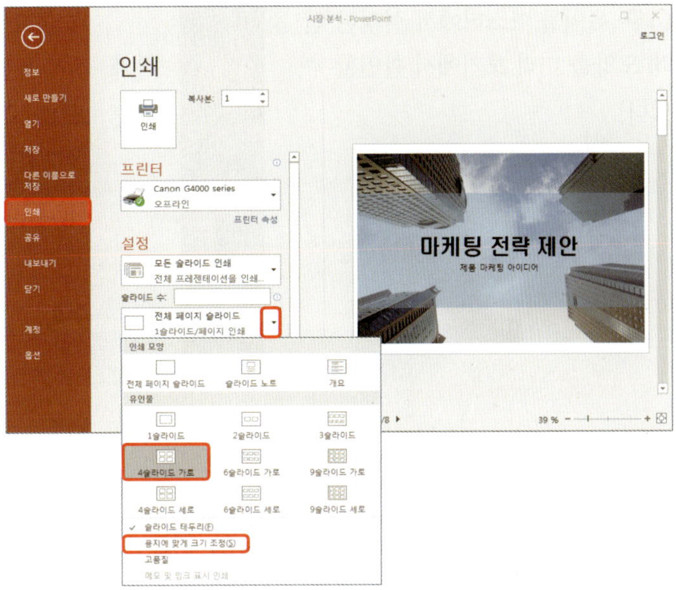

TIP 유인물 마스터에서 머리글이나 바닥글을 추가하고 [용지에 맞게 크기 조정]으로 인쇄 옵션을 설정하면 인쇄 용지의 여백이 좁아지므로 여백을 줄이지 않고 인쇄하기 위해 옵션 설정을 해제하였다. 인쇄될 슬라이드 수를 다르게 설정해도 유인물 마스터에서 설정한 머리글이나 바닥글 모양이 적용된다.

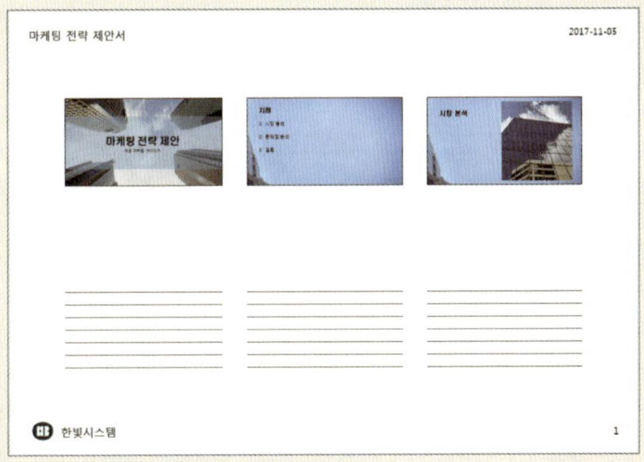

▲ 유인물을 3슬라이드로 선택한 경우

여기서 잠깐 **슬라이드를 인쇄 용지에 꼭 맞게 인쇄하기**

A3나 A4와 같은 인쇄 용지에 여백 없이 슬라이드를 인쇄하려면 [용지에 맞게 크기 조정]으로는 해결되지 않고, 슬라이드 크기를 용지에 맞게 조절해야 한다.

[디자인] 탭–[사용자 지정] 그룹–[슬라이드 크기] 목록에서 [사용자 지정 슬라이드 크기]를 선택하거나 [슬라이드 마스터] 탭–[크기] 그룹–[슬라이드 크기]–[사용자 지정 슬라이드 크기]를 선택해 [슬라이드 크기] 대화상자를 열고 [슬라이드 크기] 목록에서 인쇄할 용지를 선택한다.

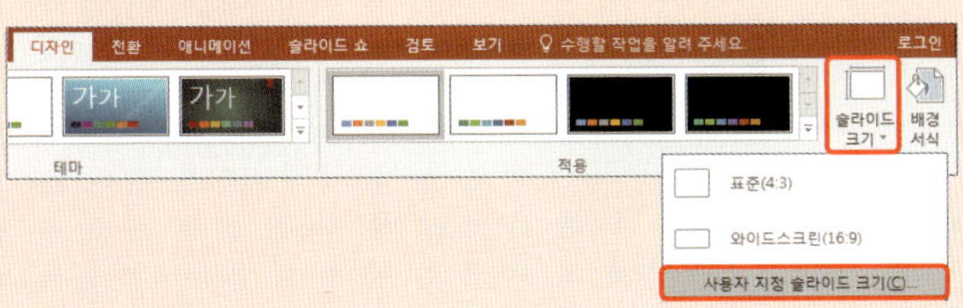

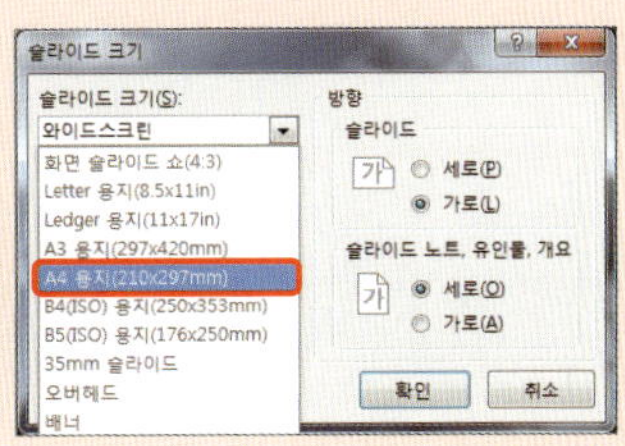

09 유인물 마스터에서 설정한 인쇄 모양을 미리 보기에서 확인할 수 있다.

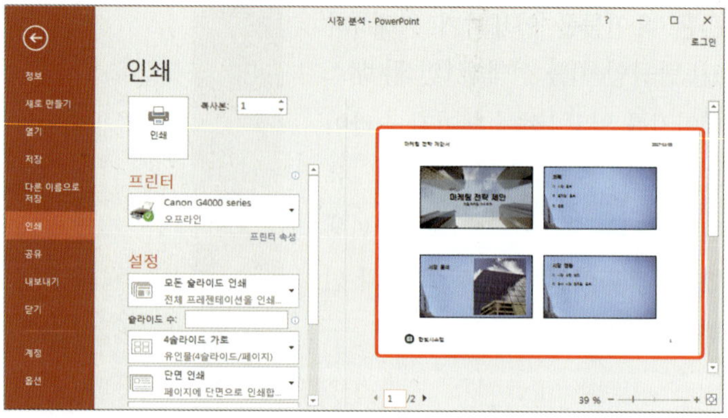

여기서 잠깐 **슬라이드 노트 마스터**

[보기] 탭-[마스터 보기] 그룹의 [슬라이드 노트 마스터]는 슬라이드 노트를 인쇄할 때의 형식을 지정하기 위한 도구이다. 슬라이드 노트는 각 슬라이드에 대한 설명을 적어놓는 곳으로, 발표자가 프레젠테이션 중에 참고하기 위해 사용하는 경우가 많다.

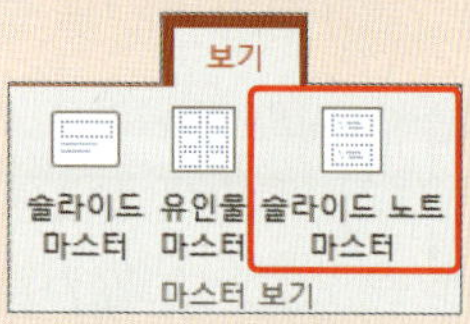

슬라이드 노트 마스터로 설정한 인쇄 형식은 [파일] 탭-[인쇄]를 선택하고 [인쇄] 백스테이지의 [설정] 항목에서 인쇄 모양을 [슬라이드 노트]로 설정해 사용할 수 있다.

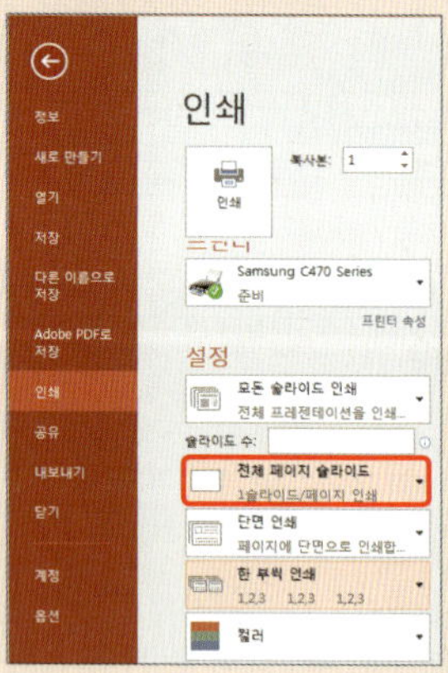

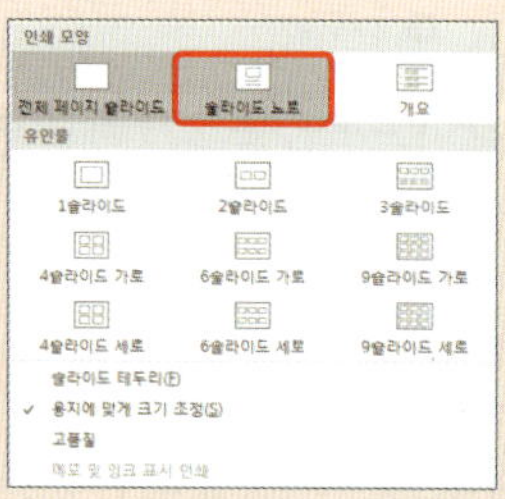

종합예제

슬라이드 마스터 도구로 다음과 같은 레이아웃을 만들어 도서 판매 전략 프레젠테이션 제작에 활용해 보자.

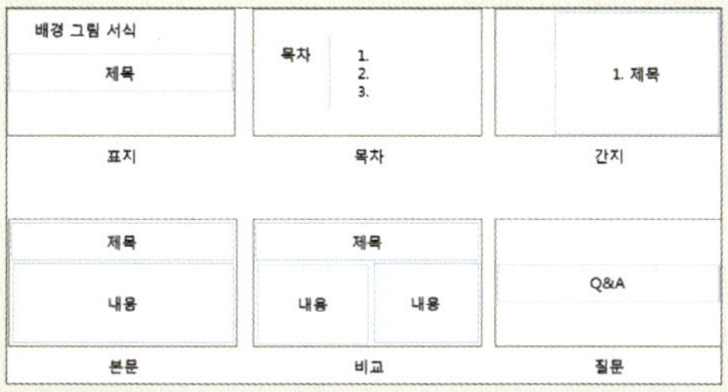

▲ 슬라이드 마스터 레이아웃

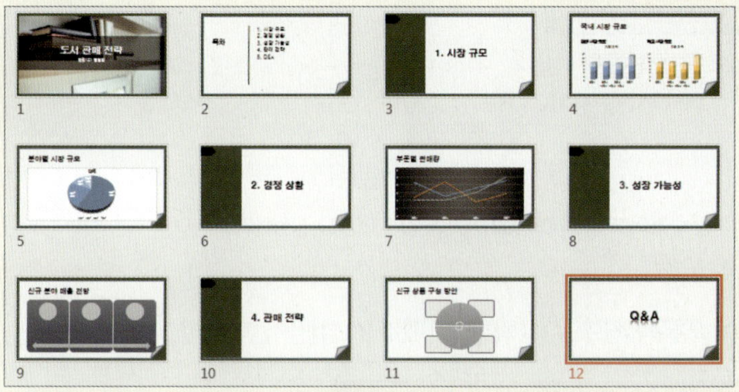

▲ 슬라이드 마스터 레이아웃을 활용한 슬라이드

1 새 프레젠테이션을 만들고 [보기] 탭–[마스터 보기] 그룹–[슬라이드 마스터]를 클릭한다.

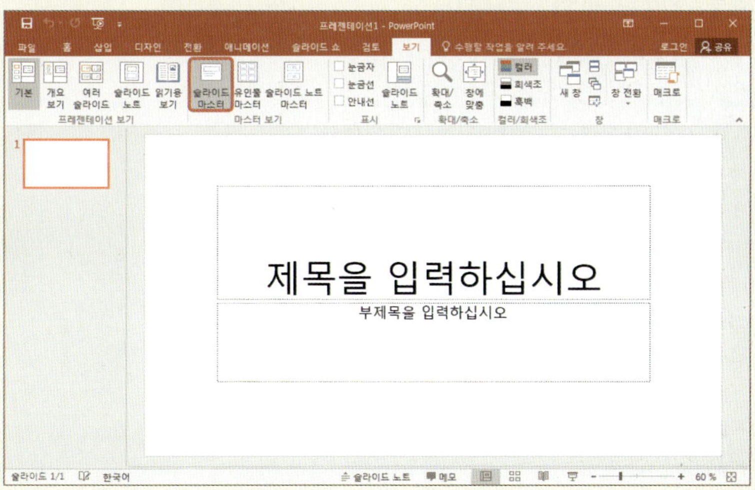

2 맨 위에 있는 [슬라이드 마스터]를 선택하고 [슬라이드 마스터] 탭–[마스터 편집] 그룹–[이름 바꾸기]를 클릭해 *도서전략*으로 이름을 변경한다.

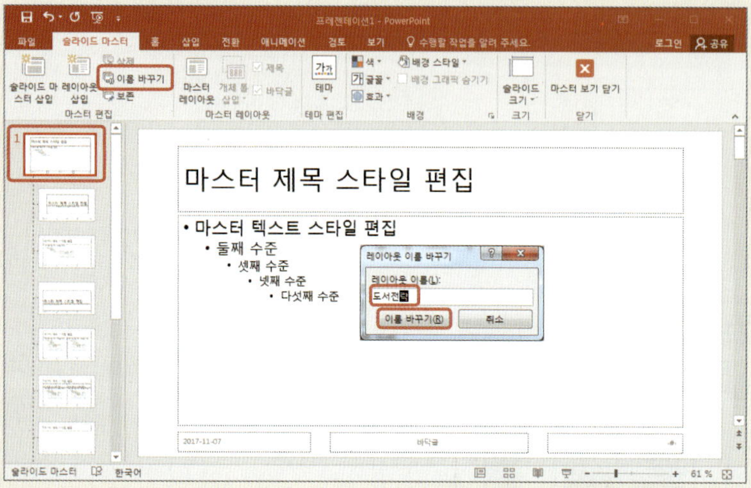

TIP 용도별로 구분하기 쉽도록 이제부터 작성할 슬라이드 마스터와 레이아웃에 각각 이름을 설정하기로 한다.

3 '도서전략' 슬라이드 마스터를 마우스 오른쪽 단추로 클릭하고 [배경 서식]을 선택한다.

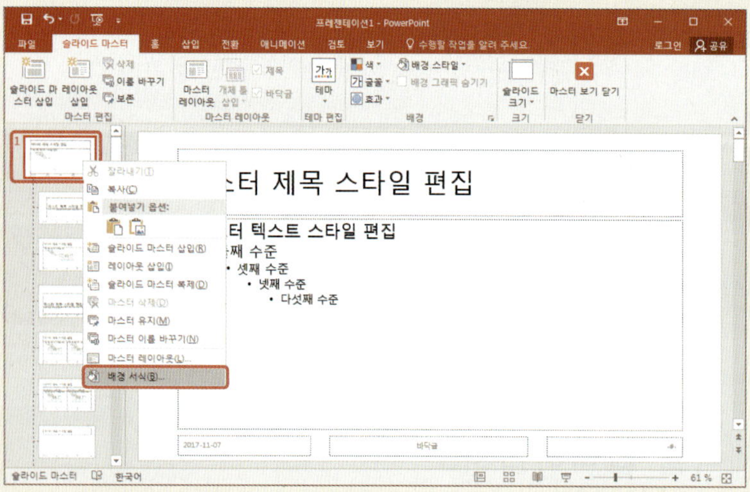

4 [배경 서식] 작업 창의 [채우기] 탭–[채우기] 항목에서 [단색 채우기]를 선택하고 [색]을 [녹색, 강조 6, 50% 더 어둡게]로 설정한다.

5 [삽입] 탭–[일러스트레이션] 그룹–[도형] 목록에서 [기본 도형]의 [모서리가 접힌 도형]을 선택하여 그림과 같이 슬라이드보다 조금 작은 크기로 삽입한다.

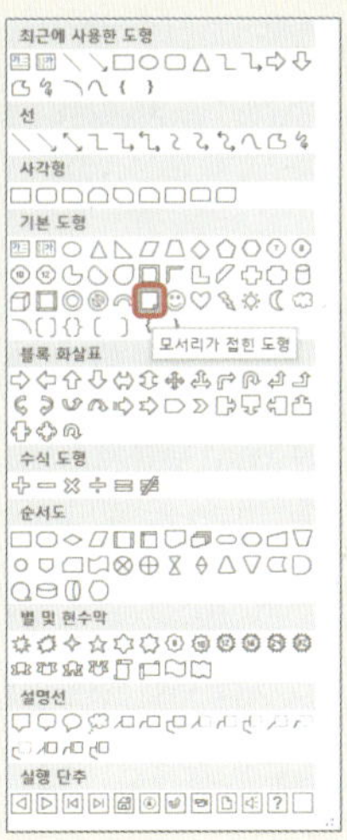

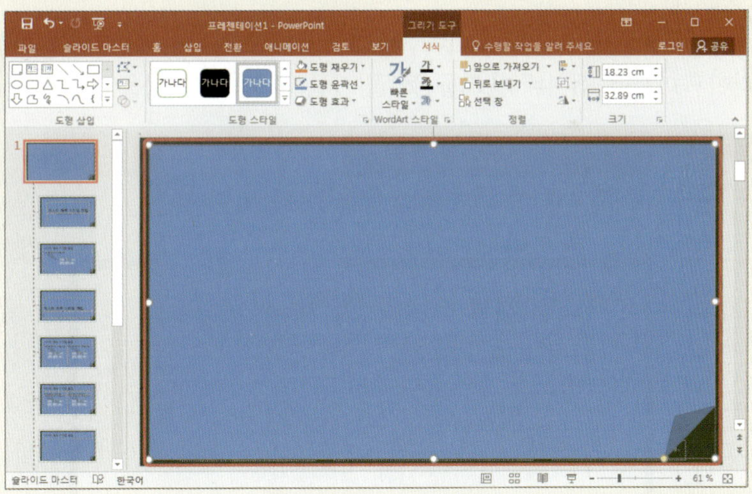

6 도형을 선택한 상태로 [그리기 도구]–[서식] 탭–[도형 스타일] 그룹–[도형 채우기] 목록에서 [테마 색]의 [흰색, 배경 1, 5% 더 어둡게]를 선택하고, [정렬] 그룹–[뒤로 보내기] 목록에서 [맨 뒤로 보내기]를 선택한다.

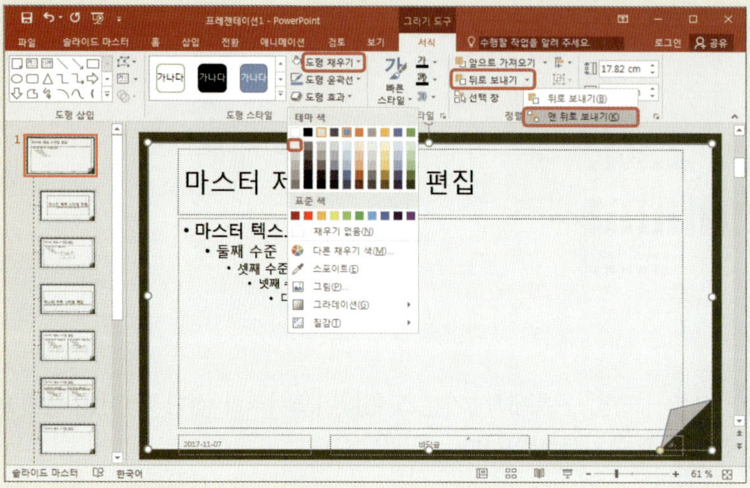

7 [슬라이드 마스터] 탭–[배경] 그룹–[글꼴]–[글꼴 사용자 지정]을 선택한다.

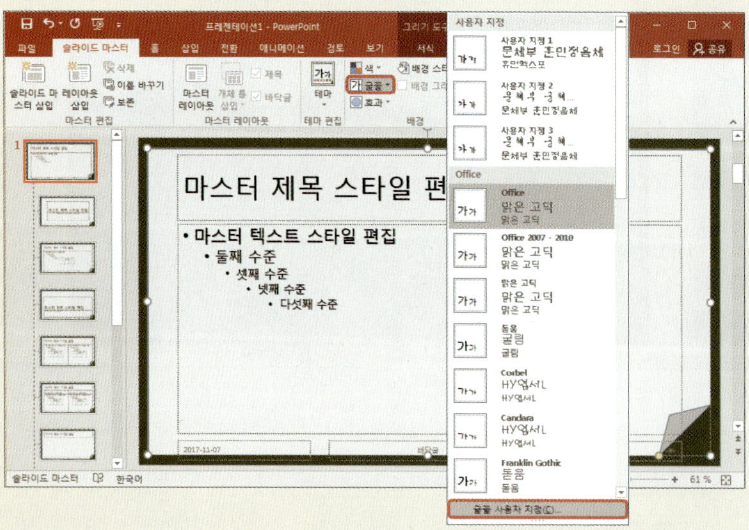

8 [새 테마 글꼴 만들기] 대화상자에서 그림과 같이 글꼴을 설정하고 [이름]에 *도서전략 글꼴*을 입력한 후 [저장]을 클릭한다.

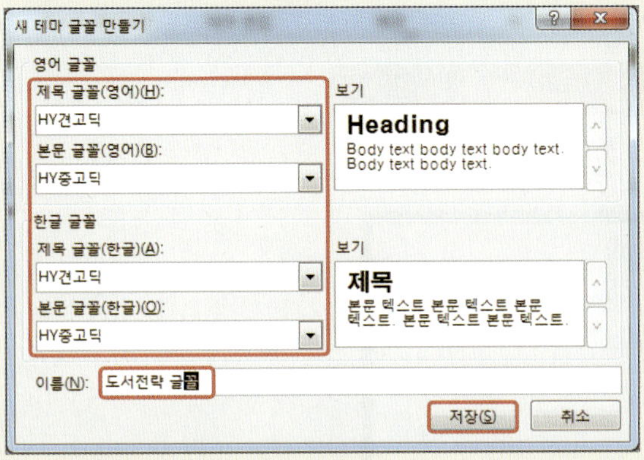

9 [제목 슬라이드] 레이아웃을 선택하고 그림과 직사각형 도형을 삽입한 후 제목과 부제목 개체를 맨 앞으로 정렬해 텍스트 가독성이 높아지도록 설정한다.

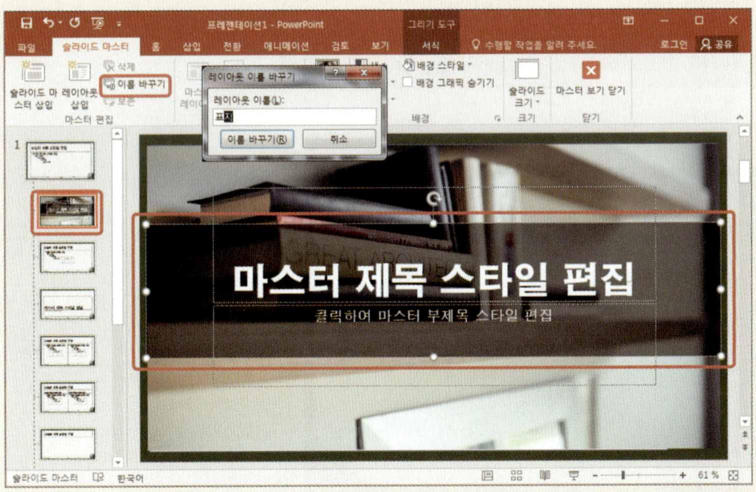

TIP 다음 순서로 작성한다.

① '책.jpg' 그림을 삽입하고 [맨 뒤로 보내기]를 설정한다.

② 직사각형 도형을 삽입한 후 [도형 서식] 작업 창의 [도형 옵션]-[채우기 및 선] 탭-[채우기] 항목에서 [단색 채우기]를 선택하고 [색]은 [검정, 텍스트 1], [투명도]는 [45%]로 설정한다. [선] 항목은 [선 없음]으로 설정한다.

③ 제목과 부제목 개체 틀을 선택해 [맨 앞으로 가져오기]로 정렬한 후 [글꼴 색]을 [흰색, 배경 1]로 설정한다.

④ [슬라이드 마스터] 탭에서 [바닥글]은 숨기고, [이름 바꾸기]를 클릭해 레이아웃 이름을 *표지*로 변경한다.

10 [제목 및 내용] 레이아웃을 선택하고 [슬라이드 마스터] 탭–[마스터 레이아웃] 그룹에서 [바닥글]의 선택을 해제해 숨긴 후 [마스터 편집] 그룹에서 [이름 바꾸기]를 클릭해 [레이아웃 이름]을 *본문*으로 변경한다.

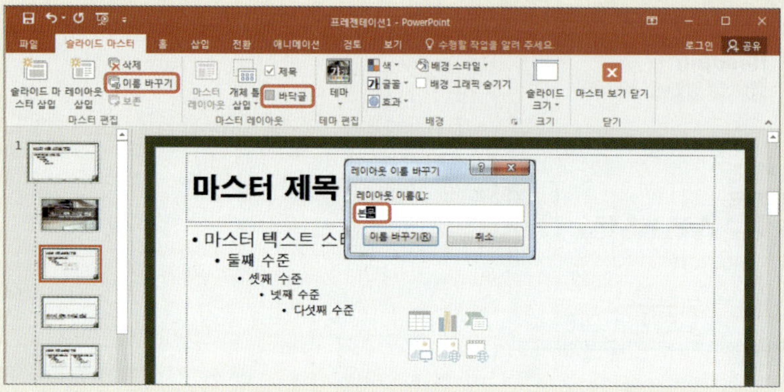

11 [구역 머리글] 레이아웃을 선택하고 도형을 삽입해 그림과 같이 변경한 후 레이아웃 이름을 *간지*로 변경한다.

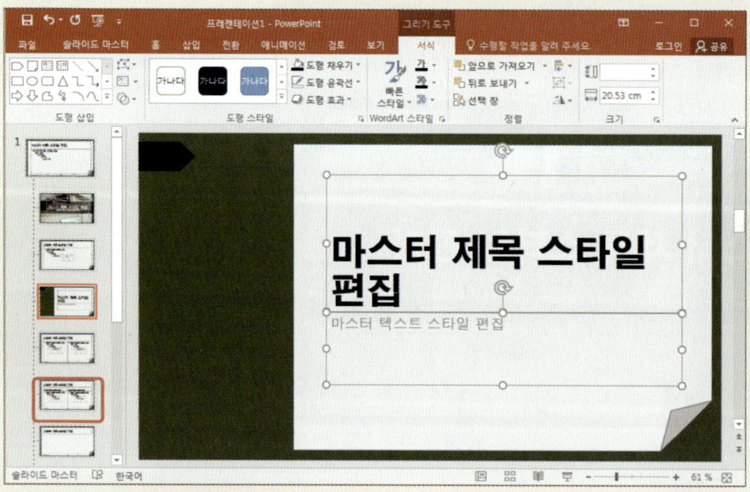

TIP 다음 순서로 작성한다.

① [삽입] 탭–[일러스트레이션] 그룹–[도형] 목록에서 [사각형]의 [직사각형]을 선택해 슬라이드 너비의 1/4 정도 크기로 삽입하고, [그리기 도구]–[서식] 탭–[도형 스타일] 그룹에서 [도형 채우기]는 [녹색, 강조 6, 50% 더 어둡게]로, [도형 윤곽선]은 [윤곽선 없음]으로 설정한다.

② [삽입] 탭–[일러스트레이션] 그룹–[도형] 목록에서 [블록 화살표]의 [오각형]을 선택해 슬라이드 왼쪽 상단에 삽입하고, [그리기 도구]–[서식] 탭에서 [도형 스타일]을 [색 채우기 – 검정, 어둡게 1]로 설정한다.

③ [바닥글]을 숨기고 텍스트 개체 틀의 크기와 위치를 조정한다.

12 [비교] 레이아웃을 선택하고 [슬라이드 마스터] 탭–[마스터 레이아웃] 그룹에서 [바닥글]의 선택을 해제해 바닥글을 숨긴다. [비교] 레이아웃을 드래그해 [간지] 레이아웃 아래로 옮긴다.

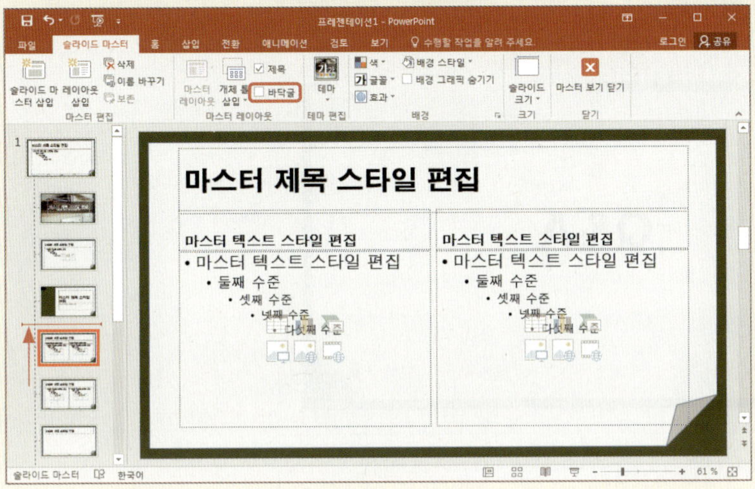

13 [캡션 있는 콘텐츠] 레이아웃을 선택해 [비교] 레이아웃 아래로 옮기고 그림과 같이 변경한다.

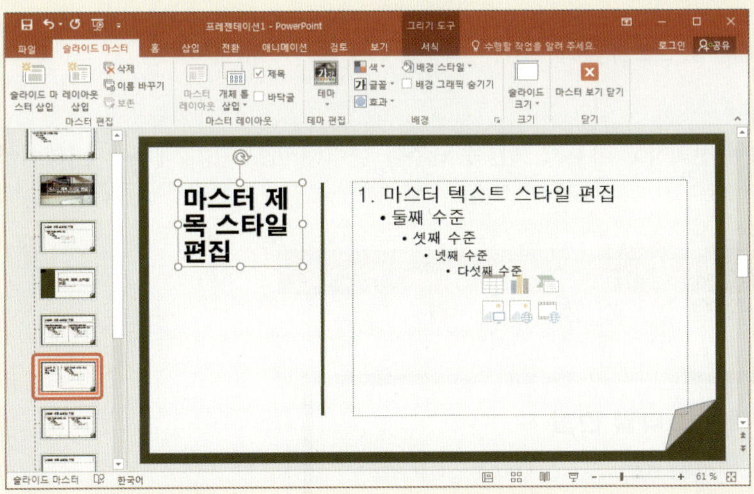

TIP 다음 순서로 작성한다.

① 제목 아래의 텍스트 상자는 삭제하고 제목 텍스트의 [글꼴 크기]를 [40]으로 설정한 후 개체 틀의 크기와 위치를 조정한다.

② 텍스트 개체 틀의 첫 번째 수준을 [번호 매기기]로 변경하고, 개체 틀의 크기와 위치를 조정한다.

③ [선] 도형을 삽입하고 [도형 서식] 작업 창에서 [색]은 [녹색, 강조 6, 50% 더 어둡게]로, [너비]는 [4.5 pt]로 설정한다.

④ [바닥글]을 숨기고 레이아웃 이름을 *목차*로 변경한다.

14 [빈 화면] 레이아웃을 선택해 [목차] 레이아웃 아래로 옮기고 그림과 같이 설정한다.

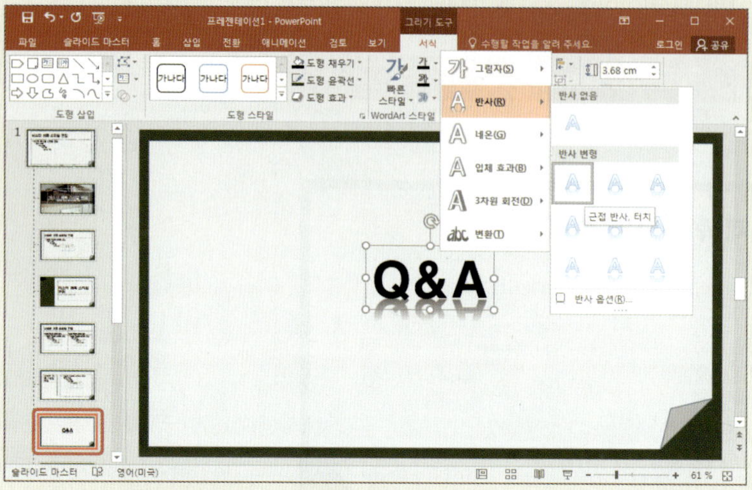

TIP 다음 순서로 작성한다.

① [가로 텍스트 상자]를 삽입하고 Q&A라고 입력한다.

② 텍스트 상자의 [글꼴]은 [HY견고딕], [글꼴 크기]는 [80]으로 설정한다.

③ 텍스트에 반사 효과를 주기 위해 [그리기 도구]–[서식] 탭–[WordArt 스타일] 그룹–[텍스트 효과] 목록에서 [반사]–[근접 반사, 터치]를 선택한다.

④ [바닥글]을 숨기고, 레이아웃 이름은 *질문*으로 변경한다.

15 불필요한 레이아웃을 모두 선택하고 마우스 오른쪽 단추를 클릭해 바로 가기 메뉴에서 [레이아웃 삭제]를 선택한다.

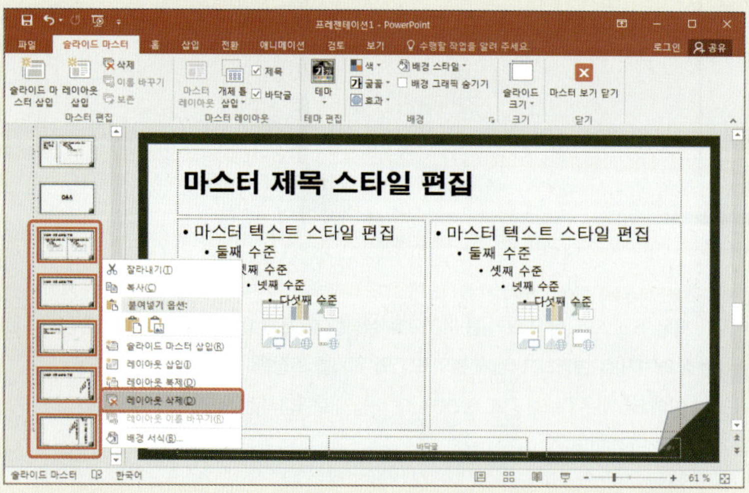

16 [슬라이드 마스터] 탭–[테마 편집] 그룹–[테마] 목록에서 [현재 테마 저장]을 선택하고 [현재 테마 저장] 대화상자의 [파일 이름]에 *도서전략*을 입력한 후 [저장]을 클릭한다.

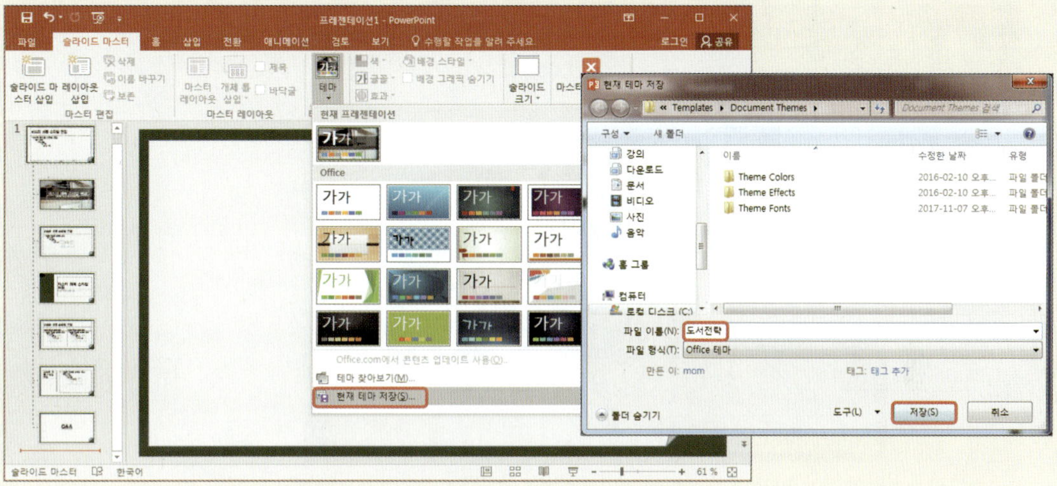

TIP 작성한 슬라이드 마스터 모양을 다른 파일에서도 사용하고 싶다면 테마로 저장하면 된다. 앞에서 저장한 '도서전략' 테마는 슬라이드 편집 화면의 [디자인] 탭–[테마] 그룹–[사용자 지정] 목록에서 선택할 수 있으므로 다른 프레젠테이션 파일을 작성할 때도 활용할 수 있다. 오피스 365 버전에서는 사용자 지정 테마를 저장할 수 없다.

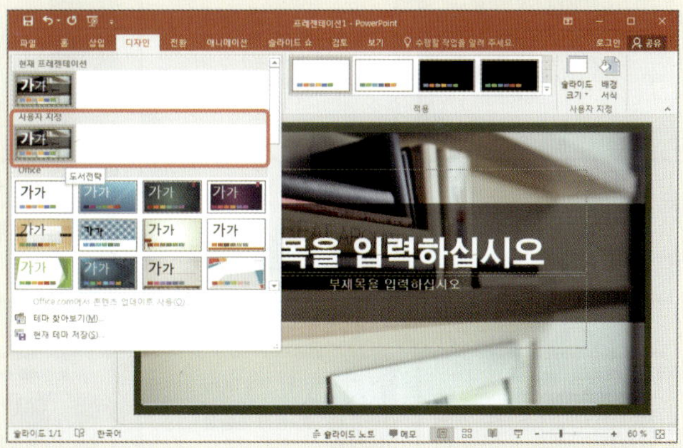

사용자 지정 테마가 저장되는 위치는 [파일] 탭–[옵션]을 선택해 [PowerPoint 옵션] 대화상자를 열고 [저장] 범주의 [기본 개인 서식 파일 위치]에서 확인할 수 있다. 사용자가 직접 이 위치를 설정할 수도 있다.

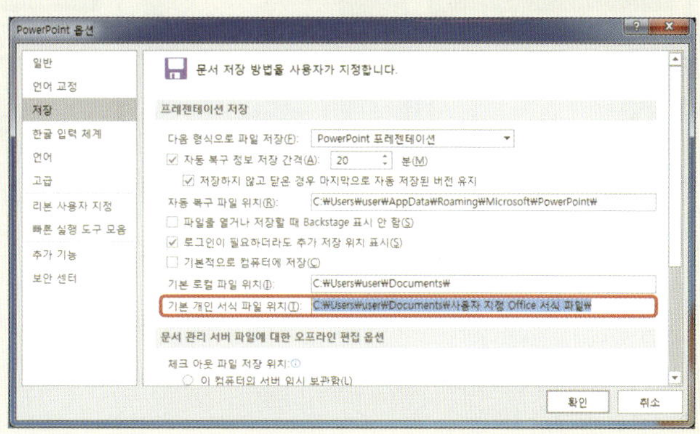

17 [슬라이드 마스터] 탭-[닫기] 그룹-[마스터 보기 닫기]를 클릭해 슬라이드 편집 화면으로 전환한다. 표지와 목차 등 필요한 슬라이드를 추가해 프레젠테이션 파일을 제작한다.

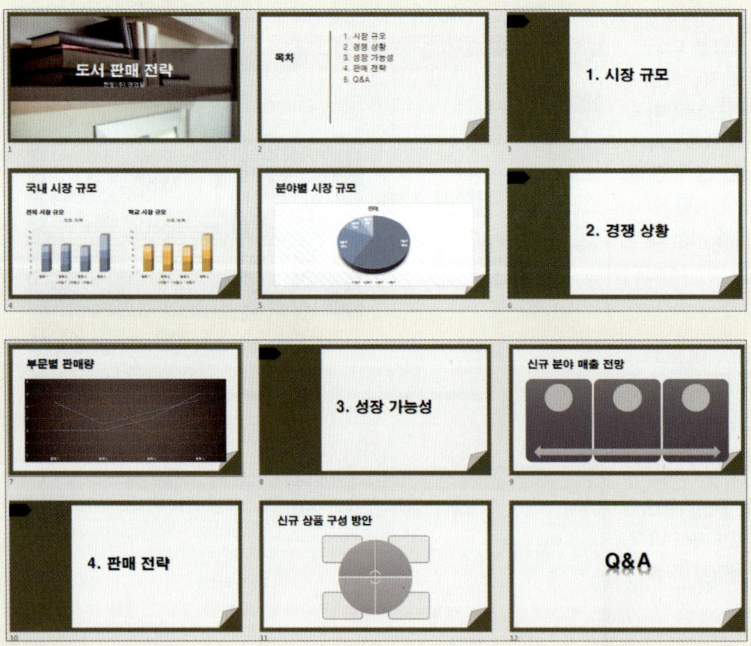

연습 문제

1 다음 그림과 같은 프레젠테이션을 작성하기 위해 조건에 맞는 슬라이드 마스터를 제작하시오.

슬라이드 1

▲ 표지 레이아웃

슬라이드 2

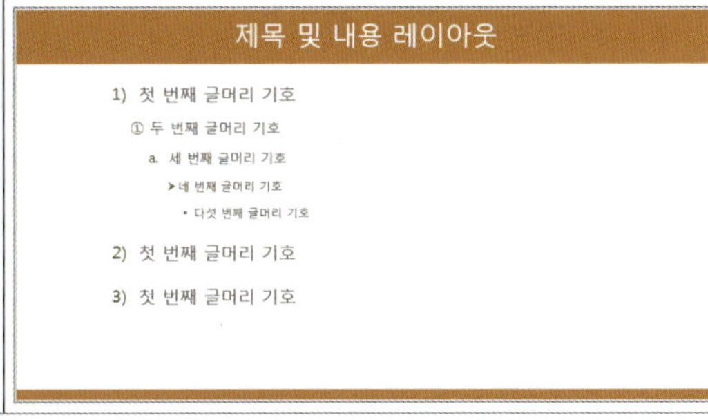

▲ 제목 및 내용 레이아웃

슬라이드 3

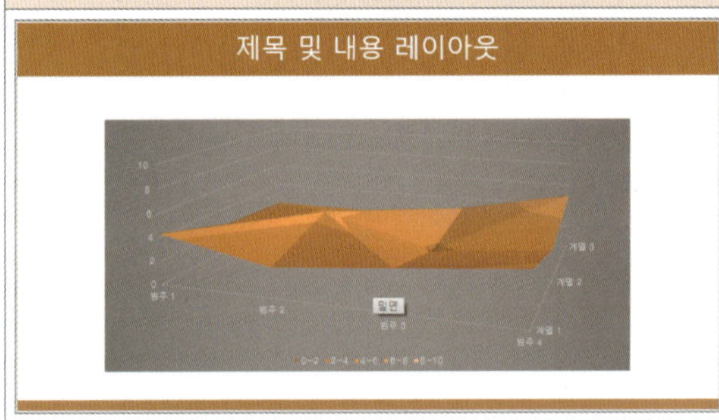

▲ 제목 및 내용 레이아웃

슬라이드 4

▲ 그림 레이아웃

❶ 슬라이드 마스터 레이아웃

– 슬라이드 아래쪽에 직사각형을 추가하시오. 직사각형의 너비는 슬라이드 폭과 같게 하고, 높이는 [0.5cm], 채우기는 [주황, 강조 2, 25% 더 어둡게]로 설정하시오.

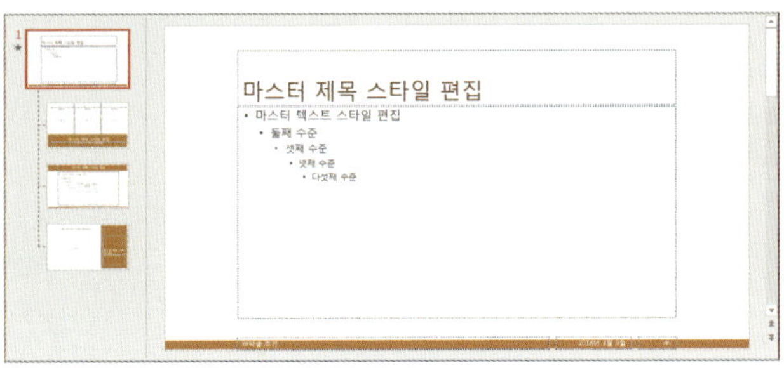

❷ 표지 레이아웃

– 슬라이드 아래쪽에 높이가 [5.7cm]인 직사각형을 추가하시오. 너비는 슬라이드 폭과 같게 하고, 채우기는 [주황, 강조 2, 25% 더 어둡게]로 설정하시오.

– 제목 텍스트의 글꼴은 [맑은 고딕], 글꼴 크기는 [44]로 설정하시오.

– 부제목 텍스트의 글꼴은 [맑은 고딕], 글꼴 크기는 [20]으로 설정하시오.

– 슬라이드 위쪽에 그림 개체 틀을 세 개 삽입하시오.

– [바닥글]은 표시되지 않도록 설정하시오.

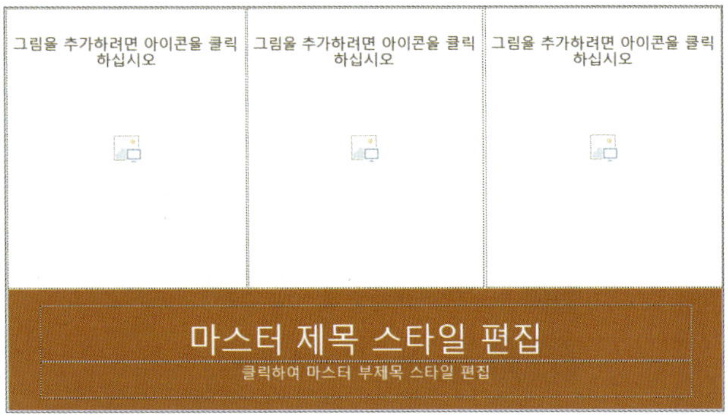

❸ 제목 및 내용 레이아웃

– 슬라이드 위쪽에 높이가 2.6cm인 직사각형을 추가하시오. 너비는 슬라이드 폭과 같게 하고, 채우기는 [주황, 강조 2, 25% 더 어둡게]로 설정하시오.

– 제목 텍스트의 글꼴은 [맑은 고딕], 글꼴 크기는 [36], [가운데 맞춤]으로 설정하시오.

– 내용 개체 틀의 글머리 기호는 수준별로 [1)–①–a–➢–·] 모양이 되도록 설정하고 줄 간격은 [1.5]로 설정하시오.

– [바닥글]은 표시되지 않도록 설정하시오.

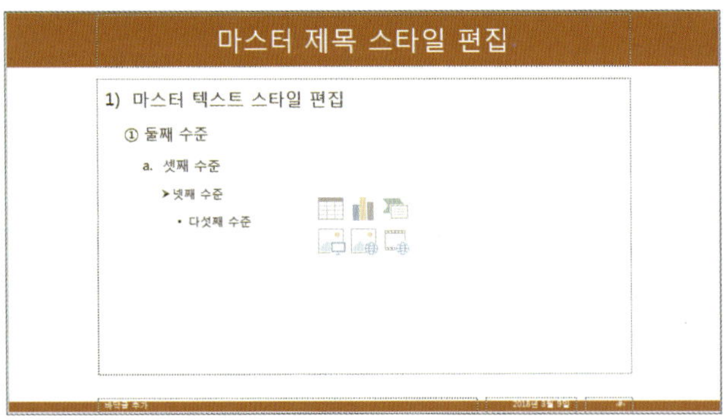

❹ 그림 레이아웃

- 기본으로 제공되는 [캡션 있는 그림 레이아웃]을 선택하여 수정하시오.
- 슬라이드 왼쪽에 그림 개체 틀을, 오른쪽에 제목과 텍스트 개체 틀을 배치하시오.
- 제목과 텍스트 개체 틀 뒤로 너비가 [11cm]인 직사각형을 추가하시오. 높이는 슬라이드 높이와 같게 하고, 채우기는 [주황, 강조 5, 25% 더 어둡게]로 설정하시오.
- [배경 그래픽 숨기기]를 클릭하고 [바닥글]은 표시되지 않도록 설정하시오.

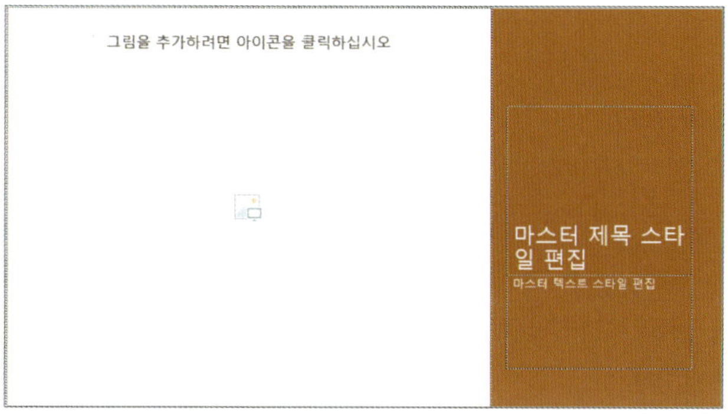

2 그림과 같이 슬라이드를 인쇄하도록 조건에 맞게 유인물 마스터와 인쇄 옵션을 설정하시오.

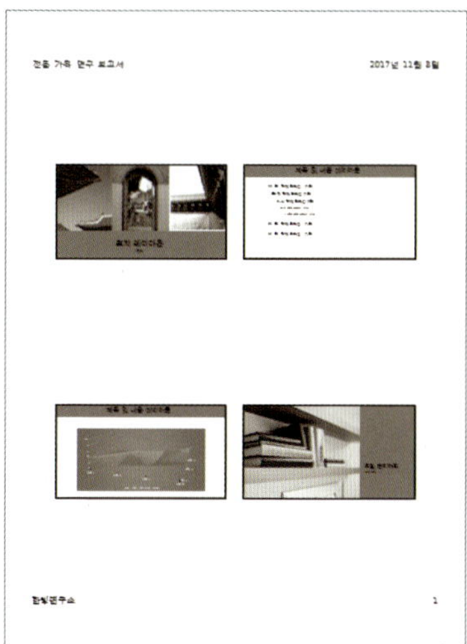

❶ 유인물 마스터에서 [한 페이지에 넣을 슬라이드 수]를 [4슬라이드]로 설정하고, 머리글/바닥글/날짜/페이지 번호를 모두 선택하시오. 머리글에는 *전통 가옥 연구 보고서*, 바닥글에는 *한빛연구소*라고 입력하시오.

❷ 인쇄 옵션에서 [용지에 맞게 크기 조정]을 이용하여 유인물 마스터에서 설정한 머리글/바닥글/날짜/페이지 번호가 모두 표시되도록 하고, [회색조]로 인쇄되도록 설정하시오.

ㅅ

ㅇ